# 惠州统计年鉴

## *HUIZHOU STATISTICAL YEARBOOK*

# 2019

(总第 26 期)

惠 州 市 统 计 局
国家统计局惠州调查队 编

中国统计出版社
China Statistics Press

图书在版编目（CIP）数据

惠州统计年鉴. 2019 / 惠州市统计局，国家统计局惠州调查队编. -- 北京 : 中国统计出版社，2019.10
ISBN 978-7-5037-9014-0

Ⅰ. ①惠…
Ⅱ. ①惠… ②国…
Ⅲ. ①统计资料－惠州－2019－年鉴
Ⅳ. ①C832.653-54

中国版本图书馆 CIP 数据核字(2019)第 202560 号

# 惠州统计年鉴-2019

作　　者/ 惠州市统计局　国家统计局惠州调查队
责任编辑/ 钟　钰
装帧设计/ 陈国巨
出版发行/ 中国统计出版社有限公司
地　　址/ 北京市丰台区西三环南路甲 6 号
邮政编码/ 100073
电　　话/ 邮购（010）63376909　书店（010）68783171
网　　址/ http://www.zgtjcbs.com
印　　刷/ 广州星河印刷有限公司
经　　销/ 新华书店
开　　本/ 890mm×1240mm　1/16
字　　数/ 600 千字
印　　张/ 36.5 印张
版　　别/ 2019 年 10 月第 1 版
版　　次/ 2019 年 10 月第 1 次印刷
定　　价/ 380 元

# 编 者 说 明

《惠州统计年鉴—2019》（下称《年鉴》），汇集了惠州市 2018 年经济和社会发展的主要指标，而且较全面地反映了建国以来主要年份，特别近年来惠州国民经济和社会各方面的巨大变化，全面展示惠州经济社会所取得的辉煌成就。该书资料翔实，是社会各界人士认识和掌握惠州经济、社会发展规律的重要工具书，更是各行各业研究和制订惠州发展战略的客观依据。《年鉴》包括历史主要经济指标、综合、基本单位、人口、劳动工资、固定资产投资与建筑业、能源、财政金融和保险、价格指数、人民生活、农业、工业、运输和邮电、国内贸易、对外经济及旅游、教育科学和文化、体育卫生社会福利环保及其他等十七部分主要统计数据；最后附有全国和全省各市主要经济指标情况及主要统计指标解释。

《年鉴》统计资料来源于各级政府统计部门以及有关业务主管部门。

统计表中的符号说明：“空格”除上述情况外，表示无指标数据；“#”表示指标的其中项；“…”表示数据不足最小单位。

本《年鉴》在编辑出版过程中，得到各县（区）统计局及其他有关单位的大力支持和协助，在此深表谢忱！

# 《惠州统计年鉴－2019》编委会及编纂人员

主　编：罗志荣　林金灿

副主编：曾庆忠　王家荣　杨永建　叶玉琴　袁素军
朱伟玲　谭绮华　申纪华

编　委：（以姓氏笔划为序）

李其芬　孔远川　叶建文　刘惠锋　张协环
陈桂花　林锦来　郭寒宙　高贵明　曾翠凌
魏谷芳

编纂工作人员：（以姓氏笔划为序）

区永兴　卢小文　邓　轩　李伟林　朱　建
邹　丹　张玉珍　张金鹏　张亚飞　余丽红
杨文华　杨柳梅　陈　高　陈勇波　陈国巨
余　晴　郑春林　林艳云　林梅珍　钟伟红
黄文彬　梁　蓓　彭燕芬　廖镜彪　黎　楠
黎淑婷　鄢青云

# 目　录

## 第一部分　统计图


1　地区生产总值（GDP）
2　人均地区生产总值
3　第三产业增加值
4　三次产业结构演变
5　社会消费品零售总额
6　地方公共财政预算收入
7　居民收入
8　居民收入增幅
9　在岗职工年平均工资
10 人口
11 金融机构本外币存贷款余额
12 居民消费价格涨跌幅度


## 第二部分　统计表

### 一、历年主要经济指标


1-1　历年指标数据 …… 13
1-2　惠州历年各站点平均气温、相对湿度 …… 38
1-3　惠州历年各站点降雨量、日照时数 …… 39
1-4　惠州历年各水文站最高水位 …… 40
1-5　惠州历年各水文站最低水位 …… 41
1-6　惠州历年各水文站最大流量 …… 42
1-7　惠州历年各水文站最小流量 …… 43


### 二、综　合


2-1　行政区划(2018 年) …… 47
2-2　自然资源(2018 年) …… 48
2-3　惠州市、县(区)国民经济主要指标(2018 年) …… 49
2-4　主要经济指标占全省比重(2018 年) …… 52
2-5　国民经济主要经济指标 …… 54
2-6　各行业增加值及发展指标 …… 74
2-7　民营经济主要统计指标 …… 75
2-8　城市社会经济基本情况表 …… 76
2-9　总户数(户籍) …… 83
2-10 年末户籍总人口 …… 84
2-11 年末常住人口 …… 85
2-12 人口自然增长率 …… 86
2-13 地区生产总值 …… 87
2-14 地区生产总值增速 …… 88
2-15 第一产业增速 …… 89
2-16 第二产业增速 …… 90
2-17 第三产业增速 …… 91
2-18 第二产业增加值比重 …… 92
2-19 第三产业增加值比重 …… 93
2-20 人均 GDP …… 94
2-21 人均 GDP 增速 …… 95
2-22 规模以上工业增加值 …… 96
2-23 固定资产投资 …… 97
2-24 社会消费品零售总额 …… 98
2-25 外贸出口额 …… 99
2-26 外贸进口额 …… 100
2-27 实际利用外商直接投资 …… 101
2-28 金融机构本外币存款余额 …… 102
2-29 金融机构本外币贷款余额 …… 103
2-30 金融机构人民币存款余额 …… 104
2-31 城乡居民储蓄存款余额(人民币) …… 105
2-32 金融机构人民币贷款余额 …… 106
2-33 地方一般公共财政预算收入 …… 107
2-34 地方一般公共财政预算支出 …… 108
2-35 税收总收入 …… 109
2-36 在岗职工年平均工资收入 …… 110
2-37 农民人均纯收入 …… 111
2-38 全体居民、城镇常住居民人均可支配收入 …… 112


### 三、基本单位


3-1　法人和产业活动单位数（2013-2017）…… 115
3-2　全市法人单位及从业人数（2013-2017）…… 119
3-3　全市企业法人单位及从业人数（2013-2017）…… 121
3-4　全市机关和事业单位及从业人数（2013-2017）…… 123
3-5　各县区法人单位综合情况（2017 年）…… 125


### 四、人　口


4-1　人口主要指标(2018 年) …… 129
4-2　历年户籍总人口 …… 130
4-3　暂住人口及分类情况(2018 年) …… 131
4-4　分县区户籍人口迁移状况(2018 年) …… 132
4-5　历年户籍人口迁移状况 …… 133
4-6　历年常住人口 …… 134
4-7　历年暂住人口 …… 135
4-8　历年总户数(户籍) …… 136

4-9 历年人口自然增长 …… 137
4-10 分县区城镇人口占常住人口比例 …… 138

## 五、劳动工资

5-1 分县区单位从业人员及劳动报酬(2018年) …… 141
5-2 分县区单位从业人员及劳动报酬复合分组(2018年) …… 142
5-3 分县区分行业单位从业人员年末人数(2018年) …… 146
5-4 分县区分行业在岗职工年末人数(2018年) …… 147
5-5 分县区分行业其他从业人员年末人数(2018年) …… 148
5-6 分县区分行业单位从业人员工资总额(2018年) …… 149
5-7 分县区分行业在岗职工工资总额(2018年) …… 150
5-8 分县区分行业其他从业人员工资总额(2018年) …… 151
5-9 分县区分行业在岗职工年平均工资(2018年) …… 152
5-10 分县区国有经济单位分行业在岗职工年平均工资(2018年) …… 153
5-11 分县区集体经济单位分行业在岗职工年平均工资(2018年) …… 154
5-12 分县区其他经济单位分行业在岗职工年平均工资(2018年) …… 155
5-13 分县区分行业社会从业人员年末人数(2018年) …… 156
5-14 分县区按三次产业分社会从业人员年末人数 …… 157
5-15 历年主要指标数据 …… 158

## 六、固定资产投资和建筑业

6-1 历年固定资产投资及商品房销售 …… 161
6-2 固定资产投资主要指标比上年增长情况 …… 162
6-3 固定资产投资分行业比上年增长情况 …… 163
6-4 分县(区)固定资产主要指标比上年增长情况 …… 164
6-5 分县区新增生产能力表 …… 165
6-6 房地产开发主要指标 …… 166
6-7 房地产开发投资情况 …… 167
6-8 商品房施工与销售 …… 168
6-9 分县区商品房销售与待售 …… 169
6-10 按行业分建筑业企业生产情况 …… 170
6-11 建筑业企业财务状况主要指标 …… 182
6-12 劳务分包建筑业企业主要指标 …… 202
6-13 建筑业企业房屋竣工面积及价值 …… 206
6-14 分县区建筑业企业总产值 …… 208
6-15 历年建筑业企业主要指标 …… 209

## 七、能　源

7-1 能源消费情况 …… 213
7-2 分县区单位GDP能耗 …… 214
7-3 分县区单位GDP能耗增长 …… 214
7-4 分县区规模以上工业单位增加值能耗 …… 215
7-5 分县区万元GDP电耗 …… 215
7-6 规模以上工业企业能源购进、消费与库存情况(2018年) …… 216
7-7 规模以上工业企业能源加工转换情况(2018年) …… 217
7-8 规模以上工业企业能源消费合计(2018年) …… 218
7-9 规模以上工业企业分品种能源消费量(2018年) …… 220
7-10 规模以上工业企业分品种工业能源消费量(2018年) …… 226
7-11 规模以上工业企业水消费情况(2018年) …… 232
7-12 产值能耗分组表 …… 236
7-13 综合能源消费量1万吨标准煤以上工业企业(2018年) …… 238
7-14 主要耗能工业企业单位产品能源消耗情况 …… 239

## 八、财政、银行和保险

8-1 地方公共财政预算收支和增长指数 …… 243
8-2 地方一般公共财政预算收支基本情况 …… 244
8-3 分县区地方一般公共财政预算收支基本情况(2018年) …… 245
8-4 金融机构人民币存贷款余额 …… 246
8-5 金融机构人民币贷款分行业情况 …… 247
8-6 金融机构个人消费贷款 …… 248
8-7 分县区金融机构各项存贷款(2018年) …… 249
8-8 保险公司主要指标 …… 250

## 九、价格指数

9-1 历年价格指数 …… 253
9-2 居民消费价格指数（2018年） …… 254
9-3 商品零售价格指数（2018年） …… 255
9-4 居民消费价格分类指数 …… 256
9-5 商品零售价格分类指数 …… 258

## 十、人民生活

10-1 惠州市城乡居民人均收支情况 …… 263
10-2 惠州市分县区居民人均可支配收入 …… 266
10-3 惠州市城乡居民消费品拥有量情况 …… 267

## 十一、农　业

11-1 农村基本情况及农业生产条件（2018年） …… 271
11-2 农村劳动力资源及构成(2018年) …… 271
11-3 1949-2018年粮食亩产 …… 272
11-4 1949-2018年水稻亩产 …… 273
11-5 1949-2018年花生亩产 …… 274
11-6 1949-2018年大豆亩产 …… 275
11-7 1949-2018年糖蔗亩产 …… 276

11-8 重点年份主要农产品人均占有量 …………………… 277
11-9 重点年份主要农产品人均占有量 …………………… 277
11-10 重点年份主要农产品产量 ………………………… 279
11-11 农业生产主要物质消耗情况 ……………………… 281
11-12 蔬菜及特种作物生产情况 ……………………… 282
11-13 分县区主要农作物播种面积和产量 ………………… 283
11-14 分县区水果茶叶生产情况 ……………………… 285
11-15 分县区林业生产情况 …………………………… 287
11-16 分县区畜牧业生产情况 ………………………… 289
11-17 分县区渔业生产情况 …………………………… 291
11-18 分县区农业总产值中间消耗及增加值 ……………… 295
11-19 分县区农业总产值(按生产价格计算) ……………… 297
11-20 建国以来农村经济主要指标(现价) ………………… 301
11-21 建国以来农村经济主要指标(不变价) ……………… 303
11-22 建国以来农村经济主要指标(产值指数) …………… 305
11-23 各乡镇基本情况(2018年) ……………………… 307
11-24 各乡镇农作物播种面积及粮食花生生产情况(2018年) ………………………… 311
11-25 各乡镇蔬菜水果及生猪生产情况(2018年) ……… 313
11-26 各乡镇水产品产量化学化和农村用电量情况(2018年) ………………………… 315

## 十二、工业

12-1 历年惠州市规模以上工业总产值 …………………… 319
12-2 历年惠州市规模以上工业增加值 …………………… 320
12-3 分县区规模以上工业企业主要经济指标(2018年) ………………………… 321
12-4 分县区规模以上国有及国有控股工业企业主要经济指标(2018年) ……………………… 323
12-5 分县区规模以上民营工业企业主要经济指标(2018年) ………………………… 325
12-6 分县区规模以上“三资”工业企业主要经济指标(2018年) ………………………… 327
12-7 分县区规模以上大中型工业企业主要经济指标(2018年) ………………………… 329
12-8 分县区规模以上电子工业主要经济指标 ………… 331
12-9 分县区规模以上石化工业主要经济指标 ………… 333
12-10 分县区分行业规模以上工业企业单位数(2018年) ………………………… 335
12-11 分县区分行业规模以上工业总产值(2018年) … 336
12-12 分县区分经济类型规模以上工业企业单位数(2018年) ………………………… 338
12-13 分县区分经济类型规模以上工业总产值(2018年) ………………………… 339
12-14 分县区分行业规模以上“三资”工业企业单位数(2018年) ………………………… 340
12-15 分县区分行业规模以上“三资”工业企业总产值(2018年) ………………………… 341
12-16 规模以上工业企业分经济类型主要经济指标(2018年) ………………………… 343
12-17 规模以上分行业工业企业主要经济指标(2018年) ………………………… 349
12-18 规模以上国有及国有控股工业企业主要经济指标(2018年) ………………………… 355
12-19 规模以上民营工业企业主要经济指标(2018年) ………………………… 361
12-20 规模以上“三资”工业企业主要经济指标(2018年) ………………………… 373
12-21 规模以上大中型工业企业主要经济指标(2018年) ………………………… 385
12-22 分县区规模以上工业企业主要工业产品产量(2018年) ………………………… 397
12-23 规模以上工业主要产品销售、库存实物量(2018年) ………………………… 400
12-24 分县区规模以上现代产业工业增加值及比重 ………………………… 401
12-25 先进制造业主要经济指标情况(2018年) ……… 402
12-26 高技术制造业主要经济指标情况(2018年) …… 403
12-27 全市重点工业企业名单(2018年) …………… 404
12-28 全市主营业务收入最大的100家企业(2018年) ………………………… 411
12-29 全市工业增加值最大的100家企业(2018年) … 413
12-30 全市利税总额最大的100家企业(2018年) …… 415
12-31 全市资产总额最大的100家企业(2018年) …… 417

## 十三、运输和邮电

13-1 运输邮电主要指标 ………………………………… 421
13-2 全社会客货运输(吞吐)量(2018年) …………… 422
13-3 民用车辆拥有量(2018年) ……………………… 423
13-4 民用车辆、运输船舶拥有量 ……………………… 425
13-5 全市邮电业务量 ………………………………… 426
13-6 全市公路情况 …………………………………… 427
13-7 分县区公路情况(2018年) ……………………… 428

## 十四、国内贸易

14-1 国内贸易主要指标 ………………………………… 431
14-2 分县区社会消费品零售总额 ……………………… 432
14-3 分县区批发零售业商品销售总额 ………………… 432
14-4 批发零售业商品销售总额 ………………………… 433
14-5 批发零售业商品批发额 …………………………… 434
14-6 批发零售业商品零售额 …………………………… 435
14-7 限额以上批发业商品购、销、存总额(2018年) … 436

14-8 限额以上零售业商品购、销、存总额(2018 年) … 440
14-9 分县区限额以上批发零售业商品购、销、存总额(2018 年) …… 444
14-10 限额以上住宿业经营情况(2018 年) …… 445
14-11 限额以上餐饮业经营情况(2018 年) …… 446
14-12 分县区限额以上住宿餐饮业经营情况(2018 年) …… 447
14-13 限额以上批发零售、住宿餐饮业财务状况(2018 年) …… 448
14-14 限额以上批发企业财务状况(2018 年) …… 449
14-15 限额以上零售企业财务状况(2018 年) …… 457
14-16 各县(区)限额以上批发零售企业财务状况(2018 年) …… 465
14-17 限额以上住宿企业财务状况(2018 年) …… 469
14-18 限额以上餐饮企业财务状况(2018 年) …… 473
14-19 各县(区)限额以上住宿和餐饮企业财务状况(2018 年) …… 477
14-20 亿元以上商品交易市场成交额 …… 481

## 十五、对外经济及旅游

15-1 历年对外贸易及旅游 …… 485
15-2 分县区外商直接投资情况 …… 486
15-3 分地区(国别)、行业外商直接投资情况 …… 487
15-4 外商投资情况表(2018 年) …… 488
15-5 分县区外贸进出口总值情况 …… 489
15-6 分地区(国别)、产品外贸进出口情况 …… 490
15-7 外商投资企业登记主要情况(一)(2018 年) …… 491
15-8 外商投资企业登记主要情况(二)(2018 年) …… 493
15-9 旅游情况 …… 495

## 十六、教育、科技和文化

16-1 各类学校基本情况 …… 499
16-2 分县区教育事业发展情况(2018 年) …… 501
16-3 教育事业其他指标 …… 502
16-4 工业企业 R&D 经费情况 …… 504
16-5 工业企业 R&D 人员情况 …… 506
16-6 惠州市历年专利申请授权情况统计表 …… 508
16-7 主要年份科技活动指标 …… 509
16-8 分县区文化事业情况(2018 年) …… 509
16-9 分县区广播电视业情况(2018 年) …… 510

## 十七、体育、卫生、社会福利、环保和其他

17-1 体育、卫生、社会福利、环保和其他主要指标 … 513
17-2 分县区体育事业情况(2018 年) …… 514
17-3 分县区体育事业情况 …… 515
17-4 分县区卫生事业发展情况(2018 年) …… 516
17-5 卫生事业其他指标 …… 517
17-6 农村村级卫生组织情况 …… 518
17-7 分县区农村村级卫生组织情况(2018 年) …… 518
17-8 参加社会保险基本情况 …… 519
17-9 历年社会保险征收情况 …… 520
17-10 分县区社会福利、最低生活保障(2018 年) …… 522
17-11 环境保护基本情况 …… 523
17-12 惠州市律师、公证、基层司法基本情况 …… 524
17-13 交通、火灾事故发生及案件情况(2018 年) …… 525
17-14 城市市政公用事业情况 …… 526
17-15 分县区城市市政公用事业情况(2018 年) …… 527
17-16 个体、私营工商登记情况 …… 528
17-17 个体工商基本情况统计表(2018 年) …… 529
17-18 私营企业情况统计表(2018 年) …… 530

## 附　录

F-1 全国国民经济主要指标 …… 533
F-2 广东省国民经济主要指标 …… 534
F-3 广东省及各市主要经济指标 …… 535
F-4 广东省及各市主要经济指标 …… 536
F-5 广东省及各市主要经济指标 …… 537
F-6 广东省及各市主要经济指标 …… 538
F-7 广东省及各市主要经济指标 …… 539
F-8 广东省及各市主要经济指标 …… 540
F-9 广东省及各市主要经济指标 …… 541
F-10 广东省及各市主要经济指标 …… 542
F-11 广东省及各市主要经济指标 …… 543
F-12 广东省及各市主要经济指标 …… 544
F-13 广东省及各市主要经济指标 …… 545
F-14 广东省及各市主要经济指标 …… 546
H-1 2018 年全市规模以上电子制造业 100 强企业 … 547
H-2 2018 年全市规模以上石油化工制造业 100 强企业 …… 549
H-3 2018 年全市规模以上纺织服装业 100 强企业 …… 551
H-4 2018 年全市规模以上制鞋业 50 强企业 …… 552
H-5 2018 年全市规模以上建筑材料制造业 50 强企业 …… 554
H-6 2018 年全市规模以上汽车制造业企业 …… 555
H-7 2018 年全市限额以上商贸超市 50 强企业 …… 556
H-8 2018 年全市星级酒店业 50 强企业 …… 557
H-9 2018 年全市房地产业 50 强企业 …… 558
H-10 惠州市星级饭店一览表 …… 560

附：主要统计指标解释 …… 561

惠州统计年鉴－2019

HUIZHOU STATISTICAL YEARBOOK

# 第一部分

# 统 计 图

## 地区生产总值（GDP）

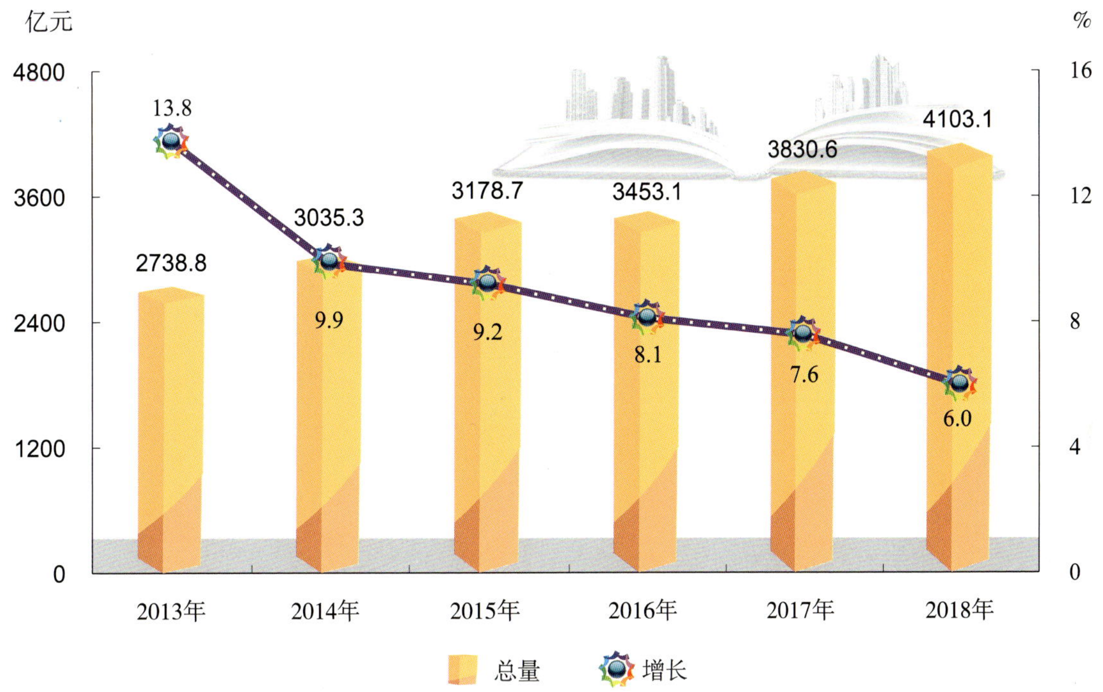


## 人均地区生产总值

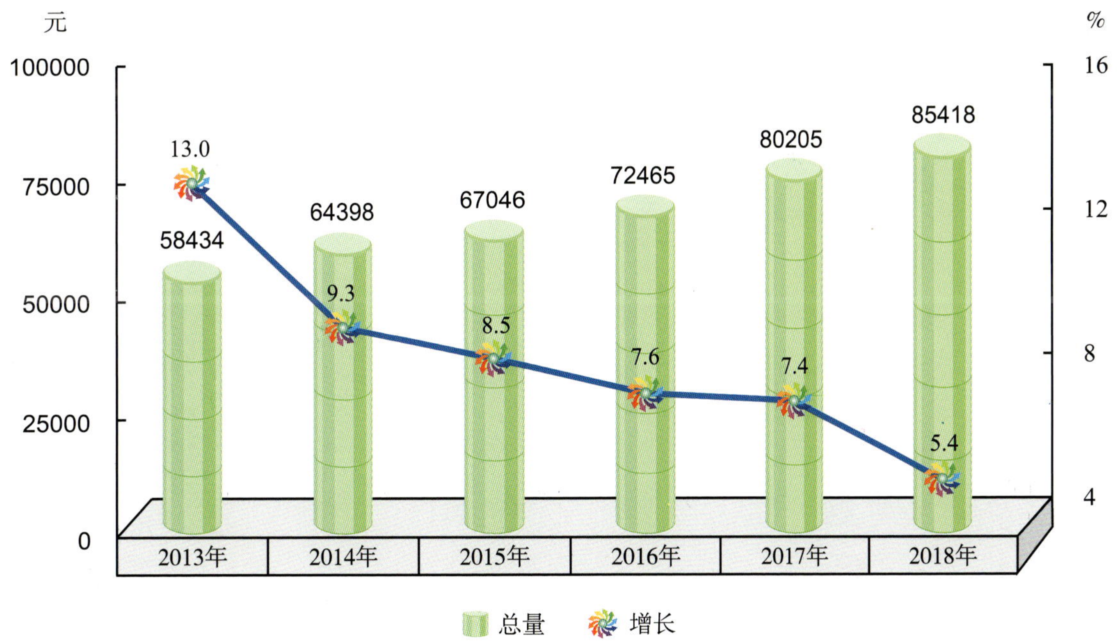

## 第三产业增加值

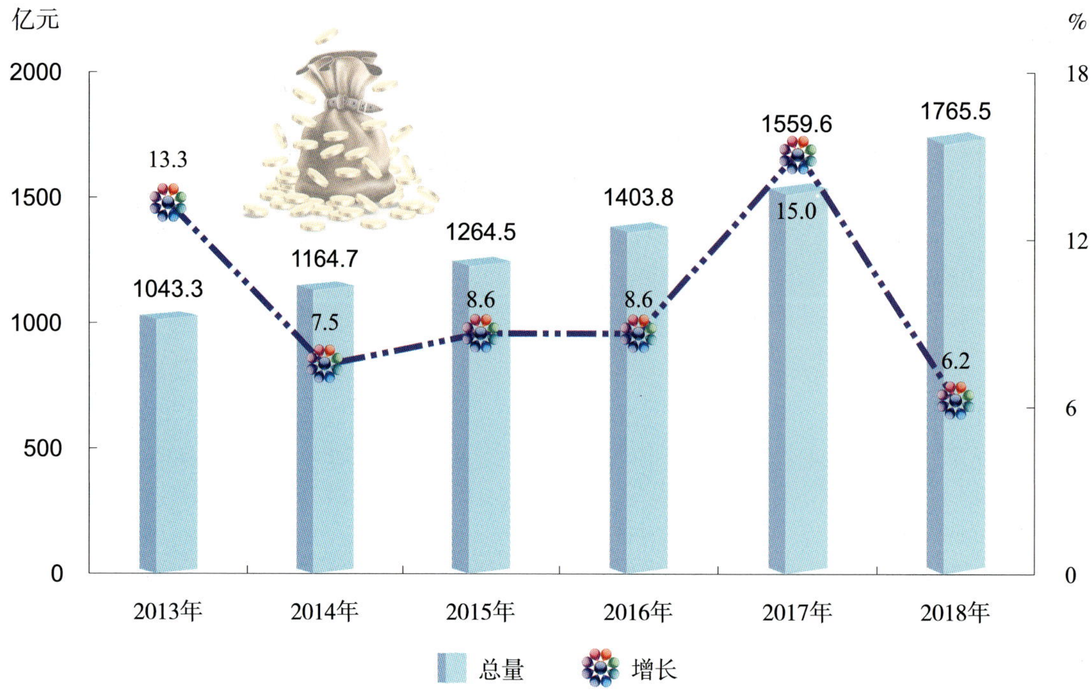


## 三次产业结构演变

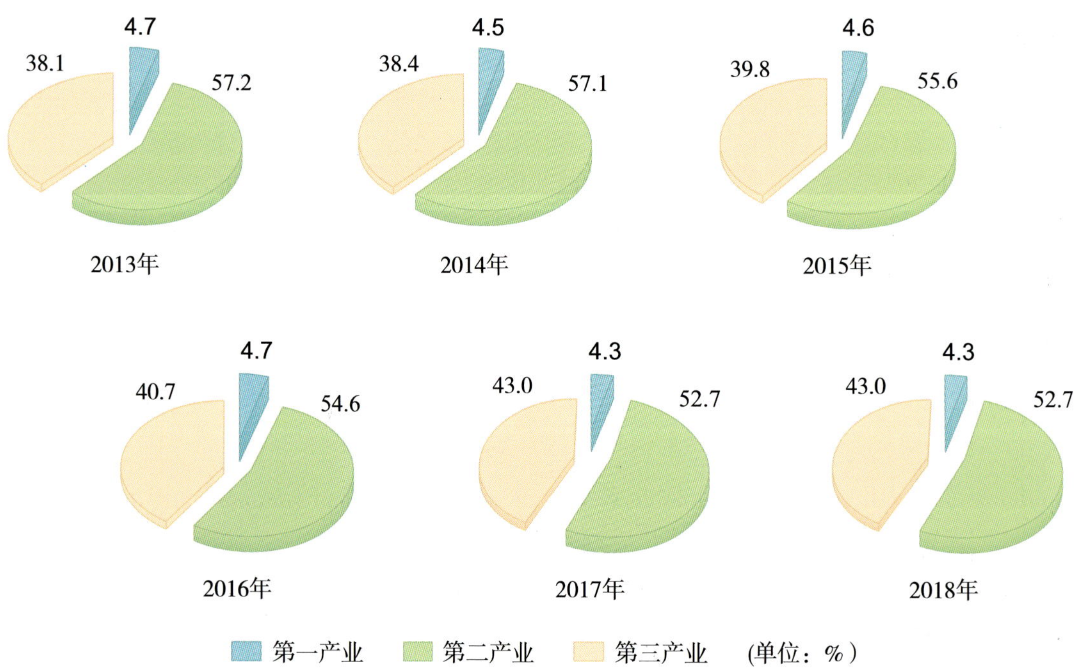

## 社会消费品零售总额

## 地方公共财政预算收入

## 居民收入

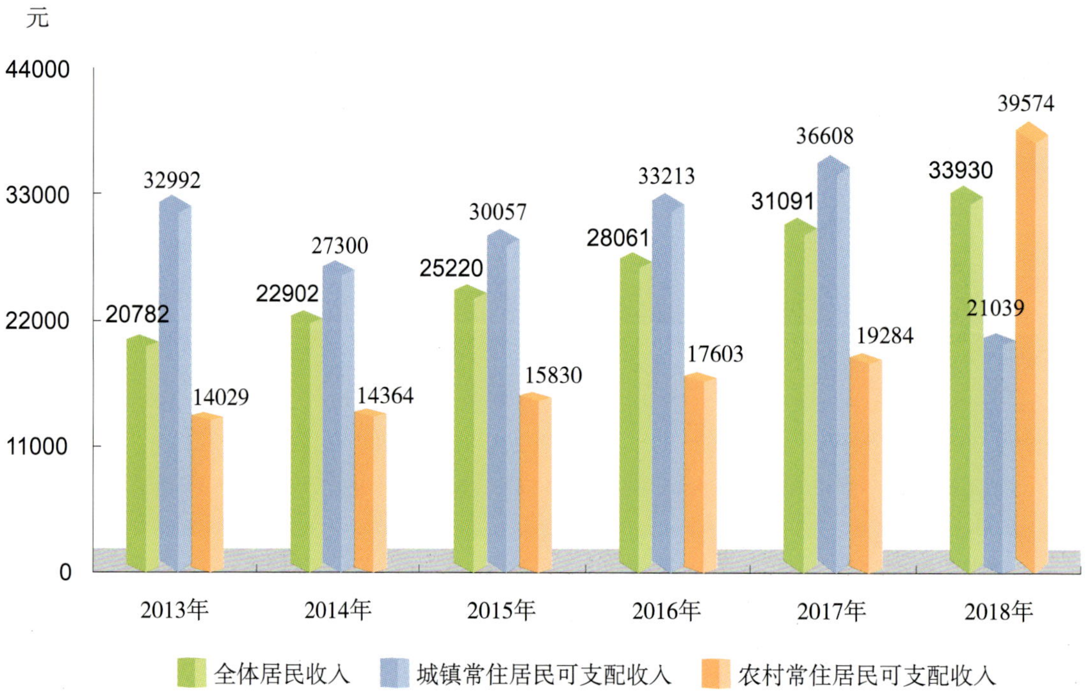
元
44000
33000
22000
11000
0
20782
32992
14029
22902
27300
14364
25220
30057
15830
28061
33213
17603
31091
36608
19284
33930
21039
39574
2013年
2014年
2015年
2016年
2017年
2018年
全体居民收入
城镇常住居民可支配收入
农村常住居民可支配收入

## 居民收入增幅

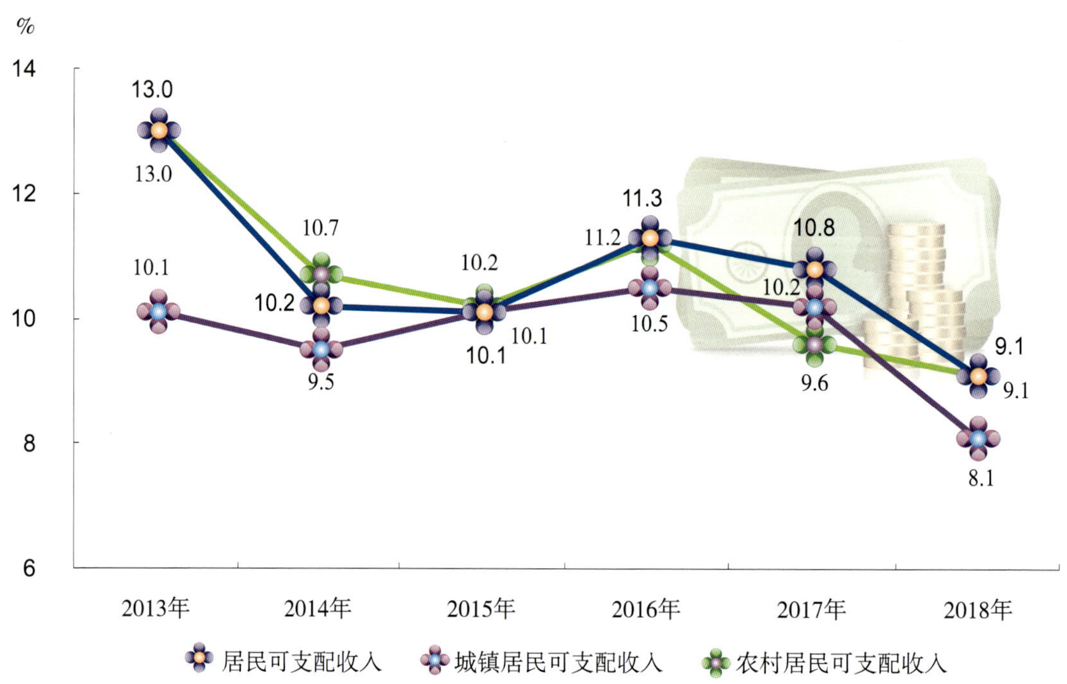
%
14
12
10
8
6
13.0
13.0
10.1
10.7
10.2
9.5
10.2
10.1
10.1
11.3
11.2
10.5
10.8
10.2
9.6
9.1
9.1
8.1
2013年
2014年
2015年
2016年
2017年
2018年
居民可支配收入
城镇居民可支配收入
农村居民可支配收入

## 在岗职工年平均工资

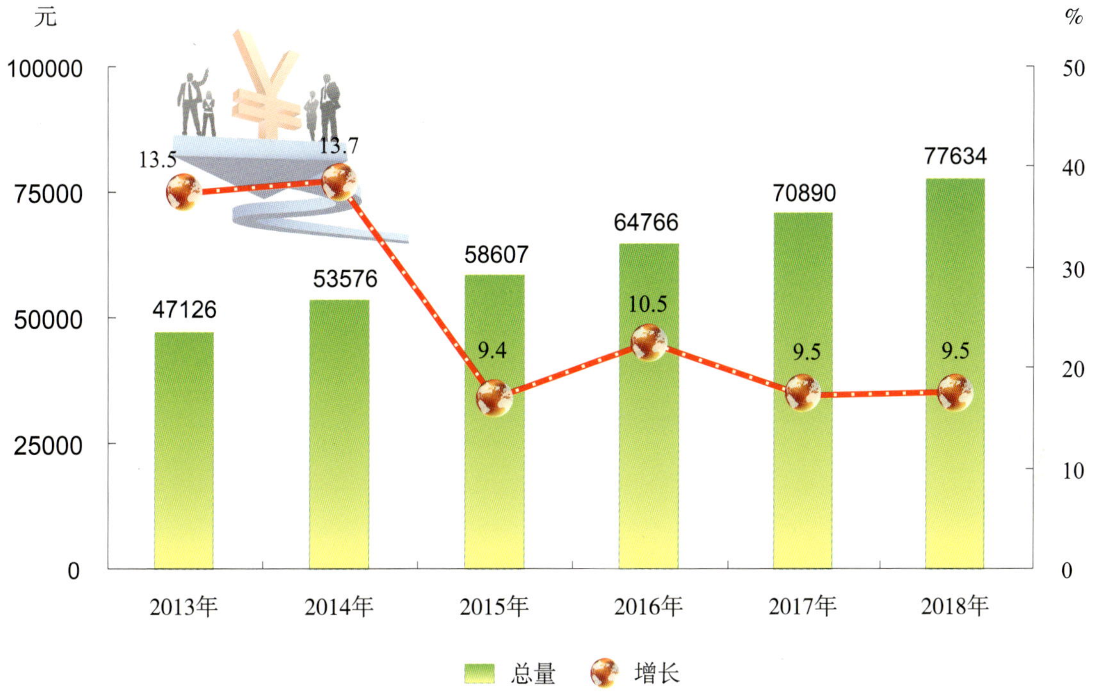


## 人口

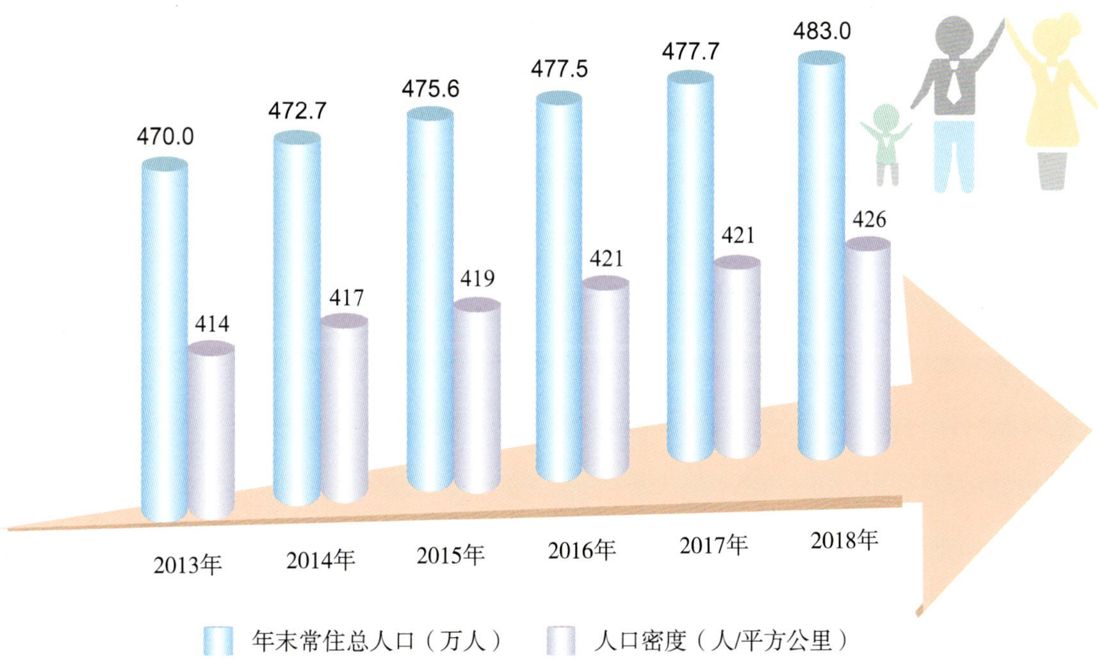

## 金融机构本外币存贷款余额

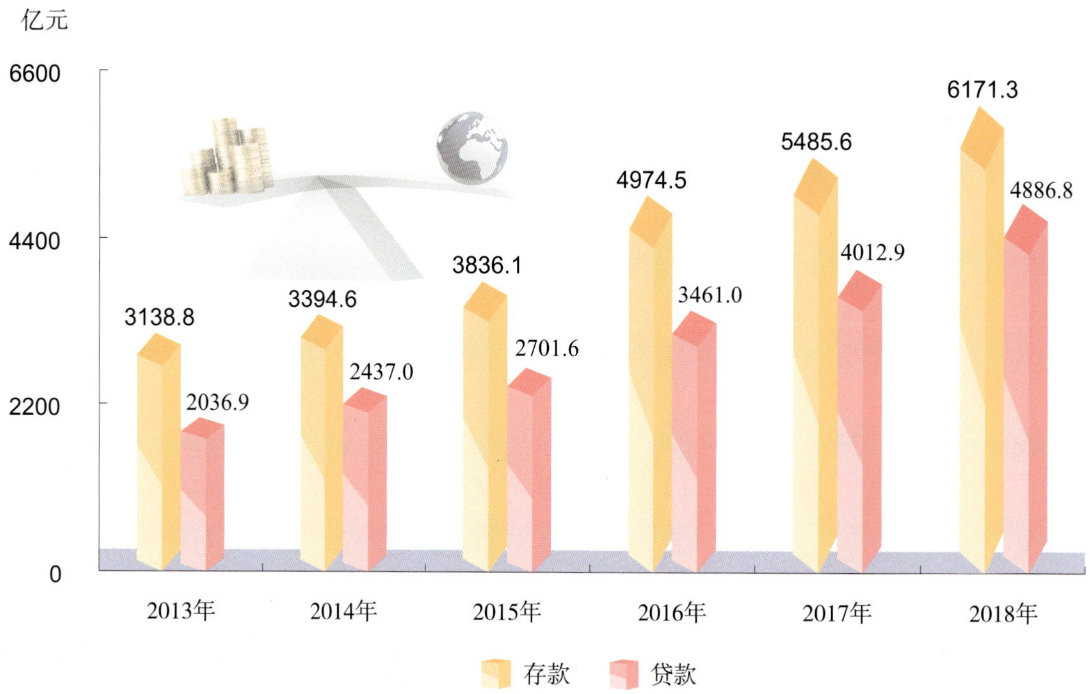


## 居民消费价格涨跌幅度

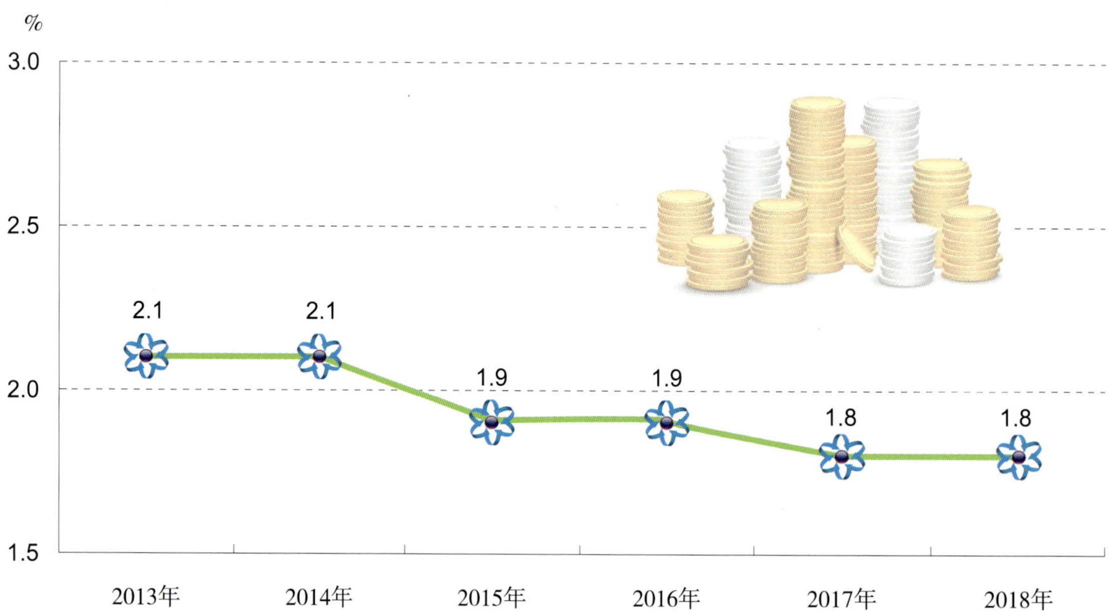

惠州统计年鉴－2019

HUIZHOU STATISTICAL YEARBOOK

# 第二部分

# 统 计 表

# 一、历年主要经济指标

# 1-1 历史指标数据

| 年份 | 年末户籍人口（万人） | 城镇人口 | 女性人口 | 年末常住总人口（万人） | 出生率（‰） | 死亡率（‰） | 自然增长率（‰） |
|---|---|---|---|---|---|---|---|
| 1949 | 103.30 | | | | | | |
| 1952 | 107.53 | | | | | | |
| 1957 | 118.23 | | | | | | |
| 1962 | 127.91 | | | | | | |
| 1965 | 138.99 | | | | | | |
| 1970 | 160.65 | | | | | | |
| 1975 | 180.13 | | | | | | |
| 1978 | 187.74 | 30.30 | 92.85 | | 21.83 | 5.90 | 15.93 |
| 1979 | 189.73 | 31.88 | 94.21 | | 26.68 | 5.87 | 20.81 |
| 1980 | 192.47 | 33.24 | 95.74 | | 23.70 | 5.49 | 18.21 |
| 1981 | 195.69 | 34.66 | 97.35 | | 22.90 | 5.37 | 17.53 |
| 1982 | 199.20 | 35.68 | 98.81 | | 22.83 | 5.21 | 17.62 |
| 1983 | 202.27 | 36.59 | 100.27 | | 20.22 | 5.84 | 14.38 |
| 1984 | 205.30 | 38.79 | 101.53 | | 20.09 | 5.30 | 14.79 |
| 1985 | 208.88 | 44.47 | 103.22 | | 17.67 | 5.17 | 12.50 |
| 1986 | 211.71 | 42.58 | 104.70 | | 16.77 | 4.77 | 12.00 |
| 1987 | 214.90 | 44.92 | 106.18 | | 15.34 | 4.35 | 10.99 |
| 1988 | 218.06 | 47.51 | 107.77 | | 14.17 | 4.61 | 9.56 |
| 1989 | 221.47 | 50.54 | 109.29 | | 14.17 | 4.75 | 9.42 |
| 1990 | 226.16 | 53.39 | 111.55 | 231.25 | 17.71 | 5.04 | 12.67 |
| 1991 | 232.86 | 61.31 | 114.89 | 239.01 | 17.36 | 4.77 | 12.59 |
| 1992 | 239.33 | 65.36 | 117.96 | 247.02 | 17.07 | 4.98 | 12.09 |
| 1993 | 245.72 | 71.25 | 120.89 | 255.31 | 16.96 | 4.80 | 12.16 |
| 1994 | 251.16 | 75.35 | 123.51 | 263.87 | 16.57 | 4.50 | 12.07 |
| 1995 | 255.90 | 80.61 | 125.78 | 272.72 | 16.30 | 4.85 | 13.93 |
| 1996 | 260.08 | 85.23 | 127.86 | 281.87 | 18.37 | 4.58 | 13.79 |
| 1997 | 266.53 | 89.80 | 131.10 | 291.32 | 16.39 | 4.50 | 11.89 |
| 1998 | 270.00 | 92.81 | 132.66 | 301.09 | 14.26 | 5.08 | 9.18 |
| 1999 | 271.82 | 94.18 | 133.36 | 311.19 | 11.76 | 4.60 | 7.16 |
| 2000 | 277.81 | 98.40 | 136.20 | 321.80 | 10.62 | 4.69 | 5.93 |
| 2001 | 280.45 | 100.57 | 137.49 | 334.77 | 9.66 | 4.26 | 5.39 |
| 2002 | 283.02 | 109.02 | 138.73 | 343.41 | 9.16 | 4.27 | 4.88 |
| 2003 | 286.36 | 111.85 | 140.22 | 352.27 | 9.48 | 4.40 | 5.08 |
| 2004 | 293.22 | 114.27 | 143.34 | 363.18 | 10.43 | 4.55 | 5.88 |
| 2005 | 297.58 | 166.53 | 145.29 | 370.69 | 9.74 | 4.38 | 5.36 |
| 2006 | 306.41 | 170.86 | 149.86 | 387.51 | 10.08 | 4.54 | 5.55 |
| 2007 | 312.89 | 183.35 | 153.31 | 402.86 | 10.24 | 4.67 | 5.58 |
| 2008 | 318.84 | 186.17 | 156.34 | 418.65 | 10.80 | 4.75 | 6.04 |
| 2009 | 324.36 | 187.07 | 159.27 | 435.08 | 10.95 | 4.60 | 6.35 |
| 2010 | 337.28 | 199.02 | 165.93 | 460.11 | 11.78 | 4.78 | 6.99 |
| 2011 | 343.03 | 203.51 | 169.06 | 463.36 | 11.43 | 4.66 | 6.77 |
| 2012 | 341.91 | 203.92 | 168.50 | 467.40 | 12.31 | 5.48 | 6.83 |
| 2013 | 343.37 | 204.45 | 169.11 | 470.00 | 11.59 | 4.66 | 6.93 |
| 2014 | 348.52 | 207.62 | 171.75 | 472.66 | 11.59 | 4.88 | 6.71 |
| 2015 | 357.07 | 177.87 | 176.10 | 475.55 | 9.79 | 3.71 | 6.08 |
| 2016 | 364.31 | 196.73 | 180.03 | 477.50 | 13.65 | 4.16 | 9.49 |
| 2017 | 369.24 | 206.30 | 182.89 | 477.70 | 15.21 | 4.77 | 10.45 |
| 2018 | 380.90 | 217.99 | 189.37 | 483.00 | 14.37 | 3.71 | 10.66 |

注：1. 2006–2009年年末常住人口根据2010年第六次全国人口普查快速汇总数据进行平滑调整；
2. 出生率、死亡率、自然增长率，2014年前为户籍人口口径，2014年(含)起为常住人口口径；
3. 1978–2014年，城镇人口数为非农业人口数，2015年起口径修改为城镇人口。

1-1.1

| 年份 | 从业人员(万人) | 第一产业 | 第二产业 | 第三产业 | 年末在岗职工人数(万人) |
|---|---|---|---|---|---|
| 1949 | 38.28 | | | | |
| 1952 | 40.55 | | | | |
| 1957 | 48.56 | | | | 2.31 |
| 1962 | 53.64 | | | | 4.31 |
| 1965 | 55.58 | | | | 5.55 |
| 1970 | 66.80 | | | | 8.26 |
| 1975 | 75.61 | | | | 11.43 |
| 1978 | 83.46 | | | | 16.00 |
| 1979 | 82.49 | | | | 16.11 |
| 1980 | 85.54 | | | | 17.13 |
| 1981 | 87.75 | | | | 17.99 |
| 1982 | 90.73 | | | | 18.31 |
| 1983 | 93.31 | | | | 18.27 |
| 1984 | 97.73 | | | | 18.34 |
| 1985 | 99.63 | | | | 19.85 |
| 1986 | 102.39 | | | | 19.87 |
| 1987 | 106.94 | | | | 21.20 |
| 1988 | 110.44 | | | | 22.14 |
| 1989 | 113.37 | | | | 23.37 |
| 1990 | 119.85 | 62.91 | 24.79 | 32.15 | 23.77 |
| 1991 | 125.85 | 63.65 | 27.26 | 34.94 | 28.03 |
| 1992 | 134.49 | 62.54 | 34.56 | 37.39 | 30.87 |
| 1993 | 145.83 | 62.26 | 40.60 | 42.97 | 34.45 |
| 1994 | 157.52 | 61.18 | 44.22 | 52.12 | 38.56 |
| 1995 | 172.85 | 64.54 | 48.80 | 59.51 | 43.44 |
| 1996 | 165.28 | 66.40 | 49.42 | 49.46 | 44.09 |
| 1997 | 180.98 | 67.45 | 50.86 | 62.67 | 44.93 |
| 1998 | 183.03 | 68.62 | 50.97 | 63.44 | 42.76 |
| 1999 | 185.05 | 69.33 | 50.79 | 64.93 | 42.15 |
| 2000 | 186.70 | 69.37 | 51.90 | 65.43 | 42.19 |
| 2001 | 196.84 | 69.82 | 53.44 | 73.58 | 42.71 |
| 2002 | 216.55 | 76.92 | 61.37 | 78.26 | 47.43 |
| 2003 | 206.67 | 69.56 | 88.38 | 48.73 | 50.24 |
| 2004 | 212.92 | 68.37 | 92.24 | 52.31 | 53.23 |
| 2005 | 222.62 | 69.35 | 99.22 | 54.05 | 64.92 |
| 2006 | 227.84 | 67.53 | 102.70 | 57.61 | 66.90 |
| 2007 | 236.47 | 64.79 | 109.13 | 62.55 | 75.70 |
| 2008 | 243.74 | 63.62 | 109.37 | 70.75 | 72.60 |
| 2009 | 252.16 | 62.21 | 115.75 | 69.21 | 76.59 |
| 2010 | 260.14 | 55.12 | 126.99 | 78.03 | 78.60 |
| 2011 | 267.97 | 52.56 | 133.12 | 82.27 | 83.35 |
| 2012 | 270.04 | 52.19 | 134.15 | 83.70 | 87.22 |
| 2013 | 277.27 | 51.87 | 137.61 | 87.79 | 83.91 |
| 2014 | 280.62 | 50.80 | 141.33 | 88.48 | 89.31 |
| 2015 | 281.51 | 50.14 | 139.82 | 91.55 | 88.33 |
| 2016 | 285.57 | 49.41 | 142.71 | 93.45 | 92.74 |
| 2017 | 289.10 | 49.03 | 143.97 | 96.10 | 94.97 |
| 2018 | 290.33 | 48.32 | 144.55 | 97.46 | 90.86 |

注：2006—2009年根据第六次人口普查结果进行调整。

1-1.2

| 年份 | 本市生产总值(万元) | 第一产业 | 第二产业 | 第三产业 | 人均GDP(元) | 本市生产总值指数(%) | 第一产业 | 第二产业 | 第三产业 |
|---|---|---|---|---|---|---|---|---|---|
| 1949 | 11180 | 8821 | 556 | 1803 | 109 | 100 | 100 | 100 | 100 |
| 1950 | 12171 | 9326 | 616 | 2229 | 117 | 124.6 | 125.4 | 116.4 | 123.2 |
| 1951 | 12875 | 9840 | 683 | 2352 | 123 | 107.2 | 107.7 | 112.4 | 104.5 |
| 1952 | 14493 | 10620 | 1064 | 2809 | 136 | 114.8 | 111.2 | 140.8 | 124.3 |
| 1953 | 15603 | 11017 | 1310 | 3276 | 144 | 107.9 | 105.7 | 137.3 | 109.7 |
| 1954 | 21220 | 15846 | 1769 | 3605 | 193 | 111.2 | 111.2 | 144.2 | 104.1 |
| 1955 | 23322 | 17396 | 1981 | 3945 | 210 | 103.6 | 102.4 | 118.4 | 103.1 |
| 1956 | 25346 | 18240 | 2671 | 4435 | 224 | 109.7 | 108.3 | 135.6 | 105.8 |
| 1957 | 26053 | 18038 | 3431 | 4584 | 224 | 99.7 | 97.7 | 119.2 | 98.3 |
| 1958 | 26287 | 17868 | 3689 | 4730 | 220 | 100.0 | 99.1 | 110.7 | 97.3 |
| 1959 | 25944 | 15818 | 4367 | 5759 | 214 | 95.5 | 85.5 | 117.0 | 116.8 |
| 1960 | 29752 | 19353 | 4360 | 6039 | 242 | 107.3 | 111.0 | 101.8 | 101.2 |
| 1961 | 25026 | 17195 | 2987 | 4844 | 201 | 85.9 | 94.1 | 64.2 | 76.6 |
| 1962 | 39841 | 29994 | 3411 | 6436 | 316 | 110.1 | 106.9 | 92.3 | 130.0 |
| 1963 | 31631 | 21271 | 2789 | 7571 | 244 | 103.9 | 100.1 | 102.0 | 115.0 |
| 1964 | 38019 | 25807 | 4125 | 8087 | 287 | 117.0 | 116.5 | 147.6 | 108.5 |
| 1965 | 42131 | 29647 | 5447 | 7037 | 309 | 111.8 | 119.3 | 116.3 | 90.2 |
| 1966 | 39525 | 26132 | 4949 | 8444 | 280 | 103.8 | 99.5 | 93.6 | 124.6 |
| 1967 | 42729 | 29095 | 5094 | 8540 | 295 | 104.8 | 105.7 | 111.0 | 99.6 |
| 1968 | 41156 | 28319 | 5018 | 7819 | 275 | 95.1 | 97.6 | 91.5 | 90.4 |
| 1969 | 42615 | 28461 | 5294 | 8860 | 277 | 103.1 | 100.4 | 100.7 | 112.5 |
| 1970 | 47834 | 31820 | 6864 | 9150 | 302 | 110.4 | 109.4 | 133.7 | 103.1 |
| 1971 | 50678 | 33628 | 7283 | 9767 | 311 | 106.1 | 107.8 | 97.4 | 105.8 |
| 1972 | 54093 | 34947 | 8444 | 10702 | 325 | 103.6 | 99.1 | 120.4 | 108.5 |
| 1973 | 55092 | 34187 | 9186 | 11719 | 323 | 100.8 | 96.1 | 108.5 | 109.3 |
| 1974 | 58900 | 38144 | 9551 | 11205 | 337 | 104.9 | 109.5 | 102.0 | 95.3 |
| 1975 | 59794 | 36742 | 10468 | 12584 | 335 | 101.3 | 95.6 | 111.0 | 111.2 |
| 1976 | 63665 | 37891 | 11533 | 14241 | 351 | 106.6 | 104.2 | 106.9 | 112.4 |
| 1977 | 64885 | 37328 | 12294 | 15263 | 352 | 105.7 | 106.1 | 104.1 | 105.8 |
| 1978 | 67596 | 37720 | 14065 | 15811 | 360 | 103.7 | 101.1 | 120.8 | 99.8 |
| 1979 | 67917 | 35496 | 13368 | 19053 | 358 | 96.7 | 86.8 | 94.4 | 120.6 |
| 1980 | 75357 | 41077 | 13525 | 20755 | 391 | 106.2 | 106.7 | 105.6 | 105.8 |
| 1981 | 90879 | 48930 | 16105 | 25844 | 464 | 113.5 | 112.1 | 113.6 | 115.7 |
| 1982 | 103536 | 52806 | 19745 | 30985 | 523 | 115.4 | 113.5 | 120.5 | 115.7 |
| 1983 | 102144 | 52101 | 19417 | 30626 | 505 | 96.8 | 93.5 | 102.2 | 99.1 |
| 1984 | 117923 | 58549 | 21204 | 38170 | 576 | 107.0 | 110.3 | 98.7 | 106.9 |
| 1985 | 137464 | 65999 | 32070 | 39395 | 656 | 110.9 | 103.0 | 148.5 | 103.5 |
| 1986 | 166334 | 74453 | 39186 | 52695 | 783 | 117.3 | 109.9 | 113.7 | 131.1 |
| 1987 | 224107 | 93760 | 60156 | 70191 | 1042 | 123.2 | 99.2 | 162.9 | 128.1 |
| 1988 | 323416 | 130478 | 84675 | 108263 | 1482 | 117.6 | 107.1 | 116.3 | 129.1 |
| 1989 | 390768 | 152609 | 99999 | 138160 | 1769 | 112.5 | 111.1 | 115.8 | 111.1 |

## 1-1.2 续表1

| 年份 | 本市生产总值(万元) | 第一产业 | 第二产业 | 第三产业 | 人均GDP(元) | 本市生产总值指数(%) | 第一产业 | 第二产业 | 第三产业 |
|---|---|---|---|---|---|---|---|---|---|
| 1990 | 487913 | 175371 | 144398 | 168144 | 2110 | 123.1 | 120.5 | 130.6 | 119.6 |
| 1991 | 614253 | 189069 | 220258 | 204926 | 2569 | 123.9 | 109.8 | 148.2 | 115.2 |
| 1992 | 841348 | 225313 | 320550 | 295485 | 3462 | 132.9 | 117.2 | 144.4 | 132.8 |
| 1993 | 1324826 | 258176 | 595953 | 470697 | 5190 | 142.3 | 102.6 | 166.4 | 141.5 |
| 1994 | 1793884 | 338054 | 843706 | 612124 | 6799 | 127.8 | 111.4 | 140.5 | 118.7 |
| 1995 | 2295679 | 396992 | 1154242 | 744445 | 8557 | 125.4 | 107.7 | 136.7 | 115.3 |
| 1996 | 2713746 | 454228 | 1460372 | 799145 | 9786 | 117.9 | 109.8 | 125.9 | 106.1 |
| 1997 | 3189026 | 541678 | 1772237 | 875111 | 11127 | 117.2 | 110.3 | 122.3 | 108.5 |
| 1998 | 3574207 | 549949 | 2041812 | 982446 | 12067 | 114.8 | 103.1 | 117.3 | 113.6 |
| 1999 | 3942003 | 592605 | 2261163 | 1088235 | 12876 | 112.7 | 109.4 | 114.2 | 109.9 |
| 2000 | 4391944 | 622339 | 2552591 | 1217014 | 13877 | 111.3 | 106.1 | 113.1 | 108.6 |
| 2001 | 4789523 | 654378 | 2767390 | 1367754 | 14590 | 109.5 | 107.3 | 109.2 | 111.4 |
| 2002 | 5265704 | 673896 | 3065762 | 1526045 | 15529 | 110.7 | 104.7 | 112.1 | 110.8 |
| 2003 | 5864620 | 682657 | 3437058 | 1744905 | 16860 | 112.2 | 100.4 | 114.4 | 113.2 |
| 2004 | 6864489 | 770976 | 3921240 | 2172273 | 19189 | 115.1 | 104.2 | 114.4 | 121.2 |
| 2005 | 8051130 | 751011 | 4567923 | 2732196 | 21942 | 116.1 | 105.6 | 117.4 | 117.3 |
| 2006 | 9309277 | 687970 | 5408867 | 3212440 | 24556 | 116.8 | 102.4 | 120.6 | 114.5 |
| 2007 | 11217080 | 782595 | 6432011 | 4002474 | 28384 | 117.7 | 104.5 | 119.1 | 118.5 |
| 2008 | 13095122 | 900817 | 7470285 | 4724020 | 31881 | 111.7 | 103.9 | 111.6 | 113.6 |
| 2009 | 14214542 | 894173 | 7950800 | 5369569 | 33300 | 113.3 | 103.8 | 113.5 | 114.7 |
| 2010 | 17419269 | 1008772 | 10270937 | 6139560 | 38917 | 118.3 | 104.0 | 124.2 | 110.6 |
| 2011 | 21161039 | 1140645 | 12362484 | 7657910 | 45829 | 115.2 | 103.9 | 115.4 | 116.8 |
| 2012 | 24070051 | 1215463 | 13923082 | 8931506 | 51721 | 112.8 | 102.9 | 114.5 | 111.5 |
| 2013 | 27387968 | 1301133 | 15653373 | 10433462 | 58434 | 113.8 | 103.3 | 121.7 | 113.3 |
| 2014 | 30352534 | 1365417 | 17339857 | 11647260 | 64398 | 109.9 | 104.6 | 111.7 | 107.5 |
| 2015 | 31786766 | 1461251 | 17680753 | 12644762 | 67046 | 109.2 | 104.3 | 109.8 | 108.6 |
| 2016 | 34531419 | 1642065 | 18851119 | 14038235 | 72465 | 108.1 | 104.7 | 108.1 | 108.6 |
| 2017 | 38305819 | 1665738 | 20172019 | 16468062 | 80205 | 107.6 | 104.5 | 102.5 | 115.0 |
| 2018 | 41030532 | 1759781 | 21615773 | 17654978 | 85418 | 106.0 | 103.6 | 106.0 | 106.2 |

注：1. 2005—2017年为第三次农业普查修订数据，含R&D口径；
2. 2013年起三次产业根据新国民经济行业划分标准，农业中的农林牧渔服务业、工业中的开采辅助活动及金属制品、机械和设备修理业划入第三产业；
3. 指数为定基指数，2015、2010、2005、2000、1995、1990等年份为计算基期，以此为例往前推算，每五年为一个定基价格指数。

1-1.2 续表 2

| 年份 | 本市生产总值(%) | 第一产业 | 第二产业 | 第三产业 |
|---|---|---|---|---|
| 1978 | 100 | 55.8 | 20.8 | 23.4 |
| 1979 | 100 | 52.3 | 19.7 | 28.0 |
| 1980 | 100 | 54.5 | 18.0 | 27.5 |
| 1981 | 100 | 53.9 | 17.7 | 28.4 |
| 1982 | 100 | 51.0 | 19.1 | 29.9 |
| 1983 | 100 | 51.0 | 19.0 | 30.0 |
| 1984 | 100 | 49.6 | 18.0 | 32.4 |
| 1985 | 100 | 48.0 | 23.3 | 28.7 |
| 1986 | 100 | 44.7 | 23.6 | 31.7 |
| 1987 | 100 | 41.9 | 26.8 | 31.3 |
| 1988 | 100 | 40.3 | 26.2 | 33.5 |
| 1989 | 100 | 39.0 | 25.6 | 33.4 |
| 1990 | 100 | 35.9 | 29.6 | 34.5 |
| 1991 | 100 | 30.7 | 35.9 | 33.4 |
| 1992 | 100 | 26.8 | 38.1 | 35.1 |
| 1993 | 100 | 19.5 | 45.0 | 35.5 |
| 1994 | 100 | 18.9 | 47.0 | 34.1 |
| 1995 | 100 | 17.3 | 50.3 | 32.4 |
| 1996 | 100 | 16.7 | 53.8 | 29.5 |
| 1997 | 100 | 17.0 | 55.6 | 27.4 |
| 1998 | 100 | 15.4 | 57.1 | 27.5 |
| 1999 | 100 | 15.0 | 57.4 | 27.6 |
| 2000 | 100 | 14.2 | 58.1 | 27.7 |
| 2001 | 100 | 13.6 | 57.8 | 28.6 |
| 2002 | 100 | 12.8 | 58.2 | 29.0 |
| 2003 | 100 | 11.6 | 58.6 | 29.8 |
| 2004 | 100 | 11.3 | 57.1 | 31.6 |
| 2005 | 100 | 9.3 | 56.7 | 34.0 |
| 2006 | 100 | 7.4 | 58.1 | 34.5 |
| 2007 | 100 | 7.0 | 57.3 | 35.7 |
| 2008 | 100 | 6.9 | 57.0 | 36.1 |
| 2009 | 100 | 6.3 | 55.9 | 37.8 |
| 2010 | 100 | 5.8 | 59.0 | 35.2 |
| 2011 | 100 | 5.4 | 58.4 | 36.2 |
| 2012 | 100 | 5.1 | 57.8 | 37.1 |
| 2013 | 100 | 4.7 | 57.2 | 38.1 |
| 2014 | 100 | 4.5 | 57.1 | 38.4 |
| 2015 | 100 | 4.6 | 55.6 | 39.8 |
| 2016 | 100 | 4.7 | 54.6 | 40.7 |
| 2017 | 100 | 4.3 | 52.7 | 43.0 |
| 2018 | 100 | 4.3 | 52.7 | 43.0 |

1–1.3

| 年 份 | 固定资产投资(万元) | 房地产开发 | # 国有经济单位投资(万元) | 新增固定资产投资(万元) | 商品房销售面积(万平方米) | 商品房销售额(亿元) |
|---|---|---|---|---|---|---|
| 1952 | 65 | | | | | |
| 1957 | 1125 | | | | | |
| 1962 | 412 | | | | | |
| 1965 | 2444 | | | | | |
| 1970 | 1753 | | | | | |
| 1975 | 2857 | | | | | |
| 1978 | 5991 | | 5412 | 2281 | | |
| 1979 | 5604 | | 5182 | 1984 | | |
| 1980 | 8623 | | 8272 | 3590 | | |
| 1981 | 18535 | | 10324 | 17445 | | |
| 1982 | 27468 | | 14118 | 22575 | | |
| 1983 | 23703 | | 13448 | 17664 | | |
| 1984 | 25799 | | 12930 | 34637 | | |
| 1985 | 40932 | | 17565 | 36700 | | |
| 1986 | 42022 | | 20775 | 35429 | | |
| 1987 | 66330 | | 29885 | 60744 | | |
| 1988 | 94932 | | 36195 | 79671 | | |
| 1989 | 107324 | | 52909 | 94568 | | |
| 1990 | 165399 | 8900 | 99271 | 138344 | | |
| 1991 | 223295 | 19699 | 135097 | 164072 | | |
| 1992 | 423763 | 43293 | 250270 | 285596 | | |
| 1993 | 917831 | 209362 | 634949 | 568072 | 79.54 | 11.33 |
| 1994 | 756761 | 96102 | 474351 | 193844 | | |
| 1995 | 616145 | 90969 | 402492 | 337770 | | |
| 1996 | 631257 | 48139 | 435564 | 417831 | 17.10 | 2.33 |
| 1997 | 588301 | 44477 | 396904 | 677075 | 9.96 | 2.35 |
| 1998 | 603754 | 55355 | 388213 | 578269 | 25.07 | 3.80 |
| 1999 | 665760 | 66655 | 446537 | 551361 | 26.00 | 4.29 |
| 2000 | 774104 | 92069 | 499766 | 717371 | 48.43 | 8.12 |
| 2001 | 844273 | 106472 | 536391 | 729930 | 45.48 | 7.88 |
| 2002 | 1047340 | 158773 | 717190 | 778366 | 56.36 | 13.24 |
| 2003 | 2284704 | 272724 | 1954087 | 1042687 | 86.13 | 16.70 |
| 2004 | 2976139 | 295532 | 2598702 | 1030306 | 101.13 | 22.88 |
| 2005 | 3523708 | 438917 | 501163 | 1513591 | 149.40 | 37.97 |
| 2006 | 3087813 | 690302 | 549679 | 5041074 | 254.71 | 75.80 |
| 2007 | 4869094 | 1377564 | 1428299 | 1965560 | 390.99 | 156.18 |
| 2008 | 5887368 | 1868314 | 1662243 | 2249185 | 295.90 | 121.94 |
| 2009 | 7589682 | 1753332 | 2247850 | 5826042 | 543.81 | 232.01 |
| 2010 | 8940191 | 2678611 | 2199034 | 5712027 | 627.30 | 311.17 |
| 2011 | 10252067 | 3775399 | 2163119 | 6666439 | 796.30 | 440.87 |
| 2012 | 12086803 | 4821683 | 2238291 | 6830591 | 826.72 | 478.42 |
| 2013 | 14013040 | 5934706 | 2588028 | 7522838 | 1149.46 | 672.11 |
| 2014 | 16067089 | 6672975 | 2921882 | 8863910 | 983.94 | 588.81 |
| 2015 | 18639306 | 6104497 | 4463464 | 11898908 | 1299.78 | 800.38 |
| 2016 | 20397056 | 7476324 | 4179074 | 11483597 | 1771.91 | 1415.00 |
| 2017 | 22348768 | 8841949 | 4197996 | 16935218 | 1645.65 | 1628.81 |
| 2018 | — | 9839417 | — | — | 1663.37 | 1778.41 |

1-1.4

| 年 份 | 地方公共财政预算收入(万元) | 地方公共财政预算支出(万元) | 金融机构存款余额(万元) | 住户存款余额(万元) | 金融机构贷款余额(万元) |
|---|---|---|---|---|---|
| 1963 | 2395 | 1938 | | | |
| 1964 | 4629 | 2299 | | | |
| 1965 | 4340 | 2222 | | | |
| 1966 | 4544 | 3044 | | | |
| 1967 | 3845 | 2746 | | | |
| 1968 | 4729 | 2234 | | | |
| 1969 | 5269 | 2906 | | | |
| 1970 | 5159 | 2920 | | | |
| 1971 | 6167 | 3044 | | | |
| 1972 | 5908 | 4739 | | | |
| 1973 | 5961 | 4179 | | | |
| 1974 | 5439 | 2625 | | | |
| 1975 | 4947 | 5024 | | 1747 | |
| 1976 | 4392 | 4132 | | | |
| 1977 | 4745 | 4247 | | | |
| 1978 | 5500 | 5921 | 11320 | 3167 | 25533 |
| 1979 | 3086 | 5735 | 15097 | 4508 | 29052 |
| 1980 | 3760 | 6901 | 21978 | 6106 | 39095 |
| 1981 | 5278 | 8378 | 30350 | 8906 | 48069 |
| 1982 | 4488 | 8421 | 32897 | 11548 | 53872 |
| 1983 | 4888 | 9259 | 42115 | 15518 | 58545 |
| 1984 | 4937 | 10433 | 68598 | 25711 | 89880 |
| 1985 | 5433 | 13321 | 81580 | 37112 | 106910 |
| 1986 | 8917 | 18239 | 116242 | 54669 | 136221 |
| 1987 | 13261 | 23701 | 160861 | 80969 | 183514 |
| 1988 | 20821 | 29456 | 164170 | 107628 | 203942 |
| 1989 | 23802 | 35697 | 198416 | 154493 | 247536 |

## 1-1.4 续表

| 年 份 | 地方公共财政预算收入(万元) | 地方公共财政预算支出(万元) | 金融机构人民币存款余额(万元) | 住户存款余额(万元) | 金融机构人民币贷款余额(万元) |
|---|---|---|---|---|---|
| 1990 | 28098 | 43934 | 408425 | 243080 | 387858 |
| 1991 | 39449 | 53729 | 447167 | 378205 | 370297 |
| 1992 | 57606 | 77309 | 1153953 | 823452 | 538911 |
| 1993 | 93622 | 108904 | 1540834 | 1017762 | 1317543 |
| 1994 | 74409 | 112167 | 1600774 | 1118399 | 1416385 |
| 1995 | 76925 | 118321 | 1933487 | 1434177 | 1968310 |
| 1996 | 70669 | 116392 | 2459994 | 1704458 | 2620118 |
| 1997 | 76086 | 132446 | 2807971 | 2080232 | 2744975 |
| 1998 | 94281 | 149709 | 3109384 | 2314576 | 2846817 |
| 1999 | 107529 | 168174 | 3499731 | 2515692 | 2439765 |
| 2000 | 129356 | 197886 | 3590688 | 2493084 | 2133399 |
| 2001 | 182792 | 258858 | 4024608 | 2740804 | 2267685 |
| 2002 | 197153 | 330094 | 4790091 | 3191087 | 2653794 |
| 2003 | 241238 | 387786 | 5719088 | 3795484 | 3138211 |
| 2004 | 254208 | 459451 | 6651342 | 4472809 | 3478121 |
| 2005 | 347218 | 524097 | 7817848 | 5222112 | 3672270 |
| 2006 | 444473 | 660323 | 9467087 | 6072335 | 4407589 |
| 2007 | 620603 | 860589 | 11338239 | 6476106 | 5632461 |
| 2008 | 780657 | 1062985 | 13045899 | 7716561 | 6598939 |
| 2009 | 1015651 | 1347527 | 17344007 | 8674938 | 9249371 |
| 2010 | 1312270 | 1854379 | 20411875 | 10317915 | 10976616 |
| 2011 | 1628309 | 2272099 | 23374233 | 11444613 | 12897517 |
| 2012 | 2008762 | 2740831 | 25176322 | 13175734 | 14846221 |
| 2013 | 2501721 | 3282913 | 30044146 | 15207027 | 18278746 |
| 2014 | 3007453 | 3729722 | 31845160 | 16111201 | 21768038 |
| 2015 | 3400183 | 4860668 | 36125234 | 17175953 | 24643503 |
| 2016 | 3613044 | 5090750 | 45447300 | 19452277 | 31551265 |
| 2017 | 3890838 | 5540130 | 50760024 | 21530379 | 38186415 |
| 2018 | 3930058 | 5442473 | 58396518 | 23611950 | 46508367 |

注：表中金融指标均为人民币口径，2015年起，城乡居民储蓄存款余额改为住户存款余额，1963—2014年为城乡居民储蓄存款余额数据。

1-1.5

| 年 份 | 在岗职工工资总额(万元) | 国有经济 | 在岗职工年平均工资 (元) | 职工平均工资指数(%) | 城镇居民家庭人均可支配收入(元) | 城镇居民家庭人均消费性支出(元) | 农村居民家庭人均纯收入 (元) | 农村居民家庭人均消费性支出(元) |
|---|---|---|---|---|---|---|---|---|
| 1957 | 1232 | 1232 | 532 | 104.1 | | | | |
| 1962 | 2198 | 2198 | 510 | 117.2 | | | | |
| 1965 | 2875 | 2816 | 518 | 98.7 | | | | |
| 1970 | 3281 | 3281 | 546 | 98.0 | | | | |
| 1975 | 4938 | 4370 | 607 | 102.5 | | | | |
| 1978 | 8950 | 6277 | 599 | 95.7 | | | 159 | |
| 1979 | 8984 | 7044 | 597 | 99.7 | | | 165 | |
| 1980 | 11529 | 8897 | 705 | 118.1 | | | 209 | |
| 1981 | 13247 | 10481 | 772 | 109.5 | | | 327 | |
| 1982 | 14653 | 12063 | 849 | 110.0 | | | 402 | |
| 1983 | 15567 | 12377 | 880 | 119.6 | | | 392 | |
| 1984 | 20107 | 15253 | 1052 | 109.3 | | | 468 | 399 |
| 1985 | 21232 | 15711 | 1150 | 109.3 | 747 | 720 | 505 | 446 |
| 1986 | 25111 | 18187 | 1314 | 113.8 | 1027 | 1011 | 520 | 471 |
| 1987 | 29168 | 20630 | 1462 | 111.4 | 1235 | 1148 | 639 | 512 |
| 1988 | 43385 | 29605 | 2057 | 140.7 | 1512 | 1462 | 785 | 678 |
| 1989 | 54397 | 36625 | 2365 | 115.0 | 2145 | 1929 | 943 | 1018 |
| 1990 | 63016 | 40874 | 2786 | 117.8 | 2602 | 2349 | 1131 | 1062 |
| 1991 | 88474 | 52800 | 3302 | 118.5 | 3142 | 2712 | 1217 | 1108 |
| 1992 | 114028 | 66677 | 3871 | 117.4 | 3969 | 3768 | 1393 | 1355 |
| 1993 | 169932 | 95900 | 5119 | 132.0 | 5953 | 5387 | 1700 | 1884 |
| 1994 | 230994 | 122813 | 6262 | 122.3 | 7566 | 6225 | 2230 | 2244 |
| 1995 | 275711 | 128326 | 6716 | 107.3 | 7857 | 7156 | 2641 | 2563 |
| 1996 | 287574 | 135335 | 6889 | 102.6 | 8141 | 7554 | 3112 | 2767 |
| 1997 | 305664 | 138970 | 6966 | 101.1 | 8563 | 7262 | 3305 | 2690 |
| 1998 | 329725 | 143869 | 7835 | 112.5 | 8982 | 7362 | 3422 | 2579 |
| 1999 | 367555 | 165464 | 8883 | 113.4 | 9436 | 8194 | 3531 | 2738 |
| 2000 | 399339 | 175953 | 9607 | 108.2 | 9824 | 8555 | 3630 | 2737 |
| 2001 | 446319 | 197786 | 10482 | 109.1 | 10014 | 8574 | 3750 | 2724 |
| 2002 | 522965 | 216224 | 11318 | 108.0 | 10691 | 8603 | 3903 | 2805 |
| 2003 | 644073 | 254571 | 13265 | 117.2 | 12673 | 10303 | 4054 | 3005 |
| 2004 | 737530 | 292541 | 14439 | 108.8 | 13822 | 11929 | 4370 | 3300 |
| 2005 | 995961 | 329339 | 16017 | 110.9 | 14884 | 12931 | 4698 | 3782 |
| 2006 | 1168338 | 380252 | 17760 | 110.9 | 15991 | 14035 | 5090 | 4022 |
| 2007 | 1458774 | 444552 | 19644 | 110.6 | 17310 | 15015 | 5695 | 4320 |
| 2008 | 1723298 | 531884 | 22727 | 115.7 | 19481 | 16581 | 6626 | 4863 |
| 2009 | 1928867 | 615777 | 25786 | 113.5 | 21278 | 17914 | 7583 | 5249 |
| 2010 | 2307432 | 687101 | 29599 | 114.8 | 23565 | 19741 | 9077 | 6029 |
| 2011 | 2983287 | 867915 | 35719 | 120.7 | 20108 | 20603 | 10117 | 7187 |
| 2012 | 3570487 | 1011661 | 41506 | 116.2 | 22644 | 22279 | 11483 | 8286 |
| 2013 | 4000986 | 1092897 | 47126 | 113.5 | 24293 | - | 12976 | 9465 |
| 2014 | 4677529 | 1227312 | 53576 | 113.7 | 27300 | 20065 | 14364 | 11008 |
| 2015 | 5246337 | 1353653 | 58607 | 109.4 | 30057 | 21581 | 15830 | 11975 |
| 2016 | 5990003 | 1563751 | 64766 | 120.9 | 33213 | 23779 | 17603 | 13726 |
| 2017 | 6683244 | 1736539 | 70890 | 109.5 | 36608 | 26424 | 19284 | 15576 |
| 2018 | 7191835 | 1876230 | 77634 | 109.5 | 39574 | 27773 | 21039 | 16900 |

注：从2011年起城乡居民人均可支配收入、农村居民家庭人均纯收入分别改为城乡常住居民人均可支配收入、农村常住居民人均可支配收入。

1–1.6

| 年 份 | 从事农林牧渔业人员(万人) | 农业机械总动力(万千瓦) | 化肥施用折纯量(吨) | 农 村用电量(万千瓦时) | 农作物播种面积(千公顷) | | |
|---|---|---|---|---|---|---|---|
| | | | | | | 粮食 | 油料 |
| 1949 | 36.88 | | | | | | |
| 1952 | 38.72 | | | | | | |
| 1957 | 42.71 | | | | | | |
| 1962 | 45.30 | | | | | | |
| 1965 | 46.27 | | | | | | |
| 1970 | 54.59 | | | | | | |
| 1975 | 58.85 | | | | | | |
| 1978 | 62.55 | 25.50 | 32288 | 3703 | 343.44 | 285.47 | 24.66 |
| 1979 | 58.58 | 27.89 | 34845 | 3606 | 330.79 | 269.00 | 26.62 |
| 1980 | 59.78 | 28.98 | 40177 | 3837 | 324.66 | 261.53 | 30.71 |
| 1981 | 62.17 | 31.04 | 44495 | 4127 | 318.54 | 244.53 | 35.55 |
| 1982 | 65.51 | 32.08 | 45047 | 5416 | 316.19 | 239.73 | 35.94 |
| 1983 | 66.81 | 33.76 | 47086 | 7226 | 313.79 | 241.47 | 28.81 |
| 1984 | 66.76 | 34.43 | 46926 | 8304 | 311.89 | 237.07 | 32.18 |
| 1985 | 62.59 | 38.07 | 50039 | 8386 | 308.36 | 226.27 | 31.36 |
| 1986 | 66.76 | 41.05 | 57752 | 10534 | 305.19 | 223.47 | 30.99 |
| 1987 | 64.71 | 48.07 | 58590 | 13375 | 303.65 | 222.93 | 28.96 |
| 1988 | 65.43 | 52.23 | 61691 | 12421 | 302.82 | 220.11 | 27.98 |
| 1989 | 63.05 | 57.01 | 70642 | 13618 | 307.69 | 224.40 | 27.83 |
| 1990 | 62.44 | 59.17 | 74800 | 17235 | 310.02 | 223.87 | 28.09 |
| 1991 | 61.70 | 65.83 | 75000 | 18896 | 301.19 | 211.74 | 27.33 |
| 1992 | 61.76 | 77.60 | 78000 | 35300 | 286.77 | 197.19 | 26.59 |
| 1993 | 60.71 | 92.11 | 66700 | 35851 | 271.05 | 181.28 | 27.42 |
| 1994 | 59.46 | 93.45 | 67979 | 31236 | 270.89 | 190.49 | 27.51 |

1-1.6 续表

| 年份 | 农林牧渔劳动力(万人) | 化肥施用折纯量(吨) | 农村用电量(万千瓦时) | 农作物播种面积(千公顷) | 粮食 | 油料 |
|---|---|---|---|---|---|---|
| 1995 | 62.78 | 74221 | 42406 | 284.75 | 195.59 | 27.12 |
| 1996 | 64.83 | 77487 | 46371 | 293.97 | 200.72 | 26.14 |
| 1997 | 67.45 | 70907 | 44149 | 293.54 | 199.79 | 26.81 |
| 1998 | 68.62 | 74708 | 42947 | 298.19 | 200.20 | 26.54 |
| 1999 | 69.34 | 73500 | 46206 | 300.94 | 200.45 | 26.57 |
| 2000 | 69.36 | 79107 | 55479 | 302.83 | 189.27 | 28.27 |
| 2001 | 69.82 | 82860 | 70351 | 307.30 | 177.30 | 30.95 |
| 2002 | 76.92 | 77832 | 76815 | 292.95 | 154.89 | 31.56 |
| 2003 | 68.17 | 79000 | 57869 | 266.07 | 133.87 | 27.87 |
| 2004 | 65.76 | 78419 | 61243 | 268.14 | 147.93 | 26.71 |
| 2005 | 67.30 | 81327 | 73104 | 237.54 | 151.26 | 24.03 |
| 2006 | 66.68 | 82424 | 245041 | 225.74 | 112.14 | 19.71 |
| 2007 | 66.05 | 83521 | 253985 | 225.85 | 114.38 | 19.75 |
| 2008 | 66.83 | 84101 | 263257 | 227.57 | 115.64 | 20.37 |
| 2009 | 67.05 | 86647 | 260545 | 233.08 | 121.20 | 21.27 |
| 2010 | 61.79 | 89347 | 307123 | 241.45 | 120.16 | 21.13 |
| 2011 | 52.11 | 90512 | 339519 | 247.35 | 120.04 | 21.70 |
| 2012 | 51.83 | 93962 | 347807 | 249.78 | 120.92 | 22.32 |
| 2013 | 51.62 | 94340 | 354425 | 256.47 | 116.66 | 22.65 |
| 2014 | 50.54 | 96369 | 292688 | 263.32 | 116.36 | 23.20 |
| 2015 | 49.76 | 98430 | 323554 | 264.16 | 116.59 | 23.48 |
| 2016 | 49.09 | 98341 | 331145 | 268.31 | 117.61 | 23.30 |
| 2017 | 48.32 | 90671 | 351086 | 249.51 | 119.07 | 23.82 |
| 2018 | 47.25 | 88808 | 354177 | 248.47 | 111.93 | 18.67 |

1-1.7

| 年份 | 水果产量(万吨) | 粮食产量(万吨) | 油料产量(万吨) | 猪牛羊肉产量(万吨) | 水产品产量(万吨) |
|---|---|---|---|---|---|
| 1949 | 0.12 | 26.00 | 0.76 | | 1.06 |
| 1952 | 0.17 | 34.10 | 1.04 | | 1.28 |
| 1957 | 0.26 | 40.00 | 1.04 | | 2.23 |
| 1962 | 0.23 | 42.00 | 0.79 | | 1.53 |
| 1965 | 0.47 | 56.70 | 1.62 | | 1.51 |
| 1970 | 1.29 | 62.30 | 2.08 | | 3.20 |
| 1975 | 1.62 | 66.50 | 2.00 | | 2.31 |
| 1978 | 1.59 | 68.70 | 2.23 | 2.20 | 1.97 |
| 1979 | 1.21 | 62.30 | 2.80 | 2.13 | 1.16 |
| 1980 | 1.38 | 71.60 | 3.67 | 2.21 | 1.79 |
| 1981 | 1.46 | 69.20 | 4.74 | 2.55 | 1.59 |
| 1982 | 1.34 | 77.50 | 5.38 | 2.83 | 2.40 |
| 1983 | 1.78 | 79.10 | 3.56 | 3.49 | 2.89 |
| 1984 | 2.28 | 78.40 | 4.23 | 3.30 | 2.57 |
| 1985 | 3.47 | 76.60 | 4.09 | 3.86 | 2.52 |
| 1986 | 5.94 | 70.30 | 4.30 | 4.19 | 3.06 |
| 1987 | 7.85 | 79.70 | 3.91 | 4.36 | 3.42 |
| 1988 | 9.26 | 78.65 | 3.96 | 4.68 | 3.99 |
| 1989 | 11.19 | 86.01 | 4.10 | 4.92 | 4.16 |
| 1990 | 14.78 | 89.01 | 4.34 | 5.38 | 4.49 |
| 1991 | 17.55 | 82.27 | 3.82 | 5.84 | 5.19 |
| 1992 | 21.86 | 82.20 | 4.54 | 6.74 | 6.01 |
| 1993 | 20.34 | 76.11 | 4.89 | 7.55 | 6.49 |
| 1994 | 21.82 | 84.80 | 5.12 | 7.44 | 7.27 |
| 1995 | 20.21 | 89.33 | 5.37 | 7.59 | 8.17 |
| 1996 | 19.90 | 97.54 | 5.24 | 8.31 | 9.02 |
| 1997 | 18.32 | 105.95 | 5.41 | 9.58 | 11.26 |
| 1998 | 17.44 | 111.61 | 5.68 | 5.53 | 12.39 |
| 1999 | 20.33 | 112.66 | 5.92 | 7.23 | 13.09 |
| 2000 | 18.50 | 105.31 | 6.19 | 8.24 | 13.28 |
| 2001 | 19.83 | 92.87 | 6.91 | 8.85 | 13.98 |
| 2002 | 27.12 | 81.80 | 7.05 | 9.93 | 15.61 |
| 2003 | 28.85 | 68.02 | 6.59 | 10.39 | 15.69 |
| 2004 | 39.15 | 74.44 | 6.38 | 11.66 | 16.26 |
| 2005 | 48.76 | 74.21 | 6.13 | 13.21 | 16.36 |
| 2006 | 41.59 | 51.37 | 4.38 | 13.58 | 12.34 |
| 2007 | 46.78 | 55.15 | 4.74 | 12.81 | 13.71 |
| 2008 | 49.96 | 55.73 | 4.86 | 13.93 | 13.63 |
| 2009 | 51.82 | 58.64 | 5.28 | 14.40 | 14.06 |
| 2010 | 54.92 | 58.68 | 5.29 | 15.02 | 14.33 |
| 2011 | 58.88 | 60.98 | 5.46 | 14.09 | 14.67 |
| 2012 | 63.41 | 62.66 | 5.62 | 14.17 | 14.94 |
| 2013 | 66.93 | 55.70 | 5.92 | 14.45 | 15.67 |
| 2014 | 68.36 | 59.21 | 6.13 | 14.85 | 16.16 |
| 2015 | 72.91 | 59.72 | 6.30 | 14.58 | 16.70 |
| 2016 | 77.37 | 59.99 | 6.38 | 14.18 | 17.15 |
| 2017 | 80.80 | 58.64 | 5.28 | 10.83 | 16.48 |
| 2018 | 87.50 | 56.07 | 5.18 | 10.68 | 15.81 |

注：2017年数据根据2016年第三次农业普查作了修正。

1–1.8

| 年 份 | 规模以上工业企业单位数(个) | “三资” | 规模以上工业企业增加值(万元) | “三资” | 规模以上工业企业总产值(万元) | “三资” |
|---|---|---|---|---|---|---|
| 1978 | 902 | | | | 37436 | |
| 1979 | 922 | | | | 35149 | |
| 1980 | 957 | | | | 35659 | |
| 1981 | 978 | | | | 37066 | |
| 1982 | 1005 | | | | 37745 | |
| 1983 | 986 | | | | 42961 | |
| 1984 | 1043 | | | | 46658 | |
| 1985 | 1098 | | | | 64202 | |
| 1986 | 1199 | | | | 81074 | |
| 1987 | 1296 | | | | 139596 | |
| 1988 | 1464 | | | | 199325 | |
| 1989 | 1510 | | | | 260814 | |
| 1990 | 1558 | | | | 358215 | |
| 1991 | 1692 | | | | 654909 | |
| 1992 | 1873 | | 172423 | | 941251 | |
| 1993 | 2106 | | 314778 | | 1426945 | |
| 1994 | 2506 | | 502602 | | 2212527 | |
| 1995 | 2616 | | 680134 | | 3139604 | |
| 1996 | 2926 | | 880279 | | 4125504 | |
| 1997 | 2909 | | 1063139 | | 5300732 | |
| 1998 | 913 | 502 | 905916 | | 4885886 | 4092130 |
| 1999 | 710 | 449 | 1003314 | | 5472134 | 4593630 |
| 2000 | 689 | 454 | 1321892 | 1070148 | 6578284 | 5618681 |
| 2001 | 702 | 483 | 1327701 | 1136088 | 7081192 | 6406301 |
| 2002 | 765 | 555 | 1909451 | 1731477 | 8623884 | 7990454 |
| 2003 | 808 | 593 | 2333741 | 1997000 | 10204438 | 9574466 |
| 2004 | 1257 | 880 | 2554325 | 2376731 | 11197762 | 10525823 |
| 2005 | 1244 | 880 | 3153193 | 2810031 | 14286640 | 12879247 |
| 2006 | 1279 | 916 | 4041627 | 3481645 | 18339670 | 16364607 |
| 2007 | 1387 | 955 | 5025237 | 4280594 | 22179612 | 19312868 |
| 2008 | 1875 | 1192 | 5455569 | 4501065 | 26002646 | 22117995 |
| 2009 | 1870 | 1139 | 5765886 | 3939289 | 30051367 | 22231185 |
| 2010 | 1926 | 1167 | 7863875 | 4916548 | 39051731 | 26214443 |
| 2011 | 1428 | 895 | 10135400 | 6456875 | 47650331 | 31552511 |
| 2012 | 1430 | 868 | 11739666 | 6853081 | 54772792 | 34537841 |
| 2013 | 1702 | 941 | 14232012 | 8571381 | 66052943 | 42093462 |
| 2014 | 1815 | 923 | 14750208 | 8881881 | 69013471 | 43867164 |
| 2015 | 1893 | 888 | 16173783 | 9401333 | 70447292 | 43271900 |
| 2016 | 2140 | 879 | 17636888 | 9959491 | 76173423 | 44334347 |
| 2017 | 2366 | 897 | 18504869 | 10597036 | 81669256 | 47272643 |
| 2018 | 2376 | 899 | 17315740 | 8998491 | 75559283 | 40999234 |

注：1．1998年起统计口径为规模以上工业企业；

2．2011年起口径有调整；由于2018年工业企业调查范围变化，剔除重复计算和非工业生产活动剥离，2018年数据与以前年份不同口径，且为快报数，下同。

1–1.9

| 年份 | 规模以上工业企业销售产值(万元) | 国有 | “三资”企业 | 规模以上工业企业流动资产合计(万元) | 国有 |
|---|---|---|---|---|---|
| 1992 | 749986 | 138624 | | | |
| 1993 | 1128714 | 189649 | | 530716 | 116059 |
| 1994 | 2145278 | 235496 | | 859804 | 150311 |
| 1995 | 3283594 | 243103 | | 1370095 | 164277 |
| 1996 | 4182675 | 240619 | | 1449137 | 166637 |
| 1997 | 5104970 | 239978 | | 2045366 | 202930 |
| 1998 | 4707413 | 205542 | | 1942185 | 164314 |
| 1999 | 5247831 | 332112 | | 2433793 | 252633 |
| 2000 | 6450572 | 150210 | 5516780 | 2809707 | 151798 |
| 2001 | 6893799 | 147526 | 6240656 | 3065358 | 164834 |
| 2002 | 8294503 | 147738 | 7682119 | 3808908 | 196790 |
| 2003 | 9921699 | 614053 | 4367646 | 4253560 | 179959 |
| 2004 | 12368170 | 555138 | 10279696 | 5210232 | 192025 |
| 2005 | 14151961 | 654178 | 12756086 | 5907824 | 162052 |
| 2006 | 17995058 | 981479 | 16044847 | 7413445 | 221978 |
| 2007 | 21761400 | 1194947 | 18926330 | 8748903 | 227310 |
| 2008 | 25481498 | 1305136 | 21633186 | 9305182 | 258453 |
| 2009 | 29740355 | 4264708 | 22001614 | 12651624 | 1505216 |
| 2010 | 38927458 | 8030926 | 21620597 | 14748340 | 1394428 |
| 2011 | 47059493 | 9669775 | 31070966 | 17643300 | 1526481 |
| 2012 | 54494076 | 12037625 | 34259979 | 19280519 | 1527992 |
| 2013 | 64992232 | 9701967 | 41585861 | 21466743 | 1084203 |
| 2014 | 67846864 | 8403665 | 43014968 | 24209000 | 1232122 |
| 2015 | 68956982 | 6688242 | 42207434 | 24951738 | 1006482 |
| 2016 | 73743502 | 6152766 | 42642672 | 29218152 | 1439637 |
| 2017 | 79220358 | 7479855 | 45591453 | 32949145 | 1654070 |
| 2018 | 73522382 | 12231678 | 39239263 | 36744179 | 1952309 |

注：1. 1998年起统计口径为规模以上工业企业；
2. 2011年起口径有调整；
3. 2013年起，该表国有包含登记注册类型为国有、国有独资、国有联营三类合计。

## 1-1.10

| 年 份 | 规模以上工业利税总额(万元) | 国有 | 客运量(万人) | 公路客运量 | 货运量(万吨) | 公路货运量 |
|---|---|---|---|---|---|---|
| 1983 | 3434 | 2218 | 1988 | 1892 | 1441 | 1028 |
| 1984 | 3376 | 1692 | 2198 | 2120 | 1512 | 1121 |
| 1985 | 5901 | 2170 | 2797 | 2725 | 1617 | 1230 |
| 1986 | 7540 | 4307 | 2432 | 2381 | 1715 | 1350 |
| 1987 | 10969 | 5158 | 2662 | 2622 | 1876 | 1253 |
| 1988 | 17090 | 7742 | 5917 | 5895 | 2125 | 1785 |
| 1989 | 20830 | 6727 | 3531 | 3462 | 2218 | 1769 |
| 1990 | 24515 | 3046 | 3559 | 3509 | 2336 | 1882 |
| 1991 | 26154 | 10736 | 3693 | 3673 | 2269 | 1909 |
| 1992 | 49462 | 13591 | 3604 | 3576 | 2337 | 1900 |
| 1993 | 89528 | 28328 | 4482 | 4461 | 2513 | 2083 |
| 1994 | 192373 | 30310 | 4794 | 4616 | 2822 | 2286 |
| 1995 | 226361 | 10467 | 3728 | 3603 | 2610 | 1962 |
| 1996 | 239560 | 13442 | 2364 | 2218 | 2204 | 1624 |
| 1997 | 321533 | 21363 | 2276 | 2063 | 2616 | 1638 |
| 1998 | 235202 | 14548 | 3008 | 2808 | 2192 | 1276 |
| 1999 | 266826 | 19287 | 4123 | 3927 | 3837 | 2802 |
| 2000 | 294042 | 13683 | 4288 | 4058 | 4329 | 3099 |
| 2001 | 344494 | 24303 | 4772 | 4521 | 4498 | 3189 |
| 2002 | 455756 | 18243 | 4696 | 4486 | 4666 | 3221 |
| 2003 | 470188 | -24067 | 4332 | 4136 | 4196 | 2785 |
| 2004 | 608754 | 47087 | 5217 | 4994 | 4970 | 2988 |
| 2005 | 575745 | 54066 | 5535 | 5149 | 5694 | 3080 |
| 2006 | 675321 | 134927 | 5721 | 5265 | 5615 | 3416 |
| 2007 | 1657834 | 162359 | 5889 | 5410 | 5936 | 3568 |
| 2008 | 1073509 | 152391 | 6113 | 5591 | 7487 | 4295 |
| 2009 | 2505802 | 876152 | 12162 | 11657 | 8645 | 4061 |
| 2010 | 3886371 | 1559771 | 13313 | 12753 | 11352 | 4307 |
| 2011 | 4916084 | 1701472 | 13600 | 12996 | 14477 | 6041 |
| 2012 | 5840135 | 2237777 | 16598 | 16013 | 17346 | 7862 |
| 2013 | 6415642 | 2022821 | 17301 | 16661 | 19314 | 9534 |
| 2014 | 6291061 | 1613021 | 7033 | 6411 | 21765 | 9595 |
| 2015 | 7134905 | 1449400 | 7380 | 6799 | 24839 | 11016 |
| 2016 | 7192106 | 1307623 | 7001 | 6422 | 24891 | 10935 |
| 2017 | 7517358 | 1239339 | 6829 | 6617 | 25936 | 11401 |
| 2018 | 7082444 | 1751811 | 6616 | 6846 | 27341 | 12070 |

注：1. 起货运量的统计口径不含管道一块；
2. 2013年起，该表国有包含登记注册类型为国有、国有独资、国有联营三类合计；
3. 客运量从2014年起不包含城市公交和出租车的数据。

1–1.11

| 年 份 | 公路客运周转量(万人公里) | 公路货运周转量(万吨公里) | 年 份 | 公路客运周转量(万人公里) | 公路货运周转量(万吨公里) |
|---|---|---|---|---|---|
| 1949 | 724 | 47 | 1984 | 165360 | 56580 |
| 1950 | 902 | 68 | 1985 | 196000 | 55000 |
| 1951 | 1130 | 113 | 1986 | 161700 | 64812 |
| 1952 | 1401 | 193 | 1987 | 145384 | 73211 |
| 1953 | 1748 | 467 | 1988 | 295478 | 73242 |
| 1954 | 2196 | 1037 | 1989 | 186464 | 91776 |
| 1955 | 2776 | 1449 | 1990 | 190766 | 97712 |
| 1956 | 5450 | 5878 | 1991 | 202263 | 99005 |
| 1957 | 6480 | 6488 | 1992 | 198658 | 98936 |
| 1958 | 7771 | 6790 | 1993 | 236970 | 107872 |
| 1959 | 9485 | 8685 | 1994 | 262150 | 118374 |
| 1960 | 10092 | 9090 | 1995 | 288753 | 95314 |
| 1961 | 8744 | 8100 | 1996 | 263782 | 143619 |
| 1962 | 8376 | 8327 | 1997 | 147751 | 165964 |
| 1963 | 8427 | 8934 | 1998 | 161280 | 97732 |
| 1964 | 10713 | 10061 | 1999 | 186436 | 228598 |
| 1965 | 10718 | 10764 | 2000 | 216293 | 260121 |
| 1966 | 12106 | 13151 | 2001 | 236050 | 265687 |
| 1967 | 12692 | 10713 | 2002 | 234836 | 265799 |
| 1968 | 11184 | 9387 | 2003 | 196477 | 209944 |
| 1969 | 12171 | 12289 | 2004 | 297895 | 201279 |
| 1970 | 12208 | 14823 | 2005 | 359701 | 219710 |
| 1971 | 12900 | 14377 | 2006 | 519938 | 242443 |
| 1972 | 15470 | 15544 | 2007 | 563115 | 270819 |
| 1973 | 18099 | 16017 | 2008 | 666617 | 352190 |
| 1974 | 19331 | 15374 | 2009 | 387819 | 463098 |
| 1975 | 18787 | 18624 | 2010 | 493566 | 477654 |
| 1976 | 21791 | 19729 | 2011 | 728741 | 681623 |
| 1977 | 23287 | 19456 | 2012 | 1163294 | 886014 |
| 1978 | 42750 | 19456 | 2013 | 1244139 | 1151818 |
| 1979 | 46892 | 39150 | 2014 | 518973 | 1133354 |
| 1980 | 49780 | 41421 | 2015 | 574280 | 1420203 |
| 1981 | 63945 | 43335 | 2016 | 532620 | 1335360 |
| 1982 | 77221 | 44505 | 2017 | 556004 | 1455161 |
| 1983 | 122980 | 49344 | 2018 | 559360 | 1566442 |

1-1.12

| 年 份 | 公路线路长度(公里) | 等级公路 | 高速公路 | 沿海港口货物吞吐量(万吨) |
|---|---|---|---|---|
| 1978 | | | | 154 |
| 1979 | | | | 150 |
| 1980 | | | | 139 |
| 1981 | | | | 124 |
| 1982 | | | | 117 |
| 1983 | | | | 103 |
| 1984 | | | | 91 |
| 1985 | | | | 107 |
| 1986 | | | | 106 |
| 1987 | | | | 100 |
| 1988 | | | | 105 |
| 1989 | | | | 109 |
| 1990 | | | | 83 |
| 1991 | | | | 85 |
| 1992 | | | | 88 |
| 1993 | | | | 113 |
| 1994 | | | | 128 |
| 1995 | 5963 | 5486 | 35 | 74 |
| 1996 | 5431 | 5198 | 35 | 83 |
| 1997 | 6608 | 6114 | 97 | 476 |
| 1998 | 6660 | 6327 | 97 | 533 |
| 1999 | 6862 | 6499 | 127 | 669 |
| 2000 | 6986 | 6632 | 128 | 787 |
| 2001 | 7045 | 6703 | 128 | 834 |
| 2002 | 7211 | 6870 | 128 | 956 |
| 2003 | 7372 | 6908 | 277 | 1098 |
| 2004 | 7382 | 6920 | 277 | 1543 |
| 2005 | 7538 | 7093 | 277 | 1512 |
| 2006 | 10436 | 8831 | 277 | 2082 |
| 2007 | 10436 | 8831 | 277 | 2324 |
| 2008 | 10468 | 9348 | 277 | 2583 |
| 2009 | 10682 | 9826 | 374 | 3613 |
| 2010 | 10826 | 10074 | 379 | 4534 |
| 2011 | 10893 | 10235 | 454 | 5014 |
| 2012 | 10933 | 10341 | 492 | 5118 |
| 2013 | 11234 | 10703 | 492 | 4784 |
| 2014 | 12594 | 12376 | 492 | 4788 |
| 2015 | 13476 | 13443 | 588 | 5250 |
| 2016 | 13541 | 13522 | 650 | 5414 |
| 2017 | 13823 | 13805 | 634 | 5970 |
| 2018 | 14001 | 13984 | 728 | 7453 |

1-1.13

| 年 份 | 邮电业务总量<br>(不变价，万元) | 年 份 | 邮电业务总量<br>(不变价，万元) | 年末城乡<br>固定电话<br>(万部) | 移动电话用户<br>(万户) |
|---|---|---|---|---|---|
| 1953 | 84 | 1986 | 1060 | 0.71 | |
| 1954 | 115 | 1987 | 1554 | 1.13 | |
| 1955 | 119 | 1988 | 2171 | 1.70 | |
| 1956 | 155 | 1989 | 4039 | 2.38 | |
| 1957 | 160 | 1990 | 7434 | 3.28 | |
| 1958 | 197 | 1991 | 12836 | 4.52 | |
| 1959 | 192 | 1992 | 22666 | 5.87 | |
| 1960 | 258 | 1993 | 46330 | 8.77 | |
| 1961 | 270 | 1994 | 65021 | 14.89 | |
| 1962 | 249 | 1995 | 91630 | 21.38 | |
| 1963 | 231 | 1996 | 112681 | 26.41 | |
| 1964 | 276 | 1997 | 131066 | 29.77 | 6.56 |
| 1965 | 300 | 1998 | 151230 | 33.88 | 10.08 |
| 1966 | 328 | 1999 | 193704 | 39.83 | 15.04 |
| 1967 | 309 | 2000 | 259727 | 45.71 | 22.93 |
| 1968 | 284 | 2001 | 286167 | 57.52 | 37.88 |
| 1969 | 316 | 2002 | 325371 | 66.71 | 86.45 |
| 1970 | 334 | 2003 | 326947 | 91.95 | 118.05 |
| 1971 | 367 | 2004 | 664935 | 105.70 | 170.55 |
| 1972 | 419 | 2005 | 810066 | 133.12 | 212.94 |
| 1973 | 427 | 2006 | 961446 | 160.59 | 260.23 |
| 1974 | 435 | 2007 | 1291743 | 185.40 | 332.31 |
| 1975 | 454 | 2008 | 1329872 | 202.60 | 410.10 |
| 1976 | 490 | 2009 | 1612479 | 167.46 | 410.38 |
| 1977 | 501 | 2010 | 548745 | 139.77 | 378.17 |
| 1978 | 501 | 2011 | 659200 | 135.16 | 419.86 |
| 1979 | 530 | 2012 | 800493 | 130.06 | 501.16 |
| 1980 | 573 | 2013 | 864441 | 131.47 | 597.79 |
| 1981 | 522 | 2014 | 1184013 | 120.18 | 697.97 |
| 1982 | 627 | 2015 | 1464977 | 108.59 | 669.09 |
| 1983 | 666 | 2016 | 2454283 | 106.48 | 537.13 |
| 1984 | 603 | 2017 | 2037345 | 100.00 | 611.51 |
| 1985 | 866 | 2018 | 3813085 | 100.44 | 722.17 |

注：1. 邮电业务总量从2004年起为省里反馈数；2. 2016年起固定电话、移动电话用户为小反馈数。

1–1.14

| 年 份 | 社会消费品零售总额(万元) | 年 份 | 社会消费品零售总额(万元) | 批发零售贸易业 | 住宿和餐饮业 |
|---|---|---|---|---|---|
| 1949 | 4414 | 1984 | 62827 | | |
| 1950 | 5324 | 1985 | 78746 | | |
| 1951 | 6406 | 1986 | 92649 | | |
| 1952 | 6276 | 1987 | 118345 | | |
| 1953 | 6924 | 1988 | 163952 | | |
| 1954 | 7189 | 1989 | 187659 | | |
| 1955 | 7655 | 1990 | 208830 | | |
| 1956 | 8394 | 1991 | 252178 | | |
| 1957 | 8743 | 1992 | 343562 | | |
| 1958 | 8989 | 1993 | 607660 | | |
| 1959 | 10216 | 1994 | 746147 | | |
| 1960 | 9069 | 1995 | 866407 | 571457 | 141333 |
| 1961 | 8586 | 1996 | 917230 | 610921 | 132536 |
| 1962 | 12219 | 1997 | 1005493 | 673561 | 142236 |
| 1963 | 13063 | 1998 | 1100550 | 747444 | 158208 |
| 1964 | 13902 | 1999 | 1209519 | 840998 | 172922 |
| 1965 | 12555 | 2000 | 1264834 | 1099716 | 165118 |
| 1966 | 14622 | 2001 | 1413915 | 1229259 | 184656 |
| 1967 | 15417 | 2002 | 1618494 | 1403052 | 215443 |
| 1968 | 13918 | 2003 | 1816724 | 1598762 | 247739 |
| 1969 | 15843 | 2004 | 2131547 | 1820044 | 311503 |
| 1970 | 16601 | 2005 | 2520091 | 2168504 | 346572 |
| 1971 | 16518 | 2006 | 2984133 | 2570068 | 402200 |
| 1972 | 17544 | 2007 | 3560595 | 3061310 | 478070 |
| 1973 | 18347 | 2008 | 4267505 | 3676248 | 557389 |
| 1974 | 20867 | 2009 | 4910993 | 4270143 | 640850 |
| 1975 | 21680 | 2010 | 5825274 | 5300129 | 525145 |
| 1976 | 23082 | 2011 | 6847206 | 6194235 | 652971 |
| 1977 | 25433 | 2012 | 7541529 | 6833198 | 708331 |
| 1978 | 28124 | 2013 | 8579079 | 7818759 | 760319 |
| 1979 | 31135 | 2014 | 9687020 | 8816476 | 870544 |
| 1980 | 36482 | 2015 | 10707243 | 9707746 | 999496 |
| 1981 | 43170 | 2016 | 12278805 | 11174898 | 1103907 |
| 1982 | 54482 | 2017 | 13634635 | 12444535 | 1190099 |
| 1983 | 49733 | 2018 | 14789690 | 13523683 | 1266007 |

1–1.15

| 年份 | 外贸进口总额(万美元) | 外贸出口总额(万美元) | 利用外资签订协议合同数（个） | 外商直接投资签订协议合同数（个） | 实际利用外资(万美元) | 外商直接投资额 | 接待旅游总人数(万人次) |
|---|---|---|---|---|---|---|---|
| 1978 | | 1278 | 3 | | | | |
| 1979 | | 1171 | 53 | | 13 | | |
| 1980 | | 1663 | 173 | | 60 | | |
| 1981 | | 1511 | 151 | | 138 | 3 | |
| 1982 | | 1672 | 173 | | 198 | 80 | |
| 1983 | | 1356 | 232 | | 344 | 29 | |
| 1984 | | 1759 | 382 | | 1258 | 253 | |
| 1985 | | 2931 | 425 | | 1600 | 1070 | |
| 1986 | | 5791 | 470 | | 1802 | 1254 | 33 |
| 1987 | | 11314 | 744 | 63 | 1503 | 1084 | 51 |
| 1988 | | 19751 | 805 | 96 | 8178 | 4577 | 73 |
| 1989 | | 21971 | 669 | 78 | 9205 | 7703 | 71 |
| 1990 | | 28703 | 747 | 127 | 19136 | 15662 | 76 |
| 1991 | | 42497 | 841 | 211 | 20754 | 15207 | 78 |
| 1992 | | 55552 | 1077 | 556 | 35376 | 29831 | 96 |
| 1993 | | 78992 | 1271 | 916 | 61774 | 58576 | 100 |
| 1994 | | 172693 | 1002 | 531 | 78877 | 72789 | 190 |
| 1995 | | 233211 | 984 | 431 | 88834 | 79802 | 212 |
| 1996 | | 277364 | 589 | 221 | 90990 | 83672 | 240 |
| 1997 | 228703 | 346591 | 613 | 195 | 96855 | 85273 | 248 |
| 1998 | 243798 | 335269 | 475 | 247 | 97026 | 83643 | 329 |
| 1999 | 327468 | 367612 | 484 | 182 | 98383 | 78526 | 443 |
| 2000 | 371384 | 449746 | 477 | 238 | 105016 | 83319 | 446 |
| 2001 | 391989 | 490928 | 446 | 262 | 118015 | 96015 | 458 |
| 2002 | 533589 | 588957 | 578 | 405 | 132648 | 108208 | 605 |
| 2003 | 598521 | 714614 | 581 | 388 | 169035 | 140703 | 522 |
| 2004 | 789613 | 873927 | 721 | 549 | 93134 | 63228 | 750 |
| 2005 | 836630 | 1065535 | 659 | 539 | 128390 | 104187 | 1000 |
| 2006 | 895372 | 1227718 | 602 | 489 | 129541 | 104518 | 1217 |
| 2007 | 950722 | 1460586 | 506 | 444 | 148801 | 122815 | 1567 |
| 2008 | 1175594 | 1798881 | 362 | 293 | 155848 | 135249 | 1805 |
| 2009 | 1209154 | 1714867 | 323 | 279 | 150528 | 139484 | 2115 |
| 2010 | 1400157 | 2023305 | 368 | 362 | 145887 | 143761 | 2501 |
| 2011 | 1569148 | 2312180 | 434 | 425 | 157307 | 156803 | 2821 |
| 2012 | 2029557 | 2920456 | 337 | 327 | 173267 | 172782 | 3153 |
| 2013 | 2407220 | 3332146 | 298 | 284 | 183895 | 183417 | 3552 |
| 2014 | 2308101 | 3633124 | 314 | 314 | 196582 | 196582 | 3968 |
| 2015 | 1957879 | 3477648 | 234 | 234 | 110499 | 110499 | 4077 |
| 2016 | 1072.26 | 1972.52 | 154 | 154 | 114252 | 114252 | 4713 |
| 2017 | 1182.86 | 2233.13 | 661 | 661 | 114354 | 114354 | 5394 |
| 2018 | 1125.82 | 2208.90 | 2006 | 2006 | 634865 | 634865 | 5893 |

注：1、本表外贸进、出口总额从1998年起改用海关统计口径，2016年起单位为亿元；2、2018年实际利用外资单位为亿元。

1–1.16

| 年 份 | 普通高等学校在校学生数（人） | 普通中学在校学生数（人） | 中等职业技术学校在校生数（人） | 小学在校学生数（人） | 学龄儿童入学率（%） | 小学毕业生数（人） | 普通中学毕业生数（人） |
|---|---|---|---|---|---|---|---|
| 1963 | | 17359 | | 172265 | | | |
| 1964 | | 17767 | | 204350 | | | |
| 1965 | | 25494 | | 228402 | | | |
| 1966 | | 30632 | | 224695 | | | |
| 1967 | | 31458 | | 220641 | | | |
| 1968 | | 46897 | | 215060 | | | |
| 1969 | | 65707 | | 214791 | | | |
| 1970 | | 90131 | | 196860 | | | |
| 1971 | | 93926 | | 207710 | | | |
| 1972 | | 73596 | | 244396 | | | |
| 1973 | | 63640 | | 268367 | | | |
| 1974 | | 64202 | | 288983 | | | |
| 1975 | | 76527 | | 298499 | | | |
| 1976 | | 103051 | | 295658 | | | |
| 1977 | | 129119 | | 280052 | | | |
| 1978 | 370 | 132051 | 1600 | 282536 | 95.60 | 47872 | |
| 1979 | 574 | 97897 | 1800 | 279458 | 95.53 | 43240 | |
| 1980 | 758 | 81940 | 1800 | 276676 | 95.57 | 36507 | |
| 1981 | 729 | 51648 | 1500 | 272207 | 95.65 | 35059 | |
| 1982 | 591 | 58350 | 1600 | 273689 | 96.23 | 39910 | |
| 1983 | 638 | 62567 | 1500 | 268576 | 97.63 | 40104 | |
| 1984 | 754 | 69623 | 1700 | 280129 | 98.20 | 38019 | |
| 1985 | 1258 | 76827 | 2200 | 279666 | 98.43 | 39360 | |
| 1986 | 1344 | 82039 | 2800 | 286976 | 99.10 | 33290 | |
| 1987 | 1413 | 81668 | 3300 | 296037 | 99.14 | 33834 | |
| 1988 | 1498 | 82197 | 3800 | 300094 | 99.30 | 40860 | |
| 1989 | 2351 | 91617 | 4000 | 305312 | 99.36 | 41572 | |
| 1990 | 1961 | 93739 | 4700 | 317220 | 99.57 | 36595 | |
| 1991 | 1216 | 95816 | 4700 | 329000 | 99.49 | 38746 | |
| 1992 | 1417 | 99400 | 4800 | 337062 | 99.70 | 41480 | 26243 |
| 1993 | 1598 | 105233 | 5600 | 344397 | 99.69 | 45642 | 25304 |
| 1994 | 2036 | 120195 | 6400 | 348451 | 99.82 | 48607 | 27274 |
| 1995 | 2419 | 131499 | 6200 | 346242 | 99.86 | 50328 | 31405 |
| 1996 | 2804 | 146165 | 8000 | 342661 | 99.70 | 52044 | 34739 |
| 1997 | 3165 | 158529 | 11000 | 341166 | 99.60 | 53757 | 40923 |
| 1998 | 3629 | 163476 | 9800 | 335053 | 99.74 | 52341 | 47322 |
| 1999 | 4562 | 168464 | 13600 | 337362 | 99.84 | 52439 | 49527 |
| 2000 | 6915 | 174526 | 10800 | 335551 | 99.83 | 55889 | 52931 |
| 2001 | 5841 | 182123 | 11000 | 345222 | 99.66 | 54926 | 53199 |
| 2002 | 5449 | 188425 | 13600 | 360649 | 99.82 | 54227 | 59579 |
| 2003 | 6586 | 198004 | 17500 | 391082 | 100.00 | 57435 | 58996 |
| 2004 | 8046 | 212095 | 32000 | 418989 | 99.97 | 59661 | 60248 |
| 2005 | 8106 | 232301 | 35700 | 442407 | 99.94 | 64271 | 62343 |
| 2006 | 8423 | 257051 | 48300 | 451551 | 99.96 | 72225 | 68243 |
| 2007 | 8079 | 277215 | 57200 | 445221 | 99.35 | 79066 | 73144 |
| 2008 | 9286 | 295346 | 62500 | 426443 | 100.00 | 80890 | 79839 |
| 2009 | 12038 | 305888 | 76596 | 401270 | 100.00 | 80973 | 87064 |
| 2010 | 20041 | 308667 | 89908 | 397983 | 100.00 | 76715 | 91248 |
| 2011 | 22007 | 307746 | 97131 | 403950 | 100.00 | 70940 | 95870 |
| 2012 | 24300 | 296561 | 97852 | 421074 | 100.00 | 64366 | 99934 |
| 2013 | 27012 | 287317 | 95812 | 445608 | 100.00 | 62148 | 98685 |
| 2014 | 30183 | 276309 | 82943 | 472152 | 100.00 | 61088 | 95585 |
| 2015 | 34174 | 270727 | 83870 | 504066 | 100.00 | 63240 | 91389 |
| 2016 | 37229 | 275031 | 81697 | 530498 | 100.00 | 70260 | 88864 |
| 2017 | 39212 | 287517 | 81250 | 556985 | 100.00 | 75052 | 85641 |
| 2018 | 44018 | 308128 | 80619 | 584251 | 100.00 | 83954 | 86351 |

1-1.16 续表

| 年 份 | 高等学校教师(人) | 普通中学教师(人) | 中等职业技术学校教师(人) | 小学教师(人) | 初 中升学率(%) | 高 中升学率(%) | 考入大学人数(人) |
|---|---|---|---|---|---|---|---|
| 1988 | | | | | 42.1 | 32.5 | 1622 |
| 1989 | | | | | 41.9 | 25.4 | 1314 |
| 1990 | | | | | 39.0 | 25.6 | 1095 |
| 1991 | | | | | 40.4 | 27.1 | 971 |
| 1992 | | | | | 44.4 | 27.5 | 1135 |
| 1993 | 206 | 5679 | 361 | 14028 | 46.9 | 42.2 | 1785 |
| 1994 | 230 | 6394 | 463 | 14694 | 47.5 | 67.9 | 2144 |
| 1995 | 159 | 7096 | 428 | 15193 | 56.8 | 67.1 | 2511 |
| 1996 | 182 | 7550 | 500 | 15863 | 60.3 | 72.9 | 2518 |
| 1997 | 270 | 7716 | 518 | 16023 | 53.6 | 64.2 | 2150 |
| 1998 | 305 | 8016 | 585 | 16477 | 53.6 | 43.6 | 2291 |
| 1999 | 375 | 8227 | 604 | 16371 | 53.5 | 55.1 | 3280 |
| 2000 | 281 | 8635 | 492 | 16675 | 51.0 | 71.1 | 4025 |
| 2001 | 296 | 8856 | 582 | 17319 | 55.0 | 71.3 | 5894 |
| 2002 | 364 | 9633 | 471 | 17777 | 63.5 | 69.7 | 6494 |
| 2003 | 460 | 10242 | 560 | 18861 | 63.4 | 83.7 | 8818 |
| 2004 | 496 | 10943 | 1128 | 18986 | 64.3 | 86.0 | 10470 |
| 2005 | 506 | 11969 | 1278 | 19217 | 71.1 | 87.2 | 11534 |
| 2006 | 511 | 13315 | 1600 | 19749 | 77.2 | 81.4 | 11571 |
| 2007 | 503 | 14330 | 1944 | 20188 | 84.9 | 82.0 | 14061 |
| 2008 | 522 | 15232 | 2220 | 20240 | 90.6 | 83.3 | 16823 |
| 2009 | 629 | 16735 | 3160 | 20137 | 93.1 | 84.5 | 19074 |
| 2010 | 990 | 17211 | 3429 | 20652 | 97.7 | 86.7 | 19065 |
| 2011 | 1290 | 17759 | 3355 | 20947 | 98.3 | 87.6 | 21846 |
| 2012 | 1329 | 18444 | 3366 | 21243 | 98.5 | 89.7 | 25674 |
| 2013 | 1497 | 19076 | 3209 | 22497 | 98.7 | 92.9 | 27845 |
| 2014 | 1929 | 19154 | 3042 | 23755 | 99.0 | 93.0 | 29540 |
| 2015 | 1893 | 19532 | 3143 | 24970 | 98.9 | 93.8 | 29401 |
| 2016 | 1926 | 20076 | 3342 | 26253 | 99.0 | 92.3 | 29290 |
| 2017 | 2055 | 20870 | 3470 | 27471 | 99.1 | 95.5 | 29582 |
| 2018 | 2111 | 21801 | 2971 | 28903 | 99.1 | 94.6 | 30630 |

1-1.17

| 年 份 | 医院、卫生院数(个) | 医院、卫生院床位数(张) | 卫生技术人员(人) | 医生数(人) | 护士数(人) | 乡 村医生数(人) |
|---|---|---|---|---|---|---|
| 1969 | 74 | 2330 | 2924 | 1256 | | |
| 1970 | 73 | 2781 | 2921 | 1247 | | |
| 1971 | 77 | 3117 | 3169 | 1218 | | |
| 1972 | 77 | 2550 | 3359 | 1476 | | |
| 1973 | 81 | 2807 | 3532 | 1419 | | |
| 1974 | 79 | 2887 | 3668 | 1456 | | |
| 1975 | 82 | 3053 | 3879 | 1457 | | |
| 1976 | 82 | 3147 | 3996 | 1518 | | |
| 1977 | 87 | 3203 | 4260 | 1605 | | |
| 1978 | 95 | 3460 | 4533 | 1698 | | |
| 1979 | 96 | 3406 | 4815 | 1831 | | |
| 1980 | 96 | 3511 | 5203 | 1944 | | |
| 1981 | 101 | 3618 | 5347 | 1938 | | |
| 1982 | 101 | 3565 | 5535 | 2050 | | |
| 1983 | 103 | 3834 | 5699 | 2069 | | |
| 1984 | 106 | 3787 | 5812 | 2099 | | |
| 1985 | 103 | 3697 | 5768 | 1967 | | |
| 1986 | 103 | 3971 | 5863 | 1875 | | |
| 1987 | 107 | 3911 | 5955 | 1944 | | |
| 1988 | 107 | 4079 | 6139 | 2157 | | |
| 1989 | 104 | 4018 | 6214 | 2194 | | |
| 1990 | 105 | 4098 | 6398 | 2284 | | |
| 1991 | 106 | 4394 | 6873 | 2530 | | |
| 1992 | 106 | 4529 | 7262 | 2607 | | |
| 1993 | 106 | 4763 | 7559 | 3003 | | |
| 1994 | 106 | 4845 | 8236 | 3388 | | |
| 1995 | 112 | 5261 | 8923 | 3744 | | |
| 1996 | 113 | 5498 | 9460 | 3990 | 2464 | |
| 1997 | 113 | 5495 | 9336 | 3590 | 2684 | |
| 1998 | 114 | 5682 | 9893 | 4030 | 2846 | |
| 1999 | 115 | 5702 | 10335 | 4246 | 2923 | |
| 2000 | 116 | 5869 | 10552 | 4371 | 3214 | |
| 2001 | 116 | 5931 | 10586 | 4472 | 3335 | |
| 2002 | 116 | 6472 | 10310 | 3566 | 3445 | |
| 2003 | 121 | 7279 | 10561 | 3999 | 3498 | |
| 2004 | 123 | 7513 | 11289 | 4392 | 3620 | 1122 |
| 2005 | 123 | 7960 | 12043 | 4622 | 3872 | 1139 |
| 2006 | 125 | 8532 | 12703 | 5000 | 4245 | 1488 |
| 2007 | 123 | 9538 | 14964 | 5854 | 5109 | 1364 |
| 2008 | 119 | 10207 | 14765 | 5431 | 4962 | 1366 |
| 2009 | 124 | 10199 | 16728 | 6246 | 5795 | 1417 |
| 2010 | 126 | 10877 | 18218 | 6778 | 6391 | 1413 |
| 2011 | 131 | 11662 | 19978 | 7386 | 7283 | 1504 |
| 2012 | 137 | 14485 | 23787 | 9009 | 9445 | 1385 |
| 2013 | 139 | 16258 | 26911 | 9735 | 10266 | 1287 |
| 2014 | 138 | 17098 | 27068 | 10163 | 10950 | 1175 |
| 2015 | 145 | 18937 | 28115 | 10458 | 11700 | 1077 |
| 2016 | 144 | 19383 | 30124 | 11283 | 12804 | 968 |
| 2017 | 146 | 19277 | 32953 | 12582 | 14412 | 855 |
| 2018 | 146 | 19257 | 34800 | 13339 | 15454 | 812 |

## 1-1.17 续表

| 年 份 | 科技专利申请量(件) | 科技专利授权量(件) | 废水排放总量(万吨) | 工业废水 | 生活废水 | 城镇恩格系数(%) | 农村恩格系数(%) |
|---|---|---|---|---|---|---|---|
| 1988 | 8 | 2 | | | | | |
| 1989 | 11 | 2 | | | | | |
| 1990 | 11 | 3 | | | | | |
| 1991 | 14 | 4 | | | | | |
| 1992 | 33 | 12 | | | | | |
| 1993 | 56 | 22 | | | | 38.6 | |
| 1994 | 101 | 19 | | | | 42.7 | |
| 1995 | 109 | 62 | 1647 | 1505 | 142 | 42.9 | |
| 1996 | 157 | 70 | 8612 | 1112 | 7500 | 43.4 | 50.9 |
| 1997 | 213 | 93 | 9737 | 1981 | 7756 | 46.0 | 51.8 |
| 1998 | 194 | 169 | 9253 | 1678 | 7575 | 42.5 | 52.1 |
| 1999 | 206 | 148 | 10690 | 1689 | 9001 | 38.1 | 48.7 |
| 2000 | 378 | 207 | 10046 | 1833 | 8213 | 37.3 | 49.5 |
| 2001 | 331 | 283 | 10958 | 1979 | 8979 | 38.6 | 50.5 |
| 2002 | 708 | 443 | 12983 | 2794 | 10189 | 39.2 | 49.5 |
| 2003 | 854 | 532 | 12642 | 3432 | 9210 | 36.4 | 49.1 |
| 2004 | 1109 | 680 | 13585 | 4039 | 9546 | 34.3 | 49.9 |
| 2005 | 1041 | 651 | 13774 | 4359 | 9415 | 32.1 | 49.8 |
| 2006 | 877 | 641 | 21616 | 6204 | 15412 | 31.6 | 47.9 |
| 2007 | 1235 | 726 | 26974 | 8727 | 18247 | 32.5 | 47.9 |
| 2008 | 1160 | 1011 | 28074 | 7189 | 20884 | 34.1 | 49.5 |
| 2009 | 1761 | 985 | 28188 | 5782 | 22406 | 34.1 | 48.2 |
| 2010 | 2889 | 1628 | 31126 | 6029 | 25097 | 33.9 | 45.0 |
| 2011 | 6029 | 2917 | 30400 | 7462 | 22937 | 34.5 | 44.6 |
| 2012 | 9894 | 4093 | 33789 | 8300 | 25489 | 35.7 | 44.3 |
| 2013 | 15168 | 5976 | 39562 | 8320 | 31242 | 35.7 | 44.1 |
| 2014 | 18359 | 7396 | 41891 | 8465 | 33394 | 36.5 | 39.2 |
| 2015 | 21408 | 9797 | 43180 | 8595 | 34558 | 36.4 | 39.1 |
| 2016 | 26123 | 9891 | 44348 | 6137 | 38179 | 35.9 | 38.9 |
| 2017 | 30448 | 11706 | 47698 | 6058 | 41600 | 35.1 | 38.6 |
| 2018 | 21643 | 14705 | | | | 34.5 | 38.3 |

1–1.18

| 年份 | 旅　游<br>总收入<br>(亿元) | 接待过夜<br>旅游者<br>(万人次) | 艺术馆<br>(个) | 公　共<br>图书馆<br>(个) | 博物馆<br>(个) | 广播电台<br>(套) | 电视台<br>(座) |
|---|---|---|---|---|---|---|---|
| 1988 | 1.2 | 73 | | | | 2 | 3 |
| 1989 | 2.5 | 71 | | | | 2 | 3 |
| 1990 | 3.3 | 76 | | | | 3 | 3 |
| 1991 | 3.4 | 78 | | | | 4 | 3 |
| 1992 | 4.0 | 96 | | | | 4 | 3 |
| 1993 | 5.3 | 100 | | | | 4 | 3 |
| 1994 | 3.9 | 74 | | | | 5 | 3 |
| 1995 | 4.3 | 81 | 7 | 5 | 5 | 5 | 3 |
| 1996 | 4.0 | 82 | 6 | 5 | 5 | 5 | 7 |
| 1997 | 18.1 | 85 | 6 | 5 | 5 | 5 | 7 |
| 1998 | 18.4 | 154 | 6 | 5 | 5 | 5 | 5 |
| 1999 | 22.9 | 199 | 6 | 5 | 5 | 5 | 5 |
| 2000 | 24.1 | 214 | 6 | 5 | 5 | 5 | 5 |
| 2001 | 27.0 | 247 | 6 | 5 | 5 | 5 | 5 |
| 2002 | 31.0 | 301 | 6 | 5 | 5 | 5 | 5 |
| 2003 | 26.2 | 272 | 6 | 5 | 5 | 5 | 6 |
| 2004 | 38.9 | 352 | 6 | 5 | 5 | 5 | 4 |
| 2005 | 49.9 | 460 | 6 | 5 | 5 | 5 | 6 |
| 2006 | 61.2 | 562 | 6 | 5 | 5 | 6 | 7 |
| 2007 | 84.3 | 707 | 6 | 5 | 5 | 6 | 7 |
| 2008 | 96.6 | 808 | 6 | 5 | 5 | 6 | 7 |
| 2009 | 115.1 | 943 | 6 | 5 | 5 | 5 | 5 |
| 2010 | 140.8 | 1074 | 6 | 5 | 5 | 6 | 6 |
| 2011 | 161.2 | 1189 | 6 | 5 | 6 | 6 | 6 |
| 2012 | 184.2 | 1313 | 6 | 5 | 6 | 6 | 6 |
| 2013 | 212.65 | 1502 | 6 | 5 | 6 | 7 | 6 |
| 2014 | 273.20 | 1656 | 6 | 5 | 6 | 7 | 6 |
| 2015 | 330.23 | 2077 | 6 | 5 | 6 | 5 | 5 |
| 2016 | 364.13 | 2033 | 6 | 5 | 6 | 5 | 5 |
| 2017 | 439.28 | 2239 | 6 | 5 | 6 | 5 | 5 |
| 2018 | 501.63 | 2441 | 6 | 5 | 6 | 5 | 5 |

# 1-2 惠州历年各站点平均气温、相对湿度

| 年份 | 平均气温 (℃) | | | | 相对湿度 (%) | | | |
|---|---|---|---|---|---|---|---|---|
| | 惠阳站 | 惠东站 | 博罗站 | 龙门站 | 惠阳站 | 惠东站 | 博罗站 | 龙门站 |
| 1997 | 22.0 | 21.8 | 22.4 | 20.9 | 79 | 81 | 81 | 85 |
| 1998 | 22.9 | 22.7 | 23.1 | 21.7 | 78 | 80 | 80 | 84 |
| 1999 | 22.6 | 22.3 | 22.8 | 21.2 | 75 | 76 | 77 | 81 |
| 2000 | 22.5 | 22.1 | 22.7 | 21.2 | 76 | 78 | 78 | 82 |
| 2001 | 22.7 | 22.2 | 22.8 | 21.3 | 76 | 78 | 79 | 83 |
| 2002 | 23.0 | 22.5 | 23.1 | 21.6 | 76 | 79 | 78 | 83 |
| 2003 | 22.7 | 22.1 | 22.9 | 21.3 | 75 | 78 | 77 | 82 |
| 2004 | 22.6 | 21.9 | 22.7 | 20.8 | 52 | 53 | 79 | 53 |
| 2005 | 22.4 | 22.0 | 22.7 | 20.9 | 71 | 78 | 76 | 83 |
| 2006 | 22.9 | 22.3 | 22.9 | 21.3 | 75 | 81 | 78 | 83 |
| 2007 | 23.0 | 22.3 | 22.9 | 21.2 | 73 | 72 | 72 | 79 |
| 2008 | 22.3 | 21.6 | 22.2 | 20.5 | 72 | 75 | 72 | 78 |
| 2009 | 23.0 | 22.1 | 23.0 | 21.2 | 71 | 75 | 70 | 78 |
| 2010 | 22.6 | 21.9 | 22.6 | 20.8 | 74 | 78 | 73 | 82 |
| 2011 | 22.3 | 21.5 | 22.3 | 20.4 | 70 | 75 | 69 | 78 |
| 2012 | 22.0 | 22.0 | 23.0 | 21.0 | 78 | 81 | 75 | 84 |
| 2013 | 22.0 | 22.0 | 23.0 | 21.0 | 77 | 78 | 75 | 82 |
| 2014 | 22.3 | 22.2 | 22.8 | 21.2 | 76 | 77 | 74 | 83 |
| 2015 | 22.8 | 22.7 | 23.6 | 21.7 | 78 | 76 | 78 | 84 |
| 2016 | 22.3 | 22.6 | 22.3 | 21.5 | 80 | 80 | 82 | 85 |
| 2017 | 23.0 | 23.0 | 23.0 | 22.0 | 76 | 81 | 80 | 84 |
| 2018 | 22.6 | 21.4 | 22.6 | 22.3 | 77 | 85 | 80 | 79 |

# 1–3 惠州历年各站点降雨量、日照时数

| 年 份 | 降雨量 (MM) | | | | 日照时数 (小时) | | | |
|---|---|---|---|---|---|---|---|---|
| | 惠阳站 | 惠东站 | 博罗站 | 龙门站 | 惠阳站 | 惠东站 | 博罗站 | 龙门站 |
| 1997 | 2049.1 | 2474.6 | 2136.1 | 2779.7 | 1653.4 | 1945.3 | 1466.1 | 1450.2 |
| 1998 | 1951.4 | 2081.0 | 2141.3 | 2102.3 | 1753.8 | 2054.4 | 1764.8 | 1500.3 |
| 1999 | 1539.5 | 1646.4 | 1685.9 | 1787.7 | 1780.7 | 1981.2 | 1798.7 | 1683.7 |
| 2000 | 2315.6 | 2281.0 | 2743.1 | 2095.0 | 1880.3 | 1999.4 | 1948.4 | 1639.5 |
| 2001 | 2320.5 | 2248.2 | 2104.1 | 2321.5 | 1776.9 | 1999.0 | 1855.8 | 1672.5 |
| 2002 | 1325.3 | 1443.1 | 1280.0 | 1620.2 | 1783.6 | 2127.2 | 1825.5 | 1600.3 |
| 2003 | 1609.4 | 1694.8 | 1489.9 | 1522.7 | 2020.6 | 2482.8 | 2024.4 | 1808.4 |
| 2004 | 1174.2 | 1403.8 | 1141.2 | 1468.5 | 2076.1 | 2350.7 | 2082.4 | 1910.5 |
| 2005 | 1789.5 | 1720.1 | 2057.4 | 2715.1 | 1552.0 | 1888.3 | 1637.6 | 1448.7 |
| 2006 | 2570.9 | 2316.8 | 3111.7 | 2998.4 | 1618.5 | 1784.2 | 1618.2 | 1560.0 |
| 2007 | 1920.8 | 2123.8 | 2432.4 | 1705.1 | 1716.9 | 2040.5 | 1700.8 | 1723.5 |
| 2008 | 1942.9 | 2406.7 | 2111.9 | 2543.0 | 1595.7 | 1865.9 | 1545.7 | 1628.1 |
| 2009 | 1621.9 | 1714.2 | 1766.3 | 1438.3 | 1698.2 | 1958.1 | 1731.3 | 1778.9 |
| 2010 | 1565.7 | 1818.2 | 1883.8 | 2462.4 | 1464.0 | 1667.1 | 1638.5 | 1546.5 |
| 2011 | 1460.9 | 1425.5 | 1450.5 | 1451.3 | 1799.5 | 2065.7 | 1885.7 | 1910.0 |
| 2012 | 1273.0 | 1660.0 | 1772.0 | 2004.3 | 1521.0 | 1615.0 | 1576.0 | 1487.7 |
| 2013 | 2194.0 | 2129.0 | 2402.0 | 2356.0 | 1562.0 | 1611.0 | 1561.0 | 1628.0 |
| 2014 | 1809.5 | 1723.4 | 1929.1 | 2128.2 | 1764.4 | 1716.0 | 1634.1 | 1707.6 |
| 2015 | 1746.0 | 1773.0 | 1987.0 | 2742.0 | 1601.0 | 1687.0 | 1548.0 | 1474.0 |
| 2016 | 2451.0 | 2611.0 | 2610.0 | 3336.0 | 1415.0 | 1475.0 | 1367.0 | 1281.0 |
| 2017 | 1905.0 | 1780.0 | 1619.0 | 2068.0 | 1777.0 | 2073.0 | 1559.0 | 1626.0 |
| 2018 | 1785.9 | 1569.8 | 1606.1 | 2009.3 | 1559.4 | 1545.7 | 1606.0 | 1939.2 |

# 1-4 惠州历年各水文站最高水位

单位：(m)

| 年份 | 观音阁站 | | 岭下站 | | 惠州站 | |
|---|---|---|---|---|---|---|
| | 实测值 | 出现日期 | 实测值 | 出现日期 | 实测值 | 出现日期 |
| 2004 | 21.08 | 9.10 | 15.07 | 9.10 | 6.51 | 8.30 |
| 2005 | 26.69 | 5.23 | 20.67 | 6.23 | 12.85 | 6.23 |
| 2006 | 25.19 | 7.28 | 19.26 | 6.10 | 11.51 | 6.10 |
| 2007 | 53.87 | 6.10 | 18.18 | 6.10 | 10.64 | 6.12 |
| 2008 | 25.50 | 7.31 | 18.95 | 7.31 | 11.56 | 6.14 |
| 2009 | 20.73 | 6.27 | 14.97 | 6.28 | 10.83 | 6.4 |
| 2010 | 24.33 | 6.27 | 18.13 | 6.17 | 10.90 | 7.9 |
| 2011 | 22.76 | 10.14 | 16.66 | 10.14 | 10.98 | 7.17 |
| 2012 | 22.43 | 4.28 | 16.49 | 4.28 | 10.85 | 6.27 |
| 2013 | 24.39 | 5.22 | 17.91 | 8.18 | 11.24 | 8.18 |
| 2014 | 23.22 | 5.23 | 17.05 | 5.23 | 11.14 | 5.23 |
| 2015 | 22.36 | 5.2 | 15.77 | 5.21 | 11.03 | 5.2 |
| 2016 | 23.99 | 1.29 | 17.14 | 1.3 | 11.11 | 1.29 |
| 2017 | 21.23 | 6.16 | 14.97 | 6.17 | 11.03 | 6.16 |
| 2018 | 21.34 | 6.9 | 14.81 | 6.9 | 11.03 | 6.9 |

1-4 续表

单位：(m)

| 年份 | 博罗站 | | 平山站 | | 淡水站 | |
|---|---|---|---|---|---|---|
| | 实测值 | 出现日期 | 实测值 | 出现日期 | 实测值 | 出现日期 |
| 2004 | 4.74 | 8.30 | 14.13 | 8.31 | 21.62 | 7.30 |
| 2005 | 9.85 | 6.23 | 16.57 | 6.22 | 19.73 | 8.20 |
| 2006 | 9.03 | 7.17 | 20.04 | 8.4 | 18.17 | 7.16 |
| 2007 | 7.34 | 6.10 | 16.35 | 6.10 | 18.34 | 6.10 |
| 2008 | 9.06 | 6.14 | 21.39 | 6.14 | 21.79 | 6.14 |
| 2009 | 2.78 | 6.28 | 14.83 | 6.4 | 17.75 | 5.24 |
| 2010 | 6.17 | 6.28 | 16.36 | 10.20 | 18.37 | 9.21 |
| 2011 | 3.21 | 7.16 | 16.55 | 8.10 | 18.87 | 6.17 |
| 2012 | 3.40 | 4.28 | 16.54 | 6.22 | 18.51 | 7.25 |
| 2013 | 8.06 | 8.18 | 20.75 | 8.18 | 19.34 | 8.17 |
| 2014 | 5.74 | 5.24 | 17.05 | 5.09 | 20.80 | 5.12 |
| 2015 | 3.21 | 5.21 | 16.75 | 7.1 | 18.83 | 5.23 |
| 2016 | 5.68 | 10.22 | 18.14 | 10.22 | 19.44 | 10.22 |
| 2017 | 4.18 | 6.17 | 16.57 | 7.3 | 20.02 | 8.28 |
| 2018 | 5.83 | 9.1 | 20.63 | 8.31 | 21.79 | 9.17 |

# 1-5 惠州历年各水文站最低水位

单位：(m)

| 年份 | 观音阁站 | | 岭下站 | | 惠州站 | |
|---|---|---|---|---|---|---|
| | 实测值 | 出现日期 | 实测值 | 出现日期 | 实测值 | 出现日期 |
| 1998 | 19.66 | 12.3 | 13.51 | 12.30 | 5.76 | 12.31 |
| 1999 | 19.18 | 7.21 | 13.01 | 7.27 | 5.07 | 8.1 |
| 2000 | 19.44 | 3.13 | 13.30 | 3.14 | 5.30 | 3.14 |
| 2001 | 19.46 | 1.23 | 13.29 | 1.24 | 5.03 | 12.3 |
| 2002 | 19.27 | 7.13 | 13.07 | 7.14 | 4.23 | 7.15 |
| 2003 | 19.25 | 11.28 | 13.04 | 12.9 | 3.84 | 12.10 |
| 2004 | 18.98 | 10.24 | 12.87 | 10.25 | 3.12 | 12.12 |
| 2005 | 18.89 | 1.31 | 12.69 | 1.31 | 2.73 | 12.16 |
| 2006 | 19.46 | 3.16 | 13.30 | 3.17 | 2.90 | 1.3 |
| 2007 | 19.17 | 11.26 | 12.97 | 1.31 | 6.67 | 5.22 |
| 2008 | 18.86 | 12.1 | 13.01 | 3.19 | 9.70 | 6.17 |
| 2009 | 18.60 | 9.22 | 12.66 | 9.21 | 10.06 | 7.9 |
| 2010 | 18.75 | 2.3 | 12.88 | 2.3 | 10.32 | 9.3 |
| 2011 | 18.36 | 4.24 | 12.74 | 4.26 | 10.28 | 11.8 |
| 2012 | 18.43 | 10.21 | 12.76 | 10.21 | 10.44 | 6.3 |
| 2013 | 18.44 | 1.7 | 12.56 | 11.18 | 9.78 | 8.2 |
| 2014 | 17.99 | 12.14 | 11.81 | 12.16 | 10.30 | 3.3 |
| 2015 | 17.62 | 2.16 | 11.51 | 2.17 | 10.27 | 7.21 |
| 2016 | 17.91 | 9.22 | 11.57 | 9.26 | 10.12 | 8.02 |
| 2017 | 17.58 | 9.4 | 10.97 | 11.7 | 10.13 | 9.4 |
| 2018 | 17.12 | 7.17 | 10.77 | 7.27 | 9.71 | 9.18 |

1-5 续表

单位：(m)

| 年份 | 博罗站 | | 平山站 | | 淡水站 | |
|---|---|---|---|---|---|---|
| | 实测值 | 出现日期 | 实测值 | 出现日期 | 实测值 | 出现日期 |
| 1998 | 4.40 | 10.20 | 12.63 | 3.27 | 11.97 | 11.24 |
| 1999 | 4.00 | 8.1 | 12.61 | 7.24 | 11.90 | 2.7 |
| 2000 | 4.05 | 10.19 | 11.03 | 12.8 | 12.01 | 1.17 |
| 2001 | 3.69 | 11.20 | 10.85 | 12.29 | 12.02 | 3.21 |
| 2002 | 2.97 | 7.15 | 10.29 | 7.5 | 12.01 | 5.5 |
| 2003 | 2.53 | 12.10 | 10.35 | 5.2 | 11.96 | 12.20 |
| 2004 | 1.79 | 12.12 | 10.06 | 6.15 | 11.92 | 1.29 |
| 2005 | 1.68 | 2.1 | 10.70 | 12.31 | 11.91 | 2.12 |
| 2006 | 0.68 | 11.20 | 10.58 | 1.4 | 12.06 | 12.10 |
| 2007 | -0.14 | 12.7 | 10.60 | 11.14 | 11.99 | 3.10 |
| 2008 | -0.40 | 12.22 | 10.47 | 4.5 | 12.02 | 2.16 |
| 2009 | -0.43 | 12.25 | 10.62 | 12.8 | 12.12 | 12.28 |
| 2010 | -0.41 | 12.30 | 10.59 | 4.1 | 12.10 | 2.13 |
| 2011 | -0.60 | 3.16 | 15.79 | 1.2 | 11.95 | 2.11 |
| 2012 | -0.53 | 12.22 | 15.66 | 4.15 | 12.08 | 1.23 |
| 2013 | -0.50 | 3.21 | 15.09 | 9.22 | 12.81 | 2.15 |
| 2014 | -0.71 | 12.16 | 15.81 | 9.16 | 12.85 | 2.04 |
| 2015 | -0.60 | 4.07 | 15.33 | 7.09 | 13.00 | 2.22 |
| 2016 | -0.55 | 1.04 | 15.59 | 8.03 | 13.03 | 1.02 |
| 2017 | -0.38 | 12.25 | 15.82 | 6.13 | 13.05 | 2.1 |
| 2018 | -0.5 | 4.7 | 14.55 | 9.2 | 13.16 | 5.29 |

# 1-6 惠州历年各水文站最大流量

单位：($m^3/s$)

| 年份 | 岭下站 | | 博罗站 | |
|---|---|---|---|---|
| | 实测值 | 出现日期 | 实测值 | 出现日期 |
| 1988 | 3280 | 7.2 | 3960 | 7.21 |
| 1989 | 3950 | 5.22 | 4940 | 5.23 |
| 1990 | 2200 | 4.21 | 2600 | 9.12 |
| 1991 | 2690 | 9.8 | 3730 | 9.8 |
| 1992 | 3010 | 4.12 | 3460 | 3.28 |
| 1993 | 3830 | 6.6 | 4540 | 9.28 |
| 1994 | 1700 | 6.22 | 3200 | 8.8 |
| 1995 | 4890 | 8.14 | 6660 | 8.14 |
| 1996 | 3010 | 8.18 | 3730 | 6.26 |
| 1997 | 3530 | 8.13 | 4800 | 8.13 |
| 1998 | 2880 | 4.27 | 3820 | 6.25 |
| 1999 | 2680 | 8.25 | 4810 | 8.25 |
| 2000 | 2670 | 9.2 | 4920 | 9.3 |
| 2001 | 3070 | 7.8 | 4340 | 7.8 |
| 2002 | 1640 | 8.9 | 1970 | 8.10 |
| 2003 | 2640 | 6.15 | 3150 | 6.16 |
| 2004 | 1001 | 9.10 | 1430 | 8.30 |
| 2005 | 6990 | 6.23 | 7840 | 6.23 |
| 2006 | 5030 | 6.10 | 7710 | 7.17 |
| 2007 | 3780 | 6.10 | 5570 | 6.10 |
| 2008 | 4860 | 7.31 | 7070 | 6.14 |
| 2009 | 966 | 6.28 | 2440 | 6.28 |
| 2010 | 4000 | 6.17 | 5430 | 6.27 |
| 2011 | 2370 | 10.14 | 2830 | 10.14 |
| 2012 | 2320 | 4.28 | 3030 | 4.28 |
| 2013 | 3930 | 8.18 | 7900 | 8.18 |
| 2014 | 3740 | 5.23 | 5790 | 5.23 |
| 2015 | 2510 | 5.21 | 3370 | 5.21 |
| 2016 | 4280 | 1.3 | 6160 | 10.22 |
| 2017 | 2440 | 6.17 | 4360 | 6.17 |
| 2018 | 2280 | 6.9 | 7520 | 9.1 |

# 1-7 惠州历年各水文站最小流量

单位：($m^3/s$)

| 年份 | 岭下站 | | 博罗站 | |
| --- | --- | --- | --- | --- |
| | 实测值 | 出现日期 | 实测值 | 出现日期 |
| 1988 | 108.00 | 2.22 | 111.00 | 2.22 |
| 1989 | 143.00 | 4.3 | 181.00 | 11.13 |
| 1990 | 153.00 | 2.2 | 184.00 | 2.3 |
| 1991 | 84.00 | 7.18 | 106.00 | 11.25 |
| 1992 | 240.00 | 10.2 | 245.00 | 2.4 |
| 1993 | 196.00 | 4.12 | 246.00 | 4.13 |
| 1994 | 154.00 | 11.3 | 207.00 | 11.3 |
| 1995 | 300.00 | 12.12 | 283.00 | 12.12 |
| 1996 | 270.00 | 11.28 | 315.00 | 11.12 |
| 1997 | 265.00 | 3.1 | 338.00 | 3.11 |
| 1998 | 204.00 | 12.3 | 280.00 | 10.2 |
| 1999 | 104.00 | 7.27 | 207.00 | 8.1 |
| 2000 | 212.00 | 3.14 | 270.00 | 3.15 |
| 2001 | 228.00 | 1.24 | 227.00 | 1.25 |
| 2002 | 143.00 | 7.14 | 202.00 | 7.15 |
| 2003 | 121.00 | 12.9 | 152.00 | 12.1 |
| 2004 | 120.00 | 10.25 | 137.00 | 12.12 |
| 2005 | 81.60 | 1.31 | 114.00 | 2.1 |
| 2006 | 244.00 | 3.17 | 199.00 | 11.20 |
| 2007 | 277.00 | 1.31 | 126.00 | 3.5 |
| 2008 | 258.00 | 3.19 | 316.00 | 3.28 |
| 2009 | 169.00 | 9.21 | 27.00 | 9.20 |
| 2010 | 214.00 | 2.3 | 37.40 | 11.3 |
| 2011 | 200.00 | 4.26 | 59.50 | 10.27 |
| 2012 | 246.00 | 10.21 | 3.99 | 9.3 |
| 2013 | 254.00 | 11.18 | 1.93 | 3.17 |
| 2014 | 240.00 | 1.02 | 60.20 | 9.12 |
| 2015 | 189.00 | 2.17 | 1.49 | 4.07 |
| 2016 | 342.00 | 9.26 | 159.00 | 9.27 |
| 2017 | 302.00 | 11.7 | 6.45 | 11.6 |
| 2018 | 166.00 | 7.27 | 93.40 | 5.26 |

惠州统计年鉴－2019

HUIZHOU STATISTICAL YEARBOOK

# 二、综 合

# 2-1 行政区划

(2018年)

| 县 区 | 合计 | 乡 镇 | | 街道办事处 | | 村委会 | 社区居委会 |
|---|---|---|---|---|---|---|---|
| | | 个数 | 名 称 | 个数 | 名 称 | | |
| **全 市** | **71** | **49** | | **22** | | **1043** | **227** |
| 惠城区 | 13 | 5 | 马安镇、横沥镇、芦洲镇、汝湖镇、 三栋镇 | 8 | 桥东、桥西、江南、江北、龙丰、水口、河南岸、小金口 | 142 | 72 |
| 惠阳区 | 9 | 6 | 沙田镇、新圩镇、镇隆镇、永湖镇、良井镇、平潭镇 | 3 | 淡水、秋长、三和 | 102 | 28 |
| 惠东县 | 14 | 12 | 白花镇、梁化镇、稔山镇、铁涌镇、平海镇、吉隆镇、多祝镇、安墩镇、高潭镇、宝口镇、黄埠镇、白盆珠镇 | 2 | 平山、大岭 | 245 | 43 |
| 博罗县 | 17 | 15 | 石坝镇、麻陂镇、公庄镇、杨村镇、泰美镇、柏塘镇、湖镇镇、龙华镇、长宁镇、福田镇、园洲镇、石湾镇、杨侨镇、横河镇、观音阁镇 | 2 | 罗阳、龙溪 | 331 | 35 |
| 龙门县 | 10 | 8 | 龙田镇、龙江镇、龙华镇、永汉镇、麻榨镇、龙潭镇、地派镇、蓝田乡 | 2 | 龙城街道 平陵 | 156 | 24 |
| 大亚湾区 | 3 | | | 3 | 霞涌、澳头、西区 | 29 | 10 |
| 仲恺区 | 5 | 3 | 潼湖镇、潼侨镇、沥林镇 | 2 | 陈江、惠环 | 38 | 15 |

# 2-2 自然资源

(2018年)

| 项 目 | | 全 市 | 惠城区 | 惠阳区 | 惠东县 | 博罗县 | 龙门县 | 大亚湾区 | 仲恺区 |
|---|---|---|---|---|---|---|---|---|---|
| **一、土地面积和海洋** | | | | | | | | | |
| 土地面积 | (平方公里) | 11347 | 1157 | 916 | 3528 | 2855 | 2267 | 293 | 331 |
| 海域面积 | (平方公里) | 4520 | | | 3200 | | | 1320 | |
| 海洋滩涂面积 | (公顷) | 3537 | | | 2586 | | | 951 | |
| 大陆海岸线长度 | (公里) | 281.4 | | | 218.3 | | | 63.1 | |
| 岛屿岸线长度 | (公里) | 约148 | | | | | | | |
| 岛屿个数 | (个) | 162 | | | 66 | | | 96 | |
| **二、气候** | | | | | | | | | |
| 年降雨量 | (毫米) | 1742.8 | | 1785.9 | 1569.8 | 1606.1 | 2009.3 | | |
| 年平均气温 | (摄氏度) | 22.2 | | 22.6 | 21.4 | 22.6 | 22.3 | | |
| 年日照时数 | (小时) | 1662.6 | | 1559.4 | 1545.7 | 1606.0 | 1939.2 | | |
| **三、森林** | | | | | | | | | |
| 森林面积 | (万公顷) | 69.88 | 5.04 | 4.36 | 25.5 | 15.78 | 16.74 | 1.28 | 1.18 |
| 活立木蓄积量(森林蓄积量) | (万立方米) | 3633.1 | 211.4 | 176.7 | 1307.7 | 923.2 | 913.4 | 58.2 | 42.5 |
| 当年造林面积 | (公顷) | 479 | 33 | | 400 | | 46 | | |
| 森林覆盖率 | (%) | 61.59 | 43.52 | 48.24 | 72.28 | 55.27 | 73.83 | 44.33 | 34.21 |
| 自然保护区数 | (个) | 26 | 4 | 5 | 8 | 4 | 5 | | |
| 自然保护区面积 | (公顷) | 87592 | 4500 | 13889 | 33246 | 22433 | 13524 | | |
| **四、水资源** | | | | | | | | | |
| 水资源总量 | (亿立方米) | 125.53 | 9.57 | 12.50 | 45.05 | 28.25 | 24.05 | 2.87 | 3.23 |

注：1．气候数据为所在县(区)站点的数据；
　　2．“自然保护区”不包括广东象头山国家自然保护区。

# 2-3 惠州市、县(区)国民经济主要指标

(2018年)

| 指　　标 | | 全市 | 惠城区 | 惠阳区 | 惠东县 | 博罗县 | 龙门县 | 大亚湾区 | 仲恺区 |
|---|---|---|---|---|---|---|---|---|---|
| 地区生产总值(GDP) | (亿元) | 4103.05 | 793.42 | 544.14 | 623.93 | 650.18 | 174.81 | 685.68 | 631.32 |
| 第一产业 | (亿元) | 175.98 | 21.92 | 17.01 | 46.63 | 54.85 | 27.29 | 1.81 | 6.39 |
| 第二产业 | (亿元) | 2161.58 | 206.22 | 297.85 | 229.49 | 323.46 | 59.02 | 567.30 | 470.34 |
| 工业 | (亿元) | 2032.98 | 146.08 | 285.41 | 214.55 | 309.04 | 51.88 | 554.99 | 463.15 |
| 第三产业 | (亿元) | 1765.50 | 565.28 | 229.28 | 347.81 | 271.88 | 88.49 | 116.57 | 154.59 |
| GDP增长速度 | (%) | 6.0 | 4.0 | 5.0 | 4.5 | 5.0 | 3.0 | 18.3 | 2.1 |
| 三次产业结构 | (%) | | | | | | | | |
| 第一产业 | (%) | 4.3 | 2.8 | 3.1 | 7.5 | 8.4 | 15.6 | 0.3 | 1.0 |
| 第二产业 | (%) | 52.7 | 26.0 | 54.7 | 36.8 | 49.8 | 33.8 | 82.7 | 74.5 |
| 工业 | (%) | 49.5 | 18.4 | 52.5 | 34.4 | 47.5 | 29.7 | 80.9 | 73.4 |
| 第三产业 | (%) | 43.0 | 71.2 | 42.1 | 55.7 | 41.8 | 50.6 | 17.0 | 24.5 |
| 年末常住人口 | (万人) | 483.00 | 121.30 | 60.89 | 93.67 | 107.24 | 31.28 | 23.43 | 45.19 |
| 年末户籍总人口 | (万人) | 380.90 | 97.91 | 39.94 | 89.14 | 91.67 | 36.04 | 11.81 | 14.40 |
| 乡村人口 | (万人) | 162.91 | 20.12 | 16.85 | 56.17 | 43.38 | 21.26 | 0.62 | 4.50 |
| 全社会从业人员 | (万人) | 290.33 | 60.43 | 38.30 | 57.47 | 63.49 | 17.46 | 18.39 | 34.78 |
| 第一产业 | (万人) | 48.32 | 6.38 | 3.48 | 12.99 | 13.93 | 9.10 | 0.65 | 1.79 |
| 第二产业 | (万人) | 144.55 | 19.82 | 21.94 | 25.87 | 33.64 | 3.08 | 13.98 | 26.22 |
| 第三产业 | (万人) | 97.46 | 34.23 | 12.88 | 18.61 | 15.93 | 5.27 | 3.76 | 6.77 |
| 城镇单位在岗职工平均人数 | (万人) | 92.64 | 17.68 | 18.72 | 5.89 | 14.37 | 2.14 | 13.03 | 20.81 |
| 城镇单位在岗职工工资总额 | (亿元) | 719.18 | 164.28 | 132.12 | 43.37 | 97.85 | 15.45 | 111.39 | 154.73 |
| 城镇单位在岗职工平均工资 | (元) | 77634 | 92912 | 70587 | 73673 | 68072 | 72326 | 85497 | 74341 |
| 住户存款余额(人民币) | (亿元) | 2361.19 | 1039.58 | 395.85 | 304.55 | 415.36 | 90.60 | 115.26 | — |
| 全体居民人均可支配收入 | (元) | 33930 | 43442 | 36794 | 25260 | 27475 | 21189 | 40936 | 37903 |
| 城镇常住居民人均可支配收入 | (元) | 39574 | 47917 | 41161 | 28330 | 33201 | 23731 | 41990 | 40671 |
| 农村常住居民人均可支配收入 | (元) | 21039 | 21900 | 23269 | 20900 | 20650 | 19151 | 22505 | 22791 |
| 地方财政一般预算收入 | (亿元) | 393.01 | 157.20 | 51.63 | 34.74 | 44.77 | 10.83 | 61.05 | 32.78 |
| 地方财政一般预算支出 | (亿元) | 544.22 | 202.20 | 62.61 | 72.05 | 85.04 | 35.03 | 52.34 | 34.94 |
| 税收总收入 | (亿元) | 1137.65 | 217.63 | 120.06 | 60.60 | 90.92 | 22.27 | 465.18 | 143.85 |

注："—"仲恺区数含在惠城区内，下同

## 2-3 续表 1

(2018年)

| 指标 | | 全市 | 惠城区 | 惠阳区 | 惠东县 | 博罗县 | 龙门县 | 大亚湾区 | 仲恺区 |
|---|---|---|---|---|---|---|---|---|---|
| 粮食产量 | (万吨) | 56.07 | 7.58 | 3.96 | 18.76 | 14.38 | 9.70 | 0.20 | 1.49 |
| 家禽肉产量 | (万吨) | 7.21 | 0.95 | 0.41 | 1.19 | 3.75 | 0.60 | 0.03 | 0.28 |
| 猪肉产量 | (万吨) | 10.46 | 2.35 | 0.25 | 2.71 | 4.40 | 0.56 | 0.18 | 0.01 |
| 水果产量 | (万吨) | 87.50 | 3.50 | 5.37 | 10.39 | 20.35 | 46.98 | 0.16 | 0.74 |
| 蔬菜产量 | (万吨) | 300.94 | 38.59 | 44.96 | 78.28 | 93.82 | 29.51 | 0.65 | 15.12 |
| 水产品产量 | (万吨) | 15.81 | 2.18 | 0.49 | 6.28 | 3.07 | 0.66 | 1.95 | 1.17 |
| **农业主要特色农产品** | | | | | | | | | |
| 玉米 | (万吨) | 6.81 | 1.14 | 0.70 | 1.14 | 2.85 | 0.19 | | 0.79 |
| 柑橘橙 | (万吨) | 26.36 | 0.16 | 0.14 | 1.85 | 3.22 | 21.00 | | |
| 荔枝 | (万吨) | 11.49 | 0.82 | 2.92 | 3.52 | 3.50 | 0.40 | 0.13 | 0.21 |
| 马铃薯 | (万吨) | 24.01 | 1.50 | 1.65 | 16.38 | 2.03 | 1.91 | 0.52 | 0.01 |
| 规模以上工业 | (个) | 2376 | 211 | 468 | 370 | 572 | 109 | 142 | 504 |
| “三资”企业 | (个) | 899 | 106 | 204 | 58 | 243 | 15 | 71 | 202 |
| 规模以上工业总产值 | (亿元) | 7555.93 | 432.88 | 1087.34 | 215.43 | 755.22 | 110.05 | 2267.73 | 2687.27 |
| 规模以上工业增加值(收入法) | (亿元) | 1731.57 | 111.92 | 270.29 | 63.32 | 180.50 | 34.90 | 633.04 | 460.82 |
| 规模以上工业销售产值 | (亿元) | 7352.24 | 430.05 | 972.96 | 210.97 | 746.18 | 110.39 | 2256.25 | 2625.45 |
| 出口交货值 | (亿元) | 2499.98 | 159.34 | 428.80 | 75.48 | 232.98 | 13.37 | 168.86 | 1421.15 |
| 全社会用电量 | (亿千瓦时) | 408.38 | 62.29 | 85.96 | 34.89 | 72.21 | 20.88 | 84.11 | 45.07 |
| 工业用电量 | (亿千瓦时) | 286.42 | 22.77 | 67.77 | 15.90 | 51.78 | 15.72 | 74.36 | 34.98 |
| 万元GDP能耗 | (吨标煤/万元) | 0.666 | 0.314 | 0.560 | 0.236 | 0.369 | 1.249 | 2.364 | 0.248 |
| 社会消费品零售总额 | (亿元) | 1478.97 | 613.15 | 174.46 | 300.62 | 205.71 | 69.44 | 45.23 | 70.36 |
| 限额以上住宿餐饮、批零单位数 | (个) | 974 | 390 | 80 | 264 | 89 | 42 | 49 | 60 |
| 进出口总额 | (亿元) | 3334.71 | 229.72 | 467.37 | 108.76 | 277.69 | 16.57 | 257.99 | 1959.93 |
| 出口 | (亿元) | 2208.90 | 160.81 | 331.50 | 80.30 | 193.77 | 14.38 | 170.45 | 1243.61 |
| 进口 | (亿元) | 1125.82 | 68.92 | 135.87 | 28.46 | 83.92 | 2.18 | 87.54 | 716.32 |
| 实际外商直接投资额 | (亿元) | 63.49 | 6.84 | 23.69 | 3.44 | 9.91 | 0.18 | 10.99 | 8.34 |

## 2-3 续表 2

(2018年)

| 指　　标 | | 全市 | 惠城区 | 惠阳区 | 惠东县 | 博罗县 | 龙门县 | 大亚湾区 | 仲恺区 |
|---|---|---|---|---|---|---|---|---|---|
| 固定资产投资 | (亿元) | — | — | — | — | — | — | — | — |
| 工业 | (亿元) | — | — | — | — | — | — | — | — |
| 房地产开发 | (亿元) | 983.94 | 217.60 | 190.47 | 147.13 | 101.93 | 52.27 | 193.99 | 80.56 |
| 住宅 | (亿元) | 809.81 | 163.45 | 155.26 | 130.70 | 89.13 | 48.95 | 163.29 | 59.04 |
| 商品房施工面积 | (万平方米) | 7789.36 | 1853.94 | 1300.09 | 713.52 | 1197.35 | 222.18 | 1924.78 | 577.50 |
| 商品房竣工面积 | (万平方米) | 500.92 | 172.71 | 61.73 | 49.35 | 82.57 | 29.60 | 83.30 | 21.67 |
| 商品房屋销售面积 | (万平方米) | 1663.37 | 370.53 | 288.89 | 240.78 | 232.55 | 58.52 | 335.57 | 136.53 |
| 商品房屋销售额 | (亿元) | 1778.41 | 399.37 | 365.33 | 218.38 | 183.62 | 56.62 | 433.78 | 121.31 |
| 公路线路长度 | (公里) | 14001 | 1699 | 1801 | 3292 | 4297 | 2264 | 135 | 514 |
| 等级公路 | (公里) | 13984 | 1687 | 1797 | 3292 | 4296 | 2264 | 135 | 514 |
| 高速公路 | (公里) | 728 | 123 | 127 | 140 | 188 | 114 | 36 | — |
| 等级公路密度 | (公里/百平方公里) | 123.2 | 145.8 | 196.1 | 93.3 | 150.5 | 99.9 | 46.0 | 155.2 |
| 金融机构本外币存款余额 | (亿元) | 6171.35 | 3555.97 | 821.33 | 460.29 | 668.18 | 164.75 | 500.84 | — |
| 人民币 | (亿元) | 5839.65 | 3268.64 | 809.91 | 457.24 | 657.84 | 164.44 | 481.58 | — |
| 金融机构本外币贷款余额 | (亿元) | 4886.82 | 2843.39 | 643.44 | 305.08 | 468.64 | 84.34 | 541.92 | — |
| 人民币 | (亿元) | 4650.84 | 2635.02 | 642.68 | 305.07 | 467.55 | 84.34 | 516.17 | — |
| 小学学校数 | (所) | 468 | 97 | 94 | 96 | 104 | 24 | 17 | 36 |
| 小学在校学生数 | (万人) | 58.43 | 14.79 | 9.75 | 10.93 | 12.37 | 3.06 | 2.65 | 4.87 |
| 普通中学学校数 | (所) | 271 | 61 | 47 | 57 | 56 | 21 | 10 | 19 |
| 普通中学在校学生数 | (万人) | 30.81 | 8.19 | 6.08 | 5.74 | 6.59 | 1.60 | 0.83 | 1.79 |
| 大学录取人数 | (人) | 30630 | 10996 | 5956 | 5404 | 5202 | 1446 | 647 | 979 |
| 卫生机构数 | (个) | 2764 | 681 | 384 | 595 | 571 | 228 | 121 | 184 |
| 医院 | (个) | 76 | 28 | 18 | 14 | 8 | 3 | 2 | 3 |
| 卫生院 | (个) | 70 | 7 | 6 | 20 | 19 | 15 | | 3 |
| 医生(执业医师+执业助理医师) | (人) | 13339 | 5125 | 2123 | 1888 | 1966 | 664 | 556 | 1017 |
| 注册护师、护士 | (人) | 14412 | 5782 | 2484 | 2148 | 1812 | 699 | 420 | 1067 |
| 卫生机构床位数 | (张) | 21452 | 8512 | 2904 | 3341 | 3794 | 1058 | 854 | 989 |
| 医院 | (张) | 15916 | 7268 | 2408 | 2218 | 2075 | 536 | 634 | 777 |
| 卫生院 | (张) | 3341 | 199 | 306 | 907 | 1349 | 433 | | 147 |

# 2-4　主要经济指标占全省比重

(2018年)

| 指　　标 | | 惠州市 | 广东省 | 惠州市占全省比重(%) |
|---|---|---|---|---|
| **人口** | | | | |
| 年末常住人口数 | (万人) | 483.00 | 11346.00 | 4.3 |
| 土地面积 | (平方公里) | 11347.00 | 179611.60 | 6.3 |
| 地区生产总值 | (亿元) | 4103.05 | 97277.77 | 4.2 |
| #第一产业 | (亿元) | 175.98 | 3831.44 | 4.6 |
| 第二产业 | (亿元) | 2161.58 | 40695.15 | 5.3 |
| 第三产业 | (亿元) | 1765.50 | 52751.18 | 3.3 |
| 人均地区生产总值 | (元) | 85418 | 86412 | 98.8 |
| **工业增加值** | | | | |
| 规模以上工业增加值 | (%) | 6.6 | 6.3 | |
| #轻工业 | (%) | 0.8 | 4.6 | |
| 重工业 | (%) | 8.1 | 7.2 | |
| #电子行业 | (%) | -4.3 | 9.4 | |
| 石化行业 | (%) | 39.1 | 8.3 | |
| #国有企业 | (%) | 46.4 | 7.2 | |
| 集体企业 | (%) | 1.0 | -6.4 | |
| “三资”企业 | (%) | -3.8 | 2.0 | |
| 民营企业 | (%) | 8.5 | 9.1 | |
| **主要工农业产品产量** | | | | |
| #粮食 | (万吨) | 56.07 | 1193.49 | 4.7 |
| 蔬菜 | (万吨) | 300.94 | 3330.00 | 9.0 |
| 水果 | (万吨) | 87.50 | 1540.99 | 5.7 |
| 水产品 | (万吨) | 15.81 | 848.25 | 1.9 |
| 肉类 | (万吨) | 18.04 | 440.81 | 4.1 |
| 水泥 | (万吨) | 1957.42 | 15988.89 | 12.2 |
| 彩电电视机 | (万台) | 2599.33 | 9678.06 | 26.9 |
| 微型计算机 | (万台) | 377.55 | 4733.81 | 8.0 |
| 移动电话机 | (万部) | 10295.44 | 78920.74 | 13.0 |
| **固定资产投资** | | | | |
| 固定资产投资额 | (%) | 3.1 | 10.7 | |
| #第一产业 | (%) | -31.7 | -20.9 | |
| 第二产业 | (%) | -12.1 | 0.6 | |
| 第三产业 | (%) | 9.3 | 14.9 | |
| 房地产 | (%) | 11.3 | 19.3 | |
| #工业 | (%) | -12.2 | 0.8 | |

注：1．广东省数据为快报数；
　　2．该表国有包含登记注册类型为国有、国有独资、国有联营三类合计。

## 2-4 续表

(2018年)

| 指　　标 | | 惠州市 | 广东省 | 惠州市占全省比重(%) |
|---|---|---|---|---|
| **商品房** | | | | |
| #商品房销售面积 | (万平方米) | 1663.37 | 14336.31 | 11.6 |
| 商品房销售额 | (亿元) | 1778.41 | 18742.12 | 9.5 |
| 房屋施工面积 | (万平方米) | 7789.36 | 79935.06 | 9.7 |
| 房屋新开工面积 | (万平方米) | 2107.37 | 19144.08 | 11.0 |
| 房屋竣工面积 | (万平方米) | 500.92 | 7615.25 | 6.6 |
| 商品房待售面积 | (万平方米) | 372.33 | 4971.25 | 7.5 |
| **国内贸易和物价** | | | | |
| #社会消费品零售总额 | (亿元) | 1478.97 | 39501.12 | 3.7 |
| #城镇 | (亿元) | 1189.35 | 34514.12 | 3.4 |
| 农村 | (亿元) | 289.62 | 4987.00 | 5.8 |
| #工业生产者出厂价格指数 | (%) | 102.8 | 101.8 | 101.0 |
| 居民消费价格指数 | (%) | 101.8 | 102.2 | 99.6 |
| **财政税收金融** | | | | |
| #地方财政一般预算收入 | (亿元) | 393.01 | 12102.90 | 3.2 |
| 地方财政一般预算支出 | (亿元) | 544.22 | 15737.37 | 3.5 |
| #税收收入 | (亿元) | 1137.65 | 23636.47 | 4.8 |
| #金融本外币存款余额 | (亿元) | 6171.35 | 208051.16 | 3.0 |
| 金融本外币贷款余额 | (亿元) | 4886.82 | 145169.39 | 3.4 |
| **外经旅游** | | | | |
| #进出口总额 | (亿元) | 3334.71 | 71618.35 | 4.7 |
| 出口总额 | (亿元) | 2208.90 | 42718.34 | 5.2 |
| 进口总额 | (亿元) | 1125.82 | 28900.01 | 3.9 |
| #实际利用外商直接投资 | (亿元) | 63.49 | 1450.88 | 4.4 |
| #旅游总收入 | (亿元) | 501.63 | 12254.99 | 4.1 |
| 旅游外汇收入 | (亿美元) | 10.45 | 205.12 | 5.1 |
| **人民生活** | | | | |
| 城镇常住居民人均可支配收入 | (元) | 39574 | 44341 | 89.2 |
| 农村常住居民人均可支配收入 | (元) | 21039 | 17168 | 122.5 |

注：此表数据为快报数。

# 2-5 国民经济主要经济指标

| 指　　标 | | 2004年 | 2005年 | 2006年 | 2007年 | 2008年 | 2009年 | 2010年 | 2011年 |
|---|---|---|---|---|---|---|---|---|---|
| 综　合 | | | | | | | | | |
| 建成区面积 | (平方公里) | 110.80 | 136.30 | 136.60 | 155.01 | 180.49 | 210.77 | 266.34 | 280.39 |
| 本地生产总值(GDP) | (亿元) | 686.45 | 805.11 | 930.93 | 1121.71 | 1309.51 | 1421.45 | 1741.93 | 2116.10 |
| #第一产业 | (亿元) | 77.10 | 75.10 | 68.80 | 78.26 | 90.08 | 89.42 | 100.88 | 114.06 |
| 第二产业 | (亿元) | 392.12 | 456.79 | 540.89 | 643.20 | 747.03 | 795.08 | 1027.09 | 1236.25 |
| 第三产业 | (亿元) | 217.23 | 273.22 | 321.24 | 400.25 | 472.40 | 536.96 | 613.96 | 765.79 |
| 人均GDP(按常住人口计算) | (元) | 19189 | 21942 | 24556 | 28384 | 31881 | 33300 | 38917 | 45829 |
| 人均GDP(按常住人口计算) | (美元) | 2318 | 2679 | 3080 | 3733 | 4590 | 4875 | 5749 | 7096 |
| 地区生产总值结构 | (%) | 100.0 | 100.0 | 100.0 | 100.0 | 100.0 | 100.0 | 100.0 | 100.0 |
| 第一产业 | (%) | 11.2 | 9.3 | 7.4 | 7.0 | 6.9 | 6.3 | 5.8 | 5.4 |
| 第二产业 | (%) | 57.1 | 56.7 | 58.1 | 57.3 | 57.0 | 55.9 | 59.0 | 58.4 |
| 第三产业 | (%) | 31.7 | 34.0 | 34.5 | 35.7 | 36.1 | 37.8 | 35.2 | 36.2 |
| 民营经济增加值 | (亿元) | 215.10 | 285.72 | 338.22 | 398.00 | 461.35 | 508.23 | 614.23 | 778.45 |
| 农　业 | | | | | | | | | |
| 农业增加值 | (亿元) | 77.53 | 75.11 | 68.80 | 78.24 | 96.70 | 91.90 | 102.38 | 116.5 |
| 粮　食 | (万吨) | 74.44 | 74.21 | 51.36 | 55.15 | 55.73 | 58.64 | 58.68 | 60.98 |
| 蔬　菜 | (万吨) | 186.68 | 192.93 | 173.92 | 174.89 | 181.40 | 190.19 | 201.68 | 214.55 |
| 水　果 | (万吨) | 39.15 | 48.76 | 41.59 | 46.78 | 50.00 | 51.82 | 54.92 | 58.88 |
| 玉　米 | (万吨) | 9.50 | 12.50 | 8.80 | 9.50 | 10.20 | 11.10 | 10.96 | 11.11 |
| 年　桔 | (万吨) | 9.20 | 13.20 | 10.80 | 15.60 | 19.60 | 20.30 | 22.40 | 24.21 |
| 荔　枝 | (万吨) | 7.44 | 6.99 | 6.67 | 6.75 | 6.70 | 7.37 | 7.36 | 8.00 |
| 梅　菜 | (万吨) | 4 | 7 | 8 | 8 | 8 | 9 | 10 | 5 |
| 马铃薯 | (万吨) | 2.80 | 3.30 | 1.20 | 1.40 | 2.00 | 3.30 | 3.50 | 3.52 |
| 农业龙头企业单位数 | (个) | 109 | 123 | 131 | 144 | 162 | 181 | 198 | 210 |
| 销售收入 | (亿元) | 26 | 29 | 35 | 34 | 49 | 63 | 66 | 72 |
| 带动农户数 | 万户 | 15 | 14 | 16 | 16 | 20 | 22 | 25 | 24 |
| 肉类总产量 | (万吨) | 15.25 | 17.77 | 17.99 | 17.89 | 18.60 | 19.31 | 19.95 | 18.94 |
| 猪　肉 | (万吨) | 11.43 | 12.91 | 13.40 | 12.61 | 13.70 | 14.19 | 14.80 | 13.86 |
| 牛羊肉 | (万吨) | 0.23 | 0.30 | 0.18 | 0.20 | 0.20 | 0.20 | 0.20 | 0.23 |
| 禽　肉 | (万吨) | 3.33 | 4.38 | 4.25 | 4.92 | 4.60 | 4.78 | 4.80 | 4.75 |
| 禽　蛋 | (万吨) | 1.09 | 1.23 | 1.02 | 1.05 | 1.10 | 1.12 | 1.10 | 0.96 |
| 奶类产量 | (万吨) | 0.23 | 0.35 | 0.39 | 0.43 | 0.40 | 0.58 | 0.60 | 0.67 |
| 水产品产量 | (万吨) | 16.26 | 16.36 | 12.34 | 13.71 | 13.63 | 14.06 | 14.33 | 14.67 |
| 淡　水 | (万吨) | 7.50 | 7.86 | 5.61 | 6.16 | 6.40 | 6.73 | 6.96 | 7.22 |
| 海　水 | (万吨) | 8.76 | 8.50 | 6.73 | 7.55 | 7.20 | 7.33 | 7.37 | 7.45 |

## 2-5 续表 1

| 指 标 | | 2012年 | 2013年 | 2014年 | 2015年 | 2016年 | 2017年 | 2018年 | 2018年比2017年增长(%) |
|---|---|---|---|---|---|---|---|---|---|
| **综 合** | | | | | | | | | |
| 建成区面积 | (平方公里) | 292.21 | 302.80 | 309.60 | 279.12 | 342.74 | 355.70 | 365.50 | 2.8 |
| 本地生产总值(GDP) | (亿元) | 2407.01 | 2738.80 | 3035.25 | 3178.68 | 3453.14 | 3830.58 | 4103.05 | 6.0 |
| 第一产业 | (亿元) | 121.55 | 130.11 | 136.54 | 146.13 | 164.21 | 166.57 | 175.98 | 3.6 |
| 第二产业 | (亿元) | 1392.31 | 1565.34 | 1733.99 | 1768.08 | 1885.11 | 2017.20 | 2161.58 | 6.0 |
| 第三产业 | (亿元) | 893.15 | 1043.35 | 1164.73 | 1264.48 | 1403.82 | 1646.81 | 1765.50 | 6.2 |
| 人均GDP(按常住人口计算) | (元) | 51721 | 58434 | 64398 | 67046 | 72465 | 80205 | 85418 | 5.4 |
| 人均GDP(按常住人口计算) | (美元) | 8193 | 9435 | 10483 | 10765 | 10910 | 11879 | 12908 | — |
| 地区生产总值结构 | (%) | 100.0 | 100.0 | 100.0 | 100.0 | 100.0 | 100.0 | 100.0 | — |
| 第一产业 | (%) | 5.1 | 4.7 | 4.5 | 4.6 | 4.7 | 4.3 | 4.3 | 0.0 |
| 第二产业 | (%) | 57.8 | 57.2 | 57.1 | 55.6 | 54.6 | 52.7 | 52.7 | 0.0 |
| 第三产业 | (%) | 37.1 | 38.1 | 38.4 | 39.8 | 40.7 | 43.0 | 43.0 | 0.0 |
| 民营经济增加值 | (亿元) | 887.15 | 1018.90 | 1170.79 | 1341.17 | 1489.35 | 1684.62 | 1826.41 | 6.6 |
| **农 业** | | | | | | | | | |
| 农业增加值 | (亿元) | 124.56 | 136.70 | 142.91 | 153.39 | 173.77 | 168.18 | 177.83 | 3.4 |
| 粮 食 | (万吨) | 62.66 | 55.70 | 59.21 | 59.72 | 59.99 | 58.64 | 56.07 | -4.4 |
| 蔬 菜 | (万吨) | 223.63 | 243.10 | 261.27 | 277.38 | 298.31 | 288.51 | 300.94 | 4.3 |
| 水 果 | (万吨) | 63.41 | 66.93 | 68.36 | 72.91 | 77.37 | 81.80 | 87.50 | 7.0 |
| 玉 米 | (万吨) | 11.60 | 11.90 | 11.27 | 11.31 | 11.56 | 7.52 | 6.81 | -9.5 |
| 年 桔 | (万吨) | 17.20 | 15.00 | 12.95 | 10.92 | 9.96 | 8.29 | 11.19 | 35.0 |
| 荔 枝 | (万吨) | 7.40 | 7.66 | 7.94 | 8.91 | 8.77 | 9.05 | 11.49 | 27.0 |
| 梅 菜 | (万吨) | 10.10 | 9.80 | 10.76 | 10.85 | 7.98 | 7.49 | 7.37 | -1.6 |
| 马铃薯 | (万吨) | 3.70 | 3.40 | 3.44 | 3.68 | 15.61 | 19.65 | 21.61 | 10.0 |
| 农业龙头企业单位数 | (个) | 220 | 236 | 257 | 268 | 282 | 299 | 313 | 4.7 |
| 销售收入 | (亿元) | 75.00 | 80.50 | 117.18 | 125.82 | 129.48 | 116.44 | 121.04 | 4.0 |
| 带动农户数 | 万户 | 23.50 | 24.20 | 37.32 | 38.01 | 31.31 | 33.41 | 34.46 | 3.1 |
| 肉类总产量 | (万吨) | 19.16 | 19.12 | 19.29 | 19.15 | 18.75 | 18.47 | 18.04 | -2.4 |
| 猪 肉 | (万吨) | 13.94 | 14.22 | 14.62 | 14.35 | 13.94 | 10.63 | 10.46 | -1.5 |
| 牛羊肉 | (万吨) | 0.23 | 0.23 | 0.23 | 0.23 | 0.22 | 0.20 | 0.21 | 5.6 |
| 禽 肉 | (万吨) | 4.90 | 4.56 | 4.30 | 4.42 | 4.43 | 7.49 | 7.21 | -3.8 |
| 禽蛋 | (万吨) | 0.88 | 0.89 | 0.93 | 0.97 | 0.96 | 1.57 | 1.57 | -0.2 |
| 奶类产量 | (万吨) | 0.68 | 0.80 | 0.86 | 1.15 | 1.21 | 3.14 | 1.53 | -51.4 |
| 水产品产量 | (万吨) | 14.94 | 15.67 | 16.16 | 16.70 | 17.15 | 16.48 | 15.81 | -4.1 |
| 淡 水 | (万吨) | 7.43 | 7.73 | 8.06 | 8.43 | 8.71 | 8.24 | 8.53 | 3.5 |
| 海 水 | (万吨) | 7.51 | 7.95 | 8.10 | 8.27 | 8.44 | 8.24 | 7.28 | -11.7 |

注：2017年数据根据2016年第三次农业普查作了修正。

## 2-5 续表2

| 指标 | | 2004年 | 2005年 | 2006年 | 2007年 | 2008年 | 2009年 | 2010年 | 2011年 |
|---|---|---|---|---|---|---|---|---|---|
| **工 业** | | | | | | | | | |
| 规模以上工业单位数 | (个) | 1257 | 1244 | 1279 | 1387 | 1875 | 1870 | 1926 | 1428 |
| 三资企业 | (个) | 880 | 880 | 916 | 955 | 1192 | 1139 | 1167 | 895 |
| 规模以上工业增加值 | (亿元) | 255.43 | 315.32 | 404.16 | 502.52 | 545.56 | 576.59 | 786.39 | 1013.54 |
| #轻工业 | (亿元) | 126.53 | 159.51 | 158.71 | 186.93 | 165.59 | 163.64 | 196.34 | 242.02 |
| 重工业 | (亿元) | 128.91 | 155.81 | 245.45 | 315.59 | 379.96 | 412.95 | 590.04 | 771.52 |
| #电子工业 | (亿元) | 183.60 | 212.60 | 209.00 | 231.90 | 243.83 | 227.23 | 239.61 | 358.33 |
| 石化工业 | (亿元) | 18.00 | 20.60 | 80.20 | 122.60 | 126.40 | 173.77 | 238.58 | 268.77 |
| 纺织业 | (亿元) | 8.20 | 7.90 | 9.70 | 9.50 | 11.15 | 10.50 | 13.32 | 11.63 |
| 纺织服装、服饰业 | (亿元) | 4.80 | 5.50 | 6.40 | 7.30 | 8.44 | 7.73 | 9.52 | 13.76 |
| 非金属矿物制品业 | (亿元) | 4.30 | 3.70 | 5.60 | 10.10 | 12.76 | 12.12 | 18.94 | 23.63 |
| 制鞋业 | (亿元) | 5.21 | 9.41 | 6.86 | 10.00 | 12.40 | 14.50 | 24.00 | 19.10 |
| 汽车制造业 | (亿元) | 5.50 | 8.10 | 11.30 | 19.40 | 19.50 | 19.60 | 23.22 | 23.06 |
| #国有企业 | (亿元) | 6.12 | 14.30 | 29.50 | 31.90 | 34.40 | 114.90 | 190.57 | 243.39 |
| 集体企业 | (亿元) | 3.20 | 3.10 | 2.40 | 1.70 | 3.40 | 3.70 | 2.96 | 3.25 |
| 三资企业 | (亿元) | 252.14 | 280.50 | 348.20 | 427.10 | 503.60 | 482.90 | 491.65 | 645.69 |
| 电话机 | (万部) | 3668 | 3419 | 3160 | 3064 | 2844 | 2744 | 2295 | 2493 |
| 彩色电视机 | (万台) | 941 | 1360 | 1448 | 981 | 940 | 941 | 938 | 1140 |
| 激光视盘机 | (万台) | 1412 | 1764 | 1921 | 2590 | 2321 | 2702 | 2955 | 2803 |
| 微型计算机 | (万台) | 62 | 70 | 70 | 45 | 19 | 95 | 109 | 198 |
| 移动电话机 | (万部) | 742 | 755 | 1172 | 1651 | 5670 | 8471 | 12078 | 15074 |
| 组合音响 | (万台) | 1318 | 1164 | 773 | 839 | 1363 | 624 | 603 | 736 |
| 塑料制品 | (万吨) | 15 | 14 | 24 | 26 | 15 | 15 | 18 | 11 |
| 皮革鞋靴 | (万双) | 2593 | 2762 | 7876 | 8699 | 9720 | 10645 | 14283 | 11555 |
| 水泥 | (万吨) | 393 | 393 | 595 | 1033 | 1121 | 1342 | 1468 | 1578 |
| 服装 | (万件) | 15228 | 13811 | 15975 | 14800 | 15072 | 15298 | 14637 | 10853 |
| 灯饰 | (万套) | | 1974 | 3788 | 6005 | 9117 | 8188 | 10565 | 7247 |
| 家具 | (万件) | 91.57 | 204.00 | 210.00 | 176.00 | 290.00 | 319.50 | 471.10 | 544.27 |
| 工业综合经济效益指数 | (%) | 123.1 | 124.1 | 138.4 | 166.3 | 145.6 | 163.6 | 193.6 | 219.1 |
| 实现利润总额 | (亿元) | 38.00 | 36.70 | 39.90 | 99.20 | 37.68 | 115.30 | 196.32 | 220.16 |
| **投资和房地产** | | | | | | | | | |
| 固定资产投资额 | (亿元) | 297.61 | 352.37 | 308.78 | 486.91 | 588.74 | 758.97 | 894.02 | 1025.21 |
| 第一产业 | (亿元) | 2.50 | 3.23 | 0.80 | 1.56 | 2.00 | 3.34 | 1.30 | 2.86 |
| 第二产业 | (亿元) | 198.60 | 230.10 | 154.59 | 236.83 | 263.10 | 265.61 | 301.22 | 316.41 |
| 第三产业 | (亿元) | 96.50 | 119.03 | 153.40 | 248.52 | 323.60 | 490.02 | 591.50 | 705.94 |
| 房地产开发 | (亿元) | 29.55 | 43.89 | 69.03 | 137.76 | 186.83 | 175.33 | 267.86 | 377.54 |
| 住宅 | (亿元) | 20.83 | 28.70 | 47.15 | 94.29 | 131.80 | 133.20 | 198.47 | 291.45 |

## 2–5 续表 3

| 指 标 | | 2012年 | 2013年 | 2014年 | 2015年 | 2016年 | 2017年 | 2018年 | 2018年比2017年增长(%) |
|---|---|---|---|---|---|---|---|---|---|
| **工 业** | | | | | | | | | |
| 规模以上工业单位数 | (个) | 1430 | 1702 | 1684 | 1893 | 2140 | 2366 | 2376 | 0.4 |
| 三资企业 | (个) | 868 | 941 | 923 | 888 | 879 | 897 | 899 | 0.2 |
| 规模以上工业增加值 | (亿元) | 1173.97 | 1423.20 | 1475.02 | 1617.38 | 1763.69 | 1850.49 | 1731.57 | 6.6 |
| #轻工业 | (亿元) | 261.49 | 323.64 | 364.06 | 420.72 | 475.65 | 464.17 | 315.73 | 0.8 |
| 重工业 | (亿元) | 912.48 | 1099.56 | 1110.96 | 1196.66 | 1288.04 | 1386.32 | 1415.84 | 8.1 |
| #电子工业 | (亿元) | 445.07 | 572.73 | 584.03 | 607.60 | 652.62 | 730.46 | 639.00 | -4.3 |
| 石化工业 | (亿元) | 296.07 | 309.72 | 243.65 | 268.25 | 266.81 | 293.96 | 471.84 | 39.1 |
| 纺织业 | (亿元) | 10.04 | 10.62 | 15.09 | 15.97 | 18.43 | 15.64 | 6.74 | -10.9 |
| 纺织服装、服饰业 | (亿元) | 16.84 | 25.67 | 29.39 | 33.63 | 35.93 | 38.65 | 14.07 | 1.5 |
| 非金属矿物制品业 | (亿元) | 27.68 | 40.20 | 48.34 | 50.35 | 54.54 | 44.96 | 45.33 | 1.3 |
| 制鞋业 | (亿元) | 25.57 | 38.30 | 35.83 | 45.37 | 62.40 | 53.06 | 23.29 | -18.0 |
| 汽车制造业 | (亿元) | 35.07 | 38.60 | 48.29 | 51.62 | 61.58 | 54.40 | 51.42 | 4.0 |
| #国有企业 | (亿元) | 280.45 | 255.10 | 219.80 | 209.43 | 183.60 | 186.85 | 329.15 | 46.4 |
| 集体企业 | (亿元) | 3.17 | 3.20 | 2.95 | 3.26 | 2.09 | 2.58 | 0.51 | 1.0 |
| 三资企业 | (亿元) | 685.31 | 857.13 | 942.00 | 940.13 | 995.95 | 1059.70 | 899.85 | -3.8 |
| 电话机 | (万部) | 2172.71 | 2228.70 | 1634.57 | 1738.14 | 2328.68 | 549.30 | 348.22 | -44.8 |
| 彩色电视机 | (万台) | 1067.79 | 1403.80 | 1285.46 | 1363.02 | 1946.40 | 2236.53 | 2599.33 | 16.2 |
| 激光视盘机 | (万台) | 15652.28 | 13464.00 | 11443.71 | 8622.74 | 9111.54 | 7229.97 | 5210.20 | -27.9 |
| 微型计算机 | (万台) | 93.00 | 84.90 | 62.68 | 361.63 | 294.14 | 428.80 | 377.55 | -12.0 |
| 移动电话机 | (万部) | 18397 | 28727 | 26301 | 20706 | 18837 | 11893 | 10295 | -13.8 |
| 组合音响 | (万台) | 866.03 | 905.80 | 960.37 | 941.82 | 900.78 | 2512.46 | 3422.72 | 30.9 |
| 塑料制品 | (万吨) | 8.37 | 15.10 | 21.69 | 21.07 | 19.77 | 19.03 | 15.90 | -8.6 |
| 皮革鞋靴 | (万双) | 12065 | 12096 | 14088 | 14631 | 17483 | 22650 | 8377 | -25.8 |
| 水泥 | (万吨) | 1517.86 | 1787.60 | 2034.72 | 2222.54 | 2234.71 | 2625.22 | 1957.42 | -6.5 |
| 服装 | (万件) | 11170 | 11534 | 14690 | 14375 | 14482 | 13343 | 4950 | -28.9 |
| 灯具及照明装置 | (万套) | 5662 | 5324 | 13579 | 9068 | 9939 | 11649 | 8827 | -7.9 |
| 家具 | (万件) | 444.13 | 526.70 | 1041.26 | 704.16 | 952.15 | 993.81 | 1115.44 | 5.1 |
| 工业综合经济效益指数 | (%) | 221.50 | 236.34 | 237.30 | 235.02 | 248.36 | 250.04 | 221.87 | 9.7 |
| 实现利润总额 | (亿元) | 219.32 | 279.90 | 263.73 | 313.37 | 483.72 | 499.59 | 337.40 | -4.9 |
| **投资和房地产** | | | | | | | | | |
| 固定资产投资额 | (亿元) | 1208.68 | 1401.30 | 1606.71 | 1863.93 | 2039.71 | 2234.88 | — | 3.1 |
| 第一产业 | (亿元) | 8.21 | 9.66 | 15.68 | 24.33 | 18.19 | 23.57 | — | -31.7 |
| 第二产业 | (亿元) | 351.09 | 423.70 | 512.47 | 716.79 | 813.55 | 783.80 | — | -12.1 |
| 第三产业 | (亿元) | 849.38 | 967.90 | 1078.57 | 1122.80 | 1207.97 | 1427.51 | — | 9.3 |
| 房地产开发 | (亿元) | 482.17 | 593.50 | 667.30 | 610.45 | 747.63 | 884.19 | 983.94 | 11.3 |
| 住宅 | (亿元) | 364.02 | 469.80 | 512.84 | 482.91 | 597.34 | 725.21 | 809.81 | 11.7 |

2–5 续表4

| 指 标 | | 2004年 | 2005年 | 2006年 | 2007年 | 2008年 | 2009年 | 2010年 | 2011年 |
|---|---|---|---|---|---|---|---|---|---|
| #工业 | (亿元) | 197.80 | 229.90 | 154.31 | 234.10 | 260.80 | 265.20 | 301.22 | 316.33 |
| 石化工业 | (亿元) | 125.50 | 118.60 | 38.70 | 108.90 | 107.80 | 45.20 | 30.24 | 38.76 |
| 电子工业 | (亿元) | 13.10 | 21.80 | 24.60 | 38.50 | 66.20 | 66.20 | 58.90 | 78.72 |
| 商品房施工面积 | (万平方米) | 385.03 | 484.95 | 731.31 | 1347.77 | 2059.25 | 2248.34 | 3073.04 | 3905.12 |
| 商品房竣工面积 | (万平方米) | 86.73 | 133.80 | 173.02 | 213.11 | 242.80 | 553.87 | 564.59 | 502.66 |
| 商品房销售面积 | (万平方米) | 101.13 | 149.40 | 254.71 | 390.99 | 295.90 | 543.81 | 627.30 | 796.30 |
| 住宅 | (万平方米) | 91.26 | 132.10 | 242.37 | 363.57 | 270.76 | 516.43 | 593.72 | 752.44 |
| 商品房待售面积 | (万平方米) | 77.05 | 87.53 | 61.13 | 59.96 | 69.16 | 170.46 | 227.47 | 221.00 |
| 商品房销售额 | (亿元) | 22.88 | 37.97 | 75.80 | 156.18 | 121.94 | 232.01 | 311.17 | 440.87 |
| 住宅 | (亿元) | 18.94 | 29.42 | 68.82 | 137.02 | 106.43 | 212.28 | 285.97 | 414.66 |
| **交通、邮电、电力** | | | | | | | | | |
| 公路路线长度 | (公里) | 7382 | 7538 | 10436 | 10436 | 10468 | 10682 | 10826 | 10893 |
| 等级公路 | (公里) | 6920 | 7093 | 8831 | 8831 | 9348 | 9826 | 10074 | 10235 |
| 高速公路 | (公里) | 277 | 277 | 277 | 277 | 277 | 374 | 379 | 454 |
| 公路密度 | (公里/百平方公里) | 66 | 68 | 94 | 94 | 94 | 96 | 95 | 96 |
| 年末民用汽车保用量 | (万辆) | 8.85 | 11.31 | 13.19 | 15.51 | 17.91 | 21.09 | 25.64 | 30.64 |
| 私人汽车保有量 | (万辆) | 5.69 | 7.52 | 9.12 | 11.18 | 13.42 | 16.57 | 20.84 | 25.59 |
| 沿海港口吞吐量 | (万吨) | 1371 | 1271 | 1069 | 2192 | 2459 | 3613 | 4534 | 5014 |
| 邮政业务收入 | (亿元) | 1.40 | 1.61 | 1.79 | 2.10 | 2.00 | 2.20 | 1.90 | 2.18 |
| 电信业务收入 | (亿元) | 30.60 | 34.97 | 35.83 | 41.70 | 45.80 | 46.10 | 51.10 | 55.80 |
| 移动电话用户(含卡) | (万户) | 202.40 | 260.20 | 314.20 | 410.10 | 410.40 | 466.10 | 378.17 | 419.86 |
| 固定电话用户数(含小灵通) | (万户) | 133.10 | 160.60 | 185.40 | 202.60 | 221.50 | 189.70 | 139.77 | 135.17 |
| 互联网用户数 | (万户) | 60.30 | 73.20 | 77.40 | 92.10 | 46.10 | 56.30 | 68.29 | 81.80 |
| 全年用电量 | (亿千瓦时) | 89.60 | 105.20 | 123.20 | 145.60 | 153.60 | 165.80 | 192.50 | 209.66 |
| 工业用电 | (亿千瓦时) | 58.50 | 68.10 | 80.90 | 99.60 | 104.40 | 113.20 | 132.00 | 145.36 |
| 城乡居民生活用电 | (亿千瓦时) | 10.10 | 11.90 | 14.00 | 15.50 | 17.80 | 20.50 | 23.87 | 27.42 |
| 220千伏以上变电站 | (座) | 1 | 2 | 2 | 2 | 2 | 2 | 2 | 4 |
| 220千伏以下变电站(含220千伏) | (座) | 72 | 72 | 73 | 76 | 81 | 96 | 122 | 115 |
| **国内贸易、旅游** | | | | | | | | | |
| 社会消费品零售总额 | (亿元) | 213.15 | 252.01 | 298.41 | 356.06 | 426.75 | 491.10 | 582.53 | 684.72 |
| 批发零售贸易业 | (亿元) | 182.00 | 216.85 | 257.01 | 306.13 | 367.62 | 438.95 | 530.02 | 619.42 |
| 限上批发零售贸易业 | (亿元) | 33.50 | 41.70 | 56.50 | 73.50 | 100.57 | 117.27 | 178.38 | 207.34 |
| 住宿餐饮业 | (亿元) | 31.15 | 34.66 | 40.22 | 47.81 | 55.74 | 52.15 | 52.51 | 65.30 |
| 限上住宿和餐饮业 | (亿元) | 5.10 | 5.90 | 6.30 | 8.40 | 10.78 | 12.60 | 15.49 | 19.29 |
| 限上商贸企业数 | (个) | 155 | 185 | 212 | 262 | 262 | 337 | 404 | 423 |
| 批发业 | (个) | 53 | 50 | 44 | 50 | 50 | 62 | 74 | 106 |
| 零售业 | (个) | 29 | 51 | 63 | 82 | 82 | 122 | 144 | 167 |
| 住宿业 | (个) | 36 | 38 | 46 | 63 | 63 | 67 | 75 | 86 |
| 餐饮业 | (个) | 37 | 46 | 59 | 67 | 67 | 86 | 111 | 71 |

## 2-5 续表 5

| 指　　标 | | 2012年 | 2013年 | 2014年 | 2015年 | 2016年 | 2017年 | 2018年 | 2018年比2017年增长(%) |
|---|---|---|---|---|---|---|---|---|---|
| #工业 | (亿元) | 350.80 | 423.70 | 512.47 | 716.79 | 813.55 | 784.45 | — | -12.2 |
| 石化工业 | (亿元) | 54.30 | 55.90 | 82.60 | 189.31 | 214.16 | 125.61 | — | -55.4 |
| 电子工业 | (亿元) | 89.10 | 117.60 | 129.77 | 183.48 | 186.35 | 111.79 | — | 2.2 |
| 商品房施工面积 | (万平方米) | 4579.87 | 5810.67 | 6100.00 | 5883.41 | 6839.15 | 7604.45 | 7789.36 | 2.4 |
| 商品房竣工面积 | (万平方米) | 509.01 | 634.77 | 757.01 | 449.48 | 555.50 | 1039.86 | 500.92 | -51.8 |
| 商品房销售面积 | (万平方米) | 826.72 | 1149.46 | 983.94 | 1299.78 | 1771.91 | 1645.65 | 1663.37 | 1.1 |
| 住宅 | (万平方米) | 787.30 | 1092.76 | 918.36 | 1246.44 | 1700.22 | 1543.40 | 1575.72 | 2.1 |
| 商品房待售面积 | (万平方米) | 228.96 | 324.72 | 474.64 | 505.34 | 426.30 | 381.58 | 372.33 | -2.4 |
| 商品房销售额 | (亿元) | 478.42 | 672.11 | 588.81 | 800.38 | 1415.00 | 1628.81 | 1778.41 | 9.2 |
| 住宅 | (亿元) | 445.80 | 613.90 | 535.30 | 758.34 | 1337.17 | 1537.12 | 1688.66 | 9.9 |
| **交通、邮电、电力** | | | | | | | | | |
| 公路路线长度 | (公里) | 10933 | 11234 | 12594 | 13476 | 13541 | 13823 | 14001 | 1.3 |
| 等级公路 | (公里) | 10341 | 10703 | 12376 | 13443 | 13522 | 13805 | 13984 | 1.3 |
| 高速公路 | (公里) | 492 | 492 | 492 | 588 | 650 | 634 | 728 | 14.8 |
| 公路密度 | (公里/百平方公里) | 96 | 99 | 111.0 | 119 | 119 | 122 | 123 | 0.8 |
| 年末民用汽车保用量 | (万辆) | 35.77 | 41.40 | 47.09 | 64.34 | 87.62 | 104.09 | 136.96 | 31.6 |
| 私人汽车保有量 | (万辆) | 30.51 | 36.09 | 41.98 | 59.24 | 82.01 | 96.48 | 124.3 | 28.8 |
| 沿海港口吞吐量 | (万吨) | 5118 | 3261 | 4788 | 5250 | 5414 | 5970 | 7453 | 24.8 |
| 邮政业务收入 | (亿元) | 2.33 | 2.38 | 2.64 | 2.91 | 20.49 | 26.23 | 33.49 | 27.7 |
| 电信业务收入 | (亿元) | 60.04 | 61.66 | 59.61 | 57.96 | 61.42 | 64.86 | 66.49 | 2.5 |
| 移动电话用户(含卡) | (万户) | 501.20 | 597.79 | 697.97 | 669.09 | 537.13 | 611.51 | 722.17 | 18.1 |
| 固定电话用户数(含小灵通) | (万户) | 130.06 | 131.47 | 118.96 | 108.59 | 106.48 | 100.00 | 100.44 | 0.4 |
| 互联网用户数 | (万户) | 104.18 | 110.04 | 122.55 | 133.36 | 150.57 | 176.54 | 199.33 | 9.1 |
| 全年用电量 | (亿千瓦时) | 227.36 | 248.44 | 276.41 | 290.62 | 323.41 | 368.35 | 408.38 | 10.9 |
| 工业用电 | (亿千瓦时) | 160.18 | 176.93 | 190.60 | 202.81 | 225.74 | 261.96 | 286.45 | 10.3 |
| 城乡居民生活用电 | (亿千瓦时) | 31.48 | 32.57 | 40.20 | 42.83 | 48.53 | 51.63 | 56.71 | 13.0 |
| 220千伏以上变电站 | (座) | 4 | 4 | 4 | 4 | 5 | 5 | 5 | |
| 220千伏以下变电站(含220千伏) | (座) | 116 | 125 | 128 | 134 | 136 | 137 | 141 | 3.7 |
| **国内贸易、旅游** | | | | | | | | | |
| 社会消费品零售总额 | (亿元) | 754.15 | 857.91 | 968.70 | 1070.72 | 1227.88 | 1363.46 | 1478.97 | 9.5 |
| 批发零售贸易业 | (亿元) | 683.32 | 781.88 | 881.65 | 970.77 | 1117.49 | 1244.45 | 1352.37 | 9.8 |
| 限上批发零售贸易业 | (亿元) | 246.85 | 298.26 | 366.55 | 410.41 | 470.46 | 536.35 | 501.87 | 8.1 |
| 住宿餐饮业 | (亿元) | 70.83 | 76.03 | 87.05 | 99.95 | 110.39 | 119.01 | 126.60 | 6.4 |
| 限上住宿和餐饮业 | (亿元) | 23.63 | 24.34 | 26.98 | 30.39 | 31.11 | 33.76 | 28.68 | -0.4 |
| 限上商贸企业数 | (个) | 482 | 626 | 689 | 723 | 852 | 923 | 932 | 1.0 |
| 批发业 | (个) | 135 | 220 | 245 | 246 | 294 | 318 | 326 | 2.5 |
| 零售业 | (个) | 181 | 223 | 246 | 278 | 336 | 377 | 373 | -1.1 |
| 住宿业 | (个) | 81 | 93 | 105 | 110 | 125 | 120 | 124 | 3.3 |
| 餐饮业 | (个) | 85 | 93 | 93 | 89 | 97 | 108 | 109 | 0.9 |

注：本表中邮政业务收入，2016年(含)起快递业务收入。

## 2-5 续表 6

| 指 标 | | 2004年 | 2005年 | 2006年 | 2007年 | 2008年 | 2009年 | 2010年 | 2011年 |
|---|---|---|---|---|---|---|---|---|---|
| 旅游总人数 | (万人次) | 750 | 1000 | 1217 | 1567 | 1805 | 2115 | 2501 | 2820.94 |
| 接待过夜旅游者 | (万人次) | 352.00 | 460.00 | 562.00 | 707.00 | 808.00 | 943.00 | 1073.56 | 1188.63 |
| 国际旅游者 | (万人次) | 31.00 | 80.00 | 101.00 | 121.00 | 133.00 | 144.00 | 160.16 | 174.68 |
| 港澳台同胞 | (万人次) | 21.00 | 57.00 | 78.00 | 91.00 | 100.00 | 110.00 | 122.11 | 133.51 |
| 旅游总收入 | (亿元) | 38.90 | 49.90 | 61.20 | 84.30 | 96.60 | 115.10 | 140.82 | 161.19 |
| 旅游外汇收入 | (万美元) | 8586 | 16549 | 21315 | 28665 | 33091 | 40107 | 50168 | 57652 |
| 星级宾馆营业额 | (亿元) | 4.39 | 4.17 | 6.40 | 8.50 | 8.98 | 11.56 | 14.75 | 19.51 |
| **对外经济** | | | | | | | | | |
| 外贸进出口总额(海关数) | (亿美元) | 166.40 | 190.20 | 212.31 | 241.13 | 297.44 | 292.40 | 342.35 | 388.13 |
| 出口总额 | (亿美元) | 87.39 | 106.55 | 122.77 | 146.06 | 179.89 | 171.49 | 202.33 | 231.22 |
| 香港 | (亿美元) | 27.23 | 30.06 | 43.63 | 54.51 | 53.46 | 47.73 | 61.36 | 69.54 |
| 日本 | (亿美元) | 4.24 | 6.97 | 5.61 | 7.32 | 8.49 | 6.68 | 8.12 | 8.03 |
| 美国 | (亿美元) | 15.01 | 20.64 | 23.33 | 25.26 | 25.83 | 27.67 | 32.42 | 34.83 |
| 欧盟 | (亿美元) | 9.47 | 14.64 | 16.59 | 20.38 | 24.59 | 21.46 | 23.07 | 25.95 |
| 台湾 | (亿美元) | 1.95 | 2.47 | 3.02 | 3.50 | 3.98 | 2.72 | 3.26 | 3.87 |
| 东盟 | (亿美元) | 2.63 | 3.53 | 4.04 | 4.68 | 5.84 | 5.91 | 6.39 | 8.69 |
| 韩国 | (亿美元) | 19.71 | 18.40 | 12.70 | 10.94 | 32.77 | 36.09 | 36.39 | 42.31 |
| 俄罗斯 | (亿美元) | 0.53 | 0.69 | 1.04 | 1.63 | | 1.08 | 1.40 | 1.92 |
| 进口总额 | (亿美元) | 78.96 | 83.66 | 89.54 | 95.07 | 117.56 | 120.92 | 140.02 | 156.91 |
| 外商直接投资合同宗数 | (宗) | 549 | 539 | 489 | 444 | 293 | 279 | 362 | 425 |
| 外商直接投资合同金额 | (亿美元) | 13.00 | 19.50 | 15.10 | 15.71 | 15.85 | 14.04 | 14.80 | 21.68 |
| 实际利用外商直接投资 | (亿美元) | 6..23 | 10.42 | 10.45 | 12.28 | 13.52 | 13.94 | 14.38 | 15.68 |
| 香港 | (亿美元) | 2.34 | 3.77 | 4.15 | 6.53 | 8.09 | 9.38 | 9.62 | 11.61 |
| 日本 | (亿美元) | 0.31 | 1.55 | 1.51 | 1.00 | 0.84 | 0.14 | 0.65 | 0.02 |
| 台湾 | (亿美元) | 0.22 | 0.19 | 0.35 | 0.45 | 0.28 | 0.21 | 0.12 | 0.22 |
| 美国 | (亿美元) | 0.88 | 0.11 | 0.23 | 0.22 | 0.61 | 0.09 | 0.32 | 0.08 |
| 欧盟 | (亿美元) | 2.26 | 3.20 | 0.79 | 0.35 | 0.06 | 0.04 | 0.07 | 0.15 |
| 荷兰 | (亿美元) | 2.25 | 3.14 | 0.64 | 0.10 | | | | |
| 英属维尔京群岛 | (亿美元) | 0.62 | 0.97 | 2.22 | 2.44 | 3.19 | 2.92 | 1.67 | 1.73 |
| 大洋洲 | (亿美元) | 0.20 | 0.21 | 0.42 | 0.44 | 0.01 | 0.33 | 0.28 | 0.43 |
| **财税、金融和保险业** | | | | | | | | | |
| 来源于惠州的财政总收入 | (亿元) | 111.17 | 140.40 | 170.33 | 307.00 | 324.00 | 391.90 | 573.10 | 672.70 |
| 地方一般公共预算收入 | (亿元) | 25.42 | 34.72 | 44.45 | 62.06 | 78.07 | 101.57 | 131.23 | 162.83 |
| 税收收入 | (亿元) | — | — | — | — | — | — | 105.05 | 130.29 |
| 国内增值税 | (亿元) | 3.42 | 7.80 | 9.92 | 14.60 | 16.03 | 24.95 | 29.22 | 36.04 |
| 企业所得税 | (亿元) | 1.96 | 2.58 | 3.20 | 4.01 | 5.95 | 6.62 | 9.71 | 11.70 |

# 2–5 续表 7

| 指　　标 | | 2012年 | 2013年 | 2014年 | 2015年 | 2016年 | 2017年 | 2018年 | 2018年比2017年增长(%) |
|---|---|---|---|---|---|---|---|---|---|
| 旅游总人数 | (万人次) | 3153 | 3552 | 3968.3 | 4076.8 | 4713 | 5393 | 5893 | 9.3 |
| 接待过夜旅游者 | (万人次) | 1313 | 1502 | 1656 | 2077 | 2033 | 2239 | 2441 | 9.0 |
| 国际旅游者 | (万人次) | 191 | 207 | 215 | 223 | 228 | 239 | 253 | 5.8 |
| 港澳台同胞 | (万人次) | 146 | 162 | 169 | 176 | 180 | 184 | 202 | 9.6 |
| 旅游总收入 | (亿元) | 184.16 | 212.70 | 273.20 | 330.23 | 364.13 | 439.28 | 501.63 | 14.2 |
| 旅游外汇收入 | (万美元) | 67785 | 77039 | 85652 | 88494 | 93637 | 96975 | 104529 | 7.8 |
| 星级宾馆营业额 | (亿元) | 20.01 | 21.23 | 23.00 | 25.51 | 27.20 | 28.42 | 21.94 | -22.8 |
| **对外经济** | | | | | | | | | |
| 外贸进出口总额(海关数) | (亿美元) | 495.00 | 573.94 | 594.12 | 543.55 | 3044.78 | 3415.99 | 3334.71 | -2.4 |
| 出口总额 | (亿美元) | 292.05 | 333.21 | 363.31 | 347.76 | 1972.52 | 2233.13 | 2208.90 | -1.1 |
| 香港 | (亿美元) | 78.29 | 87.00 | 98.75 | 107.56 | 639.87 | 663.04 | 610.41 | -7.9 |
| 日本 | (亿美元) | 8.00 | 8.43 | 8.76 | 8.70 | 56.80 | 55.17 | 57.13 | 3.6 |
| 美国 | (亿美元) | 39.11 | 39.13 | 46.79 | 46.94 | 313.70 | 377.53 | 418.91 | 11.0 |
| 欧盟 | (亿美元) | 24.59 | 23.77 | 27.10 | 25.83 | 153.13 | 165.83 | 188.50 | 13.6 |
| 台湾 | (亿美元) | 3.53 | 4.78 | 4.16 | 6.08 | 33.64 | 44.10 | 52.37 | 18.8 |
| 东盟 | (亿美元) | 8.89 | 10.04 | 12.18 | 11.19 | 75.45 | 97.70 | 134.58 | 37.7 |
| 韩国 | (亿美元) | 95.41 | 128.97 | 133.30 | 112.91 | 521.94 | 626.06 | 528.14 | -15.6 |
| 俄罗斯 | (亿美元) | 2.65 | 2.05 | 2.09 | - | - | - | - | |
| 进口总额 | (亿美元) | 202.96 | 240.72 | 230.81 | 195.79 | 1072.26 | 1182.86 | 1125.82 | -4.8 |
| 外商直接投资合同宗数 | (宗) | 327 | 284 | 314 | 234 | 154 | 661 | 2006 | 203.5 |
| 外商直接投资合同金额 | (亿美元) | 26.55 | 28.92 | 30.55 | 20.45 | 21.34 | 16.78 | 181.08 | 91.3 |
| 实际利用外商直接投资 | (亿美元) | 17.28 | 18.34 | 19.66 | 11.05 | 11.43 | 11.44 | 63.49 | -8.1 |
| 香港 | (亿美元) | 10.87 | 9.74 | 11.07 | 7.60 | 6.82 | 5.30 | 43.82 | |
| 日本 | (亿美元) | 0.07 | 1.03 | 0.68 | 1.52 | 0.67 | 0.58 | 6.06 | |
| 台湾 | (亿美元) | 0.08 | 0.05 | 0.12 | 0.03 | 0.00 | 0.09 | 0.22 | |
| 美国 | (亿美元) | 0.14 | 0.05 | 0.07 | 0.00 | 0.02 | 0.01 | 0.01 | |
| 欧盟 | (亿美元) | 2.07 | 3.12 | 3.11 | 0.01 | 1.17 | 3.64 | | |
| 荷兰 | (亿美元) | 2.05 | 3.06 | 3.00 | | 1.17 | 3.6 | 5.66 | |
| 英属维尔京群岛 | (亿美元) | 2.35 | 1.97 | 1.82 | 0.63 | 0.38 | 0.24 | 2.76 | |
| 大洋洲 | (亿美元) | 0.32 | 0.18 | 0.31 | 0.42 | | 0.21 | | |
| **财税、金融和保险业** | | | | | | | | | |
| 来源于惠州的财政总收入 | (亿元) | 771.02 | 805.37 | 793.24 | 724.74 | 821.89 | 1000.85 | 1188.12 | 18.7 |
| 地方一般公共预算收入 | (亿元) | 200.88 | 250.17 | 300.75 | 340.02 | 361.30 | 389.08 | 393.01 | 1.0 |
| 税收收入 | (亿元) | 154.20 | 186.08 | 204.15 | 211.57 | 219.71 | 243.37 | 280.68 | 15.3 |
| 国内增值税 | (亿元) | 40.85 | 47.03 | 54.58 | 56.24 | 67.83 | 88.00 | 94.83 | 8.0 |
| 企业所得税 | (亿元) | 11.37 | 16.34 | 19.09 | 17.86 | 25.97 | 32.13 | 34.30 | 6.8 |

注：2016年起进出口总额单位改为亿元；2018年外商直接合同投资、外商直接投资单位为“亿元”，

## 2-5 续表 8

| 指　　标 | | 2004年 | 2005年 | 2006年 | 2007年 | 2008年 | 2009年 | 2010年 | 2011年 |
|---|---|---|---|---|---|---|---|---|---|
| 个人所得税 | (亿元) | 1.99 | 2.41 | 2.41 | 2.87 | 3.26 | 3.32 | 4.20 | 4.35 |
| 房产税 | (亿元) | 1.55 | 1.89 | 2.11 | 2.45 | 2.65 | 3.14 | 3.85 | 4.93 |
| 契税 | (亿元) | 1.62 | 1.95 | 2.88 | 5.22 | 6.23 | 7.76 | 10.50 | 14.03 |
| 行政性收费收入 | (亿元) | 2.24 | 2.56 | 2.91 | 3.87 | 5.21 | 6.87 | 11.00 | 13.19 |
| 罚没收入 | (亿元) | 1.00 | 1.28 | 2.91 | 4.59 | 3.73 | 3.66 | 4.88 | 4.94 |
| 地方公共财政预算支出 | (亿元) | 45.95 | 52.41 | 66.03 | 86.06 | 106.20 | 134.75 | 185.40 | 227.21 |
| 公共安全 | (亿元) | | | | | | 12.67 | 16.37 | 19.27 |
| 农林水事务 | (亿元) | | | | | | 13.26 | 14.61 | 19.18 |
| 教育支出 | (亿元) | 8.56 | 9.97 | 11.23 | 15.63 | 19.76 | 25.89 | 32.39 | 45.03 |
| 科学支出 | (亿元) | 0.17 | 0.18 | 0.26 | 1.03 | 1.63 | 2.38 | 3.57 | 5.29 |
| 医疗卫生支出 | (亿元) | 2.47 | 2.93 | 4.03 | 5.06 | 7.11 | 8.18 | 10.73 | 18.09 |
| 社会保障和就业 | (亿元) | | | | | | 13.73 | 18.48 | 18.94 |
| 节能环保 | (亿元) | | | | | | 3.30 | 6.50 | 6.77 |
| 税收总收入 | (亿元) | 114.71 | 142.05 | 174.92 | 231.77 | 290.24 | 348.42 | 466.79 | 574.31 |
| 本外币存款余额 | (亿元) | 710.72 | 823.96 | 986.42 | 1169.48 | 1336.93 | 1778.95 | 2090.14 | 2401.05 |
| 人民币存款余额 | (亿元) | 665.13 | 781.78 | 946.71 | 1133.82 | 1304.59 | 1734.40 | 2041.19 | 2337.42 |
| 住户存款 | (亿元) | 447.28 | 522.21 | 607.23 | 647.61 | 771.66 | 867.49 | 1031.79 | 1174.34 |
| 本外币贷款余额 | (亿元) | 378.23 | 409.44 | 481.85 | 679.74 | 752.10 | 1134.26 | 1225.71 | 1439.09 |
| 人民币贷款余额 | (亿元) | 347.81 | 367.23 | 440.76 | 563.25 | 659.89 | 924.94 | 1097.66 | 1289.75 |
| 短期贷款 | (亿元) | 130.80 | 115.80 | 119.50 | 156.60 | 201.00 | 233.20 | 146.50 | 194.32 |
| 中长期贷款 | (亿元) | 197.70 | 246.50 | 309.60 | 396.40 | 444.50 | 675.00 | 944.90 | 1070.07 |
| 个人贷款及透支 | (亿元) | | | | 166.73 | 189.12 | 292.91 | 435.58 | 515.18 |
| 农、林、牧、渔业 | (亿元) | | | | 22.66 | 25.40 | 21.53 | 6.45 | 7.77 |
| 房地产业 | (亿元) | | | | 67.09 | 80.99 | 110.13 | 132.09 | 154.25 |
| 教育 | (亿元) | | | | 2.18 | 1.86 | 4.34 | 6.85 | 7.32 |
| 卫生和社会工作 | (亿元) | | | | 3.65 | 4.47 | 5.98 | 7.87 | 9.38 |
| 文化、体育和娱乐业 | (亿元) | | | | 2.01 | 2.30 | 3.79 | 2.97 | 4.04 |
| 个人消费贷款 | (亿元) | 69.24 | 81.00 | 82.88 | 126.62 | 145.97 | 238.95 | 343.74 | 415.73 |
| 住房贷款 | (亿元) | 59.58 | 72.52 | 76.97 | 121.20 | 141.69 | 224.40 | 315.16 | 372.93 |
| 汽车贷款 | (亿元) | 3.45 | 2.66 | 2.66 | 2.58 | 2.16 | 2.44 | 2.66 | 1.92 |
| 各类保险保费收入 | (亿元) | 8.40 | 10.90 | 15.30 | 22.88 | 35.32 | 36.39 | 48.71 | 50.54 |
| 保险支付各类赔款 | (亿元) | 2.60 | 3.40 | 6.30 | 3.97 | 5.67 | 5.67 | 15.90 | 6.85 |

## 2–5 续表 9

| 指　　标 | | 2012年 | 2013年 | 2014年 | 2015年 | 2016年 | 2017年 | 2018年 | 2018年比2017年增长(%) |
|---|---|---|---|---|---|---|---|---|---|
| 个人所得税 | (亿元) | 3.13 | 3.70 | 4.44 | 5.81 | 6.63 | 9.79 | 12.51 | 27.8 |
| 房产税 | (亿元) | 5.20 | 7.80 | 9.03 | 9.69 | 9.44 | 12.31 | 12.21 | -0.8 |
| 契税 | (亿元) | 26.62 | 23.30 | 23.54 | 22.78 | 23.77 | 29.48 | 34.71 | 17.7 |
| 行政性收费收入 | (亿元) | 15.97 | 23.20 | 28.30 | 26.76 | 15.06 | 13.79 | 9.73 | -29.4 |
| 罚没收入 | (亿元) | 6.14 | 7.30 | 7.10 | 8.69 | 12.07 | 15.18 | 23.11 | 52.2 |
| 地方公共财政预算支出 | (亿元) | 274.08 | 328.30 | 373.00 | 486.07 | 509.08 | 554.01 | 544.22 | -1.8 |
| 公共安全 | (亿元) | 21.05 | 25.60 | 27.29 | 34.64 | 39.40 | 40.71 | 41.61 | 2.2 |
| 农林水事务 | (亿元) | 26.06 | 26.50 | 27.70 | 41.28 | 37.19 | 34.49 | 38.73 | 12.3 |
| 教育支出 | (亿元) | 62.60 | 72.80 | 85.00 | 94.94 | 101.91 | 106.86 | 106.92 | 0.1 |
| 科学支出 | (亿元) | 5.10 | 5.60 | 19.76 | 19.79 | 21.82 | 25.85 | 22.17 | -14.2 |
| 医疗卫生支出 | (亿元) | 21.82 | 26.30 | 32.62 | 57.81 | 80.21 | 96.21 | 70.25 | -27.0 |
| 社会保障和就业 | (亿元) | 21.96 | 26.80 | 34.00 | 40.10 | 48.83 | 55.80 | 55.19 | -1.1 |
| 节能环保 | (亿元) | 7.50 | 28.60 | 6.69 | 14.78 | 8.40 | 20.84 | 31.54 | 51.4 |
| 税收总收入 | (亿元) | 704.26 | 728.69 | 763.15 | 754.43 | 834.17 | 941.81 | 1137.65 | 20.8 |
| 本外币存款余额 | (亿元) | 2696.97 | 3138.79 | 3394.60 | 3836.10 | 4974.48 | 5485.55 | 6171.35 | 12.5 |
| 人民币存款余额 | (亿元) | 2517.63 | 3004.41 | 3184.55 | 3612.52 | 4544.73 | 5076.00 | 5839.65 | 15.0 |
| 住户存款 | (亿元) | 1351.44 | 1533.96 | 1640.17 | 1717.60 | 1945.23 | 2153.04 | 2361.19 | 9.7 |
| 本外币贷款余额 | (亿元) | 1735.12 | 2036.92 | 2436.97 | 2701.60 | 3460.97 | 4012.86 | 4886.82 | 21.8 |
| 人民币贷款余额 | (亿元) | 1484.62 | 1827.87 | 2176.80 | 2464.35 | 3155.13 | 3818.64 | 4650.84 | 21.8 |
| 短期贷款 | (亿元) | 248.00 | 335.40 | 418.99 | 460.50 | 461.77 | 473.51 | 504.91 | 6.6 |
| 中长期贷款 | (亿元) | 1200.10 | 1441.50 | 1682.27 | 1880.01 | 2562.46 | 3220.86 | 4023.62 | 24.9 |
| 个人贷款及透支 | (亿元) | 620.80 | 786.90 | 966.41 | 1199.31 | 1814.81 | 2409.79 | 3067.71 | 27.3 |
| 农、林、牧、渔业 | (亿元) | 9.50 | 10.70 | 14.17 | 14.08 | 12.71 | 13.90 | 13.45 | -3.2 |
| 房地产业 | (亿元) | 147.50 | 172.00 | 193.65 | 157.42 | 134.46 | 218.16 | 366.33 | 67.9 |
| 教育 | (亿元) | 8.80 | 10.40 | 12.08 | 10.26 | 10.69 | 8.28 | 13.07 | 57.9 |
| 卫生和社会工作 | (亿元) | 12.70 | 14.40 | 14.24 | 15.38 | 14.96 | 13.27 | 14.99 | 13.0 |
| 文化、体育和娱乐业 | (亿元) | 6.30 | 6.70 | 5.34 | 5.41 | 5.55 | 4.30 | 3.71 | -13.7 |
| 个人消费贷款 | (亿元) | 500.68 | 618.02 | 768.76 | 1001.65 | 1623.52 | 2152.95 | 2749.23 | 27.7 |
| 住房贷款 | (亿元) | 457.07 | 566.74 | 712.80 | 940.04 | 1555.22 | 2056.74 | 2629.02 | 27.8 |
| 汽车贷款 | (亿元) | 0.68 | 0.39 | 1.10 | 0.96 | 1.25 | 1.88 | 2.61 | 38.5 |
| 各类保险保费收入 | (亿元) | 56.54 | 64.56 | 78.78 | 99.30 | 116.00 | 141.50 | 157.93 | 11.6 |
| 保险支付各类赔款 | (亿元) | 8.33 | 8.99 | 10.33 | 31.74 | 32.15 | 37.00 | 48.14 | 30.1 |

## 2–5 续表 10

| 指 标 | | 2004年 | 2005年 | 2006年 | 2007年 | 2008年 | 2009年 | 2010年 | 2011年 |
|---|---|---|---|---|---|---|---|---|---|
| **人口、就业、人民生活** | | | | | | | | | |
| 年末常住人口 | (万人) | 363.18 | 370.69 | 387.51 | 402.86 | 418.65 | 435.08 | 460.11 | 463.36 |
| 年末户籍人口 | (万人) | 293.22 | 297.58 | 306.41 | 312.89 | 318.84 | 324.36 | 337.28 | 343.03 |
| 人口自然增长率 | (‰) | 5.24 | 5.36 | 5.55 | 5.58 | 6.04 | 6.35 | 6.99 | 6.77 |
| 全社会从业人员 | (万人) | 212.92 | 222.62 | 227.84 | 236.47 | 243.74 | 252.16 | 260.14 | 267.97 |
| 在岗职工年末人数 | (万人) | 53.23 | 64.92 | 66.90 | 75.70 | 72.60 | 76.59 | 78.60 | 83.35 |
| 企业 | (万人) | 42.97 | 54.23 | 55.40 | 63.75 | 60.31 | 63.91 | 65.77 | 69.44 |
| 事业 | (万人) | 6.86 | 7.17 | 7.59 | 7.90 | 8.09 | 8.15 | 8.16 | 8.67 |
| 机关 | (万人) | 3.40 | 3.52 | 3.91 | 4.05 | 4.20 | 4.51 | 4.62 | 5.06 |
| 在岗职工年平均工资 | (元) | 14439 | 16017 | 17760 | 19644 | 22727 | 25786 | 29599 | 35719 |
| 企业 | (元) | 13098 | 14762 | 16232 | 17935 | 20517 | 23143 | 26934 | 32885 |
| 事业 | (元) | 18231 | 19725 | 22755 | 26489 | 32255 | 37201 | 42406 | 50748 |
| 机关 | (元) | 22866 | 26807 | 29516 | 32874 | 38300 | 42114 | 44675 | 49400 |
| 年末城镇登记失业人数 | (人) | 12870 | 14001 | 14835 | 14140 | 16528 | 15737 | 14996 | 15467 |
| 年末城镇登记失业率 | (%) | 2.5 | 2.6 | 2.6 | 2.2 | 2.6 | 2.5 | 2.3 | 2.3 |
| 城镇居民人均可支配收入 | (元) | 13822 | 14884 | 15991 | 17310 | 19481 | 21278 | 17808 | 20108 |
| 名义增长 | (%) | 9.1 | 7.7 | 7.4 | 8.2 | 12.5 | 9.2 | 10.7 | 12.9 |
| 实际增长 | (%) | 6.8 | 5.6 | 5.7 | 4.1 | 7.9 | 10.9 | 7.3 | 7.6 |
| 城镇居民人均消费性支出 | (元) | 11929 | 12931 | 14035 | 15015 | 16581 | 17914 | 19741 | 20603 |
| 食品烟酒 | (元) | 4090 | 4152 | 4435 | 4873 | 5654 | 6101 | 6695 | 7114 |
| 衣着 | (元) | 714 | 755 | 808 | 817 | 928 | 993 | 1104 | 1284 |
| 生活用品及服务 | (元) | 713 | 909 | 719 | 650 | 1026 | 1018 | 1163 | 1225 |
| 医疗保健 | (元) | 736 | 539 | 693 | 884 | 851 | 973 | 1011 | 1005 |
| 交通和通讯 | (元) | 2614 | 2353 | 2908 | 2795 | 3177 | 3425 | 4041 | 4049 |
| 教育文化娱乐 | (元) | 1594 | 1567 | 1581 | 1766 | 1728 | 1866 | 2015 | 2357 |
| 居住 | (元) | 1124 | 1951 | 2478 | 2809 | 2631 | 2897 | 3061 | 2882 |
| 农村常住居民人均可支配收入 | (元) | 4370 | 4698 | 5090 | 5695 | 6626 | 7583 | 8396 | 10117 |
| 名义增长 | (%) | 7.8 | 7.5 | 8.3 | 11.9 | 16.3 | 14.4 | 19.7 | 20.5 |
| 实际增长 | (%) | 5.6 | 5.4 | 6.6 | 7.7 | 11.5 | 16.1 | 16.0 | 14.9 |
| 农村居民人均生活费支出 | (元) | 3300 | 3782 | 4022 | 4320 | 4863 | 5249 | 6029 | 7187 |
| 城镇恩格尔系数 | (%) | 34.3 | 32.1 | 31.6 | 32.5 | 34.1 | 34.1 | 33.9 | 34.5 |
| 农村恩格尔系数 | (%) | 49.9 | 49.8 | 47.9 | 47.9 | 49.5 | 48.2 | 45 | 44.6 |
| 城镇居民人均住房建筑面积 | (平方米) | 25.80 | 26.20 | 26.30 | 23.28 | 31.37 | 32.78 | 33.93 | 32.70 |
| 农村居民人均住房建筑面积 | (平方米) | 23.58 | 26.01 | 26.41 | 27.45 | 28.17 | 29.98 | 28.59 | 31.24 |
| 居民消费价格指数 | (%) | 102.1 | 102 | 101.6 | 103.9 | 104.3 | 98.5 | 103.2 | 104.9 |

## 2-5 续表 11

| 指 标 | | 2012年 | 2013年 | 2014年 | 2015年 | 2016年 | 2017年 | 2018年 | 2018年比2017年增长(%) |
|---|---|---|---|---|---|---|---|---|---|
| **人口、就业、人民生活** | | | | | | | | | |
| 年末常住人口 | (万人) | 467.40 | 470.00 | 472.66 | 475.55 | 477.50 | 477.70 | 483.00 | 1.11 |
| 年末户籍人口 | (万人) | 341.91 | 343.37 | 348.52 | 357.07 | 364.31 | 369.24 | 380.90 | 3.2 |
| 人口自然增长率 | (‰) | 6.83 | 6.94 | 6.71 | 6.08 | 9.49 | 10.45 | 10.66 | 0.2 |
| 全社会从业人员 | (万人) | 270.04 | 277.27 | 280.62 | 281.51 | 285.57 | 289.10 | 290.33 | 0.4 |
| 在岗职工年末人数 | (万人) | 87.22 | 83.91 | 89.31 | 88.33 | 92.74 | 94.97 | 90.86 | -4.3 |
| 企业 | (万人) | 72.85 | 69.45 | 74.76 | 74.90 | 77.26 | 79.26 | 74.83 | -5.6 |
| 事业 | (万人) | 9.14 | 9.05 | 9.07 | 8.93 | 9.40 | 9.38 | 9.38 | 0.0 |
| 机关 | (万人) | 5.07 | 5.16 | 5.16 | 5.24 | 5.62 | 5.88 | 6.29 | 6.9 |
| 在岗职工年平均工资 | (元) | 41506 | 47126 | 53576 | 58607 | 64766 | 70890 | 77634 | 9.5 |
| 企业 | (元) | 38770 | 43928 | 50396 | 54161 | 59765 | 65025 | 71346 | 9.7 |
| 事业 | (元) | 55452 | 63296 | 70825 | 83486 | 94005 | 107055 | 115335 | 7.7 |
| 机关 | (元) | 55256 | 63726 | 68878 | 81011 | 86533 | 93062 | 98251 | 5.6 |
| 年末城镇登记失业人数 | (人) | 16869 | 17317 | 18772 | 19705 | 21468 | 23125 | 22798 | -1.4 |
| 年末城镇登记失业率 | (%) | 2.4 | 2.25 | 2.35 | 2.37 | 2.38 | 2.36 | 2.30 | -0.06 |
| 城镇居民人均可支配收入 | (元) | 22644 | 24293 | 27300 | 30057 | 33213 | 36608 | 39574 | 8.1 |
| 名义增长 | (%) | 12.6 | 10.1 | 9.5 | 10.1 | 10.5 | 10.2 | 8.1 | — |
| 实际增长 | (%) | 9.5 | 7.8 | 7.2 | 8.0 | 8.4 | 8.3 | 6.2 | — |
| 城镇居民人均消费性支出 | (元) | 22279 | - | 20065.2 | 21581 | 23779 | 26424 | 27773 | 5.1 |
| 食品烟酒 | (元) | 7943 | - | 7324 | 7858.1 | 8539 | 9281 | 9569 | 3.1 |
| 衣着 | (元) | 1503 | - | 1043 | 1128.2 | 1267 | 1379 | 1426 | 3.4 |
| 居住 | (元) | 2347 | - | 4505 | 4743.2 | 5001 | 5576 | 6011 | 7.8 |
| 生活用品及服务 | (元) | 1304 | - | 1124 | 1195.3 | 1344 | 1596 | 1636 | 2.5 |
| 交通和通讯 | (元) | 4540 | - | 2754 | 3053.4 | 3504 | 3917 | 4215 | 7.6 |
| 教育文化娱乐 | (元) | 2787 | - | 2092 | 2274.7 | 2605 | 2962 | 3083 | 4.1 |
| 医疗保健 | (元) | 1098 | - | 823 | 887.1 | 992 | 1096 | 1185 | 8.1 |
| 农村常住居民人均可支配收入 | (元) | 11483 | 12976 | 14364 | 15830 | 17603 | 19284 | 21039 | 9.1 |
| 名义增长 | (%) | 13.5 | 13.0 | 10.7 | 10.2 | 11.2 | 9.6 | 9.1 | — |
| 实际增长 | (%) | 10.4 | 10.7 | 8.4 | 8.1 | 9.1 | 7.7 | 7.2 | — |
| 农村居民人均生活费支出 | (元) | 8286 | 9465 | 11008 | 11975 | 13726 | 15576 | 16900 | 8.5 |
| 城镇恩格尔系数 | (%) | 35.7 | - | 36.5 | 36.4 | 35.9 | 35.1 | 34.5 | -0.6 |
| 农村恩格尔系数 | (%) | 44.3 | 44.1 | 39.2 | 39.1 | 38.9 | 38.6 | 38.3 | -0.3 |
| 城镇居民人均住房建筑面积 | (平方米) | 35.34 | - | 35.40 | 35.50 | 38.50 | 41.00 | 39.10 | -4.6 |
| 农村居民人均住房建筑面积 | (平方米) | 32.80 | 35.57 | 34.73 | 34.10 | 38.20 | 42.00 | 46.20 | 10.0 |
| 居民消费价格指数 | (%) | 102.8 | 102.1 | 102.1 | 101.9 | 101.9 | 101.8 | 101.8 | |

## 2-5 续表 12

| 指　　标 | | 2004年 | 2005年 | 2006年 | 2007年 | 2008年 | 2009年 | 2010年 | 2011年 |
|---|---|---|---|---|---|---|---|---|---|
| **科学、教育** | | | | | | | | | |
| 专利申请量 | (项) | 1109 | 1041 | 877 | 1235 | 1160 | 1761 | 2889 | 6029 |
| 专利授权量 | (项) | 680 | 651 | 641 | 726 | 1011 | 985 | 1628 | 2917 |
| 认定高新技术企业 | (家) | 111 | 141 | 158 | 192 | 44 | 73 | 73 | 122 |
| 高新技术产品产值 | (亿元) | 562 | 661 | 909 | 1147 | 1246 | 1318 | 1798 | 2219 |
| 考入大学人数 | (人) | 10470 | 11534 | 11571 | 14061 | 16823 | 19074 | 19065 | 21846 |
| 高等学校 | | | | | | | | | |
| 学校数 | (所) | 1 | 1 | 1 | 1 | 1 | 1 | 2 | 2 |
| 毕业生数 | (人) | 1460 | 1421 | 1622 | 2706 | 2244 | 1479 | 4005 | 4358 |
| 招生数 | (人) | 2924 | 1513 | 1972 | 2386 | 3467 | 4265 | 6199 | 6373 |
| 在校学生数 | (人) | 8046 | 8106 | 8423 | 8079 | 9286 | 12038 | 20041 | 22007 |
| 教职工数 | (人) | 797 | 807 | 755 | 753 | 773 | 881 | 1490 | 1545 |
| 专任教师 | (人) | 496 | 506 | 511 | 503 | 522 | 629 | 990 | 1049 |
| 中等职业技术学校 | | | | | | | | | |
| 学校数 | (所) | 27 | 34 | 34 | 40 | 45 | 40 | 43 | 39 |
| 毕业生数 | (人) | 5829 | 8325 | 11864 | 13006 | 14380 | 16745 | 19503 | 22032 |
| 招生数 | (人) | 12463 | 15108 | 21348 | 23176 | 27818 | 31308 | 37893 | 37203 |
| 在校学生数 | (人) | 32037 | 35694 | 50665 | 57180 | 65460 | 76596 | 89908 | 97131 |
| 教职工数 | (人) | 2007 | 2046 | 2432 | 2869 | 3230 | 3886 | 4160 | 4295 |
| 专任教师 | (人) | 1128 | 1278 | 1600 | 1944 | 2220 | 3160 | 3429 | 3355 |
| 普通中学 | | | | | | | | | |
| 学校数 | (所) | 171 | 174 | 194 | 203 | 209 | 210 | 209 | 211 |
| 毕业生数 | (人) | 60248 | 62343 | 68243 | 73144 | 79839 | 87064 | 91248 | 95870 |
| 招生数 | (人) | 78501 | 85872 | 97533 | 102373 | 108741 | 109635 | 107112 | 102649 |
| 在校学生数 | (人) | 212095 | 232301 | 257051 | 277215 | 295346 | 305888 | 308667 | 307746 |
| 专任教师 | (人) | 10943 | 11969 | 13315 | 14330 | 15232 | 16735 | 17211 | 17759 |
| 小学 | | | | | | | | | |
| 学校数 | (所) | 1170 | 1118 | 1031 | 982 | 945 | 785 | 689 | 518 |
| 毕业生数 | (人) | 59661 | 64271 | 72225 | 79066 | 80890 | 80973 | 76715 | 70940 |
| 招生数 | (人) | 67728 | 66305 | 64111 | 63353 | 61952 | 62344 | 72570 | 78119 |
| 在校学生数 | (人) | 418989 | 442407 | 451551 | 445221 | 426443 | 401270 | 397983 | 403950 |
| 专任教师 | (人) | 18986 | 19217 | 19749 | 20188 | 20240 | 20137 | 20652 | 20947 |

## 2-5　续表 13

| 指　　标 | | 2012年 | 2013年 | 2014年 | 2015年 | 2016年 | 2017年 | 2018年 | 2018年比2017年增长(%) |
|---|---|---|---|---|---|---|---|---|---|
| **科学、教育** | | | | | | | | | |
| 专利申请量 | (项) | 9894 | 15168 | 18356 | 21408 | 26123 | 30448 | 21643 | -28.9 |
| 专利授权量 | (项) | 4093 | 5976 | 7396 | 9797 | 9891 | 11706 | 14705 | 25.6 |
| 认定高新技术企业 | (家) | 132 | 163 | 183 | 255 | 466 | 794 | 1102 | 38.8 |
| 高新技术产品产值 | (亿元) | 2927 | 3200 | 3521 | 3885 | 4568 | 4782 | 4179 | -12.6 |
| 考入大学人数 | (人) | 25674 | 27845 | 29540 | 30132 | 29290 | 29582 | 30630 | 3.5 |
| 高等学校 | | | | | | | | | |
| 学校数 | (所) | 3 | 3 | 3 | 4 | 4 | 5 | 5 | |
| 毕业生数 | (人) | 5631 | 6070 | 5859 | 8128 | 8206 | 9963 | 10813 | 8.5 |
| 招生数 | (人) | 8032 | 8942 | 10202 | 11683 | 11693 | 12808 | 15302 | 19.5 |
| 在校学生数 | (人) | 24300 | 27012 | 30183 | 34174 | 37229 | 39212 | 44018 | 12.3 |
| 教职工数 | (人) | 1907 | 2095 | 2737 | 3169 | 3086 | 3277 | 3289 | 0.4 |
| 专任教师 | (人) | 1329 | 1497 | 1929 | 1893 | 1925 | 2055 | 2111 | 2.7 |
| 中等职业技术学校 | | | | | | | | | |
| 学校数 | (所) | 39 | 33 | 33 | 35 | 35 | 36 | 36 | |
| 毕业生数 | (人) | 24441 | 27156 | 25879 | 24987 | 26322 | 24700 | 23919 | -3.2 |
| 招生数 | (人) | 34167 | 31607 | 30708 | 29823 | 30137 | 29556 | 27670 | -6.4 |
| 在校学生数 | (人) | 97852 | 95812 | 82943 | 83870 | 81697 | 81250 | 80619 | -0.8 |
| 教职工数 | (人) | 4473 | 4268 | 4043 | 4261 | 4513 | 4621 | 4054 | -12.3 |
| 专任教师 | (人) | 3366 | 3209 | 3042 | 3143 | 3342 | 3470 | 2971 | -14.4 |
| 普通中学 | | | | | | | | | |
| 学校数 | (所) | 214 | 221 | 234 | 241 | 252 | 263 | 271 | 3.0 |
| 毕业生数 | (人) | 99934 | 98685 | 95585 | 91389 | 88864 | 85641 | 86351 | 0.8 |
| 招生数 | (人) | 98045 | 95644 | 90971 | 91585 | 99679 | 103325 | 112151 | 8.5 |
| 在校学生数 | (人) | 296561 | 287317 | 276309 | 270727 | 275031 | 287517 | 308128 | 7.2 |
| 专任教师 | (人) | 18444 | 19076 | 19154 | 19532 | 20076 | 20870 | 21801 | 4.5 |
| 小学 | | | | | | | | | |
| 学校数 | (所) | 472 | 460 | 453 | 454 | 456 | 463 | 468 | 1.1 |
| 毕业生数 | (人) | 64366 | 62148 | 61088 | 63240 | 70260 | 75052 | 83954 | 11.9 |
| 招生数 | (人) | 87160 | 89068 | 87966 | 96841 | 100177 | 102481 | 112594 | 9.9 |
| 在校学生数 | (人) | 421074 | 445608 | 472152 | 504066 | 530498 | 556985 | 584251 | 4.9 |
| 专任教师 | (人) | 21243 | 22497 | 23755 | 24970 | 26253 | 27471 | 28903 | 5.2 |

2–5 续表 14

| 指　　标 | | 2004年 | 2005年 | 2006年 | 2007年 | 2008年 | 2009年 | 2010年 | 2011年 |
|---|---|---|---|---|---|---|---|---|---|
| **学龄儿童** | | | | | | | | | |
| 学龄儿童总数 | (人) | 409497 | 435971 | 448694 | 442082 | 423240 | 397204 | 392431 | 399720 |
| 学龄儿童入学率 | (%) | 99.97 | 99.94 | 99.96 | 100 | 100 | 100 | 100 | 100 |
| 小学毕业生升学率 | (%) | 100 | 100 | 100 | 100 | 100 | 100 | 100 | 100 |
| **幼儿园** | | | | | | | | | |
| 幼儿园数 | (所) | 243 | 253 | 273 | 278 | 300 | 326 | 351 | 384 |
| 在园幼儿数 | (人) | 69867 | 70685 | 51667 | 79722 | 87378 | 100617 | 114440 | 128324 |
| 教职工数 | (人) | 4615 | 5284 | 5957 | 6467 | 7442 | 8398 | 10448 | 12061 |
| 专任教师 | (人) | 2697 | 3073 | 3499 | 3907 | 4453 | 5043 | 6044 | 6819 |
| **文化、卫生、体育** | | | | | | | | | |
| 文化馆、艺术馆 | (个) | 6 | 6 | 6 | 6 | 6 | 6 | 6 | 6 |
| 公共图书馆 | (个) | 5 | 5 | 5 | 5 | 5 | 5 | 5 | 5 |
| 博物馆 | (个) | 5 | 5 | 5 | 5 | 5 | 5 | 6 | 6 |
| 广播电台 | (套) | 5 | 5 | 6 | 6 | 6 | 6 | 6 | 6 |
| 广播人口覆盖率 | (%) | 98.8 | 98.2 | 98.35 | 99.5 | 99.67 | 99.95 | 99.95 | 99.99 |
| 电视台 | (套) | 4 | 6 | 7 | 6 | 6 | 6 | 6 | 6 |
| 电视发射台和转播台 | (座) | 4 | 15 | 13 | 7 | 7 | 5 | 6 | 6 |
| 电视人口覆盖率 | (%) | 97.60 | 96.70 | 97.30 | 97.80 | 98.50 | 98.95 | 99.56 | 99.98 |
| 有线电视用户 | (万户) | 27.30 | 26.30 | 34.30 | 34.40 | 39.90 | 47.20 | 48.00 | 69.60 |
| 影剧院(含电影院) | (个) | 4 | 4 | 4 | 6 | 5 | 15 | 12 | 18 |
| 歌舞厅 | (个) | 257 | 145 | 157 | 297 | 133 | 200 | 168 | 168 |
| 网吧 | (个) | 205 | 245 | 435 | 569 | 587 | 577 | 584 | 584 |
| 卫生机构数 | (个) | 576 | 614 | 235 | 270 | 285 | 2214 | 2258 | 2366 |
| 医院、卫生院 | (个) | 123 | 123 | 125 | 123 | 119 | 124 | 128 | 131 |
| 卫生防疫防治机构 | (个) | 14 | 14 | 14 | 16 | 17 | 17 | 17 | 17 |
| 妇幼卫生机构 | (个) | 5 | 5 | 5 | 5 | 5 | 5 | 5 | 6 |
| 卫生技术人员 | (人) | 11289 | 12043 | 12703 | 14964 | 14818 | 16728 | 18218 | 19978 |
| 医生、助理医生 | (人) | 4214 | 4622 | 5000 | 5854 | 5431 | 6246 | 6778 | 7386 |
| 护师、护士 | (人) | 3620 | 3872 | 4245 | 5109 | 4962 | 5795 | 6391 | 7283 |
| 卫生机构床位数 | (张) | 7513 | 7960 | 8532 | 9538 | 10207 | 11122 | 12206 | 13092 |
| 医院、卫生院 | (张) | 7067 | 7529 | 8048 | 9015 | 9477 | 10199 | 10877 | 11662 |
| 村级卫生机构数 | (个) | 1124 | 1283 | 1532 | 1512 | 1539 | 1534 | 1539 | 1557 |
| 村级执业(助理)医师 | (人) | 178 | 225 | 384 | 435 | 513 | 394 | 555 | 562 |

注：2009年起卫生机构数为全市各类机构数。

## 2-5　续表 15

| 指　　标 | | 2012年 | 2013年 | 2014年 | 2015年 | 2016年 | 2017年 | 2018年 | 2018年比2017年增长(%) |
|---|---|---|---|---|---|---|---|---|---|
| **学龄儿童** | | | | | | | | | |
| 学龄儿童总数 | (人) | 409732 | 441726 | 469995 | 502921 | 528535 | 556046 | 582320 | 4.7 |
| 学龄儿童入学率 | (%) | 100 | 100 | 100 | 100 | 100 | 100 | 100 | - |
| 小学毕业生升学率 | (%) | 100 | 100 | 100 | 100 | 100 | 100 | 100 | - |
| **幼儿园** | | | | | | | | | |
| 幼儿园数 | (所) | 436 | 480 | 513 | 578 | 637 | 695 | 728 | 4.7 |
| 在园幼儿数 | (人) | 144664 | 163139 | 175808 | 193674 | 207214 | 224848 | 224216 | -0.3 |
| 教职工数 | (人) | 14593 | 17341 | 18899 | 21207 | 23242 | 25628 | 26949 | 5.2 |
| 专任教师 | (人) | 8216 | 9507 | 10153 | 11357 | 12382 | 13517 | 13938 | 3.1 |
| **文化、卫生、体育** | | | | | | | | | |
| 文化馆、艺术馆 | (个) | 6 | 6 | 6 | 6 | 6 | 6 | 6 | - |
| 公共图书馆 | (个) | 5 | 5 | 5 | 5 | 5 | 5 | 5 | - |
| 博物馆 | (个) | 6 | 6 | 6 | 6 | 6 | 6 | 6 | - |
| 广播电台 | (套) | 6 | 7 | 7 | 5 | 5 | 5 | 5 | - |
| 广播人口覆盖率 | (%) | 100 | 100 | 100 | 100 | 99.73 | 100 | 100 | |
| 电视台 | (套) | 6 | 6 | 6 | 5 | 5 | 5 | 5 | - |
| 电视发射台和转播台 | (座) | 6 | 6 | 5 | 6 | 7 | 7 | 7 | - |
| 电视人口覆盖率 | (%) | 100.00 | 100.00 | 100.00 | 100.00 | 100.00 | 100.00 | 100.00 | - |
| 有线电视用户 | (万户) | 74.20 | 74.20 | 83.69 | 83.78 | 80.85 | 74.88 | 75.81 | 1.2 |
| 影剧院(含电影院) | (个) | 18 | 14 | 12 | 12 | 42 | 49 | 60 | 22.4 |
| 歌舞厅 | (个) | 226 | 299 | 309 | 297 | 313 | 319 | 319 | |
| 网吧 | (个) | 584 | 589 | 581 | 619 | 643 | 669 | 634 | -5.2 |
| 卫生机构数 | (个) | 2558 | 2604 | 2658 | 2655 | 2668 | 2725 | 2764 | 1.4 |
| 医院、卫生院 | (个) | 137 | 139 | 138 | 145 | 144 | 146 | 146 | |
| 卫生防疫防治机构 | (个) | 18 | 18 | 18 | 18 | 19 | 17 | 16 | -5.9 |
| 妇幼卫生机构 | (个) | 6 | 6 | 6 | 6 | 7 | 7 | 7 | - |
| 卫生技术人员 | (人) | 23787 | 26991 | 27068 | 28115 | 30124 | 32953 | 34800 | 5.6 |
| 医生、助理医生 | (人) | 9009 | 9735 | 10163 | 10458 | 11283 | 12582 | 13339 | 6.0 |
| 护师、护士 | (人) | 9445 | 10266 | 10973 | 11700 | 12804 | 14412 | 15454 | 7.2 |
| 卫生机构床位数 | (张) | 17231 | 19155 | 20135 | 21879 | 22460 | 22589 | 21452 | -5.0 |
| 医院、卫生院 | (张) | 14485 | 16258 | 17098 | 18937 | 19383 | 19277 | 19257 | -0.1 |
| 村级卫生机构数 | (个) | 1574 | 1508 | 1490 | 1455 | 1423 | 1303 | 1292 | -0.8 |
| 村级执业(助理)医师 | (人) | 604 | 581 | 557 | 540 | 587 | 553 | 575 | 4.0 |

注：2009年起卫生机构数为全市各类机构数。

## 2-5 续表 16

| 指　　标 | | 2004年 | 2005年 | 2006年 | 2007年 | 2008年 | 2009年 | 2010年 | 2011年 |
|---|---|---|---|---|---|---|---|---|---|
| 乡村医生和卫生员 | (人) | 1228 | 1208 | 1632 | 1437 | 1444 | 1539 | 1545 | 1629 |
| 乡村医生数 | (人) | 1122 | 1139 | 1488 | 1364 | 1366 | 1417 | 1413 | 1504 |
| 卫生员 | (人) | 106 | 69 | 144 | 73 | 78 | 122 | 132 | 125 |
| 村卫生室诊疗人次 | (万人次) | 375 | 397.58 | 505.88 | 485.21 | 520.29 | 493.83 | 506.99 | 547.42 |
| **社保、环保、公用事业** | | | | | | | | | |
| 城镇职工 养老保险参保人数 | (万人) | 47.44 | 52.67 | 60.05 | 88.64 | 105.17 | 120.03 | 148.90 | 189.98 |
| 失业保险参保人数 | (万人) | 40.72 | 45.13 | 51.62 | 50.44 | 44.93 | 32.77 | 30.00 | 91.01 |
| 城镇职工基本医疗保险参保人数 | (万人) | 35.04 | 46.73 | 59.11 | 61.32 | 71.73 | 77.12 | 81.80 | 134.89 |
| 社会保险基金收入 | (亿元) | 10.04 | 12.06 | 18.17 | 21.48 | 28.50 | 32.72 | 38.87 | 46.40 |
| 年末城镇最低生活保障人数 | (人) | 7894 | 8101 | 7842 | 8693 | 9465 | 10433 | 9875 | 9799 |
| 年末乡村最低生活保障人数 | (人) | 29083 | 33307 | 43453 | 55149 | 58943 | 66248 | 69694 | 71386 |
| 自然保护区 | (个) | | 26 | 26 | 26 | 26 | 26 | 26 | 26 |
| 自然保护区面积 | (公顷) | | 88016 | 88016 | 88016 | 88285 | 88285 | 88285 | 88285 |
| 森林覆盖率 | (%) | 59.9 | 59.8 | 58.2 | 58.6 | 59.2 | 59.4 | 59.6 | 60.44 |
| 建成烟尘控制区 | (个) | 8 | 8 | 8 | 8 | 8 | 8 | 8 | 8 |
| 烟尘控制区面积 | (平方公里) | 144.5 | 147.8 | 147.8 | 147.8 | 147.8 | 147.8 | 147.8 | 147.8 |
| 噪声达标面积 | (平方公里) | 55.7 | 71.3 | 71.5 | 71.5 | 71.5 | 71.5 | 71.5 | 209.7 |
| 废水排放总量 | (万吨) | 13585 | 13774 | 21616 | 26974 | 28074 | 28188 | 31126 | 30400 |
| 生活污水 | (万吨) | 9546 | 9415 | 15412 | 18247 | 20884 | 22406 | 25097 | 22937.4 |
| 工业废水 | (万吨) | 4039 | 4359 | 6204 | 8727 | 7189 | 5782 | 6029 | 7462 |
| 工业废水中COD排放量 | (万吨) | 1.78 | 1.70 | 2.29 | 4.50 | 0.56 | 0.49 | 0.61 | 0.85 |
| 污水处理厂 | (座) | | | | 7 | 15 | 15 | 26 | 19 |
| 生活污水集中处理率 | (%) | | | 23.68 | 47.2 | 47.20 | 63.20 | 71.49 | 91.54 |
| 工业废气量 | (亿标立米) | 302.47 | 271.36 | 400.91 | 1024.41 | 965.36 | 1319.13 | 1163.31 | 1197.11 |
| 二氧化硫排放总量 | (万吨) | 1.04 | 1.07 | 1.22 | 1.65 | 3.27 | 3.57 | 3.31 | 3.90 |
| 工业二氧化硫 | (万吨) | 0.75 | 0.74 | 1.22 | 1.64 | 3.26 | 3.56 | 3.31 | 3.89 |
| 工业烟尘排放量 | (万吨) | 0.10 | 0.09 | 0.19 | 0.32 | 0.26 | 0.32 | 0.32 | 2.19 |
| 工业固体废物产生量 | (万吨) | 15.53 | 17.13 | 19.26 | 33.97 | 29.94 | 27.27 | 40.60 | 76.40 |

## 2-5 续表 17

| 指 标 | | 2012年 | 2013年 | 2014年 | 2015年 | 2016年 | 2017年 | 2018年 | 2018年比2017年增长(%) |
|---|---|---|---|---|---|---|---|---|---|
| 乡村医生和卫生员 | (人) | 1528 | 1391 | 1313 | 1088 | 979 | 864 | 819 | -5.2 |
| 乡村医生数 | (人) | 1385 | 1287 | 1175 | 1077 | 968 | 855 | 812 | -5.0 |
| 卫生员 | (人) | 143 | 104 | 138 | 11 | 11 | 9 | 7 | -22.2 |
| 村卫生室诊疗人次 | (万人次) | 767.64 | 958.27 | 958.59 | 946.912 | 889.65 | 923.09 | 868.69 | -5.9 |
| **社保、环保、公用事业** | | | | | | | | | |
| 城镇职工养老保险参保人数 | (万人) | 202.20 | 197.61 | 203.26 | 201.89 | 214.70 | 211.70 | 194.52 | -5.1 |
| 失业保险参保人数 | (万人) | 92.50 | 127.38 | 130.74 | 127.39 | 124.64 | 125.20 | 127.62 | 1.9 |
| 城镇职工基本医疗保险参保人数 | (万人) | 139.50 | 159.30 | 166.68 | 161.83 | 156.20 | 155.08 | 156.58 | 1.0 |
| 社会保险基金收入 | (亿元) | 56.10 | 73.10 | 96.36 | 129.20 | 128.03 | 198.81 | 255.55 | 28.5 |
| 年末城镇最低生活保障人数 | (人) | 9327 | 9028 | 11577 | 10721 | 9681 | 6875 | 5262 | -23.5 |
| 年末乡村最低生活保障人数 | (人) | 80019 | 79153 | 72314 | 66124 | 60811 | 52212 | 44630 | -14.5 |
| 自然保护区 | (个) | 26 | 26 | 25 | 25 | 25 | 26 | 26 | |
| 自然保护区面积 | (公顷) | 88285 | 88015 | 77318 | 77318 | 77318 | 87592 | 87592 | |
| 森林覆盖率 | (%) | 60.87 | 61.28 | 61.60 | 62.34 | 62.42 | 61.59 | 61.59 | |
| 建成烟尘控制区 | (个) | 8 | 8 | 8 | 8 | 8 | 8 | | |
| 烟尘控制区面积 | (平方公里) | 147.8 | 147.8 | 147.8 | 147.8 | 147.8 | 147.8 | | |
| 噪声达标面积 | (平方公里) | 209.7 | 209.7 | 209.7 | 209.7 | 209.7 | 209.7 | | |
| 废水排放总量 | (万吨) | 33789 | 39562 | 41890.9 | 43180 | 44348 | 47698 | | |
| 生活污水 | (万吨) | 25489 | 31207 | 33394 | 34558 | 38179 | 41600 | | |
| 工业废水 | (万吨) | 8300 | 8320 | 8465.18 | 8595 | 6137 | 6058 | | |
| 工业废水中COD排放量 | (万吨) | 0.90 | 0.88 | 0.90 | 0.91 | 0.49 | 0.46 | | |
| 污水处理厂 | (座) | 27 | 37 | 37 | 45 | 74 | - | | |
| 生活污水集中处理率 | (%) | 91.01 | 95.50 | 95.62 | 96.02 | 96.20 | 96.40 | | |
| 工业废气量 | (亿标立米) | 1487.80 | 1509.51 | 1606.39 | 1611.47 | 1792.71 | - | | |
| 二氧化硫排放总量 | (万吨) | 3.61 | 3.03 | 2.92 | 2.90 | 1.77 | 1.48 | | |
| 工业二氧化硫 | (万吨) | 3.55 | 3.00 | 2.89 | 2.87 | 1.73 | 1.44 | | |
| 工业烟尘排放量 | (万吨) | 2.13 | 2.30 | 2.45 | 1.57 | 1.46 | 1.41 | | |
| 工业固体废物产生量 | (万吨) | 123.23 | 119.62 | 94.13 | 74.21 | 94.19 | 148.20 | | |

注：2014—2016年，“自然保护区”不包括广东象头山国家自然保护区。

## 2-5 续表18

| 指　　标 | | 2004年 | 2005年 | 2006年 | 2007年 | 2008年 | 2009年 | 2010年 | 2011年 |
|---|---|---|---|---|---|---|---|---|---|
| 全市水资源总量 | (亿立方米) | 70.00 | 126.90 | 183.60 | 119.79 | 159.40 | 96.45 | 115.60 | 84.76 |
| 全市总用水量 | (亿立方米) | 20.50 | 21.10 | 21.40 | 21.67 | 21.99 | 21.68 | 21.82 | 21.81 |
| 生活用水比重 | (%) | 17.0 | 11.3 | 11.3 | 11.4 | 11.4 | 11.7 | 16.3 | 11.8 |
| 工业用水比重 | (%) | 13.0 | 17.0 | 19.1 | 20.8 | 24.4 | 24.6 | 26.4 | 25.8 |
| 农业用水比重 | (%) | 70.0 | 66.6 | 64.5 | 62.4 | 57.9 | 59.3 | 56.5 | 57.0 |
| 城市市政公用设施建设固定资产投资 | (万元) | - | - | - | - | - | - | - | - |
| 年末实有铺装道路面积 | (万平方米) | 1041 | 1076 | 1151 | 1558 | 1798 | 1891 | 2320 | 2407.65 |
| 排水管道长度 | 公里) | 827 | 863 | 915 | 765 | 1168 | 1567 | 1816 | 2331.98 |
| 供水综合生产能力 | (万立方米/日) | 84.5 | 99.5 | 107.0 | 97.2 | 129.2 | 133.5 | 134.0 | 136.5 |
| 供水总量 | (万吨) | 19684 | 20468 | 21401 | 22485 | 23506 | 25309 | 28889 | 28976.8 |
| 居民家庭用水量 | (万吨) | 7121 | 7463 | 7158 | 7119 | 8193 | 9522 | 9223 | 10536.2 |
| 液化石油气供气总量 | 吨) | 99858 | 113905 | 172574 | 196507 | 178073 | 117430 | 90496 | 103506 |
| 年末实有营运公共汽车 | (辆) | 707 | 707 | 738 | 917 | 1056 | 1062 | 1178 | 1498 |
| 年末实有出租小汽车数 | (辆) | 911 | 975 | 950 | 983 | 1149 | 1229 | 1650 | 1651 |
| 建成区绿化覆盖面积 | (公顷) | 3070 | 4028 | 5102 | 5130 | 5555 | 7586 | 8049 | 8908 |
| 园林绿地面积 | (公顷) | 3384 | 3704 | 4419 | 4675 | 5107 | 6961 | 7411 | 8313 |
| 公园绿地面积 | (公顷) | 721 | 763 | 1190 | 1190 | 1634 | 2040 | 2047 | 2477 |
| **工商登记情况** | | | | | | | | | |
| 个体户期末实有户数 | (万户) | 8.29 | 9.38 | 11.00 | 16.26 | 17.78 | 15.78 | 16.25 | 17.44 |
| 个体户期末注册资本 | (亿元) | 21.81 | 25.44 | 48.41 | 53.17 | 55.56 | 51.31 | 49.59 | 55.26 |
| 个体户本期新增户数 | (万户) | 2.01 | 2.17 | 2.76 | 6.50 | 3.36 | 2.92 | 3.24 | 2.94 |
| 个体户本期新增注册资本 | (亿元) | 6.57 | 6.58 | 6.87 | 9.33 | 8.67 | 9.80 | 10.96 | 11.60 |
| 私营企业期末实有户数 | (万户) | 1.06 | 1.35 | 1.69 | 2.13 | 2.67 | 3.06 | 3.67 | 4.05 |
| 私营企业期末注册资本 | (亿元) | 154.91 | 198.60 | 292.56 | 401.28 | 487.88 | 566.00 | 705.64 | 879.78 |
| 私营企业本期新增户数 | (万户) | 0.28 | 0.31 | 0.42 | 0.45 | 0.41 | 0.48 | 0.66 | 0.72 |
| 私营企业本期新增注册资本 | (亿元) | 33.93 | 36.14 | 62.62 | 71.01 | 52.48 | 52.10 | 110.98 | 125.47 |

## 2-5 续表 19

| 指　　标 | | 2012年 | 2013年 | 2014年 | 2015年 | 2016年 | 2017年 | 2018年 | 2018年比2017年增长(%) |
|---|---|---|---|---|---|---|---|---|---|
| 全市水资源总量 | (亿立方米) | 115.38 | 148.67 | 123.36 | 125.68 | 181.13 | 119.60 | 125.53 | 5.0 |
| 全市总用水量 | (亿立方米) | 21.75 | 21.51 | 21.04 | 20.82 | 20.57 | 20.23 | 19.91 | -1.6 |
| 生活用水比重 | (%) | 17.7 | 16.7 | 17.7 | 12.4 | 17.8 | 13.3 | 19.2 | 5.8 |
| 工业用水比重 | (%) | 26.5 | 24.0 | 22.8 | 23.7 | 23.7 | 21.7 | 20.2 | -1.5 |
| 农业用水比重 | (%) | 55.8 | 58.9 | 59.2 | 58.6 | 58.1 | 59.3 | 60.2 | 0.9 |
| 城市市政公用设施建设固定资产投资 | (万元) | - | - | - | - | 145822 | 341605 | 382177 | 11.9 |
| 年末实有铺装道路面积 | (万平方米) | 2509.69 | 2623 | 3341 | 3538 | 3336 | 3465 | 4728 | 36.4 |
| 排水管道长度 | (公里) | 2526.77 | 2663 | 2928 | 2886 | 2826 | 3125 | 4155 | 33.0 |
| 供水综合生产能力 | (万立方米/日) | 138.0 | 146.0 | 166.0 | 164.0 | 164.0 | 168.0 | 168.0 | |
| 城市供水总量 | (万吨) | 30522 | 32531 | 31231 | 34693 | 36322 | 34141 | 36349 | 6.5 |
| 居民家庭用水量 | (万吨) | 11508.6 | 12486 | 13280 | 13310 | 13868 | 15068 | 17044 | 13.1 |
| 液化石油气供气总量 | (吨) | 99147.9 | 104647 | 81752 | 93419 | 89820 | 103398 | 97072 | -6.1 |
| 年末实有营运公共汽车 | (辆) | 1558 | 1916 | 2119 | 2372 | 2955 | 2746 | 3200 | 16.5 |
| 年末实有出租小汽车数 | (辆) | 1663 | 1732 | 2017 | 1970 | 2026 | 1899 | 1866 | -1.7 |
| 建成区绿化覆盖面积 | (公顷) | 9748 | 10384 | 10897 | 11285 | 13387 | 14609 | 14261 | -2.4 |
| 园林绿地面积 | (公顷) | 9076 | 9685 | 10091 | 10326 | 12300 | 13499 | 13233 | -2.0 |
| 公园绿地面积 | (公顷) | 3021 | 3333 | 3326.8 | 3545.6 | 4116 | 4731 | 4689 | -0.9 |
| **工商登记情况** | | | | | | | | | |
| 个体户期末实有户数 | (万户) | 19.19 | 21.33 | 23.85 | 26.79 | 29.25 | 33.27 | 39.28 | 18.1 |
| 个体户期末注册资本 | (亿元) | 64.18 | 76.69 | 91.82 | 107.85 | 127.09 | 155.55 | 189.96 | 22.1 |
| 个体户本期新增户数 | (万户) | 3.16 | 3.33 | 3.62 | 4.33 | 4.52 | 6.28 | 8.36 | 33.1 |
| 个体户本期新增注册资本 | (亿元) | 13.69 | 17.50 | 20.92 | 26.41 | 29.83 | 40.90 | 48.32 | 18.2 |
| 私营企业期末实有户数 | (万户) | 4.66 | 5.53 | 6.85 | 8.29 | 10.26 | 12.62 | 14.42 | 14.3 |
| 私营企业期末注册资本 | (亿元) | 1009.05 | 1247.47 | 1726.61 | 2241.61 | 3187.83 | 4379.66 | 6574.98 | 50.1 |
| 私营企业本期新增户数 | (万户) | 0.69 | 0.98 | 1.45 | 1.66 | 2.26 | 2.92 | 3.22 | 10.2 |
| 私营企业本期新增注册资本 | (亿元) | 93.12 | 162.67 | 397.28 | 433.31 | 786.46 | 1178.75 | 1301.35 | 10.4 |

# 2-6 各行业增加值及发展指数

单位：亿元

| 项　　目 | 2010年 | 2011年 | 2012年 | 2013年 | 2014年 | 2015年 | 2016年 | 2017年 | 2018年 |
|---|---|---|---|---|---|---|---|---|---|
| 地区生产总值 | 1741.93 | 2116.10 | 2407.01 | 2738.80 | 3035.25 | 3178.68 | 3453.14 | 3830.58 | 4103.05 |
| 第一产业 | 100.88 | 114.06 | 121.55 | 130.11 | 136.54 | 146.13 | 164.21 | 166.57 | 175.98 |
| 第二产业 | 1027.09 | 1236.25 | 1392.31 | 1565.34 | 1733.99 | 1768.08 | 1885.11 | 2017.20 | 2161.58 |
| 工业 | 968.26 | 1160.64 | 1311.34 | 1477.80 | 1639.08 | 1666.41 | 1781.28 | 1898.16 | 2032.98 |
| 建筑业 | 58.84 | 75.61 | 80.97 | 87.72 | 95.13 | 102.43 | 104.65 | 120.03 | 129.65 |
| 第三产业 | 613.96 | 765.79 | 893.15 | 1043.68 | 1165.13 | 1264.97 | 1404.43 | 1646.81 | 1765.50 |
| 交通运输、仓储和邮政业 | 50.98 | 61.51 | 70.04 | 72.41 | 79.27 | 80.76 | 82.34 | 85.88 | 89.72 |
| 批发和零售业 | 155.50 | 211.66 | 262.50 | 318.23 | 349.05 | 331.24 | 350.88 | 393.96 | 415.42 |
| 住宿和餐饮业 | 53.61 | 60.33 | 71.99 | 71.24 | 75.82 | 80.17 | 88.58 | 92.40 | 95.92 |
| 金融业 | 53.45 | 63.74 | 71.93 | 89.67 | 102.93 | 121.04 | 152.92 | 189.54 | 216.18 |
| 房地产业 | 99.01 | 122.26 | 136.97 | 178.48 | 198.85 | 213.79 | 250.45 | 321.68 | 348.17 |
| 其他服务业 | 201.40 | 246.29 | 279.72 | 313.32 | 358.80 | 437.49 | 478.65 | 563.36 | 600.10 |

注：数据已含R&D支出。

2-6 续表

单位：%

| 项　　目 | 2010年 | 2011年 | 2012年 | 2013年 | 2014年 | 2015年 | 2016年 | 2017年 | 2018年 |
|---|---|---|---|---|---|---|---|---|---|
| 地区生产总值 | 118.3 | 115.2 | 112.8 | 113.8 | 109.9 | 109.2 | 108.1 | 107.6 | 106.0 |
| 第一产业 | 104.0 | 103.9 | 102.9 | 103.4 | 104.6 | 104.3 | 104.8 | 104.5 | 103.6 |
| 第二产业 | 124.2 | 115.4 | 114.5 | 115.1 | 111.7 | 109.8 | 108.1 | 102.5 | 106.0 |
| 工业 | 125.0 | 115.2 | 115.1 | 115.7 | 112.0 | 109.9 | 108.4 | 102.3 | 106.4 |
| 建筑业 | 111.2 | 119.5 | 105.1 | 103.9 | 106.5 | 109.0 | 102.2 | 106.5 | 100.1 |
| 第三产业 | 110.6 | 116.8 | 111.5 | 113.0 | 107.5 | 108.6 | 108.6 | 115.0 | 106.2 |
| 交通运输、仓储和邮政业 | 102.1 | 111.0 | 112.5 | 110.6 | 108.9 | 115.5 | 96.4 | 108.0 | 105.0 |
| 批发和零售业 | 115.4 | 132.2 | 111.4 | 119.7 | 105.2 | 95.6 | 105.3 | 108.2 | 103.7 |
| 住宿和餐饮业 | 108.5 | 109.8 | 114.6 | 96.5 | 102.7 | 105.4 | 109.0 | 102.2 | 101.5 |
| 金融业 | 120.4 | 112.9 | 109.8 | 123.0 | 114.0 | 119.7 | 125.2 | 119.6 | 109.9 |
| 房地产业 | 118.3 | 109.1 | 111.3 | 124.4 | 108.9 | 105.1 | 111.1 | 131.6 | 103.7 |
| 其他服务业 | 105.6 | 113.0 | 111.2 | 104.4 | 108.0 | 119.0 | 107.6 | 113.9 | 109.2 |

注：数据已含R&D支出。

# 2-7 民营经济主要统计指标

| 项　　目 | | 2008年 | 2009年 | 2010年 | 2011年 | 2012年 | 2013年 |
|---|---|---|---|---|---|---|---|
| 单位个数 | (万个) | 20.86 | 19.29 | 20.42 | 22.25 | 24.68 | 26.86 |
| 私营 | (万个) | 2.67 | 3.06 | 3.67 | 4.05 | 4.66 | 5.53 |
| 个体 | (万个) | 17.78 | 15.78 | 16.25 | 17.44 | 19.19 | 21.33 |
| 从业人数 | (万人) | 91.63 | 92.09 | 104.30 | 121.18 | 122.62 | 124.04 |
| 私营 | (万人) | 28.87 | 31.01 | 33.89 | 41.88 | 42.39 | 42.94 |
| 个体 | (万人) | 60.29 | 58.54 | 65.40 | 73.70 | 74.13 | 74.65 |
| 民营经济增加值 | (亿元) | 461.35 | 508.23 | 614.23 | 778.45 | 887.15 | 1018.93 |
| 第一产业 | (亿元) | 43.12 | 43.60 | 49.54 | 78.02 | 95.67 | 95.67 |
| 第二产业 | (亿元) | 199.95 | 212.65 | 267.67 | 320.97 | 343.83 | 343.99 |
| 工业 | (亿元) | 183.82 | 196.42 | 248.81 | 298.27 | 320.09 | 320.09 |
| 第三产业 | (亿元) | 218.28 | 251.98 | 297.02 | 379.46 | 447.65 | 579.27 |
| 私营企业出口 | (亿美元) | 10.74 | 11.29 | 17.00 | 24.15 | 24.39 | 21.98 |
| 税收收入 | (亿元) | 77.09 | 153.66 | 137.86 | 237.85 | 292.34 | 292.49 |
| 国税 | (亿元) | 31.90 | 95.89 | 67.73 | 149.19 | 173.81 | 173.81 |
| 地税 | (亿元) | 45.19 | 57.77 | 70.13 | 88.66 | 118.53 | 118.68 |

注：单位个数数据来源于工商局，2011年起统计口径有调整。

2-7 续表

| 项　　目 | | 2014年 | 2015年 | 2016年 | 2017年 | 2018年 | 2018年比2017年增长(%) |
|---|---|---|---|---|---|---|---|
| 单位个数 | (万个) | 31.39 | 35.88 | 39.80 | 47.28 | 55.22 | 16.8 |
| 私营 | (万个) | 6.85 | 8.29 | 10.26 | 12.62 | 14.42 | 14.3 |
| 个体 | (万个) | 23.85 | 26.79 | 29.25 | 33.27 | 39.28 | 18.1 |
| 从业人数 | (万人) | 129.13 | 134.46 | 138.16 | 143.37 | 150.28 | 4.8 |
| 私营 | (万人) | 42.72 | 43.73 | 44.40 | 45.15 | 46.68 | 3.4 |
| 个体 | (万人) | 73.21 | 74.92 | 76.30 | 77.20 | 78.39 | 1.5 |
| 民营经济增加值 | (亿元) | 1170.79 | 1341.17 | 1489.35 | 1684.62 | 1826.41 | 6.6 |
| 第一产业 | (亿元) | 100.04 | 103.08 | 108.00 | 129.48 | 130.10 | 3.6 |
| 第二产业 | (亿元) | 434.18 | 537.09 | 606.57 | 701.03 | 743.95 | 9.3 |
| 工业 | (亿元) | 109.77 | 511.60 | 579.29 | 671.37 | 701.43 | 8.3 |
| 第三产业 | (亿元) | 636.57 | 701.00 | 774.78 | 854.11 | 952.35 | 4.9 |
| 私营企业出口 | (亿美元) | 24.50 | 24.78 | 196.41 | 208.01 | 351.97 | 17.7 |
| 税收收入 | (亿元) | 337.32 | 384.52 | 447.68 | 538.96 | 670.79 | 24.5 |
| 国税 | (亿元) | 187.41 | 221.21 | 292.58 | 390.22 | 476.34 | 22.1 |
| 地税 | (亿元) | 149.92 | 163.31 | 155.10 | 148.75 | 194.45 | 30.7 |

注：2016年起私营企业出口数据单位为亿元；本表数据为初步统计数。

# 2-8 城市社会经济基本情况表

| 项　　目 | | 2018年全市 | 市辖区 | 2017年全市 | 市辖区 |
|---|---|---|---|---|---|
| 一、人口、劳动力及土地面积 | | | | | |
| 年末户籍总人口 | (万人) | 380.90 | 164.05 | 369.24 | 154.72 |
| 城镇人口 | (万人) | 189.37 | 82.76 | 206.30 | 113.01 |
| 户籍平均人口 | (万人) | 375.07 | 159.39 | 366.77 | 152.59 |
| 暂住人口(一个月以上) | (万人) | 204.58 | 153.49 | 200.74 | 144.42 |
| 年出生人口 | (人) | 65420 | 32268 | 72643 | 36183 |
| 年死亡人口 | (人) | 12443 | 3788 | 42285 | 14825 |
| 年末总户数 | (万户) | 105.74 | 50.81 | 101.80 | 47.51 |
| 人口自然增长率 | (‰) | 10.66 | | 10.45 | |
| 年末单位从业人员数(城镇) | (人) | 951290 | 723441 | 987638 | 736442 |
| 第一产业(农、林、牧、渔业) | (人) | 836 | 207 | 1111 | 205 |
| 第二产业 | (人) | 643100 | 514008 | 690380 | 539597 |
| 采矿业 | (人) | 18 | | 199 | 98 |
| 制造业 | (人) | 613887 | 494946 | 663611 | 522305 |
| 电力、燃气及水的生产和供应业 | (人) | 9724 | 6233 | 9412 | 5855 |
| 建筑业 | (人) | 19471 | 12829 | 17158 | 11339 |
| 第三产业 | (人) | 307354 | 209226 | 296147 | 196640 |
| 交通运输、仓储及邮政业 | (人) | 19912 | 15850 | 19568 | 15217 |
| 信息传输、计算机服务和软件业 | (人) | 7597 | 6650 | 7129 | 6228 |
| 批发和零售业 | (人) | 24138 | 19283 | 25230 | 17980 |
| 住宿、餐饮业 | (人) | 8684 | 5666 | 9675 | 5446 |
| 金融业 | (人) | 38739 | 34491 | 38281 | 33988 |
| 房地产业 | (人) | 26862 | 20367 | 21504 | 16052 |
| 租赁和商业服务业 | (人) | 7199 | 5392 | 7043 | 5208 |
| 科学研究、技术服务和地质勘查业 | (人) | 6701 | 5037 | 6329 | 4649 |
| 水利、环境和公共设施管理业 | (人) | 7245 | 4058 | 8279 | 5033 |
| 居民服务和其他服务业 | (人) | 1622 | 1144 | 1342 | 930 |
| 教育 | (人) | 53939 | 28593 | 52694 | 27439 |
| 卫生、社会保障和社会福利业 | (人) | 31340 | 20022 | 29554 | 18795 |
| 文化、体育和娱乐业 | (人) | 3736 | 2688 | 3749 | 2547 |
| 公共管理和社会组织 | (人) | 69640 | 39985 | 65770 | 37128 |

## 2-8 续表1

| 项　　目 | | 2018年全市 | 市辖区 | 2017年全市 | 市辖区 |
|---|---|---|---|---|---|
| 城镇私营和个体从业人员 | (人) | 1267931 | 639872 | 1233472 | 608777 |
| 年末城镇登记失业人员数 | (人) | 22798 | 15941 | 23125 | 16131 |
| 行政区域土地面积 | (平方公里) | 11347 | 2697 | 11347 | 2697 |
| 建成区面积 | (平方公里) | 365.5 | 278.42 | 355.70 | 269.95 |
| 城市建设用地面积 | (平方公里) | 356.29 | 269.6 | 344.97 | 260.56 |
| 居住用地面积 | (平方公里) | 120.35 | 86.2 | 116.15 | 83.03 |
| 公用设施用地面积 | (平方公里) | 22.88 | 16.9 | 10.47 | 8.80 |
| 工业用地面积 | (平方公里) | 96.63 | 68.79 | 93.09 | 65.74 |
| **二、综合经济** | | | | | |
| (一)地区生产总值(当年价格) | (万元) | 41030532 | 26545518 | 38305819 | 24078263 |
| 第一产业增加值 | (万元) | 1759781 | 471182 | 1665738 | 443201 |
| 第二产业增加值 | (万元) | 21615773 | 15417113 | 20172019 | 13688898 |
| 第三产业增加值 | (万元) | 17654978 | 10657191 | 16468062 | 9946164 |
| 地区生产总值(2015年价格) | (万元) | 39214321 | 24308796 | 369946421 | 22787808 |
| 人均地区生产总值 | (元) | 85418 | 106939 | 80205 | 98158 |
| 地区生产总值增长率 | (%) | 6.0 | 6.7 | 7.6 | 6.9 |
| 单位GDP能耗 | (吨标煤/万元) | 0.666 | | 0.603 | |
| 单位GDP能耗增长 | (%) | 10.25 | | 6.28 | |
| (二)财政、金融、保险 | | | | | |
| 地方公共财政预算收入 | (万元) | 3930058 | 3026551 | 3890838 | 2976858 |
| 税收收入 | (万元) | 2806781 | 2184097 | 2433749 | 1893356 |
| 企业所得税 | (万元) | 343010 | 273678 | 321301 | 277171 |
| 个人所得税 | (万元) | 125100 | 101091 | 97913 | 79305 |
| 地方公共财政预算支出 | (万元) | 5442151 | 3520919 | 5540130 | 3705551 |
| 科学支出 | (万元) | 221734 | 169535 | 258472 | 206476 |
| 教育支出 | (万元) | 1069211 | 642870 | 1068551 | 658452 |
| 医疗卫生支出 | (万元) | 702521 | 446998 | 962057 | 621152 |
| 人民币金融机构存款余额 | (万元) | 58396518 | 45601311 | 50760024 | 39300620 |
| 住户存款年末余额 | (万元) | 23611950 | 15506907 | 21530379 | 14116078 |
| 人民币年末金融机构贷款余额 | (万元) | 46508367 | 37938721 | 38186415 | 31080496 |

## 2-8 续表 2

| 项　　目 | | 2018年全市 | 市辖区 | 2017年全市 | 市辖区 |
|---|---|---|---|---|---|
| 保费收入 | (万元) | 1579286 | 1486047 | 1415045 | 1348032 |
| 财产险 | (万元) | 1118198 | 678655 | 413370 | 605495 |
| 人身险 | (万元) | 461088 | 605911 | 1001675 | 502860 |
| 各类赔款 | (万元) | 481416 | 401779 | 369990 | 312029 |
| 财产险 | (万元) | 228187 | 135725 | 180216 | 111718 |
| 人身险 | (万元) | 253229 | 164077 | 189774 | 117093 |
| **三、农业** | | | | | |
| 蔬菜产量 | (万吨) | | | 314.43 | 101.01 |
| 水果产量 | (万吨) | 87.50 | 9.77 | 80.86 | 7.98 |
| 肉类总产量 | (万吨) | 18.04 | 4.55 | 18.47 | 4.91 |
| 奶类产量 | (吨) | 1.53 | | 11734 | 164 |
| 水产品产量 | (万吨) | 15.81 | 5.80 | 17.50 | 6.88 |
| **四、工业** | | | | | |
| 工业企业数 | (个) | 2376 | 1325 | 2366 | 1316 |
| 内资企业 | (个) | 1477 | 742 | 1469 | 735 |
| 国有企业 | (个) | 45 | 32 | 9 | 1 |
| 私营企业 | (个) | 856 | 460 | 847 | 452 |
| 港、澳、台商投资企业 | (个) | 668 | 409 | 668 | 409 |
| 外商投资企业 | (个) | 231 | 174 | 229 | 172 |
| 工业总产值(当年价) | (万元) | 75559283 | 64752283 | 81669256 | 59566561 |
| 内资企业 | (万元) | 34560049 | 28175561 | 34396613 | 21534985 |
| 国有企业 | (万元) | 20628552 | 19367191 | 114302 | 21710 |
| 私营企业 | (万元) | 8541635 | 6836645 | 11037911 | 6040620 |
| 港、澳、台商投资企业 | (万元) | 20006072 | 16441634 | 24066225 | 16363720 |
| 外商投资企业 | (万元) | 20993162 | 20135090 | 23206418 | 21667856 |
| 从业人员年平均人数 | (万人) | 84.78 | 65.03 | 92.05 | 66.80 |
| 流动资产合计 | (万元) | 62905523 | 52454766 | 58652187 | 47791202 |
| 固定资产合计 | (万元) | | | 18750588 | 14408815 |
| 主营业务收入 | (万元) | 74105007 | 63497754 | 79716565 | 57836172 |
| 主营业务税金及附加 | (万元) | 1276113 | 1223628 | 644579 | 566974 |

## 2-8 续表3

| 项　　目 | | 2018年全市 | 市辖区 | 2017年全市 | 市辖区 |
|---|---|---|---|---|---|
| 本年应交增值税 | (万元) | 1216175 | 996653 | 1866817 | 1528715 |
| 利润总额 | (万元) | 3373981 | 2856058 | 4995930 | 3274727 |
| 民用汽车拥有量 | (辆) | 1369550 | | 1040908 | |
| 私人汽车拥有量 | (辆) | 1242886 | | 964774 | |
| 公路客运量 | (万人) | 6615.87 | | 6616.71 | |
| 公路货运量 | (万吨) | 12069.99 | | 11401.00 | |
| 境内等级公路里程 | (公里) | 14001 | 4132 | 13805 | 4116 |
| 境内高速公路里程 | (公里) | 728 | 286 | 634 | 290 |
| 沿海港口货物吞吐量 | (万吨) | 7453 | | 5970 | |
| 内河港口货物吞吐量 | (万吨) | 1303.91 | | 1244.00 | |
| 水运货运量 | (万吨) | 14009.52 | | 13291.78 | |
| 年末邮政局所数 | (处) | 164 | 97 | 164 | 97 |
| 邮政业务收入 | (万元) | 334939 | | 262336 | |
| 电信业务收入 | (万元) | 664942 | | 648621 | |
| 年末固定电话用户数 | (万户) | 100.44 | | 100.00 | |
| 年末移动电话用户数 | (万户) | 722.17 | | 611.51 | |
| 国际互联网用户数 | (万户) | 199.33 | | 176.54 | |
| 全年用电量 | (万千瓦时) | 4083826 | | 3683458 | 2428454 |
| 工业用电 | (万千瓦时) | 2864193 | | 2619593 | 1767163 |
| 居民生活用电 | (万千瓦时) | 566099 | | 516263 | 311907 |
| **五、内外贸易、外经、旅游** | | | | | |
| 社会消费品零售总额 | (万元) | 14789690 | 9031978 | 13634635 | 8334707 |
| 限额以上批发和零售企业数(法人数) | (个) | 699 | 361 | 639 | 328 |
| 零售业 | (个) | 365 | 211 | 341 | 200 |
| 货物进口额(海关数) | (亿元) | 1125.82 | | 1182.86 | |
| 货物出口额(海关数) | (亿元) | 2208.90 | | 2233.13 | |
| 外商直接投资 | | | | | |
| 外商直接投资项目(企业)个数 | (个) | 2006 | 964 | 661 | 288 |
| 实际利用外商直接投资金额 | (万美元) | 634865 | 498569 | 114354 | 97053 |
| 国际旅游者 | (万人) | 252.69 | | 238.93 | |

注：2018年实际利用外商直接投资金额，单位为“万元”。

## 2-8 续表 4

| 项　　目 | | 2018年全市 | 市辖区 | 2017年全市 | 市辖区 |
|---|---|---|---|---|---|
| 外国人 | (万人) | 51.01 | | 49.96 | |
| 港、澳、台同胞 | (万人) | 201.68 | | 188.97 | |
| 旅游(外汇)收入 | (万美元) | 104529 | | 96975 | |
| **六、固定资产投资** | | | | | |
| 固定资产投资总额 | (万元) | 18225581 | 11725944 | 22348768 | 11775989 |
| 房地产开发投资额 | (万元) | 9839417 | 6826208 | 8841949 | 5888565 |
| 住宅 | (万元) | 8098066 | 5410316 | 7252062 | 4713855 |
| 全年新增固定资产 | (万元) | 4731829 | 3242646 | 16986519 | 10098320 |
| 商品房屋销售面积 | (万平方米) | 1663.37 | 1131.52 | 1645.65 | 1107.14 |
| 住宅 | (万平方米) | 1575.72 | 1056.70 | 1543.40 | 1032.30 |
| 别墅、高档公寓 | (万平方米) | 112.94 | 70.45 | 68.29 | 28.90 |
| 商品房屋销售额 | (万元) | 17784074 | 13197826 | 16288085 | 12087866 |
| 住宅 | (万元) | 16886557 | 12406341 | 15371154 | 11388335 |
| 别墅、高档公寓 | (万元) | 1428358 | 956622 | 679033 | 381038 |
| 商品房屋待售面积 | (万平方米) | 372.33 | 265.27 | 381.58 | 259.43 |
| **七、教育、科技、文化、卫生** | | | | | |
| 学校数 | | | | | |
| 普通高等学校 | (所) | 5 | | 5 | |
| 中等职业教育学校 | (所) | 36 | | 36 | |
| 普通中学 | (所) | 271 | 137 | 263 | 131 |
| 小 学 | (所) | 468 | 244 | 463 | 241 |
| 专任教师数 | | | | | |
| 普通高等学校 | (人) | 2111 | | 2055 | |
| 中等职业教育学校 | (人) | 2971 | | 3470 | |
| 普通中学 | (人) | 21801 | 11433 | 20870 | 10774 |
| 小 学 | (人) | 28903 | 15399 | 27471 | 14230 |
| 在校学生数 | | | | | |
| 普通高等学校 | (人) | 44018 | | 39212 | |
| 高中阶段在校学生数 | (人) | 308128 | 168890 | 90562 | 52178 |
| 中等职业教育学校 | (人) | 80619 | | 81250 | |

## 2-8 续表 5

| 项 目 | | 2018年全市 | 市辖区 | 2017年全市 | 市辖区 |
|---|---|---|---|---|---|
| 普通中学 | (万人) | 30.81 | 16.89 | 28.75 | 15.79 |
| 小学 | (万人) | 58.43 | 32.06 | 55.70 | 30.06 |
| 小学毕业生升学率 | (%) | 100.00 | | 100.00 | 100.00 |
| 初中毕业生升学率 | (%) | 99.09 | | 99.14 | |
| 专利申请量 | (项) | 21643 | | 30448 | |
| 专利授权量 | (项) | 14705 | | 11706 | |
| 剧场、影剧院数 | (个) | 60 | 46 | 49 | 33 |
| 公共图书馆图书总藏量 | (千册、件) | 2410 | 1505 | 2306 | 1428 |
| 医院、卫生院数 | (个) | 146 | 67 | 146 | 64 |
| 医院、卫生院床位数 | (张) | 19257 | 11739 | 19277 | 11693 |
| 医生数(执业医师+执业助理医师) | (人) | 13339 | 8821 | 12582 | 8239 |
| 注册护士 | (人) | 15454 | 10549 | 14412 | 9753 |
| **八、人民生活、社会保障** | | | | | |
| 在岗职工平均人数 | (万人) | 92.64 | 70.24 | 94.28 | 69.72 |
| 在岗职工工资总额 | (万元) | 7191835 | 5625259 | 6683244 | 5072282 |
| 城镇居民可支配收入 | (元) | 39574 | | 36608 | |
| 居民消费价格指数(上年为100) | (%) | 101.8 | | 101.8 | |
| 城镇职工养老保险参保人数 | (万人) | 1945151 | | 211.70 | |
| 城镇职工基本医疗保险参保人数 | (万人) | 1565756 | | 155.08 | |
| 失业保险参保人数 | (万人) | 1276225 | | 125.20 | |
| 城乡居民最低生活保障人数 | (人) | 49892 | 8890 | 59087 | 13115 |
| 城镇 | | 5262 | 1514 | 6875 | 2100 |
| 城镇新增就业人员 | 人 | 73443 | | 75408 | |
| **九、社会治安** | | | | | |
| 交通事故死亡人数 | (人) | 151 | 81 | 288 | 118 |
| 交通事故损失额 | (万元) | 1237.71 | 1226.11 | 3576.86 | 250.75 |
| 火灾事故死亡人数 | (人) | | | 4 | 3 |
| 火灾事故损失额 | (万元) | | | 573.00 | 133.32 |
| 刑事案件立案数 | (件) | 27053 | 16475 | 32966 | 22210 |

## 2-8 续表 6

| 项 目 | | 2018年全市 | | 2017年全市 | |
|---|---|---|---|---|---|
| | | | 市辖区 | | 市辖区 |
| 犯罪人数 | (人) | 12074 | 7013 | 10239 | 5493 |
| 青少年人数 (年龄25周岁及以下) | (人) | 3340 | 2387 | 3644 | 2404 |
| **十、市政公用事业** | | | | | |
| 城市市政公用设施建设固定资产投资 | (万元) | 382177 | 353290 | 341605 | 310229 |
| 年末实有城市道路面积 | (万平方米) | | | 3464.85 | 2840.94 |
| 排水管道长度 | (公里) | | | 3124.77 | 2585.86 |
| 供水综合生产能力 (包括自备水源) | (万立方米/日) | | | 168.00 | 140.00 |
| 供水总量 | (万吨) | | | 34141 | 29251 |
| 居民家庭用水量 | (万吨) | | | 15068 | 12343 |
| 天然气供气总量 | (万立方米) | | | 14962 | 14092 |
| 液化石油气供气总量 | (吨) | | | 103398 | 48925 |
| 年末实有公共汽(电)车营运车辆数 | (辆) | | | 2746 | |
| 全年公共汽(电)车客运总量 | (万人次) | | | 23742 | |
| 年末实有出租汽车数 | (辆) | | | 1899 | |
| 建成区绿化覆盖面积 | (公顷) | | | 14609 | 11849 |
| 建成区绿化覆盖率 | (%) | | | 41.07 | 43.89 |
| 城市人均公园绿地面积 | (平方米) | | | 16.15 | |
| 森林覆盖率 | (%) | | | | |
| **十一、环境保护** | | | | | |
| 工业废水排放量 | (万吨) | | | 6057.87 | |
| 工业二氧化硫排放量 | (吨) | | | 14435 | |
| 工业烟尘排放量 | (吨) | | | 14088 | |
| 烟尘控制区总面积 | (平方公里) | | | 147.80 | |
| 自然保护区数 | (个) | | | 28 | |
| 自然保护区面积 | (万公顷) | | | 18.83 | |
| 区域环境噪声等效声级 | dB(A) | | | 54.7 | |
| 可吸入颗粒物平均值 | ($mg/m^3$) | | | 0.051 | |
| 二氧化氮平均值 | ($mg/m^3$) | | | 0.025 | |
| 城市污水处理率 | (%) | | | 96.40 | |
| 生活垃圾无害化处理率 | (%) | | | 100 | 100 |

注：2017年环境保护数据为初步统计数。

## 2-9 总户数(户籍)

单位：万户

| 项 目 | 2004年 | 2005年 | 2006年 | 2007年 | 2008年 | 2009年 | 2010年 | 2011年 |
|---|---|---|---|---|---|---|---|---|
| 全 市 | 76.86 | 79.04 | 81.44 | 84.36 | 87.06 | 90.19 | 94.57 | 95.60 |
| 惠城区 | 19.81 | 20.98 | 21.96 | 23.41 | 24.47 | 21.97 | 22.66 | 22.39 |
| 惠阳区 | 11.11 | 11.43 | 11.63 | 12.22 | 12.70 | 13.35 | 15.10 | 14.92 |
| 惠东县 | 16.63 | 17.12 | 17.96 | 18.38 | 18.85 | 19.33 | 19.75 | 20.02 |
| 博罗县 | 18.03 | 18.26 | 18.42 | 18.75 | 19.15 | 19.92 | 20.73 | 21.73 |
| 龙门县 | 8.98 | 8.94 | 9.11 | 9.21 | 9.43 | 9.59 | 10.01 | 10.37 |
| 大亚湾区 | 2.31 | 2.31 | 2.36 | 2.39 | 2.46 | 2.54 | 2.73 | 2.84 |
| 仲恺区 | — | — | — | — | — | 3.48 | 3.59 | 3.32 |

注：2011年惠城区、仲恺区区域人口进行调整，不可比；表中“—”表示仲恺区数据包含在惠城区内，下同。

## 2-9 续表

单位：万户

| 项 目 | 2012年 | 2013年 | 2014年 | 2015年 | 2016年 | 2017年 | 2018年 | 2018年比2017年增长(%) |
|---|---|---|---|---|---|---|---|---|
| 全 市 | 97.86 | 96.56 | 98.51 | 98.82 | 100.78 | 101.80 | 105.74 | 3.9 |
| 惠城区 | 24.40 | 24.84 | 25.72 | 26.36 | 27.26 | 28.02 | 29.50 | 5.3 |
| 惠阳区 | 14.49 | 12.94 | 12.82 | 12.60 | 12.70 | 12.63 | 13.00 | 3.0 |
| 惠东县 | 19.86 | 19.71 | 19.77 | 19.53 | 19.70 | 19.49 | 19.58 | 0.5 |
| 博罗县 | 21.84 | 22.49 | 23.20 | 23.48 | 23.93 | 24.38 | 24.90 | 2.1 |
| 龙门县 | 11.15 | 10.50 | 10.74 | 10.47 | 10.53 | 10.42 | 10.45 | 0.3 |
| 大亚湾区 | 2.64 | 2.65 | 2.67 | 2.72 | 2.84 | 2.97 | 3.92 | 32.1 |
| 仲恺区 | 3.47 | 3.45 | 3.59 | 3.65 | 3.82 | 3.91 | 4.39 | 12.3 |

# 2-10 年末户籍总人口

单位：万人

| 项　目 | 2004年 | 2005年 | 2006年 | 2007年 | 2008年 | 2009年 | 2010年 | 2011年 |
|---|---|---|---|---|---|---|---|---|
| 全　市 | 293.23 | 297.58 | 306.41 | 312.89 | 318.84 | 324.36 | 337.28 | 343.03 |
| 惠城区 | 70.63 | 72.90 | 76.26 | 79.68 | 82.91 | 73.66 | 76.25 | 79.98 |
| 惠阳区 | 33.92 | 34.50 | 34.84 | 35.33 | 35.72 | 36.19 | 37.46 | 37.85 |
| 惠东县 | 73.10 | 73.70 | 77.57 | 78.35 | 79.41 | 80.42 | 83.91 | 85.18 |
| 博罗县 | 76.45 | 77.17 | 77.98 | 79.31 | 80.35 | 81.37 | 84.77 | 85.18 |
| 龙门县 | 32.10 | 32.20 | 32.59 | 32.95 | 33.13 | 33.55 | 34.72 | 35.15 |
| 大亚湾区 | 7.03 | 7.10 | 7.17 | 7.27 | 7.32 | 7.41 | 8.07 | 8.31 |
| 仲恺区 | — | — | — | — | — | 11.76 | 12.10 | 11.38 |

2-10 续表

单位：万人

| 项　目 | 2012年 | 2013年 | 2014年 | 2015年 | 2016年 | 2017年 | 2018年 | 2018年比2017年增长(%) |
|---|---|---|---|---|---|---|---|---|
| 全　市 | 341.91 | 343.37 | 348.52 | 357.07 | 364.31 | 369.24 | 380.90 | 3.2 |
| 惠城区 | 80.78 | 82.19 | 84.41 | 86.99 | 90.46 | 93.49 | 97.91 | 4.7 |
| 惠阳区 | 37.17 | 36.61 | 36.81 | 37.26 | 38.02 | 38.41 | 39.94 | 4.0 |
| 惠东县 | 84.48 | 83.91 | 85.16 | 87.05 | 87.98 | 88.35 | 89.14 | 0.9 |
| 博罗县 | 84.33 | 85.36 | 86.10 | 88.38 | 89.92 | 90.36 | 91.67 | 1.5 |
| 龙门县 | 35.03 | 35.29 | 35.58 | 36.21 | 35.95 | 35.81 | 36.04 | 0.6 |
| 大亚湾区 | 8.12 | 8.26 | 8.37 | 8.69 | 9.12 | 9.56 | 11.81 | 23.4 |
| 仲恺区 | 12.01 | 11.76 | 12.08 | 12.49 | 12.87 | 13.26 | 14.40 | 8.6 |

# 2-11 年末常住人口

单位：万人

| 项　目 | 2004年 | 2005年 | 2006年 | 2007年 | 2008年 | 2009年 | 2010年 | 2011年 |
|---|---|---|---|---|---|---|---|---|
| 全　市 | 363.18 | 370.69 | 387.51 | 402.86 | 418.65 | 435.08 | 460.11 | 463.36 |
| 惠城区 | 101.09 | 76.49 | 82.48 | 89.47 | 97.22 | 105.79 | 116.58 | 117.45 |
| 惠阳区 | 52.79 | 53.77 | 54.67 | 55.55 | 56.09 | 56.35 | 57.28 | 57.68 |
| 惠东县 | 78.47 | 79.51 | 83.81 | 84.97 | 86.28 | 87.31 | 90.78 | 91.31 |
| 博罗县 | 88.16 | 90.42 | 92.50 | 95.10 | 97.36 | 99.45 | 103.91 | 104.65 |
| 龙门县 | 30.66 | 31.38 | 31.70 | 31.90 | 31.71 | 31.38 | 30.73 | 30.93 |
| 大亚湾区 | 12.01 | 13.56 | 14.56 | 15.63 | 16.65 | 17.64 | 19.27 | 19.44 |
| 仲恺区 | — | 25.56 | 27.79 | 30.23 | 33.35 | 37.16 | 41.56 | 41.90 |

注：本表2005年全市、惠城区、惠阳区和大亚湾的统计口径有变，与往年不可比。

## 2-11 续表

单位：万人

| 项　目 | 2012年 | 2013年 | 2014年 | 2015年 | 2016年 | 2017年 | 2018年 | 2018年比2017年增长(‰) |
|---|---|---|---|---|---|---|---|---|
| 全　市 | 467.40 | 470.00 | 472.66 | 475.55 | 477.50 | 477.70 | 483.00 | 11.1 |
| 惠城区 | 118.49 | 118.75 | 119.08 | 120.01 | 120.05 | 120.07 | 121.30 | 10.2 |
| 惠阳区 | 58.50 | 58.75 | 59.06 | 59.56 | 59.86 | 59.99 | 60.89 | 15.0 |
| 惠东县 | 92.03 | 92.50 | 92.82 | 93.14 | 93.58 | 93.37 | 93.67 | 3.2 |
| 博罗县 | 105.33 | 105.75 | 106.28 | 106.75 | 107.19 | 106.94 | 107.24 | 2.8 |
| 龙门县 | 31.21 | 31.50 | 31.62 | 31.65 | 31.79 | 31.74 | 31.28 | -14.5 |
| 大亚湾区 | 19.56 | 19.90 | 20.35 | 20.58 | 20.85 | 21.20 | 23.43 | 105.2 |
| 仲恺区 | 42.28 | 42.85 | 43.45 | 43.86 | 44.19 | 44.39 | 45.19 | 18.0 |

## 2-12 人口自然增长率

单位：‰

| 项　目 | 2003年 | 2004年 | 2005年 | 2006年 | 2007年 | 2008年 | 2009年 | 2010年 |
|---|---|---|---|---|---|---|---|---|
| 全　市 | 5.08 | 5.24 | 5.36 | 5.55 | 5.58 | 6.04 | 6.35 | 6.99 |
| 惠城区 | 5.30 | 5.64 | 6.08 | 5.98 | 6.48 | 6.62 | 6.84 | 7.56 |
| 惠阳区 | 4.69 | 4.58 | 4.97 | 5.56 | 5.15 | 5.86 | 6.51 | 7.35 |
| 惠东县 | 4.66 | 4.59 | 4.43 | 4.40 | 4.57 | 4.97 | 5.34 | 5.84 |
| 博罗县 | 5.71 | 6.03 | 6.17 | 6.29 | 6.05 | 6.65 | 6.77 | 7.41 |
| 龙门县 | 4.39 | 4.57 | 4.38 | 5.29 | 5.02 | 5.82 | 6.31 | 6.82 |
| 大亚湾区 | 5.14 | 5.51 | 4.94 | 6.05 | 6.07 | 6.37 | 6.44 | 7.62 |
| 仲恺区 | — | — | — | — | — | — | — | 7.24 |

注：2014年之前，为户籍人口自然增长；2014年(含)起，为常住人口自然增长。

### 2-12 续表

单位：‰

| 项　目 | 2011年 | 2012年 | 2013年 | 2014年 | 2015年 | 2016年 | 2017年 | 2018年 |
|---|---|---|---|---|---|---|---|---|
| 全　市 | 6.77 | 6.83 | 6.94 | 6.71 | 6.08 | 9.49 | 10.45 | 10.66 |
| 惠城区 | 7.44 | 7.67 | 7.13 | 7.73 | 7.05 | 10.03 | 12.39 | 11.88 |
| 惠阳区 | 6.88 | 6.63 | 6.88 | 7.18 | 6.28 | 10.75 | 11.87 | 11.54 |
| 惠东县 | 5.58 | 5.66 | 6.04 | 5.84 | 5.06 | 8.53 | 8.57 | 10.30 |
| 博罗县 | 7.12 | 7.63 | 7.89 | 6.03 | 5.60 | 8.63 | 8.68 | 8.33 |
| 龙门县 | 6.41 | 5.36 | 5.69 | 5.02 | 3.54 | 7.56 | 7.72 | 6.48 |
| 大亚湾区 | 7.85 | 8.01 | 8.47 | 6.95 | 7.70 | 12.31 | 14.04 | 17.39 |
| 仲恺区 | 8.02 | 8.12 | 8.07 | 8.28 | 7.81 | 10.84 | 11.50 | 12.11 |

# 2–13 地区生产总值

单位：亿元

| 项　目 | 2003年 | 2004年 | 2005年 | 2006年 | 2007年 | 2008年 | 2009年 | 2010年 |
|---|---|---|---|---|---|---|---|---|
| 全　市 | 586.46 | 686.45 | 804.80 | 930.93 | 1121.71 | 1309.51 | 1421.45 | 1741.93 |
| 惠城区 | 264.60 | 297.70 | 349.88 | 393.47 | 452.02 | 293.31 | 295.88 | 342.99 |
| 惠阳区 | 58.80 | 68.09 | 79.68 | 96.08 | 116.82 | 139.19 | 154.27 | 185.64 |
| 惠东县 | 106.96 | 122.90 | 135.23 | 152.11 | 178.58 | 201.17 | 216.32 | 250.23 |
| 博罗县 | 109.04 | 127.62 | 144.95 | 165.08 | 198.34 | 229.23 | 250.68 | 291.63 |
| 龙门县 | 23.72 | 27.35 | 32.37 | 36.79 | 44.42 | 52.67 | 57.19 | 68.36 |
| 大亚湾区 | 36.29 | 42.85 | 52.43 | 102.50 | 156.33 | 168.89 | 212.78 | 346.78 |
| 仲恺区 | — | — | — | — | — | 221.34 | 232.48 | 254.75 |

注：2005年全市、惠城区、惠阳区和大亚湾的统计口径有变，与往年不可比。

2–13　续表

单位：亿元

| 项　目 | 2011年 | 2012年 | 2013年 | 2014年 | 2015年 | 2016年 | 2017年 | 2018年 |
|---|---|---|---|---|---|---|---|---|
| 全　市 | 2116.10 | 2407.01 | 2738.80 | 3035.25 | 3178.68 | 3453.14 | 3830.58 | 4103.05 |
| 惠城区 | 403.84 | 440.71 | 510.91 | 568.57 | 610.73 | 657.64 | 738.19 | 793.42 |
| 惠阳区 | 222.93 | 258.18 | 294.31 | 339.41 | 385.75 | 423.24 | 503.42 | 544.14 |
| 惠东县 | 301.39 | 332.94 | 387.12 | 442.79 | 523.46 | 603.19 | 620.38 | 623.93 |
| 博罗县 | 344.78 | 398.61 | 447.51 | 504.63 | 551.28 | 620.09 | 640.01 | 650.18 |
| 龙门县 | 85.09 | 101.10 | 115.97 | 141.04 | 158.99 | 179.31 | 163.86 | 174.81 |
| 大亚湾区 | 409.69 | 450.02 | 474.03 | 474.65 | 421.24 | 445.18 | 564.89 | 685.68 |
| 仲恺区 | 337.38 | 441.30 | 544.57 | 564.64 | 581.86 | 596.97 | 601.33 | 631.32 |

注：1. 2016年及2017年县区数据为农普修订数，2005年—2017年全市数据为农普修订数；
2. 县区数据由2010年起含R&D，全市数据由2005年起含R&D。

# 2–14 地区生产总值增速

单位：%

| 项　　目 | 2003年 | 2004年 | 2005年 | 2006年 | 2007年 | 2008年 | 2009年 | 2010年 |
|---|---|---|---|---|---|---|---|---|
| 全　　市 | 12.2 | 15.1 | 16.1 | 16.8 | 17.7 | 11.7 | 13.3 | 18.3 |
| 惠城区 | 18.1 | 15.5 | 15.9 | 16.4 | 16.3 | 12.0 | 13.4 | 14.4 |
| 惠阳区 | 14.5 | 14.6 | 16.6 | 18.0 | 17.5 | 12.3 | 13.5 | 15.4 |
| 惠东县 | 7.2 | 12.5 | 10.3 | 14.2 | 15.3 | 12.5 | 12.8 | 15.2 |
| 博罗县 | 9.5 | 14.5 | 15.3 | 15.7 | 16.3 | 13.5 | 14.7 | 15.3 |
| 龙门县 | 10.7 | 12.5 | 17.6 | 14.8 | 17.0 | 15.3 | 13.1 | 15.1 |
| 大亚湾区 | 69.0 | 14.1 | 21.0 | 98.1 | 44.7 | 10.2 | 23.0 | 29.7 |
| 仲恺区 | — | — | — | — | — | — | 9.7 | 14.7 |

2–14　续表

单位：%

| 项　　目 | 2011年 | 2012年 | 2013年 | 2014年 | 2015年 | 2016年 | 2017年 | 2018年 |
|---|---|---|---|---|---|---|---|---|
| 全　　市 | 15.2 | 12.8 | 13.8 | 9.9 | 9.2 | 8.1 | 7.6 | 6.0 |
| 惠城区 | 14.9 | 12.3 | 12.4 | 10.3 | 9.2 | 7.4 | 6.2 | 4.0 |
| 惠阳区 | 16.7 | 14.3 | 14.5 | 13.9 | 13.6 | 8.8 | 13.5 | 5.0 |
| 惠东县 | 19.2 | 14.3 | 14.3 | 14.1 | 14.7 | 12.5 | 8.0 | 4.5 |
| 博罗县 | 16.7 | 13.8 | 12.5 | 14.1 | 14.2 | 11.8 | 7.0 | 5.0 |
| 龙门县 | 17.1 | 16.1 | 14.3 | 15.0 | 15.0 | 12.0 | -13.6 | 3.0 |
| 大亚湾区 | 11.3 | 10.9 | 11.1 | 1.0 | 2.9 | 5.7 | 7.2 | 18.3 |
| 仲恺区 | 19.6 | 18.1 | 21.6 | 6.3 | 3.1 | 4.9 | 3.0 | 2.1 |

# 2-15 第一产业增速

单位：%

| 项 目 | 2003年 | 2004年 | 2005年 | 2006年 | 2007年 | 2008年 | 2009年 | 2010年 |
|---|---|---|---|---|---|---|---|---|
| 全 市 | 0.4 | 4.2 | 5.6 | 2.4 | 4.5 | 3.9 | 3.8 | 4.0 |
| 惠城区 | -6.8 | 5.2 | 4.4 | 6.8 | -0.7 | 5.1 | 5.4 | 4.3 |
| 惠阳区 | 5.3 | 5.6 | 14.8 | 5.6 | -0.2 | 3.8 | 3.5 | 1.9 |
| 惠东县 | 3.5 | 1.9 | 3.2 | 3.3 | 1.1 | 2.8 | 3.9 | 6.4 |
| 博罗县 | 10.1 | 0.2 | 1.6 | 6.7 | 5.5 | 5.6 | 3.8 | 4.8 |
| 龙门县 | 10.4 | 3.1 | 9.6 | 1.7 | 7.4 | 4.5 | 5.0 | 6.1 |
| 大亚湾区 | 3.4 | -11.3 | -3.9 | -9.0 | -4.4 | -8.0 | 2.3 | -6.0 |
| 仲恺区 | — | — | — | — | — | — | 4.8 | 6.4 |

## 2-15 续表

单位：%

| 项 目 | 2011年 | 2012年 | 2013年 | 2014年 | 2015年 | 2016年 | 2017年 | 2018年 |
|---|---|---|---|---|---|---|---|---|
| 全 市 | 3.9 | 2.9 | 3.3 | 4.6 | 4.3 | 4.7 | 4.5 | 3.6 |
| 惠城区 | 24.3 | 2.7 | 2.4 | 4.5 | 3.9 | 3.7 | 5.5 | 4.1 |
| 惠阳区 | 2.8 | 3.6 | 4.6 | 4.1 | 6.0 | 3.0 | 5.7 | 3.7 |
| 惠东县 | 4.9 | 3.1 | 4.7 | 5.7 | 5.5 | 6.1 | 5.5 | 4.4 |
| 博罗县 | 5.9 | 3.3 | 2.9 | 4.5 | 3.1 | 3.4 | -1.1 | 3.6 |
| 龙门县 | 6.9 | 6.7 | 4.8 | 5.0 | 5.0 | 5.9 | 7.8 | 3.0 |
| 大亚湾区 | -12.3 | 0 | 0.2 | -4.6 | -5.7 | 0.4 | -18.4 | 2.8 |
| 仲恺区 | -1.4 | -2.7 | -8.7 | 2.3 | -4.1 | 2.1 | 1.3 | 2.1 |

# 2–16 第二产业增速

单位：%

| 项　目 | 2003年 | 2004年 | 2005年 | 2006年 | 2007年 | 2008年 | 2009年 | 2010年 |
|---|---|---|---|---|---|---|---|---|
| 全　市 | 14.4 | 14.4 | 17.4 | 20.6 | 19.1 | 11.6 | 13.5 | 24.2 |
| 惠城区 | 19.4 | 14.8 | 15.2 | 16.2 | 14.8 | 11.1 | 3.9 | 19.1 |
| 惠阳区 | 17.0 | 11.1 | 12.8 | 19.0 | 17.4 | 12.4 | 14.8 | 16.2 |
| 惠东县 | 10.8 | 14.3 | 10.1 | 15.4 | 17.2 | 13.3 | 11.8 | 16.4 |
| 博罗县 | 9.7 | 10.1 | 14.6 | 17.9 | 16.6 | 12.8 | 17.3 | 25.2 |
| 龙门县 | 12.1 | 14.4 | 20.3 | 22.6 | 27.0 | 18.1 | 17.1 | 15.5 |
| 大亚湾区 | 145.3 | 15.4 | 32.0 | 165.3 | 53.2 | 10.2 | 29.1 | 34.7 |
| 仲恺区 | — | — | — | — | — | — | 9.5 | 15.3 |

## 2–16 续表

单位：%

| 项　目 | 2011年 | 2012年 | 2013年 | 2014年 | 2015年 | 2016年 | 2017年 | 2018年 |
|---|---|---|---|---|---|---|---|---|
| 全　市 | 15.4 | 14.5 | 21.7 | 11.7 | 9.8 | 8.1 | 2.5 | 6.0 |
| 惠城区 | 12.9 | 11.8 | 11.8 | 13.0 | 10.4 | 6.6 | -2.4 | 2.3 |
| 惠阳区 | 18.9 | 17.9 | 17.7 | 15.5 | 15.9 | 10.6 | 14.5 | 6.3 |
| 惠东县 | 21.7 | 16.1 | 16.6 | 15.2 | 18.8 | 15.8 | 5.1 | 2.7 |
| 博罗县 | 17.5 | 17.7 | 13.8 | 21.5 | 20.7 | 15.9 | 6.5 | 4.2 |
| 龙门县 | 19.8 | 21.1 | 21.6 | 20.8 | 23.0 | 15.7 | -33.0 | -0.7 |
| 大亚湾区 | 11.7 | 11.6 | 10.5 | 0.2 | 1.4 | 5.0 | 6.5 | 22.9 |
| 仲恺区 | 22.2 | 27.3 | 1.3 | 3.4 | 1.9 | 3.5 | 0.3 | 0.4 |

# 2-17 第三产业增速

单位：%

| 项　目 | 2003年 | 2004年 | 2005年 | 2006年 | 2007年 | 2008年 | 2009年 | 2010年 |
|---|---|---|---|---|---|---|---|---|
| 全　市 | 13.2 | 21.2 | 17.3 | 14.5 | 18.5 | 13.6 | 14.7 | 10.6 |
| 惠城区 | 19.9 | 19.0 | 19.1 | 18.3 | 20.5 | 14.4 | 20.1 | 12.5 |
| 惠阳区 | 12.3 | 21.7 | 22.3 | 18.4 | 19.7 | 13.0 | 12.8 | 15.7 |
| 惠东县 | 3.7 | 16.4 | 16.1 | 19.1 | 19.9 | 15.7 | 18.1 | 16.5 |
| 博罗县 | 19.7 | 33.1 | 23.9 | 16.6 | 20.2 | 17.2 | 14.8 | 5.8 |
| 龙门县 | 9.6 | 21.0 | 22.4 | 18.5 | 14.8 | 19.3 | 13.6 | 19.2 |
| 大亚湾区 | 29.0 | 19.4 | 9.8 | 13.2 | 20.4 | 11.4 | -1.6 | 3.6 |
| 仲恺区 | — | — | — | — | — | — | 10.9 | 13.2 |

2-17 续表

单位：%

| 项　目 | 2011年 | 2012年 | 2013年 | 2014年 | 2015年 | 2016年 | 2017年 | 2018年 |
|---|---|---|---|---|---|---|---|---|
| 全　市 | 16.8 | 11.5 | 13.3 | 7.5 | 8.6 | 8.6 | 15.0 | 4.4 |
| 惠城区 | 15.5 | 13.1 | 13.2 | 9.1 | 8.8 | 7.9 | 10.0 | 3.1 |
| 惠阳区 | 15.8 | 11.0 | 11.4 | 12.6 | 11.0 | 7.1 | 13.0 | 3.4 |
| 惠东县 | 19.2 | 14.9 | 13.4 | 14.2 | 10.6 | 10.1 | 11.6 | 6.3 |
| 博罗县 | 18.6 | 11.1 | 15.1 | 5.5 | 5.7 | 7.8 | 9.4 | 6.6 |
| 龙门县 | 18.9 | 15.1 | 10.6 | 11.9 | 8.7 | 9.6 | 3.8 | 6.0 |
| 大亚湾区 | 9.8 | 5.5 | 16.6 | 7.6 | 13.4 | 9.2 | 10.8 | 0.2 |
| 仲恺区 | 18.3 | 5.5 | 1.1 | 21.3 | 8.9 | 9.9 | 12.4 | 7.4 |

# 2-18 第二产业增加值比重

单位：%

| 项 目 | 2003年 | 2004年 | 2005年 | 2006年 | 2007年 | 2008年 | 2009年 | 2010年 |
|---|---|---|---|---|---|---|---|---|
| 全 市 | 58.6 | 57.1 | 56.8 | 58.1 | 57.3 | 57.0 | 55.9 | 59.0 |
| 惠城区 | 67.4 | 66.1 | 65.5 | 61.4 | 60.0 | 33.7 | 33.2 | 35.0 |
| 惠阳区 | 56.3 | 54.3 | 52.8 | 53.0 | 52.3 | 51.2 | 50.5 | 51.7 |
| 惠东县 | 50.8 | 50.6 | 51.1 | 52.7 | 53.2 | 54.1 | 51.8 | 50.2 |
| 博罗县 | 51.4 | 47.8 | 47.8 | 49.3 | 49.1 | 48.4 | 48.3 | 52.0 |
| 龙门县 | 31.1 | 31.6 | 32.0 | 33.0 | 33.7 | 36.8 | 37.5 | 39.7 |
| 大亚湾区 | 53.4 | 53.8 | 56.4 | 75.9 | 79.1 | 77.9 | 81.6 | 88.0 |
| 仲恺区 | — | — | — | — | — | 74.8 | 74.1 | 74.8 |

2-18 续表

单位：%

| 项 目 | 2011年 | 2012年 | 2013年 | 2014年 | 2015年 | 2016年 | 2017年 | 2018年 |
|---|---|---|---|---|---|---|---|---|
| 全 市 | 58.4 | 57.8 | 57.2 | 57.1 | 55.6 | 54.6 | 52.7 | 52.7 |
| 惠城区 | 34.7 | 32.3 | 31.8 | 32.1 | 30.1 | 29.5 | 26.2 | 26.0 |
| 惠阳区 | 52.4 | 52.6 | 51.8 | 52.7 | 52.9 | 52.6 | 54.0 | 54.7 |
| 惠东县 | 50.1 | 47.1 | 44.7 | 45.7 | 47.1 | 47.7 | 41.6 | 36.8 |
| 博罗县 | 51.8 | 52.0 | 50.5 | 53.2 | 54.5 | 54.7 | 53.1 | 49.8 |
| 龙门县 | 40.3 | 42.8 | 42.4 | 44.3 | 47.1 | 45.8 | 35.1 | 33.8 |
| 大亚湾区 | 87.8 | 87.7 | 85.8 | 85.0 | 80.8 | 79.1 | 79.3 | 82.7 |
| 仲恺区 | 76.2 | 77.4 | 80.9 | 79.5 | 78.0 | 76.8 | 75.7 | 74.5 |

# 2-19 第三产业增加值比重

单位：%

| 项　目 | 2003年 | 2004年 | 2005年 | 2006年 | 2007年 | 2008年 | 2009年 | 2010年 |
|---|---|---|---|---|---|---|---|---|
| 全　市 | 29.8 | 31.6 | 33.9 | 34.5 | 35.7 | 36.1 | 37.8 | 35.2 |
| 惠城区 | 28.0 | 29.6 | 30.9 | 35.3 | 36.8 | 62.3 | 62.7 | 61.1 |
| 惠阳区 | 37.3 | 39.4 | 41.5 | 41.7 | 42.7 | 43.0 | 44.2 | 43.4 |
| 惠东县 | 27.1 | 28.1 | 30.0 | 30.7 | 32.1 | 34.1 | 37.0 | 38.4 |
| 博罗县 | 29.4 | 34.3 | 36.7 | 36.7 | 37.8 | 39.3 | 40.6 | 37.4 |
| 龙门县 | 35.5 | 36.1 | 38.5 | 40.6 | 39.7 | 41.1 | 43.0 | 42.0 |
| 大亚湾区 | 38.2 | 40.8 | 39.3 | 22.3 | 19.6 | 21.1 | 17.6 | 11.5 |
| 仲恺区 | — | — | — | — | — | 22.8 | 23.5 | 22.8 |

2-19 续表

单位：%

| 项　目 | 2011年 | 2012年 | 2013年 | 2014年 | 2015年 | 2016年 | 2017年 | 2018年 |
|---|---|---|---|---|---|---|---|---|
| 全　市 | 36.2 | 37.1 | 38.1 | 38.4 | 39.8 | 40.7 | 43.0 | 43.0 |
| 惠城区 | 61.5 | 64.1 | 64.8 | 64.7 | 66.7 | 67.4 | 71.0 | 71.2 |
| 惠阳区 | 43.3 | 43.2 | 44.0 | 43.6 | 43.6 | 43.5 | 42.8 | 42.2 |
| 惠东县 | 39.3 | 42.5 | 45.7 | 45.3 | 44.7 | 45.4 | 51.3 | 55.7 |
| 博罗县 | 37.8 | 38.4 | 40.2 | 38.2 | 37.2 | 36.6 | 38.8 | 41.8 |
| 龙门县 | 41.3 | 40.9 | 42.1 | 41.8 | 40.4 | 41.5 | 49.6 | 50.6 |
| 大亚湾区 | 11.8 | 11.9 | 13.8 | 14.6 | 18.8 | 20.4 | 20.4 | 17.0 |
| 仲恺区 | 22.1 | 21.2 | 17.9 | 19.4 | 20.9 | 22.1 | 23.3 | 24.5 |

# 2-20　人均GDP

单位：元

| 项　目 | 2003年 | 2004年 | 2005年 | 2006年 | 2007年 | 2008年 | 2009年 | 2010年 |
|---|---|---|---|---|---|---|---|---|
| 全　市 | 16860 | 19189 | 21933 | 24556 | 28384 | 31881 | 33300 | 38917 |
| 惠城区 | 26486 | 29748 | 34447 | 37064 | 39311 | 31422 | 29149 | 30849 |
| 惠阳区 | 10939 | 13083 | 14954 | 17720 | 21198 | 24936 | 27440 | 32675 |
| 惠东县 | 14109 | 15847 | 17120 | 18627 | 21161 | 23494 | 24923 | 28102 |
| 博罗县 | 12952 | 14733 | 16234 | 18050 | 21145 | 23821 | 25474 | 28681 |
| 龙门县 | 8208 | 9067 | 10436 | 11664 | 13968 | 16560 | 18129 | 22013 |
| 大亚湾区 | 36677 | 38017 | 41011 | 72901 | 103563 | 104642 | 124106 | 187907 |
| 仲恺区 | — | — | — | — | — | 69624 | 65944 | 64722 |

2-20　续表

单位：元

| 项　目 | 2011年 | 2012年 | 2013年 | 2014年 | 2015年 | 2016年 | 2017年 | 2018年 |
|---|---|---|---|---|---|---|---|---|
| 全　市 | 45829 | 51721 | 58434 | 64398 | 67046 | 72465 | 80205 | 85418 |
| 惠城区 | 34512 | 37358 | 43071 | 47813 | 51088 | 54789 | 61485 | 65743 |
| 惠阳区 | 38784 | 44449 | 50206 | 57620 | 65040 | 70883 | 84008 | 90029 |
| 惠东县 | 33103 | 36321 | 41960 | 47787 | 56298 | 64609 | 66369 | 66717 |
| 博罗县 | 33063 | 37966 | 42401 | 47599 | 51756 | 57969 | 59778 | 60714 |
| 龙门县 | 27600 | 32539 | 36986 | 44689 | 50258 | 56531 | 51585 | 55476 |
| 大亚湾区 | 211673 | 230779 | 240256 | 235852 | 205832 | 214907 | 268674 | 307272 |
| 仲恺区 | 82768 | 104847 | 127938 | 130855 | 133286 | 135598 | 135771 | 140950 |

# 2-21 人均GDP增速

单位：%

| 项　目 | 2003年 | 2004年 | 2005年 | 2006年 | 2007年 | 2008年 | 2009年 | 2010年 |
|---|---|---|---|---|---|---|---|---|
| 全　市 | 9.4 | 12.0 | 13.2 | 13.1 | 12.9 | 7.5 | 9.0 | 12.8 |
| 惠城区 | 16.9 | 14.3 | 14.2 | 11.3 | 7.4 | 2.9 | 4.3 | 4.5 |
| 惠阳区 | 12.9 | 13.0 | 13.9 | 16.0 | 15.6 | 10.9 | 12.7 | 14.2 |
| 惠东县 | 5.1 | 10.0 | 8.3 | 10.5 | 11.6 | 10.9 | 11.3 | 12.3 |
| 博罗县 | 10.0 | 11.3 | 11.9 | 12.9 | 13.4 | 10.7 | 12.1 | 11.6 |
| 龙门县 | 7.3 | 7.8 | 14.3 | 13.0 | 16.1 | 15.3 | 14.0 | 22.4 |
| 大亚湾区 | 48.8 | 0.2 | 6.6 | 80.1 | 34.8 | 3.1 | 15.8 | 20.5 |
| 仲恺区 | — | — | — | — | — | — | -1.1 | 2.8 |

2-21　续表

单位：%

| 项　目 | 2011年 | 2012年 | 2013年 | 2014年 | 2015年 | 2016年 | 2017年 | 2018年 |
|---|---|---|---|---|---|---|---|---|
| 全　市 | 11.7 | 12.0 | 13.0 | 9.3 | 8.5 | 7.6 | 7.4 | 5.4 |
| 惠城区 | 9.2 | 11.4 | 11.8 | 10.0 | 8.6 | 6.9 | 6.1 | 3.5 |
| 惠阳区 | 15.4 | 13.1 | 13.5 | 13.4 | 12.8 | 8.1 | 13.1 | 4.1 |
| 惠东县 | 16.6 | 13.6 | 13.6 | 13.6 | 14.3 | 12.0 | 7.9 | 4.4 |
| 博罗县 | 13.8 | 13.1 | 11.9 | 13.5 | 13.6 | 11.4 | 6.9 | 5.0 |
| 龙门县 | 17.9 | 15.2 | 13.3 | 14.2 | 14.7 | 11.7 | -13.8 | 3.9 |
| 大亚湾区 | 6.2 | 10.1 | 9.8 | -1.0 | 1.2 | 4.5 | 5.7 | 11.5 |
| 仲恺区 | 12.8 | 17.1 | 20.3 | 4.9 | 1.9 | 4.0 | 2.4 | 0.9 |

# 2–22 规模以上工业增加值

单位：亿元

| 项　目 | 2004年 | 2005年 | 2006年 | 2007年 | 2008年 | 2009年 | 2010年 | 2011年 |
|---|---|---|---|---|---|---|---|---|
| 全　市 | 255.43 | 315.32 | 404.16 | 502.52 | 545.56 | 576.59 | 786.38 | 1013.54 |
| 惠城区 | 182.13 | 214.64 | 223.35 | 246.50 | 267.73 | 65.08 | 85.28 | 99.02 |
| 惠阳区 | 21.88 | 29.83 | 38.06 | 43.61 | 41.51 | 54.62 | 64.76 | 86.52 |
| 惠东县 | 6.98 | 11.41 | 12.35 | 17.39 | 19.43 | 23.62 | 32.67 | 57.87 |
| 博罗县 | 35.47 | 39.69 | 49.47 | 62.39 | 72.64 | 82.73 | 113.32 | 148.55 |
| 龙门县 | 1.78 | 2.64 | 3.65 | 6.83 | 10.66 | 11.19 | 15.43 | 21.60 |
| 大亚湾区 | 12.03 | 17.11 | 77.28 | 125.80 | 134.19 | 192.97 | 302.23 | 343.09 |
| 仲恺区 | — | — | — | — | — | 146.37 | 172.71 | 256.89 |

2–22　续表

单位：亿元

| 项　目 | 2012年 | 2013年 | 2014年 | 2015年 | 2016年 | 2017年 | 2018年 | 2018年比2017年增长(%) |
|---|---|---|---|---|---|---|---|---|
| 全　市 | 1173.97 | 1423.20 | 1475.02 | 1617.38 | 1763.69 | 1850.49 | 1731.57 | 6.6 |
| 惠城区 | 77.36 | 97.67 | 100.36 | 98.15 | 106.32 | 106.26 | 111.92 | 2.0 |
| 惠阳区 | 103.69 | 132.59 | 156.37 | 182.29 | 216.10 | 269.32 | 270.29 | 5.2 |
| 惠东县 | 89.75 | 112.19 | 135.20 | 175.47 | 206.53 | 162.47 | 63.32 | 4.0 |
| 博罗县 | 163.41 | 196.65 | 243.30 | 292.98 | 338.28 | 344.30 | 180.50 | 4.3 |
| 龙门县 | 29.35 | 39.43 | 54.55 | 65.59 | 71.44 | 44.17 | 34.90 | 0.1 |
| 大亚湾区 | 373.78 | 399.14 | 360.02 | 375.56 | 390.68 | 419.44 | 633.04 | 23.8 |
| 仲恺区 | 336.61 | 445.53 | 425.22 | 427.34 | 434.33 | 504.54 | 460.82 | 0.1 |

# 2-23 固定资产投资

单位：亿元

| 项　目 | 2004年 | 2005年 | 2006年 | 2007年 | 2008年 | 2009年 | 2010年 | 2011年 |
|---|---|---|---|---|---|---|---|---|
| 全　市 | 297.61 | 352.37 | 308.78 | 486.91 | 588.74 | 758.97 | 894.02 | 1025.21 |
| 惠城区 | 82.50 | 104.31 | 126.60 | 170.49 | 219.73 | 307.94 | 324.53 | 363.46 |
| 惠阳区 | 19.48 | 24.69 | 38.83 | 62.09 | 83.41 | 100.90 | 126.91 | 141.28 |
| 惠东县 | 21.59 | 25.96 | 31.05 | 40.54 | 54.87 | 80.69 | 116.04 | 143.42 |
| 博罗县 | 22.54 | 28.60 | 38.96 | 55.23 | 70.07 | 91.35 | 118.37 | 131.43 |
| 龙门县 | 6.24 | 13.61 | 12.13 | 13.05 | 13.84 | 21.97 | 30.97 | 52.13 |
| 大亚湾区 | 145.26 | 155.21 | 61.21 | 145.49 | 146.83 | 156.11 | 120.10 | 120.47 |
| 仲恺区 | — | — | — | — | — | — | 57.11 | 73.00 |

2-23 续表

单位：亿元

| 项　目 | 2012年 | 2013年 | 2014年 | 2015年 | 2016年 | 2017年 | 2018年 | 2018年比2017年增长(%) |
|---|---|---|---|---|---|---|---|---|
| 全　市 | 1208.68 | 1401.30 | 1606.71 | 1863.93 | 2039.71 | 2234.88 | — | 3.1 |
| 惠城区 | 403.63 | 404.52 | 398.06 | 355.35 | 266.49 | 298.07 | — | 21.6 |
| 惠阳区 | 167.16 | 210.07 | 253.76 | 208.28 | 248.28 | 293.51 | — | 10.2 |
| 惠东县 | 163.69 | 193.23 | 222.05 | 292.38 | 382.54 | 459.11 | — | 7.9 |
| 博罗县 | 154.94 | 194.18 | 230.40 | 285.29 | 342.66 | 408.00 | — | 9.6 |
| 龙门县 | 75.33 | 95.17 | 130.76 | 169.27 | 201.89 | 190.17 | — | -23.6 |
| 大亚湾区 | 146.49 | 179.28 | 212.68 | 361.38 | 396.12 | 365.20 | — | -23.9 |
| 仲恺区 | 97.44 | 124.85 | 159.00 | 191.98 | 201.73 | 220.82 | — | 23.6 |

# 2-24　社会消费品零售总额

单位：亿元

| 项　目 | 2004年 | 2005年 | 2006年 | 2007年 | 2008年 | 2009年 | 2010年 | 2011年 |
|---|---|---|---|---|---|---|---|---|
| 全　市 | 213.15 | 251.51 | 298.41 | 356.06 | 426.76 | 491.10 | 582.53 | 684.72 |
| 惠城区 | 97.16 | 116.82 | 138.71 | 166.71 | 199.71 | 203.06 | 237.61 | 273.28 |
| 惠阳区 | 26.31 | 31.59 | 37.89 | 45.09 | 54.70 | 62.94 | 73.63 | 87.18 |
| 惠东县 | 45.48 | 51.09 | 59.28 | 69.67 | 83.46 | 95.76 | 113.64 | 134.64 |
| 博罗县 | 31.04 | 37.01 | 44.02 | 52.55 | 62.94 | 72.89 | 90.99 | 106.78 |
| 龙门县 | 8.66 | 10.25 | 12.23 | 14.41 | 17.20 | 19.68 | 22.10 | 30.36 |
| 大亚湾区 | 4.50 | 5.25 | 6.29 | 7.61 | 8.74 | 8.82 | 13.07 | 14.99 |
| 仲恺区 | — | — | — | — | — | 27.95 | 31.49 | 37.50 |

2-24　续表

单位：亿元

| 项　目 | 2012年 | 2013年 | 2014年 | 2015年 | 2016年 | 2017年 | 2018年 | 2018年比2017年增长(%) |
|---|---|---|---|---|---|---|---|---|
| 全　市 | 754.15 | 857.91 | 968.70 | 1070.72 | 1227.88 | 1363.46 | 1478.97 | 9.5 |
| 惠城区 | 311.88 | 360.38 | 410.31 | 446.97 | 516.29 | 570.94 | 613.15 | 7.4 |
| 惠阳区 | 92.27 | 103.71 | 114.47 | 125.68 | 143.77 | 159.29 | 174.46 | 9.9 |
| 惠东县 | 146.91 | 165.79 | 188.58 | 214.33 | 247.48 | 278.66 | 300.62 | 11.0 |
| 博罗县 | 112.04 | 124.28 | 136.97 | 149.31 | 168.86 | 186.84 | 205.71 | 11.4 |
| 龙门县 | 34.61 | 39.69 | 45.59 | 51.39 | 58.70 | 64.49 | 69.44 | 8.6 |
| 大亚湾区 | 16.81 | 18.86 | 23.14 | 30.97 | 33.47 | 38.78 | 45.23 | 15.2 |
| 仲恺区 | 39.63 | 45.20 | 49.63 | 52.48 | 59.32 | 64.46 | 70.36 | 11.0 |

# 2-25 外贸出口额

单位：亿美元

| 项　目 | 2004年 | 2005年 | 2006年 | 2007年 | 2008年 | 2009年 | 2010年 | 2011年 |
|---|---|---|---|---|---|---|---|---|
| 全　市 | 87.39 | 106.55 | 122.77 | 146.06 | 179.89 | 171.49 | 202.33 | 231.22 |
| 惠城区 | 59.83 | 77.51 | 86.12 | 96.72 | 125.28 | 117.91 | 11.56 | 13.22 |
| 惠阳区 | 9.54 | 11.44 | 13.69 | 17.22 | 17.62 | 16.78 | 20.68 | 24.85 |
| 惠东县 | 7.02 | 5.81 | 6.74 | 9.23 | 11.19 | 9.83 | 7.91 | 8.80 |
| 博罗县 | 7.49 | 7.48 | 9.20 | 10.44 | 11.86 | 13.02 | 16.40 | 21.71 |
| 龙门县 | 0.44 | 0.37 | 0.34 | 0.38 | 0.39 | 0.42 | 0.48 | 0.57 |
| 大亚湾区 | 3.07 | 3.95 | 6.68 | 12.07 | 13.54 | 13.53 | 18.42 | 20.28 |
| 仲恺区 | — | — | — | — | — | — | 57.15 | 63.13 |

注：2010—2015年数据不含市直部分，2016年（含）起为人民币口径，单位为亿元。

## 2-25 续表

单位：亿美元

| 项　目 | 2012年 | 2013年 | 2014年 | 2015年 | 2016年 | 2017年 | 2018年 | 2018年比2017年增长(%) |
|---|---|---|---|---|---|---|---|---|
| 全　市 | 292.05 | 333.21 | 363.31 | 347.76 | 1972.52 | 2233.13 | 2208.90 | -1.1 |
| 惠城区 | 15.42 | 18.28 | 20.84 | 21.89 | 186.95 | 189.65 | 160.81 | -15.2 |
| 惠阳区 | 28.94 | 32.55 | 36.71 | 43.95 | 262.97 | 334.68 | 331.50 | -1.0 |
| 惠东县 | 10.25 | 11.69 | 13.15 | 13.41 | 67.96 | 78.21 | 80.30 | 2.7 |
| 博罗县 | 27.00 | 29.73 | 22.42 | 23.89 | 154.49 | 174.41 | 193.77 | 11.1 |
| 龙门县 | 0.71 | 0.85 | 1.07 | 1.24 | 6.28 | 7.38 | 14.38 | 94.9 |
| 大亚湾区 | 22.10 | 24.36 | 25.59 | 25.84 | 107.81 | 135.91 | 170.45 | 25.4 |
| 仲恺区 | 68.82 | 71.63 | 221.99 | 209.96 | 1186.07 | 1312.30 | 1243.61 | -5.2 |

# 2-26 外贸进口额

单位：亿美元

| 项　目 | 2004年 | 2005年 | 2006年 | 2007年 | 2008年 | 2009年 | 2010年 | 2011年 |
|---|---|---|---|---|---|---|---|---|
| 全　市 | 87.39 | 83.66 | 89.54 | 95.07 | 117.56 | 120.92 | 140.02 | 156.91 |
| 惠城区 | 59.83 | 60.40 | 59.81 | 63.94 | 82.22 | 90.12 | 8.31 | 9.03 |
| 惠阳区 | 9.54 | 8.03 | 8.49 | 9.61 | 8.67 | 7.22 | 9.77 | 11.93 |
| 惠东县 | 7.02 | 3.52 | 2.85 | 3.91 | 5.26 | 4.00 | 2.56 | 2.92 |
| 博罗县 | 7.49 | 6.83 | 7.67 | 8.24 | 8.13 | 8.18 | 11.02 | 11.96 |
| 龙门县 | 0.44 | 0.25 | 0.29 | 0.22 | 0.23 | 0.29 | 0.22 | 0.26 |
| 大亚湾区 | 3.07 | 4.63 | 10.43 | 9.15 | 13.04 | 11.10 | 13.12 | 14.24 |
| 仲恺区 | - | - | - | - | - | - | 38.34 | 43.24 |

注：2010—2015年数据不含市直部分，2016年（含）起为人民币口径，单位为亿元。

## 2-26 续表

单位：亿美元

| 项　目 | 2012年 | 2013年 | 2014年 | 2015年 | 2016年 | 2017年 | 2018年 | 2018年比2017年增长(%) |
|---|---|---|---|---|---|---|---|---|
| 全　市 | 202.96 | 240.72 | 230.81 | 195.79 | 1072.26 | 1182.86 | 1125.82 | -4.8 |
| 惠城区 | 10.57 | 11.49 | 12.03 | 12.09 | 80.55 | 80.63 | 68.92 | -14.5 |
| 惠阳区 | 14.37 | 18.73 | 22.35 | 21.52 | 101.63 | 131.00 | 135.87 | 3.7 |
| 惠东县 | 3.39 | 4.00 | 4.11 | 3.86 | 22.30 | 22.35 | 28.46 | 27.3 |
| 博罗县 | 13.22 | 13.83 | 8.98 | 9.07 | 57.36 | 77.13 | 83.92 | 8.8 |
| 龙门县 | 0.29 | 0.31 | 0.41 | 0.41 | 1.90 | 2.11 | 2.18 | 3.4 |
| 大亚湾区 | 15.70 | 16.64 | 17.07 | 12.77 | 63.10 | 76.93 | 87.54 | 13.8 |
| 仲恺区 | 48.00 | 44.12 | 148.15 | 133.76 | 745.40 | 792.71 | 716.32 | -9.6 |

## 2-27 实际利用外商直接投资

单位：亿美元

| 项 目 | 2004年 | 2005年 | 2006年 | 2007年 | 2008年 | 2009年 | 2010年 | 2011年 |
|---|---|---|---|---|---|---|---|---|
| 全 市 | 9.31 | 10.42 | 10.45 | 12.28 | 13.52 | 13.95 | 14.38 | 15.68 |
| 惠城区 | 2.77 | 3.78 | 5.15 | 5.61 | 5.93 | 5.95 | 1.74 | 1.92 |
| 惠阳区 | 1.29 | 0.95 | 1.33 | 1.63 | 1.99 | 2.10 | 2.48 | 2.80 |
| 惠东县 | 1.25 | 0.96 | 0.61 | 0.79 | 0.98 | 1.09 | 1.17 | 1.31 |
| 博罗县 | 1.10 | 0.96 | 1.19 | 1.59 | 1.74 | 1.81 | 2.26 | 2.50 |
| 龙门县 | 0.09 | 0.27 | 0.17 | 0.23 | 0.32 | 0.33 | 0.34 | 0.39 |
| 大亚湾区 | 2.81 | 3.50 | 2.00 | 2.43 | 2.57 | 2.66 | 2.74 | 2.99 |
| 仲恺区 | — | — | — | — | — | — | 2.17 | 2.38 |

注：2010—2015年县（区）数据不含市直部分。

## 2-27 续表

单位：亿美元

| 项 目 | 2012年 | 2013年 | 2014年 | 2015年 | 2016年 | 2017年 | 2018年 | 2018年比2017年增长(%) |
|---|---|---|---|---|---|---|---|---|
| 全 市 | 17.28 | 18.34 | 19.66 | 11.05 | 11.43 | 11.44 | 63.49 | -8.1 |
| 惠城区 | 2.24 | 2.43 | 2.59 | 1.48 | 1.68 | 1.73 | 6.84 | 44.7 |
| 惠阳区 | 3.30 | 3.69 | 4.22 | 4.38 | 4.94 | 2.45 | 23.69 | 79.7 |
| 惠东县 | 1.52 | 1.67 | 1.77 | 0.78 | 0.27 | 0.27 | 3.44 | 90.8 |
| 博罗县 | 2.92 | 3.16 | 3.33 | 1.20 | 0.81 | 1.16 | 9.91 | 41.4 |
| 龙门县 | 0.43 | 0.46 | 0.49 | 0.22 | 0.28 | 0.30 | 0.18 | -56.4 |
| 大亚湾区 | 3.29 | 3.50 | 3.68 | 1.00 | 2.00 | 3.93 | 10.99 | -63.3 |
| 仲恺区 | 2.62 | 2.78 | 2.96 | 1.43 | 1.44 | 1.59 | 8.34 | -19.4 |

注：2018年单位为“亿元”。

# 2-28 金融机构本外币存款余额

单位：亿元

| 项 目 | 2004年 | 2005年 | 2006年 | 2007年 | 2008年 | 2009年 | 2010年 | 2011年 |
|---|---|---|---|---|---|---|---|---|
| 全 市 | 710.72 | 823.96 | 986.42 | 1169.48 | 1336.93 | 1778.95 | 2090.14 | 2401.05 |
| 惠城区 | 384.48 | 427.53 | 520.04 | 624.98 | 704.09 | 921.29 | 1107.03 | 1297.01 |
| 惠阳区 | 96.02 | 114.21 | 134.96 | 158.34 | 182.35 | 218.96 | 275.94 | 303.70 |
| 惠东县 | 78.01 | 96.39 | 112.90 | 122.65 | 130.76 | 152.89 | 189.35 | 223.54 |
| 博罗县 | 101.89 | 125.53 | 142.32 | 167.31 | 188.81 | 218.60 | 254.15 | 294.58 |
| 龙门县 | 21.06 | 26.23 | 30.39 | 34.94 | 42.27 | 51.05 | 55.05 | 62.31 |
| 大亚湾区 | 29.27 | 34.07 | 45.80 | 61.25 | 88.66 | 216.15 | 208.63 | 219.91 |

2-28 续表

单位：亿元

| 项 目 | 2012年 | 2013年 | 2014年 | 2015年 | 2016年 | 2017年 | 2018年 | 2018年比2017年增长(%) |
|---|---|---|---|---|---|---|---|---|
| 全 市 | 2696.97 | 3138.79 | 3394.60 | 3836.10 | 4974.48 | 5485.55 | 6171.35 | 12.5 |
| 惠城区 | 1455.45 | 1739.04 | 1982.69 | 2331.05 | 2993.55 | 3183.79 | 3555.97 | 11.7 |
| 惠阳区 | 320.78 | 372.50 | 375.82 | 426.56 | 575.87 | 714.26 | 821.33 | 15.0 |
| 惠东县 | 240.12 | 271.63 | 293.04 | 318.55 | 385.03 | 430.96 | 460.29 | 6.8 |
| 博罗县 | 342.30 | 393.32 | 443.62 | 430.97 | 513.88 | 581.81 | 668.18 | 14.8 |
| 龙门县 | 71.14 | 81.18 | 93.59 | 109.64 | 121.23 | 142.80 | 164.75 | 15.4 |
| 大亚湾区 | 267.18 | 281.13 | 205.85 | 219.33 | 384.92 | 431.94 | 500.84 | 16.0 |

# 2-29 金融机构本外币贷款余额

单位：亿元

| 项　目 | 2004年 | 2005年 | 2006年 | 2007年 | 2008年 | 2009年 | 2010年 | 2011年 |
|---|---|---|---|---|---|---|---|---|
| 全　市 | 378.23 | 409.44 | 481.85 | 679.74 | 752.10 | 1134.26 | 1225.71 | 1439.09 |
| 惠城区 | 281.99 | 265.64 | 300.10 | 456.48 | 489.69 | 694.55 | 769.60 | 949.93 |
| 惠阳区 | 23.83 | 25.57 | 28.51 | 42.51 | 52.68 | 86.39 | 113.36 | 127.12 |
| 惠东县 | 17.24 | 20.69 | 26.40 | 44.45 | 55.58 | 76.15 | 89.72 | 107.64 |
| 博罗县 | 26.19 | 30.49 | 37.52 | 50.57 | 59.54 | 75.66 | 86.29 | 102.52 |
| 龙门县 | 5.63 | 6.49 | 7.19 | 7.94 | 10.24 | 16.06 | 18.40 | 19.28 |
| 大亚湾区 | 23.35 | 60.57 | 82.12 | 77.79 | 84.38 | 185.46 | 148.34 | 132.61 |

## 2-29 续表

单位：亿元

| 项　目 | 2012年 | 2013年 | 2014年 | 2015年 | 2016年 | 2017年 | 2018年 | 2018年比2017年增长(%) |
|---|---|---|---|---|---|---|---|---|
| 全　市 | 1735.12 | 2036.92 | 2436.97 | 2701.60 | 3460.97 | 4012.86 | 4886.82 | 21.8 |
| 惠城区 | 1104.63 | 1308.54 | 1587.70 | 1724.21 | 2089.23 | 2330.11 | 2843.39 | 22.0 |
| 惠阳区 | 144.73 | 176.87 | 213.84 | 266.65 | 383.56 | 492.03 | 643.44 | 30.8 |
| 惠东县 | 121.90 | 144.78 | 166.98 | 172.72 | 227.31 | 282.77 | 305.08 | 7.9 |
| 博罗县 | 130.32 | 163.43 | 205.61 | 228.64 | 300.36 | 362.67 | 468.64 | 29.2 |
| 龙门县 | 23.31 | 29.56 | 38.63 | 43.26 | 52.56 | 65.97 | 84.34 | 27.8 |
| 大亚湾区 | 210.23 | 213.74 | 224.20 | 266.12 | 407.95 | 479.30 | 541.92 | 13.1 |

# 2-30 金融机构人民币存款余额

单位：亿元

| 项　目 | 2004年 | 2005年 | 2006年 | 2007年 | 2008年 | 2009年 | 2010年 | 2011年 |
|---|---|---|---|---|---|---|---|---|
| 全　市 | 665.13 | 781.78 | 946.71 | 1133.82 | 1304.59 | 1734.72 | 2041.19 | 2326.05 |
| 惠城区 | 338.89 | 401.80 | 495.22 | 601.84 | 684.12 | 891.17 | 1072.49 | 1254.08 |
| 惠阳区 | 96.02 | 106.62 | 128.24 | 153.14 | 177.27 | 213.32 | 270.67 | 297.63 |
| 惠东县 | 78.01 | 93.01 | 109.97 | 120.48 | 128.81 | 151.03 | 187.03 | 221.76 |
| 博罗县 | 101.89 | 122.48 | 139.45 | 164.65 | 185.96 | 215.64 | 250.98 | 291.97 |
| 龙门县 | 21.06 | 26.11 | 30.30 | 34.88 | 42.17 | 50.96 | 54.86 | 62.18 |
| 大亚湾区 | 29.27 | 31.75 | 43.52 | 58.83 | 86.26 | 212.60 | 205.16 | 198.42 |

2-30 续表

单位：亿元

| 项　目 | 2012年 | 2013年 | 2014年 | 2015年 | 2016年 | 2017年 | 2018年 | 2018年比2017年增长(%) |
|---|---|---|---|---|---|---|---|---|
| 全　市 | 2507.55 | 2984.94 | 3149.55 | 3612.52 | 4544.73 | 5076.00 | 5839.65 | 15.0 |
| 惠城区 | 1347.21 | 1648.19 | 1804.06 | 2132.39 | 2630.15 | 2830.40 | 3268.64 | 15.5 |
| 惠阳区 | 314.91 | 365.18 | 369.10 | 419.27 | 563.82 | 704.90 | 809.91 | 14.9 |
| 惠东县 | 238.09 | 269.70 | 291.37 | 316.72 | 381.99 | 428.30 | 457.24 | 6.8 |
| 博罗县 | 336.25 | 386.05 | 405.74 | 424.43 | 505.09 | 575.03 | 657.84 | 14.4 |
| 龙门县 | 70.84 | 80.95 | 93.49 | 109.39 | 121.11 | 142.61 | 164.44 | 15.3 |
| 大亚湾区 | 200.25 | 234.87 | 185.78 | 210.33 | 342.58 | 394.76 | 481.58 | 22.0 |

# 2-31 城乡居民储蓄存款余额(人民币)

单位：亿元

| 项 目 | 2004年 | 2005年 | 2006年 | 2007年 | 2008年 | 2009年 | 2010年 | 2011年 |
|---|---|---|---|---|---|---|---|---|
| 全 市 | 447.28 | 522.21 | 607.23 | 647.61 | 771.66 | 867.49 | 1031.79 | 1174.34 |
| 惠城区 | 202.38 | 243.00 | 280.75 | 292.48 | 358.06 | 403.67 | 471.23 | 531.29 |
| 惠阳区 | 71.71 | 76.30 | 89.36 | 99.81 | 119.02 | 134.22 | 164.78 | 188.02 |
| 惠东县 | 65.49 | 76.60 | 88.68 | 91.47 | 105.27 | 118.98 | 143.71 | 163.52 |
| 博罗县 | 77.38 | 90.80 | 105.68 | 117.96 | 135.61 | 148.69 | 177.50 | 206.40 |
| 龙门县 | 16.78 | 20.20 | 23.34 | 24.61 | 29.06 | 33.90 | 39.06 | 43.54 |
| 大亚湾区 | 13.53 | 15.30 | 19.43 | 21.29 | 24.64 | 28.03 | 35.51 | 41.57 |

注：2015年起为住户存款余额，与2014年不可比。

## 2-31 续表

单位：亿元

| 项 目 | 2012年 | 2013年 | 2014年 | 2015年 | 2016年 | 2017年 | 2018年 | 2018年比2017年增长(%) |
|---|---|---|---|---|---|---|---|---|
| 全 市 | 1351.44 | 1533.96 | 1640.17 | 1717.60 | 1945.23 | 2153.04 | 2361.19 | 9.7 |
| 惠城区 | 610.12 | 692.05 | 743.70 | 783.33 | 869.91 | 943.57 | 1039.58 | 10.2 |
| 惠阳区 | 208.34 | 236.32 | 252.63 | 263.24 | 316.84 | 365.47 | 395.85 | 8.3 |
| 惠东县 | 183.17 | 206.93 | 216.74 | 228.27 | 254.05 | 283.09 | 304.55 | 7.6 |
| 博罗县 | 237.31 | 271.18 | 290.33 | 299.87 | 337.14 | 375.31 | 415.36 | 10.7 |
| 龙门县 | 50.10 | 58.32 | 63.91 | 67.19 | 74.68 | 83.03 | 90.60 | 9.1 |
| 大亚湾区 | 62.42 | 69.15 | 72.86 | 75.69 | 92.60 | 102.57 | 115.26 | 12.4 |

# 2-32 金融机构人民币贷款余额

单位：亿元

| 项 目 | 2004年 | 2005年 | 2006年 | 2007年 | 2008年 | 2009年 | 2010年 | 2011年 |
|---|---|---|---|---|---|---|---|---|
| 全 市 | 347.81 | 372.42 | 440.76 | 563.25 | 659.89 | 924.94 | 1097.66 | 1295.48 |
| 惠城区 | 251.57 | 247.89 | 279.25 | 370.38 | 423.42 | 587.33 | 688.11 | 831.19 |
| 惠阳区 | 23.83 | 25.01 | 28.47 | 40.88 | 51.13 | 84.36 | 110.31 | 125.05 |
| 惠东县 | 17.24 | 20.68 | 26.40 | 44.45 | 55.58 | 75.89 | 89.26 | 107.31 |
| 博罗县 | 26.19 | 30.49 | 37.43 | 49.92 | 59.08 | 74.26 | 85.73 | 102.15 |
| 龙门县 | 5.63 | 6.49 | 7.19 | 7.94 | 10.24 | 16.06 | 18.40 | 19.28 |
| 大亚湾区 | 23.35 | 41.86 | 62.02 | 49.67 | 60.45 | 87.05 | 105.84 | 110.49 |

2-32 续表

单位：亿元

| 项 目 | 2012年 | 2013年 | 2014年 | 2015年 | 2016年 | 2017年 | 2018年 | 2018年比2017年增长(%) |
|---|---|---|---|---|---|---|---|---|
| 全 市 | 1501.02 | 1826.62 | 2176.80 | 2464.35 | 3155.13 | 3818.64 | 4650.84 | 21.8 |
| 惠城区 | 960.18 | 1151.44 | 1363.87 | 1520.61 | 1822.91 | 2160.71 | 2635.02 | 22.0 |
| 惠阳区 | 143.26 | 175.56 | 212.37 | 265.92 | 382.77 | 491.07 | 642.68 | 30.9 |
| 惠东县 | 121.76 | 144.64 | 166.75 | 172.63 | 227.23 | 282.57 | 305.07 | 8.0 |
| 博罗县 | 123.73 | 162.99 | 203.91 | 227.10 | 299.82 | 362.04 | 467.55 | 29.1 |
| 龙门县 | 23.31 | 29.56 | 38.63 | 43.26 | 52.56 | 65.97 | 84.34 | 27.8 |
| 大亚湾区 | 128.79 | 162.44 | 191.28 | 234.82 | 369.84 | 456.27 | 516.17 | 13.1 |

# 2-33 地方一般公共财政预算收入

单位：亿元

| 项　目 | 2004年 | 2005年 | 2006年 | 2007年 | 2008年 | 2009年 | 2010年 | 2011年 |
|---|---|---|---|---|---|---|---|---|
| 全　市 | 25.42 | 34.72 | 44.44 | 62.06 | 78.06 | 101.56 | 131.22 | 162.83 |
| 惠城区 | 13.51 | 20.01 | 24.64 | 33.95 | 41.12 | 56.08 | 67.93 | 83.77 |
| 惠阳区 | 2.76 | 3.61 | 5.14 | 7.66 | 9.49 | 11.71 | 14.79 | 18.10 |
| 惠东县 | 2.00 | 2.66 | 3.39 | 4.61 | 6.11 | 7.60 | 10.26 | 13.43 |
| 博罗县 | 3.06 | 4.23 | 5.60 | 7.53 | 10.01 | 12.37 | 15.01 | 18.36 |
| 龙门县 | 0.75 | 1.03 | 1.30 | 1.71 | 2.37 | 2.93 | 4.12 | 5.14 |
| 大亚湾区 | 3.34 | 3.18 | 4.34 | 6.57 | 8.93 | 10.83 | 14.09 | 17.45 |
| 仲恺区 | — | — | — | — | — | — | 4.97 | 6.59 |

2-33　续表

单位：亿元

| 项　目 | 2012年 | 2013年 | 2014年 | 2015年 | 2016年 | 2017年 | 2018年 | 2018年比2017年增长(%) |
|---|---|---|---|---|---|---|---|---|
| 全　市 | 200.88 | 250.17 | 300.75 | 340.02 | 361.29 | 389.08 | 393.01 | 1.0 |
| 惠城区 | 102.21 | 121.09 | 137.72 | 153.85 | 154.65 | 164.21 | 157.20 | -4.3 |
| 惠阳区 | 21.75 | 27.91 | 34.92 | 40.07 | 44.84 | 48.33 | 51.63 | 6.8 |
| 惠东县 | 17.20 | 23.26 | 30.23 | 34.72 | 36.78 | 37.94 | 34.74 | -8.4 |
| 博罗县 | 22.03 | 27.33 | 33.92 | 37.36 | 40.63 | 44.11 | 44.77 | 1.5 |
| 龙门县 | 6.06 | 7.72 | 10.01 | 10.98 | 8.09 | 9.34 | 10.83 | 15.9 |
| 大亚湾区 | 22.40 | 29.81 | 36.97 | 42.57 | 47.04 | 53.06 | 61.05 | 15.1 |
| 仲恺区 | 9.23 | 13.06 | 16.98 | 20.47 | 29.25 | 32.09 | 32.78 | 2.1 |

# 2-34 地方一般公共财政预算支出

单位：亿元

| 项　目 | 2004年 | 2005年 | 2006年 | 2007年 | 2008年 | 2009年 | 2010年 | 2011年 |
|---|---|---|---|---|---|---|---|---|
| 全　市 | 45.94 | 52.40 | 66.03 | 86.05 | 106.29 | 134.75 | 185.43 | 227.21 |
| 惠城区 | 21.41 | 24.35 | 31.26 | 39.12 | 48.29 | 62.65 | 89.33 | 97.69 |
| 惠阳区 | 5.26 | 5.80 | 7.83 | 10.82 | 12.86 | 15.01 | 19.37 | 23.89 |
| 惠东县 | 5.30 | 6.89 | 8.23 | 11.47 | 14.72 | 17.87 | 21.93 | 28.07 |
| 博罗县 | 7.32 | 8.28 | 10.14 | 12.16 | 15.35 | 20.65 | 24.38 | 30.05 |
| 龙门县 | 2.80 | 3.41 | 4.20 | 5.59 | 6.63 | 7.64 | 10.21 | 16.83 |
| 大亚湾区 | 3.82 | 3.64 | 4.34 | 6.87 | 8.45 | 10.89 | 16.88 | 23.79 |
| 仲恺区 | — | — | — | — | — | — | 3.30 | 6.88 |

2-34 续表

单位：亿元

| 项　目 | 2012年 | 2013年 | 2014年 | 2015年 | 2016年 | 2017年 | 2018年 | 2018年比2017年增长(%) |
|---|---|---|---|---|---|---|---|---|
| 全　市 | 274.08 | 328.29 | 372.97 | 486.07 | 509.25 | 554.01 | 544.25 | -1.8 |
| 惠城区 | 113.31 | 140.53 | 146.60 | 182.60 | 192.44 | 219.01 | 202.20 | -7.7 |
| 惠阳区 | 27.28 | 34.58 | 39.52 | 51.60 | 57.59 | 60.79 | 62.61 | 3.0 |
| 惠东县 | 34.33 | 41.40 | 52.82 | 65.44 | 70.49 | 73.10 | 72.05 | -1.4 |
| 博罗县 | 35.83 | 42.35 | 51.64 | 73.98 | 76.98 | 80.07 | 85.04 | 6.2 |
| 龙门县 | 16.33 | 18.07 | 21.34 | 30.35 | 29.19 | 30.29 | 35.03 | 15.7 |
| 大亚湾区 | 36.81 | 37.36 | 41.85 | 49.86 | 52.51 | 57.33 | 52.37 | -8.7 |
| 仲恺区 | 10.20 | 14.00 | 19.21 | 32.25 | 30.06 | 33.43 | 34.94 | 4.5 |

# 2-35　税收总收入

单位：亿元

| 项　目 | 2004年 | 2005年 | 2006年 | 2007年 | 2008年 | 2009年 | 2010年 | 2011年 |
|---|---|---|---|---|---|---|---|---|
| 全　市 | 114.71 | 142.05 | 174.92 | 231.77 | 290.24 | 348.42 | 466.79 | 574.31 |
| 惠城区 | 49.81 | 56.60 | 64.41 | 79.60 | 96.58 | 113.69 | 138.85 | 169.43 |
| 惠阳区 | 5.94 | 7.30 | 9.86 | 14.72 | 17.54 | 19.39 | 24.12 | 30.71 |
| 惠东县 | 5.38 | 7.10 | 7.90 | 10.50 | 13.21 | 13.06 | 18.09 | 26.68 |
| 博罗县 | 9.41 | 11.50 | 13.97 | 16.85 | 19.98 | 20.42 | 24.85 | 30.92 |
| 龙门县 | 1.30 | 1.60 | 2.07 | 3.28 | 4.37 | 4.73 | 6.71 | 8.33 |
| 大亚湾区 | 42.87 | 57.90 | 76.71 | 106.80 | 138.53 | 173.97 | 249.00 | 301.51 |
| 仲恺区 | — | — | — | — | — | — | — | — |

2-35　续表

单位：亿元

| 项　目 | 2012年 | 2013年 | 2014年 | 2015年 | 2016年 | 2017年 | 2018年 | 2018年比2017年增长(%) |
|---|---|---|---|---|---|---|---|---|
| 全　市 | 704.26 | 728.69 | 763.15 | 754.43 | 834.17 | 941.81 | 1137.65 | 20.8 |
| 惠城区 | 213.91 | 162.64 | 159.65 | 161.34 | 181.80 | 205.16 | 217.63 | 6.1 |
| 惠阳区 | 37.15 | 45.38 | 51.19 | 60.72 | 78.19 | 98.59 | 120.06 | 21.8 |
| 惠东县 | 34.33 | 38.48 | 47.81 | 48.77 | 50.62 | 53.23 | 60.60 | 13.9 |
| 博罗县 | 37.29 | 45.60 | 50.45 | 54.30 | 61.74 | 74.14 | 90.92 | 22.6 |
| 龙门县 | 7.75 | 9.36 | 14.74 | 12.59 | 10.05 | 16.20 | 22.27 | 37.4 |
| 大亚湾区 | 366.78 | 326.31 | 320.20 | 274.91 | 286.94 | 329.31 | 465.18 | 41.3 |
| 仲恺区 | 70.02 | 92.29 | 109.89 | 126.37 | 147.91 | 149.82 | 143.85 | -4.0 |

# 2-36 在岗职工年平均工资收入

单位：元

| 项　目 | 2004年 | 2005年 | 2006年 | 2007年 | 2008年 | 2009年 | 2010年 | 2011年 |
|---|---|---|---|---|---|---|---|---|
| 全　市 | 14439 | 16017 | 17760 | 19644 | 22727 | 25786 | 29599 | 35719 |
| 惠城区 | 16512 | 18317 | 19612 | 21580 | 24623 | 30756 | 34563 | 40766 |
| 惠阳区 | 11691 | 12904 | 15446 | 16825 | 20404 | 23837 | 26946 | 33038 |
| 惠东县 | 12394 | 13982 | 15235 | 17433 | 19858 | 22678 | 26238 | 30591 |
| 博罗县 | 12064 | 13857 | 15557 | 17893 | 20615 | 23538 | 26902 | 31162 |
| 龙门县 | 10747 | 11312 | 13569 | 17163 | 19518 | 21601 | 24508 | 28581 |
| 大亚湾区 | 19345 | 21490 | 22553 | 23894 | 25863 | 29231 | 32972 | 41629 |
| 仲恺区 | — | — | — | — | — | 23700 | 28477 | 35524 |

2-36 续表

单位：元

| 项　目 | 2012年 | 2013年 | 2014年 | 2015年 | 2016年 | 2017年 | 2018年 | 2018年比2017年增长(%) |
|---|---|---|---|---|---|---|---|---|
| 全　市 | 41506 | 47126 | 53576 | 58607 | 64766 | 70890 | 77634 | 9.5 |
| 惠城区 | 47545 | 53966 | 60553 | 70409 | 76206 | 82723 | 92912 | 12.3 |
| 惠阳区 | 39810 | 43718 | 50064 | 52848 | 60274 | 66430 | 70587 | 6.3 |
| 惠东县 | 35201 | 40946 | 46483 | 52103 | 57611 | 67590 | 73673 | 9.0 |
| 博罗县 | 35723 | 41978 | 48002 | 54259 | 60931 | 65801 | 68072 | 3.5 |
| 龙门县 | 31850 | 36001 | 40982 | 46931 | 54476 | 59493 | 72326 | 21.6 |
| 大亚湾区 | 48822 | 50972 | 58225 | 62414 | 70653 | 77893 | 85497 | 9.8 |
| 仲恺区 | 40208 | 47474 | 54554 | 57562 | 61245 | 66770 | 74341 | 11.3 |

# 2-37　农民人均纯收入

单位：元

| 项　目 | 2004年 | 2005年 | 2006年 | 2007年 | 2008年 | 2009年 | 2010年 | 2011年 |
|---|---|---|---|---|---|---|---|---|
| 全　市 | 4370 | 4698 | 5090 | 5695 | 6626 | 7583 | 9077 | 10938 |
| 惠城区 | 4559 | 4978 | 5389 | 6307 | 7425 | 8541 | 9976 | 12056 |
| 惠阳区 | 4653 | 5120 | 5636 | 6365 | 7250 | 8323 | 10914 | 13001 |
| 惠东县 | 4327 | 4621 | 4933 | 5383 | 6332 | 7231 | 9005 | 10907 |
| 博罗县 | 4279 | 4610 | 5041 | 5755 | 6721 | 7682 | 8929 | 10671 |
| 龙门县 | 3453 | 3763 | 4120 | 4381 | 5118 | 5805 | 7034 | 8596 |
| 大亚湾区 | 4360 | 4720 | 5319 | 6255 | 6816 | 7791 | 9319 | 11257 |
| 仲恺区 | — | — | — | — | — | — | 10961 | 13208 |

2-37　续表

单位：元

| 项　目 | 2012年 | 2013年 | 2014年 | 2015年 | 2016年 | 2017年 | 2018年 | 2018年比2017年增长(%) |
|---|---|---|---|---|---|---|---|---|
| 全　市 | 12415 | 14029 | 14364 | 15830 | 17603 | 19284 | 21039 | 9.1 |
| 惠城区 | 13636 | 15464 | 14890 | 16379 | 18324 | 20009 | 21900 | 9.4 |
| 惠阳区 | 14886 | 16747 | 15302 | 16863 | 18931 | 20805 | 23269 | 11.8 |
| 惠东县 | 12151 | 13791 | 14527 | 15994 | 17707 | 19389 | 20900 | 7.8 |
| 博罗县 | 12269 | 13864 | 14284 | 15741 | 17355 | 19073 | 20650 | 8.3 |
| 龙门县 | 9911 | 11220 | 12380 | 13853 | 15685 | 17348 | 19151 | 10.4 |
| 大亚湾区 | 13035 | 14635 | 15013 | 16515 | 18595 | 20473 | 22505 | 9.9 |
| 仲恺区 | 14980 | 16793 | 15581 | 17201 | 19057 | 20792 | 22791 | 9.6 |

注：2014年（含）起，口径调整为农村常住居民可支配收入。

# 2–38 全体居民、城镇常住居民人均可支配收入

单位：元

| 项　目 | 全体居民 | | | | | |
|---|---|---|---|---|---|---|
| | 2014年 | 2015年 | 2016年 | 2017年 | 2018年 | 2018年比2017年增长(%) |
| 全　市 | 22902 | 25220 | 28061 | 31091 | 33930 | 9.1 |
| 惠城区 | 29611 | 32530 | 36377 | 40035 | 43442 | 8.5 |
| 惠阳区 | 25240 | 27757 | 31020 | 34246 | 36794 | 7.4 |
| 惠东县 | 17042 | 18817 | 20851 | 23120 | 25260 | 9.3 |
| 博罗县 | 18113 | 20021 | 22206 | 24648 | 27475 | 11.5 |
| 龙门县 | 13113 | 14901 | 16971 | 18997 | 21189 | 11.5 |
| 大亚湾区 | 26653 | 29383 | 33203 | 36779 | 40936 | 11.3 |
| 仲恺区 | 25401 | 27991 | 30853 | 34169 | 37903 | 10.9 |

2–38　续表

单位：元

| 项　目 | 城镇常住居民 | | | | | |
|---|---|---|---|---|---|---|
| | 2014年 | 2015年 | 2016年 | 2017年 | 2018年 | 2018年比2017年增长(%) |
| 全　市 | 27300 | 30057 | 33213 | 36608 | 39574 | 8.1 |
| 惠城区 | 34329 | 37679 | 41442 | 45504 | 47917 | 5.3 |
| 惠阳区 | 29243 | 32108 | 35426 | 38933 | 41161 | 5.6 |
| 惠东县 | 19368 | 21402 | 23559 | 26033 | 28330 | 8.8 |
| 博罗县 | 22802 | 25241 | 27858 | 30643 | 33201 | 8.3 |
| 龙门县 | 14880 | 17037 | 19192 | 21437 | 23731 | 10.7 |
| 大亚湾区 | 28035 | 30895 | 34382 | 38061 | 41990 | 10.3 |
| 仲恺区 | 27571 | 30356 | 33350 | 36919 | 40671 | 10.2 |

# 三、基本单位

# 3-1　法人和产业活动单位数(2013-2017)

单位：个

| 名　　称 | 2013年 | | 2014年 | | 2015年 | |
|---|---|---|---|---|---|---|
| | 法人单位数 | 产业单位数 | 法人单位数 | 产业单位数 | 法人单位数 | 产业单位数 |
| **总　计** | **46845** | **56428** | **54337** | **64892** | **56520** | **67172** |
| **一、按地区分** | | | | | | |
| 惠城区 | 15727 | 18354 | 16934 | 19499 | 17670 | 20285 |
| 惠阳区 | 6992 | 8057 | 9315 | 10631 | 9723 | 11040 |
| 惠东县 | 8955 | 10977 | 9653 | 11558 | 10130 | 12054 |
| 博罗县 | 7695 | 9756 | 9358 | 11854 | 9509 | 12009 |
| 龙门县 | 1715 | 2701 | 2346 | 3516 | 2609 | 3807 |
| 大亚湾区 | 2310 | 2605 | 2642 | 3122 | 2682 | 3161 |
| 仲恺区 | 3451 | 3978 | 4089 | 4712 | 4197 | 4816 |
| **二、按注册类型分** | | | | | | |
| 内资企业 | 43947 | 53188 | 50967 | 61147 | 53089 | 63364 |
| 国有企业 | 3247 | 6312 | 3423 | 6870 | 3426 | 6874 |
| 集体企业 | 1343 | 2528 | 1468 | 2800 | 1466 | 2805 |
| 股份合作企业 | 138 | 260 | 165 | 307 | 171 | 314 |
| 联营企业 | 169 | 249 | 188 | 283 | 187 | 282 |
| 有限责任公司 | 6797 | 7724 | 7682 | 8645 | 8209 | 9209 |
| 股份有限公司 | 518 | 1217 | 610 | 1370 | 664 | 1423 |
| 私营企业 | 19930 | 22095 | 24981 | 27413 | 26347 | 28827 |
| 其他企业 | 11805 | 12803 | 12450 | 13459 | 12619 | 13630 |
| 港、澳、台商投资企业 | 2327 | 2483 | 2707 | 2868 | 2756 | 2923 |
| 合资经营企业(港或澳、台资) | 257 | 287 | 292 | 318 | 295 | 324 |
| 合作经营企业(港或澳、台资) | 86 | 91 | 107 | 114 | 107 | 116 |
| 港、澳、台商独资经营企业 | 1886 | 1998 | 2185 | 2302 | 2228 | 2347 |
| 港、澳、台商投资股份有限公司 | 69 | 76 | 86 | 94 | 89 | 97 |
| 其他港、澳、台商投资 | 29 | 31 | 37 | 40 | 37 | 39 |
| 外商投资企业 | 571 | 757 | 663 | 877 | 675 | 885 |
| 中外合资经营企业 | 115 | 161 | 132 | 187 | 138 | 193 |

注：本表惠城区数据不包含仲恺区数据。

## 3-1 续表 1

单位：个

| 名　　称 | 2013年 | | 2014年 | | 2015年 | |
|---|---|---|---|---|---|---|
| | 法人单位数 | 产业单位数 | 法人单位数 | 产业单位数 | 法人单位数 | 产业单位数 |
| 中外合作经营企业 | 35 | 39 | 39 | 44 | 35 | 38 |
| 外资企业 | 370 | 478 | 437 | 563 | 445 | 571 |
| 外商投资股份有限公司 | 30 | 47 | 33 | 50 | 34 | 51 |
| 其他外商投资 | 21 | 32 | 22 | 33 | 23 | 32 |
| **三、按行业分** | | | | | | |
| 第一产业 | 726 | 794 | 1116 | 1186 | 1298 | 1369 |
| 第二产业 | 12794 | 13688 | 15448 | 16368 | 16130 | 17063 |
| 采矿业 | 138 | 148 | 179 | 185 | 182 | 186 |
| 制造业 | 9842 | 10022 | 11694 | 11863 | 12216 | 12397 |
| 电力、燃气及水的生产和供应业 | 312 | 466 | 362 | 518 | 375 | 531 |
| 建筑业 | 2502 | 3052 | 3213 | 3802 | 3357 | 3949 |
| 第三产业 | 33325 | 41946 | 37773 | 47338 | 39092 | 48740 |
| 批发和零售业 | 8252 | 10857 | 9892 | 12752 | 10407 | 13297 |
| 交通运输、仓储和邮政业 | 766 | 1146 | 873 | 1293 | 915 | 1353 |
| 住宿和餐饮业 | 586 | 771 | 738 | 934 | 806 | 1012 |
| 信息传输、软件和信息技术服务业 | 602 | 966 | 714 | 1118 | 787 | 1192 |
| 金融业 | 147 | 1059 | 207 | 1183 | 226 | 1202 |
| 房地产业 | 3675 | 4022 | 4706 | 5086 | 4857 | 5243 |
| 租赁和商务服务业 | 11579 | 11951 | 12179 | 12774 | 12433 | 13039 |
| 科学研究和技术服务业 | 1128 | 1457 | 1152 | 1513 | 1197 | 1563 |
| 水利、环境和公共设施管理业 | 383 | 514 | 436 | 585 | 451 | 603 |
| 居民服务、修理和其他服务业 | 452 | 514 | 607 | 681 | 660 | 732 |
| 教育 | 1610 | 1946 | 1735 | 2119 | 1763 | 2149 |
| 卫生和社会工作 | 395 | 1506 | 415 | 1616 | 426 | 1628 |
| 文化、体育和娱乐业 | 649 | 783 | 758 | 906 | 793 | 940 |
| 公共管理、社会保障和社会组织 | 3101 | 4454 | 3361 | 4778 | 3371 | 4787 |

## 3-1 续表 2

单位：个

| 名称 | 2016年 | | 2017年 | |
| --- | --- | --- | --- | --- |
| | 法人单位数 | 产业单位数 | 法人单位数 | 产业单位数 |
| **总　计** | **71900** | **83105** | **95075** | **108191** |
| **一、按地区分** | | | | |
| 惠城区 | 20942 | 23598 | 30609 | 35961 |
| 惠阳区 | 12156 | 13607 | 16458 | 17735 |
| 惠东县 | 13205 | 15333 | 17090 | 19114 |
| 博罗县 | 12892 | 15464 | 15516 | 17658 |
| 龙门县 | 2950 | 4226 | 3511 | 4677 |
| 大亚湾区 | 3469 | 3970 | 4938 | 5619 |
| 仲恺区 | 6286 | 6907 | 6953 | 7427 |
| **二、按注册类型分** | | | | |
| 内资企业 | 68162 | 78981 | 90799 | 103358 |
| 国有企业 | 3440 | 6891 | 3476 | 6809 |
| 集体企业 | 1461 | 2808 | 1497 | 2884 |
| 股份合作企业 | 186 | 328 | 154 | 281 |
| 联营企业 | 190 | 284 | 161 | 262 |
| 有限责任公司 | 15961 | 17070 | 13899 | 15357 |
| 股份有限公司 | 794 | 1562 | 657 | 1561 |
| 私营企业 | 32477 | 35343 | 57401 | 61500 |
| 其他企业 | 13653 | 14695 | 13554 | 14704 |
| 港、澳、台商投资企业 | 2947 | 3118 | 3442 | 3609 |
| 合资经营企业(港或澳、台资) | 300 | 330 | 312 | 350 |
| 合作经营企业(港或澳、台资) | 109 | 118 | 137 | 148 |
| 港、澳、台商独资经营企业 | 2412 | 2534 | 2900 | 3011 |
| 港、澳、台商投资股份有限公司 | 87 | 95 | 63 | 68 |
| 其他港、澳、台商投资 | 39 | 41 | 30 | 32 |
| 外商投资企业 | 791 | 1006 | 834 | 1224 |
| 中外合资经营企业 | 138 | 196 | 129 | 173 |

## 3-1 续表 3

单位：个

| 名　　称 | 2016年 | | 2017年 | |
|---|---|---|---|---|
| | 法人单位数 | 产业单位数 | 法人单位数 | 产业单位数 |
| 中外合作经营企业 | 35 | 38 | 35 | 38 |
| 外资企业 | 480 | 609 | 583 | 902 |
| 外商投资股份有限公司 | 107 | 123 | 63 | 79 |
| 其他外商投资 | 31 | 40 | 24 | 32 |
| **三、按行业分** | | | | |
| 第一产业 | 1934 | 2006 | 2756 | 2838 |
| 第二产业 | 21604 | 22593 | 27991 | 29216 |
| 采矿业 | 199 | 206 | 211 | 223 |
| 制造业 | 16575 | 16784 | 20165 | 20438 |
| 电力、燃气及水的生产和供应业 | 421 | 582 | 476 | 648 |
| 建筑业 | 4409 | 5021 | 7139 | 7907 |
| 第三产业 | 48362 | 58506 | 64328 | 76137 |
| 批发和零售业 | 15649 | 18711 | 22288 | 26027 |
| 交通运输、仓储和邮政业 | 1155 | 1602 | 1649 | 2146 |
| 住宿和餐饮业 | 1126 | 1345 | 1629 | 1888 |
| 信息传输、软件和信息技术服务业 | 1216 | 1637 | 2071 | 2538 |
| 金融业 | 308 | 1318 | 430 | 1541 |
| 房地产业 | 5742 | 6215 | 8315 | 9156 |
| 租赁和商务服务业 | 13600 | 14338 | 16388 | 17329 |
| 科学研究和技术服务业 | 1440 | 1815 | 1912 | 2377 |
| 水利、环境和公共设施管理业 | 517 | 675 | 631 | 796 |
| 居民服务、修理和其他服务业 | 884 | 961 | 1480 | 1601 |
| 教育 | 1890 | 2278 | 2176 | 2589 |
| 卫生和社会工作 | 447 | 1652 | 495 | 1707 |
| 文化、体育和娱乐业 | 920 | 1066 | 1196 | 1348 |
| 公共管理、社会保障和社会组织 | 3468 | 4893 | 3668 | 5094 |

# 3–2 全市法人单位及从业人数(2013–2017)

单位：个、人

| 名称 | 2013年 | | 2014年 | | 2015年 | |
|---|---|---|---|---|---|---|
| | 单位数 | 从业人员 | 单位数 | 从业人员 | 单位数 | 从业人员 |
| **总　计** | **46845** | **1640425** | **54337** | **1821302** | **56520** | **1846717** |
| **一、按地区分** | | | | | | |
| 惠城区 | 15727 | 425965 | 16934 | 421294 | 17670 | 403118 |
| 惠阳区 | 6992 | 258902 | 9315 | 318167 | 9723 | 317794 |
| 惠东县 | 8955 | 198869 | 9653 | 208134 | 10130 | 223234 |
| 博罗县 | 7695 | 324927 | 9358 | 366473 | 9509 | 385402 |
| 龙门县 | 1715 | 42053 | 2346 | 49198 | 2609 | 51204 |
| 大亚湾区 | 2310 | 134934 | 2642 | 156226 | 2682 | 165771 |
| 仲恺区 | 3451 | 254775 | 4089 | 301810 | 4197 | 300194 |
| **二、按行业分** | | | | | | |
| 第一产业 | 726 | 13137 | 1116 | 16951 | 1298 | 18247 |
| 第二产业 | 12794 | 1069161 | 15448 | 1214682 | 16130 | 1225553 |
| 采矿业 | 138 | 3806 | 179 | 4547 | 182 | 4570 |
| 制造业 | 9842 | 998547 | 11694 | 1136590 | 12216 | 1159340 |
| 电力、燃气及水的生产和供应业 | 312 | 10782 | 362 | 13096 | 375 | 13198 |
| 建筑业 | 2502 | 56026 | 3213 | 60449 | 3357 | 48445 |
| 第三产业 | 33325 | 558127 | 37773 | 589669 | 39092 | 602917 |
| 批发和零售业 | 8252 | 106822 | 9892 | 113732 | 10407 | 118381 |
| 交通运输、仓储和邮政业 | 766 | 33595 | 873 | 34399 | 915 | 34366 |
| 住宿和餐饮业 | 586 | 29921 | 738 | 31240 | 806 | 31733 |
| 信息传输、软件和信息技术服务业 | 602 | 10431 | 714 | 12074 | 787 | 12905 |
| 金融业 | 147 | 17606 | 207 | 18374 | 226 | 18480 |
| 房地产业 | 3675 | 62133 | 4706 | 66366 | 4857 | 67906 |
| 租赁和商务服务业 | 11579 | 69854 | 12179 | 75338 | 12433 | 76998 |
| 科学研究和技术服务业 | 1128 | 15238 | 1152 | 16004 | 1197 | 16376 |
| 水利、环境和公共设施管理业 | 383 | 10575 | 436 | 8902 | 451 | 9537 |
| 居民服务、修理和其他服务业 | 452 | 6567 | 607 | 8684 | 660 | 8981 |
| 教育 | 1610 | 72064 | 1735 | 74923 | 1763 | 75832 |
| 卫生和社会工作 | 395 | 28217 | 415 | 28756 | 426 | 29158 |
| 文化、体育和娱乐业 | 649 | 10037 | 758 | 11481 | 793 | 12315 |
| 公共管理、社会保障和社会组织 | 3101 | 85067 | 3361 | 89396 | 3371 | 89949 |

注：本表惠城区数据不包含仲恺区数据。

## 3-2 续表

单位：个、人

| 名　　称 | 2016年 | | 2017年 | |
|---|---|---|---|---|
| | 单位数 | 从业人员 | 单位数 | 从业人员 |
| **总　计** | **71900** | **2061863** | **95075** | **2257608** |
| **一、按地区分** | | | | |
| 惠城区 | 20942 | 431618 | 30609 | 739756 |
| 惠阳区 | 12156 | 363569 | 16458 | 556627 |
| 惠东县 | 13205 | 255106 | 17090 | 280686 |
| 博罗县 | 12892 | 424727 | 15516 | 460864 |
| 龙门县 | 2950 | 55624 | 3511 | 57184 |
| 大亚湾区 | 3469 | 178623 | 4938 | 52603 |
| 仲恺区 | 6286 | 352596 | 6953 | 109888 |
| **二、按行业分** | | | | |
| 第一产业 | 1934 | 23043 | 2756 | 28059 |
| 第二产业 | 21604 | 1375005 | 27991 | 1479601 |
| 采矿业 | 199 | 4982 | 211 | 4409 |
| 制造业 | 16575 | 1298825 | 20165 | 1384180 |
| 电力、燃气及水的生产和供应业 | 421 | 14579 | 476 | 14574 |
| 建筑业 | 4409 | 56619 | 7139 | 76438 |
| 第三产业 | 48362 | 663815 | 64328 | 749948 |
| 批发和零售业 | 15649 | 147969 | 22288 | 173902 |
| 交通运输、仓储和邮政业 | 1155 | 34485 | 1649 | 36549 |
| 住宿和餐饮业 | 1126 | 36763 | 1629 | 41951 |
| 信息传输、软件和信息技术服务业 | 1216 | 15182 | 2071 | 19029 |
| 金融业 | 308 | 19738 | 430 | 26996 |
| 房地产业 | 5742 | 77016 | 8315 | 97166 |
| 租赁和商务服务业 | 13600 | 85630 | 16388 | 98568 |
| 科学研究和技术服务业 | 1440 | 18593 | 1912 | 22057 |
| 水利、环境和公共设施管理业 | 517 | 9055 | 631 | 10924 |
| 居民服务、修理和其他服务业 | 884 | 11074 | 1480 | 14688 |
| 教育 | 1890 | 77994 | 2176 | 80201 |
| 卫生和社会工作 | 447 | 28337 | 495 | 28719 |
| 文化、体育和娱乐业 | 920 | 13156 | 1196 | 14729 |
| 公共管理、社会保障和社会组织 | 3468 | 88823 | 3668 | 84469 |

# 3-3　全市企业法人单位及从业人数(2013-2017)

单位：个、人

| 名　　称 | 2013年 | | 2014年 | | 2015年 | |
|---|---|---|---|---|---|---|
| | 单位数 | 从业人员 | 单位数 | 从业人员 | 单位数 | 从业人员 |
| **总　　计** | **32968** | **1402906** | **39945** | **1572002** | **42262** | **1598176** |
| **一、按地区分** | | | | | | |
| 惠城区 | 12056 | 347490 | 13203 | 338844 | 14008 | 320972 |
| 惠阳区 | 5119 | 227375 | 7332 | 284189 | 7755 | 284369 |
| 惠东县 | 5394 | 158809 | 6054 | 166705 | 6506 | 180573 |
| 博罗县 | 4880 | 272622 | 6388 | 313191 | 6595 | 332744 |
| 龙门县 | 1044 | 26683 | 1602 | 33296 | 1869 | 35376 |
| 大亚湾区 | 1811 | 126202 | 2119 | 147032 | 2163 | 156635 |
| 仲恺区 | 2664 | 243725 | 3247 | 288745 | 3366 | 287507 |
| **二、按行业分** | | | | | | |
| 第一产业 | 535 | 10762 | 841 | 13377 | 999 | 14452 |
| 第二产业 | 12791 | 1069061 | 15442 | 1214457 | 16125 | 1225345 |
| 采矿业 | 138 | 3806 | 179 | 4547 | 182 | 4570 |
| 制造业 | 9842 | 998547 | 11694 | 1136590 | 12216 | 1159340 |
| 电力、燃气及水的生产和供应业 | 309 | 10682 | 356 | 12871 | 370 | 12990 |
| 建筑业 | 2502 | 56026 | 3213 | 60449 | 3357 | 48445 |
| 第三产业 | 19642 | 323083 | 23662 | 344168 | 25138 | 358379 |
| 批发和零售业 | 8251 | 106816 | 9892 | 113732 | 10407 | 118381 |
| 交通运输、仓储和邮政业 | 727 | 31207 | 828 | 32313 | 880 | 32418 |
| 住宿和餐饮业 | 582 | 29548 | 729 | 30700 | 799 | 31219 |
| 信息传输、软件和信息技术服务业 | 589 | 9744 | 702 | 11270 | 777 | 12271 |
| 金融业 | 143 | 17221 | 199 | 18013 | 222 | 18143 |
| 房地产业 | 3608 | 60839 | 4621 | 65344 | 4819 | 67161 |
| 租赁和商务服务业 | 3497 | 35818 | 4073 | 36210 | 4393 | 38227 |
| 科学研究和技术服务业 | 831 | 9982 | 874 | 10772 | 943 | 11630 |
| 水利、环境和公共设施管理业 | 269 | 3599 | 318 | 3951 | 334 | 4543 |
| 居民服务、修理和其他服务业 | 428 | 6149 | 573 | 7936 | 635 | 8272 |
| 教育 | 125 | 2966 | 155 | 3242 | 176 | 3248 |
| 卫生和社会工作 | 48 | 1697 | 61 | 1975 | 73 | 3417 |
| 文化、体育和娱乐业 | 544 | 7497 | 637 | 8710 | 680 | 9449 |

注：本表惠城区数据不包含仲恺区数据。

## 3-3 续表

单位：个、人

| 名　称 | 2016年 | | 2017年 | |
|---|---|---|---|---|
| | 单位数 | 从业人员 | 单位数 | 从业人员 |
| **总　计** | **57276** | **1813194** | **79676** | **2007313** |
| **一、按地区分** | | | | |
| 惠城区 | 17257 | 351431 | 26756 | 659354 |
| 惠阳区 | 10166 | 331005 | 14382 | 523523 |
| 惠东县 | 9455 | 210756 | 13041 | 235870 |
| 博罗县 | 9839 | 371246 | 12297 | 406771 |
| 龙门县 | 2171 | 39521 | 2699 | 40738 |
| 大亚湾区 | 2945 | 169406 | 4394 | 42801 |
| 仲恺区 | 5443 | 339829 | 6107 | 98256 |
| **二、按行业分** | | | | |
| 第一产业 | 1397 | 17596 | 1720 | 17607 |
| 第二产业 | 21596 | 1374768 | 27977 | 1479305 |
| 采矿业 | 199 | 4982 | 211 | 4409 |
| 制造业 | 16573 | 1298813 | 20156 | 1384092 |
| 电力、燃气及水的生产和供应业 | 415 | 14354 | 471 | 14366 |
| 建筑业 | 4409 | 56619 | 7139 | 76438 |
| 第三产业 | 34283 | 420830 | 49979 | 510401 |
| 批发和零售业 | 15635 | 147906 | 22159 | 172048 |
| 交通运输、仓储和邮政业 | 1121 | 32680 | 1616 | 35144 |
| 住宿和餐饮业 | 1117 | 36238 | 1620 | 41481 |
| 信息传输、软件和信息技术服务业 | 1206 | 14548 | 2061 | 18397 |
| 金融业 | 305 | 19407 | 428 | 26671 |
| 房地产业 | 5706 | 76312 | 8280 | 96493 |
| 租赁和商务服务业 | 5603 | 46740 | 8535 | 61024 |
| 科学研究和技术服务业 | 1180 | 13751 | 1645 | 17298 |
| 水利、环境和公共设施管理业 | 400 | 5229 | 516 | 7331 |
| 居民服务、修理和其他服务业 | 857 | 10369 | 1455 | 13970 |
| 教育 | 272 | 3840 | 472 | 4362 |
| 卫生和社会工作 | 83 | 3560 | 123 | 4413 |
| 文化、体育和娱乐业 | 798 | 10250 | 1069 | 11769 |

# 3-4 全市机关和事业单位及从业人数(2013-2017)

单位：个、人

| 名称 | 2013年 | | 2014年 | | 2015年 | |
|---|---|---|---|---|---|---|
| | 单位数 | 从业人员 | 单位数 | 从业人员 | 单位数 | 从业人员 |
| **总计** | **2798** | **151958** | **2889** | **152736** | **2868** | **152845** |
| **一、按地区分** | | | | | | |
| 惠城区 | 840 | 52287 | 839 | 51129 | 836 | 51267 |
| 惠阳区 | 273 | 20468 | 276 | 20947 | 272 | 20203 |
| 惠东县 | 675 | 25939 | 670 | 26085 | 669 | 26728 |
| 博罗县 | 374 | 28266 | 418 | 28074 | 413 | 28011 |
| 龙门县 | 311 | 12089 | 327 | 12250 | 321 | 12151 |
| 大亚湾区 | 198 | 6880 | 209 | 7093 | 209 | 7093 |
| 仲恺区 | 127 | 6029 | 150 | 7158 | 148 | 7392 |
| **二、按行业分** | | | | | | |
| 第一产业 | 53 | 807 | 67 | 1026 | 66 | 1011 |
| 第二产业 | 1 | 84 | 2 | 162 | 2 | 162 |
| 电力、燃气及水的生产和供应业 | 1 | 84 | 2 | 162 | 2 | 162 |
| 第三产业 | 2744 | 151067 | 2820 | 151548 | 2800 | 151672 |
| 交通运输、仓储和邮政业 | 36 | 1981 | 37 | 2003 | 34 | 1941 |
| 住宿和餐饮业 | 1 | 289 | 2 | 299 | 2 | 299 |
| 信息传输、软件和信息技术服务业 | 11 | 678 | 10 | 789 | 9 | 624 |
| 金融业 | 1 | 298 | 1 | 263 | 3 | 331 |
| 房地产业 | 36 | 1050 | 33 | 705 | 32 | 690 |
| 租赁和商务服务业 | 89 | 2945 | 95 | 2955 | 79 | 2827 |
| 科学研究和技术服务业 | 221 | 4108 | 225 | 4395 | 223 | 4356 |
| 水利、环境和公共设施管理业 | 107 | 6803 | 112 | 4896 | 113 | 4946 |
| 居民服务、修理和其他服务业 | 12 | 333 | 11 | 327 | 10 | 322 |
| 教育 | 745 | 42096 | 774 | 42989 | 773 | 43295 |
| 卫生和社会工作 | 205 | 23825 | 208 | 24013 | 211 | 23619 |
| 文化、体育和娱乐业 | 74 | 2087 | 78 | 2086 | 76 | 2084 |
| 公共管理、社会保障和社会组织 | 1206 | 64574 | 1234 | 65828 | 1235 | 66338 |

注：本表惠城区数据不包含仲恺区数据。

## 3-4 续表

单位：个、人

| 名　　称 | 2016年 | | 2017年 | |
|---|---|---|---|---|
| | 单位数 | 从业人员 | 单位数 | 从业人员 |
| **总　　计** | **2874** | **149294** | **2870** | **141093** |
| **一、按地区分** | | | | |
| 惠城区 | 833 | 48884 | 841 | 47379 |
| 惠阳区 | 271 | 18997 | 276 | 18371 |
| 惠东县 | 672 | 27047 | 672 | 23632 |
| 博罗县 | 417 | 27679 | 412 | 26496 |
| 龙门县 | 322 | 12140 | 321 | 11875 |
| 大亚湾区 | 211 | 7160 | 207 | 7147 |
| 仲恺区 | 148 | 7387 | 141 | 6193 |
| **二、按行业分** | | | | |
| 第一产业 | 45 | 778 | 42 | 761 |
| 第二产业 | 2 | 162 | 2 | 162 |
| 电力、燃气及水的生产和供应业 | 2 | 162 | 2 | 162 |
| 第三产业 | 2827 | 148354 | 2826 | 140170 |
| 交通运输、仓储和邮政业 | 33 | 1798 | 32 | 1402 |
| 住宿和餐饮业 | 2 | 299 | 2 | 299 |
| 信息传输、软件和信息技术服务业 | 9 | 624 | 10 | 632 |
| 金融业 | 1 | 263 | 1 | 263 |
| 房地产业 | 30 | 649 | 29 | 632 |
| 租赁和商务服务业 | 81 | 2873 | 79 | 1778 |
| 科学研究和技术服务业 | 220 | 4340 | 215 | 4190 |
| 水利、环境和公共设施管理业 | 113 | 3778 | 112 | 3549 |
| 居民服务、修理和其他服务业 | 11 | 324 | 11 | 351 |
| 教育 | 776 | 43623 | 781 | 43388 |
| 卫生和社会工作 | 217 | 22561 | 216 | 21994 |
| 文化、体育和娱乐业 | 76 | 2112 | 76 | 2099 |
| 公共管理、社会保障和社会组织 | 1258 | 65110 | 1262 | 59593 |

# 3-5 各县区法人单位综合情况

(2017年)　　　　单位：个

| 指标名称 | 全市 | 惠城区 | 惠阳区 | 惠东县 | 博罗县 | 龙门县 | 大亚湾区 | 仲恺区 |
|---|---|---|---|---|---|---|---|---|
| **总　计** | **95075** | **30609** | **16458** | **17090** | **15516** | **3511** | **4938** | **6953** |
| **一、按注册类型分** | | | | | | | | |
| 内资企业 | 90799 | 29674 | 15351 | 16525 | 14583 | 3300 | 4846 | 6520 |
| 国有企业 | 3476 | 1006 | 373 | 751 | 536 | 429 | 253 | 128 |
| 集体企业 | 1497 | 290 | 106 | 163 | 733 | 99 | 59 | 47 |
| 股份合作企业 | 154 | 58 | 10 | 14 | 36 | 10 | 7 | 19 |
| 联营企业 | 161 | 27 | 24 | 15 | 51 | 18 | 5 | 21 |
| 有限责任公司 | 13899 | 4690 | 1631 | 1530 | 3077 | 864 | 622 | 1485 |
| 股份有限公司 | 657 | 313 | 37 | 87 | 125 | 27 | 11 | 57 |
| 私营企业 | 57401 | 20109 | 11351 | 9978 | 7234 | 1238 | 3505 | 3986 |
| 其他企业 | 13554 | 3181 | 1819 | 3987 | 2791 | 615 | 384 | 777 |
| 港、澳、台商投资企业 | 3442 | 659 | 907 | 534 | 746 | 204 | 62 | 330 |
| 合资经营企业(港或澳、台资) | 312 | 90 | 67 | 25 | 64 | 19 | 12 | 35 |
| 合作经营企业(港或澳、台资) | 137 | 29 | 22 | 31 | 30 | 13 | 2 | 10 |
| 港、澳、台商独资经营企业 | 2900 | 524 | 807 | 458 | 636 | 146 | 47 | 282 |
| 港、澳、台商投资股份有限公司 | 63 | 11 | 7 | 14 | 10 | 18 | 1 | 2 |
| 其他港、澳、台商投资 | 30 | 5 | 4 | 6 | 6 | 8 | | 1 |
| 外商投资企业 | 834 | 276 | 200 | 31 | 187 | 7 | 30 | 103 |
| 中外合资经营企业 | 129 | 44 | 41 | 5 | 21 | 1 | 6 | 11 |
| 中外合作经营企业 | 35 | 16 | 2 | 4 | 5 | 1 | 3 | 4 |
| 外资企业 | 583 | 177 | 141 | 19 | 143 | 4 | 13 | 86 |
| 外商投资股份有限公司 | 63 | 27 | 16 | | 9 | 1 | 8 | 2 |
| 其他外商投资 | 24 | 12 | | 3 | 9 | | | |
| **二、按机构类型分** | | | | | | | | |
| 企业 | 79676 | 26756 | 14382 | 13041 | 12297 | 2699 | 4394 | 6107 |
| 事业单位 | 2281 | 677 | 202 | 564 | 320 | 245 | 155 | 118 |
| 机关 | 589 | 164 | 74 | 108 | 92 | 76 | 52 | 23 |

## 3-5 续表

(2017年) 单位：个

| 指标名称 | 全市 | 惠城区 | 惠阳区 | 惠东县 | 博罗县 | 龙门县 | 大亚湾区 | 仲恺区 |
|---|---|---|---|---|---|---|---|---|
| 社会团体 | 843 | 368 | 67 | 145 | 128 | 98 | 22 | 15 |
| 民办非企业单位 | 1089 | 464 | 189 | 102 | 192 | 28 | 33 | 81 |
| 基金会 | 5 | 5 | | | | | | |
| 居委会 | 222 | 65 | 23 | 38 | 35 | 30 | 16 | 15 |
| 村委会 | 1219 | 142 | 45 | 244 | 333 | 163 | 56 | 236 |
| 农民专业合作社 | 1200 | 124 | 119 | 430 | 338 | 119 | 19 | 51 |
| 其他组织机构 | 7951 | 1844 | 1357 | 2418 | 1781 | 53 | 191 | 307 |
| **三、按行业分** | | | | | | | | |
| 第一产业 | 2756 | 381 | 330 | 941 | 554 | 430 | 41 | 79 |
| 第二产业 | 27991 | 6738 | 6716 | 3172 | 6184 | 792 | 1279 | 3110 |
| 采矿业 | 211 | 24 | 17 | 47 | 40 | 81 | 2 | |
| 制造业 | 20165 | 3773 | 5083 | 2331 | 5430 | 419 | 354 | 2775 |
| 电力、燃气及水的生产和供应业 | 476 | 60 | 30 | 174 | 84 | 96 | 14 | 18 |
| 建筑业 | 7139 | 2881 | 1586 | 620 | 630 | 196 | 909 | 317 |
| 第三产业 | 64328 | 23490 | 9412 | 12977 | 8778 | 2289 | 3618 | 3764 |
| 批发和零售业 | 22288 | 8889 | 2876 | 4939 | 2565 | 583 | 960 | 1476 |
| 交通运输、仓储和邮政业 | 1649 | 593 | 237 | 155 | 227 | 90 | 154 | 193 |
| 住宿和餐饮业 | 1629 | 483 | 215 | 475 | 210 | 144 | 54 | 48 |
| 信息传输、软件和信息技术服务业 | 2071 | 1115 | 189 | 372 | 144 | 33 | 71 | 147 |
| 金融业 | 430 | 253 | 37 | 58 | 37 | 4 | 23 | 18 |
| 房地产业 | 8315 | 2292 | 2183 | 1352 | 1028 | 231 | 935 | 294 |
| 租赁和商务服务业 | 16388 | 5987 | 2311 | 3440 | 2693 | 370 | 816 | 771 |
| 科学研究和技术服务业 | 1912 | 833 | 164 | 360 | 248 | 80 | 90 | 137 |
| 水利、环境和公共设施管理业 | 631 | 158 | 99 | 118 | 142 | 54 | 28 | 32 |
| 居民服务、修理和其他服务业 | 1480 | 634 | 211 | 230 | 205 | 53 | 85 | 62 |
| 教育 | 2176 | 711 | 399 | 397 | 347 | 108 | 86 | 128 |
| 卫生和社会工作 | 495 | 202 | 52 | 72 | 97 | 35 | 17 | 20 |
| 文化、体育和娱乐业 | 1196 | 378 | 182 | 229 | 154 | 65 | 67 | 121 |
| 公共管理、社会保障和社会组织 | 3668 | 962 | 257 | 780 | 681 | 439 | 232 | 317 |

# 四、人 口

# 4-1 人口主要指标

(2018年)

| 指标名称 | | 惠州市 | 惠城区 | 惠阳区 | 惠东县 | 博罗县 | 龙门县 | 大亚湾区 | 仲恺区 |
|---|---|---|---|---|---|---|---|---|---|
| 常住人口 | (万人) | 483.00 | 121.30 | 60.89 | 93.67 | 107.24 | 31.28 | 23.43 | 45.19 |
| 城镇人口比例 | (%) | 70.76 | 83.62 | 75.80 | 59.76 | 58.68 | 45.73 | 95.55 | 85.38 |
| 人口密度 | (人/平方公里) | 426 | 1048 | 665 | 266 | 376 | 138 | 800 | 1365 |
| 户籍人口情况 | | | | | | | | | |
| 年末总户数 | (万户) | 105.74 | 29.50 | 13.00 | 19.58 | 24.90 | 10.45 | 3.92 | 4.39 |
| 年末总人口 | (万人) | 380.90 | 97.91 | 39.94 | 89.14 | 91.67 | 36.04 | 11.81 | 14.40 |
| 男 | (万人) | 191.54 | 48.52 | 19.93 | 45.73 | 46.33 | 18.19 | 5.70 | 7.14 |
| 女 | (万人) | 189.37 | 49.39 | 20.01 | 43.41 | 45.34 | 17.85 | 6.10 | 7.26 |
| 城镇人口 | (万人) | 217.99 | 77.79 | 23.09 | 32.96 | 48.29 | 14.78 | 11.19 | 9.90 |
| 乡村人口 | (万人) | 162.91 | 20.12 | 16.85 | 56.17 | 43.38 | 21.26 | 0.62 | 4.50 |
| 人口变动情况 | | | | | | | | | |
| 年内出生人数 | (万人) | 6.54 | 1.91 | 0.78 | 1.46 | 1.34 | 0.51 | 0.27 | 0.27 |
| 年内死亡人数 | (万人) | 1.24 | 0.21 | 0.11 | 0.29 | 0.41 | 0.16 | 0.02 | 0.04 |
| 年内迁入人数 | (万人) | 11.87 | 4.58 | 1.50 | 0.86 | 1.37 | 0.24 | 2.19 | 1.13 |
| 年内迁出人数 | (万人) | 5.18 | 1.70 | 0.47 | 1.24 | 0.99 | 0.35 | 0.20 | 0.23 |
| 2018年平均人口 | (万人) | 375.07 | 95.70 | 39.18 | 88.75 | 91.02 | 35.93 | 10.69 | 13.83 |
| 出生率 | (‰) | 14.37 | 14.91 | 15.47 | 14.59 | 13.15 | 12.08 | 19.14 | 13.29 |
| 死亡率 | (‰) | 3.71 | 3.02 | 3.93 | 4.28 | 4.82 | 5.61 | 1.75 | 1.18 |
| 自然增长率 | (‰) | 10.66 | 11.88 | 11.54 | 10.30 | 8.33 | 6.48 | 17.39 | 12.11 |

注：本表数据由公安、卫计等部门协助提供。

# 4-2 历年户籍总人口

单位：万人

| 年 份 | 总 人 口 | 按性别分 | | 按城镇、乡村分 | | 人口密度 |
|---|---|---|---|---|---|---|
| | | 男 | 女 | 城镇人口 | 乡村人口 | (人/平方公里) |
| 1994 | 251.16 | 127.65 | 123.51 | 75.35 | 175.81 | 229 |
| 1995 | 255.90 | 130.12 | 125.78 | 80.61 | 175.29 | 237 |
| 1996 | 260.08 | 132.22 | 127.86 | 85.23 | 174.85 | 244 |
| 1997 | 266.53 | 135.43 | 131.10 | 89.80 | 176.73 | 253 |
| 1998 | 270.00 | 137.34 | 132.66 | 92.81 | 177.19 | 261 |
| 1999 | 271.82 | 138.47 | 133.35 | 94.18 | 177.64 | 270 |
| 2000 | 277.80 | 141.60 | 136.20 | 98.40 | 179.40 | 279 |
| 2001 | 280.45 | 142.96 | 137.49 | 100.57 | 179.88 | 289 |
| 2002 | 283.02 | 144.29 | 138.73 | 109.02 | 174.00 | 299 |
| 2003 | 286.36 | 146.14 | 140.22 | 111.86 | 174.50 | 307 |
| 2004 | 293.22 | 149.88 | 143.34 | 114.27 | 178.95 | 315 |
| 2005 | 297.58 | 152.29 | 145.29 | 166.53 | 131.05 | 323 |
| 2006 | 306.41 | 156.54 | 149.87 | 170.86 | 135.55 | 334 |
| 2007 | 312.89 | 195.98 | 153.31 | 183.35 | 129.54 | 348 |
| 2008 | 318.83 | 162.49 | 156.34 | 186.17 | 132.67 | 362 |
| 2009 | 324.36 | 165.09 | 159.27 | 187.07 | 137.29 | 376 |
| 2010 | 337.28 | 171.36 | 165.92 | 199.02 | 138.26 | 395 |
| 2011 | 343.03 | 173.98 | 169.05 | 203.50 | 139.53 | 408 |
| 2012 | 341.91 | 173.41 | 168.50 | 203.91 | 138.00 | 412 |
| 2013 | 343.37 | 174.26 | 169.11 | 204.45 | 138.92 | 414 |
| 2014 | 348.52 | 176.77 | 171.75 | 207.62 | 140.90 | 417 |
| 2015 | 357.07 | 180.97 | 176.10 | 177.87 | 179.21 | 419 |
| 2016 | 364.31 | 184.28 | 180.03 | 196.73 | 167.58 | 421 |
| 2017 | 369.24 | 186.35 | 182.89 | 206.30 | 162.93 | 421 |
| 2018 | 380.90 | 191.54 | 189.37 | 217.99 | 162.91 | 426 |

注：1. 本表数据按公安年报整理，人口密度为常住人口密度；
　　2. 2015年(含)起，“按农业、非农业分”改为“按城镇、乡村分”。

# 4-3 暂住人口及分类情况

(2018年)　　单位：人

| 指标名称 | 惠州市 | 惠城区 | 惠阳区 | 惠东县 | 博罗县 | 龙门县 | 大亚湾区 | 仲恺区 |
|---|---|---|---|---|---|---|---|---|
| 暂住人口 | 2045830 | 379723 | 489774 | 197769 | 305961 | 7189 | 337723 | 327691 |
| #男 | 1308782 | 235426 | 298198 | 139075 | 197715 | 5104 | 211522 | 221742 |
| 女 | 737048 | 144297 | 191576 | 58694 | 108246 | 2085 | 126201 | 105949 |
| #省内 | 604063 | 168220 | 144474 | 54879 | 72863 | 3223 | 60187 | 100217 |
| #乡村 | 334471 | 107841 | 91081 | 26778 | 41427 | 1786 | 14727 | 50831 |
| 城镇 | 269592 | 60379 | 53393 | 28101 | 31436 | 1437 | 45460 | 49386 |
| #省外 | 1441767 | 211503 | 345300 | 142890 | 233098 | 3966 | 277536 | 227474 |
| #乡村 | 791343 | 142397 | 228344 | 85795 | 141322 | 3184 | 60640 | 129661 |
| 城镇 | 650424 | 69106 | 116956 | 57095 | 91776 | 782 | 216896 | 97813 |
| #务　工 | 1701613 | 299385 | 344536 | 164526 | 259266 | 5632 | 312663 | 315605 |
| 录(聘)用 | 17573 | 128 | 17227 | 70 |  | 105 | 18 | 25 |
| 投资经商 | 56024 | 11502 | 31922 | 1310 | 3111 | 781 | 1727 | 5671 |
| 务　农 | 25187 | 2735 | 14040 | 1187 | 4728 | 157 | 592 | 1748 |
| 服　务 | 21629 | 439 | 19242 | 1200 | 248 | 32 | 303 | 165 |
| 就　读 | 21393 | 3078 | 17543 | 63 | 392 | 25 | 105 | 187 |
| 随迁学龄前子女 | 7947 | 207 | 7587 | 28 |  |  | 85 | 40 |
| 治病疗养 | 1410 | 39 | 986 | 369 |  |  | 6 | 10 |
| 投靠亲属 | 32226 | 17266 | 6420 | 1328 | 1500 | 102 | 2395 | 3215 |
| 探亲访友 | 5645 | 412 | 4275 | 689 | 118 | 16 | 118 | 17 |
| 其　他 | 155183 | 44532 | 25996 | 26999 | 36598 | 339 | 19711 | 1008 |

注：本表数据按公安年报整理。

# 4-4 分县区户籍人口迁移状况

(2018年)　　单位：万人、‰

| 县、区别 | 迁入 | | 迁出 | | 总迁移 | | 净迁移 | |
|---|---|---|---|---|---|---|---|---|
| | 迁入人数 | 迁入率 | 迁出人数 | 迁出率 | 总迁移人数 | 总迁移率 | 净迁移人数 | 净迁移率 |
| 惠州市 | 11.87 | 31.65 | 5.18 | 13.81 | 17.05 | 45.46 | 6.69 | 17.84 |
| 惠城区 | 4.58 | 47.86 | 1.70 | 17.76 | 6.28 | 65.62 | 2.88 | 30.09 |
| 惠阳区 | 1.50 | 38.29 | 0.47 | 12.00 | 1.97 | 50.29 | 1.03 | 26.29 |
| 惠东县 | 0.86 | 9.69 | 1.24 | 13.97 | 2.10 | 23.66 | -0.38 | -4.28 |
| 博罗县 | 1.37 | 15.05 | 0.99 | 10.88 | 2.36 | 25.93 | 0.38 | 4.18 |
| 龙门县 | 0.24 | 6.68 | 0.35 | 9.74 | 0.59 | 16.42 | -0.11 | -3.06 |
| 大亚湾区 | 2.19 | 204.96 | 0.20 | 18.72 | 2.39 | 223.68 | 1.99 | 186.24 |
| 仲恺区 | 1.13 | 81.71 | 0.23 | 16.63 | 1.36 | 98.34 | 0.90 | 65.08 |

注：本表数据按公安年报整理。

# 4–5 历年户籍人口迁移状况

单位：人、‰

| 年 份 | 迁 入 | | 迁 出 | | 总 迁 移 | | 净 迁 移 | |
|---|---|---|---|---|---|---|---|---|
| | 迁入人数 | 迁入率 | 迁出人数 | 迁出率 | 总迁移人数 | 总迁移率 | 净迁移人数 | 净迁移率 |
| 1990 | 52821 | 23.60 | 37432 | 16.72 | 90253 | 40.32 | 15389 | 6.88 |
| 1991 | 85740 | 37.36 | 50778 | 22.12 | 136518 | 59.48 | 34962 | 15.24 |
| 1992 | 45349 | 19.20 | 25564 | 10.83 | 70913 | 30.03 | 19785 | 8.37 |
| 1993 | 70576 | 29.10 | 37589 | 15.50 | 108165 | 44.60 | 32987 | 13.60 |
| 1994 | 77142 | 31.05 | 52754 | 21.23 | 129896 | 52.28 | 24388 | 9.82 |
| 1995 | 63156 | 24.91 | 44926 | 17.72 | 108082 | 42.63 | 18230 | 7.19 |
| 1996 | 50509 | 19.58 | 39017 | 15.12 | 89526 | 34.70 | 11492 | 4.46 |
| 1997 | 74632 | 28.34 | 40192 | 15.26 | 114824 | 43.60 | 34440 | 13.08 |
| 1998 | 54263 | 20.23 | 43523 | 16.22 | 97786 | 36.45 | 10740 | 4.00 |
| 1999 | 38644 | 14.26 | 38877 | 14.35 | 77521 | 28.61 | -233 | -0.09 |
| 2000 | 73196 | 26.60 | 46168 | 16.80 | 119364 | 43.40 | 27028 | 9.80 |
| 2001 | 47139 | 16.90 | 37468 | 13.40 | 84787 | 30.20 | 9851 | 3.50 |
| 2002 | 45066 | 16.00 | 33480 | 11.88 | 78546 | 27.88 | 1390 | 0.49 |
| 2003 | 59182 | 20.97 | 41189 | 14.60 | 100371 | 35.57 | 17993 | 6.38 |
| 2004 | 61825 | 21.33 | 35503 | 12.25 | 97328 | 33.59 | 26322 | 9.08 |
| 2005 | 82839 | 28.04 | 56816 | 19.23 | 2033 | 47.28 | 1977 | 8.81 |
| 2006 | 136490 | 45.20 | 74329 | 24.61 | 210819 | 69.81 | 62161 | 20.58 |
| 2007 | 91349 | 29.50 | 45573 | 14.72 | 136922 | 44.22 | 45776 | 14.78 |
| 2008 | 86255 | 27.30 | 47227 | 14.95 | 133482 | 42.26 | 39028 | 12.35 |
| 2009 | 74641 | 23.21 | 45844 | 14.26 | 120485 | 37.46 | 28797 | 8.95 |
| 2010 | 70238 | 21.23 | 34799 | 10.52 | 105037 | 31.75 | 35439 | 10.71 |
| 2011 | 78544 | 23.09 | 47037 | 13.83 | 125581 | 36.92 | 31507 | 9.26 |
| 2012 | 57072 | 16.66 | 63809 | 18.63 | 120881 | 35.30 | -6737 | -1.97 |
| 2013 | 59128 | 17.26 | 80501 | 23.49 | 139629 | 40.75 | -21373 | -6.24 |
| 2014 | 61612 | 17.81 | 38854 | 11.23 | 100466 | 29.04 | 22758 | 6.58 |
| 2015 | 44176 | 12.52 | 36654 | 10.39 | 80830 | 22.91 | 7522 | 2.13 |
| 2016 | 63426 | 17.58 | 42466 | 11.78 | 105892 | 29.36 | 20960 | 5.80 |
| 2017 | 72481 | 19.77 | 51843 | 14.12 | 124324 | 33.89 | 20638 | 5.65 |
| 2018 | 118698 | 31.65 | 51799 | 13.81 | 170497 | 45.46 | 66899 | 17.84 |

注：本表数据按公安年报整理。

# 4-6 历年常住人口

单位：万人

| 年 份 | 惠州市 | 惠城区 | 惠阳区 | 惠东县 | 博罗县 | 龙门县 | 大亚湾区 | 仲恺区 |
|---|---|---|---|---|---|---|---|---|
| 1990 | 231.25 | 27.74 | 50.55 | 59.04 | 65.82 | 28.10 | | |
| 1991 | 239.01 | 30.01 | 53.48 | 60.34 | 67.14 | 28.04 | | |
| 1992 | 247.02 | 32.44 | 56.53 | 61.61 | 68.35 | 28.09 | | |
| 1993 | 255.31 | 35.05 | 55.43 | 62.83 | 69.74 | 27.70 | 4.56 | |
| 1994 | 263.87 | 37.85 | 58.45 | 64.16 | 71.00 | 27.78 | 4.63 | |
| 1995 | 272.72 | 40.84 | 61.58 | 65.41 | 72.45 | 27.47 | 4.97 | |
| 1996 | 281.87 | 44.04 | 64.84 | 66.64 | 73.48 | 27.53 | 5.34 | |
| 1997 | 291.32 | 47.46 | 68.23 | 67.84 | 74.67 | 27.37 | 5.75 | |
| 1998 | 301.09 | 51.12 | 71.76 | 69.03 | 75.83 | 27.19 | 6.16 | |
| 1999 | 311.19 | 55.01 | 75.41 | 70.19 | 76.96 | 27.01 | 6.61 | |
| 2000 | 321.80 | 59.31 | 79.24 | 71.31 | 78.05 | 26.80 | 7.09 | |
| 2001 | 334.77 | 60.95 | 82.28 | 73.71 | 81.66 | 28.00 | 8.17 | |
| 2002 | 343.41 | 61.18 | 86.55 | 74.98 | 83.29 | 28.15 | 9.26 | |
| 2003 | 352.27 | 99.06 | 51.30 | 76.64 | 85.08 | 29.66 | 10.53 | |
| 2004 | 363.18 | 101.09 | 52.79 | 78.47 | 88.16 | 30.66 | 12.01 | |
| 2005 | 370.69 | 76.49 | 53.77 | 79.51 | 90.42 | 31.38 | 13.56 | 25.56 |
| 2006 | 387.51 | 82.48 | 54.67 | 83.81 | 92.50 | 31.70 | 14.56 | 27.79 |
| 2007 | 402.86 | 89.47 | 55.55 | 84.97 | 95.10 | 31.90 | 15.63 | 30.23 |
| 2008 | 418.65 | 97.22 | 56.09 | 86.28 | 97.36 | 31.71 | 16.65 | 33.35 |
| 2009 | 435.08 | 105.79 | 56.35 | 87.31 | 99.45 | 31.38 | 17.64 | 37.16 |
| 2010 | 460.11 | 116.58 | 57.28 | 90.78 | 103.91 | 30.73 | 19.27 | 41.56 |
| 2011 | 463.36 | 117.45 | 57.68 | 91.31 | 104.65 | 30.93 | 19.44 | 41.90 |
| 2012 | 467.40 | 118.49 | 58.50 | 92.03 | 105.33 | 31.21 | 19.56 | 42.28 |
| 2013 | 470.00 | 118.75 | 58.75 | 92.50 | 105.75 | 31.50 | 19.90 | 42.85 |
| 2014 | 472.66 | 119.08 | 59.06 | 92.82 | 106.28 | 31.62 | 20.35 | 43.45 |
| 2015 | 475.55 | 120.01 | 59.56 | 93.14 | 106.75 | 31.65 | 20.58 | 43.86 |
| 2016 | 477.50 | 120.05 | 59.86 | 93.58 | 107.19 | 31.79 | 20.85 | 44.19 |
| 2017 | 477.70 | 120.07 | 59.99 | 93.37 | 106.94 | 31.74 | 21.20 | 44.39 |
| 2018 | 483.00 | 121.30 | 60.89 | 93.67 | 107.24 | 31.28 | 23.43 | 45.19 |

注：本表常住人口数为统计部门推算数，2006—2009年数据根据第六次全国人口普查结果进行平滑调整。

# 4-7 历年暂住人口

单位：万人

| 年 份 | 惠州市 | 惠城区 | 惠阳区 | 惠东县 | 博罗县 | 龙门县 | 大亚湾区 | 仲恺区 |
|---|---|---|---|---|---|---|---|---|
| 1997 | 33.63 | 10.58 | 12.52 | 4.17 | 5.12 | 0.40 | 0.84 | — |
| 1998 | 41.73 | 13.53 | 17.14 | 5.53 | 4.21 | 0.55 | 0.77 | — |
| 1999 | 37.24 | 12.28 | 14.60 | 4.75 | 3.89 | 0.32 | 1.39 | — |
| 2000 | 46.72 | 13.10 | 19.85 | 5.53 | 6.20 | 0.47 | 1.57 | — |
| 2001 | 53.28 | 14.69 | 22.01 | 7.21 | 7.10 | 0.58 | 1.68 | — |
| 2002 | 50.71 | 12.26 | 22.75 | 7.03 | 7.22 | 0.49 | 0.97 | — |
| 2003 | 54.47 | 12.61 | 23.34 | 6.22 | 8.97 | 0.57 | 2.77 | — |
| 2004 | 68.35 | 28.18 | 15.85 | 7.39 | 10.74 | 0.62 | 5.57 | — |
| 2005 | 71.76 | 25.24 | 17.74 | 7.35 | 17.08 | 0.61 | 3.75 | — |
| 2006 | 72.61 | 22.90 | 17.45 | 15.11 | 11.73 | 0.51 | 4.91 | — |
| 2007 | 79.62 | 23.06 | 19.07 | 16.44 | 14.62 | 0.34 | 6.10 | — |
| 2008 | 76.03 | 24.24 | 12.12 | 17.02 | 14.18 | 0.39 | 8.07 | — |
| 2009 | 53.87 | 16.09 | 10.66 | 12.21 | 8.49 | 0.24 | 6.18 | — |
| 2010 | 49.22 | 16.49 | 9.56 | 10.07 | 6.52 | 0.39 | 6.19 | — |
| 2011 | 48.74 | 13.72 | 16.26 | 6.74 | 5.19 | 0.37 | 6.46 | — |
| 2012 | 82.92 | 30.38 | 11.60 | 13.34 | 12.03 | 0.39 | 6.53 | 8.66 |
| 2013 | 94.77 | 37.96 | 11.80 | 11.34 | 13.27 | 0.33 | 11.41 | 8.66 |
| 2014 | 89.92 | 33.85 | 12.07 | 9.30 | 13.59 | 0.38 | 11.71 | 9.03 |
| 2015 | 89.95 | 30.01 | 11.89 | 12.84 | 14.02 | 0.37 | 13.45 | 7.37 |
| 2016 | 157.06 | 37.96 | 30.03 | 17.31 | 28.10 | 0.52 | 25.38 | 17.76 |
| 2017 | 200.74 | 39.20 | 43.48 | 21.29 | 34.44 | 0.60 | 29.98 | 31.76 |
| 2018 | 204.58 | 37.97 | 48.98 | 19.78 | 30.60 | 0.72 | 33.77 | 32.77 |

注：本表数据按公安年报整理。

# 4-8 历年总户数(户籍)

单位：万户

| 年 份 | 惠州市 | 惠城区 | 惠阳区 | 惠东县 | 博罗县 | 龙门县 | 大亚湾区 | 仲恺区 |
|---|---|---|---|---|---|---|---|---|
| 1995 | 59.56 | 9.46 | 12.05 | 12.76 | 16.14 | 7.60 | 1.55 | — |
| 2000 | 69.32 | 17.14 | 9.95 | 14.51 | 17.15 | 8.58 | 1.99 | — |
| 2001 | 70.58 | 11.32 | 15.76 | 14.89 | 17.93 | 8.67 | 2.00 | — |
| 2002 | 71.80 | 11.81 | 16.22 | 14.96 | 18.13 | 8.66 | 2.04 | — |
| 2003 | 73.83 | 18.96 | 10.87 | 15.27 | 17.82 | 8.84 | 2.07 | — |
| 2004 | 76.86 | 19.81 | 11.78 | 16.63 | 18.03 | 8.98 | 1.64 | — |
| 2005 | 79.04 | 20.98 | 11.43 | 17.12 | 18.26 | 8.94 | 2.31 | — |
| 2006 | 81.44 | 21.96 | 11.63 | 17.96 | 18.42 | 9.11 | 2.36 | — |
| 2007 | 84.36 | 23.41 | 12.22 | 18.38 | 18.75 | 9.21 | 2.39 | — |
| 2008 | 87.06 | 24.47 | 12.70 | 18.85 | 19.15 | 9.43 | 2.46 | — |
| 2009 | 90.19 | 21.97 | 13.35 | 19.33 | 19.92 | 9.59 | 2.54 | 3.48 |
| 2010 | 94.57 | 22.66 | 15.10 | 19.75 | 20.73 | 10.01 | 2.73 | 3.59 |
| 2011 | 95.60 | 22.40 | 14.90 | 20.00 | 21.70 | 10.40 | 2.80 | 3.30 |
| 2012 | 97.80 | 24.50 | 14.49 | 19.86 | 21.84 | 11.15 | 2.60 | 3.37 |
| 2013 | 96.56 | 24.84 | 12.94 | 19.70 | 22.49 | 10.50 | 2.65 | 3.44 |
| 2014 | 98.51 | 25.72 | 12.82 | 19.77 | 23.20 | 10.74 | 2.67 | 3.59 |
| 2015 | 98.82 | 26.36 | 12.60 | 19.53 | 23.48 | 10.47 | 2.72 | 3.65 |
| 2016 | 100.78 | 27.26 | 12.70 | 19.70 | 23.93 | 10.53 | 2.84 | 3.82 |
| 2017 | 101.80 | 28.02 | 12.63 | 19.49 | 24.38 | 10.42 | 2.97 | 3.91 |
| 2018 | 105.74 | 29.50 | 13.00 | 19.58 | 24.90 | 10.45 | 3.92 | 4.39 |

注：2011年惠城区、仲恺区区域人口进行调整，不可比；表中“—”表示仲恺区数据包含在惠城区内，下同。

# 4-9 历年人口自然增长

单位：‰

| 年 份 | 惠州市 | 惠城区 | 惠阳区 | 惠东县 | 博罗县 | 龙门县 | 大亚湾区 | 仲恺区 |
|---|---|---|---|---|---|---|---|---|
| 1995 | 13.93 | 13.03 | 14.35 | 14.15 | 13.98 | 13.33 | 14.94 | — |
| 2000 | 5.93 | 7.65 | 4.86 | 5.87 | 6.34 | 4.52 | 5.27 | — |
| 2001 | 5.39 | 7.60 | 3.77 | 5.68 | 5.70 | 4.13 | 5.76 | — |
| 2002 | 4.89 | 6.24 | 3.46 | 4.92 | 5.46 | 4.19 | 4.98 | — |
| 2003 | 5.08 | 5.30 | 4.69 | 4.66 | 5.71 | 4.39 | 5.14 | — |
| 2004 | 5.88 | 5.33 | 3.96 | 6.92 | 6.89 | 4.65 | 4.81 | — |
| 2005 | 5.36 | 6.08 | 4.97 | 4.43 | 6.17 | 4.38 | 4.94 | — |
| 2006 | 5.55 | 5.98 | 5.56 | 4.40 | 6.29 | 5.29 | 6.05 | — |
| 2007 | 5.58 | 6.48 | 5.15 | 4.57 | 6.05 | 5.02 | 6.07 | — |
| 2008 | 6.04 | 6.62 | 5.86 | 4.97 | 6.65 | 5.82 | 6.37 | — |
| 2009 | 6.35 | 6.84 | 6.51 | 5.34 | 6.77 | 6.31 | 6.44 | — |
| 2010 | 6.99 | 7.56 | 7.35 | 5.84 | 7.41 | 6.82 | 7.62 | 7.24 |
| 2011 | 6.77 | 7.44 | 6.88 | 5.58 | 7.12 | 6.41 | 7.85 | 8.02 |
| 2012 | 6.83 | 7.67 | 6.63 | 5.66 | 7.63 | 5.36 | 8.01 | 8.12 |
| 2013 | 6.93 | 7.13 | 6.88 | 6.04 | 7.89 | 5.69 | 8.47 | 8.08 |
| 2014 | 6.71 | 7.73 | 7.18 | 5.84 | 6.03 | 5.02 | 6.95 | 8.28 |
| 2015 | 6.08 | 7.05 | 6.28 | 5.06 | 5.60 | 3.54 | 7.70 | 7.81 |
| 2016 | 9.49 | 10.03 | 10.75 | 8.53 | 8.63 | 7.56 | 12.31 | 10.84 |
| 2017 | 10.45 | 12.39 | 11.87 | 8.57 | 8.68 | 7.72 | 14.04 | 11.50 |
| 2018 | 10.66 | 11.88 | 11.54 | 10.30 | 8.33 | 6.48 | 17.39 | 12.11 |

注：1．本表数据按卫计年报整理；
2．2014年之前，本表数据为“户籍人口自然增长”；2014年(含)起，为“常住人口自然增长”。

# 4-10 分县区城镇人口占常住人口的比例

单位：%

| 年　份 | 惠州市 | 惠城区 | 惠阳区 | 惠东县 | 博罗县 | 龙门县 | 大亚湾区 | 仲恺区 |
|---|---|---|---|---|---|---|---|---|
| 2010 | 61.84 | 77.08 | 71.38 | 52.09 | 45.45 | 29.57 | 89.39 | 79.36 |
| 2011 | 62.19 | 77.20 | 71.40 | 52.19 | 46.30 | 30.76 | 89.50 | 79.45 |
| 2012 | 63.90 | 78.20 | 72.40 | 53.19 | 50.07 | 33.88 | 89.71 | 80.05 |
| 2013 | 66.00 | 81.01 | 74.69 | 54.42 | 52.12 | 36.06 | 92.46 | 81.45 |
| 2014 | 67.00 | 82.15 | 75.47 | 55.09 | 53.04 | 38.24 | 92.51 | 82.53 |
| 2015 | 68.15 | 82.50 | 75.54 | 56.15 | 55.67 | 40.32 | 92.71 | 82.95 |
| 2016 | 69.05 | 82.80 | 75.59 | 57.16 | 56.75 | 43.00 | 94.59 | 84.52 |
| 2017 | 69.55 | 82.80 | 75.59 | 58.68 | 57.03 | 44.50 | 94.59 | 84.52 |
| 2018 | 70.76 | 83.62 | 75.80 | 59.76 | 58.68 | 45.73 | 95.55 | 85.38 |

惠州统计年鉴－2019

HUIZHOU STATISTICAL YEARBOOK

# 五、劳动工资

# 5-1 分县区单位从业人员及劳动报酬

(2018年)

| 项　　目 | 总计 | 惠城区 | 惠阳区 | 惠东县 | 博罗县 | 龙门县 | 大亚湾 | 仲恺区 |
|---|---|---|---|---|---|---|---|---|
| **单位从业人员　（人）** | **951290** | **207665** | **176813** | **61180** | **143536** | **23133** | **129308** | **209655** |
| #女性 | 401052 | 99328 | 72594 | 27063 | 61054 | 9434 | 45773 | 85806 |
| #在岗职工 | 908648 | 174528 | 175413 | 59561 | 140892 | 21840 | 128777 | 207637 |
| 其他从业人员 | 42642 | 33137 | 1400 | 1619 | 2644 | 1293 | 531 | 2018 |
| **单位从业人员平均人数　（人）** | **968961** | **209262** | **189109** | **60562** | **146444** | **22370** | **130816** | **210398** |
| #在岗职工平均人数 | 926374 | 176813 | 187172 | 58862 | 143739 | 21357 | 130289 | 208142 |
| 其他从业人员平均人数 | 42587 | 32449 | 1937 | 1700 | 2705 | 1013 | 527 | 2256 |
| **单位从业人员工资总额　（万元）** | **7428274** | **1811804** | **1333906** | **442455** | **992246** | **159228** | **1124006** | **1564630** |
| #在岗职工工资总额 | 7191835 | 1642807 | 1321184 | 433652 | 978457 | 154468 | 1113929 | 1547338 |
| 其他从业人员工资总额 | 236439 | 168997 | 12722 | 8803 | 13789 | 4760 | 10076 | 17292 |
| **单位从业人员平均工资　（元）** | **76662** | **86581** | **70536** | **73058** | **67756** | **71179** | **85923** | **74365** |
| #在岗职工平均工资 | 77634 | 92912 | 70587 | 73673 | 68072 | 72326 | 85497 | 74341 |
| 其他从业人员平均工资 | 55519 | 52081 | 65679 | 51782 | 50974 | 46993 | 191201 | 76649 |

# 5-2 分县区单位从业人员及劳动报酬复合分组

(2018年)　　　　单位：人

| 项　目 | 总计 | 惠城区 | 惠阳区 | 惠东县 | 博罗县 | 龙门县 | 大亚湾 | 仲恺区 |
|---|---|---|---|---|---|---|---|---|
| **单位从业人员人数** | **951290** | **207665** | **176813** | **61180** | **143536** | **23133** | **129308** | **209655** |
| 按经济类型分组 | | | | | | | | |
| #国有经济 | 182177 | 61340 | 24368 | 32792 | 32008 | 14799 | 8622 | 8248 |
| 城镇集体经济 | 8043 | 1968 | 2543 | 434 | 1431 | 1255 | 18 | 394 |
| 其他经济 | 761070 | 144357 | 149902 | 27954 | 110097 | 7079 | 120668 | 201013 |
| 按企业、事业、机关分组 | | | | | | | | |
| #企 业 | 786215 | 152390 | 153352 | 31665 | 114434 | 10441 | 122130 | 201803 |
| 事 业 | 97337 | 36413 | 11866 | 18028 | 18306 | 7277 | 2475 | 2972 |
| 机 关 | 64061 | 16876 | 10290 | 11163 | 10748 | 5415 | 4703 | 4866 |
| 民间非盈利组织 | 1216 | 589 | 627 | | | | | |
| 其 他 | 2461 | 1397 | 678 | 324 | 48 | | | 14 |
| **在岗职工人数** | **908648** | **174528** | **175413** | **59561** | **140892** | **21840** | **128777** | **207637** |
| 按经济类型分组 | | | | | | | | |
| #国有经济 | 176231 | 58275 | 24212 | 31997 | 31141 | 14127 | 8490 | 7989 |
| 城镇集体经济 | 7954 | 1921 | 2543 | 429 | 1394 | 1255 | 18 | 394 |
| 其他经济 | 724463 | 114332 | 148658 | 27135 | 108357 | 6458 | 120269 | 199254 |
| 按企业、事业、机关分组 | | | | | | | | |
| #企 业 | 748296 | 121973 | 152077 | 30805 | 112595 | 9289 | 121721 | 199836 |
| 事 业 | 93827 | 34204 | 11781 | 17698 | 17596 | 7168 | 2431 | 2949 |
| 机 关 | 62862 | 16375 | 10250 | 10737 | 10654 | 5383 | 4625 | 4838 |
| 民间非盈利组织 | 1216 | 589 | 627 | | | | | |
| 其 他 | 2447 | 1387 | 678 | 321 | 47 | | | 14 |
| **其他从业人员人数** | **42642** | **33137** | **1400** | **1619** | **2644** | **1293** | **531** | **2018** |
| 按经济类型分组 | | | | | | | | |
| #国有经济 | 5946 | 3065 | 156 | 795 | 867 | 672 | 132 | 259 |
| 城镇集体经济 | 89 | 47 | | 5 | 37 | | | |
| 其他经济 | 36607 | 30025 | 1244 | 819 | 1740 | 621 | 399 | 1759 |
| 按企业、事业、机关分组 | | | | | | | | |
| #企 业 | 37919 | 30417 | 1275 | 860 | 1839 | 1152 | 409 | 1967 |
| 事 业 | 3510 | 2209 | 85 | 330 | 710 | 109 | 44 | 23 |
| 机 关 | 1199 | 501 | 40 | 426 | 94 | 32 | 78 | 28 |
| 民间非盈利组织 | | | | | | | | |
| 其 他 | 14 | 10 | | 3 | 1 | | | |

## 5-2 续表1

(2018年) 单位：人

| 项 目 | 总计 | 惠城区 | 惠阳区 | 惠东县 | 博罗县 | 龙门县 | 大亚湾 | 仲恺区 |
|---|---|---|---|---|---|---|---|---|
| **单位从业人员平均人数** | **968961** | **209262** | **189109** | **60562** | **146444** | **22370** | **130816** | **210398** |
| 按经济类型分组 | | | | | | | | |
| # 国有经济 | 181106 | 60792 | 24425 | 32711 | 31879 | 14587 | 8582 | 8130 |
| 城镇集体经济 | 8002 | 1869 | 2517 | 404 | 1514 | 1260 | 18 | 420 |
| 其他经济 | 779853 | 146601 | 162167 | 27447 | 113051 | 6523 | 122216 | 201848 |
| 按企业、事业、机关分组 | | | | | | | | |
| # 企 业 | 804921 | 154599 | 165517 | 31092 | 117477 | 9909 | 123667 | 202660 |
| 事 业 | 96705 | 35896 | 12056 | 18053 | 18248 | 7092 | 2462 | 2898 |
| 机 关 | 63699 | 16813 | 10241 | 11092 | 10671 | 5369 | 4687 | 4826 |
| 民间非盈利组织 | 1212 | 587 | 625 | | | | | |
| 其他 | 2424 | 1367 | 670 | 325 | 48 | | | 14 |
| **在岗职工平均人数** | **926374** | **176813** | **187172** | **58862** | **143739** | **21357** | **130289** | **208142** |
| 按经济类型分组 | | | | | | | | |
| # 国有经济 | 175243 | 57796 | 24267 | 31926 | 31019 | 13912 | 8450 | 7873 |
| 城镇集体经济 | 7900 | 1827 | 2517 | 399 | 1479 | 1260 | 18 | 400 |
| 其他经济 | 743231 | 117190 | 160388 | 26537 | 111241 | 6185 | 121821 | 199869 |
| 按企业、事业、机关分组 | | | | | | | | |
| # 企 业 | 766967 | 124793 | 163707 | 30142 | 115568 | 9040 | 123262 | 200455 |
| 事 业 | 93292 | 33766 | 11970 | 17730 | 17547 | 6986 | 2418 | 2875 |
| 机 关 | 62493 | 16310 | 10200 | 10668 | 10577 | 5331 | 4609 | 4798 |
| 民间非盈利组织 | 1212 | 587 | 625 | | | | | |
| 其 他 | 2410 | 1357 | 670 | 322 | 47 | | | 14 |
| **其他从业人员平均人数** | **42587** | **32449** | **1937** | **1700** | **2705** | **1013** | **527** | **2256** |
| 按经济类型分组 | | | | | | | | |
| # 国有经济 | 5863 | 2996 | 158 | 785 | 860 | 675 | 132 | 257 |
| 城镇集体经济 | 102 | 42 | | 5 | 35 | | | 20 |
| 其他经济 | 36622 | 29411 | 1779 | 910 | 1810 | 338 | 395 | 1979 |
| 按企业、事业、机关分组 | | | | | | | | |
| # 企 业 | 37954 | 29806 | 1810 | 950 | 1909 | 869 | 405 | 2205 |
| 事 业 | 3413 | 2130 | 86 | 323 | 701 | 106 | 44 | 23 |
| 机 关 | 1206 | 503 | 41 | 424 | 94 | 38 | 78 | 28 |
| 民间非盈利组织 | | | | | | | | |
| 其 他 | 14 | 10 | | 3 | 1 | | | |

## 5-2 续表2

(2018年) 单位：万元

| 项　目 | 总计 | 惠城区 | 惠阳区 | 惠东县 | 博罗县 | 龙门县 | 大亚湾 | 仲恺区 |
|---|---|---|---|---|---|---|---|---|
| **单位从业人员工资总额(万元)** | **7428274** | **1811804** | **1333906** | **442455** | **992246** | **159228** | **1124006** | **1564630** |
| 按经济类型分组 | | | | | | | | |
| #国有经济 | 1909191 | 783147 | 259714 | 283163 | 299372 | 119014 | 92355 | 72427 |
| 城镇集体经济 | 43047 | 8839 | 15281 | 1837 | 8230 | 6328 | 230 | 2302 |
| 其他经济 | 5476036 | 1019818 | 1058911 | 157455 | 684644 | 33886 | 1031421 | 1489902 |
| 按企业、事业、机关分组 | | | | | | | | |
| #企 业 | 5686509 | 1110596 | 1082952 | 179273 | 720371 | 53077 | 1045204 | 1495036 |
| 事 业 | 1092945 | 465490 | 140658 | 175496 | 186364 | 61939 | 29833 | 33165 |
| 机 关 | 618942 | 215415 | 103661 | 85240 | 85118 | 44212 | 48969 | 36328 |
| 民间非盈利组织 | 6179 | 2312 | 3867 | | | | | |
| 其 他 | 23699 | 17991 | 2768 | 2445 | 393 | | | 101 |
| **在岗职工工资总额　(万元)** | **7191835** | **1642807** | **1321184** | **433652** | **978457** | **154468** | **1113929** | **1547338** |
| 按经济类型分组 | | | | | | | | |
| #国有经济 | 1876230 | 762177 | 259052 | 280270 | 296291 | 116502 | 91421 | 70516 |
| 城镇集体经济 | 42657 | 8737 | 15281 | 1816 | 8067 | 6328 | 230 | 2197 |
| 其他经济 | 5272948 | 871893 | 1046851 | 151565 | 674099 | 31637 | 1022278 | 1474625 |
| 按企业、事业、机关分组 | | | | | | | | |
| #企 业 | 5472037 | 955393 | 1070838 | 173298 | 709535 | 48738 | 1035953 | 1478283 |
| 事 业 | 1075982 | 453374 | 140241 | 174394 | 183807 | 61616 | 29518 | 33033 |
| 机 关 | 614003 | 213755 | 103470 | 83559 | 84726 | 44114 | 48458 | 35921 |
| 民间非盈利组织 | 6179 | 2311 | 3867 | | | | | |
| 其 他 | 23634 | 17974 | 2768 | 2401 | 389 | | | 101 |
| **其他从业人员工资总额(万元)** | **236439** | **168997** | **12722** | **8803** | **13789** | **4760** | **10076** | **17292** |
| 按经济类型分组 | | | | | | | | |
| #国有经济 | 32961 | 20969 | 662 | 2893 | 3081 | 2512 | 934 | 1910 |
| 城镇集体经济 | 390 | 102 | | 20 | 163 | | | 105 |
| 其他经济 | 203088 | 147926 | 12060 | 5890 | 10545 | 2249 | 9143 | 15277 |
| 按企业、事业、机关分组 | | | | | | | | |
| #企 业 | 214472 | 155203 | 12114 | 5975 | 10836 | 4340 | 9251 | 16753 |
| 事 业 | 16963 | 12116 | 417 | 1102 | 2558 | 323 | 315 | 133 |
| 机 关 | 4940 | 1661 | 191 | 1681 | 391 | 98 | 511 | 407 |
| 民间非盈利组织 | | | | | | | | |
| 其 他 | 65 | 17 | | 44 | 4 | | | |

## 5-2 续表 3

(2018年) 单位：元

| 项　　目 | 总计 | 惠城区 | 惠阳区 | 惠东县 | 博罗县 | 龙门县 | 大亚湾 | 仲恺区 |
|---|---|---|---|---|---|---|---|---|
| **单位从业人员平均工资　（元）** | **76662** | **86581** | **70536** | **73058** | **67756** | **71179** | **85923** | **74365** |
| 按经济类型分组 | | | | | | | | |
| #国有经济 | 105418 | 128824 | 106331 | 86565 | 93909 | 81589 | 107615 | 89086 |
| 城镇集体经济 | 53795 | 47291 | 60712 | 45465 | 54361 | 50225 | 127778 | 54802 |
| 其他经济 | 70219 | 69564 | 65298 | 57367 | 60561 | 51948 | 84393 | 73813 |
| 按企业、事业、机关分组 | | | | | | | | |
| #企　业 | 70647 | 71837 | 65428 | 57659 | 61320 | 53565 | 84518 | 73771 |
| 事　业 | 113018 | 129677 | 116670 | 97211 | 102129 | 87337 | 121173 | 114441 |
| 机　关 | 97167 | 128124 | 101221 | 76848 | 79766 | 82346 | 104478 | 75275 |
| 民间非盈利组织 | 50979 | 39378 | 61875 | | | | | |
| 其他 | 97767 | 131610 | 41319 | 75237 | 81875 | | | 72214 |
| **在岗职工平均工资　（元）** | **77634** | **92912** | **70587** | **73673** | **68072** | **72326** | **85497** | **74341** |
| 按经济类型分组 | | | | | | | | |
| #国有经济 | 107064 | 74400 | 106751 | 87787 | 95519 | 83742 | 108191 | 89567 |
| 城镇集体经济 | 53996 | 47822 | 60712 | 45524 | 54547 | 50225 | 127778 | 54918 |
| 其他经济 | 70946 | 131874 | 65270 | 57115 | 60598 | 51152 | 83916 | 73780 |
| 按企业、事业、机关分组 | | | | | | | | |
| #企　业 | 71346 | 76558 | 65412 | 57494 | 61395 | 53913 | 84045 | 77268 |
| 事　业 | 115335 | 134269 | 117160 | 98361 | 104751 | 88200 | 122077 | 116918 |
| 机　关 | 98251 | 131057 | 101441 | 78327 | 80104 | 82749 | 105138 | 75806 |
| 民间非盈利组织 | 50979 | 39378 | 61875 | | | | | |
| 其他 | 98068 | 132455 | 41319 | 74575 | 82851 | | | 72214 |
| **其他从业人员平均工资　（元）** | **55519** | **52081** | **65679** | **51782** | **50974** | **46993** | **191201** | |
| 按经济类型分组 | | | | | | | | |
| #国有经济 | 56219 | 69991 | 41886 | 36855 | 35826 | 37212 | 70727 | 74335 |
| 城镇集体经济 | 38206 | 24190 | | 40800 | 46486 | | | 52500 |
| 其他经济 | 55455 | 50296 | 67792 | 64720 | 58259 | 66527 | 231461 | 77194 |
| 按企业、事业、机关分组 | | | | | | | | |
| #企　业 | 56508 | 52071 | 66930 | 62899 | 56761 | 49937 | 228422 | 75978 |
| 事　业 | 49700 | 56882 | 48453 | 34127 | 36489 | 30443 | 71477 | 57609 |
| 机　关 | 40961 | 33016 | 46585 | 39656 | 41638 | 25842 | 65474 | 145179 |
| 民间非盈利组织 | | | | | | | | |
| 其他 | 46071 | 17000 | | 146333 | 36000 | | | |

# 5-3 分县区分行业单位从业人员年末人数

(2018年) 单位：人

| 项　目 | 总 计 | 惠城区 | 惠阳区 | 惠东县 | 博罗县 | 龙门县 | 大亚湾 | 仲恺区 |
|---|---|---|---|---|---|---|---|---|
| **合　计** | **951290** | **207665** | **176813** | **61180** | **143536** | **23133** | **129308** | **209655** |
| 农林牧渔业 | 836 | 186 | 14 | 146 | 418 | 65 | | 7 |
| 采矿业 | 18 | | | 18 | | | | |
| 制造业 | 613887 | 52582 | 139905 | 15838 | 99309 | 3794 | 109249 | 193210 |
| 电力、热力、燃气及水的生产和供应业 | 9724 | 2992 | 1802 | 1030 | 1841 | 620 | 1187 | 252 |
| 建筑业 | 19471 | 6944 | 3683 | 1967 | 2620 | 2055 | 1614 | 588 |
| 批发和零售业 | 24138 | 15280 | 1081 | 2411 | 1956 | 488 | 440 | 2482 |
| 交通运输、仓储和邮政业 | 19912 | 12218 | 623 | 1218 | 1659 | 1185 | 2280 | 729 |
| 住宿和餐饮业 | 8684 | 4603 | 335 | 1606 | 688 | 724 | 421 | 307 |
| 信息传输、软件和信息技术服务业 | 7597 | 5759 | 333 | 432 | 320 | 195 | 173 | 385 |
| 金融业 | 38739 | 33016 | 1103 | 1282 | 1859 | 1107 | 372 | |
| 房地产业 | 26862 | 9284 | 3704 | 3178 | 2967 | 350 | 5374 | 2005 |
| 租赁和商务服务业 | 7199 | 3749 | 701 | 487 | 919 | 401 | 245 | 697 |
| 科学研究、技术服务业 | 6701 | 3980 | 445 | 374 | 1163 | 127 | 419 | 193 |
| 水利、环境和公共设施管理业 | 7245 | 3285 | 299 | 1133 | 1380 | 674 | 301 | 173 |
| 居民服务、修理和其他服务业 | 1622 | 724 | 132 | 314 | 131 | 33 | 16 | 272 |
| 教育 | 53939 | 17880 | 7121 | 12146 | 9663 | 3537 | 1431 | 2161 |
| 卫生和社会工作 | 31340 | 14176 | 3693 | 4640 | 4664 | 2014 | 851 | 1302 |
| 文化、体育和娱乐业 | 3736 | 2075 | 573 | 323 | 511 | 214 | 40 | |
| 公共管理、社会保障和社会组织 | 69640 | 18932 | 11266 | 12637 | 11468 | 5550 | 4895 | 4892 |

# 5-4 分县区分行业在岗职工年末人数

(2018年) 单位：人

| 项　　目 | 总 计 | 惠城区 | 惠阳区 | 惠东县 | 博罗县 | 龙门县 | 大亚湾区 | 仲恺区 |
|---|---|---|---|---|---|---|---|---|
| **合　计** | **908648** | **174528** | **175413** | **59561** | **140892** | **21840** | **128777** | **207637** |
| 农林牧渔业 | 786 | 177 | 14 | 114 | 418 | 56 | | 7 |
| 采矿业 | 18 | | | 18 | | | | |
| 制造业 | 609776 | 51832 | 139680 | 15557 | 98130 | 3784 | 109016 | 191777 |
| 电力、热力、燃气及水的生产和供应业 | 9447 | 2815 | 1802 | 1028 | 1821 | 620 | 1182 | 179 |
| 建筑业 | 16640 | 5638 | 3351 | 1954 | 2250 | 1455 | 1612 | 380 |
| 批发和零售业 | 23178 | 14781 | 1081 | 2364 | 1821 | 485 | 410 | 2236 |
| 交通运输、仓储和邮政业 | 17210 | 9630 | 619 | 1175 | 1621 | 1180 | 2256 | 729 |
| 住宿和餐饮业 | 7855 | 3797 | 335 | 1595 | 677 | 724 | 420 | 307 |
| 信息传输、软件和信息技术服务业 | 7551 | 5713 | 333 | 432 | 320 | 195 | 173 | 385 |
| 金融业 | 14095 | 9616 | 432 | 1251 | 1859 | 565 | 372 | |
| 房地产业 | 26189 | 9110 | 3661 | 2875 | 2878 | 348 | 5313 | 2004 |
| 租赁和商务服务业 | 7078 | 3697 | 695 | 487 | 912 | 354 | 242 | 691 |
| 科学研究、技术服务业 | 6528 | 3899 | 445 | 374 | 1123 | 127 | 367 | 193 |
| 水利、环境和公共设施管理业 | 5570 | 2074 | 299 | 1082 | 970 | 671 | 301 | 173 |
| 居民服务、修理和其他服务业 | 1253 | 367 | 132 | 314 | 119 | 33 | 16 | 272 |
| 教育 | 52983 | 17155 | 7113 | 12005 | 9602 | 3537 | 1410 | 2161 |
| 卫生和社会工作 | 30739 | 13939 | 3637 | 4530 | 4517 | 1995 | 842 | 1279 |
| 文化、体育和娱乐业 | 3471 | 1863 | 572 | 276 | 511 | 209 | 40 | |
| 公共管理、社会保障和社会组织 | 68281 | 18425 | 11212 | 12130 | 11343 | 5502 | 4805 | 4864 |

# 5-5　分县区分行业其他从业人员年末人数

(2018年)　　单位：人

| 项　目 | 总 计 | 惠城区 | 惠阳区 | 惠东县 | 博罗县 | 龙门县 | 大亚湾区 | 仲恺区 |
|---|---|---|---|---|---|---|---|---|
| **合　计** | **42642** | **33137** | **1400** | **1619** | **2644** | **1293** | **531** | **2018** |
| 农林牧渔业 | 50 | 9 | | 32 | | 9 | | |
| 采矿业 | | | | | | | | |
| 制造业 | 4111 | 750 | 225 | 281 | 1179 | 10 | 233 | 1433 |
| 电力、热力、燃气及水的生产和供应业 | 277 | 177 | | 2 | 20 | | 5 | 73 |
| 建筑业 | 2831 | 1306 | 332 | 13 | 370 | 600 | 2 | 208 |
| 批发和零售业 | 960 | 499 | | 47 | 135 | 3 | 30 | 246 |
| 交通运输、仓储和邮政业 | 2702 | 2588 | 4 | 43 | 38 | 5 | 24 | |
| 住宿和餐饮业 | 829 | 806 | | 11 | 11 | | 1 | |
| 信息传输、软件和信息技术服务业 | 46 | 46 | | | | | | |
| 金融业 | 24644 | 23400 | 671 | 31 | | 542 | | |
| 房地产业 | 673 | 174 | 43 | 303 | 89 | 2 | 61 | 1 |
| 租赁和商务服务业 | 121 | 52 | 6 | | 7 | 47 | 3 | 6 |
| 科学研究、技术服务业 | 173 | 81 | | | 40 | | 52 | |
| 水利、环境和公共设施管理业 | 1675 | 1211 | | 51 | 410 | 3 | | |
| 居民服务、修理和其他服务业 | 369 | 357 | | | 12 | | | |
| 教育 | 956 | 725 | 8 | 141 | 61 | | 21 | |
| 卫生和社会工作 | 601 | 237 | 56 | 110 | 147 | 19 | 9 | 23 |
| 文化、体育和娱乐业 | 265 | 212 | 1 | 47 | | 5 | | |
| 公共管理、社会保障和社会组织 | 1359 | 507 | 54 | 507 | 125 | 48 | 90 | 28 |

# 5-6　分县区分行业单位从业人员工资总额

（2018年）　　　　单位：万元

| 项　　目 | 总 计 | 惠城区 | 惠阳区 | 惠东县 | 博罗县 | 龙门县 | 大亚湾区 | 仲恺区 |
|---|---|---|---|---|---|---|---|---|
| **合　计** | **7428274** | **1811804** | **1333906** | **442455** | **992246** | **159228** | **1124006** | **1564630** |
| 农林牧渔业 | 4958 | 567 | 79 | 1094 | 2658 | 501 |  | 60 |
| 采矿业 | 41 |  |  | 41 |  |  |  |  |
| 制造业 | 4329766 | 326692 | 990551 | 74213 | 598942 | 15697 | 924144 | 1399527 |
| 电力、热力、燃气及水的生产和供应业 | 91446 | 30587 | 16668 | 7707 | 19091 | 3365 | 11698 | 2331 |
| 建筑业 | 108530 | 43096 | 20828 | 7735 | 12109 | 9859 | 11295 | 3609 |
| 批发和零售业 | 168824 | 108845 | 7879 | 10033 | 12244 | 2416 | 5423 | 21984 |
| 交通运输、仓储和邮政业 | 146241 | 79800 | 4107 | 8729 | 11453 | 9839 | 26317 | 5996 |
| 住宿和餐饮业 | 36558 | 17517 | 1340 | 7132 | 2557 | 4229 | 2608 | 1175 |
| 信息传输、软件和信息技术服务业 | 84002 | 68627 | 1832 | 2069 | 3182 | 1699 | 1313 | 5281 |
| 金融业 | 361122 | 291263 | 11716 | 17359 | 29991 | 7239 | 3555 |  |
| 房地产业 | 225256 | 76945 | 23478 | 34266 | 21698 | 2125 | 50072 | 16672 |
| 租赁和商务服务业 | 71306 | 25555 | 7052 | 2487 | 6808 | 1743 | 1712 | 25949 |
| 科学研究、技术服务业 | 64005 | 38823 | 3300 | 2428 | 12885 | 829 | 3556 | 2185 |
| 水利、环境和公共设施管理业 | 66665 | 40061 | 4774 | 6114 | 8062 | 3325 | 2600 | 1730 |
| 居民服务、修理和其他服务业 | 8548 | 3232 | 603 | 1377 | 1117 | 96 | 219 | 1903 |
| 教育 | 598479 | 209699 | 80420 | 116081 | 114261 | 34170 | 17883 | 25965 |
| 卫生和社会工作 | 352885 | 190808 | 38015 | 43025 | 42084 | 15481 | 9758 | 13715 |
| 文化、体育和娱乐业 | 31171 | 17980 | 5641 | 2898 | 2927 | 1467 | 258 |  |
| 公共管理、社会保障和社会组织 | 678469 | 241707 | 115624 | 97666 | 90180 | 45150 | 51594 | 36548 |

# 5-7 分县区分行业在岗职工工资总额

(2018年) 单位：万元

| 项　目 | 总 计 | 惠城区 | 惠阳区 | 惠东县 | 博罗县 | 龙门县 | 大亚湾区 | 仲恺区 |
|---|---|---|---|---|---|---|---|---|
| **合　计** | **7191835** | **1642807** | **1321184** | **433652** | **978457** | **154468** | **1113929** | **1547338** |
| 农林牧渔业 | 4791 | 537 | 79 | 1000 | 2658 | 458 | | 60 |
| 采矿业 | 41 | | | 41 | | | | |
| 制造业 | 4286835 | 320713 | 984665 | 72337 | 591417 | 15558 | 915970 | 1386175 |
| 电力、热力、燃气及水的生产和供应业 | 88989 | 28812 | 16668 | 7696 | 19056 | 3365 | 11561 | 1831 |
| 建筑业 | 94660 | 36083 | 19552 | 7609 | 10040 | 7860 | 11278 | 2237 |
| 批发和零售业 | 164192 | 106379 | 7879 | 9856 | 11781 | 2403 | 5355 | 20541 |
| 交通运输、仓储和邮政业 | 130210 | 64404 | 4097 | 8577 | 11175 | 9834 | 26126 | 5997 |
| 住宿和餐饮业 | 35522 | 16937 | 1340 | 6804 | 2523 | 4135 | 2607 | 1175 |
| 信息传输、软件和信息技术服务业 | 83797 | 68421 | 1832 | 2069 | 3182 | 1699 | 1313 | 5281 |
| 金融业 | 235192 | 172367 | 6925 | 17248 | 29991 | 5106 | 3555 | |
| 房地产业 | 221138 | 76500 | 23327 | 31523 | 21270 | 2118 | 49753 | 16648 |
| 租赁和商务服务业 | 70970 | 25392 | 7027 | 2487 | 6795 | 1683 | 1698 | 25887 |
| 科学研究、技术服务业 | 63053 | 38353 | 3300 | 2428 | 12741 | 829 | 3217 | 2185 |
| 水利、环境和公共设施管理业 | 58517 | 33210 | 4774 | 6027 | 6858 | 3318 | 2600 | 1730 |
| 居民服务、修理和其他服务业 | 7346 | 2106 | 603 | 1377 | 1042 | 96 | 219 | 1903 |
| 教育 | 594014 | 206097 | 80382 | 115558 | 114092 | 34170 | 17749 | 25965 |
| 卫生和社会工作 | 349722 | 189419 | 37836 | 42605 | 41200 | 15385 | 9694 | 13582 |
| 文化、体育和娱乐业 | 30031 | 16994 | 5640 | 2766 | 2927 | 1445 | 258 | |
| 公共管理、社会保障和社会组织 | 672816 | 240083 | 115258 | 95643 | 89710 | 45005 | 50976 | 36142 |

# 5-8 分县区分行业其他从业人员工资总额

(2018年)　　　　单位：万元

| 项　目 | 总 计 | 惠城区 | 惠阳区 | 惠东县 | 博罗县 | 龙门县 | 大亚湾区 | 仲恺区 |
|---|---|---|---|---|---|---|---|---|
| **合　计** | **236439** | **168997** | **12722** | **8803** | **13789** | **4760** | **10076** | **17292** |
| 农林牧渔业 | 167 | 30 | | 94 | | 43 | | |
| 采矿业 | | | | | | | | |
| 制造业 | 42931 | 5979 | 5886 | 1876 | 7525 | 139 | 8174 | 13352 |
| 电力、热力、燃气及水的生产和供应业 | 2457 | 1774 | | 11 | 35 | | 137 | 500 |
| 建筑业 | 13871 | 7013 | 1277 | 125 | 2068 | 1999 | 17 | 1371 |
| 批发和零售业 | 4632 | 2467 | | 177 | 463 | 13 | 68 | 1444 |
| 交通运输、仓储和邮政业 | 16031 | 15395 | 10 | 151 | 278 | 5 | 191 | |
| 住宿和餐饮业 | 1037 | 581 | | 328 | 34 | 93 | 2 | |
| 信息传输、软件和信息技术服务业 | 206 | 206 | | | | | | |
| 金融业 | 125931 | 118896 | 4791 | 111 | | 2133 | | |
| 房地产业 | 4118 | 446 | 151 | 2744 | 428 | 7 | 319 | 24 |
| 租赁和商务服务业 | 337 | 163 | 25 | | 13 | 59 | 14 | 62 |
| 科学研究、技术服务业 | 952 | 469 | | | 144 | | 339 | |
| 水利、环境和公共设施管理业 | 8148 | 6850 | | 87 | 1204 | 7 | | |
| 居民服务、修理和其他服务业 | 1202 | 1126 | | | 76 | | | |
| 教　育 | 4465 | 3602 | 38 | 524 | 168 | | 134 | |
| 卫生和社会工作 | 3163 | 1389 | 179 | 420 | 883 | 96 | 64 | 133 |
| 文化、体育和娱乐业 | 1140 | 986 | 1 | 132 | | 22 | | |
| 公共管理、社会保障和社会组织 | 5653 | 1625 | 366 | 2023 | 470 | 146 | 618 | 407 |

# 5-9 分县区分行业在岗职工年平均工资

(2018年) 单位：元

| 项 目 | 总 计 | 惠城区 | 惠阳区 | 惠东县 | 博罗县 | 龙门县 | 大亚湾区 | 仲恺区 |
|---|---|---|---|---|---|---|---|---|
| **合 计** | **77634** | **92912** | **70587** | **73673** | **68072** | **72326** | **85497** | **74341** |
| 农林牧渔业 | 60730 | 30517 | 56571 | 84000 | 63731 | 81839 | | 85429 |
| 采矿业 | 22889 | | | 22889 | | | | |
| 制造业 | 68168 | 58817 | 65065 | 46051 | 58577 | 42812 | 82858 | 72142 |
| 电力、热力、燃气及水的生产和供应业 | 94962 | 102863 | 93850 | 74647 | 104991 | 54188 | 100795 | 101733 |
| 建筑业 | 57481 | 64480 | 57420 | 40714 | 43672 | 58876 | 72110 | 55943 |
| 批发和零售业 | 70867 | 72307 | 72680 | 41958 | 64907 | 48644 | 142800 | 87780 |
| 交通运输、仓储和邮政业 | 74993 | 66089 | 67273 | 73124 | 67892 | 82568 | 115042 | 82374 |
| 住宿和餐饮业 | 45876 | 45887 | 39305 | 44298 | 36672 | 58163 | 55697 | 38162 |
| 信息传输、软件和信息技术服务业 | 110886 | 119077 | 55515 | 48235 | 97297 | 86218 | 75884 | 148758 |
| 金融业 | 167099 | 179886 | 157386 | 138096 | 161327 | 89894 | 94294 | |
| 房地产业 | 84821 | 81958 | 65050 | 140914 | 71066 | 58994 | 92033 | 77217 |
| 租赁和商务服务业 | 98473 | 65477 | 101842 | 51068 | 75666 | 48094 | 70182 | 391041 |
| 科学研究、技术服务业 | 97695 | 99463 | 74490 | 64912 | 113358 | 64279 | 96018 | 113192 |
| 水利、环境和公共设施管理业 | 100150 | 156947 | 85557 | 55396 | 73345 | 49234 | 86375 | 101181 |
| 居民服务、修理和其他服务业 | 57935 | 59841 | 46760 | 44144 | 89819 | 27314 | 137000 | 61769 |
| 教育 | 113023 | 123080 | 112470 | 96250 | 118809 | 96228 | 126327 | 123642 |
| 卫生和社会工作 | 115637 | 137910 | 105540 | 93968 | 91516 | 85710 | 117224 | 107371 |
| 文化、体育和娱乐业 | 86147 | 90444 | 94314 | 101330 | 59605 | 70498 | 64525 | |
| 公共管理、社会保障和社会组织 | 99189 | 130892 | 103818 | 79240 | 79764 | 82547 | 106311 | 74920 |

# 5-10 分县区国有经济单位分行业在岗职工年平均工资

(2018年)　　单位:元

| 项　目 | 总 计 | 惠城区 | 惠阳区 | 惠东县 | 博罗县 | 龙门县 | 大亚湾区 | 仲恺区 |
|---|---|---|---|---|---|---|---|---|
| **合　计** | **107064** | **131874** | **106751** | **87787** | **95519** | **83742** | **108191** | **89567** |
| 农林牧渔业 | 68533 | 34820 | 50000 | 84000 | 67137 | 81839 | | 85429 |
| 采矿业 | 22889 | | | 22889 | | | | |
| 制造业 | 57088 | | 64759 | 42538 | 48456 | 23250 | | 33775 |
| 电力、热力、燃气及水的生产和供应业 | 93949 | 82089 | 118529 | 78051 | 119655 | 57506 | 98114 | |
| 建筑业 | 41836 | 56336 | 49831 | 37945 | | | 42563 | 50805 |
| 批发和零售业 | 82136 | 82277 | 105496 | 40833 | 71872 | 64160 | 170132 | 40000 |
| 交通运输、仓储和邮政业 | 86053 | 90319 | 42925 | 102969 | 74690 | 81188 | 120978 | 120228 |
| 住宿和餐饮业 | 65429 | 62714 | 67139 | | | 44600 | | |
| 信息传输、软件和信息技术服务业 | 71619 | 139700 | | 52239 | | 86218 | 75884 | |
| 金融业 | 137717 | 145482 | 118619 | 133811 | 117859 | 105865 | 92644 | |
| 房地产业 | 55803 | 71968 | 49799 | | | 49300 | 83821 | |
| 租赁和商务服务业 | 82850 | 91446 | 126822 | 50700 | 69928 | 57690 | 94562 | |
| 科学研究、技术服务业 | 105769 | 119839 | 79103 | 86639 | 98397 | 64279 | 176846 | 116167 |
| 水利、环境和公共设施管理业 | 102391 | 163462 | 86959 | 53886 | 89196 | 53480 | 86375 | 135765 |
| 居民服务、修理和其他服务业 | 96971 | 107266 | 96385 | 92175 | 89800 | | | |
| 教育 | 120494 | 135043 | 125991 | 104713 | 120193 | 96228 | 126327 | 123642 |
| 卫生和社会工作 | 118836 | 143900 | 112157 | 97823 | 91763 | 85710 | 117224 | 83840 |
| 文化、体育和娱乐业 | 98892 | 103030 | 114851 | 101330 | 76533 | 90013 | | |
| 公共管理、社会保障和社会组织 | 99183 | 130896 | 103811 | 79240 | 79764 | 82547 | 106311 | 74920 |

# 5-11 分县区集体经济单位分行业在岗职工年平均工资

(2018年)　　单位：元

| 项　目 | 总 计 | 惠城区 | 惠阳区 | 惠东县 | 博罗县 | 龙门县 | 大亚湾区 | 仲恺区 |
|---|---|---|---|---|---|---|---|---|
| **合　计** | **53996** | **47822** | **60712** | **45524** | **54547** | **50225** | **127778** | **54918** |
| 农林牧渔业 | | | | | | | | |
| 采矿业 | | | | | | | | |
| 制造业 | 44026 | 38389 | 37146 | | | 33364 | 54000 | 52476 |
| 电力、热力、燃气及水的生产和供应业 | 52629 | | 42318 | | 58404 | 30455 | | 39441 |
| 建筑业 | 43901 | 42865 | 48941 | 41446 | 42149 | 42483 | | |
| 批发和零售业 | 65365 | 37138 | 78622 | 34575 | 49255 | 35727 | | |
| 交通运输、仓储和邮政业 | 87533 | | 89127 | | 33333 | | | |
| 住宿和餐饮业 | | | | | | | | |
| 信息传输、软件和信息技术服务业 | | | | | | | | |
| 金融业 | 79106 | | | | | 79106 | | |
| 房地产业 | 46181 | 37417 | 61133 | | 47870 | | | |
| 租赁和商务服务业 | 52519 | 38195 | 75557 | 95458 | 141119 | 42400 | | |
| 科学研究、技术服务业 | 62921 | 73389 | 53500 | | | | | |
| 水利、环境和公共设施管理业 | 103478 | 105846 | 53846 | | | | | 136000 |
| 居民服务、修理和其他服务业 | 64984 | 41143 | 37750 | | | 38250 | 137000 | |
| 教育 | 113212 | 128189 | 109881 | 61633 | | | | |
| 卫生和社会工作 | 65075 | 55346 | 57345 | | 85768 | | | |
| 文化、体育和娱乐业 | 11569 | | | | | 11569 | | |
| 公共管理、社会保障和社会组织 | 26800 | | 26800 | | | | | |

# 5-12 分县区其他经济单位分行业在岗职工年平均工资

(2018年)　　单位：元

| 项　目 | 总 计 | 惠城区 | 惠阳区 | 惠东县 | 博罗县 | 龙门县 | 大亚湾区 | 仲恺区 |
|---|---|---|---|---|---|---|---|---|
| **合　计** | **70946** | **74400** | **65270** | **57115** | **60598** | **51152** | **83916** | **73780** |
| 农林牧渔业 | 31887 | 28235 | 63143 |  | 36261 |  |  |  |
| 采矿业 |  |  |  |  |  |  |  |  |
| 制造业 | 68210 | 58837 | 65122 | 46054 | 58598 | 43024 | 82858 | 72186 |
| 电力、热力、燃气及水的生产和供应业 | 100139 | 125288 | 83947 | 66582 | 79882 | 33083 | 101195 | 116240 |
| 建筑业 | 64414 | 67467 | 61586 | 63613 | 44584 | 77781 | 74699 | 56529 |
| 批发和零售业 | 70186 | 72117 | 55758 | 42092 | 62053 | 35653 | 136746 | 88088 |
| 交通运输、仓储和邮政业 | 70190 | 58216 | 73106 | 51936 | 57754 | 84907 | 114800 | 76898 |
| 住宿和餐饮业 | 45661 | 45855 | 31855 | 44298 | 36672 | 58259 | 55697 | 38162 |
| 信息传输、软件和信息技术服务业 | 115129 | 118932 | 55515 | 35402 | 97297 |  |  | 148758 |
| 金融业 | 189186 | 205009 | 163865 | 139654 | 169625 |  | 114103 |  |
| 房地产业 | 85958 | 82270 | 68407 | 140914 | 71492 | 59272 | 92136 | 77217 |
| 租赁和商务服务业 | 126656 | 65876 | 42059 | 39916 | 73317 | 26840 | 56000 | 391041 |
| 科学研究、技术服务业 | 90063 | 83985 | 60427 | 31361 | 149979 |  | 92755 | 112769 |
| 水利、环境和公共设施管理业 | 90083 | 140967 | 36714 | 71750 | 39463 | 22033 |  | 50000 |
| 居民服务、修理和其他服务业 | 45955 | 42688 | 41917 | 20474 | 89843 | 25903 |  | 61769 |
| 教育 | 51989 | 56692 | 50491 | 44967 | 59764 |  |  |  |
| 卫生和社会工作 | 92560 | 86695 | 40000 | 53230 | 80111 |  |  | 131850 |
| 文化、体育和娱乐业 | 80720 | 88654 | 69367 |  | 42608 |  | 64525 |  |
| 公共管理、社会保障和社会组织 | 141889 | 124364 | 169429 |  |  |  |  |  |

# 5-13 分县区分行业社会从业人员年末人数

(2018年) 单位：人

| 项 目 | 总 计 | 惠城区 | 惠阳区 | 惠东县 | 博罗县 | 龙门县 | 大亚湾区 | 仲恺区 |
|---|---|---|---|---|---|---|---|---|
| **合 计** | **2903336** | **604332** | **382985** | **574745** | **634941** | **174596** | **183893** | **347844** |
| 农林牧渔业 | 483233 | 63805 | 34781 | 129906 | 139282 | 91015 | 6505 | 17939 |
| 采矿业 | 5696 | 415 | 81 | 911 | 1300 | 1974 | 38 | 977 |
| 制造业 | 1330941 | 166518 | 208372 | 239013 | 310508 | 22623 | 130223 | 253684 |
| 电力、热力、燃气及水的生产和供应业 | 19080 | 5167 | 1532 | 3163 | 4040 | 3083 | 1228 | 867 |
| 建筑业 | 89810 | 26113 | 9429 | 15631 | 20551 | 3163 | 8262 | 6661 |
| 批发和零售业 | 372684 | 119988 | 46178 | 91958 | 58458 | 18107 | 8997 | 28998 |
| 交通运输、仓储和邮政业 | 71583 | 26537 | 9049 | 13230 | 10287 | 1298 | 4034 | 7148 |
| 住宿和餐饮业 | 116068 | 30019 | 17211 | 23770 | 22844 | 10850 | 3642 | 7732 |
| 信息传输、软件和信息技术服务业 | 18380 | 10216 | 2511 | 1833 | 1685 | 566 | 453 | 1116 |
| 金融业 | 39434 | 33517 | 1103 | 1282 | 2386 | 764 | 382 | |
| 房地产业 | 53109 | 20841 | 7348 | 6813 | 4895 | 1832 | 7110 | 4270 |
| 租赁和商务服务业 | 22137 | 12833 | 1935 | 2199 | 2448 | 515 | 979 | 1228 |
| 科学研究、技术服务业 | 8278 | 5134 | 550 | 396 | 1196 | 413 | 396 | 193 |
| 水利、环境和公共设施管理业 | 11986 | 4143 | 3079 | 1267 | 1580 | 770 | 554 | 593 |
| 居民服务、修理和其他服务业 | 65082 | 17144 | 10412 | 8817 | 16548 | 4701 | 2584 | 4876 |
| 教育 | 70755 | 22382 | 9452 | 13000 | 15025 | 4718 | 1811 | 4367 |
| 卫生和社会工作 | 35805 | 14289 | 5416 | 4640 | 6035 | 2421 | 1251 | 1753 |
| 文化、体育和娱乐业 | 13163 | 5663 | 2364 | 1624 | 2405 | 233 | 324 | 550 |
| 公共管理、社会保障和社会组织 | 76112 | 19608 | 12182 | 15292 | 13468 | 5550 | 5120 | 4892 |

# 5-14 分县区按三次产业分社会从业人员年末人数

单位：万人

| 县 区 | 2017年 | | | | 2018年 | | | |
|---|---|---|---|---|---|---|---|---|
| | 合计 | 第一产业 | 第二产业 | 第三产业 | 合计 | 第一产业 | 第二产业 | 第三产业 |
| **全 市** | **289.1** | **49.03** | **143.97** | **96.10** | **290.33** | **48.32** | **144.55** | **97.46** |
| 惠城区 | 59.53 | 6.18 | 19.64 | 33.71 | 60.43 | 6.38 | 19.82 | 34.23 |
| 惠阳区 | 38.61 | 3.27 | 22.68 | 12.66 | 38.30 | 3.48 | 21.94 | 12.88 |
| 惠东县 | 57.2393 | 12.96 | 25.86 | 18.42 | 57.47 | 12.99 | 25.87 | 18.61 |
| 博罗县 | 63.51 | 14.85 | 32.77 | 15.88 | 63.49 | 13.92 | 33.63 | 15.94 |
| 龙门县 | 17.44 | 9.27 | 2.93 | 5.24 | 17.4596 | 9.10 | 3.08 | 5.27 |
| 大亚湾区 | 16.98 | 0.66 | 12.93 | 3.38 | 18.39 | 0.65 | 13.98 | 3.76 |
| 仲恺区 | 35.79 | 1.84 | 27.16 | 6.79 | 34.7844 | 1.79 | 26.22 | 6.77 |

# 5-15 历年主要指标数据

| 年 份 | 社会从业人员(万人) | 第一产业 | 第二产业 | 第三产业 | 年末在岗职工人数(万人) | 在岗职工年平均工资(元) | 职工平均工资指数(%) |
|---|---|---|---|---|---|---|---|
| 1952 | 40.55 | | | | | | |
| 1957 | 48.56 | | | | 2.31 | 532 | 104.1 |
| 1962 | 53.64 | | | | 4.31 | 510 | 117.2 |
| 1965 | 55.58 | | | | 5.55 | 518 | 98.7 |
| 1970 | 66.80 | | | | 8.26 | 546 | 98.0 |
| 1975 | 75.61 | | | | 11.43 | 607 | 102.5 |
| 1978 | 83.46 | | | | 16.00 | 599 | 95.7 |
| 1979 | 82.49 | | | | 16.11 | 597 | 99.7 |
| 1980 | 85.54 | | | | 17.13 | 705 | 118.1 |
| 1981 | 87.75 | | | | 17.99 | 772 | 109.5 |
| 1982 | 90.73 | | | | 18.31 | 849 | 110.0 |
| 1983 | 93.31 | | | | 18.27 | 880 | 119.6 |
| 1984 | 97.73 | | | | 18.34 | 1052 | 109.3 |
| 1985 | 99.63 | | | | 19.85 | 1150 | 109.3 |
| 1986 | 102.39 | | | | 19.87 | 1314 | 113.8 |
| 1987 | 106.94 | | | | 21.20 | 1462 | 111.4 |
| 1988 | 110.44 | | | | 22.14 | 2057 | 140.7 |
| 1989 | 113.37 | | | | 23.37 | 2365 | 115.0 |
| 1990 | 119.85 | 62.91 | 24.79 | 32.15 | 23.77 | 2786 | 117.8 |
| 1991 | 125.85 | 63.65 | 27.26 | 34.94 | 28.03 | 3302 | 118.5 |
| 1992 | 134.49 | 62.54 | 34.56 | 37.39 | 30.87 | 3871 | 117.4 |
| 1993 | 145.83 | 62.26 | 40.60 | 42.97 | 34.45 | 5119 | 132.0 |
| 1994 | 157.52 | 61.18 | 44.22 | 52.12 | 38.56 | 6262 | 122.3 |
| 1995 | 172.85 | 64.54 | 48.80 | 59.51 | 43.44 | 6716 | 107.3 |
| 1996 | 165.28 | 66.40 | 49.42 | 49.46 | 44.09 | 6889 | 102.6 |
| 1997 | 180.98 | 67.45 | 50.86 | 62.67 | 44.93 | 6966 | 101.1 |
| 1998 | 183.03 | 68.62 | 50.97 | 63.44 | 42.76 | 7835 | 112.5 |
| 1999 | 185.05 | 69.33 | 50.79 | 64.93 | 42.15 | 8883 | 113.4 |
| 2000 | 186.70 | 69.37 | 51.90 | 65.43 | 42.19 | 9607 | 108.2 |
| 2001 | 196.84 | 69.82 | 53.44 | 73.58 | 42.71 | 10482 | 109.1 |
| 2002 | 216.55 | 76.92 | 61.37 | 78.26 | 47.43 | 11318 | 108.0 |
| 2003 | 206.67 | 69.56 | 88.38 | 48.73 | 50.24 | 13265 | 117.2 |
| 2004 | 212.92 | 68.37 | 92.24 | 52.31 | 53.23 | 14439 | 108.8 |
| 2005 | 222.62 | 69.35 | 99.22 | 54.05 | 64.92 | 16017 | 110.9 |
| 2006 | 227.84 | 67.53 | 102.70 | 57.61 | 66.90 | 17760 | 110.9 |
| 2007 | 236.47 | 64.79 | 109.13 | 62.55 | 75.70 | 19644 | 110.6 |
| 2008 | 243.74 | 63.62 | 109.37 | 70.75 | 72.60 | 22727 | 115.7 |
| 2009 | 252.16 | 62.21 | 115.75 | 69.21 | 76.59 | 25786 | 113.5 |
| 2010 | 260.14 | 55.12 | 126.99 | 78.03 | 78.60 | 29599 | 114.8 |
| 2011 | 267.97 | 52.56 | 133.12 | 82.27 | 83.35 | 35719 | 120.7 |
| 2012 | 270.04 | 52.19 | 134.15 | 83.70 | 87.22 | 41506 | 116.2 |
| 2013 | 277.27 | 51.87 | 137.61 | 87.79 | 83.91 | 47126 | 113.5 |
| 2014 | 280.61 | 50.80 | 141.33 | 88.48 | 89.31 | 53576 | 113.7 |
| 2015 | 281.51 | 50.14 | 139.82 | 91.55 | 88.33 | 58607 | 109.4 |
| 2016 | 285.57 | 49.40 | 142.71 | 93.45 | 92.74 | 64766 | 110.5 |
| 2017 | 289.10 | 49.03 | 143.97 | 96.10 | 94.97 | 70890 | 109.5 |
| 2018 | 290.33 | 48.32 | 144.55 | 97.46 | 90.86 | 77634 | 109.5 |

# 六、固定资产投资和建筑业

# 6-1 历年固定资产投资及商品房销售

| 年份 | 固定资产投资(万元) | 房地产开发 | #国有经济单位投资(万元) | 新增固定资产投资(万元) | 商品房销售面积(万平方米) | 商品房销售额(亿元) |
|---|---|---|---|---|---|---|
| 1949 | | | | | | |
| 1952 | 65 | | | | | |
| 1957 | 1125 | | | | | |
| 1962 | 412 | | | | | |
| 1965 | 2444 | | | | | |
| 1970 | 1753 | | | | | |
| 1975 | 2857 | | | | | |
| 1978 | 5991 | | 5412 | 2281 | | |
| 1979 | 5604 | | 5182 | 1984 | | |
| 1980 | 8623 | | 8272 | 3590 | | |
| 1981 | 18535 | | 10324 | 17445 | | |
| 1982 | 27468 | | 14118 | 22575 | | |
| 1983 | 23703 | | 13448 | 17664 | | |
| 1984 | 25799 | | 12930 | 34637 | | |
| 1985 | 40932 | | 17565 | 36700 | | |
| 1986 | 42022 | | 20775 | 35429 | | |
| 1987 | 66330 | | 29885 | 60744 | | |
| 1988 | 94932 | | 36195 | 79671 | | |
| 1989 | 107324 | | 52909 | 94568 | | |
| 1990 | 165399 | 8900 | 99271 | 138344 | | |
| 1991 | 223295 | 19699 | 135097 | 164072 | | |
| 1992 | 423763 | 43293 | 250270 | 285596 | | |
| 1993 | 917831 | 209362 | 634949 | 568072 | 79.54 | 11.33 |
| 1994 | 756761 | 96102 | 474351 | 193844 | | |
| 1995 | 616145 | 90969 | 402492 | 337770 | | |
| 1996 | 631257 | 48139 | 435564 | 417831 | 17.10 | 2.33 |
| 1997 | 588301 | 44477 | 396904 | 677075 | 9.96 | 2.35 |
| 1998 | 603754 | 55355 | 388213 | 578269 | 25.07 | 3.80 |
| 1999 | 665760 | 66655 | 446537 | 551361 | 26.00 | 4.29 |
| 2000 | 774104 | 92069 | 499766 | 717371 | 48.00 | 8.12 |
| 2001 | 844273 | 106472 | 536391 | 729930 | 45.48 | 7.88 |
| 2002 | 1047340 | 158773 | 717190 | 778366 | 56.36 | 13.24 |
| 2003 | 2284704 | 272724 | 1954087 | 1042687 | 86.13 | 16.70 |
| 2004 | 2976139 | 295532 | 2598702 | 1030306 | 101.13 | 22.88 |
| 2005 | 3523708 | 438917 | 501163 | 1513591 | 149.40 | 37.97 |
| 2006 | 3087813 | 690302 | 549679 | 5041074 | 254.71 | 75.80 |
| 2007 | 4869094 | 1377564 | 1428299 | 1965560 | 383.18 | 153.33 |
| 2008 | 5887368 | 1868314 | 1662243 | 2249185 | 295.90 | 121.94 |
| 2009 | 7589682 | 1753332 | 2247850 | 5826042 | 543.81 | 232.01 |
| 2010 | 8940191 | 2678611 | 2199034 | 5712027 | 627.30 | 311.17 |
| 2011 | 10252067 | 3775399 | 2163119 | 6666439 | 798.23 | 441.77 |
| 2012 | 12086803 | 4821683 | 2102892 | 4229766 | 826.72 | 478.42 |
| 2013 | 14013040 | 5934706 | 2588028 | 7522838 | 1149.46 | 672.11 |
| 2014 | 16067089 | 6672975 | 2921882 | 8863910 | 983.94 | 588.81 |
| 2015 | 18639306 | 6104497 | 4463464 | 11898908 | 1299.78 | 800.38 |
| 2016 | 20397056 | 7476324 | 4179074 | 11483597 | 1771.91 | 1415.00 |
| 2017 | 22348768 | 8841949 | 4197996 | 16935218 | 1645.65 | 1628.81 |
| 2018 | — | 9839417 | — | — | 1663.37 | 1778.41 |

# 6-2 固定资产投资主要指标比上年增长情况

(2018年)　　单位：%

| 指标名称 | 本年完成投资 | 房地产 |
| --- | --- | --- |
| 投资总额 | 3.1 | 11.3 |
| 建安工程 | -5.0 | -0.6 |
| 设备工器具购置 | -8.5 | -7.4 |
| 其他费用 | 78.1 | 97.7 |
| 本年新增固定资产 | -57.4 | -50.5 |
| 本年资金来源合计 | 23.3 | 31.8 |
| 上年末结余资金 | 23.0 | 26.5 |
| 本年资金来源小计 | 23.4 | 33.7 |
| (1)国家预算内资金 | 6.4 | |
| (2)国内贷款 | 54.1 | 69.0 |
| (3)债券 | 1900.0 | |
| (4)利用外资 | -82.5 | -80.6 |
| (5)自筹资金 | -1.9 | 9.3 |
| (6)其他资金来源 | 37.1 | 36.9 |
| 各项应付款合计 | 21.3 | 26.3 |
| 本年施工房屋面积 | 0.6 | 2.4 |
| 其中：住宅 | 3.2 | 3.7 |
| 本年竣工房屋面积 | -47.2 | -51.8 |
| 其中：住宅 | -51.7 | -52.3 |

# 6-3 固定资产投资分行业比上年增长情况

(2018年)　　单位：%

| 指标名称 | 本年完成 | |
|---|---|---|
| | 投资 | 房地产 |
| **合 计** | **3.1** | **11.3** |
| (一)农、林、牧、渔业 | -26.5 | |
| (二)采矿业 | -3.8 | |
| (三)制造业 | -14.8 | |
| (四)电力、燃气及水的生产和供应业 | -1.7 | |
| (五)建筑业 | | |
| (六)批发和零售业 | -39.1 | |
| (七)交通运输、仓储和邮政业 | 12.1 | |
| (八)住宿和餐饮业 | -46.8 | |
| (九) 信息传输、软件和信息技术服务业 | 15.2 | |
| (十)金融业 | | |
| (十一)房地产业 | 11.1 | 11.3 |
| (十二)租赁和商务服务业 | -92.4 | |
| (十三)科学研究和技术服务业 | 695.3 | |
| (十四)水利、环境和公共设施管理业 | -6.1 | |
| (十五)居民服务、修理和其他服务业 | -37 | |
| (十六)教育 | 9.2 | |
| (十七)卫生和社会工作 | -21.8 | |
| (十八)文化、体育和娱乐业 | -17.2 | |
| (十九)公共管理、社会保障和社会组织 | 66 | |
| (二十)国际组织 | | |

# 6-4 分县(区)固定资产主要指标比上年增长情况

(2018年) 单位：%

| 指标名称 | 惠州市 | 惠城区 | 惠阳区 | 惠东县 | 博罗县 | 龙门县 | 大亚湾区 | 仲恺区 |
|---|---|---|---|---|---|---|---|---|
| 本年完成投资 | 3.1 | 21.6 | 10.2 | 7.9 | 9.6 | -23.6 | -23.9 | 23.6 |
| 房地产开发投资 | 11.3 | 21.2 | 29.3 | 10.5 | 6.7 | -21.5 | -4.3 | 35.9 |
| 其中：住宅 | 11.7 | 20.5 | 27.5 | -22.7 | 65.2 | -17.5 | -3.2 | 30.1 |
| 本年新增固定资产 | -57.4 | 52.3 | 11.5 | 1.0 | -20.4 | -38.9 | -89.6 | -38.5 |
| **资金来源** | | | | | | | | |
| 本年实际到位资金 | 23.4 | 31.5 | 34.4 | -5.2 | 35.3 | -39.2 | 24.5 | 58.0 |
| #国家预算资金 | 6.4 | 130.1 | 9.5 | 123.0 | 96.3 | -85.0 | 38.8 | 70.9 |
| 国内贷款 | 54.1 | 25.4 | -5.1 | -21.4 | 141.6 | 16.0 | 95.3 | 296.6 |
| 利用外资 | -82.5 | -78.4 | -98.6 | | -18.7 | | -67.0 | -100.0 |
| 自筹资金 | -1.9 | 143.0 | -12.9 | 19.2 | 5.5 | -33.7 | -57.7 | 24.4 |
| 其他资金来源 | 37.1 | 8.8 | 81.8 | -28.1 | 41.6 | -48.5 | 72.4 | 27.6 |
| **登记注册类型** | | | | | | | | |
| 内资企业 | 3.5 | 25.9 | 19.7 | 8.5 | 9.6 | -26.3 | -32.5 | 35.2 |
| 国有经济 | -5.6 | 33.6 | -34.6 | -13.1 | 76.0 | -3.3 | -67.8 | 14.9 |
| 集体经济 | -46.5 | -55.6 | -100.0 | -59.1 | -32.3 | 373.2 | | -99.4 |
| 私营个体经济 | 2.2 | 37.4 | 6.8 | 17.1 | 33.9 | -50.3 | -57.3 | 55.4 |
| 港澳台商投资 | -10.3 | -62.5 | -10.4 | -2.2 | 14.6 | 1427.0 | 46.2 | -36.8 |
| 外商投资 | 21.2 | 33.0 | -89.9 | -100.0 | -24.3 | -100.0 | 110.4 | -18.0 |
| 民间投资 | 5.1 | 15.9 | 27.5 | 16.8 | 2.3 | -32.5 | -19.5 | 25.9 |
| **建设性质** | | | | | | | | |
| 新建 | 6.8 | 24.2 | 16.3 | 0.9 | 5.0 | -21.5 | -11.5 | 37.2 |
| 扩建 | -52.1 | 39.6 | -57.6 | 31.9 | -21.9 | -81.3 | -74.1 | -55.5 |
| 改建和技术改造 | 24.6 | -16.4 | 52.3 | 77.2 | 175.0 | -21.1 | -29.7 | 20.0 |
| **投资构成** | | | | | | | | |
| 建筑安装工程 | -5.0 | 6.7 | 5.4 | 4.1 | 8.4 | -25.2 | -29.4 | -3.2 |
| 设备工器具购置 | -8.5 | 41.4 | -0.1 | 20.4 | 3.4 | -76.2 | -47.9 | 23.8 |
| 其他费用 | 78.1 | 141.3 | 46.0 | 28.6 | 28.4 | 69.0 | 62.0 | 234.3 |
| **产业** | | | | | | | | |
| 第一产业 | -31.7 | 67.4 | | -37.7 | -42.3 | -56.7 | | |
| 第二产业 | -12.1 | 79.6 | -8.4 | 10.5 | -1.2 | -53.6 | -49.7 | -1.8 |
| 第三产业 | 9.3 | 14.7 | 19.3 | 8.6 | 15.9 | -14.3 | -11.4 | 46.3 |
| 本年施工房屋面积 | 0.6 | 10.5 | 5.3 | -25.4 | 9.9 | -6.7 | -7.3 | 20.7 |
| 其中：住宅 | 3.2 | 9.0 | 14.4 | -27.3 | 13.4 | 5.9 | -2.3 | 25.4 |
| 本年竣工房屋面积 | -47.2 | 74.8 | -33.8 | 15.6 | -58.0 | 54.8 | -81.6 | -43.6 |
| 其中：住宅 | -51.7 | 83.9 | -30.7 | 16.5 | -71.8 | 87.3 | -83.8 | -59.2 |

# 6–5 分县区新增生产能力表

(2018年)

| 指标名称 | | 惠州市 | 惠城区 | 惠阳区 | 惠东县 | 博罗县 | 龙门县 | 大亚湾区 | 仲恺区 |
|---|---|---|---|---|---|---|---|---|---|
| 铜冶炼 | 吨/年 | 1890 | | | | 1890 | | | |
| 其中：电解铜 | 吨/年 | 1890 | | | | 1890 | | | |
| 其他发电 | 万千瓦 | 1 | | | | 1 | | | |
| 输电线路长度(110千伏及以上) | 公路 | 212 | 57 | 28 | 73 | | 27 | 27 | |
| 塑料树脂及共聚物 | 吨/年 | 144750 | | | | | | 144750 | |
| 新建公路 | 公里 | 199 | 197 | | | 2 | | | |
| 其中：高速公路 | 公里 | 30 | 30 | | | | | | |
| 改建公路 | 公里 | 18 | 11 | | 4 | 3 | | | |
| 其中：一级公路 | 公里 | 12 | 11 | | 1 | | | | |
| 新(扩)建港口码头 | 年吞吐量：万吨 | 1500 | | | | | | 1500 | |
| 新(扩)建港口码头 | 泊位：个 | 2 | | | | | | 2 | |
| 新(扩)建公路客、货运站 | 个 | 1 | | | | 1 | | | |
| 新(扩)建公路客、货运站 | 平方米 | 3790 | | | | 3790 | | | |
| 城市自来水供水能力 | 万吨/日 | 7 | | | 6 | 1 | | | |
| 城市污水处理能力 | 万吨/日 | 3 | | | | 3 | | | |

# 6-6 房地产开发主要指标

| 项　目 | 2010 | 2011 | 2012 | 2013 | 2014 | 2015 | 2016 | 2017 | 2018 |
|---|---|---|---|---|---|---|---|---|---|
| 土地开发及购置　(平方米) | | | | | | | | | |
| 本年土地购置面积 | 5756941 | 4391342 | 2370372 | 2222765 | 1134584 | 595884 | 1395921 | 1227793 | 1203530 |
| 本年完成投资额　(万元) | 2678611 | 3765382 | 4821683 | 5934706 | 6672975 | 6104497 | 7476324 | 8841949 | 9839417 |
| #住宅 | 1984720 | 2908315 | 3640151 | 4697816 | 5128362 | 4882416 | 5973431 | 7252062 | 8098066 |
| 资金来源小计　(万元) | 5627146 | 4954232 | 6488226 | 7913529 | 8223804 | 9102328 | 12233548 | 14546554 | 19451846 |
| #国内贷款 | 1246799 | 761245 | 952497 | 1401819 | 1361967 | 1098235 | 720899 | 1836642 | 3103102 |
| 利用外资 | 360 | 360 | | 27508 | | | 66661 | 103059 | 20010 |
| 自筹资金 | 1878305 | 1734298 | 2237537 | 2345431 | 2929302 | 2512774 | 3263783 | 3356738 | 3667392 |
| 房屋建筑面积 | | | | | | | | | |
| 施工面积　(平方米) | 30730377 | 39051186 | 45798658 | 58106715 | 61000016 | 58834102 | 68391537 | 76044451 | 77893631 |
| #住宅 | 24025322 | 30591124 | 35153731 | 44123712 | 46401032 | 44901426 | 51937544 | 58846074 | 61002051 |
| 竣工面积　(平方米) | 5645880 | 5026639 | 5090084 | 6347747 | 7570090 | 4494822 | 5555010 | 10398558 | 5009241 |
| #住宅 | 4533723 | 4056166 | 4037488 | 5061002 | 5948940 | 3462677 | 4494836 | 8246359 | 3932506 |
| 商品房屋销售额　(万元) | 3111736 | 4408734 | 4784238 | 6721088 | 5888121 | 8003806 | 14149978 | 16288085 | 17784074 |
| #住宅 | 2859694 | 4146618 | 4457970 | 6138971 | 5352985 | 7583422 | 13371739 | 15371154 | 16886557 |
| 商品房屋销售面积(平方米) | 6272990 | 7963007 | 8267214 | 11494568 | 9839357 | 12997809 | 17719061 | 16456529 | 16633673 |
| #住宅 | 5937165 | 7524356 | 7872877 | 10927626 | 9183615 | 12464390 | 17002218 | 15434025 | 15757232 |

注：2010年国家取消本年土地开发面积指标，2011年取消经济适用房相关指标。

# 6-7 房地产开发投资情况

(2018年) 单位: 万元

| 按登记注册类型分组 | 完成投资额 | 按登记注册类型分组 | 完成投资额 |
|---|---|---|---|
| 国有控股 | 585491 | 私营企业 | 3953189 |
| 集体控股 | 21171 | 私营独资企业 | 20350 |
| 私人控股 | 7345173 | 私营合伙企业 | 1563 |
| 港澳台商控股 | 270442 | 私营有限责任公司 | 3905675 |
| 外商控股 | 323544 | 私营股份有限公司 | 25601 |
| 其他 | 1293596 | 其他企业 | 1570 |
| 内资企业 | 9298171 | 港、澳、台商投资企业 | 345039 |
| 国有企业 | | 与港澳台商合资经营企业 | 157715 |
| 股份合作企业 | 2125 | 与港澳台商合作经营企业 | 42709 |
| 有限责任公司 | 5215836 | 港澳台商独资经营企业 | 144615 |
| 国有独资公司 | 102090 | 外商投资企业 | 196207 |
| 其他有限责任公司 | 5113746 | 中外合资经营企业 | 69853 |
| 股份有限公司 | 125451 | 外资企业 | 126354 |

# 6-8 商品房施工与销售

(2018年)

| 指标名称 | 合计 | 住宅 | 户型结构 | | 其中：别墅、高档公寓 | 办公楼 | 商业营业用房 | 其他房屋 |
|---|---|---|---|---|---|---|---|---|
| | | | 其中：90平米及以下 | 其中：144平米以上 | | | | |
| 房屋施工面积 (平方米) | 77893631 | 61002051 | 15499292 | 10126698 | 4824355 | 1073739 | 4906612 | 10911229 |
| 其中：新开工面积 | 21073670 | 16603569 | 3684772 | 1469569 | 805364 | 168606 | 980496 | 3320999 |
| 房屋竣工面积 (平方米) | 5009241 | 3932506 | 1014869 | 719949 | 258001 | 26651 | 291386 | 758698 |
| 竣工房屋价值 (万元) | 1547827 | 1231995 | 315406 | 283603 | 96012 | 6069 | 107642 | 202121 |
| 出租房屋面积 (平方米) | 123490 | 17164 | | 923 | | 21883 | 84385 | 58 |
| 商品房销售面积 (平方米) | 16633673 | 15757232 | 3369802 | 2206847 | 1129353 | 91318 | 374930 | 410193 |
| 其中：现房销售面积 | 1465366 | 1063808 | 455572 | 199731 | 57691 | 13930 | 114317 | 273311 |
| 期房销售面积 | 15168307 | 14693424 | 2914230 | 2007116 | 1071662 | 77388 | 260613 | 136882 |
| 商品房销售额 (万元) | 17784074 | 16886557 | 3809045 | 2469045 | 1428358 | 122918 | 571922 | 202677 |
| 其中：现房销售额 | 1393774 | 1092513 | 494860 | 255901 | 78625 | 20687 | 169198 | 111376 |
| 期房销售额 | 16390300 | 15794044 | 3314185 | 2213144 | 1349733 | 102231 | 402724 | 91301 |
| 待售面积 (平方米) | 3723307 | 1719318 | 345630 | 662654 | 202543 | 139689 | 774423 | 1089877 |
| 其中：待售1–3年面积 (含1年) | 1571588 | 590659 | 188731 | 240832 | 71785 | 67207 | 423633 | 490089 |
| 待售3年以上面积 (含3年) | 598753 | 296150 | 68193 | 114428 | 47044 | 13719 | 150141 | 138743 |

# 6-9 分县区商品房销售与待售

(2018年)

| 指标名称 | 惠州市 | 惠城区 | 惠阳区 | 惠东县 | 博罗县 | 龙门县 | 大亚湾区 | 仲恺区 |
|---|---|---|---|---|---|---|---|---|
| 房屋施工与竣工 | | | | | | | | |
| 施工房屋面积 (平方米) | 77893631 | 18539378 | 13000929 | 7135171 | 11973526 | 2221793 | 19247808 | 5775026 |
| 其中：住宅 | 61002051 | 13377824 | 9990766 | 6023690 | 9962497 | 2004962 | 15492512 | 4149800 |
| 本年新开工面积 (平方米) | 21073670 | 4499142 | 3256936 | 2203859 | 3463549 | 755810 | 4516860 | 2377514 |
| 其中：住宅 | 16603569 | 3103708 | 2485828 | 1813377 | 2981077 | 714366 | 3747054 | 1758159 |
| 竣工房屋面积 (平方米) | 5009241 | 1727059 | 617260 | 493495 | 825710 | 296016 | 833039 | 216662 |
| 其中：住宅 | 3932506 | 1403219 | 493910 | 425321 | 570750 | 276772 | 602928 | 159606 |
| 竣工房屋价值 (万元) | 1547827 | 570392 | 187842 | 207265 | 248665 | 71137 | 200893 | 61633 |
| 其中：住宅 | 1231995 | 447026 | 144491 | 176842 | 202387 | 65908 | 148185 | 47156 |
| 房屋销售与待售 | | | | | | | | |
| 商品房销售面积 (平方米) | 16633673 | 3705256 | 2888873 | 2407810 | 2325466 | 585230 | 3355717 | 1365321 |
| 其中：住宅 | 15757232 | 3133915 | 2797532 | 2363332 | 2242224 | 584688 | 3311100 | 1324441 |
| 商品房销售额 (万元) | 17784074 | 3993714 | 3653289 | 2183826 | 1836247 | 566175 | 4337766 | 1213057 |
| 其中：住宅 | 16886557 | 3450196 | 3538786 | 2152926 | 1761210 | 566080 | 4249634 | 1167725 |
| 商品房待售面积 (平方米) | 3723307 | 1437878 | 557448 | 50444 | 903925 | 116253 | 533431 | 123928 |
| 其中：住宅 | 1719318 | 610658 | 245820 | 45731 | 465787 | 75961 | 203607 | 71754 |

# 6-10 按行业分建筑业企业生产情况

(2018年)　　单位：千元

| 指　　标 | 单位个数 | 签订合同额 | 上年结转合同额 | 本年新签合同额 | 直接从建设单位承揽工程完成的产值 | 自行完成施工产值 |
|---|---|---|---|---|---|---|
| **总　计** | **255** | **41193391** | **18586805** | **22606586** | **21099853** | **20375644** |
| **行业代码** | | | | | | |
| 建筑业 | 255 | 41193391 | 18586805 | 22606586 | 21099853 | 20375644 |
| 房屋建筑业 | 96 | 28336837 | 12893198 | 15443639 | 14080669 | 13747988 |
| 住宅房屋建筑 | 80 | 25691739 | 12393808 | 13297931 | 12360767 | 12168999 |
| 其他房屋建筑业 | 16 | 2645098 | 499390 | 2145708 | 1719902 | 1578989 |
| 土木工程建筑业 | 56 | 7753655 | 3744737 | 4008918 | 3769917 | 3614954 |
| 铁路、道路、隧道和桥梁工程建筑 | 23 | 4039789 | 2546111 | 1493678 | 1369496 | 1283883 |
| 水利和水运工程建筑 | 11 | 1847596 | 677964 | 1169632 | 1267484 | 1267484 |
| 工矿工程建筑 | 1 | 13921 | | 13921 | 13921 | 13921 |
| 架线和管道工程建筑 | 8 | 612992 | 147038 | 465954 | 549170 | 479820 |
| 电力工程施工 | 2 | 120423 | 5378 | 115045 | 114481 | 114481 |
| 其他土木工程建筑 | 11 | 1118934 | 368246 | 750688 | 455365 | 455365 |
| 建筑安装业 | 62 | 3585313 | 1219373 | 2365940 | 1912658 | 1805597 |
| 电气安装 | 35 | 2937664 | 1081731 | 1855933 | 1441052 | 1411743 |
| 管道和设备安装 | 18 | 602897 | 116736 | 486161 | 450750 | 373098 |
| 其他建筑安装业 | 9 | 44752 | 20906 | 23846 | 20856 | 20756 |
| 建筑装饰、装修和其他建筑业 | 41 | 1517586 | 729497 | 788089 | 1336609 | 1207105 |
| 建筑装饰和装修业 | 31 | 737177 | 223494 | 513683 | 612021 | 488789 |
| 建筑物拆除和场地准备活动 | 3 | 242068 | 176000 | 66068 | 241830 | 241830 |
| 其他未列明建筑业 | 7 | 538341 | 330003 | 208338 | 482758 | 476486 |
| **登记注册类型** | | | | | | |
| 内资企业 | 253 | 40872948 | 18463700 | 22409248 | 20943422 | 20261471 |
| 国有企业 | 11 | 5772449 | 3910962 | 1861487 | 2036033 | 2036033 |
| 集体企业 | 13 | 2284700 | 1022254 | 1262446 | 920033 | 920033 |
| 股份合作企业 | 1 | 203205 | 11243 | 191962 | 190023 | 190023 |
| 联营企业 | 1 | 50000 | | 50000 | 46116 | 46116 |
| 集体联营企业 | 1 | 50000 | | 50000 | 46116 | 46116 |
| 有限责任公司 | 35 | 12198684 | 5530987 | 6667697 | 5928085 | 5764637 |
| 国有独资公司 | 3 | 5356360 | 2391058 | 2965302 | 2596801 | 2596801 |
| 其他有限责任公司 | 32 | 6842324 | 3139929 | 3702395 | 3331284 | 3167836 |
| 股份有限公司 | 8 | 3808396 | 2279421 | 1528975 | 2432899 | 2426627 |
| 私营企业 | 184 | 16555514 | 5708833 | 10846681 | 9390233 | 8878002 |
| 私营有限责任公司 | 181 | 15606172 | 5338876 | 10267296 | 8717355 | 8206492 |
| 私营股份有限公司 | 3 | 949342 | 369957 | 579385 | 672878 | 671510 |
| 港、澳、台商投资企业 | 1 | 117597 | 63295 | 54302 | 22235 | 22235 |
| 港澳台商独资经营企业 | 1 | 117597 | 63295 | 54302 | 22235 | 22235 |
| 外商投资企业 | 1 | 202846 | 59810 | 143036 | 134196 | 91938 |
| 中外合资经营企业 | 1 | 202846 | 59810 | 143036 | 134196 | 91938 |

## 6-10 续表 1

(2018年) 单位：千元

| 指　　标 | 单位个数 | 签订合同额 | 上年结转合同额 | 本年新签合同额 | 直接从建设单位承揽工程完成的产值 | 自行完成施工产值 |
|---|---|---|---|---|---|---|
| **企业控股情况** | | | | | | |
| 国有控股 | 20 | 15804337 | 8511132 | 7293205 | 7206898 | 7206598 |
| 集体控股 | 22 | 6423589 | 3603980 | 2819609 | 2874903 | 2874903 |
| 私人控股 | 204 | 18533991 | 6340130 | 12193861 | 10798385 | 10145136 |
| 港澳台商控股 | 1 | 117597 | 63295 | 54302 | 22235 | 22235 |
| 外商控股 | 1 | 202846 | 59810 | 143036 | 134196 | 91938 |
| 其他 | 7 | 111031 | 8458 | 102573 | 63236 | 34834 |
| **运营状态** | | | | | | |
| 正常运营 | 254 | 41190140 | 18586805 | 22603335 | 21089870 | 20365661 |
| 停业(歇业) | 1 | 3251 | | 3251 | 9983 | 9983 |
| **建筑业企业资质等级** | | | | | | |
| 施工总承包序列 | 133 | 35904733 | 16818104 | 19086629 | 17595270 | 17008409 |
| 施工总承包序列一级工程 | 7 | 16872259 | 9259809 | 7612450 | 7717455 | 7717455 |
| 施工总承包序列二级工程 | 19 | 10072262 | 3925562 | 6146700 | 4758770 | 4667499 |
| 施工总承包序列三级工程 | 107 | 8960212 | 3632733 | 5327479 | 5119045 | 4623455 |
| 专业承包序列 | 122 | 5288658 | 1768701 | 3519957 | 3504583 | 3367235 |
| 专业承包序列一级工程 | 4 | 274013 | 90896 | 183117 | 283760 | 259894 |
| 专业承包序列二级工程 | 62 | 1190314 | 338579 | 851735 | 670342 | 595894 |
| 专业承包序列三级工程 | 54 | 3814746 | 1339153 | 2475593 | 2541339 | 2502305 |
| 专业承包序列不分等级工程 | 2 | 9585 | 73 | 9512 | 9142 | 9142 |
| **管理机构** | | | | | | |
| 惠城区统计局 | 172 | 34402416 | 16279093 | 18123323 | 16999007 | 16428959 |
| 惠阳区统计局 | 8 | 1159288 | 401890 | 757398 | 864179 | 817719 |
| 惠东县统计局 | 22 | 1128778 | 215498 | 913280 | 709251 | 698930 |
| 博罗县统计局 | 29 | 2316657 | 1021182 | 1295475 | 1240602 | 1219559 |
| 龙门县统计局 | 8 | 321174 | 119028 | 202146 | 287845 | 287845 |
| 大亚湾统计局 | 10 | 1456839 | 514584 | 942255 | 706447 | 654189 |
| 仲恺高新区科技创新局 | 6 | 408239 | 35530 | 372709 | 292522 | 268443 |

## 6-10 续表2

(2018年) 单位：千元

| 指　　标 | 分包出去工程的产值 | 从建设单位以外承揽工程完成的产值 | 建筑业总产值 | 装配式建筑工程产值 | 装饰装修产值 | 在外省完成的产值 |
|---|---|---|---|---|---|---|
| **总　　计** | **724209** | **455979** | **20831623** | | **517229** | **304891** |
| **行业代码** | | | | | | |
| 建筑业 | 724209 | 455979 | 20831623 | | 517229 | 304891 |
| 房屋建筑业 | 332681 | 245815 | 13993803 | | 149917 | 171617 |
| 住宅房屋建筑 | 191768 | 244693 | 12413692 | | 139332 | 170938 |
| 其他房屋建筑业 | 140913 | 1122 | 1580111 | | 10585 | 679 |
| 土木工程建筑业 | 154963 | 87534 | 3702488 | | 26508 | 32098 |
| 铁路、道路、隧道和桥梁工程建筑 | 85613 | 48403 | 1332286 | | 9521 | 17290 |
| 水利和水运工程建筑 | | 16346 | 1283830 | | | |
| 工矿工程建筑 | | | 13921 | | | |
| 架线和管道工程建筑 | 69350 | 20162 | 499982 | | 43 | 3061 |
| 电力工程施工 | | | 114481 | | | |
| 其他土木工程建筑 | | 2623 | 457988 | | 16944 | 11747 |
| 建筑安装业 | 107061 | 79893 | 1885490 | | 47504 | 66615 |
| 电气安装 | 29309 | 57404 | 1469147 | | 43084 | 45902 |
| 管道和设备安装 | 77652 | 20211 | 393309 | | 4420 | 19421 |
| 其他建筑安装业 | 100 | 2278 | 23034 | | | 1292 |
| 建筑装饰、装修和其他建筑业 | 129504 | 42737 | 1249842 | | 293300 | 34561 |
| 建筑装饰和装修业 | 123232 | 21183 | 509972 | | 293300 | 31720 |
| 建筑物拆除和场地准备活动 | | 121 | 241951 | | | 2841 |
| 其他未列明建筑业 | 6272 | 21433 | 497919 | | | |
| **登记注册类型** | | | | | | |
| 内资企业 | 681951 | 447139 | 20708610 | | 494994 | 285470 |
| 国有企业 | | | 2036033 | | 5012 | |
| 集体企业 | | | 920033 | | 160 | |
| 股份合作企业 | | | 190023 | | | |
| 联营企业 | | | 46116 | | | |
| 集体联营企业 | | | 46116 | | | |
| 有限责任公司 | 163448 | 112982 | 5877619 | | 55885 | 17969 |
| 国有独资公司 | | | 2596801 | | 2480 | |
| 其他有限责任公司 | 163448 | 112982 | 3280818 | | 53405 | 17969 |
| 股份有限公司 | 6272 | 75872 | 2502499 | | 165538 | 2841 |
| 私营企业 | 512231 | 258285 | 9136287 | | 268399 | 264660 |
| 私营有限责任公司 | 510863 | 255480 | 8461972 | | 265826 | 226823 |
| 私营股份有限公司 | 1368 | 2805 | 674315 | | 2573 | 37837 |
| 港、澳、台商投资企业 | | | 22235 | | 22235 | |
| 港澳台商独资经营企业 | | | 22235 | | 22235 | |
| 外商投资企业 | 42258 | 8840 | 100778 | | | 19421 |
| 中外合资经营企业 | 42258 | 8840 | 100778 | | | 19421 |

## 6-10 续表3

(2018年) 单位：千元

| 指　　标 | 分包出去工程的产值 | 从建设单位以外承揽工程完成的产值 | 建筑业总产值 | 装配式建筑工程产值 | 装饰装修产值 | 在外省完成的产值 |
|---|---|---|---|---|---|---|
| **企业控股情况** | | | | | | |
| 国有控股 | 300 | | 7206598 | | 21992 | |
| 集体控股 | | 1228 | 2876131 | | 3890 | |
| 私人控股 | 653249 | 398930 | 10544066 | | 454490 | 285470 |
| 港澳台商控股 | | | 22235 | | 22235 | |
| 外商控股 | 42258 | 8840 | 100778 | | | 19421 |
| 其他 | 28402 | 46981 | 81815 | | 14622 | |
| **运营状态** | | | | | | |
| 正常运营 | 724209 | 455979 | 20821640 | | 517229 | 304891 |
| 停业(歇业) | | | 9983 | | | |
| **建筑业企业资质等级** | | | | | | |
| 施工总承包序列 | 586861 | 380570 | 17388979 | | 153159 | 197324 |
| 施工总承包序列一级工程 | | | 7717455 | | 3730 | 11354 |
| 施工总承包序列二级工程 | 91271 | 153589 | 4821088 | | 62488 | 155938 |
| 施工总承包序列三级工程 | 495590 | 226981 | 4850436 | | 86941 | 30032 |
| 专业承包序列 | 137348 | 75409 | 3442644 | | 364070 | 107567 |
| 专业承包序列一级工程 | 23866 | 2810 | 262704 | | 193678 | 25201 |
| 专业承包序列二级工程 | 74448 | 48781 | 644675 | | 91746 | 43237 |
| 专业承包序列三级工程 | 39034 | 23375 | 2525680 | | 78646 | 39129 |
| 专业承包序列不分等级工程 | | 443 | 9585 | | | |
| **管理机构** | | | | | | |
| 惠城区统计局 | 570048 | 269370 | 16698329 | | 443053 | 254910 |
| 惠阳区统计局 | 46460 | 46460 | 864179 | | 2041 | 17290 |
| 惠东县统计局 | 10321 | 20600 | 719530 | | 39165 | |
| 博罗县统计局 | 21043 | 80381 | 1299940 | | 1180 | 679 |
| 龙门县统计局 | | 29328 | 317173 | | 20000 | |
| 大亚湾统计局 | 52258 | 9840 | 664029 | | 4000 | 31775 |
| 仲恺高新区科技创新局 | 24079 | | 268443 | | 7790 | 237 |

## 6-10 续表4

(2018年) 单位：千元、平方米

| 指　　标 | 建筑工程产值 | 安装工程产值 | 其他建筑业产值 | 竣工产值 | 房屋施工面积 | 房屋新开工面积 |
|---|---|---|---|---|---|---|
| **总　　计** | **16812105** | **2479519** | **1539999** | **9906848** | **13354342** | **3943748** |
| **行业代码** | | | | | | |
| 建筑业 | 16812105 | 2479519 | 1539999 | 9906848 | 13354342 | 3943748 |
| 房屋建筑业 | 13132251 | 239820 | 621732 | 7124825 | 12856287 | 3750109 |
| 住宅房屋建筑 | 11684915 | 170394 | 558383 | 6383799 | 12118349 | 3629607 |
| 其他房屋建筑业 | 1447336 | 69426 | 63349 | 741026 | 737938 | 120502 |
| 土木工程建筑业 | 3064704 | 484779 | 153005 | 1359006 | 410361 | 110139 |
| 铁路、道路、隧道和桥梁工程建筑 | 1295675 | 21803 | 14808 | 352534 | 142767 | 44113 |
| 水利和水运工程建筑 | 1220265 | 1000 | 62565 | 241008 | 232725 | 37480 |
| 工矿工程建筑 | 13921 | | | 13921 | | |
| 架线和管道工程建筑 | 115426 | 345118 | 39438 | 337382 | | |
| 电力工程施工 | | 114481 | | 35400 | | |
| 其他土木工程建筑 | 419417 | 2377 | 36194 | 378761 | 34869 | 28546 |
| 建筑安装业 | 179525 | 1677599 | 28366 | 693168 | 87694 | 83500 |
| 电气安装 | 145349 | 1314677 | 9121 | 446272 | 83694 | 82000 |
| 管道和设备安装 | 32676 | 341588 | 19045 | 236586 | 4000 | 1500 |
| 其他建筑安装业 | 1500 | 21334 | 200 | 10310 | | |
| 建筑装饰、装修和其他建筑业 | 435625 | 77321 | 736896 | 729849 | | |
| 建筑装饰和装修业 | 254728 | 74914 | 180330 | 297646 | | |
| 建筑物拆除和场地准备活动 | 179939 | 47 | 61965 | | | |
| 其他未列明建筑业 | 958 | 2360 | 494601 | 432203 | | |
| **登记注册类型** | | | | | | |
| 内资企业 | 16789870 | 2378741 | 1539999 | 9901382 | 13354342 | 3943748 |
| 国有企业 | 1957184 | 73439 | 5410 | 2165545 | 2677560 | 175285 |
| 集体企业 | 820489 | 66498 | 33046 | 385506 | 1432499 | 649339 |
| 股份合作企业 | 190023 | | | 190023 | 246620 | 150322 |
| 联营企业 | 46116 | | | 46000 | 11800 | |
| 集体联营企业 | 46116 | | | 46000 | 11800 | |
| 有限责任公司 | 4558730 | 859971 | 458918 | 1556336 | 3116951 | 1071021 |
| 国有独资公司 | 2265717 | | 331084 | 804344 | 2582875 | 892791 |
| 其他有限责任公司 | 2293013 | 859971 | 127834 | 751992 | 534076 | 178230 |
| 股份有限公司 | 2191494 | 84439 | 226566 | 830938 | 1525693 | 405296 |
| 私营企业 | 7025834 | 1294394 | 816059 | 4727034 | 4343219 | 1492485 |
| 私营有限责任公司 | 6528429 | 1118102 | 815441 | 4229629 | 4073128 | 1335412 |
| 私营股份有限公司 | 497405 | 176292 | 618 | 497405 | 270091 | 157073 |
| 港、澳、台商投资企业 | 22235 | | | 5466 | | |
| 港澳台商独资经营企业 | 22235 | | | 5466 | | |
| 外商投资企业 | | 100778 | | | | |
| 中外合资经营企业 | | 100778 | | | | |

## 6-10 续表5

(2018年) 单位：千元、平方米

| 指 标 | 建筑工程产值 | 安装工程产值 | 其他建筑业产值 | 竣工产值 | 房屋施工面积 | 房屋新开工面积 |
|---|---|---|---|---|---|---|
| **企业控股情况** | | | | | | |
| 国有控股 | 6795637 | 74467 | 336494 | 3548417 | 5902645 | 1324556 |
| 集体控股 | 2052238 | 755080 | 68813 | 891718 | 2673009 | 909854 |
| 私人控股 | 7913100 | 1536182 | 1094784 | 5420672 | 4776685 | 1707335 |
| 港澳台商控股 | 22235 | | | 5466 | | |
| 外商控股 | | 100778 | | | | |
| 其他 | 28895 | 13012 | 39908 | 40575 | 2003 | 2003 |
| **运营状态** | | | | | | |
| 正常运营 | 16802122 | 2479519 | 1539999 | 9906848 | 13354342 | 3943748 |
| 停业(歇业) | 9983 | | | | | |
| **建筑业企业资质等级** | | | | | | |
| 施工总承包序列 | 15806539 | 903060 | 679380 | 8557351 | 13017851 | 3784357 |
| 施工总承包序列一级工程 | 7388165 | | 329290 | 3444908 | 5985015 | 1131504 |
| 施工总承包序列二级工程 | 4440697 | 359072 | 21319 | 2091683 | 3183638 | 953131 |
| 施工总承包序列三级工程 | 3977677 | 543988 | 328771 | 3020760 | 3849198 | 1699722 |
| 专业承包序列 | 1005566 | 1576459 | 860619 | 1349497 | 336491 | 159391 |
| 专业承包序列一级工程 | 66811 | 26390 | 169503 | 189511 | | |
| 专业承包序列二级工程 | 309538 | 294479 | 40658 | 232108 | 95623 | 6479 |
| 专业承包序列三级工程 | 629217 | 1246448 | 650015 | 918736 | 240868 | 152912 |
| 专业承包序列不分等级工程 | | 9142 | 443 | 9142 | | |
| **管理机构** | | | | | | |
| 惠城区统计局 | 13947801 | 1784568 | 965960 | 7193579 | 10507721 | 2965643 |
| 惠阳区统计局 | 298282 | 92996 | 472901 | 760998 | 521505 | 116089 |
| 惠东县统计局 | 698354 | 7419 | 13757 | 230600 | 851586 | 276444 |
| 博罗县统计局 | 957085 | 304857 | 37998 | 802083 | 1124992 | 479392 |
| 龙门县统计局 | 283335 | 4671 | 29167 | 199369 | 141030 | 37630 |
| 大亚湾统计局 | 469751 | 194278 | | 533811 | 68276 | 1500 |
| 仲恺高新区科技创新局 | 157497 | 90730 | 20216 | 186408 | 139232 | 67050 |

## 6-10 续表 6

(2018年)

| 指　　标 | 主要建筑材料消耗量_钢材(吨) | 主要建筑材料消耗量_木材(立方米) | 主要建筑材料消耗量_水泥(吨) | 主要建筑材料消耗量_平板玻璃(重量箱) | 主要建筑材料消耗量_平板玻璃(平方米) | 主要建筑材料消耗量_铝材(吨) |
|---|---|---|---|---|---|---|
| **总　　计** | **583375** | **363308** | **2782902** | **155722** | **811853** | **121660** |
| **行业代码** | | | | | | |
| 建筑业 | 583375 | 363308 | 2782902 | 155722 | 811853 | 121660 |
| 房屋建筑业 | 532362 | 274729 | 2086388 | 154947 | 808233 | 118829 |
| 住宅房屋建筑 | 452180 | 226122 | 1900445 | 150427 | 796167 | 109812 |
| 其他房屋建筑业 | 80182 | 48607 | 185943 | 4520 | 12066 | 9017 |
| 土木工程建筑业 | 35742 | 42099 | 672190 | 394 | 1370 | 992 |
| 铁路、道路、隧道和桥梁工程建筑 | 13345 | 7276 | 533316 | 24 | 240 | 609 |
| 水利和水运工程建筑 | 12618 | 2256 | 110221 | 290 | 810 | 195 |
| 工矿工程建筑 | 60 | 45 | 180 | | | |
| 架线和管道工程建筑 | 457 | 1130 | 10220 | | | |
| 电力工程施工 | | | | | | |
| 其他土木工程建筑 | 9262 | 31392 | 18253 | 80 | 320 | 188 |
| 建筑安装业 | 4565 | 41134 | 3300 | 201 | 2002 | 118 |
| 电气安装 | 4018 | 41104 | 3258 | 200 | 2000 | 117 |
| 管道和设备安装 | 421 | 30 | 4 | 1 | 2 | 1 |
| 其他建筑安装业 | 126 | | 38 | | | |
| 建筑装饰、装修和其他建筑业 | 10706 | 5346 | 21024 | 180 | 248 | 1721 |
| 建筑装饰和装修业 | 10516 | 5345 | 20955 | 179 | 246 | 1720 |
| 建筑物拆除和场地准备活动 | 2 | 1 | 12 | | | 1 |
| 其他未列明建筑业 | 188 | | 57 | 1 | 2 | |
| **登记注册类型** | | | | | | |
| 内资企业 | 583375 | 363308 | 2782902 | 155722 | 811853 | 121660 |
| 国有企业 | 109044 | 48429 | 419423 | 61724 | 249058 | 6060 |
| 集体企业 | 41451 | 18067 | 233542 | 9706 | 59462 | 1280 |
| 股份合作企业 | 20223 | 10031 | 11550 | 321 | 3100 | |
| 联营企业 | 545 | 1600 | 1200 | 2400 | 14200 | |
| 集体联营企业 | 545 | 1600 | 1200 | 2400 | 14200 | |
| 有限责任公司 | 110901 | 91662 | 984128 | 4693 | 35939 | 1125 |
| 国有独资公司 | 81591 | 83490 | 383839 | 3233 | 32329 | 10 |
| 其他有限责任公司 | 29310 | 8172 | 600289 | 1460 | 3610 | 1115 |
| 股份有限公司 | 64862 | 23622 | 298995 | 36233 | 188391 | 93296 |
| 私营企业 | 236349 | 169897 | 834064 | 40645 | 261703 | 19899 |
| 私营有限责任公司 | 226095 | 165099 | 779102 | 36890 | 224286 | 19444 |
| 私营股份有限公司 | 10254 | 4798 | 54962 | 3755 | 37417 | 455 |
| 港、澳、台商投资企业 | | | | | | |
| 港澳台商独资经营企业 | | | | | | |
| 外商投资企业 | | | | | | |
| 中外合资经营企业 | | | | | | |

## 6-10 续表7

(2018年)

| 指　　标 | 主要建筑材料消耗量_钢材(吨) | 主要建筑材料消耗量_木材(立方米) | 主要建筑材料消耗量_水泥(吨) | 主要建筑材料消耗量_平板玻璃(重量箱) | 主要建筑材料消耗量_平板玻璃(平方米) | 主要建筑材料消耗量_铝材(吨) |
|---|---|---|---|---|---|---|
| **企业控股情况** | | | | | | |
| 国有控股 | 217126 | 139905 | 1427113 | 69617 | 319134 | 6921 |
| 集体控股 | 109658 | 49054 | 425461 | 40740 | 190116 | 94238 |
| 私人控股 | 255866 | 174221 | 927808 | 45365 | 302603 | 20500 |
| 港澳台商控股 | | | | | | |
| 外商控股 | | | | | | |
| 其他 | 725 | 128 | 2520 | | | 1 |
| **运营状态** | | | | | | |
| 正常运营 | 583375 | 363308 | 2782902 | 155722 | 811853 | 121660 |
| 停业(歇业) | | | | | | |
| **建筑业企业资质等级** | | | | | | |
| 施工总承包序列 | 558157 | 356241 | 2712861 | 155447 | 810747 | 119827 |
| 施工总承包序列一级工程 | 270819 | 190928 | 1089176 | 90048 | 376395 | 98892 |
| 施工总承包序列二级工程 | 125954 | 34421 | 1159163 | 30191 | 250777 | 8545 |
| 施工总承包序列三级工程 | 161384 | 130892 | 464522 | 35208 | 183575 | 12390 |
| 专业承包序列 | 25218 | 7067 | 70041 | 275 | 1106 | 1833 |
| 专业承包序列一级工程 | 9396 | 4561 | 19123 | 179 | 246 | 1674 |
| 专业承包序列二级工程 | 6554 | 2276 | 28839 | 95 | 858 | 139 |
| 专业承包序列三级工程 | 9268 | 230 | 22079 | 1 | 2 | 20 |
| 专业承包序列不分等级工程 | | | | | | |
| **管理机构** | | | | | | |
| 惠城区统计局 | 441753 | 222599 | 2322954 | 134791 | 678013 | 110013 |
| 惠阳区统计局 | 42273 | 34680 | 82382 | 304 | 1976 | 8464 |
| 惠东县统计局 | 38958 | 56886 | 164978 | 4360 | 18305 | 311 |
| 博罗县统计局 | 40129 | 16472 | 122819 | 7456 | 66529 | 698 |
| 龙门县统计局 | 3687 | 1935 | 48136 | 7623 | 38767 | 616 |
| 大亚湾统计局 | 8798 | 28882 | 24957 | 1 | 2 | 186 |
| 仲恺高新区科技创新局 | 7777 | 1854 | 16676 | 1187 | 8261 | 1372 |

## 6-10 续表8

(2018年) 单位：人

| 指　　标 | 直接从事生产经营活动的平均人数 | 从业人员期末人数 | 工程技术人员 | 现场施工人员 |
|---|---|---|---|---|
| **总　　计** | **53243** | **49606** | **7547** | **24158** |
| **行业代码** | | | | |
| 建筑业 | 53243 | 49606 | 7547 | 24158 |
| 房屋建筑业 | 34380 | 31607 | 4071 | 15896 |
| 住宅房屋建筑 | 30114 | 29538 | 3648 | 15029 |
| 其他房屋建筑业 | 4266 | 2069 | 423 | 867 |
| 土木工程建筑业 | 8782 | 8329 | 1504 | 4411 |
| 铁路、道路、隧道和桥梁工程建筑 | 3658 | 3188 | 484 | 1572 |
| 水利和水运工程建筑 | 2180 | 2498 | 468 | 1924 |
| 工矿工程建筑 | 120 | 56 | 12 | 30 |
| 架线和管道工程建筑 | 1421 | 1145 | 291 | 399 |
| 电力工程施工 | 254 | 254 | 38 | 63 |
| 其他土木工程建筑 | 1149 | 1188 | 211 | 423 |
| 建筑安装业 | 7424 | 7208 | 1671 | 2866 |
| 电气安装 | 3227 | 3081 | 790 | 1832 |
| 管道和设备安装 | 3881 | 3807 | 815 | 864 |
| 其他建筑安装业 | 316 | 320 | 66 | 170 |
| 建筑装饰、装修和其他建筑业 | 2657 | 2462 | 301 | 985 |
| 建筑装饰和装修业 | 1745 | 1569 | 228 | 600 |
| 建筑物拆除和场地准备活动 | 502 | 554 | 33 | 282 |
| 其他未列明建筑业 | 410 | 339 | 40 | 103 |
| **登记注册类型** | | | | |
| 内资企业 | 52690 | 49051 | 7471 | 23794 |
| 国有企业 | 5870 | 5655 | 951 | 3273 |
| 集体企业 | 3146 | 3290 | 596 | 1945 |
| 股份合作企业 | 642 | 644 | | |
| 联营企业 | 85 | 85 | 20 | 73 |
| 集体联营企业 | 85 | 85 | 20 | 73 |
| 有限责任公司 | 13194 | 13565 | 2037 | 8027 |
| 国有独资公司 | 6207 | 6310 | 936 | 3130 |
| 其他有限责任公司 | 6987 | 7255 | 1101 | 4897 |
| 股份有限公司 | 4233 | 4025 | 638 | 2923 |
| 私营企业 | 25520 | 21787 | 3229 | 7553 |
| 私营有限责任公司 | 24352 | 20885 | 3094 | 7523 |
| 私营股份有限公司 | 1168 | 902 | 135 | 30 |
| 港、澳、台商投资企业 | 96 | 96 | 23 | 55 |
| 港澳台商独资经营企业 | 96 | 96 | 23 | 55 |
| 外商投资企业 | 457 | 459 | 53 | 309 |
| 中外合资经营企业 | 457 | 459 | 53 | 309 |

## 6-10 续表 9

(2018年) 单位：人

| 指 标 | 直接从事生产经营活动的平均人数 | 从业人员期末人数 | 工程技术人员 | 现场施工人员 |
|---|---|---|---|---|
| **企业控股情况** | | | | |
| 国有控股 | 15470 | 15366 | 2519 | 8996 |
| 集体控股 | 7643 | 7574 | 1298 | 4780 |
| 私人控股 | 29038 | 25618 | 3569 | 9637 |
| 港澳台商控股 | 96 | 96 | 23 | 55 |
| 外商控股 | 457 | 459 | 53 | 309 |
| 其他 | 539 | 493 | 85 | 381 |
| **运营状态** | | | | |
| 正常运营 | 53158 | 49521 | 7489 | 24131 |
| 停业(歇业) | 85 | 85 | 58 | 27 |
| **建筑业企业资质等级** | | | | |
| 施工总承包序列 | 41232 | 38751 | 5703 | 21337 |
| 施工总承包序列一级工程 | 13320 | 13294 | 1402 | 9278 |
| 施工总承包序列二级工程 | 10410 | 9880 | 1456 | 4105 |
| 施工总承包序列三级工程 | 17502 | 15577 | 2845 | 7954 |
| 专业承包序列 | 12011 | 10855 | 1844 | 2821 |
| 专业承包序列一级工程 | 2430 | 2251 | 562 | 10 |
| 专业承包序列二级工程 | 4357 | 3649 | 649 | 1304 |
| 专业承包序列三级工程 | 5162 | 4893 | 609 | 1475 |
| 专业承包序列不分等级工程 | 62 | 62 | 24 | 32 |
| **管理机构** | | | | |
| 惠城区统计局 | 36775 | 33965 | 5096 | 18309 |
| 惠阳区统计局 | 4538 | 3249 | 719 | 886 |
| 惠东县统计局 | 3149 | 2994 | 537 | 1365 |
| 博罗县统计局 | 4005 | 3973 | 598 | 1284 |
| 龙门县统计局 | 1381 | 1766 | 132 | 836 |
| 大亚湾统计局 | 2286 | 2469 | 374 | 1115 |
| 仲恺高新区科技创新局 | 1109 | 1190 | 91 | 363 |

## 6-10 续表10

(2018年)　　单位：千元、人、台、千瓦

| 指　　标 | 年末自有施工机械设备净值 | 年末自有施工机械设备总台数 | 年末自有施工机械设备总功率 | 建筑业企业总产值 | 在外省完成的建筑业总产值 |
|---|---|---|---|---|---|
| **总　　计** | **281988** | **8446** | **282823** | **21260684** | **304891** |
| **行业代码** | | | | | |
| 建筑业 | 281988 | 8446 | 282823 | 21260684 | 304891 |
| 房屋建筑业 | 168881 | 4705 | 158101 | 14129868 | 171617 |
| 住宅房屋建筑 | 155083 | 4520 | 153143 | 12517479 | 170938 |
| 其他房屋建筑业 | 13798 | 185 | 4958 | 1612389 | 679 |
| 土木工程建筑业 | 54400 | 2345 | 73685 | 3780254 | 32098 |
| 铁路、道路、隧道和桥梁工程建筑 | 15394 | 271 | 33835 | 1355960 | 17290 |
| 水利和水运工程建筑 | 24352 | 1056 | 25428 | 1283830 | |
| 工矿工程建筑 | | | | 13921 | |
| 架线和管道工程建筑 | 3005 | 315 | 115 | 537010 | 3061 |
| 电力工程施工 | | | | 114481 | |
| 其他土木工程建筑 | 11649 | 703 | 14307 | 475052 | 11747 |
| 建筑安装业 | 37381 | 1137 | 47573 | 1927351 | 66615 |
| 电气安装 | 3881 | 437 | 34003 | 1496659 | 45902 |
| 管道和设备安装 | 31667 | 555 | 11622 | 401908 | 19421 |
| 其他建筑安装业 | 1833 | 145 | 1948 | 28784 | 1292 |
| 建筑装饰、装修和其他建筑业 | 21326 | 259 | 3464 | 1423211 | 34561 |
| 建筑装饰和装修业 | 10658 | 214 | 1061 | 637871 | 31720 |
| 建筑物拆除和场地准备活动 | 10668 | 45 | 2403 | 272068 | 2841 |
| 其他未列明建筑业 | | | | 513272 | |
| **登记注册类型** | | | | | |
| 内资企业 | 252985 | 8076 | 272329 | 21137671 | 285470 |
| 国有企业 | 11346 | 1298 | 35677 | 2049166 | |
| 集体企业 | 12898 | 793 | 15590 | 957683 | |
| 股份合作企业 | 763 | 142 | 3662 | 190023 | |
| 联营企业 | 1100 | 66 | 170 | 46116 | |
| 集体联营企业 | 1100 | 66 | 170 | 46116 | |
| 有限责任公司 | 77891 | 2380 | 76808 | 5981121 | 17969 |
| 国有独资公司 | 37812 | 807 | 38248 | 2596801 | |
| 其他有限责任公司 | 40079 | 1573 | 38560 | 3384320 | 17969 |
| 股份有限公司 | 14624 | 637 | 37121 | 2532616 | 2841 |
| 私营企业 | 134363 | 2760 | 103301 | 9380946 | 264660 |
| 私营有限责任公司 | 128430 | 2486 | 73691 | 8706631 | 226823 |
| 私营股份有限公司 | 5933 | 274 | 29610 | 674315 | 37837 |
| 港、澳、台商投资企业 | | | | 22235 | |
| 港澳台商独资经营企业 | | | | 22235 | |
| 外商投资企业 | 29003 | 370 | 10494 | 100778 | 19421 |
| 中外合资经营企业 | 29003 | 370 | 10494 | 100778 | 19421 |

## 6-10 续表11

(2018年) 单位：千元、人、台、千瓦

| 指　　标 | 年末自有施工机械设备净值 | 年末自有施工机械设备总台数 | 年末自有施工机械设备总功率 | 建筑业企业总产值 | 在外省完成的建筑业总产值 |
|---|---|---|---|---|---|
| **企业控股情况** | | | | | |
| 国有控股 | 80492 | 3147 | 107276 | 7220031 | |
| 集体控股 | 17481 | 1537 | 48174 | 2913781 | |
| 私人控股 | 150493 | 3012 | 116171 | 10918871 | 285470 |
| 港澳台商控股 | | | | 22235 | |
| 外商控股 | 29003 | 370 | 10494 | 100778 | 19421 |
| 其他 | 4519 | 380 | 708 | 84988 | |
| **运营状态** | | | | | |
| 正常运营 | 281988 | 8446 | 282823 | 21250701 | 304891 |
| 停业(歇业) | | | | 9983 | |
| **建筑业企业资质等级** | | | | | |
| 施工总承包序列 | 206529 | 6887 | 209831 | 17654065 | 197324 |
| 施工总承包序列一级工程 | 84312 | 3213 | 134005 | 7717455 | 11354 |
| 施工总承包序列二级工程 | 48880 | 857 | 19174 | 4864774 | 155938 |
| 施工总承包序列三级工程 | 73337 | 2817 | 56652 | 5071836 | 30032 |
| 专业承包序列 | 75459 | 1559 | 72992 | 3606619 | 107567 |
| 专业承包序列一级工程 | 9658 | 196 | 481 | 316039 | 25201 |
| 专业承包序列二级工程 | 38652 | 742 | 18244 | 720994 | 43237 |
| 专业承包序列三级工程 | 27149 | 621 | 54267 | 2560001 | 39129 |
| 专业承包序列不分等级工程 | | | | 9585 | |
| **管理机构** | | | | | |
| 惠城区统计局 | 177546 | 5905 | 205122 | 17041330 | 254910 |
| 惠阳区统计局 | 5379 | 402 | 7739 | 890368 | 17290 |
| 惠东县统计局 | 8050 | 351 | 24680 | 738292 | |
| 博罗县统计局 | 19504 | 928 | 13972 | 1303302 | 679 |
| 龙门县统计局 | 17548 | 159 | 3008 | 317173 | |
| 大亚湾统计局 | 39348 | 623 | 22112 | 672029 | 31775 |
| 仲恺高新区科技创新局 | 14613 | 78 | 6190 | 298190 | 237 |

# 6-11 建筑业企业财务状况主要指标

(2018年)　　单位：千元

| 指标 | 单位个数 | 年初存货 | 流动资产 | 货币资金 | 应收工程款 | 存货 |
|---|---|---|---|---|---|---|
| **总　计** | **255** | **1419026** | **17918462** | **982000** | **4066312** | **1477975** |
| **行业代码** | | | | | | |
| 建筑业 | 255 | 1419026 | 17918462 | 982000 | 4066312 | 1477975 |
| 房屋建筑业 | 95 | 439631 | 8167320 | 320133 | 1980346 | 390890 |
| 住宅房屋建筑 | 80 | 360950 | 7363432 | 268930 | 1920158 | 341499 |
| 其他房屋建筑业 | 15 | 78681 | 803888 | 51203 | 60188 | 49391 |
| 土木工程建筑业 | 57 | 560005 | 6389443 | 237046 | 985088 | 683628 |
| 铁路、道路、隧道和桥梁工程建筑 | 23 | 177199 | 1922552 | 114639 | 173641 | 338005 |
| 水利和水运工程建筑 | 11 | 266268 | 3436991 | 52493 | 489194 | 214554 |
| 工矿工程建筑 | 1 | | 115981 | 265 | 65043 | 1198 |
| 架线和管道工程建筑 | 8 | 57967 | 491571 | 24223 | 160748 | 78895 |
| 电力工程施工 | 2 | 6309 | 71861 | 3355 | 45796 | 2355 |
| 其他土木工程建筑 | 12 | 52262 | 350487 | 42071 | 50666 | 48621 |
| 建筑安装业 | 62 | 289450 | 2194928 | 319413 | 845673 | 345882 |
| 电气安装 | 35 | 268566 | 1709784 | 277896 | 709376 | 326080 |
| 管道和设备安装 | 18 | 15578 | 408266 | 32961 | 125801 | 12086 |
| 其他建筑安装业 | 9 | 5306 | 76878 | 8556 | 10496 | 7716 |
| 建筑装饰、装修和其他建筑业 | 41 | 129940 | 1166771 | 105408 | 255205 | 57575 |
| 建筑装饰和装修业 | 31 | 121851 | 898927 | 76670 | 109505 | 42888 |
| 建筑物拆除和场地准备活动 | 3 | 3066 | 148150 | 20824 | 60944 | 1521 |
| 其他未列明建筑业 | 7 | 5023 | 119694 | 7914 | 84756 | 13166 |
| **登记注册类型** | | | | | | |
| 内资企业 | 253 | 1415494 | 17817005 | 976410 | 3999845 | 1473407 |
| 国有企业 | 11 | 138238 | 615489 | 39104 | 118875 | 38575 |
| 集体企业 | 13 | 86794 | 510160 | 25090 | 122065 | 92872 |
| 股份合作企业 | 1 | | 62828 | | 57006 | 3822 |
| 联营企业 | 1 | 5725 | 26923 | 4887 | | 7697 |
| 集体联营企业 | 1 | 5725 | 26923 | 4887 | | 7697 |
| 有限责任公司 | 36 | 694108 | 7127884 | 259336 | 1303872 | 691507 |
| 国有独资公司 | 3 | 4 | 1048091 | 7349 | 310796 | |
| 其他有限责任公司 | 33 | 694104 | 6079793 | 251987 | 993076 | 691507 |
| 股份有限公司 | 8 | 9090 | 1606785 | 92011 | 242981 | 16672 |
| 私营企业 | 183 | 481539 | 7866936 | 555982 | 2155046 | 622262 |
| 私营有限责任公司 | 180 | 444551 | 6332181 | 541832 | 1642833 | 542872 |
| 私营股份有限公司 | 3 | 36988 | 1534755 | 14150 | 512213 | 79390 |
| 港、澳、台商投资企业 | 1 | 79 | 18116 | 3786 | 13023 | 64 |
| 港澳台商独资经营企业 | 1 | 79 | 18116 | 3786 | 13023 | 64 |
| 外商投资企业 | 1 | 3453 | 83341 | 1804 | 53444 | 4504 |
| 中外合资经营企业 | 1 | 3453 | 83341 | 1804 | 53444 | 4504 |

## 6-11 续表1

(2018年) 单位：千元

| 指 标 | 单位个数 | 年初存货 | 流动资产 | 货币资金 | 应收工程款 | 存货 |
|---|---|---|---|---|---|---|
| **企业控股情况** | | | | | | |
| 国有控股 | 20 | 538797 | 6166170 | 98179 | 973888 | 351580 |
| 集体控股 | 22 | 365447 | 2683484 | 200331 | 574173 | 433657 |
| 私人控股 | 204 | 509594 | 8884176 | 673389 | 2441687 | 685254 |
| 港澳台商控股 | 1 | 79 | 18116 | 3786 | 13023 | 64 |
| 外商控股 | 1 | 3453 | 83341 | 1804 | 53444 | 4504 |
| 其他 | 7 | 1656 | 83175 | 4511 | 10097 | 2916 |
| **运营状态** | | | | | | |
| 正常运营 | 254 | 1419026 | 17915606 | 979144 | 4066312 | 1477975 |
| 停业(歇业) | 1 | | 2856 | 2856 | | |
| **建筑业企业资质等级** | | | | | | |
| 施工总承包序列 | 138 | 1195163 | 14785133 | 466359 | 3055330 | 1119515 |
| 施工总承包序列一级工程 | 7 | 402813 | 6577277 | 122110 | 904745 | 296571 |
| 施工总承包序列二级工程 | 20 | 385973 | 4439261 | 139818 | 1166102 | 556637 |
| 施工总承包序列三级工程 | 111 | 406377 | 3768595 | 204431 | 984483 | 266307 |
| 专业承包序列 | 117 | 223863 | 3133329 | 515641 | 1010982 | 358460 |
| 专业承包序列一级工程 | 4 | 6110 | 400193 | 45001 | 20619 | 15213 |
| 专业承包序列二级工程 | 61 | 30132 | 823366 | 150430 | 240880 | 60642 |
| 专业承包序列三级工程 | 50 | 187594 | 1889741 | 307022 | 747387 | 282578 |
| 专业承包序列不分等级工程 | 2 | 27 | 20029 | 13188 | 2096 | 27 |
| **管理机构** | | | | | | |
| 惠城区统计局 | 172 | 1058173 | 15327672 | 782602 | 3284945 | 1023832 |
| 惠阳区统计局 | 8 | 35634 | 462713 | 10450 | 183907 | 10964 |
| 惠东县统计局 | 22 | 98513 | 415105 | 86119 | 104427 | 31599 |
| 博罗县统计局 | 29 | 119687 | 936153 | 37307 | 287637 | 302941 |
| 龙门县统计局 | 8 | 4009 | 135882 | 6222 | 39271 | 18610 |
| 大亚湾统计局 | 10 | 62439 | 414163 | 42560 | 111868 | 64519 |
| 仲恺高新区科技创新局 | 6 | 40571 | 226774 | 16740 | 54257 | 25510 |

## 6-11 续表2

(2018年) 单位：千元

| 指　　标 | 可供出售金融资产 | 持有至到期投资 | 长期股权投资 | 固定资产减值准备 | 固定资产原价 | 房屋和构筑物 |
|---|---|---|---|---|---|---|
| **总　计** | **5500** | **57139** | **404144** | **12906** | **1413656** | **370026** |
| **行业代码** | | | | | | |
| 建筑业 | 5500 | 57139 | 404144 | 12906 | 1413656 | 370026 |
| 房屋建筑业 | | | 5950 | 12906 | 536381 | 211474 |
| 住宅房屋建筑 | | | 5950 | | 501797 | 211474 |
| 其他房屋建筑业 | | | | 12906 | 34584 | |
| 土木工程建筑业 | | 54139 | 55200 | | 422853 | 98043 |
| 铁路、道路、隧道和桥梁工程建筑 | | 54139 | 28588 | | 214405 | 78065 |
| 水利和水运工程建筑 | | | 8062 | | 59935 | 4054 |
| 工矿工程建筑 | | | 3000 | | 3167 | |
| 架线和管道工程建筑 | | | | | 71303 | 12871 |
| 电力工程施工 | | | | | 10228 | 3053 |
| 其他土木工程建筑 | | | 15550 | | 63815 | |
| 建筑安装业 | | | 341994 | | 337808 | 55809 |
| 电气安装 | | | 299930 | | 198521 | 35928 |
| 管道和设备安装 | | | 42064 | | 126047 | 19881 |
| 其他建筑安装业 | | | | | 13240 | |
| 建筑装饰、装修和其他建筑业 | 5500 | 3000 | 1000 | | 116614 | 4700 |
| 建筑装饰和装修业 | 5000 | 3000 | 1000 | | 44725 | 283 |
| 建筑物拆除和场地准备活动 | 500 | | | | 34259 | 3142 |
| 其他未列明建筑业 | | | | | 37630 | 1275 |
| **登记注册类型** | | | | | | |
| 内资企业 | 5500 | 57139 | 404144 | 12906 | 1337335 | 350581 |
| 国有企业 | | | 905 | | 191195 | 170185 |
| 集体企业 | | | | | 100416 | 3462 |
| 股份合作企业 | | | | | 7962 | |
| 联营企业 | | | | | 64 | |
| 集体联营企业 | | | | | 64 | |
| 有限责任公司 | | | 363769 | | 362350 | 26875 |
| 国有独资公司 | | | 42566 | | 97113 | 2139 |
| 其他有限责任公司 | | | 321203 | | 265237 | 24736 |
| 股份有限公司 | 500 | | | | 38031 | 3142 |
| 私营企业 | 5000 | 57139 | 39470 | 12906 | 637317 | 146917 |
| 私营有限责任公司 | 5000 | 57139 | 39470 | 12906 | 622653 | 146917 |
| 私营股份有限公司 | | | | | 14664 | |
| 港、澳、台商投资企业 | | | | | 764 | |
| 港澳台商独资经营企业 | | | | | 764 | |
| 外商投资企业 | | | | | 75557 | 19445 |
| 中外合资经营企业 | | | | | 75557 | 19445 |

## 6-11 续表3

(2018年) 单位：千元

| 指标 | 可供出售金融资产 | 持有至到期投资 | 长期股权投资 | 固定资产减值准备 | 固定资产原价 | 房屋和构筑物 |
|---|---|---|---|---|---|---|
| **企业控股情况** | | | | | | |
| 国有控股 | | | 65789 | | 417298 | 190686 |
| 集体控股 | | | 296385 | | 221342 | 6727 |
| 私人控股 | 5500 | 57139 | 39470 | 12906 | 690032 | 153096 |
| 港澳台商控股 | | | | | 764 | |
| 外商控股 | | | | | 75557 | 19445 |
| 其他 | | | 2500 | | 8663 | 72 |
| **运营状态** | | | | | | |
| 正常运营 | 5500 | 57139 | 404144 | 12906 | 1413656 | 370026 |
| 停业(歇业) | | | | | | |
| **建筑业企业资质等级** | | | | | | |
| 施工总承包序列 | 5500 | 57139 | 357665 | 12906 | 1099642 | 338174 |
| 施工总承包序列一级工程 | | | 37868 | 12906 | 273356 | 86426 |
| 施工总承包序列二级工程 | | 54139 | 295872 | | 349204 | 119777 |
| 施工总承包序列三级工程 | 5500 | 3000 | 23925 | | 477082 | 131971 |
| 专业承包序列 | | | 46479 | | 314014 | 31852 |
| 专业承包序列一级工程 | | | 42064 | | 49022 | |
| 专业承包序列二级工程 | | | | | 46219 | 1940 |
| 专业承包序列三级工程 | | | 4415 | | 209426 | 25044 |
| 专业承包序列不分等级工程 | | | | | 9347 | 4868 |
| **管理机构** | | | | | | |
| 惠城区统计局 | 5500 | 3000 | 343090 | 12906 | 909426 | 253531 |
| 惠阳区统计局 | | | 42064 | | 66475 | 3346 |
| 惠东县统计局 | | | 3440 | | 28111 | 1400 |
| 博罗县统计局 | | 54139 | | | 138131 | 5689 |
| 龙门县统计局 | | | | | 20002 | 692 |
| 大亚湾统计局 | | | 15550 | | 218396 | 95890 |
| 仲恺高新区科技创新局 | | | | | 33115 | 9478 |

## 6-11 续表4

(2018年) 单位：千元

| 指　　标 | 机器设备 | 运输工具 | 运营费用中的电子设备运转费 | 累计折旧 | 本年折旧 | 固定资产净值 |
|---|---|---|---|---|---|---|
| **总　　计** | **260881** | **146594** | **35849** | **710964** | **80511** | **702793** |
| **行业代码** | | | | | | |
| 建筑业 | 260881 | 146594 | 35849 | 710964 | 80511 | 702793 |
| 房屋建筑业 | 59585 | 21673 | 6675 | 242561 | 23442 | 294190 |
| 住宅房屋建筑 | 56731 | 20120 | 6601 | 223072 | 20689 | 279095 |
| 其他房屋建筑业 | 2854 | 1553 | 74 | 19489 | 2753 | 15095 |
| 土木工程建筑业 | 92155 | 32427 | 8201 | 221643 | 27989 | 201210 |
| 铁路、道路、隧道和桥梁工程建筑 | 34198 | 5906 | 2334 | 101409 | 7805 | 112996 |
| 水利和水运工程建筑 | 1221 | 347 | 654 | 31624 | 1837 | 28311 |
| 工矿工程建筑 | | | | 2102 | | 1065 |
| 架线和管道工程建筑 | 4129 | 19988 | 3629 | 51346 | 13774 | 19957 |
| 电力工程施工 | 1162 | 1561 | 282 | 5666 | 681 | 4562 |
| 其他土木工程建筑 | 51445 | 4625 | 1302 | 29496 | 3892 | 34319 |
| 建筑安装业 | 79063 | 55586 | 17032 | 181466 | 18742 | 156073 |
| 电气安装 | 18742 | 43723 | 10426 | 106422 | 11410 | 91829 |
| 管道和设备安装 | 53770 | 10363 | 6349 | 68334 | 6264 | 57714 |
| 其他建筑安装业 | 6551 | 1500 | 257 | 6710 | 1068 | 6530 |
| 建筑装饰、装修和其他建筑业 | 30078 | 36908 | 3941 | 65294 | 10338 | 51320 |
| 建筑装饰和装修业 | 1948 | 7540 | 1483 | 20798 | 3224 | 23927 |
| 建筑物拆除和场地准备活动 | 20125 | 2811 | 1807 | 17559 | 2944 | 16700 |
| 其他未列明建筑业 | 8005 | 26557 | 651 | 26937 | 4170 | 10693 |
| **登记注册类型** | | | | | | |
| 内资企业 | 214540 | 139481 | 32427 | 677496 | 75445 | 659940 |
| 国有企业 | 14387 | 4017 | 719 | 64047 | 2991 | 127518 |
| 集体企业 | 590 | 398 | 1405 | 60960 | 2683 | 39456 |
| 股份合作企业 | | | | 223 | 182 | 7739 |
| 联营企业 | | | 64 | 49 | | 15 |
| 集体联营企业 | | | 64 | 49 | | 15 |
| 有限责任公司 | 49274 | 40560 | 10798 | 246568 | 19045 | 115513 |
| 国有独资公司 | 8155 | 1177 | 789 | 67394 | 1042 | 29720 |
| 其他有限责任公司 | 41119 | 39383 | 10009 | 179174 | 18003 | 85793 |
| 股份有限公司 | 20289 | 2811 | 1807 | 18371 | 3072 | 19660 |
| 私营企业 | 130000 | 91695 | 17634 | 287278 | 47472 | 350039 |
| 私营有限责任公司 | 124395 | 88785 | 16520 | 276711 | 46771 | 345942 |
| 私营股份有限公司 | 5605 | 2910 | 1114 | 10567 | 701 | 4097 |
| 港、澳、台商投资企业 | | 184 | 580 | 126 | 119 | 638 |
| 港澳台商独资经营企业 | | 184 | 580 | 126 | 119 | 638 |
| 外商投资企业 | 46341 | 6929 | 2842 | 33342 | 4947 | 42215 |
| 中外合资经营企业 | 46341 | 6929 | 2842 | 33342 | 4947 | 42215 |

## 6-11 续表5

(2018年) 单位：千元

| 指 标 | 机器设备 | 运输工具 | 运营费用中的电子设备运转费 | 累计折旧 | 本年折旧 | 固定资产净值 |
|---|---|---|---|---|---|---|
| **企业控股情况** | | | | | | |
| 国有控股 | 47735 | 6413 | 3220 | 223149 | 14018 | 194520 |
| 集体控股 | 8738 | 29073 | 8404 | 132320 | 8833 | 88752 |
| 私人控股 | 153521 | 100386 | 20507 | 316785 | 52007 | 373247 |
| 港澳台商控股 | | 184 | 580 | 126 | 119 | 638 |
| 外商控股 | 46341 | 6929 | 2842 | 33342 | 4947 | 42215 |
| 其他 | 4546 | 3609 | 296 | 5242 | 587 | 3421 |
| **运营状态** | | | | | | |
| 正常运营 | 260881 | 146594 | 35849 | 710964 | 80511 | 702793 |
| 停业(歇业) | | | | | | |
| **建筑业企业资质等级** | | | | | | |
| 施工总承包序列 | 209769 | 74665 | 23788 | 547048 | 49743 | 552964 |
| 施工总承包序列一级工程 | 67228 | 8080 | 3079 | 147703 | 6662 | 125653 |
| 施工总承包序列二级工程 | 78424 | 44175 | 12762 | 167558 | 13834 | 182016 |
| 施工总承包序列三级工程 | 64117 | 22410 | 7947 | 231787 | 29247 | 245295 |
| 专业承包序列 | 51112 | 71929 | 12061 | 163916 | 30768 | 149829 |
| 专业承包序列一级工程 | | | | 23231 | 1572 | 25792 |
| 专业承包序列二级工程 | 8458 | 7755 | 6368 | 21240 | 3312 | 24979 |
| 专业承包序列三级工程 | 40978 | 62144 | 5133 | 112642 | 25663 | 96514 |
| 专业承包序列不分等级工程 | 1676 | 2030 | 560 | 6803 | 221 | 2544 |
| **管理机构** | | | | | | |
| 惠城区统计局 | 126217 | 94800 | 26775 | 467718 | 57100 | 441438 |
| 惠阳区统计局 | 8625 | 26437 | 503 | 41509 | 4396 | 24967 |
| 惠东县统计局 | 18143 | 274 | 956 | 4482 | 780 | 23999 |
| 博罗县统计局 | 10669 | 11123 | 1276 | 85442 | 5540 | 52689 |
| 龙门县统计局 | | 24 | 2 | 3787 | 1593 | 16215 |
| 大亚湾统计局 | 93951 | 13711 | 5021 | 93101 | 9581 | 125295 |
| 仲恺高新区科技创新局 | 3276 | 225 | 1316 | 14925 | 1521 | 18190 |

## 6-11 续表6

(2018年) 单位：千元

| 指 标 | 在建工程 | 无形资产 | 土地使用权 | 软件使用权 | 商誉 | 资产 |
|---|---|---|---|---|---|---|
| **总 计** | **320191** | **118225** | **72457** | **1513** | **10000** | **30134674** |
| **行业代码** | | | | | | |
| 建筑业 | 320191 | 118225 | 72457 | 1513 | 10000 | 30134674 |
| 房屋建筑业 | 51162 | 49224 | 20877 | 234 | | 18927477 |
| 住宅房屋建筑 | 29571 | 49209 | 20877 | 234 | | 18091360 |
| 其他房屋建筑业 | 21591 | 15 | | | | 836117 |
| 土木工程建筑业 | 231001 | 40117 | 39744 | 111 | | 7006000 |
| 铁路、道路、隧道和桥梁工程建筑 | 213211 | 32747 | 32642 | 105 | | 2336898 |
| 水利和水运工程建筑 | 14590 | 32 | | 6 | | 3504502 |
| 工矿工程建筑 | | | | | | 120046 |
| 架线和管道工程建筑 | 3200 | 236 | | | | 516824 |
| 电力工程施工 | | 1122 | 1122 | | | 77823 |
| 其他土木工程建筑 | | 5980 | 5980 | | | 449907 |
| 建筑安装业 | 32319 | 22261 | 11836 | 609 | | 2865596 |
| 电气安装 | 4217 | 9487 | 6836 | 609 | | 2183975 |
| 管道和设备安装 | 28102 | 12774 | 5000 | | | 598081 |
| 其他建筑安装业 | | | | | | 83540 |
| 建筑装饰、装修和其他建筑业 | 5709 | 6623 | | 559 | 10000 | 1335601 |
| 建筑装饰和装修业 | | 6528 | | 505 | 10000 | 1032356 |
| 建筑物拆除和场地准备活动 | | 95 | | 54 | | 166625 |
| 其他未列明建筑业 | 5709 | | | | | 136620 |
| **登记注册类型** | | | | | | |
| 内资企业 | 320191 | 112803 | 67457 | 1091 | 10000 | 29984754 |
| 国有企业 | | 1370 | 1215 | 155 | | 770917 |
| 集体企业 | 1068 | 5763 | | 34 | | 608363 |
| 股份合作企业 | 2633 | | | | | 70790 |
| 联营企业 | | | | | | 26939 |
| 集体联营企业 | | | | | | 26939 |
| 有限责任公司 | 24109 | 39010 | 7061 | 690 | | 7998493 |
| 国有独资公司 | 3535 | 30313 | 1016 | 19 | | 1297815 |
| 其他有限责任公司 | 20574 | 8697 | 6045 | 671 | | 6700678 |
| 股份有限公司 | | 1008 | | 137 | | 1644865 |
| 私营企业 | 292381 | 65652 | 59181 | 75 | 10000 | 18864387 |
| 私营有限责任公司 | 292381 | 65511 | 59181 | 75 | 10000 | 17316269 |
| 私营股份有限公司 | | 141 | | | | 1548118 |
| 港、澳、台商投资企业 | | 422 | | 422 | | 19363 |
| 港澳台商独资经营企业 | | 422 | | 422 | | 19363 |
| 外商投资企业 | | 5000 | 5000 | | | 130557 |
| 中外合资经营企业 | | 5000 | 5000 | | | 130557 |

## 6-11 续表7

(2018年) 单位：千元

| 指标 | 在建工程 | 无形资产 | 土地使用权 | 软件使用权 | 商誉 | 资产 |
|---|---|---|---|---|---|---|
| **企业控股情况** | | | | | | |
| 国有控股 | 18125 | 31771 | 2231 | 260 | | 6670462 |
| 集体控股 | 7918 | 15026 | 6045 | 609 | | 3151360 |
| 私人控股 | 292381 | 66006 | 59181 | 222 | 10000 | 20071170 |
| 港澳台商控股 | | 422 | | 422 | | 19363 |
| 外商控股 | | 5000 | 5000 | | | 130557 |
| 其他 | 1767 | | | | | 91762 |
| **运营状态** | | | | | | |
| 正常运营 | 320191 | 118225 | 72457 | 1513 | 10000 | 30121720 |
| 停业(歇业) | | | | | | 12954 |
| **建筑业企业资质等级** | | | | | | |
| 施工总承包序列 | 309973 | 100483 | 70817 | 896 | 10000 | 26462913 |
| 施工总承包序列一级工程 | 18125 | 29785 | 7195 | 241 | | 6932686 |
| 施工总承包序列二级工程 | 206088 | 31435 | 30874 | 561 | | 5199104 |
| 施工总承包序列三级工程 | 85760 | 39263 | 32748 | 94 | 10000 | 14331123 |
| 专业承包序列 | 10218 | 17742 | 1640 | 617 | | 3671761 |
| 专业承包序列一级工程 | | 13240 | | 83 | | 503744 |
| 专业承包序列二级工程 | 828 | 452 | | 452 | | 990148 |
| 专业承包序列三级工程 | 9390 | 3353 | 943 | 82 | | 2154212 |
| 专业承包序列不分等级工程 | | 697 | 697 | | | 23657 |
| **管理机构** | | | | | | |
| 惠城区统计局 | 31351 | 66001 | 28729 | 1051 | 10000 | 16796037 |
| 惠阳区统计局 | 22291 | 7774 | | | | 569962 |
| 惠东县统计局 | | 422 | | 422 | | 10502768 |
| 博罗县统计局 | 247146 | 32983 | 32748 | 1 | | 1274848 |
| 龙门县统计局 | | 26 | | | | 160022 |
| 大亚湾统计局 | 19403 | 11019 | 10980 | 39 | | 585911 |
| 仲恺高新区科技创新局 | | | | | | 245126 |

## 6-11 续表8

(2018年) 单位：千元

| 指　　标 | 流动负债 | 应付账款 | 非流动负债 | 负债 | 所有者权益 | 实收资本 |
|---|---|---|---|---|---|---|
| **总　　计** | **11394452** | **4360242** | **142261** | **11981566** | **18153108** | **16379788** |
| **行业代码** | | | | | | |
| 建筑业 | 11394452 | 4360242 | 142261 | 11981566 | 18153108 | 16379788 |
| 房屋建筑业 | 6094381 | 2674983 | 24416 | 6256461 | 12671016 | 12324388 |
| 住宅房屋建筑 | 5751222 | 2618627 | 8840 | 5897667 | 12193693 | 11858611 |
| 其他房屋建筑业 | 343159 | 56356 | 15576 | 358794 | 477323 | 465777 |
| 土木工程建筑业 | 3320980 | 937352 | 103706 | 3471744 | 3534256 | 2935675 |
| 铁路、道路、隧道和桥梁工程建筑 | 1526952 | 266755 | 66461 | 1608064 | 728834 | 744695 |
| 水利和水运工程建筑 | 1258566 | 409777 | 4650 | 1263692 | 2240810 | 1678232 |
| 工矿工程建筑 | 61160 | 33896 | | 61160 | 58886 | 58886 |
| 架线和管道工程建筑 | 306137 | 152683 | 795 | 326728 | 190096 | 157750 |
| 电力工程施工 | 49424 | 31522 | | 49425 | 28398 | 28260 |
| 其他土木工程建筑 | 118741 | 42719 | 31800 | 162675 | 287232 | 267852 |
| 建筑安装业 | 1417924 | 514307 | 13779 | 1468737 | 1396859 | 680826 |
| 电气安装 | 1185403 | 467388 | 10910 | 1225167 | 958808 | 463356 |
| 管道和设备安装 | 211287 | 39981 | 2869 | 222335 | 375746 | 170576 |
| 其他建筑安装业 | 21234 | 6938 | | 21235 | 62305 | 46894 |
| 建筑装饰、装修和其他建筑业 | 561167 | 233600 | 360 | 784624 | 550977 | 438899 |
| 建筑装饰和装修业 | 388845 | 113495 | 804 | 612474 | 419882 | 359455 |
| 建筑物拆除和场地准备活动 | 75790 | 38655 | | 76062 | 90563 | 43058 |
| 其他未列明建筑业 | 96532 | 81450 | -444 | 96088 | 40532 | 36386 |
| **登记注册类型** | | | | | | |
| 内资企业 | 11319539 | 4340957 | 142261 | 11902174 | 18082580 | 16358788 |
| 国有企业 | 598665 | 96282 | 28933 | 628116 | 142801 | 141092 |
| 集体企业 | 385583 | 147499 | 1125 | 388341 | 220022 | 176048 |
| 股份合作企业 | 20078 | | | 20078 | 50712 | 6560 |
| 联营企业 | 30630 | 70 | | 30630 | -3691 | 150 |
| 集体联营企业 | 30630 | 70 | | 30630 | -3691 | 150 |
| 有限责任公司 | 4413396 | 1423447 | 7860 | 4458552 | 3539941 | 2389688 |
| 国有独资公司 | 928047 | 601863 | | 928047 | 369768 | 176000 |
| 其他有限责任公司 | 3485349 | 821584 | 7860 | 3530505 | 3170173 | 2213688 |
| 股份有限公司 | 1212901 | 601280 | | 1214946 | 429919 | 357017 |
| 私营企业 | 4658286 | 2072379 | 104343 | 5161511 | 13702876 | 13288233 |
| 私营有限责任公司 | 3264725 | 1262052 | 104243 | 3767849 | 13548420 | 13194836 |
| 私营股份有限公司 | 1393561 | 810327 | 100 | 1393662 | 154456 | 93397 |
| 港、澳、台商投资企业 | 6624 | 2503 | | 11102 | 8261 | 6000 |
| 港澳台商独资经营企业 | 6624 | 2503 | | 11102 | 8261 | 6000 |
| 外商投资企业 | 68289 | 16782 | | 68290 | 62267 | 15000 |
| 中外合资经营企业 | 68289 | 16782 | | 68290 | 62267 | 15000 |

## 6-11 续表9

(2018年) 单位：千元

| 指　　标 | 流动负债 | 应付账款 | 非流动负债 | 负债 | 所有者权益 | 实收资本 |
|---|---|---|---|---|---|---|
| **企业控股情况** | | | | | | |
| 国有控股 | 3705353 | 1235728 | 36343 | 3742215 | 2928247 | 2177982 |
| 集体控股 | 2249106 | 798788 | 1575 | 2252314 | 899046 | 420018 |
| 私人控股 | 5315080 | 2295331 | 104343 | 5857645 | 14213525 | 13742788 |
| 港澳台商控股 | 6624 | 2503 | | 11102 | 8261 | 6000 |
| 外商控股 | 68289 | 16782 | | 68290 | 62267 | 15000 |
| 其他 | 50000 | 11110 | | 50000 | 41762 | 18000 |
| **运营状态** | | | | | | |
| 正常运营 | 11394452 | 4360242 | 142261 | 11981566 | 18140154 | 16373788 |
| 停业(歇业) | | | | | 12954 | 6000 |
| **建筑业企业资质等级** | | | | | | |
| 施工总承包序列 | 9617967 | 3590833 | 117567 | 9868094 | 16594819 | 15149237 |
| 施工总承包序列一级工程 | 4029888 | 1442316 | 39210 | 4069175 | 2863511 | 2170450 |
| 施工总承包序列二级工程 | 3489317 | 1498490 | 100 | 3530065 | 1669039 | 1161691 |
| 施工总承包序列三级工程 | 2098762 | 650027 | 78257 | 2268854 | 12062269 | 11817096 |
| 专业承包序列 | 1776485 | 769409 | 24694 | 2113472 | 1558289 | 1230551 |
| 专业承包序列一级工程 | 136630 | 69027 | | 256585 | 247159 | 112090 |
| 专业承包序列二级工程 | 292053 | 83964 | 16196 | 475841 | 514307 | 502773 |
| 专业承包序列三级工程 | 1340074 | 609493 | 9309 | 1374129 | 780083 | 597588 |
| 专业承包序列不分等级工程 | 7728 | 6925 | -811 | 6917 | 16740 | 18100 |
| **管理机构** | | | | | | |
| 惠城区统计局 | 9742810 | 3949816 | 49088 | 10151080 | 6644957 | 5207954 |
| 惠阳区统计局 | 353573 | 145525 | -320 | 356831 | 213131 | 116394 |
| 惠东县统计局 | 281511 | 36920 | 86 | 298977 | 10203791 | 10188378 |
| 博罗县统计局 | 587935 | 145257 | 28723 | 653813 | 621035 | 471761 |
| 龙门县统计局 | 73929 | 13417 | 624 | 101211 | 58811 | 39667 |
| 大亚湾统计局 | 246541 | 39024 | 63450 | 310891 | 275020 | 237647 |
| 仲恺高新区科技创新局 | 108153 | 30283 | 610 | 108763 | 136363 | 117987 |

## 6-11 续表10

(2018年) 单位：千元

| 指　　标 | 国家资本 | 集体资本 | 法人资本 | 个人资本 | 港澳台资本 | 外商资本 |
|---|---|---|---|---|---|---|
| **总　　计** | **2164932** | **377618** | **11680829** | **2141389** | **6010** | **9010** |
| **行业代码** | | | | | | |
| 建筑业 | 2164932 | 377618 | 11680829 | 2141389 | 6010 | 9010 |
| 房屋建筑业 | 315712 | 302819 | 10531276 | 1174581 | | |
| 住宅房屋建筑 | 315712 | 302819 | 10412769 | 827311 | | |
| 其他房屋建筑业 | | | 118507 | 347270 | | |
| 土木工程建筑业 | 1842199 | 6699 | 484106 | 602671 | | |
| 铁路、道路、隧道和桥梁工程建筑 | 297176 | | 243298 | 204221 | | |
| 水利和水运工程建筑 | 1544660 | 6699 | 45294 | 81579 | | |
| 工矿工程建筑 | | | 58886 | | | |
| 架线和管道工程建筑 | | | 82915 | 74835 | | |
| 电力工程施工 | | | 26010 | 2250 | | |
| 其他土木工程建筑 | 363 | | 27703 | 239786 | | |
| 建筑安装业 | 7011 | 68000 | 376427 | 220388 | | 9000 |
| 电气安装 | 1011 | 68000 | 275242 | 119103 | | |
| 管道和设备安装 | 6000 | | 90285 | 65291 | | 9000 |
| 其他建筑安装业 | | | 10900 | 35994 | | |
| 建筑装饰、装修和其他建筑业 | 10 | 100 | 289020 | 143749 | 6010 | 10 |
| 建筑装饰和装修业 | 10 | 100 | 258887 | 94438 | 6010 | 10 |
| 建筑物拆除和场地准备活动 | | | 10204 | 32854 | | |
| 其他未列明建筑业 | | | 19929 | 16457 | | |
| **登记注册类型** | | | | | | |
| 内资企业 | 2164932 | 377618 | 11674829 | 2141389 | 10 | 10 |
| 国有企业 | 130092 | | 11000 | | | |
| 集体企业 | | 174548 | 1500 | | | |
| 股份合作企业 | | 6560 | | | | |
| 联营企业 | | 150 | | | | |
| 集体联营企业 | | 150 | | | | |
| 有限责任公司 | 1929830 | 66200 | 297781 | 95877 | | |
| 国有独资公司 | 176000 | | | | | |
| 其他有限责任公司 | 1753830 | 66200 | 297781 | 95877 | | |
| 股份有限公司 | 105000 | 125060 | 44600 | 82357 | | |
| 私营企业 | 10 | 5100 | 11319948 | 1963155 | 10 | 10 |
| 私营有限责任公司 | 10 | 5100 | 11258656 | 1931050 | 10 | 10 |
| 私营股份有限公司 | | | 61292 | 32105 | | |
| 港、澳、台商投资企业 | | | | | 6000 | |
| 港澳台商独资经营企业 | | | | | 6000 | |
| 外商投资企业 | | | 6000 | | | 9000 |
| 中外合资经营企业 | | | 6000 | | | 9000 |

## 6-11　续表11

(2018年)　　单位：千元

| 指　　标 | 国家资本 | 集体资本 | 法人资本 | 个人资本 | 港澳台资本 | 外商资本 |
|---|---|---|---|---|---|---|
| **企业控股情况** | | | | | | |
| 国有控股 | 2164922 | | 13060 | | | |
| 集体控股 | | 372518 | 47500 | | | |
| 私人控股 | 10 | 5100 | 11599269 | 2138389 | 10 | 10 |
| 港澳台商控股 | | | | | 6000 | |
| 外商控股 | | | 6000 | | | 9000 |
| 其他 | | | 15000 | 3000 | | |
| **运营状态** | | | | | | |
| 正常运营 | 2158932 | 377618 | 11680829 | 2141389 | 6010 | 9010 |
| 停业(歇业) | 6000 | | | | | |
| **建筑业企业资质等级** | | | | | | |
| 施工总承包序列 | 2158569 | 374618 | 11013018 | 1594012 | 10 | 9010 |
| 施工总承包序列一级工程 | 1737830 | 125060 | | 307560 | | |
| 施工总承包序列二级工程 | 366342 | 66000 | 337602 | 382747 | | 9000 |
| 施工总承包序列三级工程 | 54397 | 183558 | 10675416 | 903705 | 10 | 10 |
| 专业承包序列 | 6363 | 3000 | 667811 | 547377 | 6000 | |
| 专业承包序列一级工程 | 6000 | | 60090 | 46000 | | |
| 专业承包序列二级工程 | | | 206868 | 289905 | 6000 | |
| 专业承包序列三级工程 | 363 | 3000 | 392033 | 202192 | | |
| 专业承包序列不分等级工程 | | | 8820 | 9280 | | |
| **管理机构** | | | | | | |
| 惠城区统计局 | 2130214 | 220148 | 1164061 | 1693511 | 10 | 10 |
| 惠阳区统计局 | 12000 | 6000 | 12688 | 85706 | | |
| 惠东县统计局 | 7508 | 11000 | 10118241 | 45629 | 6000 | |
| 博罗县统计局 | | 134420 | 257032 | 80309 | | |
| 龙门县统计局 | | 6050 | 21180 | 12437 | | |
| 大亚湾统计局 | 9160 | | 83673 | 135814 | | 9000 |
| 仲恺高新区科技创新局 | 6050 | | 23954 | 87983 | | |

## 6-11 续表12

(2018年) 单位：千元

| 指 标 | 营业收入 | 主营业务收入 | 营业成本 | 主营业务成本 | 税金及附加 | 主营业务税金及附加 |
|---|---|---|---|---|---|---|
| **总 计** | **26360541** | **25274088** | **24866162** | **23846069** | **161524** | **141114** |
| **行业代码** | | | | | | |
| 建筑业 | 26360541 | 25274088 | 24866162 | 23846069 | 161524 | 141114 |
| 房屋建筑业 | 17516942 | 17400445 | 16929772 | 16811493 | 85307 | 71407 |
| 住宅房屋建筑 | 15730308 | 15633611 | 15194817 | 15095161 | 81718 | 67818 |
| 其他房屋建筑业 | 1786634 | 1766834 | 1734955 | 1716332 | 3589 | 3589 |
| 土木工程建筑业 | 4630565 | 4503825 | 4286735 | 4171607 | 29614 | 29167 |
| 铁路、道路、隧道和桥梁工程建筑 | 1935012 | 1931518 | 1786027 | 1785982 | 16509 | 16483 |
| 水利和水运工程建筑 | 1508152 | 1503376 | 1456970 | 1456577 | 8842 | 8839 |
| 工矿工程建筑 | 13921 | 13921 | 9745 | 9745 | 59 | 59 |
| 架线和管道工程建筑 | 488037 | 488037 | 408754 | 404675 | 1990 | 1990 |
| 电力工程施工 | 127385 | 35400 | 118065 | 32292 | 447 | 116 |
| 其他土木工程建筑 | 558058 | 531573 | 507174 | 482336 | 1767 | 1680 |
| 建筑安装业 | 2256034 | 2061753 | 1875935 | 1705081 | 16071 | 13833 |
| 电气安装 | 1669678 | 1597781 | 1375171 | 1321526 | 10300 | 10210 |
| 管道和设备安装 | 550079 | 427695 | 475141 | 357932 | 5251 | 3110 |
| 其他建筑安装业 | 36277 | 36277 | 25623 | 25623 | 520 | 513 |
| 建筑装饰、装修和其他建筑业 | 1957000 | 1308065 | 1773720 | 1157888 | 30532 | 26707 |
| 建筑装饰和装修业 | 1152550 | 503663 | 1055417 | 439585 | 27911 | 24086 |
| 建筑物拆除和场地准备活动 | 309946 | 309898 | 251675 | 251675 | 807 | 807 |
| 其他未列明建筑业 | 494504 | 494504 | 466628 | 466628 | 1814 | 1814 |
| **登记注册类型** | | | | | | |
| 内资企业 | 26195270 | 25108817 | 24732711 | 23712619 | 160183 | 139773 |
| 国有企业 | 2371777 | 2366319 | 2306227 | 2291368 | 25848 | 12559 |
| 集体企业 | 1069090 | 1068809 | 939182 | 936602 | 18639 | 18639 |
| 股份合作企业 | 190023 | 190023 | 168922 | 168922 | 6365 | 6365 |
| 联营企业 | 36119 | 36119 | 33911 | 33911 | 392 | 392 |
| 集体联营企业 | 36119 | 36119 | 33911 | 33911 | 392 | 392 |
| 有限责任公司 | 7399600 | 7313905 | 7055413 | 6991854 | 37378 | 35393 |
| 国有独资公司 | 3287655 | 3285216 | 3235423 | 3234587 | 8136 | 6311 |
| 其他有限责任公司 | 4111945 | 4028689 | 3819990 | 3757267 | 29242 | 29082 |
| 股份有限公司 | 3457899 | 3457899 | 3347857 | 3347857 | 7376 | 7376 |
| 私营企业 | 11670762 | 10675743 | 10881199 | 9942105 | 64185 | 59049 |
| 私营有限责任公司 | 11062976 | 10068137 | 10333514 | 9394572 | 63238 | 58102 |
| 私营股份有限公司 | 607786 | 607606 | 547685 | 547533 | 947 | 947 |
| 港、澳、台商投资企业 | 22235 | 22235 | 19417 | 19417 | 88 | 88 |
| 港澳台商独资经营企业 | 22235 | 22235 | 19417 | 19417 | 88 | 88 |
| 外商投资企业 | 143036 | 143036 | 114034 | 114033 | 1253 | 1253 |
| 中外合资经营企业 | 143036 | 143036 | 114034 | 114033 | 1253 | 1253 |

## 6-11 续表13

(2018年) 单位：千元

| 指　　标 | 营业收入 | 主营业务收入 | 营业成本 | 主营业务成本 | 税金及附加 | 主营业务税金及附加 |
|---|---|---|---|---|---|---|
| **企业控股情况** | | | | | | |
| 国有控股 | 9400525 | 9386240 | 9161711 | 9145536 | 56392 | 41278 |
| 集体控股 | 3357324 | 3340563 | 3050635 | 3044668 | 32548 | 32548 |
| 私人控股 | 13303319 | 12247912 | 12401478 | 11403528 | 70949 | 65653 |
| 港澳台商控股 | 22235 | 22235 | 19417 | 19417 | 88 | 88 |
| 外商控股 | 143036 | 143036 | 114034 | 114033 | 1253 | 1253 |
| 其他 | 134102 | 134102 | 118887 | 118887 | 294 | 294 |
| **运营状态** | | | | | | |
| 正常运营 | 26357645 | 25271192 | 24863411 | 23843318 | 161518 | 141111 |
| 停业(歇业) | 2896 | 2896 | 2751 | 2751 | 6 | 3 |
| **建筑业企业资质等级** | | | | | | |
| 施工总承包序列 | 22078367 | 21878535 | 21056783 | 20875086 | 119579 | 105792 |
| 施工总承包序列一级工程 | 9832874 | 9825919 | 9621590 | 9621197 | 31992 | 31712 |
| 施工总承包序列二级工程 | 6799131 | 6779857 | 6509906 | 6506924 | 21832 | 21832 |
| 施工总承包序列三级工程 | 5446362 | 5272759 | 4925287 | 4746965 | 65755 | 52248 |
| 专业承包序列 | 4282174 | 3395553 | 3809379 | 2970983 | 41945 | 35322 |
| 专业承包序列一级工程 | 812066 | 191948 | 761080 | 167362 | 6351 | 828 |
| 专业承包序列二级工程 | 919218 | 737239 | 800014 | 627640 | 26778 | 25862 |
| 专业承包序列三级工程 | 2541057 | 2456611 | 2242314 | 2170010 | 8775 | 8591 |
| 专业承包序列不分等级工程 | 9833 | 9755 | 5971 | 5971 | 41 | 41 |
| **管理机构** | | | | | | |
| 惠城区统计局 | 22012246 | 21199823 | 20923055 | 20173890 | 101170 | 96445 |
| 惠阳区统计局 | 893472 | 892536 | 840778 | 839671 | 14193 | 12337 |
| 惠东县统计局 | 687859 | 642583 | 610536 | 572586 | 19831 | 6690 |
| 博罗县统计局 | 1404924 | 1275729 | 1272236 | 1157738 | 17946 | 17574 |
| 龙门县统计局 | 339859 | 339621 | 298632 | 294600 | 2914 | 2914 |
| 大亚湾统计局 | 755584 | 755584 | 679285 | 672187 | 4483 | 4483 |
| 仲恺高新区科技创新局 | 266597 | 168212 | 241640 | 135397 | 987 | 671 |

## 6-11 续表14

(2018年) 单位：千元

| 指　　标 | 其他业务利润 | 销售费用 | 管理费用 | 财务费用 | 利息收入 | 利息支出 |
|---|---|---|---|---|---|---|
| **总　　计** | **17071** | **60672** | **910945** | **32518** | **2113** | **14154** |
| **行业代码** | | | | | | |
| 建筑业 | 17071 | 60672 | 910945 | 32518 | 2113 | 14154 |
| 房屋建筑业 | 4352 | 27321 | 338722 | 16742 | 1012 | 4011 |
| 住宅房屋建筑 | 3238 | 27321 | 309259 | 13880 | 998 | 1145 |
| 其他房屋建筑业 | 1114 | | 29463 | 2862 | 14 | 2866 |
| 土木工程建筑业 | 3449 | 3265 | 215687 | 7860 | 1064 | 4246 |
| 铁路、道路、隧道和桥梁工程建筑 | 3449 | 6 | 75842 | 1522 | 79 | 464 |
| 水利和水运工程建筑 | | 69 | 33033 | 1265 | 856 | 1308 |
| 工矿工程建筑 | | | 3608 | 215 | | |
| 架线和管道工程建筑 | | | 60458 | 2612 | 99 | 611 |
| 电力工程施工 | | 2618 | 5503 | 340 | 1 | |
| 其他土木工程建筑 | | 572 | 37243 | 1906 | 29 | 1863 |
| 建筑安装业 | 9270 | 9745 | 232659 | 2728 | 1 | 1208 |
| 电气安装 | 9255 | 9028 | 182150 | 1859 | -123 | 1099 |
| 管道和设备安装 | 15 | 698 | 41355 | 844 | 124 | 109 |
| 其他建筑安装业 | | 19 | 9154 | 25 | | |
| 建筑装饰、装修和其他建筑业 | | 20341 | 123877 | 5188 | 36 | 4689 |
| 建筑装饰和装修业 | | 17025 | 70384 | 5236 | -46 | 4679 |
| 建筑物拆除和场地准备活动 | | 3316 | 36878 | -42 | 64 | |
| 其他未列明建筑业 | | | 16615 | -6 | 18 | 10 |
| **登记注册类型** | | | | | | |
| 内资企业 | 17071 | 60672 | 900846 | 32556 | 2180 | 14154 |
| 国有企业 | 1792 | 5 | 33042 | 1915 | 741 | 427 |
| 集体企业 | -2300 | 20180 | 58152 | 800 | 44 | 195 |
| 股份合作企业 | | | 40 | 37 | | |
| 联营企业 | | | 276 | 2 | | |
| 集体联营企业 | | | 276 | 2 | | |
| 有限责任公司 | 14843 | 239 | 200910 | 5547 | 1203 | 4269 |
| 国有独资公司 | 1787 | | 37798 | 1316 | 188 | |
| 其他有限责任公司 | 13056 | 239 | 163112 | 4231 | 1015 | 4269 |
| 股份有限公司 | | 2275 | 78544 | 308 | 97 | 300 |
| 私营企业 | 2736 | 37973 | 529882 | 23947 | 95 | 8963 |
| 私营有限责任公司 | 2709 | 30488 | 502172 | 24024 | 254 | 8903 |
| 私营股份有限公司 | 27 | 7485 | 27710 | -77 | -159 | 60 |
| 港、澳、台商投资企业 | | | 1758 | -59 | -67 | |
| 港澳台商独资经营企业 | | | 1758 | -59 | -67 | |
| 外商投资企业 | | | 8341 | 21 | | |
| 中外合资经营企业 | | | 8341 | 21 | | |

## 6-11　续表15

(2018年)　　单位：千元

| 指　标 | 其他业务利润 | 销售费用 | 管理费用 | 财务费用 | 利息收入 | 利息支出 |
|---|---|---|---|---|---|---|
| **企业控股情况** | | | | | | |
| 国有控股 | 5156 | 5 | 125991 | 4347 | 1845 | 1735 |
| 集体控股 | 9164 | 20350 | 150681 | 807 | 152 | 195 |
| 私人控股 | 2751 | 40317 | 611443 | 27391 | 181 | 12224 |
| 港澳台商控股 | | | 1758 | -59 | -67 | |
| 外商控股 | | | 8341 | 21 | | |
| 其他 | | | 12731 | 11 | 2 | |
| **运营状态** | | | | | | |
| 正常运营 | 17071 | 60672 | 910670 | 32518 | 2113 | 14154 |
| 停业(歇业) | | | 275 | | | |
| **建筑业企业资质等级** | | | | | | |
| 施工总承包序列 | 18272 | 34197 | 583825 | 23660 | 2120 | 8363 |
| 施工总承包序列一级工程 | 1792 | | 124735 | 4210 | 1565 | 3563 |
| 施工总承包序列二级工程 | 16293 | 976 | 138451 | 5723 | 167 | 3085 |
| 施工总承包序列三级工程 | 187 | 33221 | 320639 | 13727 | 388 | 1715 |
| 专业承包序列 | -1201 | 26475 | 327120 | 8858 | -7 | 5791 |
| 专业承包序列一级工程 | | | 28396 | 369 | 121 | 300 |
| 专业承包序列二级工程 | 1129 | 18282 | 98912 | 5305 | -39 | 4903 |
| 专业承包序列三级工程 | -2403 | 8193 | 195745 | 3179 | -89 | 588 |
| 专业承包序列不分等级工程 | 73 | | 4067 | 5 | | |
| **管理机构** | | | | | | |
| 惠城区统计局 | 16986 | 31326 | 711201 | 18751 | 1830 | 11547 |
| 惠阳区统计局 | | 1490 | 19457 | 132 | 144 | 200 |
| 惠东县统计局 | | 5552 | 40643 | 7368 | -67 | 1 |
| 博罗县统计局 | 85 | 20776 | 59104 | 2403 | 7 | 82 |
| 龙门县统计局 | | 1113 | 14193 | 279 | 89 | 10 |
| 大亚湾统计局 | | 415 | 47155 | 3270 | 20 | 1866 |
| 仲恺高新区科技创新局 | | | 19192 | 315 | 90 | 448 |

## 6-11 续表16

(2018年) 单位：千元

| 指　　标 | 资产减值损失 | 公允价值变动收益 | 投资收益 | 资产处置收益 | 其他收益 | 营业利润 |
|---|---|---|---|---|---|---|
| **总　　计** | **8004** | | **64076** | **59** | **415** | **417842** |
| **行业代码** | | | | | | |
| 建筑业 | 8004 | | 64076 | 59 | 415 | 417842 |
| 房屋建筑业 | 10 | | 284 | | 39 | 106838 |
| 住宅房屋建筑 | 10 | | 284 | | | 91036 |
| 其他房屋建筑业 | | | | | 39 | 15802 |
| 土木工程建筑业 | 1592 | | 57 | | 71 | 85873 |
| 铁路、道路、隧道和桥梁工程建筑 | 6 | | | | 71 | 55105 |
| 水利和水运工程建筑 | | | -21 | | | 7951 |
| 工矿工程建筑 | 296 | | | | | -2 |
| 架线和管道工程建筑 | | | | | | 14223 |
| 电力工程施工 | | | | | | 412 |
| 其他土木工程建筑 | 1290 | | 78 | | | 8184 |
| 建筑安装业 | 6291 | | 63407 | 4 | | 182544 |
| 电气安装 | 3095 | | 53899 | 4 | | 141408 |
| 管道和设备安装 | 3196 | | 9493 | | | 40185 |
| 其他建筑安装业 | | | 15 | | | 951 |
| 建筑装饰、装修和其他建筑业 | 111 | | 328 | 55 | 305 | 42587 |
| 建筑装饰和装修业 | 1 | | 328 | | 175 | 15747 |
| 建筑物拆除和场地准备活动 | 110 | | | 55 | 130 | 17387 |
| 其他未列明建筑业 | | | | | | 9453 |
| **登记注册类型** | | | | | | |
| 内资企业 | 5071 | | 63971 | 59 | 415 | 400252 |
| 国有企业 | | | | | | 4740 |
| 集体企业 | | | | | | 32137 |
| 股份合作企业 | | | | | | 14659 |
| 联营企业 | | | | | | 1538 |
| 集体联营企业 | | | | | | 1538 |
| 有限责任公司 | 269 | | 63469 | | | 169831 |
| 国有独资公司 | 263 | | 9388 | | | 14108 |
| 其他有限责任公司 | 6 | | 54081 | | | 155723 |
| 股份有限公司 | 110 | | 272 | 55 | 130 | 21886 |
| 私营企业 | 4692 | | 230 | 4 | 285 | 155461 |
| 私营有限责任公司 | 1597 | | 143 | | 285 | 134429 |
| 私营股份有限公司 | 3095 | | 87 | 4 | | 21032 |
| 港、澳、台商投资企业 | | | | | | 1031 |
| 港澳台商独资经营企业 | | | | | | 1031 |
| 外商投资企业 | 2933 | | 105 | | | 16559 |
| 中外合资经营企业 | 2933 | | 105 | | | 16559 |

## 6-11 续表17

(2018年) 单位：千元

| 指　　标 | 资产减值损失 | 公允价值变动收益 | 投资收益 | 资产处置收益 | 其他收益 | 营业利润 |
|---|---|---|---|---|---|---|
| **企业控股情况** | | | | | | |
| 国有控股 | 269 | | 9639 | | | 61448 |
| 集体控股 | | | 53794 | | | 155521 |
| 私人控股 | 4802 | | 526 | 59 | 415 | 181092 |
| 港澳台商控股 | | | | | | 1031 |
| 外商控股 | 2933 | | 105 | | | 16559 |
| 其他 | | | 12 | | | 2191 |
| **运营状态** | | | | | | |
| 正常运营 | 8004 | | 64076 | 59 | 415 | 417978 |
| 停业(歇业) | | | | | | -136 |
| **建筑业企业资质等级** | | | | | | |
| 施工总承包序列 | 4349 | | 54126 | 55 | 240 | 304881 |
| 施工总承包序列一级工程 | 6 | | -21 | | 16 | 50334 |
| 施工总承包序列二级工程 | 2933 | | 54135 | | | 145895 |
| 施工总承包序列三级工程 | 1410 | | 12 | 55 | 224 | 108652 |
| 专业承包序列 | 3655 | | 9950 | 4 | 175 | 112961 |
| 专业承包序列一级工程 | 263 | | 9420 | | | 25028 |
| 专业承包序列二级工程 | 1 | | 78 | | 175 | 8845 |
| 专业承包序列三级工程 | 3391 | | 452 | 4 | | 79349 |
| 专业承包序列不分等级工程 | | | | | | -261 |
| **管理机构** | | | | | | |
| 惠城区统计局 | 4797 | | 54583 | 59 | 217 | 287258 |
| 惠阳区统计局 | 264 | | 9388 | | | 26545 |
| 惠东县统计局 | | | | | | 18957 |
| 博罗县统计局 | | | | | | 32458 |
| 龙门县统计局 | | | | | 175 | 22903 |
| 大亚湾统计局 | 2933 | | 105 | | | 25245 |
| 仲恺高新区科技创新局 | 10 | | | | 23 | 4476 |

## 6-11 续表18

(2018年) 单位：千元

| 指　　标 | 营业外收入 | 营业外支出 | 利润总额 | 所得税费用 | 本年应付职工薪酬 | 应交增值税 | 建筑业企业在境外完成的营业收入 |
|---|---|---|---|---|---|---|---|
| **总　　计** | **15691** | **15174** | **418591** | **85549** | **2664299** | **533993** | **45575** |
| **行业代码** | | | | | | | |
| 建筑业 | 15691 | 15174 | 418591 | 85549 | 2664299 | 533993 | 45575 |
| 房屋建筑业 | 7860 | 4689 | 109963 | 29326 | 1698731 | 277824 | 19025 |
| 住宅房屋建筑 | 7841 | 4124 | 94706 | 26083 | 1483731 | 234498 | 19025 |
| 其他房屋建筑业 | 19 | 565 | 15257 | 3243 | 215000 | 43326 | |
| 土木工程建筑业 | 4015 | 5257 | 84703 | 21936 | 473790 | 173806 | 25550 |
| 铁路、道路、隧道和桥梁工程建筑 | 361 | 2581 | 52957 | 13999 | 96472 | 64421 | 4340 |
| 水利和水运工程建筑 | 3352 | 1351 | 9952 | 2459 | 149527 | 77401 | |
| 工矿工程建筑 | 108 | 1 | 105 | 1 | 61160 | 471 | |
| 架线和管道工程建筑 | 172 | 1001 | 13394 | 3635 | 105257 | 17171 | |
| 电力工程施工 | | 2 | 410 | 77 | 7462 | 3179 | |
| 其他土木工程建筑 | 22 | 321 | 7885 | 1765 | 53912 | 11163 | 21210 |
| 建筑安装业 | 3276 | 4542 | 181484 | 26190 | 336625 | 56834 | 1000 |
| 电气安装 | 3081 | 579 | 144115 | 20484 | 218073 | 36274 | |
| 管道和设备安装 | 124 | 3539 | 36771 | 5606 | 107103 | 19286 | |
| 其他建筑安装业 | 71 | 424 | 598 | 100 | 11449 | 1274 | 1000 |
| 建筑装饰、装修和其他建筑业 | 540 | 686 | 42441 | 8097 | 155153 | 25529 | |
| 建筑装饰和装修业 | 37 | 178 | 15606 | 5039 | 97700 | 6193 | |
| 建筑物拆除和场地准备活动 | 503 | 69 | 17821 | 2096 | 33504 | 4751 | |
| 其他未列明建筑业 | | 439 | 9014 | 962 | 23949 | 14585 | |
| **登记注册类型** | | | | | | | |
| 内资企业 | 15604 | 13672 | 402416 | 81492 | 2605996 | 525518 | 45575 |
| 国有企业 | 3028 | 101 | 7667 | 1692 | 208414 | 27408 | 4340 |
| 集体企业 | 613 | 44 | 32706 | 14053 | 126639 | 38928 | 19025 |
| 股份合作企业 | | | 14659 | 732 | 35823 | 620 | |
| 联营企业 | | | 1538 | 18 | 4317 | 1560 | |
| 集体联营企业 | | | 1538 | 18 | 4317 | 1560 | |
| 有限责任公司 | 6582 | 4136 | 172231 | 30553 | 830092 | 178982 | |
| 国有独资公司 | 108 | 2000 | 12216 | 2484 | 467805 | 31076 | |
| 其他有限责任公司 | 6474 | 2136 | 160015 | 28069 | 362287 | 147906 | |
| 股份有限公司 | 572 | 122 | 22336 | 4588 | 238358 | 62569 | |
| 私营企业 | 4809 | 9269 | 151279 | 29856 | 1162353 | 215451 | 22210 |
| 私营有限责任公司 | 4677 | 8786 | 130598 | 26174 | 1106973 | 209869 | 22210 |
| 私营股份有限公司 | 132 | 483 | 20681 | 3682 | 55380 | 5582 | |
| 港、澳、台商投资企业 | 24 | | 1055 | 264 | 7748 | 543 | |
| 港澳台商独资经营企业 | 24 | | 1055 | 264 | 7748 | 543 | |
| 外商投资企业 | 63 | 1502 | 15120 | 3793 | 50555 | 7932 | |
| 中外合资经营企业 | 63 | 1502 | 15120 | 3793 | 50555 | 7932 | |

## 6-11　续表19

(2018年)　　　　单位：千元

| 指　　标 | 营业外收入 | 营业外支出 | 利润总额 | 所得税费用 | 本年应付职工薪酬 | 应交增值税 | 建筑业企业在境外完成的营业收入 |
|---|---|---|---|---|---|---|---|
| **企业控股情况** | | | | | | | |
| 国有控股 | 6866 | 3689 | 64625 | 16452 | 903045 | 190733 | 4340 |
| 集体控股 | 3360 | 281 | 158600 | 29931 | 410698 | 73898 | 19025 |
| 私人控股 | 5366 | 9695 | 176995 | 34141 | 1268953 | 257756 | 22210 |
| 港澳台商控股 | 24 | | 1055 | 264 | 7748 | 543 | |
| 外商控股 | 63 | 1502 | 15120 | 3793 | 50555 | 7932 | |
| 其他 | 12 | 7 | 2196 | 968 | 23300 | 3131 | |
| **运营状态** | | | | | | | |
| 正常运营 | 15691 | 15174 | 418727 | 85549 | 2662541 | 533926 | 45575 |
| 停业(歇业) | | | -136 | | 1758 | 67 | |
| **建筑业企业资质等级** | | | | | | | |
| 施工总承包序列 | 15000 | 11506 | 308449 | 63873 | 2186162 | 461029 | 44575 |
| 施工总承包序列一级工程 | 3685 | 1801 | 52218 | 15625 | 965950 | 149582 | |
| 施工总承包序列二级工程 | 6392 | 4595 | 147692 | 27469 | 486130 | 133583 | 21210 |
| 施工总承包序列三级工程 | 4923 | 5110 | 108539 | 20779 | 734082 | 177864 | 23365 |
| 专业承包序列 | 691 | 3668 | 110142 | 21676 | 478137 | 72964 | 1000 |
| 专业承包序列一级工程 | 4 | 1801 | 23231 | 4473 | 9722 | -949 | |
| 专业承包序列二级工程 | 115 | 68 | 8845 | 1956 | 160093 | 22268 | |
| 专业承包序列三级工程 | 566 | 1713 | 78407 | 15235 | 304726 | 51391 | 1000 |
| 专业承包序列不分等级工程 | 6 | 86 | -341 | 12 | 3596 | 254 | |
| **管理机构** | | | | | | | |
| 惠城区统计局 | 9599 | 5547 | 291540 | 58377 | 2035401 | 360983 | 40235 |
| 惠阳区统计局 | 3 | 2378 | 24171 | 2868 | 131862 | 44300 | |
| 惠东县统计局 | 2921 | 104 | 21774 | 10594 | 79617 | 32850 | |
| 博罗县统计局 | 3011 | 5268 | 30201 | 3332 | 179097 | 46730 | |
| 龙门县统计局 | 1 | 30 | 22874 | 3882 | 78022 | 16195 | |
| 大亚湾统计局 | 142 | 1841 | 23547 | 5516 | 114512 | 24868 | 5340 |
| 仲恺高新区科技创新局 | 14 | 6 | 4484 | 980 | 45788 | 8067 | |

# 6-12　劳务分包建筑业企业主要指标

(2016年)　　单位：千元

| 指　标 | 单位个数 | 固定资产原价 | 本年折旧 | 资产总计 | 负债合计 | 实收资本 | 营业收入 |
|---|---|---|---|---|---|---|---|
| **总　计** | **29** | **27930** | **5519** | **296069** | **205431** | **78574** | **945037** |
| **行业代码** | | | | | | | |
| 建筑业 | 29 | 27930 | 5519 | 296069 | 205431 | 78574 | 945037 |
| 房屋建筑业 | 3 | 1031 | 206 | 14877 | 8417 | 5300 | 68900 |
| 住宅房屋建筑 | 2 | 1031 | 206 | 14877 | 8417 | 5300 | 68900 |
| 其他房屋建筑业 | 1 | | | | | | |
| 土木工程建筑业 | 3 | 2856 | 271 | 52474 | 38280 | 13000 | 189482 |
| 铁路、道路、隧道和桥梁工程建筑 | 3 | 2856 | 271 | 52474 | 38280 | 13000 | 189482 |
| 建筑安装业 | 2 | 4780 | 2287 | 47792 | 31903 | 12000 | 67631 |
| 电气安装 | 2 | 4780 | 2287 | 47792 | 31903 | 12000 | 67631 |
| 建筑装饰、装修和其他建筑业 | 21 | 19263 | 2755 | 180926 | 126831 | 48274 | 619024 |
| 其他未列明建筑业 | 21 | 19263 | 2755 | 180926 | 126831 | 48274 | 619024 |
| **登记注册类型** | | | | | | | |
| 内资企业 | 29 | 27930 | 5519 | 296069 | 205431 | 78574 | 945037 |
| 有限责任公司 | 4 | 1011 | 201 | 28648 | 7168 | 20400 | 74439 |
| 其他有限责任公司 | 4 | 1011 | 201 | 28648 | 7168 | 20400 | 74439 |
| 私营企业 | 25 | 26919 | 5318 | 267421 | 198263 | 58174 | 870598 |
| 私营有限责任公司 | 24 | 26919 | 5318 | 267421 | 198263 | 58174 | 866393 |
| 私营股份有限公司 | 1 | | | | | | 4205 |
| **企业控股情况** | | | | | | | |
| 私人控股 | 28 | 27930 | 5519 | 270285 | 199780 | 58574 | 920686 |
| 其他 | 1 | | | 25784 | 5651 | 20000 | 24351 |
| **运营状态** | | | | | | | |
| 正常运营 | 29 | 27930 | 5519 | 296069 | 205431 | 78574 | 945037 |
| **建筑业企业资质等级** | | | | | | | |
| 劳务分包序列 | 29 | 27930 | 5519 | 296069 | 205431 | 78574 | 945037 |
| 劳务分包序列二级工程 | 2 | 11008 | 3538 | 58109 | 32142 | 22000 | 73886 |
| 劳务分包序列不分等级工程 | 27 | 16922 | 1981 | 237960 | 173289 | 56574 | 871151 |
| **管理机构** | | | | | | | |
| 惠城区统计局 | 23 | 19887 | 4023 | 237690 | 172981 | 53274 | 722028 |
| 惠东县统计局 | 1 | 7 | 1 | 84 | 471 | | |
| 龙门县统计局 | 2 | 1031 | 206 | 14877 | 8417 | 5300 | 68900 |
| 大亚湾统计局 | 3 | 7005 | 1289 | 43418 | 23562 | 20000 | 154109 |

## 6-12 续表1

(2018年) 单位：千元

| 指　　标 | 其中：主营业务收入 | 营业成本 | 其中：主营业务成本 | 营业税金及附加 | 其中：主营业务税金及附加 | 销售费用 |
|---|---|---|---|---|---|---|
| **总　计** | **944913** | **877908** | **865569** | **7626** | **7524** | **18571** |
| **行业代码** | | | | | | |
| 建筑业 | 944913 | 877908 | 865569 | 7626 | 7524 | 18571 |
| 房屋建筑业 | 68900 | 61440 | 61440 | 3666 | 3566 | 7604 |
| 住宅房屋建筑 | 68900 | 61440 | 61440 | 3666 | 3566 | 1500 |
| 其他房屋建筑业 | | | | | | 6104 |
| 土木工程建筑业 | 189482 | 183978 | 181482 | 1253 | 1253 | |
| 铁路、道路、隧道和桥梁工程建筑 | 189482 | 183978 | 181482 | 1253 | 1253 | |
| 建筑安装业 | 67631 | 42604 | 42604 | 224 | 224 | 10841 |
| 电气安装 | 67631 | 42604 | 42604 | 224 | 224 | 10841 |
| 建筑装饰、装修和其他建筑业 | 618900 | 589886 | 580043 | 2483 | 2481 | 126 |
| 其他未列明建筑业 | 618900 | 589886 | 580043 | 2483 | 2481 | 126 |
| **登记注册类型** | | | | | | |
| 内资企业 | 944913 | 877908 | 865569 | 7626 | 7524 | 18571 |
| 有限责任公司 | 74315 | 66229 | 66229 | 3745 | 3645 | 1501 |
| 其他有限责任公司 | 74315 | 66229 | 66229 | 3745 | 3645 | 1501 |
| 私营企业 | 870598 | 811679 | 799340 | 3881 | 3879 | 17070 |
| 私营有限责任公司 | 866393 | 807761 | 795422 | 3771 | 3769 | 17070 |
| 私营股份有限公司 | 4205 | 3918 | 3918 | 110 | 110 | |
| **企业控股情况** | | | | | | |
| 私人控股 | 920562 | 854664 | 842325 | 7539 | 7437 | 18571 |
| 其他 | 24351 | 23244 | 23244 | 87 | 87 | |
| **运营状态** | | | | | | |
| 正常运营 | 944913 | 877908 | 865569 | 7626 | 7524 | 18571 |
| **建筑业企业资质等级** | | | | | | |
| 劳务分包序列 | 944913 | 877908 | 865569 | 7626 | 7524 | 18571 |
| 劳务分包序列二级工程 | 73886 | 48024 | 48024 | 243 | 243 | 10841 |
| 劳务分包序列不分等级工程 | 871027 | 829884 | 817545 | 7383 | 7281 | 7730 |
| **管理机构** | | | | | | |
| 惠城区统计局 | 721904 | 667015 | 654676 | 2811 | 2809 | 17071 |
| 惠东县统计局 | | | | | | |
| 龙门县统计局 | 68900 | 61440 | 61440 | 3666 | 3566 | 1500 |
| 大亚湾统计局 | 154109 | 149453 | 149453 | 1149 | 1149 | |

## 6-12 续表2

(2018年)　　单位：千元

| 指　　标 | 管理费用 | 财务费用 | 营业利润 | 利润总额 | 从业人员平均人数 | 从业人员期末人数 |
|---|---|---|---|---|---|---|
| **总　计** | **36575** | **384** | **15888** | **15742** | **5302** | **5117** |
| **行业代码** | | | | | | |
| 建筑业 | 36575 | 384 | 15888 | 15742 | 5302 | 5117 |
| 房屋建筑业 | 2030 | 272 | 2356 | 2356 | 382 | 382 |
| 住宅房屋建筑 | 1936 | 208 | 2255 | 2255 | 380 | 380 |
| 其他房屋建筑业 | 94 | 64 | 101 | 101 | 2 | 2 |
| 土木工程建筑业 | 4530 | 36 | 2203 | 2203 | 67 | 67 |
| 铁路、道路、隧道和桥梁工程建筑 | 4530 | 36 | 2203 | 2203 | 67 | 67 |
| 建筑安装业 | 10725 | | 3237 | 3123 | 186 | 207 |
| 电气安装 | 10725 | | 3237 | 3123 | 186 | 207 |
| 建筑装饰、装修和其他建筑业 | 19290 | 76 | 8092 | 8060 | 4667 | 4461 |
| 其他未列明建筑业 | 19290 | 76 | 8092 | 8060 | 4667 | 4461 |
| **登记注册类型** | | | | | | |
| 内资企业 | 36575 | 384 | 15888 | 15742 | 5302 | 5117 |
| 有限责任公司 | 3043 | 204 | 1817 | 1821 | 392 | 334 |
| 其他有限责任公司 | 3043 | 204 | 1817 | 1821 | 392 | 334 |
| 私营企业 | 33532 | 180 | 14071 | 13921 | 4910 | 4783 |
| 私营有限责任公司 | 33470 | 178 | 13894 | 13744 | 4910 | 4783 |
| 私营股份有限公司 | 62 | 2 | 177 | 177 | | |
| **企业控股情况** | | | | | | |
| 私人控股 | 35668 | 381 | 15778 | 15632 | 5011 | 4884 |
| 其他 | 907 | 3 | 110 | 110 | 291 | 233 |
| **运营状态** | | | | | | |
| 正常运营 | 36575 | 384 | 15888 | 15742 | 5302 | 5117 |
| **建筑业企业资质等级** | | | | | | |
| 劳务分包序列 | 36575 | 384 | 15888 | 15742 | 5302 | 5117 |
| 劳务分包序列二级工程 | 10845 | -7 | 3940 | 3820 | 278 | 291 |
| 劳务分包序列不分等级工程 | 25730 | 391 | 11948 | 11922 | 5024 | 4826 |
| **管理机构** | | | | | | |
| 惠城区统计局 | 31831 | 143 | 12903 | 12763 | 4794 | 4605 |
| 惠东县统计局 | 267 | | -267 | -267 | | 6 |
| 龙门县统计局 | 1936 | 208 | 2255 | 2255 | 380 | 380 |
| 大亚湾统计局 | 2541 | 33 | 997 | 991 | 128 | 126 |

## 6-12 续表3

(2018年)　　单位：千元、人

| 指　　标 | 工程技术人员 | 现场施工人员 | 本年应付职工薪酬 | 应交增值税 | 建筑业总产值 | 其中：装饰装修产值 |
|---|---|---|---|---|---|---|
| **总　计** | **477** | **4021** | **373476** | **25167** | **682836** | **4686** |
| **行业代码** | | | | | | |
| 建筑业 | 477 | 4021 | 373476 | 25167 | 682836 | 4686 |
| 房屋建筑业 | 46 | 231 | 31012 | 1085 | 35660 | 120 |
| 住宅房屋建筑 | 45 | 230 | 31000 | 1085 | 35660 | 120 |
| 其他房屋建筑业 | 1 | 1 | 12 | | | |
| 土木工程建筑业 | 38 | | 5314 | 6002 | 61286 | 2000 |
| 铁路、道路、隧道和桥梁工程建筑 | 38 | | 5314 | 6002 | 61286 | 2000 |
| 建筑安装业 | 51 | 135 | 11446 | 1568 | 67631 | |
| 电气安装 | 51 | 135 | 11446 | 1568 | 67631 | |
| 建筑装饰、装修和其他建筑业 | 342 | 3655 | 325704 | 16512 | 518259 | 2566 |
| 其他未列明建筑业 | 342 | 3655 | 325704 | 16512 | 518259 | 2566 |
| **登记注册类型** | | | | | | |
| 内资企业 | 477 | 4021 | 373476 | 25167 | 682836 | 4686 |
| 有限责任公司 | 36 | 288 | 9701 | 545 | 41075 | 120 |
| 其他有限责任公司 | 36 | 288 | 9701 | 545 | 41075 | 120 |
| 私营企业 | 441 | 3733 | 363775 | 24622 | 641761 | 4566 |
| 私营有限责任公司 | 441 | 3733 | 363775 | 24622 | 639761 | 2566 |
| 私营股份有限公司 | | | | | 2000 | 2000 |
| **企业控股情况(601)** | | | | | | |
| 私人控股 | 442 | 3823 | 367854 | 25138 | 658485 | 4686 |
| 其他 | 35 | 198 | 5622 | 29 | 24351 | |
| **运营状态(601)** | | | | | | |
| 正常运营 | 477 | 4021 | 373476 | 25167 | 682836 | 4686 |
| **建筑业企业资质等级(601)** | | | | | | |
| 劳务分包序列 | 477 | 4021 | 373476 | 25167 | 682836 | 4686 |
| 劳务分包序列二级工程 | 59 | 211 | 16616 | 1580 | 73956 | |
| 劳务分包序列不分等级工程 | 418 | 3810 | 356860 | 23587 | 608880 | 4686 |
| **管理机构** | | | | | | |
| 惠城区统计局 | 388 | 3715 | 333184 | 18068 | 621193 | 2566 |
| 惠东县统计局 | | | 210 | | | |
| 龙门县统计局 | 45 | 230 | 31000 | 1085 | 35660 | 120 |
| 大亚湾统计局 | 44 | 76 | 9082 | 6014 | 25983 | 2000 |

# 6-13 建筑业企业房屋竣工面积及价值

(2018年)　　单位：千元、人

| 指　　标 | 单位个数 | 房屋竣工面积 | 房屋竣工价值 |
|---|---|---|---|
| **总　计** | **255** | **3604900** | **5713303** |
| **行业代码** | | | |
| 建筑业 | 255 | 3604900 | 5713303 |
| 房屋建筑业 | 96 | 3392665 | 5503208 |
| 住宅房屋建筑 | 80 | 2923664 | 4907997 |
| 其他房屋建筑业 | 16 | 469001 | 595211 |
| 土木工程建筑业 | 56 | 201541 | 194298 |
| 铁路、道路、隧道和桥梁工程建筑 | 23 | 142767 | 124250 |
| 水利和水运工程建筑 | 11 | 23915 | 45555 |
| 工矿工程建筑 | 1 | | |
| 架线和管道工程建筑 | 8 | | |
| 电力工程施工 | 2 | | |
| 其他土木工程建筑 | 11 | 34859 | 24493 |
| 建筑安装业 | 62 | 10694 | 15797 |
| 电气安装 | 35 | 6694 | 5797 |
| 管道和设备安装 | 18 | 4000 | 10000 |
| 其他建筑安装业 | 9 | | |
| 建筑装饰、装修和其他建筑业 | 41 | | |
| 建筑装饰和装修业 | 31 | | |
| 建筑物拆除和场地准备活动 | 3 | | |
| 其他未列明建筑业 | 7 | | |
| **登记注册类型** | | | |
| 内资企业 | 253 | 3604900 | 5713303 |
| 国有企业 | 11 | 755317 | 1050990 |
| 集体企业 | 13 | 320740 | 355008 |
| 股份合作企业 | 1 | 193901 | 190023 |
| 联营企业 | 1 | 11300 | 46000 |
| 集体联营企业 | 1 | 11300 | 46000 |
| 有限责任公司 | 35 | 537430 | 813774 |
| 国有独资公司 | 3 | 364885 | 614440 |
| 其他有限责任公司 | 32 | 172545 | 199334 |
| 股份有限公司 | 8 | 316910 | 557190 |
| 私营企业 | 184 | 1469302 | 2700318 |
| 私营有限责任公司 | 181 | 1240803 | 2202913 |
| 私营股份有限公司 | 3 | 228499 | 497405 |
| 港、澳、台商投资企业 | 1 | | |
| 港澳台商独资经营企业 | 1 | | |
| 外商投资企业 | 1 | | |
| 中外合资经营企业 | 1 | | |

## 6-13 续表

(2018年)　　　　单位：千元、人

| 指　　标 | 单位个数 | 房屋竣工面积 | 房屋竣工价值 |
|---|---|---|---|
| **企业控股情况** | | | |
| 国有控股 | 20 | 1362802 | 2152580 |
| 集体控股 | 22 | 559851 | 625221 |
| 私人控股 | 204 | 1680244 | 2929761 |
| 港澳台商控股 | 1 | | |
| 外商控股 | 1 | | |
| 其他 | 7 | 2003 | 5741 |
| **运营状态** | | | |
| 正常运营 | 254 | 3604900 | 5713303 |
| 停业(歇业) | 1 | | |
| **建筑业企业资质等级** | | | |
| 施工总承包序列 | 133 | 3569930 | 5658016 |
| 施工总承包序列一级工程 | 7 | 1293704 | 1909249 |
| 施工总承包序列二级工程 | 19 | 693878 | 1608701 |
| 施工总承包序列三级工程 | 107 | 1582348 | 2140066 |
| 专业承包序列 | 122 | 34970 | 55287 |
| 专业承包序列一级工程 | 4 | | |
| 专业承包序列二级工程 | 62 | | |
| 专业承包序列三级工程 | 54 | 34970 | 55287 |
| 专业承包序列不分等级工程 | 2 | | |
| **管理机构** | | | |
| 惠城区统计局 | 172 | 2465569 | 4340059 |
| 惠阳区统计局 | 8 | 278457 | 331155 |
| 惠东县统计局 | 22 | 128323 | 178677 |
| 博罗县统计局 | 29 | 535680 | 569726 |
| 龙门县统计局 | 8 | 78022 | 141731 |
| 大亚湾统计局 | 10 | 30987 | 62198 |
| 仲恺高新区科技创新局 | 6 | 87862 | 89757 |

# 6-14 分县区建筑业企业总产值

单位：万元

| 年份 | 总计 | 市直 | 惠城区 | 惠阳区 | 惠东县 | 博罗县 | 龙门县 | 大亚湾区 | 仲恺区 |
|---|---|---|---|---|---|---|---|---|---|
| 1994 | 167950 | 65902 | 29804 | 21450 | 15371 | 17829 | 8692 | 8902 | |
| 1995 | 123588 | 57735 | 10926 | 14110 | 12621 | 16644 | 8162 | 3390 | |
| 1996 | 131278 | 68933 | 10776 | 14678 | 8681 | 19856 | 5045 | 3309 | |
| 1997 | 145740 | 71010 | 18202 | 19775 | 3331 | 15278 | 12908 | 5236 | |
| 1998 | 148230 | 69784 | 17201 | 20846 | 9243 | 19484 | 8671 | 3001 | |
| 1999 | 191716 | 93992 | 21344 | 33175 | 10418 | 18002 | 11481 | 3304 | |
| 2000 | 203459 | 89363 | 24366 | 46706 | 9747 | 24929 | 6629 | 1719 | |
| 2001 | 267712 | 116755 | 29900 | 56135 | 17444 | 31880 | 7362 | 8236 | |
| 2002 | 354818 | 163574 | 50238 | 79902 | 8948 | 32726 | 6993 | 12437 | |
| 2003 | 372950 | | 272215 | 30657 | 17126 | 34137 | 7718 | 11097 | |
| 2004 | 313107 | | 221653 | 32468 | 13723 | 35160 | 3415 | 6688 | |
| 2005 | 469374 | | 347993 | 46479 | 24002 | 31595 | 9758 | 9547 | |
| 2006 | 497006 | | 377509 | 59787 | 15135 | 27136 | 7737 | 9702 | |
| 2007 | 542325 | | 414419 | 61037 | 18544 | 27849 | 7129 | 13347 | |
| 2008 | 523519 | | 400274 | 42921 | 30444 | 27299 | 6586 | 15995 | |
| 2009 | 528602 | | 410626 | 29689 | 31724 | 34857 | 6173 | 15533 | |
| 2010 | 698302 | | 542363 | 43273 | 37014 | 39430 | 8356 | 18355 | 9511 |
| 2011 | 869329 | | 709550 | 31969 | 32922 | 51573 | 9527 | 21240 | 12548 |
| 2012 | 937412 | | 768692 | 29636 | 30615 | 50859 | 16482 | 30169 | 10959 |
| 2013 | 1029353 | | 846659 | 32938 | 41372 | 55003 | 17109 | 25311 | 10961 |
| 2014 | 1213379 | | 997159 | 38032 | 53739 | 55937 | 20531 | 35476 | 12505 |
| 2015 | 1406081 | | 1171633 | 37042 | 65191 | 57385 | 25830 | 43582 | 5418 |
| 2016 | 1600943 | | 1352986 | 24485 | 82549 | 59097 | 32230 | 41167 | 8428 |
| 2017 | 1961360 | | 1658174 | 25377 | 97874 | 76892 | 38053 | 47709 | 17281 |
| 2018 | 2083162 | | 1669833 | 86418 | 71953 | 129994 | 31717 | 66403 | 26844 |

注：1：2003年和2010年区域调整。2：2008年为快报数。

# 6-15 历年建筑业企业主要指标

| 年份 | 建筑业企业总产值(亿元) | 建筑业企业增加值(亿元) | 年份 | 建筑业企业总产值(亿元) | 建筑业企业增加值(亿元) |
|---|---|---|---|---|---|
| 1952 | 0.04 | | 1995 | 12.36 | 11.97 |
| 1957 | 0.25 | | 1996 | 13.13 | 13.42 |
| 1962 | 0.21 | | 1997 | 14.57 | 11.52 |
| 1965 | 0.37 | | 1998 | 14.82 | 11.06 |
| 1970 | 0.50 | | 1999 | 19.17 | 11.83 |
| 1975 | 0.84 | | 2000 | 20.35 | 12.64 |
| 1978 | 1.03 | | 2001 | 26.77 | 14.03 |
| 1979 | 1.08 | | 2002 | 35.48 | 15.57 |
| 1980 | 1.29 | | 2003 | 37.30 | 26.07 |
| 1981 | 1.62 | | 2004 | 31.31 | 30.64 |
| 1982 | 2.30 | | 2005 | 46.94 | 35.52 |
| 1983 | 1.99 | | 2006 | 49.70 | 35.67 |
| 1984 | 2.08 | | 2007 | 54.23 | 39.78 |
| 1985 | 2.89 | | 2008 | 52.35 | 44.43 |
| 1986 | 2.81 | | 2009 | 52.86 | 50.65 |
| 1987 | 4.95 | 1.38 | 2010 | 69.83 | 58.75 |
| 1988 | 8.15 | 2.30 | 2011 | 86.93 | 75.46 |
| 1989 | 8.24 | 2.23 | 2012 | 93.74 | 80.83 |
| 1990 | 13.19 | 4.88 | 2013 | 102.94 | 87.52 |
| 1991 | 19.13 | 6.86 | 2014 | 121.33 | 94.93 |
| 1992 | 30.84 | 10.0 | 2015 | 140.61 | 102.43 |
| 1993 | 21.98 | 16.68 | 2016 | 160.09 | 104.65 |
| 1994 | 16.80 | 12.63 | 2017 | 196.14 | 120.03 |
| | | | 2018 | 208.32 | 129.65 |

注：1.建筑业企业总产值数据，1992年数据为全民和集体所有制数据；1993年至1995年数据为各种经济成分的建制镇以上建筑业企业数据；1996年至2001年数据为资质等级(旧资质)四级及四级以上建筑业企业数据；2002年及以后为具有资质等级的施工总承包、专业承包建筑业企业（不含劳务分包建筑业企业)数据。

2.建筑业增加值由省统计局反馈，与建筑业总产值数据不可比。自2002年起，建筑业增加值核算口径有所调整，从2004年开始，按新核算方法核算。

3.2008年建筑业企业总产值数据为快报数。2014年建筑业企业增加值为快报数。

惠州统计年鉴－2019

HUIZHOU STATISTICAL YEARBOOK

# 七、能 源

# 7-1 能源消费情况

| 指 标 | 全市能源消费总量(万吨标准煤) | 其中:全社会用电量(亿千瓦时) | 单位GDP能耗 指标值(吨标准煤/万元) | 单位GDP能耗 增长(%) | 单位GDP电耗(千瓦时/万元) | 规上工业综合能源消费量(万吨标准煤) | 规上工业增加值能耗(吨标准煤/万元) |
|---|---|---|---|---|---|---|---|
| 2005年 | 688.48 | 105.22 | 0.856 | - | 1308.90 | 193.07 | 0.612 |
| 2006年 | 915.89 | 123.17 | 0.976 | 13.9 | 1312.20 | 495.80 | 1.227 |
| 2007年 | 1121.12 | 145.59 | 1.016 | 4.1 | 1319.50 | 650.13 | 1.294 |
| 2008年 | 1177.33 | 153.57 | 0.956 | -5.9 | 1247.30 | 648.23 | 1.188 |
| 2009年 | 1319.51 | 165.83 | 0.947 | -1.0 | 1189.90 | 767.64 | 1.331 |
| 2010年 | 1396.53 | 192.46 | 0.761 | -5.8 | 1170.90 | 914.74 | 1.163 |
| 2011年 | 1527.83 | 209.66 | 0.731 | -4.0 | 1057.63 | 1098.50 | 1.084 |
| 2012年 | 1616.33 | 227.36 | 0.702 | -3.9 | 1018.71 | 1279.25 | 1.090 |
| 2013年 | 1719.38 | 248.44 | 0.672 | -4.4 | 979.80 | 1236.65 | 0.869 |
| 2014年 | 1810.11 | 276.41 | 0.647 | -3.7 | 991.05 | 1204.97 | 0.817 |
| 2015年 | 1833.28 | 290.62 | 0.601 | -7.1 | 952.36 | 1165.31 | 0.720 |
| 2016年 | 1953.79 | 323.41 | 0.575 | -1.5 | 979.47 | 1244.12 | 0.705 |
| 2017年 | 2235.15 | 368.35 | 0.603 | 6.3 | 1036.30 | 1500.10 | 0.811 |
| 2018年 | 2612.22 | 408.38 | 0.666 | 10.2 | 1083.88 | 1783.07 | 1.030 |

注：1. 能源消费总量为等价值 ，规上工业综合能源消费量为当量值。
2. 自2010年起，全市能源消费总量有调整。
3. 能耗下降率按指数法计算。
4. 规上工业综合能源消费量根据当年度规上工业企业汇总。

# 7-2 分县区单位GDP能耗

单位：吨标准煤/万元

| 县(区) | 2007年 | 2008年 | 2009年 | 2010年 | 2011年 | 2012年 | 2013年 | 2014年 | 2015年 | 2016年 | 2017年 | 2018年 |
|---|---|---|---|---|---|---|---|---|---|---|---|---|
| 惠州市 | 1.016 | 0.956 | 0.947 | 0.761 | 0.731 | 0.702 | 0.672 | 0.647 | 0.601 | 0.575 | 0.603 | 0.666 |
| 惠城区 | 0.602 | 0.581 | 0.564 | 0.427 | 0.412 | 0.398 | 0.384 | 0.371 | 0.345 | 0.325 | 0.308 | 0.314 |
| 惠阳区 | 1.114 | 1.078 | 1.021 | 0.569 | 0.548 | 0.528 | 0.507 | 0.575 | 0.542 | 0.506 | 0.550 | 0.560 |
| 惠东县 | 0.664 | 0.645 | 0.602 | 0.347 | 0.356 | 0.334 | 0.319 | 0.301 | 0.272 | 0.250 | 0.256 | 0.236 |
| 博罗县 | 1.129 | 1.093 | 1.035 | 0.552 | 0.532 | 0.512 | 0.492 | 0.473 | 0.427 | 0.407 | 0.401 | 0.369 |
| 龙门县 | 2.120 | 2.039 | 1.930 | 1.436 | 1.380 | 1.324 | 1.272 | 1.223 | 1.134 | 1.107 | 1.069 | 1.249 |
| 大亚湾区 | 3.442 | 3.102 | 3.041 | 2.109 | 2.022 | 1.931 | 1.843 | 1.768 | 1.706 | 1.979 | 2.211 | 2.364 |
| 仲恺高新区 | - | - | - | 0.282 | 0.271 | 0.261 | 0.251 | 0.244 | 0.229 | 0.189 | 0.208 | 0.248 |

注：2010年惠城区、仲恺高新区区域调整中，表中“-”表示仲恺高新区数据包含在惠城区内，下同。

# 7-3 分县区单位GDP能耗增长

单位：%

| 县(区) | 2007年 | 2008年 | 2009年 | 2010年 | 2011年 | 2012年 | 2013年 | 2014年 | 2015年 | 2016年 | 2017年 | 2018年 |
|---|---|---|---|---|---|---|---|---|---|---|---|---|
| 惠州市 | 4.13 | -5.89 | -0.95 | -5.82 | -3.97 | -3.91 | -4.35 | -3.69 | -7.10 | -1.52 | 6.28 | 10.25 |
| 惠城区 | -2.90 | -3.51 | -2.96 | -2.76 | -3.43 | -3.48 | -3.50 | -3.52 | -6.98 | -3.28 | -3.94 | 1.29 |
| 惠阳区 | -3.14 | -3.30 | -5.31 | -3.21 | -3.67 | -3.68 | -4.00 | -3.68 | -5.59 | -2.10 | 10.31 | 4.57 |
| 惠东县 | -3.66 | -2.80 | -6.73 | -2.78 | 2.56 | -5.94 | -4.69 | -4.61 | -9.69 | -5.63 | 3.22 | -1.79 |
| 博罗县 | -3.14 | -3.10 | -5.29 | -3.15 | -3.67 | -3.72 | -3.99 | -3.68 | -9.82 | -4.71 | -0.84 | 0.96 |
| 龙门县 | 54.90 | -3.80 | -5.71 | -6.82 | -3.91 | -4.09 | -3.90 | -3.81 | -7.31 | -6.95 | -3.42 | -2.84 |
| 大亚湾区 | -7.89 | -9.90 | -1.95 | -6.19 | -4.11 | -4.52 | -4.52 | -4.07 | -3.57 | 0.39 | 13.36 | 10.13 |
| 仲恺高新区 | - | - | - | -2.77 | -4.11 | -3.43 | -3.76 | -3.01 | -6.11 | -1.20 | 12.91 | 5.50 |

## 7–4 分县区规模以上工业单位增加值能耗

单位：吨标准煤/万元

| 县(区) | 2007年 | 2008年 | 2009年 | 2010年 | 2011年 | 2012年 | 2013年 | 2014年 | 2015年 | 2016年 | 2017年 | 2018年 |
|---|---|---|---|---|---|---|---|---|---|---|---|---|
| 惠州市 | 1.294 | 1.188 | 1.331 | 1.163 | 1.084 | 1.090 | 0.869 | 0.817 | 0.720 | 0.705 | 0.811 | 1.030 |
| 惠城区 | 0.178 | 0.151 | 0.132 | 0.132 | 0.340 | 0.404 | 0.348 | 0.307 | 0.286 | 0.252 | 0.248 | 0.267 |
| 惠阳区 | 0.409 | 0.344 | 0.201 | 0.185 | 0.181 | 0.167 | 0.161 | 0.156 | 0.161 | 0.170 | 0.170 | 0.186 |
| 惠东县 | 0.625 | 0.553 | 0.383 | 0.320 | 3.625 | 2.647 | 1.843 | 1.322 | 0.821 | 0.567 | 0.692 | 0.561 |
| 博罗县 | 0.753 | 0.703 | 0.533 | 0.411 | 0.332 | 0.275 | 0.234 | 0.190 | 0.142 | 0.118 | 0.108 | 0.342 |
| 龙门县 | 10.146 | 8.685 | 7.786 | 6.677 | 3.871 | 2.994 | 2.488 | 2.296 | 1.489 | 1.620 | 3.764 | 5.046 |
| 大亚湾区 | 4.098 | 3.907 | 3.271 | 2.238 | 2.247 | 2.391 | 2.184 | 2.119 | 2.547 | 2.406 | 2.183 | 2.036 |
| 仲恺高新区 | - | - | - | 0.150 | 0.124 | 0.104 | 0.081 | 0.083 | 0.071 | 0.070 | 0.105 | 0.126 |

## 7–5 分县区万元GDP电耗

单位：千瓦时/万元

| 县(区) | 2007年 | 2008年 | 2009年 | 2010年 | 2011年 | 2012年 | 2013年 | 2014年 | 2015年 | 2016年 | 2017年 | 2018年 |
|---|---|---|---|---|---|---|---|---|---|---|---|---|
| 惠州市 | 1319.5 | 1247.3 | 1189.9 | 1170.9 | 1057.6 | 1018.7 | 979.8 | 991.1 | 952.4 | 979.5 | 1036.3 | 1083.9 |
| 惠城区 | 1105.3 | 1016.7 | 828.0 | 953.8 | 950.4 | 911.0 | 854.9 | 891.3 | 823.3 | 827.5 | 737.5 | 758.6 |
| 惠阳区 | 2152.3 | 1989.6 | 1617.9 | 1590.2 | 1476.6 | 1512.2 | 1462.6 | 1552.5 | 1606.4 | 1540.8 | 1682.5 | 1736.8 |
| 惠东县 | 956.3 | 845.8 | 777.9 | 782.8 | 736.3 | 707.4 | 647.4 | 642.3 | 566.5 | 513.8 | 506.3 | 523.2 |
| 博罗县 | 1769.7 | 1628.1 | 1375.6 | 1399.1 | 1282.1 | 1174.1 | 1086.3 | 1056.4 | 947.0 | 939.3 | 979.7 | 1042.8 |
| 龙门县 | 2137.3 | 2160.1 | 1927.6 | 1658.3 | 1424.9 | 1339.4 | 1577.1 | 1487.0 | 1267.9 | 1010.7 | 1077.6 | 1367.2 |
| 大亚湾区 | 870.5 | 1004.6 | 1177.4 | 1151.4 | 832.4 | 819.3 | 813.2 | 840.3 | 917.7 | 1325.8 | 1423.1 | 1494.9 |
| 仲恺高新区 | - | - | - | - | 962.7 | 854.9 | 756.2 | 779.6 | 792.4 | 623.5 | 644.9 | 817.6 |

# 7-6　规模以上工业企业能源购进、消费与库存情况

(2018年)

| 能源名称 | | 企业单位数(个) | 年初库存量 | 购进实物量 | 1-本月消费量 | | | | | 年末库存量 |
|---|---|---|---|---|---|---|---|---|---|---|
| | | | | | 合计 | 工业生产消费 | 用于原材料 | 非工业生产消费 | 合计中：运输工具消费 | |
| 原煤 | (吨) | 69 | 397306 | 7787003 | 7644834 | 7618309 | | 26525 | | 538176 |
| 煤制品 | (吨) | 2 | 15 | 319 | 319 | 319 | | | | |
| 焦炭 | (吨) | 3 | 152 | 5729 | 5710 | 5710 | | | | 171 |
| 其它焦化产品 | (吨) | 1 | | | 1 | 1 | | | | |
| 天然气 | (万立方米) | 65 | | 68624 | 68624 | 68283 | | 341 | | |
| 液化天然气 | (吨) | 28 | 24 | 1238961 | 1238958 | 1238795 | | 163 | | 26 |
| 原油 | (吨) | 1 | 671421 | 20020855 | 20059943 | 20059943 | | | | 973799 |
| 汽油 | (吨) | 558 | 78 | 11934 | 11950 | 2456 | | 9494 | 10649 | 17 |
| 煤油 | (吨) | 11 | 46 | 1115 | 1115 | 1100 | | 15 | 4 | 46 |
| 柴油 | (吨) | 533 | 2863 | 36188 | 35934 | 21812 | | 14121 | 17102 | 3064 |
| 燃料油 | (吨) | 16 | 3699 | 2301 | 2278 | 2245 | | 33 | | 3730 |
| 液化石油气 | (吨) | 121 | 9 | 109866 | 109867 | 108754 | 94006 | 1114 | 16 | 6 |
| 石脑油 | (吨) | 1 | 111609 | 4981835 | 4549870 | 4549870 | 3116960 | | | 543575 |
| 润滑油 | (吨) | 5 | 6 | 129 | 129 | 129 | | | | |
| 石蜡 | (吨) | 2 | 23 | 304 | 296 | 296 | 283 | | | 31 |
| 溶剂油 | (吨) | 1 | | 1 | 1 | 1 | | | | |
| 石油焦 | (吨) | 1 | | | 74872 | 74872 | | | | |
| 石油沥青 | (吨) | | | | | | | | | |
| 其它石油制品 | (吨) | 5 | 21066 | 2394445 | 2406384 | 2406383 | 173 | 1 | | 9135 |
| 热力 | (百万千焦) | 21 | | 17045982 | 56982834 | 56982834 | | | | |
| 电力 | (万千瓦时) | 2238 | | 1967007 | 2179728 | 2055357 | | 124338 | 4292 | |
| 煤矸石(用于燃料) | (吨) | 1 | | | 1510 | 1510 | | | | |
| 城市生活垃圾(用于燃料) | (吨) | 2 | | 667647 | 641981 | 641981 | | | | |
| 生物燃料 | (吨标准煤) | 56 | 910 | 74677 | 75338 | 75163 | | 176 | | 595 |
| 余热余压 | (百万千焦) | 3 | | 3281365 | 4704765 | 4704765 | | | | |
| 工业废料(用于燃料) | (吨) | 1 | 1041 | 2710 | 2710 | 2710 | | | | 2710 |
| 其他燃料 | (吨标准煤) | 5 | | 424 | 90301 | 90301 | | | | |
| 能源合计 | (吨标准煤) | 2237 | | | 52944176 | 52731079 | | 213097 | | |

# 7-7 规模以上工业企业能源加工转换情况

(2018年)

| 能源名称 | | 工业生产消费量 | 加工转换投入合计 | 火力发电 | 供热 | 炼油及煤制油 | 制气 | 能源加工转换产出 | 回收利用 |
|---|---|---|---|---|---|---|---|---|---|
| 原煤 | (吨) | 7398876 | 5746183 | 5130840 | 376886 | | 238457 | | |
| 天然气(气态) | (万立方米) | 59801 | 59801 | 36109 | 23692 | | | | |
| 液化天然气(液态) | (吨) | 1232313 | 843591 | 714902 | 128689 | | | | |
| 原油 | (吨) | 20059943 | 20059943 | | | 20059943 | | | |
| 汽油 | (吨) | | | | | | | 2422343 | |
| 煤油 | (吨) | | | | | | | 3079680 | |
| 柴油 | (吨) | 557 | 142 | 86 | 55 | | | 6124410 | |
| 燃料油 | (吨) | 54 | | | | | | 242240 | |
| 液化石油气 | (吨) | 103309 | 8787 | | | 8787 | | 1181562 | |
| 石脑油 | (吨) | 4549870 | 1432910 | 57350 | 1375560 | | | 1644206 | |
| 石油焦 | (吨) | 74872 | 74872 | | 74872 | | | 784923 | |
| 其它石油制品 | (吨) | 2406202 | 2406202 | | | 2406202 | | 5091885 | |
| 热力 | (百万千焦) | 52940329 | | | | | | 55645391 | |
| 电力 | (万千瓦时) | 636794 | | | | | | 2074405 | |
| 城市生活垃圾(用于燃料) | (吨) | 641981 | 641981 | 641981 | | | | | |
| 余热余压 | (百万千焦) | 4704765 | 4704765 | 4704765 | | | | | 4704765 |
| 其他燃料 | (吨标准煤) | 89649 | | | | | | 89649 | |
| 能源合计 | (吨标准煤) | 50436154 | 40997460 | 5787108 | 2954360 | 32041381 | 214611 | 34739927 | 160432 |

# 7-8 规模以上工业企业能源消费合计

(2018年) 单位：个、吨标准煤

| 指　　标 | 企业单位数 | 消费量合计 | 工业生产消费 | 非工业生产消费 |
|---|---|---|---|---|
| **全部工业企业** | **2375** | **52944176** | **52731079** | **213097** |
| **一、按工业行业门类分** | | | | |
| (一)轻工业 | 1187 | 576162 | 535255 | 40908 |
| (二)重工业 | 1188 | 52368014 | 52195824 | 172189 |
| (三)采矿业 | 27 | 7682 | 7435 | 247 |
| 黑色金属矿采选业 | 1 | 509 | 509 | |
| 有色金属矿采选业 | 1 | 932 | 932 | |
| 非金属矿采选业 | 25 | 6242 | 5995 | 247 |
| (四)制造业 | 2314 | 47227126 | 47039406 | 187720 |
| 农副食品加工业 | 36 | 35244 | 33457 | 1787 |
| 食品制造业 | 10 | 3577 | 3211 | 366 |
| 酒、饮料和精制茶制造业 | 9 | 25345 | 24400 | 945 |
| 纺织业 | 42 | 51122 | 50010 | 1112 |
| 纺织服装、服饰业 | 72 | 35089 | 31766 | 3323 |
| 皮革、毛皮、羽毛及其制品和制鞋业 | 248 | 31211 | 28837 | 2374 |
| 木材加工和木、竹、藤、棕、草制品业 | 40 | 35557 | 34692 | 865 |
| 家具制造业 | 131 | 26585 | 22576 | 4009 |
| 造纸和纸制品业 | 44 | 22382 | 21402 | 980 |
| 印刷和记录媒介复制业 | 41 | 14153 | 12284 | 1869 |
| 文教、工美、体育和娱乐用品制造业 | 86 | 30038 | 27704 | 2334 |
| 石油加工、炼焦和核燃料加工业 | 2 | 31231088 | 31231082 | 6 |
| 化学原料和化学制品制造业 | 137 | 12361915 | 12353232 | 8683 |
| 医药制造业 | 15 | 17501 | 16939 | 562 |
| 化学纤维制造业 | 2 | 2813 | 2783 | 31 |
| 橡胶和塑料制品业 | 227 | 176459 | 165731 | 10728 |
| 非金属矿物制品业 | 110 | 1702262 | 1692246 | 10016 |
| 黑色金属冶炼和压延加工业 | 7 | 16751 | 16647 | 104 |
| 有色金属冶炼和压延加工业 | 24 | 19840 | 19029 | 812 |

## 7-8 续表

(2018年)　　单位：个、吨标准煤

| 指　　标 | 企业单位数 | 消费量合计 | 工业生产消费 | 非工业生产消费 |
|---|---|---|---|---|
| 金属制品业 | 108 | 59932.2 | 54949.2 | 4983.1 |
| 通用设备制造业 | 54 | 23970.3 | 21709.7 | 2260.6 |
| 专用设备制造业 | 47 | 9657.5 | 8909.1 | 748.4 |
| 汽车制造业 | 32 | 72780.9 | 69654.2 | 3126.8 |
| 铁路、船舶、航空航天和其他运输设备制造业 | 19 | 5718.4 | 5271.3 | 447.1 |
| 电气机械和器材制造业 | 172 | 113707.7 | 103485.8 | 10221.8 |
| 计算机、通信和其他电子设备制造业 | 411 | 907002.7 | 785968.2 | 121034.5 |
| 仪器仪表制造业 | 19 | 8445.4 | 7456.5 | 989.0 |
| 其他制造业 | 12 | 3857.6 | 3212.1 | 645.5 |
| 废弃资源综合利用业 | 13 | 12995.8 | 12195.6 | 800.2 |
| (五)电力、热力、燃气及水生产和供应业 | 33 | 5574547.3 | 5549577.3 | 24970.0 |
| 电力、热力生产和供应业 | 15 | 5540147.3 | 5516596.9 | 23550.5 |
| 燃气生产和供应业 | 2 | 332.7 | 95.1 | 237.7 |
| 水的生产和供应业 | 16 | 34067.2 | 32885.4 | 1181.8 |
| **二、分地区** | | | | |
| 惠城区 | 188 | 138595.8 | 123629.3 | 14966.6 |
| 惠阳区 | 415 | 609016.7 | 501365.7 | 107651.0 |
| 惠东县 | 424 | 2935774.1 | 2902536.3 | 33237.8 |
| 博罗县 | 485 | 644377.4 | 621221.8 | 23155.6 |
| 龙门县 | 121 | 1586161.1 | 1584426.6 | 1734.5 |
| 大亚湾区 | 123 | 33885322.6 | 33874246.9 | 11075.8 |
| 仲恺区 | 414 | 697437.6 | 659663.6 | 37774.0 |
| **三、按企业登记注册类型分** | | | | |
| 国有企业 | 10 | 8865.8 | 8720.8 | 145.1 |
| 集体企业 | 5 | 3574.4 | 3073.9 | 500.5 |
| 股份制企业 | 1132 | 32051918.6 | 31978153.1 | 73765.5 |
| 外商及港澳台商投资企业 | 883 | 8408248.1 | 8254813.5 | 153434.6 |
| 其他经济类型企业 | 140 | 24078.5 | 22328.9 | 1749.5 |

# 7-9 规模以上工业企业分品种能源消费量

(2018年)

| 指　　标 | 原煤(吨) | 煤制品(吨) | 天然气(气态)(万立方米) | 液化天然气(液态)(吨) | 原油(吨) | 汽油(吨) | 煤油(吨) |
|---|---|---|---|---|---|---|---|
| **全部工业企业** | **7644833.9** | **319** | **68624.4** | **1238958.3** | **20059943** | **11950.2** | **1114.9** |
| 一、按工业行业门类分 | | | | | | | |
| (一)轻工业 | 86783.4 | 319 | 2833.4 | 615.9 | | 3613.3 | 13.8 |
| (二)重工业 | 7558050.5 | | 65791.0 | 1238342.4 | 20059943 | 8336.8 | 1101.2 |
| (三)采矿业 | | | | | | 39.4 | |
| 黑色金属矿采选业 | | | | | | | |
| 有色金属矿采选业 | | | | | | | |
| 非金属矿采选业 | | | | | | 39.4 | |
| (四)制造业 | 2164387.9 | 319 | 45308.7 | 565064.6 | 20059943 | 11725.5 | 1114.9 |
| 农副食品加工业 | 701.0 | 15 | 246.0 | 72.8 | | 166.0 | |
| 食品制造业 | 23.0 | | 134.8 | | | 33.4 | |
| 酒、饮料和精制茶制造业 | | | 468.4 | | | | |
| 纺织业 | 30502.4 | | 363.0 | | | 152.8 | |
| 纺织服装、服饰业 | 18854.0 | | 207.8 | | | 231.7 | |
| 皮革、毛皮、羽毛及其制品和制鞋业 | 741.0 | | | 57.0 | | 220.5 | |
| 木材加工和木、竹、藤、棕、草制品业 | | | | | | 26.4 | |
| 家具制造业 | | | 18.4 | | | 352.5 | |
| 造纸和纸制品业 | 5796.8 | 304 | 44.8 | | | 133.2 | |
| 印刷和记录媒介复制业 | 3080.0 | | | | | 259.8 | |
| 文教、工美、体育和娱乐用品制造业 | 1539.0 | | 431.0 | | | 104.8 | |
| 石油加工、炼焦和核燃料加工业 | 238457.0 | | | 531747.0 | 20059943 | | |
| 化学原料和化学制品制造业 | 103240.6 | | 36959.2 | 32008.8 | | 1635.7 | 977.6 |
| 医药制造业 | 8511.8 | | 32.3 | | | 86.2 | |
| 化学纤维制造业 | | | | | | | |
| 橡胶和塑料制品业 | 46172.4 | | 362.2 | 166.5 | | 1534.1 | |
| 非金属矿物制品业 | 1705929.7 | | 970.3 | 0.8 | | 406.2 | |
| 黑色金属冶炼和压延加工业 | | | | | | | |
| 有色金属冶炼和压延加工业 | | | 250.9 | | | 71.86 | |

## 7-9 续表 1

(2018年)

| 指　标 | 原煤(吨) | 煤制品(吨) | 天然气(气态)(万立方米) | 液化天然气(液态)(吨) | 原油(吨) | 汽油(吨) | 汽油(吨) |
|---|---|---|---|---|---|---|---|
| 金属制品业 | | | 462.4 | 467.0 | | 491.2 | 12.5 |
| 通用设备制造业 | | | 148.2 | | | 225.8 | 77.1 |
| 专用设备制造业 | | | | 0.7 | | 272.0 | |
| 汽车制造业 | 0.5 | | 381.0 | 199.0 | | 306.1 | |
| 铁路、船舶、航空航天和其他运输设备制造业 | | | | | | 24.2 | |
| 电气机械和器材制造业 | | | 701.2 | 249.9 | | 1559.6 | 36.5 |
| 计算机、通信和其他电子设备制造业 | | | 3003.1 | 95.2 | | 3180.2 | |
| 仪器仪表制造业 | | | 0.1 | | | 112.7 | |
| 其他制造业 | | | | | | 117.3 | 11.4 |
| 废弃资源综合利用业 | 838.7 | | 123.9 | | | 21.4 | |
| (五)电力、热力、燃气及水生产和供应业 | 5480446.0 | | 23315.7 | 673893.8 | | 185.3 | |
| 电力、热力生产和供应业 | 5476101.0 | | 23315.7 | 668626.8 | | 44.2 | |
| 燃气生产和供应业 | | | | | | 57.7 | |
| 水的生产和供应业 | 4345.0 | | | 5266.9 | | 83.4 | |
| **二、分地区** | | | | | | | |
| 惠城区 | 6299.0 | | 330.4 | 16.3 | | 1294.8 | 9.1 |
| 惠阳区 | 6775.5 | 304.0 | 491.7 | 451.8 | | 1953.7 | 11.4 |
| 惠东县 | 3814139.9 | | 383.9 | | | 1490.3 | |
| 博罗县 | 166826.2 | | 2273.1 | 6002.7 | | 3223.0 | 526.5 |
| 龙门县 | 1663482.0 | | 5.7 | 1.0 | | 56.7 | |
| 大亚湾区 | 1983879.4 | | 37878.8 | 1232333.5 | 20059943 | 511.4 | 454.6 |
| 仲恺区 | 3432.0 | 15.0 | 27260.8 | 153.0 | | 3420.3 | 113.5 |
| **三、按企业登记注册类型分** | | | | | | | |
| 国有企业 | | | | | | 46.9 | |
| 集体企业 | | | | | | 11.3 | |
| 股份制企业 | 7270926.7 | 15.0 | 2901.5 | 1238417.1 | 20059943 | 4172.2 | 4.1 |
| 外商及港澳台商投资企业 | 373907.2 | 304.0 | 65722.9 | 541.2 | | 7684.5 | 1110.9 |
| 其他经济类型企业 | | | | | | 35.3 | |

## 7-9 续表 2

(2018年)

| 指　　标 | 柴油(吨) | 燃料油(吨) | 液化石油气(吨) | 石脑油(吨) | 润滑油(吨) | 石蜡(吨) | 石油焦(吨) |
|---|---|---|---|---|---|---|---|
| **全部工业企业** | **35933.9** | **2277.8** | **109867.4** | **4549869.5** | **128.5** | **296.2** | **74872.0** |
| **一、按工业行业门类分** | | | | | | | |
| (一)轻工业 | 7662.2 | 397.3 | 2524.4 | | | 13.5 | |
| (二)重工业 | 28271.8 | 1880.5 | 107343.0 | 4549869.5 | 128.5 | 282.7 | 74872.0 |
| (三)采矿业 | 1880.4 | | | | | | |
| 黑色金属矿采选业 | 311.5 | | | | | | |
| 有色金属矿采选业 | | | | | | | |
| 非金属矿采选业 | 1568.9 | | | | | | |
| (四)制造业 | 33651.0 | 2223.7 | 109863.8 | 4549869.5 | 128.5 | 296.2 | 74872.0 |
| 农副食品加工业 | 688.1 | | 71.5 | | | | |
| 食品制造业 | 85.9 | | 428.6 | | | | |
| 酒、饮料和精制茶制造业 | 82.7 | | | | | | |
| 纺织业 | 128.5 | | 44.4 | | | | |
| 纺织服装、服饰业 | 752.7 | | | | | | |
| 皮革、毛皮、羽毛及其制品和制鞋业 | 443.1 | | 10.0 | | | | |
| 木材加工和木、竹、藤、棕、草制品业 | 408.6 | | | | | | |
| 家具制造业 | 499.5 | | 49.7 | | | | |
| 造纸和纸制品业 | 604.9 | | 11.6 | | | | |
| 印刷和记录媒介复制业 | 290.1 | | 707.5 | | | | |
| 文教、工美、体育和娱乐用品制造业 | 230.3 | 12.0 | 202.0 | | | | |
| 石油加工、炼焦和核燃料加工业 | | | 8787.0 | | | | 74872.0 |
| 化学原料和化学制品制造业 | 5140.1 | 236.3 | 94941.4 | 4549869.5 | 1.7 | 282.7 | |
| 医药制造业 | 87.1 | | | | | | |
| 化学纤维制造业 | 19.7 | | | | | | |
| 橡胶和塑料制品业 | 2265.6 | 319.6 | 343.3 | | 81.0 | 13.5 | |
| 非金属矿物制品业 | 13025.7 | | 1.5 | | | | |
| 黑色金属冶炼和压延加工业 | 43.0 | | 54.0 | | | | |
| 有色金属冶炼和压延加工业 | 66.8 | 1500.0 | 24.4 | | | | |

## 7-9 续表 3

(2018年)

| 指标 | 柴油(吨) | 燃料油(吨) | 液化石油气(吨) | 石脑油(吨) | 润滑油(吨) | 石蜡(吨) | 石油焦(吨) |
|---|---|---|---|---|---|---|---|
| 金属制品业 | 1416.8 | 85.0 | 2109.6 | | | | |
| 通用设备制造业 | 201.1 | | 514.1 | | 32.0 | | |
| 专用设备制造业 | 127.7 | | 41.0 | | | | |
| 汽车制造业 | 139.6 | | 160.0 | | | | |
| 铁路、船舶、航空航天和其他运输设备制造业 | 172.9 | | 100.2 | | | | |
| 电气机械和器材制造业 | 1198.1 | 70.9 | 646.5 | | | | |
| 计算机、通信和其他电子设备制造业 | 5040.9 | | 615.6 | | 12.0 | | |
| 仪器仪表制造业 | 67.2 | | | | | | |
| 其他制造业 | 13.0 | | | | | | |
| 废弃资源综合利用业 | 411.1 | | | | 1.8 | | |
| (五)电力、热力、燃气及水生产和供应业 | 402.6 | 54.1 | 3.6 | | | | |
| 电力、热力生产和供应业 | 349.0 | 54.1 | | | | | |
| 燃气生产和供应业 | 8.1 | | | | | | |
| 水的生产和供应业 | 45.5 | | 3.6 | | | | |
| **二、分地区** | | | | | | | |
| 惠城区 | 2054.2 | 10.8 | 1223.9 | | | | |
| 惠阳区 | 7874.1 | 310.0 | 3005.4 | | 1.8 | 282.7 | |
| 惠东县 | 3399.0 | 12.0 | 432.1 | | 81.0 | 13.5 | |
| 博罗县 | 5728.1 | 1512.6 | 225.7 | | 12.0 | | |
| 龙门县 | 3130.6 | 222.0 | 11.0 | | | | |
| 大亚湾区 | 10129.9 | 54.1 | 103778.0 | 4549870 | 1.7 | | 74872.0 |
| 仲恺区 | 3618.1 | 156.4 | 1191.4 | | 32.0 | | |
| **三、按企业登记注册类型分** | | | | | | | |
| 国有企业 | 14.1 | | 1.2 | | | | |
| 集体企业 | 46.8 | | | | | | |
| 股份制企业 | 20170.9 | 1569.6 | 10624.0 | | 15.5 | 296.2 | 74872.0 |
| 外商及港澳台商投资企业 | 15570.3 | 708.2 | 99242.2 | 4549870 | 113.0 | | |
| 其他经济类型企业 | 131.9 | | | | | | |

7-9 续表4

(2018年)

| 指 标 | 其它石油制品(吨) | 热力(百万千焦) | 电力(万千瓦时) | 城市垃圾用于燃料(吨) | 生物质废料用于燃料(吨) | 余热余压(百万千焦) | 其它工业废料用于燃料(吨) | 其他燃料(吨标准煤) |
|---|---|---|---|---|---|---|---|---|
| **全部工业企业** | **2406384** | **56982834** | **2179728** | **641981** | **75338** | **4704765** | **2710** | **90301** |
| **一、按工业行业门类分** | | | | | | | | |
| (一)轻工业 | | 314275 | 326945 | | 43094 | | | 630 |
| (二)重工业 | 2406384 | 56668559 | 1852783 | 641981 | 32245 | 4704765 | 2710 | 89671 |
| (三)采矿业 | | | 3974 | | | | | |
| 黑色金属矿采选业 | | | 45 | | | | | |
| 有色金属矿采选业 | | | 758 | | | | | |
| 非金属矿采选业 | | | 3172 | | | | | |
| (四)制造业 | 2406384 | 56982834 | 2050368 | | 75338 | 4704765 | 2710 | 90301 |
| 农副食品加工业 | | | 15092 | | 11570 | | | 423 |
| 食品制造业 | | | 795 | | 33 | | | |
| 酒、饮料和精制茶制造业 | | 126350 | 12053 | | | | | |
| 纺织业 | | | 13196 | | 6808 | | | |
| 纺织服装、服饰业 | | | 13178 | | 1674 | | | |
| 皮革、毛皮、羽毛及其制品和制鞋业 | | | 23948 | | 127 | | | |
| 木材加工和木、竹、藤、棕、草制品业 | | | 10112 | | 22495 | | | |
| 家具制造业 | | | 20057 | | 280 | | | 206 |
| 造纸和纸制品业 | | | 6945 | | 7732 | | | |
| 印刷和记录媒介复制业 | | | 8800 | | | | | |
| 文教、工美、体育和娱乐用品制造业 | | 46779 | 16966 | | 812 | | | |
| 石油加工、炼焦和核燃料加工业 | 540704 | 7759070 | 176069 | | 40 | | | 89649 |
| 化学原料和化学制品制造业 | 1865671 | 48789232 | 375927 | | 3493 | | | |
| 医药制造业 | | | 5586 | | 3914 | | | |
| 化学纤维制造业 | | | 1737 | | 650 | | | |
| 橡胶和塑料制品业 | | 87627 | 94938 | | 12695 | | | 1 |
| 非金属矿物制品业 | | | 181813 | | 1658 | 4704765 | 2710 | |
| 黑色金属冶炼和压延加工业 | | | 13504 | | | | | |
| 有色金属冶炼和压延加工业 | | | 11485 | | | | | |

## 7-9 续表 5

(2018年)

| 指　　标 | 其它石油制品(吨) | 热力(百万千焦) | 电力(万千瓦时) | 城市垃圾用于燃料(吨) | 生物质废料用于燃料(吨) | 余热余压(百万千焦) | 其它工业废料用于燃料(吨) | 其他燃料(吨标准煤) |
|---|---|---|---|---|---|---|---|---|
| 金属制品业 | | | 49986 | | 66 | | | 22 |
| 通用设备制造业 | | | 18905 | | | | | |
| 专用设备制造业 | 1 | | 10790 | | | | | |
| 汽车制造业 | | | 60093 | | | | | |
| 铁路、船舶、航空航天和其他运输设备制造业 | | | 5518 | | 1013 | | | |
| 电气机械和器材制造业 | | | 94608 | | 278 | | | |
| 计算机、通信和其他电子设备制造业 | 8 | 173776 | 795408 | | | | | |
| 仪器仪表制造业 | | | 3972 | | | | | |
| 其他制造业 | | | 2757 | | | | | |
| 废弃资源综合利用业 | | | 6129 | | | | | |
| (五)电力、热力、燃气及水生产和供应业 | | | 125386 | 641981 | | | | |
| 电力、热力生产和供应业 | | | 103585 | 641981 | | | | |
| 燃气生产和供应业 | | | 89 | | | | | |
| 水的生产和供应业 | | | 21712 | | | | | |
| **二、分地区** | | | | | | | | |
| 惠城区 | 173 | 77459 | 98756 | | 4562 | | | |
| 惠阳区 | | 75753 | 456715 | 334124 | 2295 | | | 1 |
| 惠东县 | | | 106184 | | 5813 | | 2710 | |
| 博罗县 | 9 | 222668 | 268329 | 307857 | 42762 | | | 228 |
| 龙门县 | | | 135277 | | 5193 | 4704765 | | |
| 大亚湾区 | 2406202 | 56519328 | 804804 | | | | | 89649 |
| 仲恺区 | | 87627 | 309664 | | 14713 | | | 423 |
| **三、按企业登记注册类型分** | | | | | | | | |
| 国有企业 | | | 4527 | | 145 | | | |
| 集体企业 | | | 1947 | | | | | |
| 股份制企业 | 2406384 | 10179892 | 888838 | 334124 | 56035 | 4326660 | 2710 | 90095 |
| 外商及港澳台商投资企业 | | 46802942 | 1272448 | 307857 | 18211 | 378105 | | 206 |
| 其他经济类型企业 | | | 11968 | | 947 | | | |

# 7-10 规模以上工业企业分品种工业能源消费量

(2018年)

| 指　　标 | 原煤(吨) | 煤制品(吨) | 天然气(气态)(万立方米) | 液化天然气(液态)(吨) | 原油(吨) | 汽油(吨) | 煤油(吨) |
|---|---|---|---|---|---|---|---|
| **全部工业企业** | **7618309.0** | **319.0** | **68283.5** | **1238795.0** | **20059943.0** | **2455.8** | **1100.1** |
| **一、按工业行业门类分** | | | | | | | |
| (一)轻工业 | 85086.5 | 319.0 | 2752.0 | 556.9 | | 368.3 | 2.4 |
| (二)重工业 | 7533222.5 | | 65531.5 | 1238238.1 | 20059943.0 | 2087.6 | 1097.7 |
| (三)采矿业 | | | | | | 39.1 | |
| 黑色金属矿采选业 | | | | | | | |
| 有色金属矿采选业 | | | | | | | |
| 非金属矿采选业 | | | | | | 39.1 | |
| (四)制造业 | 2162630.0 | 319.0 | 44967.8 | 564901.2 | 20059943.0 | 2346.6 | 1100.1 |
| 农副食品加工业 | 701.0 | 15.0 | 246.0 | 72.8 | | 11.0 | |
| 食品制造业 | 23.0 | | 126.4 | | | 1.9 | |
| 酒、饮料和精制茶制造业 | | | 468.4 | | | | |
| 纺织业 | 30502.4 | | 363.0 | | | 27.9 | |
| 纺织服装、服饰业 | 17909.2 | | 178.5 | | | 31.0 | |
| 皮革、毛皮、羽毛及其制品和制鞋业 | 741.0 | | | 57.0 | | 8.2 | |
| 木材加工和木、竹、藤、棕、草制品业 | | | | | | | |
| 家具制造业 | | | 18.4 | | | 51.3 | |
| 造纸和纸制品业 | 5796.8 | 304.0 | 39.0 | | | 62.3 | |
| 印刷和记录媒介复制业 | 3080.0 | | | | | | |
| 文教、工美、体育和娱乐用品制造业 | 1539.0 | | 428.4 | | | 2.2 | |
| 石油加工、炼焦和核燃料加工业 | 238457.0 | | | 531747.0 | 20059943.0 | | |
| 化学原料和化学制品制造业 | 103240.6 | | 36959.1 | 32005.6 | | 159.5 | 977.6 |
| 医药制造业 | 8511.8 | | 32.3 | | | 1.8 | |
| 化学纤维制造业 | | | | | | | |
| 橡胶和塑料制品业 | 45420.4 | | 343.2 | 130.0 | | 917.7 | |
| 非金属矿物制品业 | 1705868.7 | | 970.3 | | | 133.4 | |
| 黑色金属冶炼和压延加工业 | | | | | | | |
| 有色金属冶炼和压延加工业 | | | 250.9 | | | 14.2 | |

## 7-10 续表 1

(2018年)

| 指　　标 | 原煤(吨) | 煤制品(吨) | 天然气(气态)(万立方米) | 液化天然气(液态)(吨) | 原油(吨) | 汽油(吨) | 汽油(吨) |
|---|---|---|---|---|---|---|---|
| 金属制品业 | | | 462.4 | 450.0 | | 65.4 | 9.0 |
| 通用设备制造业 | | | 147.9 | | | 43.3 | 77.1 |
| 专用设备制造业 | | | | 0.7 | | 8.0 | |
| 汽车制造业 | 0.5 | | 381.0 | 199.0 | | 95.2 | |
| 铁路、船舶、航空航天和其他运输设备制造业 | | | | | | | |
| 电气机械和器材制造业 | | | 665.9 | 230.4 | | 436.4 | 36.5 |
| 计算机、通信和其他电子设备制造业 | | | 2763.3 | 8.7 | | 260.4 | |
| 仪器仪表制造业 | | | | | | 12.5 | |
| 其他制造业 | | | | | | 2.8 | |
| 废弃资源综合利用业 | 838.7 | | 123.5 | | | 0.4 | |
| (五)电力、热力、燃气及水生产和供应业 | 5455679.0 | | 23315.7 | 673893.8 | | 70.2 | |
| 电力、热力生产和供应业 | 5451334.0 | | 23315.7 | 668626.8 | | 29.0 | |
| 燃气生产和供应业 | | | | | | 27.6 | |
| 水的生产和供应业 | 4345.0 | | | 5266.9 | | 13.5 | |
| **二、分地区** | | | | | | | |
| 惠城区 | 5354.2 | | 292.7 | | | 141.9 | 9.1 |
| 惠阳区 | 6775.5 | 304.0 | 491.3 | 429.1 | | 239.4 | |
| 惠东县 | 3789311.9 | | 381.3 | | | 1042.7 | |
| 博罗县 | 166074.2 | | 2271.7 | 5992.7 | | 455.1 | 523.0 |
| 龙门县 | 1663482.0 | | 5.6 | | | 27.5 | |
| 大亚湾区 | 1983879.4 | | 37878.8 | 1232321.5 | 20059943 | 79.5 | 454.6 |
| 仲恺区 | 3432.0 | 15.0 | 26962.2 | 51.7 | | 469.8 | 113.5 |
| **三、按企业登记注册类型分** | | | | | | | |
| 国有企业 | | | | | | 18.0 | |
| 集体企业 | | | | | | | |
| 股份制企业 | 7246098.7 | 15.0 | 2831.3 | 1238382.4 | 20059943 | 866.7 | 0.6 |
| 外商及港澳台商投资企业 | 372210.3 | 304.0 | 65452.2 | 412.6 | | 1554.4 | 1099.5 |
| 其他经济类型企业 | | | | | | 16.8 | |

## 7-10 续表 2

(2018年)

| 指　　标 | 柴油(吨) | 燃料油(吨) | 液化石油气(吨) | 石脑油(吨) | 润滑油(吨) | 石蜡(吨) | 石油焦(吨) |
|---|---|---|---|---|---|---|---|
| **全部工业企业** | **21812.4** | **2244.7** | **108753.7** | **4549870** | **128.5** | **296.2** | **74872.0** |
| **一、按工业行业门类分** | | | | | | | |
| (一)轻工业 | 5426.3 | 374.6 | 2186.0 | | | 13.5 | |
| (二)重工业 | 16386.1 | 1870.1 | 106567.7 | 4549870 | 128.5 | 282.7 | 74872.0 |
| (三)采矿业 | 1880.4 | | | | | | |
| 黑色金属矿采选业 | 311.5 | | | | | | |
| 有色金属矿采选业 | | | | | | | |
| 非金属矿采选业 | 1568.9 | | | | | | |
| (四)制造业 | 19682.7 | 2190.6 | 108753.7 | 4549870 | 128.5 | 296.2 | 74872.0 |
| 农副食品加工业 | 385.0 | | 71.5 | | | | |
| 食品制造业 | 66.1 | | 389.4 | | | | |
| 酒、饮料和精制茶制造业 | 82.7 | | | | | | |
| 纺织业 | 37.5 | | 34.0 | | | | |
| 纺织服装、服饰业 | 589.7 | | | | | | |
| 皮革、毛皮、羽毛及其制品和制鞋业 | 294.8 | | | | | | |
| 木材加工和木、竹、藤、棕、草制品业 | 273.5 | | | | | | |
| 家具制造业 | 286.9 | | 39.4 | | | | |
| 造纸和纸制品业 | 496.5 | | | | | | |
| 印刷和记录媒介复制业 | 137.0 | | 639.6 | | | | |
| 文教、工美、体育和娱乐用品制造业 | 170.8 | | 153.3 | | | | |
| 石油加工、炼焦和核燃料加工业 | | | 8787.0 | | | | 74872.0 |
| 化学原料和化学制品制造业 | 1488.7 | 225.5 | 94815.2 | 4549870 | 1.7 | 282.7 | |
| 医药制造业 | 2.6 | | | | | | |
| 化学纤维制造业 | | | | | | | |
| 橡胶和塑料制品业 | 1665.9 | 319.6 | 288.0 | | 81.0 | 13.5 | |
| 非金属矿物制品业 | 8032.0 | | | | | | |
| 黑色金属冶炼和压延加工业 | 43.0 | | 46.0 | | | | |
| 有色金属冶炼和压延加工业 | 51.8 | 1500.0 | 19.0 | | | | |

## 7-10 续表 3

(2018年)

| 指标 | 柴油(吨) | 燃料油(吨) | 液化石油气(吨) | 石脑油(吨) | 润滑油(吨) | 石蜡(吨) | 石油焦(吨) |
|---|---|---|---|---|---|---|---|
| 金属制品业 | 874.5 | 85.0 | 2037.3 | | | | |
| 通用设备制造业 | 106.1 | | 514.1 | | 32.0 | | |
| 专用设备制造业 | 16.7 | | | | | | |
| 汽车制造业 | 109.2 | | 102.7 | | | | |
| 铁路、船舶、航空航天和其他运输设备制造业 | 157.9 | | 95.1 | | | | |
| 电气机械和器材制造业 | 658.7 | 60.5 | 568.6 | | | | |
| 计算机、通信和其他电子设备制造业 | 3490.7 | | 153.6 | | 12.0 | | |
| 仪器仪表制造业 | 34.9 | | | | | | |
| 其他制造业 | 5.7 | | | | | | |
| 废弃资源综合利用业 | 123.6 | | | | 1.8 | | |
| (五)电力、热力、燃气及水生产和供应业 | 249.3 | 54.1 | | | | | |
| 电力、热力生产和供应业 | 208.9 | 54.1 | | | | | |
| 燃气生产和供应业 | 8.1 | | | | | | |
| 水的生产和供应业 | 32.3 | | | | | | |
| **二、分地区** | | | | | | | |
| 惠城区 | 1500.6 | | 1045.4 | | | | |
| 惠阳区 | 3190.0 | 310.0 | 2833.6 | | 1.8 | 282.7 | |
| 惠东县 | 1067.4 | 12.0 | 361.5 | | 81.0 | 13.5 | |
| 博罗县 | 3828.0 | 1500.6 | 124.7 | | 12.0 | | |
| 龙门县 | 3025.1 | 222.0 | | | | | |
| 大亚湾区 | 7481.3 | 54.1 | 103694.4 | 4549870 | 1.7 | | 74872.0 |
| 仲恺区 | 1720.0 | 146.0 | 694.2 | | 32.0 | | |
| **三、按企业登记注册类型分** | | | | | | | |
| 国有企业 | | | | | | | |
| 集体企业 | | | | | | | |
| 股份制企业 | 12044.9 | 1557.6 | 10396.1 | | 15.5 | 296.2 | 74872.0 |
| 外商及港澳台商投资企业 | 9643.6 | 687.1 | 98357.7 | 4549870 | 113.0 | | |
| 其他经济类型企业 | 123.9 | | | | | | |

## 7-10 续表 4

(2018年)

| 指　　标 | 其它石油制品(吨) | 热力(百万千焦) | 电力(万千瓦时) | 城市垃圾用于燃料(吨) | 生物质废料用于燃料(吨) | 余热余压(百万千焦) | 其它工业废料用于燃料(吨) | 其他燃料(吨标准煤) |
|---|---|---|---|---|---|---|---|---|
| **全部工业企业** | **2406383** | **56982834** | **2055357** | **641981** | **75163** | **4704765** | **2710** | **90301** |
| **一、按工业行业门类分** | | | | | | | | |
| (一)轻工业 | | 314275.4 | 302616 | | 42918 | | | 630 |
| (二)重工业 | 2406383 | 56668559 | 1752741 | 641981 | 32245 | 4704765 | 2710 | 89671 |
| (三)采矿业 | | | 3774 | | | | | |
| 黑色金属矿采选业 | | | 45 | | | | | |
| 有色金属矿采选业 | | | 758 | | | | | |
| 非金属矿采选业 | | | 2971 | | | | | |
| (四)制造业 | 2406383 | 56982834 | 1931770 | | 75163 | 4704765 | 2710 | 90301 |
| 农副食品加工业 | | | 14239 | | 11501 | | | 423 |
| 食品制造业 | | | 697 | | 33 | | | |
| 酒、饮料和精制茶制造业 | | 126350.4 | 11284 | | | | | |
| 纺织业 | | | 12644 | | 6708 | | | |
| 纺织服装、服饰业 | | | 11725 | | 1668 | | | |
| 皮革、毛皮、羽毛及其制品和制鞋业 | | | 22425 | | 127 | | | |
| 木材加工和木、竹、藤、棕、草制品业 | | | 9600 | | 22495 | | | |
| 家具制造业 | | | 17353 | | 280 | | | 206 |
| 造纸和纸制品业 | | | 6429 | | 7732 | | | |
| 印刷和记录媒介复制业 | | | 7866 | | | | | |
| 文教、工美、体育和娱乐用品制造业 | | 46779 | 15365 | | 812 | | | |
| 石油加工、炼焦和核燃料加工业 | 540704 | 7759070 | 176064 | | 40 | | | 89649 |
| 化学原料和化学制品制造业 | 1865671 | 48789232 | 375152 | | 3493 | | | |
| 医药制造业 | | | 5330 | | 3914 | | | |
| 化学纤维制造业 | | | 1735 | | 650 | | | |
| 橡胶和塑料制品业 | | 87627 | 88394 | | 12695 | | | 1 |
| 非金属矿物制品业 | | | 179958 | | 1658 | 4704765 | 2710 | |
| 黑色金属冶炼和压延加工业 | | | 13430 | | | | | |
| 有色金属冶炼和压延加工业 | | | 10919 | | | | | |

## 7-10 续表 5

(2018年)

| 指　　标 | 其它石油制品(吨) | 热力(百万千焦) | 电力(万千瓦时) | 城市垃圾用于燃料(吨) | 生物质废料用于燃料(吨) | 余热余压(百万千焦) | 其它工业废料用于燃料(吨) | 其他燃料(吨标准煤) |
|---|---|---|---|---|---|---|---|---|
| 金属制品业 | | | 47270 | | 66 | | | 22 |
| 通用设备制造业 | | | 17896 | | | | | |
| 专用设备制造业 | | | 9962 | | | | | |
| 汽车制造业 | | | 58629 | | | | | |
| 铁路、船舶、航空航天和其他运输设备制造业 | | | 5073 | | 1013 | | | |
| 电气机械和器材制造业 | | | 88089 | | 278 | | | |
| 计算机、通信和其他电子设备制造业 | 8 | 173776 | 712407 | | | | | |
| 仪器仪表制造业 | | | 3498 | | | | | |
| 其他制造业 | | | 2403 | | | | | |
| 废弃资源综合利用业 | | | 5931 | | | | | |
| (五)电力、热力、燃气及水生产和供应业 | | | 119814 | 641981 | | | | |
| 电力、热力生产和供应业 | | | 99050 | 641981 | | | | |
| 燃气生产和供应业 | | | 54 | | | | | |
| 水的生产和供应业 | | | 20710 | | | | | |
| **二、分地区** | | | | | | | | |
| 惠城区 | 173 | 77459 | 89564 | | 4562 | | | |
| 惠阳区 | | 75753 | 385382 | 334124 | 2195 | | | 1 |
| 惠东县 | | | 99175 | | 5807 | | 2710 | |
| 博罗县 | 8 | 222668 | 257314 | 307857 | 42693 | | | 228 |
| 龙门县 | | | 134347 | | 5193 | 4704765 | | |
| 大亚湾区 | 2406202 | 56519328 | 800220 | | | | | 89649 |
| 仲恺区 | | 87627 | 289354 | | 14713 | | | 423 |
| **三、按企业登记注册类型分** | | | | | | | | |
| 国有企业 | | | 4454 | | 145 | | | |
| 集体企业 | | | 1851 | | | | | |
| 股份制企业 | 2406383 | 10179892 | 859036 | 334124 | 55966 | 4326660 | 2710 | 90095 |
| 外商及港澳台商投资企业 | | 46802942 | 1178334 | 307857 | 18104 | 378105 | | 206 |
| 其他经济类型企业 | | | 11682 | | 947 | | | |

# 7-11 规模以上工业企业水消费情况

(2018年)

| 指标名称 | 取水量(万立方米) | 地表淡水 | 地下淡水 | 自来水 | 海水 | 矿井水 | 雨水 | 再生水(中水) | 其他水 |
|---|---|---|---|---|---|---|---|---|---|
| **全部工业企业** | **86367** | **68654** | **330** | **16670** | **552** | **22** | **2** | **48** | **88** |
| **一、按工业行业门类分** | | | | | | | | | |
| (一)轻工业 | 4169 | 271 | 199 | 3651 | | 21 | 1 | 15 | 10 |
| (二)重工业 | 82198 | 68383 | 131 | 13019 | 552 | | 1 | 33 | 79 |
| (三)采矿业 | 30 | 25 | 1 | 3 | | | 1 | | |
| 黑色金属矿采选业 | | | | | | | | | |
| 有色金属矿采选业 | 22 | 22 | | | | | | | |
| 非金属矿采选业 | 8 | 3 | 1 | 3 | | | 1 | | |
| (四)制造业 | 18561 | 3706 | 329 | 14367 | | 21 | 2 | 48 | 88 |
| 农副食品加工业 | 155 | 7 | 5 | 143 | | | | | |
| 食品制造业 | 18 | | 1 | 17 | | | | | |
| 酒、饮料和精制茶制造业 | 451 | | 76 | 375 | | | | | |
| 纺织业 | 338 | 80 | 21 | 236 | | | | | |
| 纺织服装、服饰业 | 533 | 110 | 12 | 410 | | | | 1 | |
| 皮革、毛皮、羽毛及其制品和制鞋业 | 351 | 19 | 13 | 309 | | | 1 | 9 | |
| 木材加工和木、竹、藤、棕、草制品业 | 48 | 1 | 1 | 47 | | | | | |
| 家具制造业 | 299 | | 29 | 266 | | | | 4 | |
| 造纸和纸制品业 | 127 | 18 | 1 | 107 | | | | | |
| 印刷和记录媒介复制业 | 112 | | | 112 | | | | | |
| 文教、工美、体育和娱乐用品制造业 | 265 | 20 | 5 | 238 | | 1 | | | |
| 石油加工、炼焦和核燃料加工业 | 1151 | 82 | | 1069 | | | | | |
| 化学原料和化学制品制造业 | 3982 | 3210 | 16 | 750 | | | | | 5 |
| 医药制造业 | 95 | 2 | | 93 | | | | | |
| 化学纤维制造业 | 3 | | | 3 | | | | | |
| 橡胶和塑料制品业 | 586 | 1 | 20 | 564 | | | | 1 | 1 |
| 非金属矿物制品业 | 632 | 113 | 80 | 361 | | | | 7 | 71 |
| 黑色金属冶炼和压延加工业 | 15 | 1 | 1 | 12 | | | | | |
| 有色金属冶炼和压延加工业 | 74 | | | 74 | | | | | |

## 7-11 续表 1

(2018年)

| 指标名称 | 取水量(万立方米) | | | | | | | | |
|---|---|---|---|---|---|---|---|---|---|
| | | 地表淡水 | 地下淡水 | 自来水 | 海水 | 矿井水 | 雨水 | 再生水(中水) | 其他水 |
| 金属制品业 | 449 | 13 | 8 | 419 | | | | 2 | 7 |
| 通用设备制造业 | 135 | | 3 | 133 | | | | | |
| 专用设备制造业 | 125 | 1 | 1 | 123 | | | | | |
| 汽车制造业 | 355 | | | 355 | | | | | |
| 铁路、船舶、航空航天和其他运输设备制造业 | 57 | 7 | | 48 | | | | | 2 |
| 电气机械和器材制造业 | 840 | 5 | 16 | 799 | | 20 | | | |
| 计算机、通信和其他电子设备制造业 | 7270 | 16 | 10 | 7219 | | | | 24 | 1 |
| 仪器仪表制造业 | 50 | | | 50 | | | | | |
| 其他制造业 | 25 | | 5 | 19 | | | | | |
| 废弃资源综合利用业 | 19 | 1 | 2 | 17 | | | | | |
| (五)电力、热力、燃气及水生产和供应业 | 67775 | 64923 | | 2300 | 552 | | | | |
| 电力、热力生产和供应业 | 1470 | 724 | | 195 | 552 | | | | |
| 燃气生产和供应业 | 4 | | | 4 | | | | | |
| 水的生产和供应业 | 66301 | 64199 | | 2102 | | | | | |
| **二、分地区** | | | | | | | | | |
| 惠城区 | 22582 | 21433 | 3 | 1144 | | | 1 | | |
| 惠阳区 | 13565 | 9470 | 55 | 4011 | | 21 | | 7 | 1 |
| 惠东县 | 7181 | 6076 | 106 | 444 | 552 | | 1 | | 2 |
| 博罗县 | 11247 | 8354 | 123 | 2762 | | | | 2 | 7 |
| 龙门县 | 1687 | 1529 | 25 | 61 | | | | | 72 |
| 大亚湾区 | 27129 | 21640 | | 5451 | | | | 33 | 6 |
| 仲恺区 | 2975 | 153 | 18 | 2798 | | | | 6 | |
| **三、按企业登记注册类型分** | | | | | | | | | |
| 内资企业 | 63269 | 55072 | 204 | 7326 | 552 | 2 | | 33 | 80 |
| 国有企业 | 12461 | 12408 | | 54 | | | | | |
| 集体企业 | 6415 | 6411 | | 4 | | | | | |
| 联营企业 | | | | | | | | | |
| 有限责任公司 | 41622 | 35410 | 155 | 5500 | 552 | | | 3 | 1 |
| 股份有限公司 | 291 | | | 220 | | | | | 71 |
| 私营企业 | 2478 | 843 | 49 | 1547 | | 1 | | 30 | 7 |
| 其他企业 | 2 | | | 2 | | | | | |
| 外商及港、澳、台商投资企业 | 23098 | 13582 | 125 | 9345 | | 20 | 2 | 14 | 9 |

## 7-11 续表 2

(2018年)

| 指标名称 | 外供水量(万立方米) | 外排水量(万立方米) | 重复用水量(万立方米) | 海水直流冷却水量(万立方米) | 污水处理企业污水处理量(万立方米) |
|---|---|---|---|---|---|
| **全部工业企业** | **63678** | **23903** | **74911** | **196953** | **13563** |
| **一、按工业行业门类分** | | | | | |
| (一)轻工业 | 8 | 2791 | 297 | | 188 |
| (二)重工业 | 63669 | 21112 | 74614 | 196953 | 13376 |
| (三)采矿业 | | 20 | 1 | | |
| 黑色金属矿采选业 | | | | | |
| 有色金属矿采选业 | | 15 | | | |
| 非金属矿采选业 | | 5 | 1 | | |
| (四)制造业 | 9 | 9714 | 67058 | 9 | 681 |
| 农副食品加工业 | | 114 | 1 | | 4 |
| 食品制造业 | | 13 | | | |
| 酒、饮料和精制茶制造业 | 8 | 200 | 8 | | 20 |
| 纺织业 | | 219 | 39 | | 36 |
| 纺织服装、服饰业 | | 404 | 64 | | 55 |
| 皮革、毛皮、羽毛及其制品和制鞋业 | | 230 | 52 | | 11 |
| 木材加工和木、竹、藤、棕、草制品业 | | 32 | 1 | | |
| 家具制造业 | | 200 | 3 | | 11 |
| 造纸和纸制品业 | | 101 | 12 | | |
| 印刷和记录媒介复制业 | | 82 | | | |
| 文教、工美、体育和娱乐用品制造业 | | 194 | 10 | | 20 |
| 石油加工、炼焦和核燃料加工业 | | 614 | 63287 | | |
| 化学原料和化学制品制造业 | | 825 | 2556 | 9 | 5 |
| 医药制造业 | | 34 | 5 | | 3 |
| 化学纤维制造业 | | 3 | | | |
| 橡胶和塑料制品业 | | 366 | 38 | | 12 |
| 非金属矿物制品业 | | 355 | 173 | | 15 |
| 黑色金属冶炼和压延加工业 | | 11 | | | |
| 有色金属冶炼和压延加工业 | | 65 | 4 | | |

# 7-11 续表 3

(2018年)

| 指标名称 | 外供水量(万立方米) | 外排水量(万立方米) | 重 复用水量(万立方米) | 海水直流冷却水量(万立方米) | 污水处理企业污水处理量(万立方米) |
|---|---|---|---|---|---|
| 金属制品业 | | 331 | 25 | | 18 |
| 通用设备制造业 | | 110 | | | 5 |
| 专用设备制造业 | | 88 | | | |
| 汽车制造业 | | 240 | 13 | | 11 |
| 铁路、船舶、航空航天和其他运输设备制造业 | | 44 | 1 | | 2 |
| 电气机械和器材制造业 | | 644 | 10 | | 12 |
| 计算机、通信和其他电子设备制造业 | | 4130 | 756 | | 442 |
| 仪器仪表制造业 | | 36 | | | |
| 其他制造业 | | 17 | | | |
| 废弃资源综合利用业 | | 11 | | | |
| (五)电力、热力、燃气及水生产和供应业 | 63669 | 14169 | 7852 | 196945 | 12883 |
| 电力、热力生产和供应业 | 16 | 200 | 7766 | 196945 | |
| 燃气生产和供应业 | | 1 | | | |
| 水的生产和供应业 | 63653 | 13968 | 86 | | 12883 |
| **二、分地区** | | | | | |
| 惠城区 | 20691 | 13560 | 8 | | 12471 |
| 惠阳区 | 9006 | 2281 | 525 | | 16 |
| 惠东县 | 5799 | 588 | 63 | 126945 | 22 |
| 博罗县 | 7459 | 2417 | 499 | | 399 |
| 龙门县 | 1112 | 440 | 149 | | |
| 大亚湾区 | 19610 | 2635 | 65859 | 70009 | 301 |
| 仲恺区 | | 1983 | 7808 | | 355 |
| **三、按企业登记注册类型分** | | | | | |
| 内资企业 | 53656 | 17872 | 66221 | 196945 | 13358 |
| 国有企业 | 11798 | 478 | | | |
| 集体企业 | 5771 | 239 | | | |
| 联营企业 | | | | | |
| 有限责任公司 | 35434 | 15580 | 66038 | 196945 | 13085 |
| 股份有限公司 | | 203 | 71 | | |
| 私营企业 | 652 | 1371 | 112 | | 272 |
| 其他企业 | | 2 | | | |
| 外商及港、澳、台商投资企业 | 10022 | 6032 | 8690 | 9 | 206 |

# 7-12 产值能耗分组表

| 指标 | 企业数 | 2018年 | | | 2017年 | | |
|---|---|---|---|---|---|---|---|
| | | 综合能源消费量(吨标准煤) | 工业总产值(万元) | 产值单耗(吨标准煤/万元) | 综合能源消费量(吨标准煤) | 工业总产值(万元) | 产值单耗(吨标准煤/万元) |
| **全部工业企业** | **2375** | **17830719** | **73039395** | **0.24** | **14986783** | **67411029** | **0.22** |
| **一、按工业行业门类分** | | | | | | | |
| (一)轻工业 | 1187 | 535255 | 13389909 | 0.04 | 544641 | 12915614 | 0.04 |
| (二)重工业 | 1188 | 17295465 | 59649486 | 0.29 | 14442142 | 54495415 | 0.27 |
| (三)采矿业 | 27 | 7435 | 63561 | 0.12 | 10709 | 118876 | 0.09 |
| 黑色金属矿采选业 | 1 | 509 | 2842 | 0.18 | 504 | 4620 | 0.11 |
| 有色金属矿采选业 | 1 | 932 | 4280 | 0.22 | 750 | 5110 | 0.15 |
| 非金属矿采选业 | 25 | 5995 | 56439 | 0.11 | 9455 | 109147 | 0.09 |
| (四)制造业 | 2314 | 14679193 | 71818357 | 0.20 | 11868783 | 66230736 | 0.18 |
| 农副食品加工业 | 36 | 33457 | 635633 | 0.05 | 28273 | 680264 | 0.04 |
| 食品制造业 | 10 | 3211 | 28938 | 0.11 | 2710 | 34974 | 0.08 |
| 酒、饮料和精制茶制造业 | 9 | 24400 | 482820 | 0.05 | 22989 | 494247 | 0.05 |
| 纺织业 | 42 | 50010 | 257252 | 0.19 | 49964 | 268103 | 0.19 |
| 纺织服装、服饰业 | 72 | 31766 | 557115 | 0.06 | 31375 | 564337 | 0.06 |
| 皮革、毛皮、羽毛及其制品和制鞋业 | 248 | 28837 | 934701 | 0.03 | 35881 | 1149635 | 0.03 |
| 木材加工和木、竹、藤、棕、草制品业 | 40 | 34692 | 205247 | 0.17 | 28243 | 229352 | 0.12 |
| 家具制造业 | 131 | 22576 | 1553876 | 0.01 | 22685 | 1573274 | 0.01 |
| 造纸和纸制品业 | 44 | 21402 | 423943 | 0.05 | 31973 | 460088 | 0.07 |
| 印刷和记录媒介复制业 | 41 | 12284 | 332475 | 0.04 | 11787 | 323282 | 0.04 |
| 文教、工美、体育和娱乐用品制造业 | 86 | 27704 | 533080 | 0.05 | 34080 | 567334 | 0.06 |
| 石油加工、炼焦和核燃料加工业 | 2 | 3079700 | 9154716 | 0.34 | 2791561 | 4667790 | 0.60 |
| 化学原料和化学制品制造业 | 137 | 8352963 | 7797881 | 1.07 | 5933837 | 6175173 | 0.96 |
| 医药制造业 | 15 | 16939 | 244029 | 0.07 | 15899 | 246952 | 0.06 |
| 化学纤维制造业 | 2 | 2783 | 9338 | 0.30 | 3589 | 9686 | 0.37 |
| 橡胶和塑料制品业 | 227 | 165731 | 2245938 | 0.07 | 166748 | 2232064 | 0.07 |
| 非金属矿物制品业 | 110 | 1483684 | 1888820 | 0.79 | 1503226 | 1525509 | 0.99 |
| 黑色金属冶炼和压延加工业 | 7 | 16647 | 144867 | 0.11 | 16570 | 76636 | 0.22 |
| 有色金属冶炼和压延加工业 | 24 | 19029 | 244814 | 0.08 | 18664 | 241665 | 0.08 |

## 7-12 续表

| 指　　标 | 企业数 | 2018年 | | | 2017年 | | |
|---|---|---|---|---|---|---|---|
| | | 综合能源消费量(吨标准煤) | 工业总产值(万元) | 产值单耗(吨标准煤/万元) | 综合能源消费量(吨标准煤) | 工业总产值(万元) | 产值单耗(吨标准煤/万元) |
| 金属制品业 | 132 | 69263 | 1519816 | 0.05 | 72039 | 1645397 | 0.04 |
| 通用设备制造业 | 62 | 24888 | 762878 | 0.03 | 21267 | 730343 | 0.03 |
| 专用设备制造业 | 60 | 12281 | 538248 | 0.02 | 12915 | 469709 | 0.03 |
| 汽车制造业 | 36 | 77854 | 2509288 | 0.03 | 72313 | 2196681 | 0.03 |
| 铁路、船舶、航空航天和其他运输设备制造业 | 21 | 7640 | 160448 | 0.05 | 5755 | 175922 | 0.03 |
| 电气机械和器材制造业 | 221 | 120519 | 5917156 | 0.02 | 110185 | 4804625 | 0.02 |
| 计算机、通信和其他电子设备制造业 | 456 | 920900 | 32407649 | 0.03 | 803854 | 34367758 | 0.02 |
| 仪器仪表制造业 | 19 | 4369 | 164608 | 0.03 | 4777 | 144779 | 0.03 |
| 其他制造业 | 14 | 2966 | 78112 | 0.04 | 3708 | 88823 | 0.04 |
| 废弃资源综合利用业 | 10 | 10698 | 84670 | 0.13 | 11915 | 86334 | 0.14 |
| (五)电力、热力、燃气及水生产和供应业 | 34 | 3144091 | 1157477 | 2.72 | 3107291 | 1061418 | 2.93 |
| 电力、热力生产和供应业 | 15 | 3106094 | 913601 | 3.40 | 3073403 | 841582 | 3.65 |
| 燃气生产和供应业 | 2 | 118 | 60010 | | 95 | 56164 | |
| 水的生产和供应业 | 17 | 37878 | 183865 | 0.21 | 33793 | 163672 | 0.21 |
| **二、分地区** | | | | | | | |
| 惠城区 | 210 | 128908 | | | 131254 | | |
| 惠阳区 | 468 | 565317 | | | 492120 | | |
| 惠东县 | 370 | 1680753 | 1954030 | 0.86 | 1688591 | 2080341 | 0.81 |
| 博罗县 | 572 | 609521 | 7045434 | 0.09 | 561978 | 6656346 | 0.08 |
| 龙门县 | 109 | 1375003 | 973560 | 1.41 | 1393836 | 1041440 | 1.34 |
| 大亚湾区 | 142 | 12888804 | | | 10169999 | | |
| 仲恺区 | 504 | 582412 | | | 549004 | | |
| **三、按企业登记注册类型分** | | | | | | | |
| 国有企业 | 9 | 5646 | 42660 | 0.13 | 8721 | 36463 | 0.24 |
| 集体企业 | 5 | 2275 | 13462 | 0.17 | 2906 | 13332 | 0.22 |
| 股份制企业 | 1347 | 8318835 | 31730384 | 0.26 | 7969855 | 24363833 | 0.33 |
| 外商及港澳台商投资企业 | 899 | 9488454 | 40989241 | 0.23 | 6987464 | 42716522 | 0.16 |
| 其他经济类型企业 | 115 | 15509 | 263649 | 0.06 | 17837 | 280879 | 0.06 |

# 7-13 综合能源消费量1万吨标准煤以上工业企业

(2018年)

| 序号 | 单位名称 | 所属县 (区) | 所属 | 注册类型 |
|---|---|---|---|---|
| 1 | 中海油惠州石化有限公司 | 大亚湾区 | 原油加工及石油制品制造 | 国有独资公司 |
| 2 | 中海壳牌石油化工有限公司 | 大亚湾区 | 有机化学原料制造 | 中外合资经营 |
| 3 | 广东惠州平海发电厂有限公司 | 大亚湾区 | 火力发电 | 其他有限责任公司 |
| 4 | 中海石油开氏石化有限责任公司 | 惠东县 | 有机化学原料制造 | 其他有限责任公司 |
| 5 | 中国神华能源股份有限公司国华惠州热电分公司 | 大亚湾区 | 火力发电 | 国有独资公司 |
| 6 | 广东惠州天然气发电有限公司 | 大亚湾区 | 火力发电 | 国有独资公司 |
| 7 | 光大水泥企业有限公司 | 龙门县 | 水泥制造 | 其他有限责任公司 |
| 8 | 惠州塔牌水泥有限公司 | 龙门县 | 水泥制造 | 股份有限公司 |
| 9 | 惠州深能源丰达电力有限公司 | 仲恺区 | 火力发电 | 中外合资经营 |
| 10 | 伯恩光学(惠州)有限公司 | 惠阳区 | 光电子器件及其他电子器件制造 | 港澳台商独资 |
| 11 | 华润水泥(惠州)有限公司 | 龙门县 | 水泥制造 | 港澳台商独资 |
| 12 | 惠州忠信化工有限公司 | 大亚湾区 | 有机化学原料制造 | 港澳台商独资 |
| 13 | 惠州绿色动力环保有限公司 | 惠阳区 | 生物质能发电 | 其他有限责任公司 |
| 14 | 普莱克斯(惠州)工业气体有限公司 | 大亚湾区 | 其他基础化学原料制造 | 外资企业 |
| 15 | 光大环保能源(博罗)有限公司 | 博罗县 | 其他电力生产 | 港澳台商独资 |
| 16 | 惠州比亚迪电子有限公司 | 大亚湾区 | 通信终端设备制造 | 中外合资经营 |
| 17 | 伯恩高新科技(惠州)有限公司 | 惠阳区 | 光电子器件制造 | 港澳台商独资 |
| 18 | 惠州李长荣橡胶有限公司 | 大亚湾区 | 合成橡胶制造 | 外资企业 |
| 19 | 惠州宇新化工有限责任公司 | 大亚湾区 | 专项化学用品制造 | 私营有限责任公司 |
| 20 | 华通电脑(惠州)有限公司 | 博罗县 | 电子电路制造 | 港澳台商独资 |
| 21 | 惠州比亚迪电池有限公司 | 大亚湾区 | 汽车零部件及配件制造 | 与港澳台商合资经营 |
| 22 | 瑞能热力有限公司 | 博罗县 | 热力生产和供应 | 其他有限责任公司 |
| 23 | 旭硝子显示玻璃(惠州)有限公司 | 仲恺区 | 光电子器件制造 | 外资企业 |
| 24 | 胜宏科技(惠州)股份有限公司 | 仲恺区 | 电子电路制造 | 港澳台商独资 |
| 25 | 惠州惠菱化成有限公司 | 大亚湾区 | 有机化学原料制造 | 外资企业 |
| 26 | 惠州比亚迪实业有限公司 | 大亚湾区 | 通信终端设备制造 | 与港澳台商合资经营 |
| 27 | 信利(惠州)智能显示有限公司 | 仲恺区 | 光电子器件制造 | 其他有限责任公司 |
| 28 | 盛易木业有限公司 | 博罗县 | 刨花板制造 | 其他有限责任公司 |
| 29 | 泰山石膏(广东)有限公司 | 博罗县 | 石灰和石膏制造 | 其他有限责任公司 |
| 30 | 东风本田汽车零部件有限公司 | 大亚湾区 | 汽车零部件及配件制造 | 中外合资经营 |
| 31 | 南亚电子材料(惠州)有限公司 | 博罗县 | 电子电路制造 | 港澳台商独资 |
| 32 | 惠州亿纬锂能股份有限公司 | 仲恺区 | 锂离子电池制造 | 股份有限公司 |
| 33 | 南亚塑胶工业(惠州)有限公司 | 博罗县 | 塑料人造革、合成革制造 | 港澳台商独资 |
| 34 | 华通精密线路板(惠州)有限公司 | 博罗县 | 电子电路制造 | 港澳台商独资 |
| 35 | 广东雪榕生物科技有限公司 | 仲恺区 | 水果和坚果加工 | 其他有限责任公司 |
| 36 | 惠州金茂源环保科技有限公司 | 博罗县 | 污水处理及其再生利用 | 其他有限责任公司 |
| 37 | 乐金化学(惠州)化工有限公司 | 大亚湾区 | 初级形态塑料及合成树脂制造 | 中外合资经营 |
| 38 | 贝特瑞新材料科技有限公司 | 惠阳区 | 石墨及碳素制品制造 | 其他有限责任公司 |
| 39 | 惠州合正电子科技有限公司 | 大亚湾区 | 电子电路制造 | 港澳台商独资 |
| 40 | 隆发鞋业(惠州)有限公司 | 博罗县 | 皮鞋制造 | 外资企业 |

# 7-14　主要耗能工业企业单位产品能源消耗情况

| 指　　标 | | 2018年 | | | 2017年 | | |
|---|---|---|---|---|---|---|---|
| | | 产品单耗 | 能耗 | 产量 | 产品单耗 | 能耗 | 产量 |
| 原油加工单位耗电 | 千瓦时/吨 | | | | | | |
| 原油加工单位综合能耗 | 千克标准油/吨 | | | | | | |
| 单位乙烯生产综合能耗 | 千克标准煤/吨 | 989.8 | 1560845 | 1577004 | 855.3 | 923603 | 1079860 |
| 单位乙烯生产耗电 | 千瓦时/吨 | 120.0 | 18926 | 1577004 | 148.1 | 15987 | 1079860 |
| 吨水泥熟料综合能耗 | 千克标准煤/吨 | 111.4 | 1310601 | 11760434 | 112.4 | 1278932 | 11378871 |
| 吨水泥熟料综合电耗 | 千瓦时/吨 | 49.6 | 58378 | 11760434 | 49.8 | 56650 | 11378871 |
| 吨水泥综合能耗 | 千克标准煤/吨 | 89.8 | 1398246 | 15564030 | 89.7 | 1281392 | 14279573 |
| 吨水泥综合电耗 | 千瓦时/吨 | 73.1 | 113705 | 15564030 | 72.1 | 102925 | 14279573 |
| 电厂火力发电标准煤耗 | 克标准煤/千瓦时 | 274.1 | 5110663 | 1864293 | 276.6 | 5099104 | 1843510 |
| 电厂火力供电标准煤耗 | 克标准煤/千瓦时 | 286.4 | 5110663 | 1784392 | 290.9 | 5099104 | 1752960 |
| 发电厂用电率 | % | 4.3 | 80042 | 1864293 | 4.6 | 84385 | 1843510 |

惠州统计年鉴－2019

HUIZHOU STATISTICAL YEARBOOK

# 八、财政、银行和保险

# 8-1 地方一般公共财政预算收支和增长指数

单位：万元

| 年 份 | 地方一般公共预算收入 | 地方一般公共预算支出 | 增长指数(%) | | 财政收入占地区生产总值的比重(%) |
|---|---|---|---|---|---|
| | | | 地方一般公共预算收入 | 地方一般公共预算支出 | |
| 1978 | 5500 | 5921 | 115.9 | 139.4 | 8.1 |
| 1979 | 3086 | 5735 | 56.1 | 96.9 | 4.5 |
| 1980 | 3760 | 6901 | 121.8 | 120.3 | 5.0 |
| 1981 | 5278 | 8378 | 140.4 | 121.4 | 5.8 |
| 1982 | 4488 | 8421 | 85.0 | 100.5 | 4.3 |
| 1983 | 4888 | 9259 | 108.9 | 110.0 | 4.8 |
| 1984 | 4937 | 10433 | 101.0 | 112.7 | 4.2 |
| 1985 | 5433 | 13321 | 110.0 | 127.7 | 4.0 |
| 1986 | 8917 | 18239 | 164.1 | 136.9 | 5.4 |
| 1987 | 13261 | 23701 | 148.7 | 129.9 | 5.9 |
| 1988 | 20821 | 29456 | 157.0 | 124.3 | 6.4 |
| 1989 | 23802 | 35697 | 114.3 | 121.2 | 6.1 |
| 1990 | 28098 | 43934 | 118.0 | 123.1 | 5.8 |
| 1991 | 39449 | 53729 | 140.4 | 122.3 | 6.4 |
| 1992 | 57606 | 77309 | 146.0 | 143.9 | 6.8 |
| 1993 | 93622 | 108904 | 162.5 | 140.9 | 7.1 |
| 1994 | 74409 | 112167 | 79.5 | 103.0 | 4.1 |
| 1995 | 76925 | 118321 | 103.4 | 105.5 | 3.4 |
| 1996 | 70669 | 116392 | 91.9 | 98.4 | 2.6 |
| 1997 | 76086 | 132446 | 107.7 | 113.8 | 2.4 |
| 1998 | 94281 | 149709 | 123.9 | 113.0 | 2.6 |
| 1999 | 107529 | 168174 | 114.1 | 112.3 | 2.7 |
| 2000 | 129356 | 197886 | 120.3 | 117.7 | 2.9 |
| 2001 | 182792 | 258858 | 141.3 | 130.8 | 3.8 |
| 2002 | 197153 | 330094 | 107.9 | 127.5 | 3.7 |
| 2003 | 241238 | 387786 | 122.4 | 117.5 | 4.1 |
| 2004 | 254208 | 459451 | 105.4 | 118.5 | 3.7 |
| 2005 | 347218 | 524097 | 136.6 | 114.1 | 4.3 |
| 2006 | 444473 | 660323 | 128.0 | 126.0 | 4.8 |
| 2007 | 620603 | 860589 | 139.6 | 130.3 | 5.6 |
| 2008 | 780657 | 1062985 | 125.7 | 123.5 | 6.0 |
| 2009 | 1015651 | 1347527 | 130.1 | 126.7 | 7.2 |
| 2010 | 1312270 | 1854379 | 129.2 | 137.6 | 7.6 |
| 2011 | 1628309 | 2272099 | 131.2 | 122.5 | 7.8 |
| 2012 | 2008762 | 2740831 | 123.4 | 120.6 | 8.5 |
| 2013 | 2501721 | 3282913 | 124.5 | 119.8 | 9.3 |
| 2014 | 3007453 | 3729722 | 120.2 | 113.6 | 10.0 |
| 2015 | 3400183 | 4860668 | 113.1 | 130.3 | 10.8 |
| 2016 | 3613044 | 5090750 | 106.3 | 104.7 | 10.6 |
| 2017 | 3890838 | 5540130 | 110.0 | 108.8 | 10.2 |
| 2018 | 3930058 | 5442151 | 101.0 | 98.2 | 9.6 |

# 8-2 地方一般公共财政预算收支基本情况

单位：万元

| 项　　　目 | 2011 | 2012 | 2013 | 2014 | 2015 | 2016 | 2017 | 2018 |
|---|---|---|---|---|---|---|---|---|
| **一、财政收入** | **1628309** | **2008762** | **2501721** | **3007453** | **3400183** | **3613044** | **3890838** | **3930058** |
| 税收收入 | 1302860 | 1542002 | 1860753 | 2041539 | 2115746 | 2197136 | 2433749 | 2806781 |
| #增值税 | 360443 | 408479 | 470287 | 545805 | 562412 | 678266 | 880039 | 948280 |
| 企业所得税 | 116954 | 113695 | 163431 | 190857 | 178589 | 259720 | 321301 | 343010 |
| 个人所得税 | 43496 | 31308 | 36900 | 44414 | 58061 | 66283 | 97913 | 125100 |
| 资源税 | 9627 | 11293 | 13097 | 7662 | 7044 | 4978 | 5737 | 5171 |
| 城市维护建设税 | 120910 | 155565 | 205850 | 210800 | 221123 | 221745 | 240573 | 321826 |
| 房产税 | 49793 | 51697 | 78118 | 90297 | 96873 | 94421 | 123134 | 122123 |
| 印花税 | 24290 | 28543 | 43469 | 45792 | 42381 | 46871 | 59124 | 62495 |
| 城镇土地使用税 | 101001 | 73234 | 134349 | 152535 | 129902 | 127838 | 107184 | 130679 |
| 土地增值税 | 61777 | 88970 | 104982 | 108057 | 131733 | 168671 | 217911 | 350179 |
| 车船税 | 10462 | 11989 | 19169 | 20087 | 25499 | 27010 | 34381 | 31780 |
| 耕地占用税 | 8756 | 8119 | 12905 | 35735 | 37224 | 33327 | 51608 | 16685 |
| 契税 | 140264 | 266226 | 233361 | 235448 | 227790 | 237655 | 294844 | 347091 |
| 非税收入 | 325449 | 466760 | 640968 | 965914 | 1284437 | 1415908 | 1457089 | 1123277 |
| #国有资源(资产)有偿使用收入 | 42631 | 37691 | 84473 | 223658 | 171489 | 206317 | 174953 | 139552 |
| 行政事业性收费收入 | 131908 | 159721 | 231936 | 283037 | 267632 | 150613 | 137913 | 97334 |
| 罚没收入 | 49437 | 61373 | 73137 | 71040 | 86947 | 120738 | 151775 | 231057 |
| 专项收入 | 66558 | 78520 | 111707 | 114136 | 178873 | 177517 | 230394 | 358036 |
| 其他收入 | 34234 | 115536 | 116259 | 274043 | 459061 | 733720 | 721000 | 255032 |
| **二、财政支出** | **2272099** | **2740831** | **3282913** | **3729722** | **4860668** | **5090750** | **5540130** | **5442151** |
| 一般公共服务 | 359289 | 389550 | 469619 | 533973 | 545097 | 598508 | 627126 | 712134 |
| 国防 | 4020 | 2675 | 4464 | 5269 | 5355 | 4751 | 4634 | 3461 |
| 公共安全 | 192735 | 210476 | 255884 | 272944 | 346409 | 394029 | 407140 | 416099 |
| 教育 | 450302 | 626047 | 727857 | 850388 | 949383 | 1019079 | 1068551 | 1069211 |
| 科学技术 | 52944 | 51031 | 55635 | 197644 | 197946 | 218192 | 258472 | 221734 |
| 文化体育和传媒 | 35549 | 38158 | 42886 | 59072 | 84203 | 98150 | 122680 | 127462 |
| 社会保障和就业 | 189355 | 219605 | 267709 | 339997 | 400974 | 488266 | 558029 | 551939 |
| 医疗卫生 | 180939 | 218197 | 262848 | 326325 | 578129 | 802069 | 962057 | 702521 |
| 节能环保 | 67676 | 75020 | 285870 | 66898 | 147839 | 84035 | 208355 | 315351 |
| 城乡社区事务 | 101684 | 214986 | 238355 | 408887 | 536021 | 466733 | 564818 | 498850 |
| 农林水事务 | 191792 | 260628 | 264823 | 276954 | 412833 | 371896 | 344925 | 387259 |
| 交通运输 | 71232 | 116742 | 118821 | 170852 | 206597 | 178408 | 89785 | 104973 |
| 资源勘探电力信息等事务 | 30271 | 31024 | 44092 | 29739 | 83550 | 37999 | 50846 | 43353 |
| 商业服务业等事务 | 31698 | 29525 | 21886 | 21718 | 62718 | 30340 | 31383 | 30497 |
| 国土资源气象等事务 | 21986 | 26906 | 28135 | 35166 | 40982 | 40063 | 52951 | 53887 |
| 粮油物资储备管理等事务 | 7379 | 9419 | 9277 | 10415 | 19911 | 24785 | 26450 | 25378 |
| 其他支出 | 252768 | 181360 | 147868 | 123481 | 242721 | 233447 | 161928 | 178042 |

# 8–3 分县区地方一般公共财政预算收支基本情况(2018年)

单位：万元

| 项　　目 | 合 计 | 市 直 | 惠城区 | 惠阳区 | 惠东县 | 博罗县 | 龙门县 | 大亚湾区 | 仲恺区 |
|---|---|---|---|---|---|---|---|---|---|
| **地方一般公共财政预算收入** | **3930058** | **1207871** | **364139** | **516285** | **347431** | **447747** | **108329** | **610497** | **327759** |
| **税收收入** | **2806781** | **747579** | **269286** | **424974** | **220433** | **323425** | **78826** | **500748** | **241510** |
| 增值税 | 948280 | 274955 | 84975 | 132086 | 56913 | 121031 | 26039 | 143979 | 108302 |
| 企业所得税 | 343010 | 103682 | 31146 | 47317 | 28040 | 29546 | 11746 | 65644 | 25889 |
| 个人所得税 | 125100 | 33658 | 15908 | 23983 | 8837 | 13211 | 1961 | 18250 | 9292 |
| 资源税 | 5171 | 188 | 121 | 488 | 359 | 619 | 3281 | 88 | 27 |
| 城市维护建设税 | 321826 | 121888 | 26949 | 41198 | 11886 | 25779 | 5698 | 48026 | 40402 |
| 房产税 | 122123 | 29153 | 12103 | 23828 | 10268 | 20920 | 2115 | 10792 | 12944 |
| 印花税 | 62495 | 17716 | 5769 | 9727 | 2972 | 8134 | 1376 | 9785 | 7016 |
| 城镇土地使用税 | 130679 | 20997 | 6631 | 27302 | 13203 | 28385 | 2214 | 23867 | 8080 |
| 土地增值税 | 350179 | 49435 | 28808 | 63175 | 47362 | 32672 | 7943 | 109747 | 11037 |
| 车船税 | 31780 | 11688 | 8189 | 4135 | 2799 | 2856 | 700 | 580 | 833 |
| 耕地占用税 | 16685 | 3145 | 1158 | 1451 | 6591 | 2263 | 468 |  | 1609 |
| 契税 | 347091 | 80444 | 47499 | 50166 | 30984 | 37593 | 14642 | 69739 | 16024 |
| 非税收入 | 1123277 | 460292 | 94853 | 91311 | 126998 | 124322 | 29503 | 109749 | 86249 |
| **地方一般公共财政预算支出** | **5442151** | **1462401** | **559621** | **626103** | **720478** | **850431** | **350323** | **523359** | **349435** |
| 一般公共服务 | 712134 | 145827 | 74820 | 100711 | 106433 | 113004 | 58894 | 59152 | 53293 |
| 国防 | 3461 | 292 | 665 | 886 | 631 | 625 | 197 |  | 165 |
| 公共安全 | 416099 | 175494 | 14386 | 57684 | 51891 | 48706 | 21224 | 35710 | 11004 |
| 教育 | 1069211 | 182629 | 193828 | 140626 | 167019 | 188278 | 71044 | 76890 | 48897 |
| 科学技术 | 221734 | 30166 | 12016 | 21000 | 19763 | 28436 | 4000 | 32992 | 73361 |
| 文化体育和传媒 | 127462 | 29508 | 10466 | 16660 | 20320 | 27807 | 6989 | 6434 | 9278 |
| 社会保障和就业 | 551939 | 138173 | 62923 | 63011 | 110157 | 81110 | 33486 | 29210 | 33869 |
| 医疗卫生 | 702521 | 218380 | 89862 | 79107 | 65270 | 143882 | 46371 | 21614 | 38035 |
| 节能环保 | 315351 | 192590 | 4697 | 6427 | 8948 | 32126 | 20926 | 31332 | 18305 |
| 城乡社区事务 | 498850 | 113842 | 38646 | 52018 | 30264 | 52934 | 24425 | 170325 | 16396 |
| 农林水事务 | 387259 | 58126 | 35082 | 33521 | 87780 | 88650 | 52006 | 23770 | 8324 |
| 交通运输 | 104973 | 66788 | 3408 | 10729 | 7987 | 4362 | 1966 | 9458 | 275 |
| 住房保障支出 | 34419 | 4717 | 61 | 20293 | 3312 | 595 | 1250 | 2728 | 1463 |

# 8-4 金融机构人民币存贷款余额

单位：万元

| 指标名称 | 2011年 | 2012年 | 2013年 | 2014年 | 2015年 | 2016年 | 2017年 | 2018年 |
|---|---|---|---|---|---|---|---|---|
| **各项存款余额** | **23374233** | **25176322** | **30044146** | **31845460** | **36125234** | **45447300** | **50760024** | **58396518** |
| (一)境内存款 | 22905771 | 24685021 | 29475105 | 31124108 | 35467394 | 44734161 | 49975185 | 57561404 |
| 1. 住户存款 | 11444613 | 13175734 | 15207027 | 16111201 | 17175953 | 19452277 | 21530379 | 23611950 |
| (1)活期存款 | 6804961 | 7797393 | 8835457 | 8858130 | 9705719 | 11705839 | 13417735 | 14420185 |
| (2)定期及其他存款 | 4639652 | 5378341 | 6371570 | 7253071 | 7470233 | 7746438 | 8112645 | 9191765 |
| 2. 非金融企业存款 | 7282013 | 6818883 | 8710587 | 8202457 | 10044541 | 14075678 | 16562143 | 19524709 |
| (1)活期存款 | 3957964 | 3690636 | 3911304 | 3595028 | 4210772 | 7443138 | 9279327 | 11200911 |
| (2)定期及其他存款 | 3324049 | 3128248 | 4799283 | 4607429 | 5833769 | 6632541 | 7282816 | 8323798 |
| 3. 广义政府存款 | 3924413 | 4337720 | 5214614 | 6189704 | 7018938 | 9476910 | 11364429 | 14070864 |
| (1)财政性存款 | 667731 | 687112 | 875545 | 1054192 | 852761 | 1057808 | 927769 | 1608575 |
| (2)机关团体存款 | 3256682 | 3650607 | 4339069 | 5135512 | 6166177 | 8419102 | 10436660 | 12462289 |
| 4. 非银行业金融机构存款 | 254732 | 352685 | 342877 | 620746 | 1227962 | 1729295 | 518234 | 353882 |
| (二)境外存款 | 468462 | 491301 | 569041 | 721352 | 657840 | 713139 | 784839 | 835114 |
| **各项贷款余额** | **12897517** | **14846221** | **18278746** | **21768038** | **24643503** | **31551265** | **38186415** | **46508367** |
| (一)境内贷款 | 12814670 | 14750487 | 18159462 | 21636963 | 24498934 | 31080417 | 37694045 | 45991373 |
| 1. 住户贷款 | 5151786 | 6197216 | 7868999 | 9664081 | 11993131 | 18148066 | 24097898 | 30677076 |
| (1)短期贷款 | 300601 | 339278 | 610476 | 716934 | 722493 | 659208 | 1357551 | 1753601 |
| 消费贷款 | 112808 | 139075 | 374313 | 352163 | 341046 | 362203 | 1077420 | 1411663 |
| 经营贷款 | 187793 | 200203 | 236162 | 364772 | 381447 | 297005 | 280131 | 341938 |
| (2)中长期贷款 | 4851185 | 5857938 | 7258524 | 8947147 | 11270638 | 17488858 | 22740347 | 28923475 |
| 消费贷款 | 4039019 | 4952522 | 6112651 | 7613777 | 9940971 | 16144058 | 21296549 | 27199644 |
| 经营贷款 | 812166 | 905416 | 1145872 | 1333370 | 1329667 | 1344800 | 1443797 | 1723831 |
| 2. 非金融企业及机关团体贷款 | 7662384 | 8544271 | 10277963 | 11972882 | 12505803 | 12932351 | 13596147 | 15314298 |
| (1)短期贷款 | 1625589 | 2086958 | 2744013 | 3473003 | 3882496 | 3958520 | 3377553 | 3295534 |
| (2)中长期贷款 | 5828678 | 6060255 | 7156604 | 7875519 | 7529503 | 8135776 | 9468278 | 11312746 |
| (3)票据融资 | 208116 | 396994 | 370565 | 619567 | 1053311 | 817482 | 723403 | 690901 |
| (4)各项垫款 |  | 63 | 6781 | 4794 | 40494 | 20573 | 26914 | 15117 |
| (二)境外贷款 | 82847 | 95734 | 119283 | 131075 | 144569 | 470848 | 492371 | 516993 |

注：2015年起金融机构存贷款统计口径使用新的分类，为便于分析，对2011年起的数据进行了可比口径处理。

# 8-5　金融机构人民币贷款分行业情况

单位：万元

| 项　　目 | 2011年 | 2012年 | 2013年 | 2014年 | 2015年 | 2016年 | 2017年 | 2018年 |
|---|---|---|---|---|---|---|---|---|
| 各项贷款余额 | 12897517 | 14846221 | 18266246 | 21768038 | 24643503 | 31551265 | 38186415 | 46002526 |
| **各行业贷款** | | | | | | | | |
| 农、林、牧、渔业 | 77651 | 95099 | 107349 | 141663 | 140782 | 127087 | 138978 | 134519 |
| 采矿业 | 20957 | 16742 | 30700 | 34185 | 46254 | 20950 | 23505 | 16524 |
| 制造业 | 1779756 | 1862404 | 1833771 | 2096674 | 2405032 | 3166020 | 3358064 | 3398018 |
| 电力、燃气及水的生产和供应业 | 530725 | 625485 | 573837 | 590190 | 532401 | 472655 | 612786 | 637951 |
| 建筑业 | 438254 | 608889 | 956651 | 1182342 | 1241379 | 1055427 | 1041976 | 1083149 |
| 交通运输、仓储和邮政业 | 771772 | 1011213 | 1409654 | 1542634 | 1567202 | 2007692 | 2253602 | 2502969 |
| 信息传输、软件和信息技术服务业 | 18887 | 16432 | 17207 | 56175 | 39238 | 31719 | 23201 | 34677 |
| 批发和零售业 | 650610 | 871088 | 1329696 | 1536093 | 1574736 | 1520751 | 1413665 | 1303426 |
| 住宿和餐饮业 | 233977 | 335267 | 411898 | 448621 | 458018 | 413441 | 427236 | 367863 |
| 金融业 | 3280 | 3519 | 55787 | 192283 | 305742 | 581632 | 106560 | 269688 |
| 房地产业 | 1542535 | 1474641 | 1719693 | 1936518 | 1574249 | 1344611 | 2181615 | 3663261 |
| 租赁和商务服务业 | 724374 | 682920 | 772068 | 752577 | 702649 | 581760 | 635647 | 653747 |
| 科学研究和技术服务业 | 4500 | 2131 | 1835 | 1526 | 4500 | 1695 | 3776 | 4156 |
| 水利、环境和公共设施管理业 | 316067 | 234019 | 237896 | 300012 | 337805 | 339881 | 317538 | 345077 |
| 居民服务、修理和其他服务业 | 65902 | 72774 | 53614 | 71686 | 133737 | 115788 | 70538 | 75294 |
| 教育 | 73231 | 88220 | 103673 | 120762 | 102644 | 106944 | 82804 | 130738 |
| 卫生和社会工作 | 93819 | 126581 | 144061 | 142381 | 153833 | 149562 | 132737 | 149937 |
| 文化、体育和娱乐业 | 40396 | 63255 | 66567 | 53421 | 54087 | 55470 | 42983 | 37073 |
| 公共管理、社会保障和社会组织 | 67577 | 81813 | 81441 | 153573 | 78202 | 21785 | 5534 | 388 |
| **个人贷款** | | | | | | | | |
| 个人贷款及透支 | 5151786 | 6208244 | 7868999 | 9664081 | 11993131 | 18148066 | 24097898 | 30677076 |

# 8-6 金融机构个人消费贷款

单位：万元

| 项 目 | 2003年 | 2004年 | 2005年 | 2006年 | 2007年 | 2008年 | 2009年 | 2010年 |
|---|---|---|---|---|---|---|---|---|
| 个人消费贷款 | 577929 | 692350 | 809997 | 828759 | 1266236 | 1459673 | 2389486 | 3437410 |
| 住房贷款 | 459673 | 595788 | 725208 | 769701 | 1211978 | 1416930 | 2244027 | 3151631 |
| 汽车贷款 | 46310 | 34538 | 26603 | 26591 | 25803 | 21562 | 24390 | 26601 |
| 助学贷款 | 385 | 880 | 1395 | 1551 | 965 | 503 | 313 | 197 |
| 其他贷款 | 71535 | 58467 | 54793 | 30689 | 27435 | 20587 | 120169 | 258981 |

8-6 续表

单位：万元

| 项 目 | 2011年 | 2012年 | 2013年 | 2014年 | 2015年 | 2016年 | 2017年 | 2018年 |
|---|---|---|---|---|---|---|---|---|
| 个人消费贷款 | 4157346 | 5006768 | 6180158.58 | 7687598 | 10016481 | 16235206 | 21529511 | 27492282 |
| 住房贷款 | 3729321 | 4570709 | 5667368.88 | 7128035 | 9400430 | 15552239 | 20567435 | 26290208 |
| 汽车贷款 | 19178 | 6840 | 3887.62803 | 11008 | 9622 | 12505 | 18841 | 26086 |
| 助学贷款 | 182 | 132 | 128.913729 | 214 | 267 | 201 | 158 | 8 |
| 其他贷款 | 408665 | 429087 | 508773.157 | 548342 | 606161 | 670261 | 943077 | 1175981 |

# 8-7　分县区金融机构各项存贷款(2018年)

单位：万元

| 项　　目 | 全市 | 惠城区 | 惠阳区 | 惠东县 | 博罗县 | 龙门县 | 大亚湾区 |
|---|---|---|---|---|---|---|---|
| **一、金融机构人民币存款余额** | **58396518** | **32686408** | **8099072** | **4572378** | **6578394** | **1644435** | **4815831** |
| (一) 境内存款年末余额 | 57561404 | 32386378 | 7848821 | 4469141 | 6465749 | 1639837 | 4751479 |
| 1. 住户存款年末余额 | 23611950 | 10395775 | 3958502 | 3045498 | 4153590 | 905954 | 1152629 |
| 2. 非金融企业存款年末余额 | 19524709 | 11915794 | 2311340 | 933392 | 1420351 | 424876 | 2518956 |
| 3. 广义政府存款年末余额 | 14070864 | 9742459 | 1563194 | 490223 | 891420 | 309007 | 1074561 |
| 4. 非银行业金融机构存款年末余额 | 353882 | 332350 | 15785 | 27 | 387 |  | 5332 |
| (二) 境外存款年末余额 | 835114 | 300031 | 250251 | 103237 | 112645 | 4598 | 64352 |
| **二、金融机构人民币贷款余额** | **46508367** | **26350209** | **6426797** | **3050729** | **4675519** | **843398** | **5161715** |
| (一) 境内贷款年末余额 | 45991373 | 25980285 | 6369577 | 3035898 | 4657189 | 840863 | 5107561 |
| 1. 住户贷款年末余额 | 30677076 | 15911034 | 5357528 | 1775644 | 3069992 | 400017 | 4162861 |
| 2. 非金融企业及机关团体贷款年末余额 | 15314298 | 10069252 | 1012049 | 1260254 | 1587198 | 440846 | 944699 |
| 3. 非银行业金融机构贷款年末余额 |  |  |  |  |  |  |  |
| (二) 境外贷款年末余额 | 516993 | 369924 | 57220 | 14831 | 18330 | 2535 | 54154 |

注：惠城区含仲恺区数据。

# 8-8 保险公司主要指标

单位：个、万元

| 项　　目 | 2010年 | 2011年 | 2012年 | 2013年 | 2014年 | 2015年 | 2016年 | 2017年 | 2018年 |
|---|---|---|---|---|---|---|---|---|---|
| 保险公司数(含分支机构) | 34 | 36 | 43 | 50 | 51 | 51 | 52 | 54 | 60 |
| 保险中介机构数 | 13 | 15 | 17 | 20 | 22 | 23 | 33 | 38 | 42 |
| 全年保险保费年收入 | 487064 | 505434 | 565382 | 645570 | 787791 | 993039 | 1160000 | 1415045 | 1579286 |
| 寿险 | 363720 | 344637 | 372400 | 404253 | 500501 | 558159 | 638840 | 769825 | 819698 |
| 健康险和意外伤害险 | 7363 | 10228 | 11179 | 12231 | 20286 | 116041 | 156570 | 231850 | 298500 |
| 财产险 | 115981 | 150569 | 181803 | 229086 | 267004 | 318839 | 364590 | 413370 | 461088 |
| 支付各类赔款 | 158987 | 68531 | 83270 | 89913 | 103327 | 317445 | 321495 | 369990 | 481416 |
| 寿险 | 108460 | 24602 | 22013 | 35124 | 41509 | 135695 | 123323 | 142851 | 172377 |
| 健康险和意外伤害险 | 1056 | 15586 | 25168 | 15371 | 19403 | 32270 | 38719 | 46923 | 55810 |
| 财产险 | 49471 | 28343 | 36089 | 39418 | 42415 | 149480 | 159453 | 180216 | 253229 |

# 九、价格指数

# 9-1 历年价格指数

(2018年)

| 年份 | 居民消费价格指数(上年=100) | 商品零售价格指数(上年=100) | 居民消费价格指数(以不同年为100) | 商品零售价格指数(以不同年份为100) |
|---|---|---|---|---|
| 1985 | 115.3 | 115.0 | | |
| 1986 | 102.3 | 102.0 | | |
| 1987 | 113.2 | 113.3 | | |
| 1988 | 125.8 | 126.9 | | |
| 1989 | 127.6 | 127.3 | | |
| 1990 | 97.7 | 96.2 | | |
| 1991 | 102.6 | 101.5 | | |
| 1992 | 109.5 | 108.6 | | |
| 1993 | 122.8 | 122.8 | | |
| 1994 | 117.3 | 114.6 | | |
| 1995 | 109.9 | 108.8 | | |
| 1996 | 105.3 | 103.6 | | |
| 1997 | 100.8 | 99.2 | | |
| 1998 | 97.4 | 96.9 | | |
| 1999 | 99.4 | 98.5 | | |
| 2000 | 102.5 | 100.2 | | |
| 2001 | 100.3 | 99.6 | 98.8 | |
| 2002 | 98.2 | 96.8 | 97.3 | |
| 2003 | 100.5 | 101.7 | 100.1 | 102.6 |
| 2004 | 102.1 | 101.8 | 101.1 | 102.7 |
| 2005 | 102.0 | 101.6 | 103.0 | 104.9 |
| 2006 | 101.6 | 101.7 | 105.1 | 107.4 |
| 2007 | 103.9 | 104.1 | 109.3 | 111.2 |
| 2008 | 104.3 | 104.6 | 111.7 | 114.0 |
| 2009 | 98.5 | 98.5 | 112.3 | 115.1 |
| 2010 | 103.2 | 103.7 | 117.1 | 120.1 |
| 2011 | 104.9 | 104.4 | 120.9 | 122.9 |
| 2012 | 102.8 | 101.9 | 123.3 | 124.2 |
| 2013 | 102.1 | 101.0 | 129.1 | 129.3 |
| 2014 | 102.1 | 102.1 | 129.6 | 128.4 |
| 2015 | 101.9 | 100.9 | 132.3 | 130.3 |
| 2016 | 101.9 | 100.6 | 102.6 | 100.8 |
| 2017 | 101.8 | 100.9 | 103.9 | 102.2 |
| 2018 | 101.8 | 101.7 | 105.7 | 102.5 |

注:居民消费价格指数(以不同年份为100)及商品零售价格指数 (以不同年份为100), 2001—2015年数据是以2000为100; 2016—2018年数据是以2015年为100。

# 9-2 居民消费价格指数

(2018年)

| 类别 | 全省 | 惠州 | 类别 | 全省 | 惠州 |
|---|---|---|---|---|---|
| 居民消费价格总指数 | 102.2 | 101.8 | 服装材料 | 100.7 | 100.0 |
| 服务价格指数 | 102.5 | 101.7 | 其他衣着及配件 | 99.4 | 104.8 |
| 工业品价格指数 | 101.8 | 101.9 | 衣着加工服务费 | 103.4 | 100.8 |
| 消费品价格指数 | 102.0 | 101.8 | 鞋类 | 102.1 | 102.7 |
| 非食品价格指数 | 102.3 | 101.7 | 居住 | 102.1 | 102.1 |
| 扣除食品和能源价格指数 | 102.0 | 101.3 | 租赁房房租 | 102.2 | 100.0 |
| 扣除鲜菜鲜果价格指数 | 102.0 | 101.6 | 住房保养维修及管理 | 102.5 | 101.9 |
| 食品烟酒 | 102.1 | 101.7 | 水电燃料 | 101.8 | 102.2 |
| 食品 | 101.8 | 101.9 | 自有住房 | 102.2 | 102.9 |
| 粮食 | 102.1 | 100.9 | 生活用品及服务 | 101.4 | 100.3 |
| 薯类 | 103.7 | 108.1 | 家具及室内装饰品 | 102.1 | 100.7 |
| 豆类 | 101.2 | 101.4 | 家用器具 | 99.0 | 97.7 |
| 食用油 | 99.8 | 100.5 | 家用纺织品 | 100.4 | 98.4 |
| 菜 | 105.1 | 106.1 | 家庭日用杂品 | 100.8 | 101.3 |
| 畜肉类 | 96.3 | 94.5 | 个人护理用品 | 100.6 | 101.5 |
| 禽肉类 | 104.6 | 107.1 | 家庭服务 | 106.1 | 101.9 |
| 水产品 | 104.9 | 106.3 | 交通和通信 | 101.9 | 101.8 |
| 蛋类 | 108.5 | 105.8 | 交通 | 103.9 | 104.2 |
| 奶类 | 101.8 | 99.9 | 通信 | 98.5 | 97.5 |
| 干鲜瓜果类 | 103.0 | 103.6 | 教育文化和娱乐 | 102.3 | 101.1 |
| 糖果糕点类 | 102.4 | 102.9 | 教育 | 102.9 | 100.6 |
| 调味品 | 101.7 | 104.5 | 文化娱乐 | 101.2 | 101.9 |
| 其他食品类 | 100.8 | 98.9 | 医疗保健 | 104.5 | 101.7 |
| 茶及饮料 | 101.6 | 100.7 | 药品及医疗器具 | 103.4 | 100.9 |
| 烟酒 | 101.8 | 101.7 | 医疗服务 | 105.2 | 102.1 |
| 在外餐饮 | 103.1 | 101.5 | 其他用品和服务 | 101.0 | 100.4 |
| 衣着 | 101.7 | 104.1 | 其他用品类 | 98.7 | 99.8 |
| 服装 | 101.7 | 104.7 | 其他服务类 | 103.1 | 101.0 |

# 9-3 商品零售价格指数

(2018年)

| 类别 | 全省 | 惠州 | 类别 | 全省 | 惠州 |
|---|---|---|---|---|---|
| 商品零售价格指数 | 102.1 | 101.7 | 专业音像器材 | 98.0 | 100.4 |
| 食品 | 102.5 | 102.3 | 文化办公用品 | 98.3 | 96.3 |
| 粮食 | 102.1 | 101.4 | 日用品 | 100.1 | 100.7 |
| 薯类 | 103.3 | 108.1 | 日用百货 | 100.0 | 100.1 |
| 豆类 | 101.0 | 101.3 | 厨具餐具茶具 | 99.9 | 96.2 |
| 食用油 | 99.9 | 100.7 | 清洗用品 | 100.9 | 107.1 |
| 菜 | 105.0 | 106.0 | 其他日用品 | 99.6 | 100.8 |
| 畜肉类 | 97.0 | 94.8 | 体育娱乐用品 | 100.0 | 97.3 |
| 禽肉类 | 104.6 | 106.9 | 体育户外用品 | 99.3 | 91.3 |
| 水产品 | 104.5 | 106.8 | 娱乐用品 | 100.5 | 101.1 |
| 蛋类 | 109.0 | 105.7 | 交通、通信用品 | 98.7 | 97.8 |
| 奶类 | 101.8 | 99.9 | 交通运输机械 | 99.4 | 101.4 |
| 干鲜瓜果类 | 102.8 | 103.4 | 通信器材 | 96.7 | 89.5 |
| 糖果糕点类 | 102.5 | 102.9 | 家具 | 102.3 | 100.3 |
| 调味品 | 102.0 | 104.4 | 化妆品 | 100.8 | 101.3 |
| 其他食品类 | 100.9 | 98.6 | 金银饰品 | 97.2 | 99.2 |
| 在外餐饮 | 103.1 | 101.4 | 中西药品及医疗保健用品 | 104.3 | 101.0 |
| 饮料、烟酒 | 101.8 | 101.5 | 医疗卫生器具 | 100.2 | 98.1 |
| 茶及饮料 | 101.6 | 100.6 | 中药 | 105.8 | 100.7 |
| 烟草 | 100.6 | 99.3 | 西药 | 105.1 | 102.6 |
| 酒类 | 103.7 | 105.5 | 保健器具及用品 | 102.2 | 100.2 |
| 服装、鞋帽 | 101.7 | 104.2 | 书报杂志及电子出版物 | 102.0 | 102.9 |
| 服装 | 101.8 | 104.7 | 教材及参考书 | 102.2 | 101.9 |
| 鞋帽袜 | 102.0 | 103.2 | 书报杂志 | 103.4 | 105.1 |
| 其他衣着配件 | 98.0 | 100.2 | 计算机办公软件 | 98.9 | 101.0 |
| 纺织品 | 100.2 | 99.0 | 燃料 | 109.8 | 112.1 |
| 服装材料 | 100.1 | 100.0 | 煤炭及制品 | 104.8 | 104.4 |
| 床上用品 | 100.3 | 98.6 | 石油及制品 | 109.9 | 112.3 |
| 家用电器及音像器材 | 98.9 | 95.5 | 建筑材料及五金电料 | 102.4 | 102.7 |
| 家庭设备 | 99.3 | 97.6 | 建筑装璜材料 | 102.9 | 103.9 |
| 文娱用耐用消费品 | 98.4 | 89.3 | 五金水暖 | 100.8 | 98.5 |

# 9-4 居民消费价格分类指数

上年=100 单位：%

| 类别 | 2005 | 2008 | 2009 | 2010 | 2011 | 2012 | 2013 | 2014 | 2015 | 2016 | 2017 | 2018 |
|---|---|---|---|---|---|---|---|---|---|---|---|---|
| 居民消费价格总指数 | 102.0 | 104.3 | 98.5 | 103.2 | 104.9 | 102.8 | 102.1 | 102.1 | 101.9 | 101.9 | 101.8 | 101.8 |
| 服务价格指数 | 102.6 | 100.4 | 99.1 | 101.0 | 103.1 | 102.8 | 101.6 | 100.1 | 101.3 | 101.0 | 103.6 | 101.7 |
| 工业品价格指数 | | 101.1 | 99.7 | 102.2 | 100.8 | 101.5 | 100.0 | 101.5 | 99.4 | 100.2 | 100.9 | 101.9 |
| 消费品价格指数 | 101.9 | 105.7 | 98.3 | 104.0 | 105.7 | 102.9 | 102.2 | 102.9 | 102.2 | 102.4 | 100.7 | 101.8 |
| 非食品价格指数 | 101.0 | 100.8 | 99.5 | 101.7 | 101.8 | 102.0 | 100.7 | 100.9 | 100.2 | 100.8 | 102.2 | 101.7 |
| 扣除食品和能源价格指数 | | 99.9 | 100.8 | 100.7 | 101.2 | 101.9 | 100.9 | 101.2 | 101.1 | 101.3 | 102.2 | 101.3 |
| 扣除鲜菜鲜果价格指数 | 101.6 | 103.7 | 98.7 | 102.5 | 104.8 | 102.4 | 101.3 | 101.7 | 101.6 | 101.6 | 102.1 | 101.6 |
| 食品烟酒 | | | | | | | | | | 104.5 | 100.6 | 101.7 |
| 食品 | 104.0 | 111.5 | 96.7 | 106.5 | 111.7 | 104.4 | 104.6 | 104.4 | 105.1 | 106.0 | 100.1 | 101.9 |
| 粮食 | 106.9 | 102.3 | 103.7 | 105.8 | 112.2 | 101.4 | 100.7 | 101.1 | 99.7 | 99.9 | 103.1 | 100.9 |
| 豆类 | 99.0 | 114.0 | 103.4 | 118.4 | 102.8 | 97.9 | 99.5 | 102.4 | 100.4 | 100.5 | 102.5 | 101.4 |
| 食用油 | 110.0 | 124.2 | 90.1 | 105.2 | 114.8 | 108.1 | 101.0 | 95.6 | 101.2 | 97.2 | 100.1 | 100.5 |
| 菜 | 115.3 | 119.0 | 96.0 | 118.2 | 103.9 | 116.4 | 114.5 | 104.6 | 109.9 | 112.4 | 94.6 | 106.1 |
| 水产品 | 116.0 | 118.0 | 97.9 | 111.6 | 118.0 | 103.2 | 107.4 | 113.2 | 106.0 | 105.3 | 105.0 | 106.3 |
| 蛋类 | 100.8 | 109.2 | 99.4 | 107.6 | 116.4 | 95.3 | 107.5 | 108.9 | 103.5 | 99.9 | 101.4 | 105.8 |
| 奶类 | 105.9 | 109.5 | 102.9 | 102.3 | 99.4 | 104.9 | 104.0 | 102.2 | 98.6 | 97.0 | 100.1 | 99.9 |
| 干鲜瓜果类 | 101.6 | 111.4 | 97.5 | 116.7 | 112.3 | 98.2 | 109.0 | 116.4 | 102.5 | 98.7 | 98.6 | 103.6 |
| 调味品 | 99.3 | 101.9 | 102.3 | 101.4 | 101.6 | 98.5 | 100.8 | 105.8 | 101.1 | 99.4 | 102.4 | 104.5 |
| 其他食品类 | 97.6 | 108.1 | 106.6 | 96.6 | 101.0 | 100.4 | 97.5 | 96.7 | 97.2 | 103.3 | 98.3 | 98.9 |
| 茶及饮料 | 94.8 | 99.9 | 101.5 | 101.0 | 99.4 | 97.8 | 98.9 | 98.9 | 101.0 | 97.9 | 99.2 | 100.7 |
| 烟酒 | 98.1 | 98.7 | 101.5 | 100.2 | 101.9 | 101.1 | 101.1 | 98.5 | 104.8 | 102.2 | 100.3 | 101.7 |
| 在外餐饮 | 98.4 | 102.7 | 102.2 | 102.3 | 105.1 | 105.8 | 105.4 | 104.6 | 105.8 | 101.8 | 101.9 | 101.5 |

## 9-4 续表

上年=100 单位：%

| 类别 | 2005 | 2008 | 2009 | 2010 | 2011 | 2012 | 2013 | 2014 | 2015 | 2016 | 2017 | 2018 |
|---|---|---|---|---|---|---|---|---|---|---|---|---|
| 衣着 | 97.4 | 97.9 | 103.5 | 99.9 | 97.9 | 112.6 | 101.9 | 107.1 | 102.2 | 104.6 | 99.6 | 104.1 |
| 服装 | 97.4 | 97.9 | 103.0 | 99.8 | 98.9 | 110.6 | 101.5 | 107.6 | 102.4 | 103.4 | 98.6 | 104.7 |
| 服装材料 | 101.1 | 100.0 | 100.4 | 100.0 | 102.1 | 107.2 | 113.1 | 100.4 | 102.8 | 100.6 | 100.0 | 100.0 |
| 衣着加工服务费 | 100.0 | 100.0 | 101.7 | 100.2 | 100.0 | 100.0 | 100.0 | 100.0 | 100.8 | 102.9 | 106.0 | 100.8 |
| 居住 | 103.0 | 104.2 | 96.2 | 105.4 | 103.6 | 104.0 | 102.3 | 99.9 | 100.8 | 99.0 | 102.6 | 102.1 |
| 租赁房房租 | 100.0 | 100.0 | 100.0 | 100.0 | 105.5 | 106.6 | 105.2 | 101.1 | 102.6 | 99.4 | 102.9 | 100.0 |
| 住房保养维修及管理 | 100.6 | 103.3 | 102.7 | 102.3 | 100.1 | 100.0 | 102.3 | 102.1 | 101.3 | 100.2 | 102.5 | 101.9 |
| 水电燃料 | 104.8 | 105.7 | 92.7 | 108.3 | 105.7 | 102.6 | 99.8 | 98.7 | 95.2 | 98.9 | 101.7 | 102.2 |
| 自有住房 | 101.5 | 101.7 | 96.3 | 102.3 | 102.8 | 106.0 | 103.8 | 99.8 | 104.6 | 98.7 | 103.3 | 102.9 |
| 生活用品及服务 | 97.9 | 99.4 | 102.5 | 100.2 | 100.6 | 99.6 | 101.4 | 101.3 | 99.9 | 99.7 | 99.8 | 100.3 |
| 家庭日用杂品 | 99.7 | 101.2 | 104.0 | 99.5 | 100.4 | 103.1 | 101.1 | 98.4 | 99.7 | 100.7 | 97.4 | 101.3 |
| 家庭服务 | 93.2 | 98.5 | 101.1 | 101.5 | 109.9 | 107.4 | 118.7 | 105.6 | 100.5 | 100.5 | 102.8 | 101.9 |
| 交通和通信 | 100.9 | 100.1 | 99.6 | 101.4 | 101.0 | 99.7 | 99.9 | 100.6 | 98.3 | 100.2 | 101.6 | 101.8 |
| 交通 | 103.3 | 101.0 | 99.4 | 102.6 | 103.2 | 100.5 | 100.4 | 100.6 | 97.6 | 100.8 | 103.2 | 104.2 |
| 通信 | 98.5 | 99.0 | 99.9 | 99.9 | 97.7 | 98.5 | 99.1 | 100.5 | 99.5 | 99.1 | 98.9 | 97.5 |
| 教育文化和娱乐 | 103.6 | 99.5 | 97.9 | 101.1 | 102.2 | 99.0 | 97.5 | 99.6 | 99.2 | 102.5 | 100.7 | 101.1 |
| 教育 | 109.0 | 99.7 | 100.2 | 99.8 | 100.6 | 100.6 | 101.7 | 101.0 | 101.2 | 101.9 | 102.7 | 100.6 |
| 文化娱乐 | 102.0 | 99.1 | 101.7 | 100.1 | 100.3 | 100.5 | 100.1 | 100.2 | 104.0 | 103.5 | 97.9 | 101.9 |
| 医疗保健 | 99.6 | 102.1 | 101.5 | 100.5 | 101.5 | 100.1 | 100.5 | 101.0 | 100.6 | 101.5 | 111.7 | 101.7 |
| 其他用品和服务 | | | | | | | | | | 100.8 | 101.0 | 100.4 |
| 其他用品类 | | | | | | | | | | 101.0 | 101.9 | 99.8 |
| 其他服务类 | | | | | | | | | | 100.6 | 100.3 | 101.0 |

# 9–5 商品零售价格分类指数

上年=100 单位：%

| 类 别 | 2005 | 2008 | 2009 | 2010 | 2011 | 2012 | 2013 | 2014 | 2015 | 2016 | 2017 | 2018 |
|---|---|---|---|---|---|---|---|---|---|---|---|---|
| 商品零售价格指数 | 101.6 | 104.6 | 98.5 | 103.7 | 104.4 | 101.9 | 101.0 | 102.1 | 100.9 | 100.6 | 100.9 | 101.7 |
| 食品 | 104.6 | 111.8 | 96.7 | 106.8 | 112.2 | 104.4 | 104.8 | 104.6 | 105.0 | 104.8 | 100.7 | 102.3 |
| 粮食 | 106.9 | 102.3 | 103.7 | 105.8 | 112.6 | 101.4 | 100.7 | 101.0 | 99.7 | 100.4 | 103.1 | 101.4 |
| 豆类 | 99.0 | 114.0 | 103.4 | 118.4 | 102.8 | 97.9 | 99.5 | 102.4 | 100.4 | 100.4 | 102.8 | 101.3 |
| 食用油 | 109.8 | 124.2 | 90.1 | 105.2 | 114.8 | 108.1 | 101.0 | 95.6 | 101.2 | 97.8 | 100.1 | 100.7 |
| 菜 | 115.3 | 119.0 | 96.0 | 118.2 | 103.9 | 116.4 | 114.5 | 104.6 | 109.9 | 112.2 | 94.8 | 106.0 |
| 水产品 | 116.6 | 118.0 | 97.9 | 111.6 | 118.5 | 102.9 | 107.9 | 113.5 | 106.1 | 105.1 | 105.1 | 106.8 |
| 蛋类 | 100.8 | 109.2 | 99.4 | 107.6 | 116.4 | 95.3 | 107.5 | 108.9 | 103.5 | 99.9 | 101.3 | 105.7 |
| 奶类 | 105.7 | 109.5 | 102.9 | 102.3 | 99.3 | 104.8 | 104.0 | 102.3 | 98.6 | 97.0 | 100.2 | 99.9 |
| 干鲜瓜果类 | 101.6 | 111.4 | 97.5 | 116.7 | 112.6 | 98.5 | 109.5 | 116.9 | 102.3 | 98.9 | 98.8 | 103.4 |
| 调味品 | 99.8 | 101.7 | 102.2 | 101.4 | 101.6 | 98.5 | 100.8 | 105.8 | 101.1 | 99.7 | 102.4 | 104.4 |
| 其他食品类 | 96.9 | 108.1 | 106.6 | 96.6 | 101.0 | 100.4 | 97.5 | 96.7 | 97.2 | 103.0 | 98.2 | 98.6 |
| 在外餐饮 | 98.7 | 102.7 | 102.2 | 102.3 | 105.1 | 105.8 | 105.4 | 104.6 | 105.8 | 101.9 | 102.0 | 101.4 |
| 饮料、烟酒 | 98.2 | 99.3 | 101.5 | 100.4 | 100.8 | 99.9 | 100.1 | 98.8 | 103.9 | 101.0 | 100.3 | 101.5 |
| 茶及饮料 | 95.2 | 99.9 | 101.5 | 101.0 | 99.4 | 97.9 | 98.9 | 99.0 | 101.1 | 98.2 | 100.0 | 100.6 |
| 烟草 | 100.6 | 98.6 | 100.7 | 100.0 | 99.7 | 98.6 | 99.3 | 100.0 | 107.1 | 102.9 | 98.6 | 99.3 |
| 酒类 | 97.9 | 100.0 | 103.4 | 100.1 | 105.9 | 106.1 | 103.9 | 96.1 | 101.4 | 101.2 | 103.0 | 105.5 |
| 服装、鞋帽 | 98.2 | 97.9 | 103.9 | 99.9 | 97.5 | 112.5 | 101.7 | 106.9 | 102.1 | 104.3 | 99.2 | 104.2 |
| 服装 | 97.3 | 97.9 | 103.0 | 99.8 | 99.2 | 110.5 | 101.3 | 107.4 | 102.3 | 103.1 | 98.5 | 104.7 |
| 鞋帽袜 | 97.3 | 97.7 | 105.4 | 100.1 | 94.2 | 120.5 | 103.0 | 106.3 | 101.6 | 109.0 | 101.9 | 103.2 |
| 其他衣着配件 | 108.3 | 98.2 | 108.5 | 99.6 | 90.8 | 100.0 | 100.5 | 102.5 | 101.9 | 102.8 | 98.7 | 100.2 |
| 纺织品 | 100.3 | 96.8 | 104.6 | 99.9 | 98.6 | 97.4 | 102.7 | 100.0 | 99.4 | 98.9 | 99.1 | 99.0 |
| 服装材料 | 101.5 | 100.0 | 100.4 | 100.0 | 102.1 | 107.2 | 113.1 | 100.4 | 102.8 | 100.6 | 100.0 | 100.0 |
| 床上用品 | 100.1 | 96.2 | 105.4 | 99.9 | 97.8 | 95.2 | 100.0 | 99.9 | 98.4 | 98.3 | 98.7 | 98.6 |
| 家用电器及音像器材 | 99.5 | 96.4 | 100.5 | 99.8 | 96.3 | 94.5 | 97.4 | 100.7 | 99.7 | 97.1 | 100.6 | 95.5 |
| 家庭设备 | 99.8 | 99.0 | 101.8 | 100.5 | 98.0 | 93.7 | 97.9 | 101.1 | 99.7 | 97.3 | 100.9 | 97.6 |
| 文娱用耐用消费品 | 98.8 | 89.6 | 97.8 | 98.5 | 92.1 | 94.1 | 95.2 | 99.8 | 99.6 | 95.4 | 100.1 | 89.3 |
| 专业音像器材 | 100.0 | 100.0 | 100.0 | 100.0 | 100.0 | 100.0 | 101.0 | 101.4 | 100.0 | 100.8 | 100.0 | 100.4 |

## 9–5 续表

上年=100　　单位：%

| 类别 | 2005 | 2008 | 2009 | 2010 | 2011 | 2012 | 2013 | 2014 | 2015 | 2016 | 2017 | 2018 |
|---|---|---|---|---|---|---|---|---|---|---|---|---|
| 文化办公用品 | 96.6 | 96.1 | 96.9 | 98.2 | 95.6 | 94.2 | 97.4 | 100.5 | 99.7 | 97.4 | 96.9 | 96.3 |
| 日用品 | 100.1 | 101.6 | 102.3 | 99.7 | 99.9 | 101.0 | 100.4 | 98.9 | 100.9 | 100.1 | 98.0 | 100.7 |
| 日用百货 | 96.1 | 100.9 | 101.3 | 100.8 | 102.1 | 102.6 | 100.2 | 99.8 | 100.9 | 99.9 | 97.3 | 100.1 |
| 厨具餐具茶具 | 97.3 | 100.2 | 102.2 | 99.5 | 100.5 | 102.9 | 100.6 | 98.2 | 98.8 | 99.5 | 96.3 | 96.2 |
| 清洗用品 | 99.2 | 103.4 | 104.8 | 98.5 | 97.1 | 99.5 | 99.6 | 95.7 | 104.8 | 101.5 | 99.8 | 107.1 |
| 其他日用品 | 107.1 | 102.3 | 101.8 | 99.4 | 99.1 | 98.8 | 101.0 | 100.6 | 99.9 | 99.9 | 98.9 | 100.8 |
| 体育娱乐用品 | 99.2 | 98.8 | 100.7 | 100.6 | 100.5 | 100.2 | 97.5 | 99.2 | 100.2 | 99.1 | 99.6 | 97.3 |
| 体育户外用品 | 99.9 | 100.1 | 100.2 | 98.7 | 101.1 | 100.3 | 95.3 | 100.2 | 99.4 | 98.5 | 98.0 | 91.3 |
| 娱乐用品 | 98.4 | 97.6 | 101.2 | 102.3 | 99.9 | 100.1 | 99.7 | 98.2 | 100.9 | 99.4 | 100.6 | 101.1 |
| 交通、通信用品 | 94.8 | 95.8 | 101.6 | 101.1 | 98.1 | 98.0 | 98.0 | 101.0 | 99.2 | 99.6 | 99.6 | 97.8 |
| 交通运输机械 | 99.3 | 97.1 | 101.6 | 101.8 | 100.9 | 100.2 | 100.2 | 100.1 | 100.0 | 100.9 | 101.8 | 101.4 |
| 通信器材 | 90.1 | 94.2 | 101.5 | 100.0 | 94.5 | 94.9 | 94.7 | 102.4 | 97.8 | 96.8 | 94.8 | 89.5 |
| 家具 | 94.4 | 98.9 | 100.6 | 99.8 | 100.0 | 98.2 | 90.4 | 102.8 | 100.0 | 101.2 | 100.8 | 100.3 |
| 化妆品 | 98.7 | 101.3 | 102.4 | 99.7 | 101.8 | 100.3 | 101.3 | 100.4 | 100.6 | 101.3 | 98.4 | 101.3 |
| 金银饰品 | 102.4 | 115.7 | 94.1 | 116.8 | 118.6 | 102.8 | 97.0 | 94.1 | 95.8 | 102.2 | 103.7 | 99.2 |
| 中西药品及医疗保健用品 | 98.3 | 104.3 | 101.3 | 101.4 | 101.1 | 100.2 | 99.7 | 102.5 | 100.9 | 102.4 | 101.6 | 101.0 |
| 医疗卫生器具 | 98.7 | 95.8 | 99.2 | 102.5 | 100.6 | 98.6 | 101.1 | 101.0 | 100.1 | 103.5 | 99.0 | 98.1 |
| 中药 | 95.4 | 112.2 | 102.6 | 105.3 | 107.5 | 105.9 | 98.9 | 102.8 | 100.9 | 103.1 | 106.9 | 100.7 |
| 西药 | 99.8 | 99.4 | 100.2 | 99.6 | 98.7 | 97.7 | 100.2 | 102.8 | 100.8 | 102.3 | 98.5 | 102.6 |
| 保健器具及用品 | 100.0 | 97.1 | 101.4 | 97.9 | 93.7 | 93.3 | 100.4 | 101.5 | 101.0 | 100.9 | 101.6 | 100.2 |
| 书报杂志及电子出版物 | 96.9 | 98.6 | 104.0 | 99.7 | 99.8 | 99.8 | 100.5 | 100.7 | 105.6 | 100.1 | 100.7 | 102.9 |
| 教材及参考书 | 94.8 | 98.1 | 102.5 | 98.2 | 100.0 | 100.0 | 100.8 | 100.0 | 100.0 | 100.3 | 100.1 | 101.9 |
| 书报杂志 | 100.0 | 100.0 | 107.3 | 100.0 | 100.9 | 100.0 | 100.6 | 101.9 | 116.6 | 100.0 | 101.7 | 105.1 |
| 燃料 | 113.3 | 114.6 | 83.1 | 117.5 | 110.5 | 103.3 | 98.3 | 97.4 | 85.3 | 92.9 | 107.5 | 112.1 |
| 煤炭及制品 | 109.7 | 100.0 | 103.4 | 105.8 | 103.9 | 100.0 | 100.0 | 100.0 | 100.0 | 100.0 | 100.0 | 104.4 |
| 石油及制品 | 113.5 | 115.3 | 82.0 | 118.3 | 110.8 | 103.5 | 98.2 | 97.3 | 84.6 | 92.7 | 107.7 | 112.3 |
| 建筑材料及五金电料 | 100.6 | 104.0 | 102.0 | 102.1 | 102.6 | 99.9 | 100.9 | 100.9 | 100.1 | 100.1 | 102.6 | 102.7 |
| 建筑装璜材料 | 100.7 | 104.6 | 102.1 | 102.7 | 102.1 | 99.5 | 100.8 | 100.7 | 100.1 | 99.8 | 102.5 | 103.9 |
| 五金水暖 | 100.6 | 101.4 | 101.8 | 99.3 | 104.2 | 101.6 | 101.0 | 101.4 | 100.1 | 101.5 | 103.0 | 98.5 |

# 十、人民生活

# 10-1 惠州市城乡居民人均收支情况

单位：元

| 项目 | 2015年 | | 2016年 | | 2017年 | | 2018年 | |
|---|---|---|---|---|---|---|---|---|
| | 全体居民 | 占比(%) | 全体居民 | 占比(%) | 全体居民 | 占比(%) | 全体居民 | 占比 |
| **人均可支配收入** | **25220** | **100.0** | **28061** | **100.0** | **31091** | **100.0** | **33930** | **100.0** |
| 一、工资性收入 | 17042 | 67.6 | 18987 | 67.7 | 21005 | 67.6 | 22785 | 67.2 |
| 二、经营净收入 | 4872 | 19.3 | 5351 | 19.1 | 5843 | 18.8 | 6392 | 18.8 |
| 三、财产净收入 | 2180 | 8.6 | 2494 | 8.9 | 2837 | 9.1 | 3245 | 9.6 |
| 四、转移净收入 | 1126 | 4.5 | 1229 | 4.4 | 1406 | 4.5 | 1507 | 4.4 |
| **消费支出** | **18315** | **100.0** | **20461** | **100.0** | **22969** | **100.0** | **24462** | **100.0** |
| (一)食品烟酒 | 6779 | 37.0 | 7483 | 36.6 | 8240 | 35.9 | 8624 | 35.3 |
| (二)衣着 | 904 | 4.9 | 1032 | 5.0 | 1150 | 5.0 | 1206 | 4.9 |
| (三)居住 | 4051 | 22.1 | 4355 | 21.3 | 4907 | 21.4 | 5346 | 21.9 |
| (四)生活用品及服务 | 1031 | 5.6 | 1178 | 5.8 | 1395 | 6.1 | 1452 | 5.9 |
| (五)交通通信 | 2454 | 13.4 | 2855 | 14.0 | 3217 | 14.0 | 3509 | 14.3 |
| (六)教育文化娱乐 | 1930 | 10.5 | 2224 | 10.9 | 2538 | 11.1 | 2680 | 11.0 |
| (七)医疗保健 | 791 | 4.3 | 898 | 4.4 | 1015 | 4.4 | 1108 | 4.5 |
| (八)其他用品和服务 | 376 | 2.1 | 438 | 2.1 | 507 | 2.2 | 538 | 2.2 |

## 10-1 续表 1

单位：元、%

| 项　目 | 2015年 | | 2016年 | | 2017年 | | 2018年 | |
|---|---|---|---|---|---|---|---|---|
| | 城镇居民 | 占比(%) | 城镇居民 | 占比(%) | 城镇居民 | 占比(%) | 城镇居民 | 占比(%) |
| **人均可支配收入** | **30057** | **100.0** | **33213** | **100.0** | **36608** | **100.0** | **39574** | **100.0** |
| 一、工资性收入 | 21060 | 70.1 | 23271 | 70.1 | 25528 | 69.7 | 27341 | 69.1 |
| 二、经营净收入 | 5007 | 16.7 | 5473 | 16.5 | 6026 | 16.5 | 6610 | 16.7 |
| 三、财产净收入 | 2898 | 9.6 | 3282 | 9.9 | 3696 | 10.1 | 4180 | 10.6 |
| 四、转移净收入 | 1091 | 3.6 | 1186 | 3.6 | 1358 | 3.7 | 1442 | 3.6 |
| **消费支出** | **21581** | **100.0** | **23779** | **100.0** | **26424** | **100.0** | **27773** | **100.0** |
| (一)食品烟酒 | 7858 | 36.4 | 8539 | 35.9 | 9281 | 35.1 | 9569 | 34.5 |
| (二)衣着 | 1128 | 5.2 | 1267 | 5.3 | 1379 | 5.2 | 1426 | 5.1 |
| (三)居住 | 4743 | 22.0 | 5001 | 21.0 | 5576 | 21.1 | 6011 | 21.6 |
| (四)生活用品及服务 | 1195 | 5.5 | 1344 | 5.7 | 1596 | 6.0 | 1636 | 5.9 |
| (五)交通通信 | 3053 | 14.1 | 3504 | 14.7 | 3917 | 14.8 | 4215 | 15.2 |
| (六)教育文化娱乐 | 2275 | 10.5 | 2605 | 11.0 | 2962 | 11.2 | 3083 | 11.1 |
| (七)医疗保健 | 887 | 4.1 | 992 | 4.2 | 1096 | 4.1 | 1185 | 4.3 |
| (八)其他用品和服务 | 441 | 2.0 | 527 | 2.2 | 616 | 2.3 | 647 | 2.3 |

## 10-1 续表 2

单位：元

| 项　目 | 2015年 | | 2016年 | | 2017年 | | 2018年 | |
|---|---|---|---|---|---|---|---|---|
| | 农村居民 | 占比(%) | 农村居民 | 占比(%) | 农村居民 | 占比(%) | 农村居民 | 占比(%) |
| **人均可支配收入** | **15830** | **100.0** | **17603** | **100.0** | **19284** | **100.0** | **21039** | **100.0** |
| 一、工资性收入 | 9243 | 58.4 | 10288 | 58.4 | 11326 | 58.7 | 12380 | 58.8 |
| 二、经营净收入 | 4608 | 29.1 | 5104 | 29.0 | 5451 | 28.3 | 5892 | 28.0 |
| 三、财产净收入 | 785 | 5.0 | 893 | 5.1 | 999 | 5.2 | 1110 | 5.3 |
| 四、转移净收入 | 1193 | 7.5 | 1317 | 7.5 | 1508 | 7.8 | 1657 | 7.9 |
| **消费支出** | **11975** | **100.0** | **13726** | **100.0** | **15576** | **100.0** | **16900** | **100.0** |
| (一)食品烟酒 | 4683 | 39.1 | 5339 | 38.9 | 6011 | 38.6 | 6466 | 38.3 |
| (二)衣着 | 467 | 3.9 | 555 | 4.0 | 658 | 4.2 | 704 | 4.2 |
| (三)居住 | 2707 | 22.6 | 3042 | 22.2 | 3474 | 22.3 | 3825 | 22.6 |
| (四)生活用品及服务 | 711 | 5.9 | 839 | 6.1 | 967 | 6.2 | 1031 | 6.1 |
| (五)交通通信 | 1291 | 10.8 | 1538 | 11.2 | 1719 | 11.0 | 1895 | 11.2 |
| (六)教育文化娱乐 | 1261 | 10.5 | 1452 | 10.6 | 1632 | 10.5 | 1759 | 10.4 |
| (七)医疗保健 | 605 | 5.1 | 706 | 5.1 | 841 | 5.4 | 932 | 5.5 |
| (八)其他用品和服务 | 249 | 2.1 | 257 | 1.9 | 274 | 1.8 | 289 | 1.7 |

# 10-2 惠州市分县区居民人均可支配收入

单位：元

| 县 区 | 2015年 | | 2016年 | | 2017年 | | 2018年 | |
|---|---|---|---|---|---|---|---|---|
| | 全体居民 | 增速(%) | 全体居民 | 增速(%) | 全体居民 | 增速(%) | 全体居民 | 增速(%) |
| **全 市** | **25220** | **10.1** | **28061** | **11.3** | **31091** | **10.8** | **33930** | **9.1** |
| 惠城区 | 32530 | 9.9 | 36377 | 11.8 | 40035 | 10.1 | 43442 | 8.5 |
| 惠阳区 | 27757 | 10.0 | 31020 | 11.8 | 34526 | 11.3 | 36794 | 6.6 |
| 惠东县 | 18817 | 10.4 | 20851 | 10.8 | 23120 | 10.9 | 25260 | 9.3 |
| 博罗县 | 20021 | 10.5 | 22206 | 10.9 | 24991 | 12.5 | 27475 | 9.9 |
| 龙门县 | 14901 | 13.6 | 16971 | 13.9 | 18997 | 11.9 | 21189 | 11.5 |
| 大亚湾区 | 29383 | 10.2 | 33203 | 13.0 | 36779 | 10.8 | 40936 | 11.3 |
| 仲恺区 | 27991 | 10.2 | 30853 | 10.2 | 34169 | 10.7 | 37903 | 10.9 |

10-2 续表 1

单位：元

| 县 区 | 2015年 | | 2016年 | | 2017年 | | 2018年 | |
|---|---|---|---|---|---|---|---|---|
| | 城镇居民 | 增速(%) | 城镇居民 | 增速(%) | 城镇居民 | 增速(%) | 城镇居民 | 增速(%) |
| **全 市** | **30057** | **10.1** | **33213** | **10.5** | **36608** | **10.2** | **39574** | **8.1** |
| 惠城区 | 37679 | 9.8 | 41442 | 10.0 | 45504 | 9.8 | 47917 | 5.3 |
| 惠阳区 | 32108 | 9.8 | 35426 | 10.3 | 38968 | 10.0 | 41161 | 5.6 |
| 惠东县 | 21402 | 10.5 | 23559 | 10.1 | 26033 | 10.5 | 28330 | 8.8 |
| 博罗县 | 25241 | 10.7 | 27858 | 10.4 | 30643 | 10.0 | 33201 | 8.3 |
| 龙门县 | 17037 | 14.5 | 19192 | 12.6 | 21437 | 11.7 | 23731 | 10.7 |
| 大亚湾区 | 30895 | 10.2 | 34382 | 11.3 | 38061 | 10.7 | 41990 | 10.3 |
| 仲恺区 | 30356 | 10.1 | 33350 | 9.9 | 36919 | 10.7 | 40671 | 10.2 |

10-2 续表 2

单位：元

| 县 区 | 2015年 | | 2016年 | | 2017年 | | 2018年 | |
|---|---|---|---|---|---|---|---|---|
| | 农村居民 | 增速(%) | 农村居民 | 增速(%) | 农村居民 | 增速(%) | 农村居民 | 增速(%) |
| **全 市** | **15830** | **10.2** | **17603** | **11.2** | **19284** | **9.6** | **21039** | **9.1** |
| 惠城区 | 16379 | 10.0 | 18324 | 11.9 | 20009 | 9.2 | 21900 | 9.4 |
| 惠阳区 | 16863 | 10.2 | 18931 | 12.3 | 20805 | 9.9 | 23269 | 11.8 |
| 惠东县 | 15994 | 10.1 | 17707 | 10.7 | 19389 | 9.5 | 20900 | 7.8 |
| 博罗县 | 15741 | 10.2 | 17355 | 10.3 | 19073 | 9.9 | 20650 | 8.3 |
| 龙门县 | 13853 | 11.9 | 15685 | 13.2 | 17348 | 10.6 | 19151 | 10.4 |
| 大亚湾区 | 16515 | 10.0 | 18595 | 12.6 | 20473 | 10.1 | 22505 | 9.9 |
| 仲恺区 | 17201 | 10.4 | 19057 | 10.8 | 20792 | 9.1 | 22791 | 9.6 |

# 10-3 惠州市城乡居民消费品拥有量情况

(数据仅代表抽样调查样本情况)

| 每百户主要消费品拥有量 | 2015年 | | | 2016年 | | | 2017年 | | | 2018年 | | |
|---|---|---|---|---|---|---|---|---|---|---|---|---|
| | 全体居民 | 城镇居民 | 农村居民 | 全体居民 | 城镇居民 | 农村居民 | 全体居民 | 城镇居民 | 农村居民 | 全体居民 | 城镇居民 | 农村居民 |
| 家用汽车 (辆) | 33.9 | 40.9 | 22.2 | 42.9 | 51.2 | 29.0 | 47.9 | 55.4 | 35.3 | 66.2 | 76.1 | 43.0 |
| 摩托车 (辆) | 80.9 | 60.8 | 114.9 | 88.4 | 64.3 | 129.3 | 87.2 | 61.9 | 130 | 83.3 | 61.0 | 135.7 |
| 洗衣机 (台) | 75.8 | 83.4 | 63.0 | 87.2 | 91.6 | 79.7 | 89.7 | 93.1 | 83.8 | 93.6 | 98.5 | 82.2 |
| 电冰箱 (台) | 93.6 | 95.4 | 90.8 | 99.2 | 99.5 | 98.8 | 99.5 | 99.9 | 99.2 | 98.7 | 99.4 | 96.9 |
| 彩色电视机 (台) | 126.1 | 127.9 | 123.0 | 129.1 | 127.7 | 131.4 | 130.2 | 128.5 | 133.1 | 126.9 | 126.4 | 128.2 |
| 空调 (台) | 162.1 | 192.1 | 111.5 | 201.0 | 227.8 | 155.9 | 218.5 | 241.5 | 179.6 | 238.6 | 263.8 | 179.5 |
| 固定电话 (部) | 73.9 | 72.5 | 76.3 | 69.8 | 71.2 | 67.4 | 69.3 | 70.9 | 66.5 | 44.1 | 45.1 | 41.7 |
| 移动电话 (部) | 266.3 | 261.1 | 275.2 | 276.7 | 269.3 | 289.4 | 286.2 | 279 | 298.4 | 298.1 | 293.3 | 309.3 |
| 计算机 (台) | 67.3 | 78.3 | 48.7 | 79.2 | 89.3 | 62.2 | 80.3 | 87.9 | 67.5 | 74.9 | 86.0 | 48.7 |
| 照相机 (台) | 26.6 | 37.1 | 8.8 | 24.3 | 33.3 | 9.0 | 22.9 | 30.4 | 10.2 | 17.0 | 21.1 | 7.5 |

惠州统计年鉴－2019

HUIZHOU STATISTICAL YEARBOOK

# 十一、农 业

# 11-1　农村基本情况及农业生产条件

(2018年)

| 项　目 | | 惠州市 | 惠城区 | 惠阳区 | 惠东县 | 博罗县 | 龙门县 | 大亚湾区 | 仲恺区 |
|---|---|---|---|---|---|---|---|---|---|
| **乡村人口** | | | | | | | | | |
| 乡村人口数 | 万人 | 331.42 | 49.12 | 35.68 | 75.41 | 98.18 | 28.07 | 14.26 | 30.7 |
| **农村基础设施** | | | | | | | | | |
| 自来水受益村数 | 个 | 1054 | 137 | 101 | 238 | 327 | 154 | 59 | 38 |
| 通有线电视村数 | 个 | 1055 | 142 | 101 | 245 | 324 | 146 | 59 | 38 |
| 通宽带村数 | 个 | 1073 | 142 | 102 | 245 | 331 | 156 | 59 | 38 |

# 11-2　农村劳动力资源及构成

(2018年)

| 项　目 | | 惠州市 | 惠城区 | 惠阳区 | 惠东县 | 博罗县 | 龙门县 | 大亚湾区 | 仲恺区 |
|---|---|---|---|---|---|---|---|---|---|
| **乡村劳动力资源数** | **人** | **2106696** | **334326** | **242416** | **376175** | **632790** | **185649** | **113233** | **222107** |
| 其中：男 | 人 | 1106719 | 170231 | 125161 | 202539 | 338489 | 96343 | 63785 | 110171 |
| 女 | 人 | 999977 | 164095 | 117255 | 173636 | 294301 | 89306 | 49448 | 111936 |
| **乡村从业人员合计** | **人** | **1880391** | **305544** | **222595** | **320757** | **581474** | **159592** | **92475** | **197954** |
| 1.男 | 人 | 987417 | 153902 | 112705 | 172976 | 311725 | 83115 | 53471 | 99523 |
| 其中：从事农林牧渔业人员 | 人 | 244116 | 33073 | 17485 | 65078 | 71667 | 46394 | 1963 | 8456 |
| 2.女 | | 892971 | 151642 | 109890 | 147781 | 269749 | 76477 | 39001 | 98431 |
| 其中：从事农林牧渔业人员 | 人 | 228412 | 29627 | 17102 | 59676 | 67615 | 44621 | 1255 | 8516 |

# 11-3 1949-2018年粮食亩产

(按高低顺序排列)　　单位：公斤

| 年 份 | 亩 产 | 年 份 | 亩 产 | 年 份 | 亩 产 |
|---|---|---|---|---|---|
| 1999 | 375 | 1994 | 297 | 1979 | 154 |
| 1998 | 372 | 1993 | 280 | 1967 | 151 |
| 2000 | 371 | 1992 | 278 | 1968 | 148 |
| 1997 | 354 | 1990 | 265 | 1970 | 148 |
| 2002 | 352 | 1991 | 259 | 1965 | 136 |
| 2001 | 349 | 1989 | 256 | 1966 | 129 |
| 2017 | 349 | 1987 | 238 | 1964 | 104 |
| 2012 | 345 | 1988 | 238 | 1963 | 102 |
| 2018 | 342 | 1985 | 226 | 1958 | 99 |
| 2015 | 341 | 1984 | 220 | 1962 | 98 |
| 2016 | 340 | 1983 | 218 | 1956 | 93 |
| 2014 | 339 | 1982 | 216 | 1959 | 93 |
| 2011 | 339 | 1986 | 210 | 1954 | 89 |
| 2003 | 339 | 1981 | 189 | 1955 | 89 |
| 2004 | 335 | 1980 | 183 | 1960 | 89 |
| 2005 | 327 | 1977 | 170 | 1961 | 86 |
| 2010 | 326 | 1974 | 168 | 1953 | 84 |
| 2009 | 324 | 1971 | 166 | 1952 | 79 |
| 1996 | 324 | 1969 | 163 | 1951 | 74 |
| 2007 | 321 | 1976 | 162 | 1950 | 71 |
| 2008 | 321 | 1972 | 161 | 1957 | 70 |
| 2013 | 318 | 1975 | 161 | 1949 | 67 |
| 2006 | 305 | 1978 | 160 | | |
| 1995 | 304 | 1973 | 157 | | |

注：2016年第三次农业普查后，对2017年数据作了修正。2017年数据已与2016年第二次农业普查数据衔接。

# 11-4　1949-2018年水稻亩产

(按高低顺序排列)　　单位：公斤

| 年 份 | 亩 产 | 年 份 | 亩 产 | 年 份 | 亩 产 |
|---|---|---|---|---|---|
| 1999 | 390 | 2006 | 302 | 1979 | 173 |
| 1998 | 389 | 1992 | 293 | 1967 | 170 |
| 2000 | 387 | 1993 | 292 | 1968 | 162 |
| 1997 | 370 | 1990 | 282 | 1970 | 161 |
| 2002 | 364 | 1991 | 275 | 1965 | 154 |
| 2001 | 359 | 1989 | 272 | 1966 | 143 |
| 2004 | 354 | 1987 | 253 | 1963 | 118 |
| 2017 | 354 | 1988 | 252 | 1964 | 117 |
| 2012 | 351 | 1985 | 242 | 1958 | 112 |
| 2015 | 349 | 1983 | 237 | 1962 | 111 |
| 2016 | 347 | 1984 | 237 | 1959 | 107 |
| 2014 | 346 | 1982 | 233 | 1956 | 106 |
| 2018 | 346 | 1986 | 223 | 1960 | 104 |
| 2011 | 345 | 1980 | 205 | 1955 | 101 |
| 2005 | 345 | 1981 | 204 | 1961 | 101 |
| 1996 | 339 | 1977 | 195 | 1954 | 96 |
| 2003 | 339 | 1974 | 189 | 1957 | 94 |
| 2010 | 325 | 1971 | 184 | 1953 | 89 |
| 2007 | 324 | 1978 | 184 | 1952 | 81 |
| 2009 | 323 | 1972 | 181 | 1951 | 78 |
| 2008 | 321 | 1976 | 181 | 1950 | 74 |
| 1995 | 318 | 1969 | 180 | 1949 | 69 |
| 2013 | 310 | 1975 | 180 | | |
| 1994 | 310 | 1973 | 175 | | |

注：本表数据根据2016年第三次农业普查作了修正。

# 11-5　1949-2018年花生亩产

(按高低顺序排列)　　单位：公斤

| 年 份 | 亩 产 | 年 份 | 亩 产 | 年 份 | 亩 产 |
|---|---|---|---|---|---|
| 2018 | 188 | 1994 | 123 | 1974 | 63 |
| 2017 | 184 | 1993 | 117 | 1970 | 62 |
| 2016 | 183 | 1992 | 114 | 1972 | 60 |
| 2015 | 179 | 1990 | 103 | 1978 | 60 |
| 2014 | 176 | 1982 | 100 | 1976 | 59 |
| 2013 | 175 | 1989 | 98 | 1977 | 53 |
| 2012 | 168 | 1988 | 94 | 1962 | 53 |
| 2011 | 168 | 1986 | 93 | 1971 | 52 |
| 2003 | 168 | 1991 | 93 | 1958 | 52 |
| 2010 | 167 | 1987 | 90 | 1975 | 52 |
| 2009 | 166 | 1981 | 89 | 1965 | 49 |
| 2007 | 160 | 1984 | 88 | 1966 | 49 |
| 2008 | 159 | 1985 | 87 | 1956 | 48 |
| 2004 | 159 | 1983 | 82 | 1968 | 46 |
| 2005 | 149 | 1980 | 80 | 1957 | 46 |
| 2002 | 149 | 1969 | 78 | 1973 | 44 |
| 2001 | 149 | 1967 | 74 | 1961 | 40 |
| 1999 | 149 | 1951 | 70 | 1959 | 33 |
| 2006 | 148 | 1979 | 70 | 1964 | 31 |
| 2000 | 146 | 1954 | 69 | 1955 | 30 |
| 1998 | 143 | 1952 | 68 | 1960 | 29 |
| 1997 | 136 | 1950 | 66 | 1963 | 14 |
| 1996 | 134 | 1953 | 66 | | |
| 1995 | 131 | 1949 | 65 | | |

注：本表数据根据2016年第三次农业普查作了修正。

# 11-6　1949-2018年大豆亩产

(按高低顺序排列)　　　　单位：公斤

| 年　份 | 亩　产 | 年　份 | 亩　产 | 年　份 | 亩　产 |
|---|---|---|---|---|---|
| 2017 | 174 | 1995 | 85 | 1972 | 39 |
| 2018 | 168 | 1993 | 81 | 1976 | 38 |
| 2006 | 142 | 1990 | 70 | 1973 | 37 |
| 2016 | 142 | 1992 | 70 | 1977 | 36 |
| 2015 | 139 | 1989 | 65 | 1965 | 35 |
| 2007 | 138 | 1982 | 61 | 1950 | 31 |
| 2014 | 136 | 1987 | 61 | 1953 | 31 |
| 2010 | 133 | 1986 | 60 | 1955 | 31 |
| 2013 | 132 | 1988 | 60 | 1952 | 30 |
| 2012 | 128 | 1985 | 57 | 1966 | 30 |
| 2011 | 127 | 1991 | 56 | 1951 | 28 |
| 2008 | 127 | 1984 | 54 | 1954 | 28 |
| 2009 | 124 | 1980 | 54 | 1962 | 28 |
| 2004 | 124 | 1981 | 52 | 1958 | 27 |
| 2003 | 118 | 1983 | 48 | 1956 | 27 |
| 2005 | 116 | 1979 | 48 | 1949 | 25 |
| 2000 | 116 | 1975 | 47 | 1957 | 21 |
| 2002 | 113 | 1974 | 46 | 1961 | 21 |
| 2001 | 112 | 1969 | 45 | 1959 | 20 |
| 1999 | 109 | 1970 | 44 | 1960 | 19 |
| 1998 | 103 | 1968 | 43 | 1964 | 18 |
| 1997 | 98 | 1967 | 42 | 1963 | 11 |
| 1996 | 91 | 1978 | 41 | | |
| 1994 | 85 | 1971 | 40 | | |

注：本表数据根据2016年第三次农业普查作了修正。

## 11-7 1949-2018年糖蔗亩产

(按高低顺序排列)　　单位：公斤

| 年 份 | 亩 产 | 年 份 | 亩 产 | 年 份 | 亩 产 |
|---|---|---|---|---|---|
| 2017 | 7295 | 1990 | 4545 | 1964 | 1963 |
| 2018 | 7282 | 1994 | 4274 | 1953 | 1949 |
| 2003 | 5066 | 1992 | 4232 | 1969 | 1945 |
| 2015 | 5062 | 1993 | 4052 | 1974 | 1924 |
| 2008 | 5058 | 1989 | 3911 | 1955 | 1914 |
| 2014 | 5056 | 1988 | 3805 | 1954 | 1890 |
| 2007 | 5019 | 1982 | 3581 | 1973 | 1879 |
| 2006 | 5009 | 1985 | 3569 | 1958 | 1720 |
| 2013 | 4992 | 1987 | 3451 | 1968 | 1691 |
| 2009 | 4957 | 1981 | 3326 | 1949 | 1636 |
| 2010 | 4950 | 1986 | 3270 | 1956 | 1592 |
| 1998 | 4946 | 2016 | 3212 | 1951 | 1565 |
| 2012 | 4933 | 1984 | 3187 | 1976 | 1551 |
| 2011 | 4927 | 1980 | 2934 | 1975 | 1542 |
| 2001 | 4923 | 1983 | 2854 | 1977 | 1537 |
| 1999 | 4911 | 1967 | 2598 | 1950 | 1531 |
| 1997 | 4867 | 1965 | 2382 | 1966 | 1459 |
| 2002 | 4861 | 1970 | 2227 | 1960 | 1402 |
| 2005 | 4843 | 1978 | 2174 | 1962 | 1302 |
| 1996 | 4730 | 1979 | 2122 | 1957 | 1277 |
| 2000 | 4713 | 1972 | 2117 | 1961 | 1057 |
| 1995 | 4711 | 1952 | 2093 | 1959 | 1024 |
| 1991 | 4706 | 1963 | 2065 | | |
| 2004 | 4637 | 1971 | 1978 | | |

注：本表数据根据2016年第三次农业普查作了修正。

## 11-8 重点年份主要农产品人均占有量

(按总人口计)　　单位：公斤

| 年份 | 粮食 | 稻谷 | 花生 | 大豆 | 糖蔗 | 水果 | 肉类 | 水产品 |
|---|---|---|---|---|---|---|---|---|
| 1949 | 251.69 | 215.87 | 7.37 | 1.30 | 52.27 | 1.71 | | 10.30 |
| 1952 | 317.11 | 284.57 | 9.64 | 2.35 | 83.70 | 1.55 | | 11.89 |
| 1957 | 338.33 | 300.27 | 8.82 | 1.73 | 109.11 | 1.56 | | 18.90 |
| 1962 | 328.35 | 299.42 | 6.19 | 1.62 | 53.94 | 1.83 | | 11.95 |
| 1965 | 407.94 | 375.57 | 11.67 | 1.20 | 282.75 | 3.41 | | 10.88 |
| 1970 | 387.81 | 360.42 | 12.95 | 1.88 | 323.07 | 8.04 | | 19.89 |
| 1975 | 369.18 | 344.75 | 11.12 | 3.84 | 194.31 | 8.99 | | 12.80 |
| 1980 | 372.00 | 350.70 | 19.09 | 5.99 | 186.00 | 7.16 | | 9.29 |
| 1985 | 366.70 | 347.07 | 19.60 | 5.63 | 321.22 | 16.61 | | 12.04 |
| 1987 | 370.88 | 346.68 | 22.85 | 5.58 | 163.80 | 36.51 | | 15.92 |
| 1988 | 360.68 | 334.77 | 18.16 | 5.42 | 206.09 | 42.45 | | 18.29 |
| 1989 | 388.34 | 358.50 | 18.51 | 5.84 | 238.40 | 50.54 | | 18.76 |
| 1990 | 393.58 | 363.46 | 19.19 | 6.15 | 274.15 | 65.31 | 3.21 | 19.85 |
| 1991 | 353.30 | 324.66 | 16.36 | 4.51 | 309.84 | 75.36 | 34.98 | 22.28 |
| 1992 | 343.46 | 314.34 | 19.01 | 5.24 | 237.12 | 91.35 | 38.10 | 25.10 |
| 1993 | 309.70 | 278.65 | 19.66 | 5.62 | 104.22 | 82.79 | 40.08 | 26.44 |
| 1994 | 337.60 | 301.09 | 20.22 | 5.59 | 92.57 | 86.87 | 45.39 | 28.95 |
| 1995 | 349.08 | 307.86 | 20.88 | 4.97 | 110.28 | 78.99 | 46.46 | 31.94 |
| 1996 | 375.04 | 324.63 | 20.15 | 5.12 | 131.84 | 76.52 | 49.97 | 34.69 |
| 1997 | 397.51 | 343.71 | 20.22 | 5.03 | 142.01 | 68.72 | 54.53 | 42.24 |
| 1998 | 416.05 | 358.12 | 21.08 | 5.16 | 147.91 | 64.97 | 32.27 | 46.19 |
| 1999 | 414.46 | 352.06 | 21.73 | 5.22 | 126.06 | 74.79 | 41.44 | 48.16 |
| 2000 | 379.00 | 318.00 | 22.23 | 5.80 | 73.77 | 66.58 | 47.39 | 47.81 |
| 2001 | 331.16 | 271.82 | 24.57 | 5.66 | 65.67 | 70.72 | 47.96 | 49.85 |
| 2002 | 289.02 | 226.31 | 24.88 | 5.31 | 65.65 | 95.84 | 52.90 | 55.17 |
| 2003 | 237.50 | 190.23 | 20.30 | 4.66 | 55.40 | 100.76 | 52.10 | 54.80 |
| 2004 | 254.00 | 179.00 | 22.00 | 5.00 | 39.00 | 134.00 | 52.00 | 56.00 |
| 2005 | 249.37 | 170.13 | 20.58 | 4.35 | 36.26 | 163.86 | 59.70 | 54.96 |
| 2006 | 167.65 | 122.51 | 14.27 | 2.03 | 22.37 | 135.75 | 58.70 | 40.27 |
| 2007 | 176.27 | 130.44 | 15.14 | 1.67 | 21.92 | 149.51 | 57.19 | 43.82 |
| 2008 | 174.79 | 127.79 | 15.24 | 1.54 | 23.09 | 156.71 | 58.44 | 42.75 |
| 2009 | 180.78 | 127.55 | 16.27 | 1.53 | 18.52 | 159.76 | 59.54 | 43.34 |
| 2010 | 173.98 | 123.47 | 15.67 | 1.36 | 20.50 | 162.83 | 59.16 | 42.49 |
| 2011 | 177.77 | 127.45 | 15.92 | 1.31 | 19.56 | 171.65 | 55.21 | 42.77 |
| 2012 | 183.23 | 131.09 | 16.42 | 1.29 | 21.43 | 185.43 | 56.04 | 43.67 |
| 2013 | 162.21 | 110.46 | 17.24 | 1.32 | 19.51 | 194.93 | 55.69 | 45.64 |
| 2014 | 169.89 | 120.11 | 17.59 | 1.34 | 19.94 | 196.14 | 55.35 | 46.37 |
| 2015 | 167.25 | 117.65 | 17.64 | 1.35 | 17.87 | 204.20 | 53.62 | 46.76 |
| 2016 | 164.67 | 115.64 | 17.50 | 1.32 | 16.85 | 212.38 | 51.48 | 47.08 |
| 2017 | 158.81 | 125.56 | 13.43 | 0.83 | 18.15 | 221.54 | 50.03 | 44.63 |
| 2018 | 147.20 | 115.52 | 13.45 | 0.83 | 18.56 | 229.72 | 47.36 | 41.50 |

注：2017年数据根据2016年第三次农业普查作了修正。

# 11-9 重点年份主要农产品人均占有量

(按农业人口计) 单位：公斤

| 年 份 | 粮 食 | 稻 谷 | 花 生 | 大 豆 | 糖 蔗 | 水 果 | 肉 类 | 水产品 |
|---|---|---|---|---|---|---|---|---|
| 1949 | 302.41 | 259.37 | 8.85 | 1.56 | 62.81 | 2.05 | | 12.38 |
| 1952 | 375.46 | 336.93 | 11.41 | 2.78 | 99.10 | 1.84 | | 14.08 |
| 1957 | 405.24 | 359.65 | 10.56 | 2.07 | 130.69 | 1.86 | | 22.64 |
| 1962 | 651.10 | 593.74 | 12.28 | 3.22 | 106.97 | 3.62 | | 23.70 |
| 1965 | 491.86 | 452.82 | 14.07 | 1.45 | 340.92 | 4.12 | | 13.12 |
| 1970 | 456.60 | 424.35 | 15.25 | 2.21 | 380.38 | 9.46 | | 23.42 |
| 1975 | 436.61 | 407.72 | 13.15 | 4.54 | 229.79 | 10.63 | | 15.14 |
| 1980 | 449.65 | 423.90 | 23.07 | 7.24 | 224.83 | 8.66 | | 11.23 |
| 1985 | 465.88 | 440.94 | 24.89 | 7.15 | 408.10 | 21.10 | | 15.30 |
| 1987 | 468.90 | 438.30 | 28.90 | 7.05 | 207.09 | 46.16 | | 20.12 |
| 1988 | 461.15 | 428.02 | 23.22 | 6.93 | 263.50 | 54.28 | | 23.39 |
| 1989 | 503.17 | 464.50 | 23.99 | 7.57 | 308.89 | 65.48 | | 24.31 |
| 1990 | 515.20 | 475.78 | 25.12 | 8.05 | 358.86 | 85.50 | 4.20 | 25.99 |
| 1991 | 479.57 | 440.69 | 22.21 | 6.13 | 420.57 | 102.30 | 47.49 | 30.24 |
| 1992 | 472.52 | 432.45 | 26.16 | 7.22 | 326.22 | 125.68 | 52.41 | 34.53 |
| 1993 | 436.19 | 392.45 | 27.68 | 7.91 | 146.79 | 116.60 | 56.45 | 37.24 |
| 1994 | 482.30 | 430.14 | 28.88 | 7.99 | 132.25 | 124.11 | 64.84 | 41.37 |
| 1995 | 509.62 | 449.43 | 30.48 | 7.25 | 160.99 | 115.32 | 67.82 | 46.62 |
| 1996 | 557.83 | 482.86 | 29.97 | 7.62 | 196.11 | 113.81 | 74.33 | 51.60 |
| 1997 | 603.09 | 521.46 | 30.67 | 7.64 | 215.45 | 104.26 | 82.73 | 64.08 |
| 1998 | 630.86 | 543.01 | 31.98 | 7.83 | 224.30 | 98.52 | 48.93 | 70.04 |
| 1999 | 640.00 | 543.70 | 33.56 | 8.06 | 194.67 | 115.50 | 63.99 | 74.37 |
| 2000 | 597.35 | 501.79 | 35.03 | 9.15 | 116.24 | 104.91 | 74.67 | 75.33 |
| 2001 | 521.80 | 428.30 | 38.72 | 8.92 | 103.48 | 111.43 | 75.57 | 78.55 |
| 2002 | 457.27 | 358.06 | 39.36 | 8.39 | 103.85 | 151.62 | 83.70 | 87.28 |
| 2003 | 389.80 | 312.20 | 33.34 | 7.65 | 90.90 | 165.35 | 85.50 | 89.90 |
| 2004 | 412.00 | 290.00 | 36.00 | 8.00 | 63.00 | 217.00 | 85.00 | 90.00 |
| 2005 | 566.23 | 386.31 | 46.73 | 9.88 | 82.33 | 372.08 | 135.56 | 124.81 |
| 2006 | 378.98 | 276.93 | 32.26 | 4.59 | 50.56 | 306.86 | 132.69 | 91.04 |
| 2007 | 425.77 | 315.06 | 36.57 | 4.03 | 52.95 | 361.14 | 138.14 | 105.86 |
| 2008 | 420.07 | 307.11 | 36.62 | 3.70 | 55.50 | 376.61 | 140.44 | 102.74 |
| 2009 | 427.12 | 301.35 | 38.45 | 3.62 | 43.75 | 377.46 | 140.67 | 102.39 |
| 2010 | 424.40 | 301.19 | 38.23 | 3.32 | 50.02 | 397.22 | 144.31 | 103.64 |
| 2011 | 437.07 | 313.36 | 39.13 | 3.23 | 48.09 | 422.02 | 135.75 | 105.15 |
| 2012 | 454.07 | 324.86 | 40.68 | 3.18 | 53.12 | 459.52 | 138.87 | 108.23 |
| 2013 | 400.94 | 273.03 | 42.61 | 3.27 | 48.23 | 481.81 | 137.65 | 112.82 |
| 2014 | 420.23 | 297.09 | 43.50 | 3.32 | 49.33 | 485.17 | 136.90 | 114.69 |
| 2015 | 333.25 | 234.42 | 35.15 | 2.70 | 35.60 | 406.88 | 106.84 | 93.18 |
| 2016 | 357.97 | 251.40 | 38.04 | 2.86 | 36.64 | 461.70 | 111.91 | 102.34 |
| 2017 | 359.90 | 284.53 | 30.43 | 1.88 | 41.12 | 502.06 | 113.38 | 101.15 |
| 2018 | 344.19 | 270.10 | 31.44 | 1.93 | 43.40 | 537.12 | 110.73 | 97.02 |

注：2017年数据根据2016年第三次农业普查作了修正。

# 11-10　重点年份主要农产品产量

| 年份 | 粮食产量<br>(万吨) | | 花生总产量<br>(吨) | 大豆总产量<br>(吨) | 糖蔗总产量<br>(万吨) |
|---|---|---|---|---|---|
| | | 稻谷产量 | | | |
| 1949 | 26.00 | 22.30 | 7611 | 1342 | 5.40 |
| 1952 | 34.10 | 30.60 | 10362 | 2529 | 9.00 |
| 1957 | 40.00 | 35.50 | 10424 | 2047 | 12.90 |
| 1962 | 42.00 | 38.30 | 7921 | 2078 | 6.90 |
| 1965 | 56.70 | 52.20 | 16216 | 1672 | 39.30 |
| 1970 | 62.30 | 57.90 | 20809 | 3020 | 51.90 |
| 1975 | 66.50 | 62.10 | 20034 | 6910 | 35.00 |
| 1980 | 71.60 | 67.50 | 36735 | 11534 | 35.80 |
| 1985 | 76.60 | 72.50 | 40932 | 11760 | 67.10 |
| 1987 | 79.70 | 74.50 | 49114 | 11984 | 35.20 |
| 1988 | 78.65 | 73.00 | 39600 | 11819 | 44.94 |
| 1989 | 86.01 | 79.40 | 41000 | 12944 | 52.80 |
| 1990 | 89.01 | 82.20 | 43400 | 13906 | 62.00 |
| 1991 | 82.27 | 75.60 | 38100 | 10508 | 72.15 |
| 1992 | 82.20 | 75.23 | 45500 | 12552 | 56.75 |
| 1993 | 76.10 | 68.47 | 48300 | 13800 | 25.61 |
| 1994 | 84.79 | 75.62 | 50779 | 14045 | 23.25 |
| 1995 | 89.33 | 78.78 | 53427 | 12717 | 28.22 |
| 1996 | 97.54 | 84.43 | 52403 | 13322 | 34.29 |
| 1997 | 105.95 | 91.61 | 53889 | 13419 | 37.85 |
| 1998 | 111.61 | 96.07 | 56572 | 13850 | 39.68 |
| 1999 | 112.66 | 95.70 | 59063 | 14194 | 34.27 |
| 2000 | 105.31 | 88.47 | 61758 | 16133 | 20.49 |
| 2001 | 92.87 | 76.23 | 68910 | 15881 | 18.42 |
| 2002 | 81.80 | 64.05 | 70421 | 15017 | 18.58 |
| 2003 | 68.02 | 54.48 | 58189 | 13348 | 15.86 |
| 2004 | 74.44 | 52.30 | 63695 | 14182 | 11.29 |
| 2005 | 74.21 | 50.63 | 61241 | 12953 | 10.79 |
| 2006 | 51.37 | 37.54 | 43727 | 6225 | 6.85 |
| 2007 | 55.15 | 40.81 | 47376 | 5223 | 6.86 |
| 2008 | 55.73 | 40.74 | 48581 | 4909 | 7.36 |
| 2009 | 58.64 | 41.37 | 53866 | 4966 | 6.01 |
| 2010 | 58.68 | 41.64 | 52861 | 4597 | 6.92 |
| 2011 | 60.98 | 43.72 | 54573 | 4461 | 6.71 |
| 2012 | 62.66 | 44.83 | 56140 | 4395 | 7.33 |
| 2013 | 55.7 | 37.93 | 59194 | 4536 | 6.7 |
| 2014 | 59.21 | 41.86 | 61291 | 4682 | 6.95 |
| 2015 | 59.72 | 42.01 | 62995 | 4835 | 6.38 |
| 2016 | 59.99 | 42.13 | 63745 | 4800 | 6.14 |
| 2017 | 58.64 | 46.36 | 49575 | 3071 | 6.70 |
| 2018 | 56.07 | 44.00 | 51216 | 3148 | 7.07 |

注：1．从2015年开始农业人口指标改为乡村人口。2．2017年数据根据2016年第三次农业普查作了修正。

## 11-10　续表

| 年份 | 水果总产量(吨) | 肉类总产量(吨) | 水产品总产量(吨) | 总人口(人) | 农业人口 |
|---|---|---|---|---|---|
| | | | | | 乡村人口 |
| 1949 | 1764 | | 10640 | 1033033 | 859773 |
| 1952 | 1668 | | 12790 | 1075324 | 908209 |
| 1957 | 1840 | | 22344 | 1182267 | 987070 |
| 1962 | 2338 | | 15290 | 1279139 | 645063 |
| 1965 | 4745 | | 15123 | 1389900 | 1152773 |
| 1970 | 12908 | | 31958 | 1606457 | 1364440 |
| 1975 | 16188 | | 23061 | 1801290 | 1523098 |
| 1980 | 13788 | | 17884 | 1924731 | 1592341 |
| 1985 | 34688 | | 25159 | 2088900 | 1644204 |
| 1987 | 78454 | | 34206 | 2148954 | 1699732 |
| 1988 | 92572 | | 39888 | 2180595 | 1705532 |
| 1989 | 111926 | | 41560 | 2214794 | 1709347 |
| 1990 | 147712 | 7263 | 44899 | 2261569 | 1727689 |
| 1991 | 175489 | 81463 | 51876 | 2328602 | 1715510 |
| 1992 | 218628 | 91175 | 60073 | 2393261 | 1739625 |
| 1993 | 203435 | 98490 | 64964 | 2457206 | 1744664 |
| 1994 | 218183 | 114000 | 72722 | 2511581 | 1758047 |
| 1995 | 202139 | 118880 | 81725 | 2558978 | 1752868 |
| 1996 | 199003 | 129972 | 90225 | 2600813 | 1748549 |
| 1997 | 183165 | 145342 | 112575 | 2665306 | 1756782 |
| 1998 | 174304 | 86565 | 123917 | 2699972 | 1769135 |
| 1999 | 203307 | 112641 | 130905 | 2718248 | 1760170 |
| 2000 | 184960 | 131649 | 132811 | 2778100 | 1763033 |
| 2001 | 198335 | 134502 | 139813 | 2804500 | 1779885 |
| 2002 | 271240 | 149729 | 156131 | 2830209 | 1788925 |
| 2003 | 288523 | 149244 | 156911 | 2863568 | 1744885 |
| 2004 | 391525 | 152542 | 162643 | 2932200 | 1808928 |
| 2005 | 487574 | 177660 | 163565 | 2975807 | 1310545 |
| 2006 | 415935 | 179850 | 123396 | 3064052 | 1355463 |
| 2007 | 467803 | 178939 | 137122 | 3128886 | 1295368 |
| 2008 | 499637 | 186320 | 136295 | 3188362 | 1326664 |
| 2009 | 518205 | 193123 | 140573 | 3243580 | 1372857 |
| 2010 | 549206 | 199519 | 143294 | 3372810 | 1382617 |
| 2011 | 588760 | 189378 | 146659 | 3430337 | 1395281 |
| 2012 | 634127 | 191631 | 149357 | 3419797 | 1379963 |
| 2013 | 669343 | 191228 | 156728 | 3433721 | 1389220 |
| 2014 | 683598 | 192897 | 161595 | 3485197 | 1408995 |
| 2015 | 729147 | 191463 | 166977 | 3570738 | 1792062 |
| 2016 | 773732 | 187548 | 171511 | 3643096 | 1675836 |
| 2017 | 818020 | 184731 | 164801 | 3692379 | 1629343 |
| 2018 | 874997 | 180389 | 158055 | 3809000 | 1629056 |

注：2017年数据根据2016年第三次农业普查作了修正。

# 11-11 农业生产主要物质消耗情况

(2017年)

| 项　　目 | | 惠州市 | 惠城区 | 惠阳区 | 惠东县 | 博罗县 | 龙门县 | 大亚湾区 | 仲恺区 |
|---|---|---|---|---|---|---|---|---|---|
| 农用化肥施用量(折纯) | 吨 | 90671 | 11648 | 8658 | 22062 | 31978 | 13522 | 144 | 2659 |
| 氮肥 | 吨 | 35704 | 4516 | 3272 | 10055 | 12553 | 4062 | 38 | 1208 |
| 磷肥 | 吨 | 11250 | 1286 | 762 | 3694 | 3726 | 1399 | 24 | 359 |
| 钾肥 | 吨 | 22260 | 2377 | 2143 | 5888 | 7572 | 3495 | 42 | 743 |
| 复合肥 | 吨 | 21457 | 3469 | 2481 | 2425 | 8127 | 4566 | 40 | 349 |
| 农用塑料薄膜使用量 | 吨 | 2856 | 196 | 389 | 327 | 1079 | 130 | 0 | 735 |
| 地膜使用量 | 吨 | 2573 | 169 | 389 | 242 | 958 | 83 | 0 | 732 |
| 地膜覆盖面积 | 亩 | 174787 | 13319 | 27484 | 73921 | 35554 | 5051 | 3 | 19455 |
| 农用柴油使用量 | 吨 | 23252 | 2294 | 301 | 5989 | 10059 | 1362 | 1532 | 1715 |
| 农药使用量 | 吨 | 4700 | 320 | 278 | 479 | 2703 | 722 | 15 | 183 |
| 农村用电量 | 万千瓦时 | 351086 | 24594 | 88945 | 97357 | 73809 | 12102 | 3185 | 51094 |

注：2017年数据根据2016年第三次农业普查作了修正。

## 11-11 续表

(2018年)

| 项　　目 | | 惠州市 | 惠城区 | 惠阳区 | 惠东县 | 博罗县 | 龙门县 | 大亚湾区 | 仲恺区 |
|---|---|---|---|---|---|---|---|---|---|
| 农用化肥施用量(折纯) | 吨 | 88808 | 12461 | 7800 | 20782 | 31703 | 13286 | 134 | 2642 |
| 氮肥 | 吨 | 34961 | 5310 | 3004 | 8841 | 12517 | 4055 | 36 | 1198 |
| 磷肥 | 吨 | 11001 | 1285 | 683 | 3638 | 3671 | 1347 | 19 | 358 |
| 钾肥 | 吨 | 21611 | 2376 | 1895 | 5564 | 7528 | 3467 | 41 | 740 |
| 复合肥 | 吨 | 21235 | 3490 | 2218 | 2739 | 7987 | 4417 | 38 | 346 |
| 农用塑料薄膜使用量 | 吨 | 2631 | 272 | 241 | 685 | 1058 | 297 | 6 | 72 |
| 地膜使用量 | 吨 | 1739 | 161 | 241 | 242 | 938 | 84 | 1 | 72 |
| 地膜覆盖面积 | 亩 | 154125 | 13168 | 25887 | 73921 | 34176 | 5063 | 4 | 1906 |
| 农用柴油使用量 | 吨 | 23445 | 2292 | 275 | 6523 | 9907 | 1346 | 1525 | 1577 |
| 农药使用量 | 吨 | 4620 | 318 | 267 | 471 | 2663 | 710 | 10 | 181 |
| 农村用电量 | 万千瓦时 | 354177 | 25604 | 90316 | 97357 | 76946 | 9786 | 3685 | 50483 |

# 11-12　蔬菜及特种作物生产情况

(2017年)

| 项　　目 | | 惠州市 | 惠城区 | 惠阳区 | 惠东县 | 博罗县 | 龙门县 | 大亚湾区 | 仲恺区 |
|---|---|---|---|---|---|---|---|---|---|
| **蔬菜合计** | **吨** | **2885091** | **360711** | **451956** | **733927** | **906059** | **278836** | **5924** | **147678** |
| 叶菜类 | 吨 | 1332340 | 231469 | 134752 | 341745 | 391165 | 186933 | 2618 | 43657 |
| 白菜类 | 吨 | 559390 | 33057 | 97374 | 102126 | 254554 | 31800 | 601 | 39878 |
| 甘蓝类 | 吨 | 29121 | 490 | 5261 | 12451 | 4414 | 3186 | 213 | 3106 |
| 根茎类 | 吨 | 141573 | 24465 | 29644 | 32800 | 38195 | 8884 | 666 | 6920 |
| 瓜菜类 | 吨 | 232563 | 19513 | 51529 | 40554 | 97909 | 13804 | 354 | 8900 |
| 豆类(菜用) | 吨 | 138853 | 8487 | 19934 | 41020 | 49118 | 9236 | 538 | 10520 |
| 茄果类 | 吨 | 221285 | 30488 | 67265 | 67643 | 29235 | 9393 | 352 | 16909 |
| 葱蒜类 | 吨 | 172815 | 9882 | 45724 | 53833 | 40621 | 4758 | 477 | 17520 |
| 水生菜类 | 吨 | 9199 | | 12 | 5150 | 454 | 3315 | | 268 |
| 其它蔬菜 | 吨 | 41785 | | 233 | 34348 | | 7099 | 105 | |
| 食用菌(干鲜混合) | 吨 | 6167 | 2860 | 228 | 2257 | 394 | 428 | | |
| 干品 | 吨 | 32 | | | | 32 | | | |
| 鲜品 | 吨 | 6135 | 2860 | 228 | 2257 | 362 | 428 | | |
| **特种作物** | | | | | | | | | |
| 花卉种植面积 | 亩 | 7623 | | 1083 | | 3020 | 220 | | 3300 |
| 鲜切花 | 万枝 | 316 | 142 | 36 | 8 | 85 | | | 45 |
| 盆栽观赏植物(包括盆景) | 盆 | 2857605 | 1430648 | 2980 | 75993 | 425583 | 137181 | | 785220 |
| **设施农业生产情况** | | | | | | | | | |
| 蔬菜 | 吨 | 52463 | 2700 | 7113 | 28382 | | 14268 | | |

注：2017年数据根据2016年第三次农业普查作了修正。

## 11-12　续表

(2018年)

| 项　　目 | | 惠州市 | 惠城区 | 惠阳区 | 惠东县 | 博罗县 | 龙门县 | 大亚湾区 | 仲恺区 |
|---|---|---|---|---|---|---|---|---|---|
| **蔬菜合计** | **吨** | **3009357** | **385860** | **449632** | **782815** | **938218** | **295145** | **6484** | **151203** |
| 叶菜类 | 吨 | 1406466 | 244979 | 135021 | 364544 | 415419 | 199276 | 2690 | 44537 |
| 白菜类 | 吨 | 572121 | 34542 | 93305 | 104530 | 265653 | 32509 | 899 | 40683 |
| 甘蓝类 | 吨 | 30784 | 535 | 5579 | 12817 | 5382 | 3154 | 248 | 3069 |
| 根茎类 | 吨 | 144299 | 30760 | 25060 | 41278 | 28088 | 10801 | 652 | 7660 |
| 瓜菜类 | 吨 | 242948 | 20622 | 53309 | 44191 | 101189 | 14120 | 437 | 9080 |
| 豆类(菜用) | 吨 | 145415 | 9195 | 20524 | 45494 | 49398 | 9503 | 569 | 10732 |
| 茄果类 | 吨 | 228709 | 31571 | 69511 | 69798 | 30392 | 9776 | 398 | 17263 |
| 葱蒜类 | 吨 | 178480 | 10410 | 46889 | 56444 | 41449 | 4913 | 468 | 17907 |
| 水生菜类 | 吨 | 9538 | | 12 | 4789 | 1065 | 3400 | | 272 |
| 其它蔬菜 | 吨 | 44013 | | 184 | 36444 | | 7262 | 123 | |
| 食用菌(干鲜混合) | 吨 | 6584 | 3246 | 238 | 2486 | 183 | 431 | | |
| 干品 | 吨 | 33 | | | | 33 | | | |
| 鲜品 | 吨 | 6551 | 3246 | 238 | 2486 | 150 | 431 | | |
| **特种作物** | | | | | | | | | |
| 花卉种植面积 | 亩 | 10543 | 2243 | 365 | 1253 | 3022 | 260 | | 3400 |
| 鲜切花 | 万枝 | 301 | 146 | 22 | 9 | 84 | | | 40 |
| 盆栽观赏植物(包括盆景) | 盆 | 2847027 | 1432506 | 800 | 80119 | 427037 | 141965 | | 764600 |
| **设施农业生产情况** | | | | | | | | | |
| 蔬菜 | 吨 | 65897 | 2700 | 15612 | 30158 | 75 | 17352 | | |

# 11-13 分县区主要农作物播种面积和产量

(2017年)

| 项 目 | | 惠州市 | 惠城区 | 惠阳区 | 惠东县 | 博罗县 | 龙门县 | 大亚湾区 | 仲恺区 |
|---|---|---|---|---|---|---|---|---|---|
| **粮食播种面积** | 亩 | **1678935** | **224283** | **104243** | **568778** | **428983** | **305299** | **4489** | **42860** |
| 亩产 | 公斤 | 349 | 382 | 384 | 339 | 339 | 343 | 325 | 377 |
| 总产量 | 吨 | 586356 | 85656 | 40012 | 192831 | 145592 | 104665 | 1458 | 16142 |
| **水稻播种面积** | 亩 | **1310367** | **172797** | **82560** | **417513** | **327779** | **287644** | **2774** | **19300** |
| 亩产 | 公斤 | 354 | 382 | 383 | 352 | 341 | 344 | 333 | 396 |
| 总产量 | 吨 | 463632 | 65977 | 31649 | 146845 | 111759 | 98842 | 924 | 7636 |
| **薯类播种面积** | 亩 | **139786** | **4456** | **3362** | **105067** | **16982** | **8028** | **1715** | **176** |
| 亩产 | 公斤 | 1535 | 1771 | 1410 | 1569 | 1187 | 1741 | 1556 | 1277 |
| 总产量 | 吨 | 214530 | 7890 | 4740 | 164865 | 20165 | 13975 | 2670 | 225 |
| #马铃薯播种面积 | 亩 | 119046 | 3050 | 2492 | 93780 | 12470 | 5703 | 1551 | |
| 亩产 | 公斤 | 1651 | 1767 | 1453 | 1683 | 1334 | 1852 | 1599 | |
| 总产量 | 吨 | 196520 | 5390 | 3620 | 157835 | 16635 | 10560 | 2480 | |
| **大豆播种面积** | 亩 | **17611** | **4098** | **1043** | **2978** | **5787** | **3630** | | **75** |
| 亩产 | 公斤 | 174 | 162 | 178 | 235 | 124 | 217 | | 253 |
| 总产量 | 吨 | 3071 | 662 | 186 | 700 | 715 | 789 | | 19 |
| **甘蔗播种面积** | 亩 | **14704** | **668** | | **1300** | **10974** | **1707** | **45** | **10** |
| 亩产 | 公斤 | 7016 | 4894 | | 6356 | 7380 | 6032 | 5985 | 8000 |
| 总产量 | 吨 | 103160 | 3270 | | 8262 | 80985 | 10293 | 270 | 80 |
| **油料播种面积** | 亩 | **279993** | **42661** | **35353** | **72862** | **98779** | **28043** | **791** | **1504** |
| 亩产 | 公斤 | 188 | 189 | 187 | 195 | 179 | 196 | 209 | 310 |
| 总产量 | 吨 | 52763 | 8075 | 6605 | 14231 | 17729 | 5491 | 165 | 467 |
| #花生播种面积 | 亩 | 269228 | 42403 | 31962 | 71661 | 94733 | 27118 | 735 | 616 |
| 亩产 | 公斤 | 184 | 188 | 172 | 196 | 175 | 191 | 200 | 315 |
| 总产量 | 吨 | 49575 | 7978 | 5495 | 14028 | 16564 | 5169 | 147 | 194 |
| **蔬菜播种面积** | 亩 | **1694694** | **195480** | **267718** | **449036** | **534438** | **163542** | **5010** | **79470** |
| 亩产 | 公斤 | 1702 | 1845 | 1688 | 1634 | 1695 | 1705 | 1182 | 1858 |
| 总产量 | 吨 | 2885091 | 360711 | 451956 | 733927 | 906059 | 278836 | 5924 | 147678 |

注：2017年数据根据2016年第三次农业普查作了修正。

## 11-13 续表

(2018年)

| 项 目 | | 惠州市 | 惠城区 | 惠阳区 | 惠东县 | 博罗县 | 龙门县 | 大亚湾区 | 仲恺区 |
|---|---|---|---|---|---|---|---|---|---|
| **粮食播种面积** | **亩** | **1638749** | **207342** | **107944** | **561849** | **419752** | **295625** | **5732** | **40505** |
| 亩产 | 公斤 | 342 | 366 | 367 | 334 | 342 | 328 | 341 | 369 |
| 总产量 | 吨 | 560717 | 75794 | 39644 | 187604 | 143754 | 97036 | 1957 | 14928 |
| **水稻播种面积** | **亩** | **1270366** | **164713** | **79041** | **412205** | **319537** | **273839** | **2657** | **18374** |
| 亩产 | 公斤 | 346 | 365 | 365 | 345 | 345 | 331 | 346 | 383 |
| 总产量 | 吨 | 440000 | 60190 | 28854 | 142279 | 110178 | 90550 | 919 | 7030 |
| **薯类播种面积** | **亩** | **156358** | **7662** | **11021** | **104822** | **16845** | **12769** | **3075** | **164** |
| 亩产 | 公斤 | 1535 | 1959 | 1497 | 1563 | 1207 | 1494 | 1687 | 744 |
| 总产量 | 吨 | 240075 | 15012 | 16503 | 163840 | 20335 | 19074 | 5189 | 122 |
| # 马铃薯播种面积 | 亩 | 132083 | 6271 | 5044 | 93662 | 13784 | 10410 | 2912 | |
| 亩产 | 公斤 | 1636 | 2002 | 1675 | 1674 | 1284 | 1497 | 1717 | |
| 总产量 | 吨 | 216086 | 12553 | 8447 | 156800 | 17700 | 15585 | 5001 | |
| **大豆播种面积** | **亩** | **18711** | **4111** | **2096** | **2989** | **5806** | **3674** | | **35** |
| 亩产 | 公斤 | 168 | 166 | 144 | 240 | 131 | 184 | | 257 |
| 总产量 | 吨 | 3148 | 684 | 301 | 717 | 760 | 677 | | 9 |
| **甘蔗播种面积** | **亩** | **15196** | **695** | | **1293** | **11413** | **1730** | **45** | **20** |
| 亩产 | 公斤 | 7033 | 4902 | | 6478 | 7388 | 6057 | 5978 | 800 |
| 总产量 | 吨 | 106870 | 3407 | | 8376 | 84323 | 10479 | 269 | 16 |
| **油料播种面积** | **亩** | **274807** | **43547** | **30510** | **72086** | **98112** | **28291** | **789** | **1472** |
| 亩产 | 公斤 | 189 | 192 | 181 | 201 | 176 | 196 | 213 | 289 |
| 总产量 | 吨 | 51838 | 8361 | 5509 | 14512 | 17314 | 5549 | 168 | 425 |
| # 花生播种面积 | 亩 | 272449 | 43547 | 30277 | 72086 | 97812 | 27368 | 739 | 620 |
| 亩产 | 公斤 | 188 | 192 | 182 | 201 | 177 | 192 | 204 | 261 |
| 总产量 | 吨 | 51216 | 8361 | 5496 | 14512 | 17292 | 5242 | 151 | 162 |
| **蔬菜播种面积** | **亩** | **1723643** | **201396** | **267867** | **461885** | **539921** | **166228** | **5528** | **80818** |
| 亩产 | 公斤 | 1746 | 1916 | 1679 | 1695 | 1738 | 1776 | 1173 | 1871 |
| 总产量 | 吨 | 3009357 | 385860 | 449632 | 782815 | 938218 | 295145 | 6484 | 151203 |

# 11-14 分县区水果茶叶生产情况

(2017年)

| 项　目 | 惠州市 | 惠城区 | 惠阳区 | 惠东县 | 博罗县 | 龙门县 | 大亚湾区 | 仲恺区 |
|---|---|---|---|---|---|---|---|---|
| **年末水果面积(亩)** | **862700** | **46502** | **111213** | **154755** | **182351** | **322390** | **9948** | **35541** |
| (1)柑 | 33242 | 147 | 1316 | 5383 | 5627 | 20649 | | 120 |
| (2)桔 | 191297 | 662 | 1450 | 11339 | 23985 | 153621 | | 240 |
| (3)橙 | 42971 | 125 | 267 | 4648 | 2109 | 35822 | | |
| (4)香(大)蕉 | 140738 | 5021 | 4870 | 8897 | 36994 | 79358 | 15 | 5583 |
| (5)菠萝 | 6097 | 157 | 376 | 4584 | 551 | 39 | | 390 |
| (6)荔枝 | 261830 | 18247 | 76304 | 70852 | 57605 | 8308 | 6924 | 23590 |
| (7)龙眼 | 111582 | 13504 | 19077 | 23774 | 35953 | 11911 | 3001 | 4362 |
| (8)梨 | 215 | | 23 | | | 192 | | |
| (9)柿子 | 3109 | 181 | 57 | 2203 | 158 | 510 | | |
| (10)李子 | 9774 | 443 | 1223 | 4428 | 2474 | 1027 | | 179 |
| (11)番石榴 | 7561 | 1215 | 990 | 1087 | 3825 | 344 | | 100 |
| (12)芒果 | 19943 | 2833 | 1306 | 8588 | 6383 | 143 | | 690 |
| (13)柚子 | 1932 | 570 | 374 | 241 | 255 | 492 | | |
| (14)杨桃 | 6982 | 140 | 33 | 416 | 776 | 5602 | | 15 |
| (15)其他杂果 | 25427 | 3257 | 3546 | 8316 | 5656 | 4372 | 8 | 272 |
| **全年水果产量(吨)** | **818020** | **33469** | **35740** | **97230** | **192087** | **451053** | **1198** | **7243** |
| (1)柑 | 41023 | 242 | 513 | 5230 | 6646 | 28241 | | 151 |
| (2)桔 | 193696 | 1116 | 943 | 10377 | 21722 | 159292 | | 246 |
| (3)橙 | 40154 | 206 | 141 | 2128 | 2044 | 35635 | | |
| (4)香(大)蕉 | 319266 | 8248 | 8994 | 7930 | 92303 | 198296 | 6 | 3489 |
| (5)菠萝 | 5591 | 112 | 203 | 4696 | 424 | 24 | | 132 |
| (6)荔枝 | 90504 | 7800 | 12338 | 32802 | 30817 | 3985 | 914 | 1847 |
| (7)龙眼 | 62766 | 6724 | 5950 | 20632 | 19453 | 8721 | 276 | 1010 |
| (8)梨 | 384 | | 39 | | | 345 | | |
| (9)柿子 | 2286 | 101 | 11 | 1772 | 77 | 325 | | |
| (10)李子 | 5769 | 376 | 1026 | 1624 | 2128 | 533 | | 82 |
| (11)番石榴 | 9385 | 3286 | 574 | 642 | 4600 | 274 | | 9 |
| (12)芒果 | 18876 | 2613 | 1260 | 6559 | 8068 | 151 | | 225 |
| (13)柚子 | 1736 | 503 | 339 | 326 | 193 | 375 | | |
| (14)杨桃 | 12627 | 212 | 16 | 420 | 802 | 11169 | | 8 |
| (15)其他杂果 | 13958 | 1930 | 3393 | 2092 | 2810 | 3687 | 2 | 44 |
| **茶叶面积(亩)** | **12123** | **12** | **1265** | **2482** | **5197** | **2934** | | **233** |
| **茶叶产量(吨)** | **556** | | **3** | **137** | **266** | **131** | | **19** |

注：2017年数据根据2016年第三次农业普查作了修正。

# 11-14 续表

(2018年)

| 项　目 | 惠州市 | 惠城区 | 惠阳区 | 惠东县 | 博罗县 | 龙门县 | 大亚湾区 | 仲恺区 |
|---|---|---|---|---|---|---|---|---|
| **年末水果面积(亩)** | **868383** | **47268** | **107109** | **157638** | **180480** | **330830** | **10345** | **34713** |
| 1.柑 | 32886 | 540 | 695 | 5402 | 5768 | 20481 | | |
| 2.橘 | 188020 | 2400 | 1101 | 11354 | 23016 | 150149 | | |
| 3.橙 | 41943 | 125 | 209 | 4648 | 2099 | 34862 | | |
| 4.香(大)蕉 | 140701 | 4022 | 3792 | 9123 | 35590 | 82488 | 16 | 5670 |
| 5.菠萝 | 6043 | 144 | 238 | 4755 | 487 | 39 | | 380 |
| 6.荔枝 | 261337 | 17777 | 75572 | 71939 | 57616 | 8258 | 7135 | 23040 |
| 7.龙眼 | 113023 | 13317 | 19614 | 24785 | 35910 | 11793 | 3194 | 4410 |
| 8.梨 | 195 | | | | | 195 | | |
| 9.柿子 | 3096 | 178 | 47 | 2203 | 158 | 510 | | |
| 10.李子 | 9826 | 415 | 1321 | 4428 | 2457 | 1037 | | 168 |
| 11.番石榴 | 7378 | 1385 | 433 | 1087 | 4030 | 353 | | 90 |
| 12.芒果 | 19783 | 2735 | 1440 | 8653 | 6142 | 143 | | 670 |
| 13.柚子 | 1692 | 570 | 38 | 241 | 345 | 498 | | |
| 14.杨桃 | 7111 | 140 | 27 | 421 | 776 | 5732 | | 15 |
| 15.火龙果 | 7421 | 2800 | 109 | 352 | 210 | 3900 | | 50 |
| 16.黄皮 | 2059 | | | 275 | 184 | 1600 | | |
| 17.百香果 | 1436 | | 245 | 330 | 261 | 600 | | |
| 18.桃子 | 4550 | | | 420 | 30 | 4100 | | |
| 19.青梅 | 1252 | | | 152 | | 1100 | | |
| 20.其他杂果 | 18631 | 720 | 2228 | 7070 | 5401 | 2992 | | 220 |
| **全年水果产量(吨)** | **874997** | **35046** | **53734** | **103946** | **203487** | **469822** | **1600** | **7362** |
| 1.柑 | 40967 | 254 | 381 | 5487 | 6892 | 27953 | | |
| 2.橘 | 182803 | 1136 | 863 | 10802 | 23260 | 146742 | | |
| 3.橙 | 39855 | 218 | 106 | 2224 | 2018 | 35289 | | |
| 4.香(大)蕉 | 347069 | 8800 | 7585 | 8194 | 96038 | 222883 | 6 | 3563 |
| 5.菠萝 | 5719 | 110 | 63 | 5017 | 373 | 24 | | 132 |
| 6.荔枝 | 114896 | 8173 | 29160 | 35197 | 34964 | 4007 | 1295 | 2100 |
| 7.龙眼 | 67546 | 6801 | 7856 | 21663 | 21026 | 8701 | 299 | 1200 |
| 8.梨 | 368 | | | | | 368 | | |
| 9.柿子 | 2376 | 104 | 7 | 1852 | 78 | 335 | | |
| 10.李子 | 5893 | 376 | 1037 | 1697 | 2148 | 553 | | 82 |
| 11.番石榴 | 9598 | 3584 | 592 | 671 | 4452 | 290 | | 9 |
| 12.芒果 | 19047 | 2652 | 1346 | 6854 | 7816 | 155 | | 224 |
| 13.柚子 | 1527 | 544 | 56 | 341 | 206 | 380 | | |
| 14.杨桃 | 13169 | 194 | 24 | 444 | 807 | 11692 | | 8 |
| 15.火龙果 | 6398 | 1567 | 255 | 482 | 182 | 3900 | | 12 |
| 16.黄皮 | 1411 | | | 138 | 173 | 1100 | | |
| 17.百香果 | 1463 | | 237 | 280 | 446 | 500 | | |
| 18.桃子 | 1821 | | | 289 | 32 | 1500 | | |
| 19.青梅 | 1145 | | | 45 | | 1100 | | |
| 20.其他杂果 | 11926 | 533 | 4166 | 2269 | 2576 | 2350 | | 32 |
| **茶叶面积(亩)** | **35182** | | **1444** | **2485** | **28243** | **3010** | | |
| **茶叶产量(吨)** | **1579** | | **9** | **141** | **1279** | **150** | | |

# 11–15　分县区林业生产情况

(2018年)

| 项　　目 | | 惠州市 | 惠城区 | 惠阳区 | 惠东县 | 博罗县 | 龙门县 | 大亚湾区 | 仲恺区 |
|---|---|---|---|---|---|---|---|---|---|
| **一、营林情况** | | | | | | | | | |
| (一)造林面积 | 亩 | 67698 | 33 | | 62565 | | 5100 | | |
| 人工造林 | 亩 | 62598 | 33 | | 62565 | | | | |
| 无林地和疏林地新封 | 亩 | 5100 | | | | | 5100 | | |
| (二)有林地造林面积 | 亩 | 96665 | | 15000 | 71665 | 10000 | | | |
| 林冠下造林 | 亩 | 11250 | | 10000 | 1250 | | | | |
| 有林地和灌木林地新封 | 亩 | 85415 | | 5000 | 70415 | 10000 | | | |
| (三)更新造林 | 亩 | 25651 | | | 17151 | 8500 | | | |
| (四)四旁(零星)植树 | 株 | 5805762 | 900000 | | 2384362 | 2050000 | 76000 | 153200 | 242200 |
| (五)年末实有封山(沙)育林面积 | 亩 | 763021 | | 5000 | 722921 | 30000 | 5100 | | |
| (六)森林抚育 | | | | | | | | | |
| 低产低效林改造面积 | 亩 | 26545 | 350 | | 1695 | 24500 | | | |
| 未成林抚育作业面积 | 亩次 | 258349 | | 61910 | 12601 | 178850 | | | 4988 |
| 未成林抚育实际面积 | 亩 | 218671 | | 61910 | 1629 | 150144 | | | 4988 |
| 成林抚育面积 | 亩 | 140367 | | | 11460 | 122179 | 6516 | 212 | |
| (七)育苗面积 | 亩 | 7526 | 23 | 300 | 6233 | 310 | 90 | | 570 |
| 其中：本年新增育苗面积 | 亩 | 157 | | 142 | | | 15 | | |
| **二、主要林产品产量** | | | | | | | | | |
| 天然松脂 | 吨 | 169 | 83 | | 6 | 80 | | | |
| 竹笋干 | 吨 | 528 | 76 | | 365 | 32 | 55 | | |
| 板栗 | 吨 | 80 | | | | 80 | | | |
| **三、竹木采伐量** | —— | —— | | | | | | | |
| (一)木材 | 立方米 | 375024 | 46925 | 13972 | 55051 | 186815 | 64594 | | 7667 |
| (二)竹材 | —— | —— | | | | | | | |
| 毛竹 | 根 | 4079200 | 178615 | | 568451 | 3070768 | 261366 | | |
| 小毛竹 | 根 | 2029604 | 197766 | | 243787 | 1588051 | | | |
| 篙竹 | 根 | 1873775 | 771302 | | 240903 | 861570 | | | |
| 厘竹 | 把 | 739236 | 647804 | | 30872 | 60560 | | | |
| 竹篾 | 筒 | 195763 | | | 141526 | 54237 | | | |
| 杂竹 | 吨 | 114847 | 32156 | | 77359 | 5332 | | | |
| 其他 | 吨 | 18523 | | | 1315 | 5122 | 12086 | | |

# 11-15 续表

(2018年)

| 项目 | | 惠州市 | 惠城区 | 惠阳区 | 惠东县 | 博罗县 | 龙门县 | 大亚湾区 | 仲恺区 |
|---|---|---|---|---|---|---|---|---|---|
| **一、营林情况** | | | | | | | | | |
| (一)造林面积 | 亩 | 67698 | 33 | | 62565 | | 5100 | | |
| 人工造林 | 亩 | 62598 | 33 | | 62565 | | | | |
| 无林地和疏林地新封 | 亩 | 5100 | | | | | 5100 | | |
| (二)有林地造林面积 | 亩 | 96665 | | 15000 | 71665 | 10000 | | | |
| 林冠下造林 | 亩 | 11250 | | 10000 | 1250 | | | | |
| 有林地和灌木林地新封 | 亩 | 85415 | | 5000 | 70415 | 10000 | | | |
| (三)更新造林 | 亩 | 25651 | | | 17151 | 8500 | | | |
| (四)四旁(零星)植树 | 株 | 5805762 | 900000 | | 2384362 | 2050000 | 76000 | 153200 | 242200 |
| (五)年末实有封山(沙)育林面积 | 亩 | 763021 | | 5000 | 722921 | 30000 | 5100 | | |
| (六)森林抚育 | | | | | | | | | |
| 低产低效林改造面积 | 亩 | 26545 | 350 | | 1695 | 24500 | | | |
| 未成林抚育作业面积 | 亩次 | 258349 | | 61910 | 12601 | 178850 | | | 4988 |
| 未成林抚育实际面积 | 亩 | 218671 | | 61910 | 1629 | 150144 | | | 4988 |
| **成林抚育面积** | **亩** | **140367** | | | **11460** | **122179** | **6516** | **212** | |
| (七)育苗面积 | 亩 | 7526 | 23 | 300 | 6233 | 310 | 90 | | 570 |
| 其中：本年新增育苗面积 | 亩 | 157 | | 142 | | | 15 | | |
| **二、主要林产品产量** | | | | | | | | | |
| 天然松脂 | 吨 | 169 | 83 | | 6 | 80 | | | |
| 竹笋干 | 吨 | 528 | 76 | | 365 | 32 | 55 | | |
| 板栗 | 吨 | 80 | | | | 80 | | | |
| 三、竹木采伐量 | —— | —— | | | | | | | |
| (一)木材 | 立方米 | 375024 | 46925 | 13972 | 55051 | 186815 | 64594 | | 7667 |
| (二)竹材 | —— | —— | | | | | | | |
| 毛竹 | 根 | 4079200 | 178615 | | 568451 | 3070768 | 261366 | | |
| 小毛竹 | 根 | 2029604 | 197766 | | 243787 | 1588051 | | | |
| 篙竹 | 根 | 1873775 | 771302 | | 240903 | 861570 | | | |
| 厘竹 | 把 | 739236 | 647804 | | 30872 | 60560 | | | |
| 竹篾 | 筒 | 195763 | | | 141526 | 54237 | | | |
| 杂竹 | 吨 | 114847 | 32156 | | 77359 | 5332 | | | |
| 其他 | 吨 | 18523 | | | 1315 | 5122 | 12086 | | |

# 11-16　分县区畜牧业生产情况

(2017年)

| 项　目 | | 惠州市 | 惠城区 | 惠阳区 | 惠东县 | 博罗县 | 龙门县 | 大亚湾区 | 仲恺区 |
|---|---|---|---|---|---|---|---|---|---|
| **牲畜年末存栏情况** | | | | | | | | | |
| 大牲畜年末存栏 | 头 | 68690 | 7778 | 3153 | 25871 | 26764 | 4368 | 270 | 486 |
| 牛 | 头 | 68690 | 7778 | 3153 | 25871 | 26764 | 4368 | 270 | 486 |
| 肉用牛 | 头 | 36259 | 4600 | 2084 | 15365 | 11883 | 1892 | 108 | 327 |
| 山羊年末存栏 | 只 | 21276 | 1578 | 4589 | 8193 | 4581 | 1405 | 191 | 739 |
| 生猪年末存栏 | 头 | 787927 | 167971 | 13447 | 238587 | 308262 | 55878 | 2826 | 957 |
| 活家禽年末存栏 | 只 | 20758651 | 3723013 | 1858752 | 3377744 | 8134039 | 1287417 | 87134 | 2290552 |
| 其中：鸡 | 只 | 15094743 | 2569647 | 1540319 | 2886531 | 6723699 | 1049229 | 48915 | 276403 |
| 鸭 | 只 | 3678975 | 948799 | 206282 | 507789 | 817263 | 222045 | 6474 | 970323 |
| 鹅 | 只 | 1248040 | 139481 | 130625 | 42708 | 612559 | 27190 | | 295477 |
| **牲畜当年出栏情况** | | | | | | | | | |
| 出栏肉猪 | 头 | 1400731 | 312542 | 33119 | 338187 | 624617 | 69134 | 20751 | 2382 |
| 出售和自宰的肉用牛 | 头 | 14463 | 1992 | 1270 | 3061 | 6500 | 1409 | 73 | 158 |
| 出售和自宰的肉用羊 | 只 | 27392 | 1032 | 6121 | 6329 | 12391 | 612 | 327 | 581 |
| 出售和自宰的肉用狗 | 只 | 76818 | 10144 | 312 | 19203 | 39805 | 4202 | | 3152 |
| 出售和自宰的活家禽 | 只 | 55659131 | 6713267 | 6252011 | 8964164 | 27388686 | 4019289 | 243865 | 2077850 |
| 鸡 | 只 | 38499824 | 3953573 | 3730958 | 6787753 | 20217232 | 2818918 | 176688 | 814702 |
| 鸭 | 只 | 11842876 | 2422330 | 2127550 | 1962471 | 3430549 | 1124361 | 66873 | 708742 |
| 鹅 | 只 | 3617048 | 337364 | 393503 | 186254 | 2334647 | 75545 | 304 | 289431 |
| 鸽 | 只 | 1612385 | | | 27686 | 1319259 | 465 | | 264975 |
| 其他家禽 | 只 | 86998 | | | | 86998 | | | |
| **畜牧业主要产品产量** | | | | | | | | | |
| 肉类总产量 | 吨 | 184731 | 33386 | 11139 | 38974 | 85248 | 11131 | 1895 | 2958 |
| 猪肉产量 | 吨 | 106267 | 23711 | 2513 | 25656 | 47386 | 5245 | 1574 | 181 |
| 牛肉产量 | 吨 | 1534 | 211 | 135 | 325 | 690 | 149 | 7 | 17 |
| 羊肉产量 | 吨 | 495 | 23 | 121 | 91 | 233 | 11 | 5 | 11 |
| 家禽肉产量 | 吨 | 74938 | 9204 | 8368 | 12449 | 36309 | 5628 | 309 | 2671 |
| 鸡肉产量 | 吨 | 49186 | 4519 | 6553 | 8518 | 25301 | 3237 | 217 | 841 |
| 鸭肉产量 | 吨 | 17782 | 4026 | 1081 | 3390 | 5955 | 2184 | 92 | 1055 |
| 鹅肉产量 | 吨 | 7606 | 660 | 734 | 534 | 4771 | 207 | | 701 |
| 鸽肉产量 | 吨 | 362 | | | 7 | 280 | | | 75 |
| 其他家禽肉产量 | 吨 | 2 | | | | 2 | | | |
| 其他肉产量 | 吨 | 1492 | 236 | 3 | 452 | 630 | 93 | | 78 |
| 奶类产量 | 吨 | 31434 | 439 | | | 28431 | 2564 | | |
| 天然蜂蜜产量 | 吨 | 1411 | 387 | 16 | 241 | 666 | 89 | | 12 |
| 禽蛋产量 | 吨 | 15719 | 5179 | 478 | 2682 | 4153 | 648 | 5 | 2574 |

## 11-16 续表

(2018年)

| 项目 | | 惠州市 | 惠城区 | 惠阳区 | 惠东县 | 博罗县 | 龙门县 | 大亚湾区 | 仲恺区 |
|---|---|---|---|---|---|---|---|---|---|
| **牲畜年末存栏情况** | | | | | | | | | |
| 大牲畜年末存栏 | 头 | 69189 | 7822 | 4273 | 25519 | 23804 | 6201 | 1093 | 477 |
| 牛 | 头 | 69189 | 7822 | 4273 | 25519 | 23804 | 6201 | 1093 | 477 |
| 肉用牛 | 头 | 37251 | 4570 | 2003 | 15458 | 12565 | 1897 | 437 | 321 |
| 山羊年末存栏 | 只 | 19467 | 1498 | 1527 | 8397 | 5318 | 1426 | 611 | 690 |
| 生猪年末存栏 | 头 | 742608 | 143400 | 6932 | 258864 | 261200 | 59429 | 11908 | 875 |
| 活家禽年末存栏 | 只 | 18696249 | 3577316 | 445369 | 3055953 | 7877486 | 1286768 | 343697 | 2109660 |
| 其中：鸡 | 只 | 13727400 | 2522750 | 267373 | 2690892 | 6692812 | 1079076 | 199337 | 275160 |
| 鸭 | 只 | 2300521 | 908090 | 117486 | 315071 | 606494 | 177442 | 6480 | 169458 |
| 鹅 | 只 | 888774 | 146476 | 60510 | 38081 | 454545 | 29150 | | 160012 |
| **牲畜当年出栏情况** | | | | | | | | | |
| 出栏肉猪 | 头 | 1379004 | 282200 | 38159 | 383807 | 568500 | 79729 | 24736 | 1873 |
| 出售和自宰的肉用牛 | 头 | 15458 | 2112 | 2290 | 3121 | 6283 | 1430 | 82 | 140 |
| 出售和自宰的肉用羊 | 只 | 25801 | 1075 | 3087 | 6556 | 13526 | 623 | 334 | 600 |
| 出售和自宰的肉用狗 | 只 | 70847 | 6360 | 214 | 17642 | 37610 | 4356 | | 4665 |
| 出售和自宰的活家禽 | 只 | 53544084 | 6938971 | 2971682 | 8591023 | 28348732 | 4316146 | 261488 | 2116042 |
| 鸡 | 只 | 36543227 | 4813522 | 2059216 | 6028206 | 19018051 | 3046291 | 172432 | 1405509 |
| 鸭 | 只 | 10528853 | 1746139 | 552861 | 2235882 | 4542020 | 1189262 | 88639 | 174050 |
| 鹅 | 只 | 4215413 | 379310 | 359605 | 210697 | 3063720 | 79852 | 417 | 121812 |
| 鸽 | 只 | 2149877 | | | 116238 | 1618227 | 741 | | 414671 |
| 其他家禽 | 只 | 106714 | | | | 106714 | | | |
| **畜牧业主要产品产量** | | | | | | | | | |
| 肉类总产量 | 吨 | 180389 | 33482 | 6952 | 39882 | 83082 | 11879 | 2107 | 3005 |
| 猪肉产量 | 吨 | 104646 | 23500 | 2547 | 27103 | 44000 | 5615 | 1755 | 126 |
| 牛肉产量 | 吨 | 1670 | 223 | 274 | 332 | 668 | 150 | 7 | 16 |
| 羊肉产量 | 吨 | 471 | 23 | 67 | 94 | 260 | 11 | 5 | 11 |
| 家禽肉产量 | 吨 | 72074 | 9494 | 4061 | 11890 | 37509 | 6008 | 340 | 2772 |
| 鸡肉产量 | 吨 | 47162 | 6212 | 2658 | 7780 | 24544 | 3931 | 223 | 1814 |
| 鸭肉产量 | 吨 | 16396 | 2727 | 815 | 3492 | 6977 | 1868 | 117 | 400 |
| 鹅肉产量 | 吨 | 7950 | 555 | 588 | 590 | 5643 | 209 | | 365 |
| 鸽肉产量 | 吨 | 564 | | | 28 | 343 | | | 193 |
| 其他家禽肉产量 | 吨 | 2 | | | | 2 | | | |
| 其他肉产量 | 吨 | 1523 | 242 | 3 | 463 | 645 | 90 | | 80 |
| 奶类产量 | 吨 | 15270 | | | | 4265 | 11005 | | |
| 天然蜂蜜产量 | 吨 | 1428 | 390 | | 255 | 676 | 92 | | 15 |
| 禽蛋产量 | 吨 | 15693 | 5392 | 314 | 2631 | 4223 | 659 | 7 | 2467 |

# 11-17　分县区渔业生产情况

(2017年)

| 项　目 | | 惠州市 | 惠城区 | 惠阳区 | 惠东县 | 博罗县 | 龙门县 | 大亚湾区 | 仲恺区 |
|---|---|---|---|---|---|---|---|---|---|
| 水产品总产量 | 吨 | 164801 | 20990 | 4632 | 64501 | 28835 | 6441 | 27679 | 11723 |
| 海水产品 | 吨 | 82395 | | | 55179 | | | 27216 | |
| 鱼类 | 吨 | 28161 | | | 19886 | | | 8275 | |
| 鲈鱼 | 吨 | 357 | | | 309 | | | 48 | |
| 大黄鱼 | 吨 | 1142 | | | 1117 | | | 25 | |
| 军曹鱼 | 吨 | 671 | | | 635 | | | 36 | |
| 鰤鱼 | 吨 | 783 | | | 783 | | | | |
| 鲷鱼 | 吨 | 1754 | | | 1212 | | | 542 | |
| 美国红鱼 | 吨 | 1554 | | | 1044 | | | 510 | |
| 石斑鱼 | 吨 | 2615 | | | 1964 | | | 651 | |
| 海鳗 | 吨 | 1223 | | | 848 | | | 375 | |
| 鳓鱼 | 吨 | | | | | | | | |
| 鳀鱼 | 吨 | 989 | | | 451 | | | 538 | |
| 沙丁鱼 | 吨 | 1120 | | | 411 | | | 709 | |
| 蓝圆鲹 | 吨 | 1512 | | | 1122 | | | 390 | |
| 小黄鱼 | 吨 | 1660 | | | 1604 | | | 56 | |
| 带鱼 | 吨 | 608 | | | 545 | | | 63 | |
| 金线鱼 | 吨 | 291 | | | 264 | | | 27 | |
| 梭鱼 | 吨 | | | | | | | | |
| 鲐鱼 | 吨 | 533 | | | 208 | | | 325 | |
| 鲅鱼(马鲛) | 吨 | 893 | | | 628 | | | 265 | |
| 鲳鱼 | 吨 | 1607 | | | 1439 | | | 168 | |
| 马面鲀 | 吨 | 455 | | | 429 | | | 26 | |
| 其他 | 吨 | 8394 | | | 4873 | | | 3521 | |
| 甲壳类 | 吨 | 15660 | | | 14620 | | | 1040 | |
| 对虾 | 吨 | 12480 | | | 12042 | | | 438 | |
| 毛虾 | 吨 | 477 | | | 431 | | | 46 | |
| 鹰爪蟹 | 吨 | 96 | | | 81 | | | 15 | |
| 梭子蟹 | 吨 | 1219 | | | 743 | | | 476 | |
| 青蟹 | 吨 | 636 | | | 583 | | | 53 | |
| 其他 | 吨 | 752 | | | 740 | | | 12 | |
| 贝类 | 吨 | 34933 | | | 19689 | | | 15244 | |
| 鲍鱼 | 吨 | | | | | | | | |
| 螺 | 吨 | 265 | | | 265 | | | | |
| 其他贝类 | 吨 | 34668 | | | 19424 | | | 15244 | |
| 藻类 | 吨 | 372 | | | 362 | | | 10 | |
| 其他类 | 吨 | 3269 | | | 622 | | | 2647 | |

注：2017年数据根据2016年第三次农业普查作了修正。

## 11-17 续表 1

(2017年)

| 项　　目 | | 惠州市 | 惠城区 | 惠阳区 | 惠东县 | 博罗县 | 龙门县 | 大亚湾区 | 仲恺区 |
|---|---|---|---|---|---|---|---|---|---|
| 淡水产品 | 吨 | 82406 | 20990 | 4632 | 9322 | 28835 | 6441 | 463 | 11723 |
| 鱼类 | 吨 | 79460 | 20050 | 4511 | 9136 | 27204 | 6373 | 463 | 11723 |
| 青鱼 | 吨 | 751 | 108 | 13 | 142 | 350 | 5 | | 133 |
| 草鱼(鲩鱼) | 吨 | 20069 | 5439 | 1023 | 1040 | 7120 | 1170 | 68 | 4209 |
| 鲢鱼 | 吨 | 7628 | 1763 | 498 | 170 | 3580 | 745 | 49 | 823 |
| 鳙鱼 | 吨 | 10022 | 2403 | 576 | 688 | 4050 | 772 | 61 | 1472 |
| 鲤鱼 | 吨 | 4889 | 1358 | 225 | 257 | 1820 | 556 | 41 | 632 |
| 鲫鱼 | 吨 | 5144 | 1503 | 303 | 592 | 1580 | 364 | 18 | 784 |
| 鳊鱼(鲂鱼) | 吨 | 23 | 9 | | 6 | | 8 | | |
| 泥鳅 | 吨 | 10 | | | 7 | | | | 3 |
| 黄颡鱼 | 吨 | 90 | 90 | | | | | | |
| 短盖巨脂鲤(淡水白鲳) | 吨 | 1968 | 23 | 28 | 445 | 820 | 652 | | |
| 鳜鱼(桂花鱼) | 吨 | 1804 | 39 | | 245 | 1520 | | | |
| 鲈鱼(加州鲈鱼) | 吨 | 808 | 27 | | 256 | 520 | | 5 | |
| 乌鳢(生鱼) | 吨 | 469 | 45 | 33 | 391 | | | | |
| 罗非鱼 | 吨 | 19848 | 6036 | 1523 | 2372 | 4736 | 1625 | 218 | 3338 |
| 鲟鱼 | 吨 | 21 | 20 | | 1 | | | | |
| 鳗鲡(鳗鱼) | 吨 | 1635 | 738 | | 187 | 260 | 450 | | |
| 鲮鱼 | 吨 | 1242 | 325 | | 527 | 390 | | | |
| 其他 | 吨 | 3039 | 124 | 289 | 1810 | 458 | 26 | 3 | 329 |
| 虾蟹类 | 吨 | 131 | 17 | 25 | 24 | 25 | 40 | | |
| 优质虾 | 吨 | 75 | 12 | 25 | 13 | 25 | | | |
| 其他虾 | 吨 | 56 | 5 | | 11 | | 40 | | |
| 优质蟹 | 吨 | | | | | | | | |
| 其他蟹 | 吨 | | | | | | | | |
| 贝类 | 吨 | 276 | 16 | | | 232 | 28 | | |
| 其他类 | 吨 | 2539 | 907 | 96 | 162 | 1374 | | | |

注：2017年数据根据2016年第三次农业普查作了修正。

## 11-17 续表 2

(2018年)

| 项　　目 | | 惠州市 | 惠城区 | 惠阳区 | 惠东县 | 博罗县 | 龙门县 | 大亚湾区 | 仲恺区 |
|---|---|---|---|---|---|---|---|---|---|
| 水产品总产量 | 吨 | 158055 | 21837 | 4926 | 62810 | 30690 | 6576 | 19546 | 11670 |
| 海水产品 | 吨 | 72783 | | 70 | 53510 | | | 19203 | |
| 鱼类 | 吨 | 25857 | | 60 | 18822 | | | 6975 | |
| 鲈鱼 | 吨 | 353 | | | 308 | | | 45 | |
| 大黄鱼 | 吨 | 1103 | | | 1079 | | | 24 | |
| 军曹鱼 | 吨 | 665 | | | 633 | | | 32 | |
| 鲕鱼 | 吨 | 780 | | | 780 | | | | |
| 鲷鱼 | 吨 | 1836 | | | 1165 | | | 671 | |
| 美国红鱼 | 吨 | 1515 | | | 1026 | | | 489 | |
| 石斑鱼 | 吨 | 2847 | | 60 | 1888 | | | 899 | |
| 海鳗 | 吨 | 1132 | | | 764 | | | 368 | |
| 鳓鱼 | 吨 | | | | | | | | |
| 鳀鱼 | 吨 | 909 | | | 406 | | | 503 | |
| 沙丁鱼 | 吨 | 1067 | | | 370 | | | 697 | |
| 蓝圆鲹 | 吨 | 1359 | | | 1011 | | | 348 | |
| 小黄鱼 | 吨 | 1509 | | | 1456 | | | 53 | |
| 带鱼 | 吨 | 578 | | | 491 | | | 87 | |
| 金线鱼 | 吨 | 265 | | | 240 | | | 25 | |
| 梭鱼 | 吨 | | | | | | | | |
| 鲐鱼 | 吨 | 493 | | | 188 | | | 305 | |
| 鲅鱼(马鲛) | 吨 | 817 | | | 566 | | | 251 | |
| 鲳鱼 | 吨 | 1467 | | | 1302 | | | 165 | |
| 马面鲀 | 吨 | 412 | | | 387 | | | 25 | |
| 其他 | 吨 | 6750 | | | 4762 | | | 1988 | |
| 甲壳类 | 吨 | 15083 | | 10 | 14101 | | | 972 | |
| 对虾 | 吨 | 12058 | | 10 | 11874 | | | 174 | |
| 毛虾 | 吨 | 425 | | | 390 | | | 35 | |
| 鹰爪蟹 | 吨 | 86 | | | 73 | | | 13 | |
| 梭子蟹 | 吨 | 1150 | | | 698 | | | 452 | |
| 青蟹 | 吨 | 631 | | | 580 | | | 51 | |
| 其他 | 吨 | 733 | | | 486 | | | 247 | |
| 贝类 | 吨 | 28321 | | | 19413 | | | 8908 | |
| 鲍鱼 | 吨 | | | | | | | | |
| 螺 | 吨 | 264 | | | 264 | | | | |
| 其他贝类 | 吨 | 28057 | | | 19149 | | | 8908 | |
| 藻类 | 吨 | 367 | | | 359 | | | 8 | |
| 其他类 | 吨 | 3155 | | | 815 | | | 2340 | |

## 11-17 续表 3

(2018年)

| 项目 | | 惠州市 | 惠城区 | 惠阳区 | 惠东县 | 博罗县 | 龙门县 | 大亚湾区 | 仲恺区 |
|---|---|---|---|---|---|---|---|---|---|
| 淡水产品 | 吨 | 85272 | 21837 | 4856 | 9300 | 30690 | 6576 | 343 | 11670 |
| 鱼类 | 吨 | 82102 | 20802 | 4681 | 9115 | 28958 | 6533 | 343 | 11670 |
| 青鱼 | 吨 | 775 | 112 | 12 | 142 | 370 | 5 | | 134 |
| 草鱼(鲩鱼) | 吨 | 21273 | 5706 | 1248 | 1045 | 7820 | 1170 | 51 | 4233 |
| 鲢鱼 | 吨 | 8011 | 1822 | 535 | 173 | 3870 | 745 | 30 | 836 |
| 鳙鱼 | 吨 | 10319 | 2462 | 609 | 689 | 4340 | 772 | 48 | 1399 |
| 鲤鱼 | 吨 | 5111 | 1400 | 262 | 258 | 1950 | 556 | 29 | 656 |
| 鲫鱼 | 吨 | 5372 | 1561 | 353 | 593 | 1700 | 364 | 15 | 786 |
| 鳊鱼(鲂鱼) | 吨 | 23 | 9 | | 6 | | 8 | | |
| 泥鳅 | 吨 | 10 | | | 7 | | | | 3 |
| 黄颡鱼 | 吨 | 85 | 85 | | | | | | |
| 短盖巨脂鲤(淡水白鲳) | 吨 | 2026 | 26 | 20 | 446 | 882 | 652 | | |
| 鳜鱼(桂花鱼) | 吨 | 1917 | 42 | | 245 | 1630 | | | |
| 鲈鱼(加州鲈鱼) | 吨 | 853 | 32 | | 256 | 560 | | 5 | |
| 乌鳢(生鱼) | 吨 | 470 | 45 | 33 | 359 | | | | 33 |
| 罗非鱼 | 吨 | 20015 | 6107 | 1499 | 2400 | 4720 | 1785 | 165 | 3339 |
| 鲟鱼 | 吨 | 471 | 20 | | 1 | | 450 | | |
| 鳗鲡(鳗鱼) | 吨 | 1216 | 759 | | 187 | 270 | | | |
| 鲮鱼 | 吨 | 1532 | 381 | 20 | 531 | 600 | | | |
| 其他 | 吨 | 2623 | 233 | 90 | 1777 | 246 | 26 | | 251 |
| 虾蟹类 | 吨 | 146 | 20 | 50 | 23 | 38 | 15 | | |
| 优质虾 | 吨 | 88 | 18 | 50 | 20 | | | | |
| 其他虾 | 吨 | 58 | 2 | | 3 | 38 | 15 | | |
| 优质蟹 | 吨 | | | | | | | | |
| 其他蟹 | 吨 | | | | | | | | |
| 贝类 | 吨 | 277 | 17 | | | 232 | 28 | | |
| 其他类 | 吨 | 2747 | 998 | 125 | 162 | 1462 | | | |
| 观赏鱼 | 千条 | 103108 | 31900 | 1728 | 100 | 2276 | 120 | | 66984 |

## 11-18 分县区农业总产值中间消耗及增加值

(2017年) 单位:万元

| 项目 | 惠州市 | 惠城区 | 惠阳区 | 惠东县 | 博罗县 | 龙门县 | 大亚湾区 | 仲恺区 |
|---|---|---|---|---|---|---|---|---|
| **农林牧渔业总产值合计** | **2665497** | **330774** | **251295** | **713436** | **857160** | **390601** | **28388** | **94423** |
| 农业 | 1845257 | 212751 | 215240 | 458067 | 545205 | 338819 | 4250 | 70925 |
| 林业 | 57083 | 7266 | 1983 | 17495 | 24599 | 5303 | 75 | 362 |
| 牧业 | 498288 | 85857 | 29566 | 97504 | 241137 | 29942 | 4494 | 10254 |
| 渔业 | 225972 | 23535 | 4187 | 125640 | 36678 | 7359 | 17865 | 10707 |
| 农林牧渔服务业 | 38897 | 1364 | 319 | 14730 | 9542 | 9178 | 1705 | 2175 |
| **农林牧渔业生产中间消耗** | **983702** | **125610** | **86753** | **265527** | **329440** | **134224** | **11812** | **33652** |
| 农业 | 589421 | 67958 | 68753 | 148734 | 174152 | 108227 | 1358 | 22655 |
| 林业 | 23042 | 2933 | 800 | 7647 | 9929 | 2141 | 30 | 146 |
| 牧业 | 258711 | 44577 | 15351 | 50625 | 125198 | 15546 | 2333 | 5324 |
| 渔业 | 89688 | 9341 | 1662 | 49867 | 14557 | 2921 | 7091 | 4250 |
| 农林牧渔服务业 | 22840 | 801 | 187 | 8654 | 5603 | 5389 | 1001 | 1277 |
| **农业增加值** | **1681794** | **205164** | **164542** | **447909** | **527720** | **256377** | **16576** | **60771** |
| 农业 | 1255836 | 144793 | 146487 | 309333 | 371053 | 230592 | 2892 | 48270 |
| 林业 | 34041 | 4333 | 1182 | 9848 | 14669 | 3162 | 45 | 216 |
| 牧业 | 239577 | 41280 | 14215 | 46880 | 115939 | 14396 | 2161 | 4930 |
| 渔业 | 136284 | 14194 | 2525 | 75773 | 22120 | 4438 | 10774 | 6458 |
| 农林牧渔服务业 | 16057 | 563 | 132 | 6076 | 3939 | 3789 | 704 | 898 |

注：2017年数据根据2016年第三次农业普查作了修正。

## 11-18 续表

(2018年) 单位:万元

| 项　目 | 惠州市 | 惠城区 | 惠阳区 | 惠东县 | 博罗县 | 龙门县 | 大亚湾区 | 仲恺区 |
|---|---|---|---|---|---|---|---|---|
| **农林牧渔业总产值合计** | **2802855** | **353402** | **262763** | **728966** | **860584** | **424903** | **29607** | **105420** |
| 农业 | 1982514 | 230499 | 237641 | 474490 | 572542 | 362668 | 5402 | 74352 |
| 林业 | 58662 | 6955 | 1630 | 18272 | 25312 | 5749 | 77 | 792 |
| 牧业 | 467348 | 87028 | 18019 | 94882 | 212479 | 39322 | 5033 | 10401 |
| 渔业 | 251419 | 27512 | 5153 | 124853 | 39985 | 7529 | 17389 | 16765 |
| 农林牧渔服务业 | 42912 | 1408 | 320 | 16468 | 10266 | 9635 | 1705 | 3110 |
| **农林牧渔业生产中间消耗** | **1024577** | **133366** | **89471** | **270547** | **325319** | **147228** | **12273** | **37950** |
| 农业 | 633264 | 73627 | 77169 | 154067 | 182884 | 115845 | 1726 | 23750 |
| 林业 | 23679 | 2807 | 712 | 7987 | 10217 | 2320 | 31 | 320 |
| 牧业 | 242647 | 45185 | 9356 | 49263 | 110319 | 20416 | 2613 | 5400 |
| 渔业 | 99788 | 10919 | 2046 | 49555 | 15870 | 2988 | 6902 | 6654 |
| 农林牧渔服务业 | 25198 | 827 | 188 | 9675 | 6028 | 5658 | 1001 | 1826 |
| **农业增加值** | **1778279** | **220036** | **173292** | **458419** | **535265** | **277675** | **17334** | **67470** |
| 农业 | 1349250 | 156872 | 160471 | 320423 | 389658 | 246823 | 3677 | 50602 |
| 林业 | 34983 | 4148 | 917 | 10285 | 15095 | 3428 | 46 | 472 |
| 牧业 | 224701 | 41843 | 8664 | 45619 | 102160 | 18906 | 2420 | 5001 |
| 渔业 | 151631 | 16592 | 3108 | 75299 | 24115 | 4541 | 10487 | 10111 |
| 农林牧渔服务业 | 17714 | 581 | 132 | 6793 | 4238 | 3977 | 704 | 1284 |

# 11-19 分县区农业总产值

(2017年，按生产价格计算)　　　　单位：万元

| 项　　目 | 惠州市 | 惠城区 | 惠阳区 | 惠东县 | 博罗县 | 龙门县 | 大亚湾区 | 仲恺区 |
|---|---|---|---|---|---|---|---|---|
| 农林牧渔业总产值合计 | 2665497 | 330774 | 251295 | 713436 | 857160 | 390601 | 28388 | 94423 |
| 农业产值小计 | 1845257 | 212751 | 215240 | 458067 | 545205 | 338819 | 4250 | 70925 |
| 谷物及其他作物 | 287844 | 39782 | 21564 | 97361 | 77129 | 44248 | 928 | 6830 |
| 谷物 | 176414 | 27741 | 12879 | 50767 | 47095 | 31655 | 287 | 5990 |
| 薯类 | 34787 | 1347 | 761 | 26608 | 3363 | 2243 | 431 | 35 |
| 豆类 | 3337 | 910 | 215 | 869 | 689 | 638 |  | 14 |
| 油料 | 42673 | 6656 | 5110 | 11721 | 14313 | 4443 | 131 | 298 |
| 甘蔗 | 7253 | 208 |  | 853 | 5322 | 832 | 29 | 9 |
| 其他农作物 | 3886 | 111 | 1236 | 228 | 1229 | 1081 |  |  |
| 农作物副产品 | 19495 | 2808 | 1363 | 6315 | 5118 | 3355 | 51 | 485 |
| 蔬菜及食用菌、花卉及盆景 | 1158177 | 153335 | 170582 | 292599 | 365608 | 113983 | 2301 | 59770 |
| 蔬菜 | 1131300 | 141962 | 169877 | 285529 | 361012 | 112451 | 2301 | 58169 |
| 食用菌(干鲜混合) | 18127 | 8406 | 670 | 6634 | 1158 | 1258 |  |  |
| 花卉(鲜切花) | 252 | 113 | 29 | 6 | 68 |  |  | 36 |
| 盆景及园艺产品 | 8498 | 2853 | 6 | 430 | 3370 | 274 |  | 1566 |
| 水果、坚果、茶和香料 | 399044 | 19584 | 23095 | 68107 | 102326 | 180588 | 1021 | 4325 |
| 水果 | 396867 | 19584 | 23085 | 67405 | 101350 | 180166 | 1021 | 4255 |
| 食用坚果 | 118 |  |  |  | 118 |  |  |  |
| 茶及其他饮料 | 2059 |  | 10 | 702 | 858 | 422 |  | 70 |
| 中草药材 | 192 | 50 |  |  | 142 |  |  |  |
| 林业产值小计 | 57083 | 7266 | 1983 | 17495 | 24599 | 5303 | 75 | 362 |
| 林木的培育和种植 | 12442 | 520 | 757 | 6471 | 4114 | 293 | 75 | 211 |
| 育苗面积 | 1244 | 4 | 30 | 1062 | 60 | 17 |  | 71 |
| 荒山荒(沙)地造林造林面积 | 2547 | 1 |  | 2301 | 84 | 161 |  |  |
| 抚育和管理 | 8650 | 515 | 727 | 3109 | 3970 | 114 | 75 | 140 |
| 木材竹材采运(全社会) | 35160 | 5618 | 1226 | 6789 | 16602 | 4774 |  | 151 |
| 木材采运 | 25849 | 3659 | 1226 | 3554 | 12710 | 4550 |  | 151 |
| 竹材采运 | 9311 | 1959 |  | 3236 | 3891 | 225 |  |  |

注：2017年数据根据2016年第三次农业普查作了修正。

## 11-19 续表 1

(2017年，按生产价格计算)　　单位：万元

| 项　　目 | 惠州市 | 惠城区 | 惠阳区 | 惠东县 | 博罗县 | 龙门县 | 大亚湾区 | 仲恺区 |
|---|---|---|---|---|---|---|---|---|
| 林产品 | 9481 | 1128 | | 4234 | 3883 | 236 | | |
| 天然松脂 | 109 | 52 | | 3 | 54 | | | |
| 竹笋干 | 2072 | 300 | | 1399 | 137 | 236 | | |
| 野生植物的采集 | 7299 | 775 | | 2832 | 3692 | | | |
| 牧业产值小计 | 498288 | 85857 | 29566 | 97504 | 241137 | 29942 | 4494 | 10254 |
| 牲畜的饲养 | 33766 | 1158 | 962 | 1452 | 27343 | 2707 | 44 | 103 |
| 牛的饲养(出栏 毛重) | 4990 | 686 | 438 | 1057 | 2245 | 485 | 23 | 54 |
| 羊的饲养(出栏 毛重) | 2144 | 100 | 524 | 394 | 1010 | 49 | 22 | 49 |
| 奶产品 | 26633 | 372 | | | 24088 | 2172 | | |
| 猪的饲养(出栏 毛重) | 247387 | 55198 | 5850 | 59726 | 110313 | 12210 | 3664 | 420 |
| 家禽的饲养 | 208218 | 27948 | 22702 | 34443 | 99324 | 14514 | 785 | 9417 |
| 禽肉(毛重) | 192635 | 22297 | 22230 | 31785 | 95199 | 13874 | 785 | 6468 |
| 禽蛋 | 15583 | 5651 | 472 | 2658 | 4126 | 640 | | 2949 |
| 其他动物饲养(出栏 毛重) | 5229 | 688 | 10 | 1319 | 2201 | 290 | | 274 |
| 其他动物产品 | 3686 | 864 | 43 | 564 | 1955 | 221 | | 39 |
| 捕猎野禽、野畜 | 1 | | | | 1 | | | |
| 渔业产值小计 | 225972 | 23535 | 4187 | 125640 | 36678 | 7359 | 17865 | 10707 |
| 海水产品 | 132019 | | | 114532 | | | 17486 | |
| 鱼类 | 56948 | | | 45487 | | | 11461 | |
| 虾蟹类 | 67375 | | | 64285 | | | 3090 | |
| 贝类 | 6436 | | | 4396 | | | 2040 | |
| 藻类 | 160 | | | 156 | | | 4 | |
| 其他类(包括鱿鱼) | 1100 | | | 209 | | | 891 | |
| 淡水产品 | 93953 | 23535 | 4187 | 11108 | 36678 | 7359 | 379 | 10707 |
| 鱼类 | 87640 | 21348 | 3911 | 10687 | 33297 | 7312 | 379 | 10707 |
| 虾蟹类 | 199 | 28 | 48 | 36 | 48 | 39 | | |
| 贝类 | 82 | 5 | | | 69 | 8 | | |
| 其他类 | 6031 | 2154 | 228 | 385 | 3264 | | | |
| 农林牧渔服务业产值 | 38897 | 1364 | 319 | 14730 | 9542 | 9178 | 1705 | 2175 |

注：2017年数据根据2016年第三次农业普查作了修正。

## 11-19 续表 2

(2018年，按生产价格计算)　　单位：万元

| 项　　目 | 惠州市 | 惠城区 | 惠阳区 | 惠东县 | 博罗县 | 龙门县 | 大亚湾区 | 仲恺区 |
|---|---|---|---|---|---|---|---|---|
| 农林牧渔业总产值合计 | 2802855 | 353402 | 262763 | 728966 | 860584 | 424903 | 29607 | 105420 |
| 农业产值小计 | 1982514 | 230499 | 237641 | 474490 | 572542 | 362668 | 5402 | 74352 |
| 谷物及其他作物 | 273655 | 37311 | 22603 | 95968 | 76804 | 43230 | 1406 | 6390 |
| 谷物 | 165946 | 24219 | 12302 | 49685 | 46807 | 29882 | 295 | 5646 |
| 薯类 | 36378 | 2536 | 2804 | 25818 | 3324 | 3241 | 882 | 21 |
| 豆类 | 3188 | 915 | 288 | 872 | 732 | 565 |  | 7 |
| 油料 | 38785 | 6789 | 4563 | 12278 | 14650 | 4496 | 134 | 266 |
| 甘蔗 | 7353 | 214 |  |  | 5016 | 847 | 29 | 2 |
| 其他农作物 | 3183 | 108 | 1301 | 223 | 1197 | 1071 |  |  |
| 农作物副产品 | 18823 | 2530 | 1344 | 4421 | 5079 | 3129 | 67 | 448 |
| 蔬菜及食用菌、花卉及盆景 | 1231366 | 167670 | 172638 | 318363 | 388676 | 123666 | 2564 | 62227 |
| 蔬菜 | 1203014 | 155014 | 171909 | 310136 | 384647 | 122098 | 2564 | 60671 |
| 食用菌(干鲜混合) | 19569 | 9676 | 709 | 7468 | 538 | 1285 |  |  |
| 花卉(鲜切花) | 244 | 115 | 18 | 7 | 68 |  |  | 32 |
| 盆景及园艺产品 | 8538 | 2865 | 2 | 752 | 3423 | 283 |  | 1525 |
| 水果、坚果、茶和香料 | 473506 | 25468 | 42400 | 56031 | 106866 | 194350 | 1433 | 5736 |
| 水果 | 467125 | 25468 | 42362 | 55274 | 102573 | 193725 | 1433 | 5653 |
| 食用坚果 | 118 |  |  |  | 118 |  |  |  |
| 茶及其他饮料 | 6263 |  | 38 | 757 | 4174 | 626 |  | 83 |
| 中草药材 | 3988 | 49 |  | 4128 | 195 | 1421 |  |  |
| 林业产值小计 | 58662 | 6955 | 1630 | 18272 | 25312 | 5749 | 77 | 792 |
| 林木的培育和种植 | 12578 | 459 | 646 | 6543 | 4311 | 287 | 77 | 252 |
| 育苗面积 | 1502 | 4 | 57 | 1183 | 59 | 17 |  | 108 |
| 荒山荒(沙)地造林造林面积 | 2303 | 1 |  | 2168 |  | 173 |  |  |
| 抚育和管理 | 8773 | 453 | 589 | 3193 | 4252 | 97 | 77 | 144 |
| 木材竹材采运(全社会) | 36331 | 5338 | 984 | 7195 | 17133 | 5225 |  | 540 |
| 木材采运 | 26471 | 3304 | 984 | 3911 | 13273 | 4547 |  | 540 |
| 竹材采运 | 9860 | 2034 |  | 3284 | 3860 | 678 |  |  |

## 11-19 续表3

(2018年，按生产价格计算)　　　　单位：万元

| 项　　目 | 惠州市 | 惠城区 | 惠阳区 | 惠东县 | 博罗县 | 龙门县 | 大亚湾区 | 仲恺区 |
|---|---|---|---|---|---|---|---|---|
| 林产品 | 9753 | 1158 | | 4534 | 3869 | 236 | | |
| 天然松脂 | 118 | 56 | | 5 | 61 | | | |
| 竹笋干 | 2264 | 326 | | 1563 | 137 | 236 | | |
| 野生植物的采集 | 7371 | 777 | | 2966 | 3670 | | | |
| 牧业产值小计 | 467348 | 87028 | 18019 | 94882 | 212479 | 39322 | 5033 | 10401 |
| 牲畜的饲养 | 20091 | 825 | 1182 | 1520 | 6914 | 9860 | 44 | 100 |
| 牛的饲养(出栏 毛重) | 5172 | 726 | 891 | 1104 | 2173 | 488 | 23 | 52 |
| 羊的饲养(出栏 毛重) | 1981 | 100 | 290 | 416 | 1127 | 48 | 22 | 48 |
| 奶产品 | 12938 | | | | 3614 | 9324 | | |
| 猪的饲养(出栏 毛重) | 237963 | 55299 | 5993 | 56609 | 91901 | 13213 | 4130 | 297 |
| 家禽的饲养 | 201740 | 29450 | 10844 | 35178 | 109796 | 15820 | 859 | 9768 |
| 禽肉(毛重) | 185442 | 24111 | 10531 | 32135 | 104949 | 15169 | 852 | 7275 |
| 禽蛋 | 16299 | 5339 | 313 | 3042 | 4847 | 651 | 7 | 2492 |
| 其他动物饲养(出栏 毛重) | 3720 | 494 | | 967 | 1880 | 201 | | 188 |
| 其他动物产品 | 3834 | 960 | | 609 | 1988 | 229 | | 49 |
| 捕猎野禽、野畜 | 1 | | | | 1 | | | |
| 渔业产值小计 | 251419 | 27512 | 5153 | 124853 | 39985 | 7529 | 17389 | 16765 |
| 海水产品 | 133614 | | 427 | 113356 | | | 17106 | |
| 鱼类 | 60886 | | 377 | 45538 | | | 12817 | |
| 虾蟹类 | 65764 | | 49 | 62955 | | | 2306 | |
| 贝类 | 5746 | | | 4432 | | | 1192 | |
| 藻类 | 158 | | | 158 | | | 3 | |
| 其他类(包括鱿鱼) | 1060 | | | 273 | | | 788 | |
| 淡水产品 | 117805 | 27512 | 4727 | 11498 | 39985 | 7529 | 284 | 16765 |
| 鱼类 | 94602 | 22172 | 4178 | 11005 | 36198 | 7496 | 284 | 10736 |
| 虾蟹类 | 237 | 37 | 97 | 42 | 39 | 15 | | |
| 贝类 | 84 | 5 | | | 70 | 8 | | |
| 其他类 | 6555 | 2427 | 297 | 393 | 3473 | | | |
| 农林牧渔服务业产值 | 42912 | 1408 | 320 | 16468 | 10266 | 9635 | 1705 | 3110 |

# 11-20　建国以来农村经济主要指标

| 年份 | 农林牧渔业总产值(现价，万元) | 种植业 | 林业 | 牧业 | 渔业 | 农林牧渔服务业 |
|---|---|---|---|---|---|---|
| 1949 | 12705 | 6968 | 693 | 2486 | 826 | |
| 1950 | 13432 | 7367 | 733 | 2629 | 873 | |
| 1951 | 14199 | 7810 | 766 | 2778 | 916 | |
| 1952 | 15364 | 8437 | 824 | 3007 | 1004 | |
| 1953 | 15942 | 8743 | 853 | 3119 | 1051 | |
| 1954 | 22899 | 12530 | 1245 | 4462 | 1520 | |
| 1955 | 25142 | 13759 | 1355 | 4924 | 1664 | |
| 1956 | 26352 | 14359 | 1431 | 5136 | 1789 | |
| 1957 | 26177 | 14392 | 1400 | 5110 | 1708 | |
| 1958 | 25866 | 14123 | 1398 | 5058 | 1734 | |
| 1959 | 22840 | 12436 | 1292 | 4392 | 1546 | |
| 1960 | 26573 | 14482 | 1462 | 5155 | 1800 | |
| 1961 | 25034 | 13821 | 1326 | 4859 | 1624 | |
| 1962 | 43669 | 24119 | 2290 | 8525 | 2817 | |
| 1963 | 31129 | 17412 | 1583 | 6095 | 1899 | |
| 1964 | 37872 | 21320 | 1902 | 7404 | 2247 | |
| 1965 | 43499 | 24218 | 2227 | 8514 | 2712 | |
| 1966 | 38315 | 21418 | 1962 | 7514 | 2326 | |
| 1967 | 42563 | 23634 | 2199 | 8370 | 2657 | |
| 1968 | 41459 | 23041 | 2110 | 8192 | 2580 | |
| 1969 | 46045 | 25484 | 2395 | 9074 | 2905 | |
| 1970 | 49463 | 27150 | 2601 | 9714 | 3261 | |
| 1971 | 52312 | 28755 | 2799 | 10212 | 3416 | |
| 1972 | 53530 | 29456 | 2804 | 10472 | 3512 | |
| 1973 | 51640 | 28401 | 2683 | 10111 | 3412 | |
| 1974 | 58208 | 32184 | 3009 | 11369 | 3761 | |
| 1975 | 57178 | 31816 | 2959 | 11155 | 3569 | |
| 1976 | 58193 | 32216 | 3015 | 11380 | 3723 | |
| 1977 | 57546 | 31959 | 3005 | 11204 | 3622 | |
| 1978 | 55841 | 31106 | 2899 | 10797 | 3506 | |
| 1979 | 52915 | 29691 | 2732 | 10207 | 3209 | |
| 1980 | 60279 | 33546 | 3127 | 11704 | 3782 | |
| 1981 | 72952 | 40730 | 3635 | 14369 | 4509 | |

## 11-20 续表

| 年份 | 农林牧渔业总产值(现价，万元) | 种植业 | 林业 | 牧业 | 渔业 | 农林牧渔服务业 |
|---|---|---|---|---|---|---|
| 1982 | 77835 | 43094 | 4035 | 15411 | 4875 | |
| 1983 | 76150 | 41934 | 4006 | 15025 | 4896 | |
| 1984 | 82904 | 45806 | 4219 | 16625 | 5209 | |
| 1985 | 95278 | 52793 | 4795 | 19101 | 5933 | |
| 1986 | 107372 | 59022 | 5472 | 21398 | 7003 | |
| 1987 | 135703 | 74294 | 6984 | 27037 | 8998 | |
| 1988 | 196082 | 95186 | 15150 | 47794 | 20690 | |
| 1989 | 230843 | 110403 | 15657 | 55105 | 27764 | |
| 1990 | 268284 | 134302 | 15274 | 58856 | 33409 | |
| 1991 | 287542 | 139153 | 14231 | 63366 | 36836 | |
| 1992 | 331212 | 160860 | 18607 | 77703 | 41874 | |
| 1993 | 391338 | 167386 | 20371 | 98870 | 59602 | |
| 1994 | 525417 | 254602 | 21628 | 120224 | 80735 | |
| 1995 | 643321 | 316017 | 25894 | 150382 | 93909 | |
| 1996 | 759760 | 366205 | 30339 | 181365 | 120842 | |
| 1997 | 906714 | 417226 | 34755 | 211401 | 184878 | |
| 1998 | 925217 | 463751 | 38755 | 148648 | 209021 | |
| 1999 | 980799 | 469682 | 42111 | 179641 | 217202 | |
| 2000 | 1046334 | 504524 | 42387 | 200616 | 218164 | |
| 2001 | 1111067 | 533386 | 46308 | 215692 | 229664 | |
| 2002 | 1090562 | 619036 | 43993 | 230270 | 189237 | |
| 2003 | 1147530 | 637159 | 46944 | 254940 | 198619 | |
| 2004 | 1233420 | 676134 | 44608 | 285223 | 217930 | |
| 2005 | 1207354 | 625596 | 44895 | 301468 | 205330 | 30065 |
| 2006 | 1122642 | 691333 | 16290 | 280704 | 116426 | 17888 |
| 2007 | 1285506 | 765302 | 22309 | 350490 | 128026 | 19378 |
| 2008 | 1493311 | 883971 | 22567 | 428472 | 136156 | 22145 |
| 2009 | 1479131 | 900622 | 21389 | 393669 | 140629 | 22822 |
| 2010 | 1663043 | 1053896 | 34254 | 397941 | 149594 | 27358 |
| 2011 | 1898693 | 1185396 | 43630 | 472631 | 165385 | 31652 |
| 2012 | 2017964 | 1295721 | 46718 | 461438 | 179294 | 34793 |
| 2013 | 2177724 | 1460079 | 46531 | 449236 | 183284 | 38594 |
| 2014 | 2286087 | 1559539 | 49683 | 438218 | 197456 | 41190 |
| 2015 | 2452981 | 1690488 | 48466 | 466108 | 202987 | 44931 |
| 2016 | 2775150 | 1933287 | 55388 | 519643 | 215632 | 51200 |
| 2017 | 2665497 | 1845257 | 57083 | 498288 | 225972 | 38897 |
| 2018 | 2802855 | 1982514 | 58662 | 467348 | 251419 | 42912 |

注：1．从2005年起使用现价，不使用不变价，产值指数使用缩减指数；
2．2005年起增加农林牧渔服务业产值。
3．2017年数据根据2016年第三次农业普查作了修正。

# 11-21 建国以来农村经济主要指标

| 年份 | 农林牧渔业总产值(不变价，万元) | 种植业 | 林业 | 牧业 | 渔业 | 农林牧渔服务业 |
|---|---|---|---|---|---|---|
| 1949 | 31934 | 17772 | 1763 | 6115 | 1967 | |
| 1950 | 41539 | 22783 | 2267 | 8129 | 2699 | |
| 1951 | 44769 | 24624 | 2414 | 8759 | 2889 | |
| 1952 | 49709 | 27298 | 2664 | 9728 | 3247 | |
| 1953 | 52610 | 28854 | 2813 | 10294 | 3467 | |
| 1954 | 58674 | 32107 | 3189 | 11434 | 3896 | |
| 1955 | 61204 | 33495 | 3299 | 11986 | 4052 | |
| 1956 | 66222 | 36083 | 3596 | 12906 | 4496 | |
| 1957 | 63606 | 34971 | 3401 | 12417 | 4151 | |
| 1958 | 63189 | 34505 | 3414 | 12357 | 4237 | |
| 1959 | 54072 | 29440 | 3057 | 10397 | 3660 | |
| 1960 | 59304 | 32322 | 3264 | 11504 | 4018 | |
| 1961 | 55211 | 30480 | 2924 | 10715 | 3581 | |
| 1962 | 59561 | 32897 | 3123 | 11627 | 3842 | |
| 1963 | 59293 | 33164 | 3016 | 11609 | 3616 | |
| 1964 | 69144 | 38923 | 3472 | 13516 | 4101 | |
| 1965 | 83655 | 46575 | 4283 | 16375 | 5216 | |
| 1966 | 83299 | 46565 | 4265 | 16336 | 5056 | |
| 1967 | 88753 | 49283 | 4584 | 17454 | 5540 | |
| 1968 | 86565 | 48109 | 4406 | 17105 | 5387 | |
| 1969 | 93188 | 51576 | 4847 | 18363 | 5878 | |
| 1970 | 99269 | 54489 | 5221 | 19495 | 6544 | |
| 1971 | 106881 | 58750 | 5718 | 20864 | 6978 | |
| 1972 | 104433 | 57465 | 5470 | 20430 | 6852 | |
| 1973 | 99139 | 54523 | 5151 | 19411 | 6549 | |
| 1974 | 109119 | 60333 | 5640 | 21313 | 7051 | |
| 1975 | 105291 | 58587 | 5449 | 20542 | 6573 | |
| 1976 | 108904 | 60289 | 5642 | 21296 | 6967 | |
| 1977 | 115509 | 64151 | 6032 | 22489 | 7270 | |
| 1978 | 113175 | 62766 | 5958 | 22104 | 7108 | |
| 1979 | 107381 | 59985 | 5650 | 20863 | 6522 | |
| 1980 | 122226 | 67708 | 6445 | 23912 | 7694 | |
| 1981 | 130983 | 72445 | 6942 | 25557 | 8329 | |

## 11-21 续表

| 年份 | 农林牧渔业总产值(不变价，万元) | 种植业 | 林业 | 牧业 | 渔业 | 农林牧渔服务业 |
|---|---|---|---|---|---|---|
| 1982 | 145606 | 80657 | 7731 | 28522 | 9108 | |
| 1983 | 141289 | 78081 | 7541 | 27706 | 8905 | |
| 1984 | 147819 | 81695 | 7749 | 29164 | 9339 | |
| 1985 | 156561 | 86455 | 8065 | 31051 | 9966 | |
| 1986 | 157284 | 86509 | 8161 | 31183 | 10194 | |
| 1987 | 170514 | 93879 | 8803 | 33888 | 10986 | |
| 1988 | 179391 | 98809 | 9262 | 35572 | 11571 | |
| 1989 | 199928 | 110005 | 10415 | 39438 | 12999 | |
| 1990 | 218205 | 126655 | 11095 | 43772 | 20021 | |
| 1991 | 231364 | 127553 | 11323 | 47590 | 23720 | |
| 1992 | 262393 | 141471 | 13055 | 56793 | 27463 | |
| 1993 | 282118 | 132078 | 13899 | 65786 | 37024 | |
| 1994 | 318113 | 155838 | 13795 | 71773 | 43449 | |
| 1995 | 350197 | 172237 | 14664 | 77515 | 49540 | |
| 1996 | 382992 | 190142 | 16038 | 77623 | 60333 | |
| 1997 | 430828 | 207320 | 18192 | 84529 | 81198 | |
| 1998 | 442564 | 224382 | 19881 | 60272 | 95744 | |
| 1999 | 479519 | 245274 | 19950 | 70983 | 102781 | |
| 2000 | 513774 | 259350 | 21312 | 78021 | 108229 | |
| 2001 | 547606 | 277528 | 23373 | 84209 | 113573 | |
| 2002 | 597257 | 374303 | 21243 | 90047 | 111663 | |
| 2003 | 575110 | 327597 | 22000 | 95929 | 109178 | |
| 2004 | 605830 | 359138 | 21381 | 109148 | 116163 | |
| 2005 | | | | | | |
| 2006 | | | | | | |
| 2007 | | | | | | |
| 2008 | | | | | | |
| 2009 | | | | | | |
| 2010 | | | | | | |
| 2011 | | | | | | |
| 2012 | | | | | | |

注：从2005年起使用现价，不使用不变价，产值指数使用缩减指数。

# 11–22 建国以来农村经济主要指标

| 年份 | 农林牧渔业总产值指数(%) | | | | | |
|---|---|---|---|---|---|---|
| | | 种植业 | 林业 | 牧业 | 渔业 | 农林牧渔服务业 |
| 1949 | 100 | 100 | 100 | 100 | 100 | |
| 1950 | 130.08 | 128.2 | 128.66 | 132.96 | 137.21 | |
| 1951 | 107.78 | 108.08 | 106.48 | 107.75 | 107.04 | |
| 1952 | 111.03 | 110.86 | 110.36 | 111.06 | 112.39 | |
| 1953 | 105.84 | 105.7 | 105.63 | 105.81 | 106.77 | |
| 1954 | 111.53 | 111.27 | 113.37 | 111.07 | 112.37 | |
| 1955 | 104.31 | 104.32 | 103.45 | 104.83 | 103.98 | |
| 1956 | 108.19 | 107.73 | 109 | 107.68 | 110.98 | |
| 1957 | 96.05 | 96.92 | 94.58 | 96.21 | 92.33 | |
| 1958 | 99.34 | 98.67 | 100.38 | 99.52 | 102.05 | |
| 1959 | 85.57 | 85.32 | 89.54 | 84.14 | 86.38 | |
| 1960 | 109.68 | 109.79 | 106.77 | 110.65 | 109.81 | |
| 1961 | 93.09 | 94.3 | 89.58 | 93.13 | 89.12 | |
| 1962 | 107.88 | 107.93 | 106.81 | 108.52 | 107.26 | |
| 1963 | 99.55 | 100.81 | 96.57 | 99.84 | 94.14 | |
| 1964 | 116.61 | 117.37 | 115.16 | 116.44 | 113.41 | |
| 1965 | 120.98 | 119.66 | 123.36 | 121.15 | 127.16 | |
| 1966 | 99.58 | 99.98 | 99.58 | 99.77 | 96.95 | |
| 1967 | 106.55 | 105.83 | 107.48 | 106.84 | 109.57 | |
| 1968 | 97.53 | 97.62 | 96.12 | 98 | 97.24 | |
| 1969 | 107.65 | 107.21 | 109.98 | 107.35 | 109.11 | |
| 1970 | 106.53 | 105.65 | 107.72 | 106.16 | 111.31 | |
| 1971 | 107.67 | 107.82 | 109.52 | 107.02 | 106.65 | |
| 1972 | 97.71 | 97.81 | 95.65 | 97.92 | 98.18 | |
| 1973 | 94.93 | 94.88 | 94.19 | 95.02 | 95.58 | |
| 1974 | 110.07 | 110.65 | 109.49 | 109.79 | 107.67 | |
| 1975 | 96.49 | 97.11 | 96.61 | 96.38 | 93.21 | |
| 1976 | 103.43 | 102.91 | 103.54 | 103.67 | 106.01 | |
| 1977 | 106.06 | 106.4 | 106.91 | 105.6 | 104.35 | |
| 1978 | 97.98 | 97.84 | 96.47 | 98.29 | 96.82 | |
| 1979 | 94.88 | 95.56 | 94.83 | 94.39 | 91.77 | |
| 1980 | 113.82 | 112.87 | 114.07 | 114.62 | 117.96 | |
| 1981 | 107.16 | 107 | 107.7 | 106.88 | 108.26 | |

## 11-22 续表

| 年份 | 农林牧渔业总产值指数(%) | 种植业 | 林业 | 牧业 | 渔业 | 农林牧渔服务业 |
|---|---|---|---|---|---|---|
| 1982 | 111.16 | 111.34 | 111.37 | 111.6 | 109.34 | |
| 1983 | 97.04 | 96.81 | 97.54 | 97.12 | 97.77 | |
| 1984 | 104.62 | 104.63 | 102.75 | 105.26 | 104.87 | |
| 1985 | 105.91 | 105.83 | 104.08 | 106.47 | 106.71 | |
| 1986 | 100.46 | 100.06 | 101.19 | 100.42 | 102.29 | |
| 1987 | 108.41 | 108.52 | 107.87 | 108.67 | 107.77 | |
| 1988 | 105.21 | 105.25 | 105.21 | 104.97 | 105.32 | |
| 1989 | 111.45 | 111.33 | 112.45 | 110.87 | 112.34 | |
| 1990 | 109.14 | 115.14 | 106.53 | 110.99 | 154.02 | |
| 1991 | 106.03 | 100.71 | 102.05 | 108.72 | 118.48 | |
| 1992 | 113.41 | 110.91 | 115.3 | 119.34 | 115.78 | |
| 1993 | 107.52 | 93.4 | 106.46 | 115.83 | 134.81 | |
| 1994 | 112.76 | 117.99 | 99.25 | 109.1 | 117.35 | |
| 1995 | 110.09 | 110.52 | 106.3 | 108 | 114.02 | |
| 1996 | 109.36 | 110.4 | 109.36 | 100.14 | 121.79 | |
| 1997 | 112.49 | 109.03 | 113.43 | 108.9 | 134.58 | |
| 1998 | 111.58 | 108.23 | 109.39 | 119.78 | 117.91 | |
| 1999 | 108.35 | 109.31 | 100.35 | 117.77 | 107.35 | |
| 2000 | 107.14 | 105.74 | 106.83 | 109.92 | 105.3 | |
| 2001 | 106.6 | 107 | 109.7 | 107.9 | 104.9 | |
| 2002 | 109.07 | 114.7 | 90.89 | 106.9 | 98.32 | |
| 2003 | 102.5 | 95.1 | 109.7 | 109.3 | 107.5 | |
| 2004 | 106.7 | 105.4 | 100 | 112.9 | 106.5 | |
| 2005 | 108.7 | 106.2 | 99.6 | 114.7 | 101.4 | 303.4 |
| 2006 | 103.2 | 102.3 | 99.3 | 105.0 | 104.6 | 103.3 |
| 2007 | 104.0 | 104.6 | 132.6 | 100.7 | 104.8 | 104.9 |
| 2008 | 103.5 | 104.7 | 98.8 | 103.6 | 96.2 | 107.0 |
| 2009 | 104.0 | 104.5 | 96.1 | 103.7 | 103.1 | 105.7 |
| 2010 | 104.0 | 104.5 | 106.7 | 102.7 | 101.6 | 116.4 |
| 2011 | 103.6 | 106.0 | 119.1 | 95.1 | 104.7 | 109.8 |
| 2012 | 102.9 | 103.4 | 103.7 | 101.1 | 103.2 | 106.9 |
| 2013 | 103.0 | 104.5 | 96.3 | 99.8 | 101.1 | 108.3 |
| 2014 | 104.4 | 105.6 | 104.7 | 100.8 | 103.7 | 104.2 |
| 2015 | 104.2 | 105.4 | 97.1 | 100.3 | 103.9 | 107.5 |
| 2016 | 104.5 | 105.8 | 113.9 | 98.4 | 103.8 | 111.4 |
| 2017 | 104.0 | 105.6 | 103.8 | 99.3 | 102.1 | 105.3 |
| 2018 | 103.0 | 104.6 | 102.3 | 94.9 | 107.3 | 108.0 |

注：1. 从2005年起使用现价，不使用不变价，产值指数使用缩减指数；
2. 2005年起增加农林牧渔服务业产值指数。
3. 2017年数据根据2016年第三次农业普查作了修正。

## 11-23　各乡镇基本情况

(2018年)

| 乡镇名称 | 土地面积<br>(平方公里) | 居委会个数 | 村委会个数 | 乡镇生产总值<br>(万元) |
|---|---|---|---|---|
| **惠城区** | | | | |
| 桥东办事处 | 14 | 9 | 2 | 487356 |
| 龙丰办事处 | 53 | 7 | 1 | 655780 |
| 江南办事处 | 29 | 6 | 2 | 349629 |
| 江北办事处 | 19 | 9 | 2 | 1142163 |
| 河南岸办事处 | 45 | 8 | 6 | 959191 |
| 小金口办事处 | 67 | 3 | 7 | 636206 |
| 水口办事处 | 120 | 4 | 17 | 718990 |
| 三栋镇 | 68 | 1 | 10 | 270296 |
| 汝湖镇 | 153 | 4 | 23 | 266483 |
| 马安镇 | 76 | 2 | 13 | 260415 |
| 横沥镇 | 343 | 3 | 40 | 150771 |
| 芦洲镇 | 205 | 2 | 19 | 49073 |
| **仲恺区** | | | | |
| 惠环办事处 | 28 | 4 | 3 | 2386423 |
| 陈江办事处 | 28 | 4 | 3 | 2691184 |
| 沥林镇 | 28 | 4 | 3 | 239414 |
| 潼湖镇 | 28 | 4 | 3 | 77955 |
| 潼侨镇 | 28 | 4 | 3 | 267718 |
| **惠阳区** | | | | |
| 淡水街道办 | 78 | 20 | 8 | 1769085 |
| 秋长街道办 | 110 | 1 | 10 | 1382072 |
| 三和街道办 | 64 | 1 | 5 | 360284 |
| 沙田镇 | 74 | 1 | 8 | 177016 |
| 新圩镇 | 154 | 1 | 11 | 624368 |
| 镇隆镇 | 149 | 1 | 13 | 397761 |
| 永湖镇 | 115 | 1 | 13 | 217383 |
| 良井镇 | 72 | 1 | 17 | 80974 |
| 平潭镇 | 100 | 1 | 18 | 187290 |
| **大亚湾区** | | | | |
| 霞涌街道办 | 79 | 2 | 6 | |
| 澳头街道办 | 97 | 3 | 13 | |
| 西区街道办 | 90 | 2 | 10 | |
| **惠东县** | | | | |
| 平山街道办 | 163 | 16 | 11 | 1505798 |
| 大岭街道办 | 160 | 2 | 12 | 1074064 |
| 白花镇 | 204 | 2 | 26 | 448144 |
| 梁化镇 | 263 | 1 | 21 | 160390 |
| 稔山镇 | 192 | 2 | 17 | 532393 |
| 铁涌镇 | 117 | 1 | 19 | 140238 |
| 平海镇 | 139 | 1 | 10 | 347178 |

## 11-23 续表 1

| 乡镇名称 | 土地面积(平方公里) | 居委会个数 | 村委会个数 | 乡镇生产总值(万元) |
|---|---|---|---|---|
| 港口度假区管委会 | 23 | 1 | 8 | 193052 |
| 巽寮度假区管委会 | 76 | | 4 | 288773 |
| 吉隆镇 | 128 | 3 | 7 | 501804 |
| 黄埠镇 | 84 | 7 | 11 | 553237 |
| 多祝镇 | 575 | 2 | 40 | 216191 |
| 安墩镇 | 479 | 1 | 22 | 78759 |
| 高潭镇 | 196 | 1 | 13 | 63085 |
| 宝口镇 | 329 | 2 | 12 | 60092 |
| 白盆珠镇 | 398 | 1 | 12 | 76141 |
| **博罗县** | | | | |
| 石坝镇 | 179 | 2 | 22 | 153689 |
| 麻陂镇 | 56 | 1 | 13 | 104555 |
| 观音阁镇 | 104 | 1 | 14 | 81610 |
| 公庄镇 | 199 | 2 | 22 | 203810 |
| 杨村镇 | 125 | 2 | 20 | 141358 |
| 柏塘镇 | 245 | 2 | 36 | 190156 |
| 泰美镇 | 163 | 1 | 20 | 290491 |
| 罗阳街道 | 253 | 8 | 31 | 1470110 |
| 湖镇镇 | 252 | 2 | 35 | 454388 |
| 横河镇 | 235 | 1 | 18 | 135700 |
| 长宁镇 | 69 | 1 | 11 | 254396 |
| 福田镇 | 94 | 1 | 17 | 390118 |
| 龙华镇 | 58 | 1 | 10 | 183302 |
| 龙溪街道 | 117 | 3 | 20 | 567148 |
| 园洲镇 | 111 | 2 | 27 | 669227 |
| 石湾镇 | 81 | 2 | 12 | 1040666 |
| 杨侨镇 | 90 | 2 | | 120332 |
| **龙门县** | | | | |
| 麻榨镇 | 240 | 1 | 18 | 75657 |
| 永汉镇 | 393 | 7 | 22 | 332296 |
| 龙华镇 | 375 | 2 | 20 | 208678 |
| 龙江镇 | 172 | 2 | 16 | 156088 |
| 平陵街道办 | 137 | 1 | 14 | 268532 |
| 龙田镇 | 174 | | 15 | 96096 |
| 龙城街道办 | 133 | 6 | 19 | 426125 |
| 蓝田乡 | 132 | 1 | 7 | 48405 |
| 龙潭镇 | 276 | 2 | 14 | 47394 |
| 地派镇 | 235 | 2 | 11 | 60867 |

## 11-23 续表 2

| 乡镇名称 | 农业总产值(万元) | 税收收入(万元) | 公共财政收入(万元) | 公共财政支出(万元) |
|---|---|---|---|---|
| **惠城区** | | | | |
| 桥东办事处 | 355 | 151927 | 3698 | 4343 |
| 龙丰办事处 | 1017 | 86635 | 2785 | 2785 |
| 江南办事处 | 1976 | 22624 | 2937 | 2937 |
| 江北办事处 | 98 | 503685 | 2675 | 3213 |
| 河南岸办事处 | 1645 | 240470 | 5572 | 5529 |
| 小金口办事处 | 24995 | 107855 | 5427 | 5427 |
| 水口办事处 | 40339 | 174137 | 7343 | 7347 |
| 三栋镇 | 18528 | 43714 | 2582 | 2578 |
| 汝湖镇 | 74752 | 37828 | 5718 | 5718 |
| 马安镇 | 35268 | 37006 | 14536 | 14536 |
| 横沥镇 | 111370 | 11864 | 17991 | 17991 |
| 芦洲镇 | 43059 | 2137 | 10425 | 10425 |
| **仲恺区** | | | | |
| 惠环办事处 | 7241 | 28209 | 12343 | 9773 |
| 陈江办事处 | 40076 | 220000 | 15463 | 14985 |
| 沥林镇 | 17715 | 24934 | 7609 | 5794 |
| 潼湖镇 | 25163 | 14770 | 5894 | 5399 |
| 潼侨镇 | 15225 | 31900 | 11825 | 11825 |
| **惠阳区** | | | | |
| 淡水街道办 | 4578 | 141023 | | |
| 秋长街道办 | 16157 | 164136 | | |
| 三和街道办 | 2822 | 74294 | | |
| 沙田镇 | 15580 | 58210 | | |
| 新圩镇 | 8795 | 169587 | | |
| 镇隆镇 | 37633 | 64232 | | |
| 永湖镇 | 40121 | 22723 | | |
| 良井镇 | 39755 | 7631 | | |
| 平潭镇 | 97321 | 13276 | | |
| **大亚湾区** | | | | |
| 霞涌街道办 | 9516 | | | |
| 澳头街道办 | 13948 | | | |
| 西区街道办 | 6143 | | | |
| **惠东县** | | | | |
| 平山街道办 | 52603 | 144595 | 7435 | 7299 |
| 大岭街道办 | 45233 | 19045 | 5397 | 4927 |
| 白花镇 | 72041 | 20711 | 5582 | 5479 |
| 梁化镇 | 75324 | 3096 | 4709 | 4779 |
| 稔山镇 | 56018 | 139083 | 17005 | 16900 |
| 铁涌镇 | 48437 | 7451 | 3235 | 3213 |
| 平海镇 | 36300 | 57256 | 8064 | 8064 |

## 11-23 续表 3

| 乡镇名称 | 农业总产值(万元) | 税收收入(万元) | 公共财政收入(万元) | 公共财政支出(万元) |
|---|---|---|---|---|
| 港口度假区管委会 | 34296 | 27073 | 4339 | 2016 |
| 巽寮度假区管委会 | 12474 | 56804 | 3708 | 3196 |
| 吉隆镇 | 20997 | 15452 | 6321 | 6321 |
| 黄埠镇 | 32707 | 12861 | 16135 | 15967 |
| 多祝镇 | 92516 | 6561 | 6181 | 6188 |
| 安墩镇 | 46194 | 1349 | 4362 | 4362 |
| 高潭镇 | 32641 | 1993 | 5254 | 5094 |
| 宝口镇 | 34103 | 171 | 2756 | 2707 |
| 白盆珠镇 | 37082 | 978 | 2812 | 2722 |
| **博罗县** | | | | |
| 石坝镇 | 95499 | 2385 | 8615 | 8055 |
| 麻陂镇 | 27047 | 3690 | 3412 | 3412 |
| 观音阁镇 | 20023 | 1729 | 10299 | 9364 |
| 公庄镇 | 56049 | 8183 | 5615 | 5615 |
| 杨村镇 | 45014 | 6917 | 5015 | 5015 |
| 柏塘镇 | 63689 | 8363 | 7524 | 7524 |
| 泰美镇 | 42447 | 12143 | 10287 | 10287 |
| 罗阳街道 | 60164 | 342459 | 33981 | 33981 |
| 湖镇镇 | 73349 | 28077 | 15474 | 15474 |
| 横河镇 | 40125 | 30186 | 8960 | 8314 |
| 长宁镇 | 37118 | 25356 | 6054 | 6054 |
| 福田镇 | 51609 | 16669 | 8285 | 4564 |
| 龙华镇 | 21626 | 6579 | 6330 | 6330 |
| 龙溪街道 | 63846 | 71096 | 14304 | 14304 |
| 园洲镇 | 48545 | 95789 | 19530 | 19548 |
| 石湾镇 | 77017 | 128262 | 17580 | 16159 |
| 杨侨镇 | 30798 | 7034 | 17154 | 17154 |
| **龙门县** | | | | |
| 麻榨镇 | 47476 | 1343 | 5876 | 5437 |
| 永汉镇 | 62444 | 26766 | 10351 | 8699 |
| 龙华镇 | 71043 | 8056 | 8268 | 7748 |
| 龙江镇 | 49838 | 7046 | 9754 | 3350 |
| 平陵街道办 | 38711 | 13703 | 13497 | 8518 |
| 龙田镇 | 48394 | 2218 | 7775 | 7448 |
| 龙城街道办 | 28388 | 16739 | 14943 | 14411 |
| 蓝田乡 | 23909 | 399 | 4503 | 3814 |
| 龙潭镇 | 29397 | 298 | 7739 | 7327 |
| 地派镇 | 23974 | 1350 | 3976 | 3997 |
| 其他 | | | | |

# 11-24 各乡镇农作物播种面积及粮食花生生产情况

(2018年)　　单位：亩、吨

| 乡镇名称 | 农作物播种面积 | 粮食 | | 稻谷 | | 花生 | |
|---|---|---|---|---|---|---|---|
| | | 播种面积 | 总产量 | 播种面积 | 总产量 | 播种面积 | 总产量 |
| **惠城区** | | | | | | | |
| 桥东办事处 | 560 | 350 | 126 | 350 | 126 | | |
| 龙丰办事处 | 750 | | | | | | |
| 江南办事处 | 2112 | 60 | 22 | 60 | 22 | | |
| 江北办事处 | | | | | | | |
| 河南岸办事处 | 1374 | | | | | | |
| 小金口办事处 | 24349 | 3091 | 1082 | 2564 | 898 | 1182 | 350 |
| 水口办事处 | 75664 | 34975 | 12718 | 27305 | 9928 | 4975 | 802 |
| 三栋镇 | 16936 | 5323 | 1937 | 3074 | 1154 | 1773 | 346 |
| 汝湖镇 | 88615 | 49739 | 18505 | 35456 | 13192 | 7155 | 1377 |
| 马安镇 | 41421 | 20270 | 7805 | 14188 | 5406 | 3531 | 644 |
| 横沥镇 | 132093 | 60153 | 21525 | 57901 | 20850 | 12409 | 2485 |
| 芦洲镇 | 73046 | 33381 | 12074 | 23815 | 8614 | 12522 | 2357 |
| **仲恺区** | | | | | | | |
| 惠环办事处 | 2940 | | | | | | |
| 陈江办事处 | 47345 | 14821 | 5896 | 14671 | 5834 | 200 | 51 |
| 沥林镇 | 24515 | 6965 | 2450 | 6910 | 2705 | 50 | 10 |
| 潼湖镇 | 42293 | 18079 | 7044 | 17969 | 6954 | 220 | 62 |
| 潼侨镇 | 11205 | 3205 | 1285 | 3150 | 1239 | 150 | 46 |
| **惠阳区** | | | | | | | |
| 淡水街道办 | 3723 | 191 | 70 | | | | |
| 秋长街道办 | 9716 | 700 | 206 | | | 280 | 56 |
| 三和街道办 | 8577 | 1808 | 545 | 751 | 274 | 712 | 110 |
| 沙田镇 | 22961 | 6686 | 2578 | 5794 | 2118 | 1938 | 320 |
| 新圩镇 | 19157 | 2222 | 726 | | | 510 | 87 |
| 镇隆镇 | 42392 | 12630 | 4786 | 9202 | 3364 | 1806 | 374 |
| 永湖镇 | 58643 | 17873 | 6592 | 15820 | 5739 | 5794 | 967 |
| 良井镇 | 93198 | 31314 | 11297 | 24967 | 9134 | 12107 | 2288 |
| 平潭镇 | 157414 | 34520 | 12843 | 22507 | 8225 | 7130 | 1294 |
| **大亚湾区** | | | | | | | |
| 霞涌街道办 | 7337 | 5721 | 1956 | 2657 | 919 | 739 | 151 |
| 澳头街道办 | 951 | 11 | 1 | | | | |
| 西区街道办 | 3806 | | | | | | |
| **惠东县** | | | | | | | |
| 平山街道办 | 65071 | 26471 | 8753 | 17725 | 6039 | 10668 | 2061 |
| 大岭街道办 | 98786 | 31593 | 10831 | 23892 | 8243 | 7208 | 1408 |
| 白花镇 | 106518 | 45789 | 14737 | 44308 | 14229 | 7065 | 1408 |
| 梁化镇 | 184733 | 53299 | 17406 | 35126 | 12751 | 7497 | 1669 |
| 稔山镇 | 84324 | 59986 | 19817 | 38855 | 12795 | 4325 | 798 |
| 铁涌镇 | 90886 | 60272 | 20257 | 38957 | 13874 | 3677 | 769 |
| 平海镇 | 87125 | 41959 | 14236 | 25751 | 9033 | 4830 | 914 |
| 港口度假区管委会 | 2480 | 1090 | 368 | 824 | 284 | | |

## 11-24 续表

单位：亩、吨

| 乡镇名称 | 农作物播种面积 | 粮食 | | 稻谷 | | 花生 | |
|---|---|---|---|---|---|---|---|
| | | 播种面积 | 总产量 | 播种面积 | 总产量 | 播种面积 | 总产量 |
| 巽寮度假区管委会 | 11663 | 7800 | 2567 | 5345 | 1634 | 1082 | 261 |
| 吉隆镇 | 23364 | 13055 | 4186 | 9135 | 3000 | 793 | 160 |
| 黄埠镇 | 16004 | 11156 | 4379 | 10094 | 4055 | 217 | 44 |
| 多祝镇 | 178830 | 101537 | 33944 | 74407 | 26260 | 9730 | 1987 |
| 安墩镇 | 68215 | 48969 | 15492 | 47353 | 14927 | 6200 | 1205 |
| 高潭镇 | 31982 | 18890 | 6389 | 12763 | 4549 | 2090 | 435 |
| 宝口镇 | 41468 | 20807 | 7314 | 13596 | 5330 | 2523 | 450 |
| 白盆珠镇 | 32413 | 19176 | 6928 | 14074 | 5276 | 4181 | 943 |
| **博罗县** | | | | | | | |
| 石坝镇 | 83001 | 33657 | 11978 | 31378 | 11338 | 9425 | 1735 |
| 麻陂镇 | 38296 | 17113 | 6009 | 14285 | 5107 | 6426 | 1293 |
| 观音阁镇 | 44868 | 23038 | 7751 | 20264 | 6861 | 7915 | 1340 |
| 公庄镇 | 83882 | 30948 | 10371 | 28725 | 9848 | 8163 | 1546 |
| 杨村镇 | 82113 | 31485 | 10949 | 25149 | 8868 | 15083 | 2554 |
| 柏塘镇 | 92070 | 38651 | 13522 | 31111 | 10976 | 6383 | 1276 |
| 泰美镇 | 65260 | 27771 | 9118 | 21676 | 7163 | 11454 | 1754 |
| 罗阳街道 | 67703 | 23951 | 7850 | 19783 | 6571 | 7595 | 1406 |
| 湖镇镇 | 76746 | 31660 | 10875 | 25889 | 8894 | 8233 | 1481 |
| 横河镇 | 47192 | 21445 | 6916 | 17720 | 5743 | 1784 | 334 |
| 长宁镇 | 50498 | 18975 | 6718 | 11995 | 4110 | 2743 | 461 |
| 福田镇 | 55832 | 19372 | 7008 | 12604 | 4392 | 400 | 72 |
| 龙华镇 | 22940 | 12051 | 4048 | 7893 | 2613 | 1032 | 198 |
| 龙溪街道 | 70063 | 21133 | 7113 | 12173 | 3969 | 2043 | 332 |
| 园洲镇 | 72478 | 23667 | 8503 | 13158 | 4439 | 1593 | 255 |
| 石湾镇 | 104377 | 30339 | 9911 | 13464 | 4872 | | |
| 杨侨镇 | 29361 | 12550 | 4353 | 10622 | 3754 | 6852 | 1150 |
| **龙门县** | | | | | | | |
| 麻榨镇 | 33890 | 17930 | 5911 | 15568 | 5234 | 2449 | 525 |
| 永汉镇 | 57755 | 35824 | 12127 | 32601 | 11131 | 5662 | 1103 |
| 龙华镇 | 46601 | 23242 | 7716 | 20372 | 6816 | 4261 | 833 |
| 龙江镇 | 71375 | 39322 | 13363 | 36800 | 12541 | 2827 | 592 |
| 平陵街道办 | 81668 | 49937 | 16308 | 46479 | 15441 | 3614 | 672 |
| 龙田镇 | 55746 | 35692 | 11450 | 33976 | 10991 | 1665 | 345 |
| 龙城街道办 | 55431 | 31398 | 10648 | 29809 | 10127 | 1884 | 391 |
| 蓝田乡 | 23310 | 13586 | 4318 | 12290 | 3933 | 1060 | 57 |
| 龙潭镇 | 48222 | 32239 | 9974 | 30477 | 9431 | 2753 | 506 |
| 地派镇 | 25950 | 15979 | 5097 | 14991 | 4780 | 1168 | 214 |
| 其他 | 608 | 476 | 125 | 476 | 125 | 25 | 4 |

注：粮食作物包括谷物、豆类和薯类。其中，薯类请折成干重再入鉴。

# 11–25 各乡镇蔬菜水果及生猪生产情况

(2018年)　　单位：亩、头、吨

| 乡镇名称 | 蔬菜(含菜用瓜) | | 水　果 | | 年末生猪存栏 | 当年出栏肉猪头数 | 当年肉猪产量 |
|---|---|---|---|---|---|---|---|
| | 播种面积 | 总产量 | 播种面积 | 总产量 | | | |
| **惠城区** | | | | | | | |
| 桥东办事处 | 210 | 315 | | | | | |
| 龙丰办事处 | 750 | 900 | 750 | 156 | 20 | 20 | 1 |
| 江南办事处 | 2052 | 3078 | 1350 | 68 | | 286 | 23 |
| 江北办事处 | | | | | | | |
| 河南岸办事处 | 1374 | 2117 | 1124 | 653 | | | |
| 小金口办事处 | 20076 | 34701 | 1874 | 1410 | 5307 | 6018 | 488 |
| 水口办事处 | 35379 | 55818 | 2477 | 604 | 3230 | 19677 | 1632 |
| 三栋镇 | 9840 | 15277 | 5735 | 1783 | 17497 | 14010 | 1128 |
| 汝湖镇 | 30656 | 55913 | 7090 | 6254 | 43004 | 129636 | 10566 |
| 马安镇 | 17620 | 29637 | 1601 | 1745 | 22066 | 23064 | 1902 |
| 横沥镇 | 58536 | 142747 | 18712 | 17265 | 49514 | 67519 | 5588 |
| 芦洲镇 | 24903 | 45357 | 6555 | 5108 | 2762 | 21970 | 2172 |
| **仲恺区** | | | | | | | |
| 惠环办事处 | 2940 | 5436 | 2578 | 564 | | | |
| 陈江办事处 | 30896 | 61792 | 9985 | 1693 | 224 | 323 | 22 |
| 沥林镇 | 17000 | 29407 | 10290 | 2645 | 212 | 413 | 29 |
| 潼湖镇 | 21922 | 40660 | 1280 | 512 | 158 | 413 | 28 |
| 潼侨镇 | 7550 | 13361 | 10580 | 1948 | 226 | 489 | 38 |
| **惠阳区** | | | | | | | |
| 淡水街道办 | 3522 | 5476 | 2020 | 2989 | | | |
| 秋长街道办 | 8701 | 12870 | 4136 | 1537 | | 335 | 19 |
| 三和街道办 | 6057 | 8841 | 475 | 337 | | 53 | 4 |
| 沙田镇 | 14236 | 23838 | 6791 | 2292 | | 257 | 21 |
| 新圩镇 | 16375 | 21424 | 26711 | 3718 | | 775 | 59 |
| 镇隆镇 | 27956 | 46751 | 36752 | 26077 | | 1060 | 73 |
| 永湖镇 | 34274 | 55131 | 16980 | 7376 | | 964 | 68 |
| 良井镇 | 48582 | 81027 | 7444 | 4182 | 2246 | 2068 | 155 |
| 平潭镇 | 108164 | 194274 | 5800 | 5226 | 4686 | 32647 | 2148 |
| **大亚湾区** | | | | | | | |
| 霞涌街道办 | 953 | 1083 | 6525 | 1291 | 487 | 379 | 25 |
| 澳头街道办 | 902 | 1001 | 3102 | 162 | 2507 | 2816 | 207 |
| 西区 | 3672 | 4400 | 719 | 147 | 8914 | 21540 | 1523 |
| **惠东县** | | | | | | | |
| 平山街道办 | 25404 | 46186 | 14938 | 12759 | 18121 | 24563 | 1654 |
| 大岭街道办 | 53117 | 93938 | 12358 | 8658 | 26978 | 41836 | 2954 |
| 白花镇 | 50346 | 78281 | 10011 | 8080 | 71997 | 104010 | 7318 |
| 梁化镇 | 118241 | 205100 | 12919 | 7307 | 31457 | 48744 | 3659 |
| 稔山镇 | 22170 | 37575 | 12530 | 6793 | 13816 | 17271 | 1138 |
| 铁涌镇 | 28175 | 48535 | 8153 | 4750 | 9850 | 15736 | 1111 |
| 平海镇 | 39722 | 72802 | 4139 | 1814 | 13098 | 20342 | 1436 |

## 11-25 续表

单位：亩、头、吨

| 乡镇名称 | 蔬菜(含菜用瓜) | | 水　果 | | 年末生猪存栏 | 当年出栏肉猪头数 | 当年肉猪产量 |
|---|---|---|---|---|---|---|---|
| | 播种面积 | 总产量 | 播种面积 | 总产量 | | | |
| 港口度假区管委会 | 1386 | 2348 | 57 | 38 | 1153 | 1919 | 136 |
| 巽寮度假区管委会 | 2772 | 3914 | 2238 | 1379 | 922 | 1535 | 108 |
| 吉隆镇 | 9699 | 17222 | 6699 | 4959 | 5064 | 7677 | 542 |
| 黄埠镇 | 5081 | 7829 | 246 | 182 | 3539 | 5373 | 380 |
| 多祝镇 | 58198 | 95501 | 33425 | 18360 | 22498 | 33777 | 2386 |
| 安墩镇 | 14318 | 21136 | 11000 | 10312 | 12515 | 15736 | 1111 |
| 高潭镇 | 10624 | 16440 | 10230 | 6210 | 10716 | 17271 | 1220 |
| 宝口镇 | 16627 | 26615 | 6926 | 4261 | 6711 | 10746 | 758 |
| 白盆珠镇 | 6005 | 9393 | 11769 | 8084 | 10429 | 17271 | 1192 |
| **博罗县** | | | | | | | |
| 石坝镇 | 37648 | 66148 | 9327 | 17471 | 25876 | 55044 | 4283 |
| 麻陂镇 | 11388 | 23142 | 6453 | 7201 | 4361 | 20914 | 1619 |
| 观音阁镇 | 8154 | 16290 | 6196 | 3405 | 5450 | 11590 | 919 |
| 公庄镇 | 38925 | 58715 | 16875 | 16684 | 19250 | 52000 | 4002 |
| 杨村镇 | 33763 | 61018 | 4652 | 3173 | 4728 | 23079 | 1777 |
| 柏塘镇 | 47036 | 77033 | 11155 | 13331 | 25520 | 32610 | 2517 |
| 泰美镇 | 20682 | 35577 | 8315 | 8989 | 38126 | 52147 | 4048 |
| 罗阳街道 | 34818 | 57180 | 8959 | 12637 | 20098 | 79600 | 6131 |
| 湖镇镇 | 36183 | 87115 | 20094 | 25518 | 14022 | 38453 | 3029 |
| 横河镇 | 23873 | 39016 | 24636 | 18048 | 11299 | 25383 | 1946 |
| 长宁镇 | 28095 | 42513 | 9730 | 6246 | 20192 | 40724 | 3168 |
| 福田镇 | 35387 | 62212 | 4845 | 6922 | 6950 | 23063 | 1806 |
| 龙华镇 | 9780 | 19919 | 5001 | 3612 | 10922 | 29978 | 2348 |
| 龙溪街道 | 45742 | 94405 | 9706 | 13840 | 12068 | 23969 | 1810 |
| 园洲镇 | 46627 | 65642 | 6727 | 15330 | | 12 | 1 |
| 石湾镇 | 74038 | 119501 | 3125 | 8807 | 40278 | 54126 | 4150 |
| 杨侨镇 | 5532 | 9058 | 10477 | 20799 | 520 | 3250 | 252 |
| **龙门县** | | | | | | | |
| 麻榨镇 | 12665 | 22742 | 42815 | 64406 | 1379 | 7720 | 454 |
| 永汉镇 | 14772 | 25414 | 44188 | 68445 | 5609 | 8462 | 583 |
| 龙华镇 | 18965 | 33885 | 50581 | 76842 | 26812 | 8511 | 623 |
| 龙江镇 | 28360 | 51508 | 47583 | 50778 | 4028 | 8982 | 657 |
| 平陵镇 | 25011 | 44194 | 30911 | 46427 | 6320 | 8851 | 661 |
| 龙田镇 | 17793 | 31680 | 26509 | 41388 | 3560 | 8635 | 588 |
| 龙城街道办 | 21510 | 37084 | 31127 | 44578 | 6583 | 17920 | 1298 |
| 蓝田乡 | 6743 | 11626 | 19001 | 26096 | 1120 | 3792 | 266 |
| 龙潭镇 | 11812 | 21603 | 20130 | 24124 | 2960 | 4352 | 321 |
| 地派镇 | 8490 | 15313 | 17408 | 26220 | 1058 | 2489 | 162 |
| 其他 | 107 | 96 | 577 | 519 | | 15 | 2 |

# 11-26 各乡镇水产品产量化肥和农村用电量情况

(2018年)

| 乡镇名称 | 水产品总产量<br>(吨) | 农用化肥施用量<br>(折纯吨) | 农村用电量<br>(万千瓦) |
|---|---|---|---|
| **惠城区** | | | |
| 桥东办事处 | 15 | 5 | 400 |
| 龙丰办事处 | 210 | 58 | 216 |
| 江南办事处 | 358 | 8 | 52 |
| 江北办事处 | | | 1050 |
| 河南岸办事处 | 124 | 12 | 8421 |
| 小金口办事处 | 5388 | 168 | 827 |
| 水口办事处 | 1203 | 1772 | 4593 |
| 三栋镇 | 3584 | 479 | 1618 |
| 汝湖镇 | 3020 | 3380 | 3700 |
| 马安镇 | 3055 | 1842 | 1290 |
| 横沥镇 | 3666 | 3077 | 1550 |
| 芦洲镇 | 1037 | 1660 | 1887 |
| **仲恺区** | | | |
| 惠环办事处 | 429 | 78 | 855 |
| 陈江办事处 | 2436 | 215 | 1460 |
| 沥林镇 | 2240 | 409 | 27082 |
| 潼湖镇 | 4702 | 187 | 1830 |
| 潼侨镇 | 1863 | 1753 | 19256 |
| **惠阳区** | | | |
| 淡水街道办 | | 83 | 7840 |
| 秋长街道办 | 89 | 462 | 36743 |
| 三和街道办 | 38 | 10 | 507 |
| 沙田镇 | 40 | 529 | 12678 |
| 新圩镇 | 11 | 246 | 10356 |
| 镇隆镇 | 256 | 1412 | 8033 |
| 永湖镇 | 920 | 1947 | 7458 |
| 良井镇 | 1199 | 1635 | 1677 |
| 平潭镇 | 2373 | 1476 | 5024 |
| **大亚湾区** | | | |
| 霞涌街道办 | 10773 | | |
| 澳头街道办 | 8773 | | |
| 西区 | | | |
| **惠东县** | | | |
| 平山街道办 | 396 | 981 | 16423 |
| 大岭街道办 | 1673 | 1358 | 17083 |
| 白花镇 | 1239 | 1725 | 5734 |
| 梁化镇 | 737 | 2634 | 2655 |
| 稔山镇 | 7270 | 2298 | 6651 |
| 铁涌镇 | 8333 | 2104 | 3566 |
| 平海镇 | 8072 | 1208 | 9773 |
| 港口度假区管委会 | 14856 | 27 | 2288 |

## 11-26 续表

| 乡镇名称 | 水产品总产量(吨) | 农用化肥施用量(折纯吨) | 农村用电量(万千瓦) |
|---|---|---|---|
| 巽寮度假区管委会 | 2787 | 638 | 3620 |
| 吉隆镇 | 1374 | 629 | 13042 |
| 黄埠镇 | 11641 | 1005 | 9988 |
| 多祝镇 | 1874 | 3054 | 3979 |
| 安墩镇 | 89 | 1885 | 1182 |
| 高潭镇 | 209 | 401 | 260 |
| 宝口镇 | 512 | 323 | 460 |
| 白盆珠镇 | 1748 | 512 | 653 |
| **博罗县** | | | |
| 石坝镇 | 622 | 2698 | 5296 |
| 麻陂镇 | 439 | 1390 | 7475 |
| 观音阁镇 | 1593 | 1798 | 313 |
| 公庄镇 | 1763 | 2332 | 1640 |
| 杨村镇 | 1452 | 1674 | 1161 |
| 柏塘镇 | 1606 | 2965 | 2953 |
| 泰美镇 | 1241 | 2238 | 726 |
| 罗阳街道 | 2574 | 2630 | 4708 |
| 湖镇镇 | 3270 | 1909 | 5421 |
| 横河镇 | 1271 | 1504 | 7079 |
| 长宁镇 | 1101 | 1035 | 2467 |
| 福田镇 | 813 | 1125 | 3862 |
| 龙华镇 | 1459 | 1754 | 1936 |
| 龙溪街道 | 2310 | 1062 | 8506 |
| 园洲镇 | 4641 | 1791 | 5986 |
| 石湾镇 | 3412 | 1666 | 11048 |
| 杨侨镇 | 930 | 1612 | 5978 |
| **龙门县** | | | |
| 麻榨镇 | 815 | 992 | 3005 |
| 永汉镇 | 1021 | 1251 | 2256 |
| 龙华镇 | 678 | 1817 | 316 |
| 龙江镇 | 681 | 1113 | 640 |
| 平陵镇 | 914 | 983 | 190 |
| 龙田镇 | 1130 | 3295 | 767 |
| 龙城街道办 | 770 | 1401 | 675 |
| 蓝田乡 | 146 | 315 | 612 |
| 龙潭镇 | 259 | 1402 | 975 |
| 地派镇 | 162 | 693 | 185 |
| 其他 | | 90 | 24 |

惠州统计年鉴－2019

HUIZHOU STATISTICAL YEARBOOK

# 十二、工 业

# 12-1 历年惠州市规模以上工业总产值

单位：万元

| 年份 | 工业总产值 | 轻工业 | 重工业 |
|---|---|---|---|
| 1998 | 4885886 | 3339717 | 1546169 |
| 1999 | 5472134 | 3808879 | 1663255 |
| 2000 | 6578284 | 4266276 | 2312008 |
| 2001 | 7081192 | 4091342 | 2989850 |
| 2002 | 8623884 | 4496104 | 4127780 |
| 2003 | 10204438 | 5617521 | 4586917 |
| 2004 | 11197762 | 5799651 | 5398111 |
| 2005 | 14286640 | 7271690 | 7014950 |
| 2006 | 18339670 | 7809492 | 10530178 |
| 2007 | 22179612 | 9346141 | 12833471 |
| 2008 | 26002646 | 8606742 | 17395904 |
| 2009 | 30051367 | 8768955 | 21282412 |
| 2010 | 39051731 | 10098752 | 28952979 |
| 2011 | 47650331 | 11351655 | 36298676 |
| 2012 | 54772792 | 11467154 | 43305639 |
| 2013 | 66052943 | 14489985 | 51562958 |
| 2014 | 69013471 | 16990422 | 52023049 |
| 2015 | 70447292 | 19257749 | 51189543 |
| 2016 | 76173423 | 22131951 | 54041472 |
| 2017 | 81669256 | 19453794 | 62215463 |
| 2018 | 75559283 | 13399926 | 62159357 |

说明：2011年起规模以上工业企业统计口径为年主营业务收入2000万元及以上工业企业。由于2018年企业调查范围变化，剔除重复计算和非工业生产活动剥离，2018年数据与以前年份不同口径，且为快报数，下同。

# 12-2 历年惠州市规模以上工业增加值

单位：万元

| 年份 | 工业增加值 | | |
|---|---|---|---|
| | | 轻工业 | 重工业 |
| 1998 | 905916 | 615638 | 290278 |
| 1999 | 1003314 | 728694 | 274620 |
| 2000 | 1321892 | 841699 | 480193 |
| 2001 | 1327701 | 718635 | 609066 |
| 2002 | 1909451 | 929650 | 979801 |
| 2003 | 2333741 | 1238458 | 1095283 |
| 2004 | 2554325 | 1265256 | 1289069 |
| 2005 | 3153193 | 1595132 | 1558061 |
| 2006 | 4041627 | 1587091 | 2454536 |
| 2007 | 5025237 | 1869344 | 3155893 |
| 2008 | 5455569 | 1655942 | 3799627 |
| 2009 | 5765886 | 1636427 | 4129459 |
| 2010 | 7863875 | 1963440 | 5900435 |
| 2011 | 10135400 | 2420222 | 7715178 |
| 2012 | 11739666 | 2614901 | 9124765 |
| 2013 | 14232012 | 3236406 | 10995606 |
| 2014 | 14750208 | 3640567 | 11109642 |
| 2015 | 16173783 | 4207164 | 11966619 |
| 2016 | 17636888 | 4756491 | 12880397 |
| 2017 | 18504869 | 4641698 | 13863171 |
| 2018 | 17315740 | 3157337 | 14158403 |

说明：2011年起规模以上工业企业统计口径为年主营业务收入2000万元及以上工业企业。2008年起采用收入法计算工业增加值。

# 12-3 分县区规模以上工业企业主要经济指标

(2018年)

单位：万元

| 项　　目 | 惠州市 | 惠城区 | 惠阳区 | 惠东县 | 博罗县 | 龙门县 | 大亚湾区 | 仲恺区 |
|---|---|---|---|---|---|---|---|---|
| 企业单位数(个) | 2376 | 211 | 468 | 370 | 572 | 109 | 142 | 504 |
| 亏损企业(个) | 450 | 45 | 82 | 41 | 111 | 16 | 36 | 119 |
| 工业总产值(当年价格) | 75559283 | 4328772 | 10873435 | 2154311 | 7552186 | 1100503 | 22677332 | 26872744 |
| 工业销售产值(当年价格) | 73522382 | 4300499 | 9729585 | 2109672 | 7461757 | 1103911 | 22562453 | 26254505 |
| 出口交货值 | 24999843 | 1593359 | 4288000 | 754846 | 2329774 | 133728 | 1688637 | 14211499 |
| 流动资产合计 | 36744179 | 2528205 | 5250362 | 860168 | 4470626 | 462294 | 7467091 | 15705432 |
| 应收账款 | 13264554 | 758367 | 1923644 | 296855 | 1799479 | 98300 | 2148019 | 6239890 |
| 存货 | 8973063 | 703564 | 1868215 | 187171 | 983521 | 76001 | 2450502 | 2704090 |
| 产成品 | 2745943 | 211371 | 380986 | 56086 | 350921 | 17247 | 724513 | 1004819 |
| 资产总计 | 62905523 | 4150560 | 9932330 | 1941313 | 7498190 | 1011254 | 17747436 | 20624440 |
| 负债合计 | 35706981 | 2082771 | 6474012 | 1201585 | 4581953 | 456412 | 9437757 | 11472491 |
| 营业收入 | 75630546 | 4431203 | 9720954 | 2102542 | 7481918 | 1106740 | 24364140 | 26423050 |
| 主营业务收入 | 74105007 | 4365308 | 9629593 | 2081539 | 7421243 | 1104471 | 23683181 | 25819672 |
| 营业成本 | 66553506 | 3758751 | 8545724 | 1808468 | 6611202 | 788931 | 20974441 | 24065990 |
| 主营业务成本 | 65287695 | 3722080 | 8483523 | 1797898 | 6539120 | 787755 | 20422408 | 23534912 |
| 税金及附加 | 1283799 | 27912 | 42975 | 13628 | 29704 | 10637 | 1051080 | 107863 |
| 主营业务税金及附加 | 1276113 | 27535 | 41681 | 13494 | 28394 | 10596 | 1047988 | 106424 |

## 12-3 续表

(2018年) 单位：万元

| 项　目 | 惠州市 | 惠城区 | 惠阳区 | 惠东县 | 博罗县 | 龙门县 | 大亚湾区 | 仲恺区 |
|---|---|---|---|---|---|---|---|---|
| 销售费用 | 1303493 | 131139 | 136062 | 38443 | 155881 | 21193 | 291763 | 529012 |
| 管理费用 | 2926074 | 320129 | 536410 | 90863 | 420756 | 53452 | 512812 | 991652 |
| 财务费用 | 361289 | 19555 | 129488 | 26107 | 48541 | 6719 | 176593 | -45714 |
| 利息收入 | 133858 | 3357 | 2729 | 600 | 4389 | 658 | 11839 | 110286 |
| 利息支出 | 327694 | 19813 | 24720 | 20116 | 35628 | 6904 | 133884 | 86629 |
| 资产减值损失 | 184197 | 12487 | 6131 | -264 | 6057 | 54326 | 61467 | 43994 |
| 公允价值变动收益 | 19119 |  | -1313 |  | -11 | 133 | 1896 | 18414 |
| 投资收益 | 219414 | 101738 | 2815 | 1067 | 3650 | 156 | 94219 | 15770 |
| 其他收益 | 44515 | 7940 | 5785 | 455 | 2255 | 579 | 3964 | 23538 |
| 营业利润 | 3301272 | 270911 | 331467 | 126820 | 215717 | 172348 | 1396054 | 787955 |
| 营业外收入 | 194260 | 23457 | 21795 | 10833 | 32786 | 3323 | 36662 | 65405 |
| 营业外支出 | 121519 | 16180 | 23817 | 9401 | 32689 | 1817 | 12893 | 24721 |
| 利润总额 | 3373981 | 278184 | 329419 | 128255 | 215813 | 173854 | 1419822 | 828633 |
| 亏损企业亏损总额 | 397809 | 36582 | 31930 | 5994 | 72843 | 4208 | 38789 | 207463 |
| 税金总额 | 2492288 | 95721 | 173320 | 56545 | 145706 | 69755 | 1602008 | 349234 |
| 应交增值税 | 1216175 | 68185 | 131638 | 43051 | 117312 | 59159 | 554020 | 242810 |
| 平均用工人数(人) | 847842 | 82637 | 209564 | 44528 | 142480 | 10538 | 121646 | 236449 |
| 收入法增加值 | 17315740 | 1119172 | 2702949 | 633248 | 1805003 | 349003 | 6330415 | 4608159 |

# 12-4 分县区规模以上国有及国有控股工业企业主要经济指标

(2018年)　　单位：万元

| 项　　目 | 惠州市 | 惠城区 | 惠阳区 | 惠东县 | 博罗县 | 龙门县 | 大亚湾区 | 仲恺区 |
|---|---|---|---|---|---|---|---|---|
| 企业单位数(个) | 45 | 7 | 4 | 3 | 4 | 6 | 9 | 12 |
| 亏损企业(个) | 10 | 1 | 1 |  | 1 | 3 | 2 | 2 |
| 工业总产值(当年价格) | 20628552 | 437801 | 667787 | 604240 | 512789 | 144332 | 14651917 | 3609686 |
| 工业销售产值(当年价格) | 20611583 | 435966 | 669148 | 585956 | 512754 | 144332 | 14697454 | 3565973 |
| 出口交货值 | 1635883 |  | 15 |  |  |  |  | 1635868 |
| 流动资产合计 | 5087219 | 77604 | 132805 | 141542 | 48414 | 17159 | 2937394 | 1732300 |
| 应收账款 | 1214604 | 8413 | 23637 | 40071 | 3923 | 5157 | 321787 | 811616 |
| 存货 | 2004702 | 10524 | 48226 | 5710 | 4744 | 678 | 1535929 | 398891 |
| 产成品 | 547160 | 1 | 16204 | 1 | 1825 | 6 | 317315 | 211808 |
| 资产总计 | 15564900 | 596861 | 795423 | 810352 | 477982 | 154671 | 10262976 | 2466635 |
| 负债合计 | 8321478 | 352868 | 475766 | 505736 | 242951 | 71802 | 5133032 | 1539323 |
| 营业收入 | 20706028 | 448990 | 669585 | 553561 | 512906 | 143986 | 14797197 | 3579803 |
| 主营业务收入 | 20430520 | 431826 | 663697 | 547189 | 512104 | 143112 | 14565338 | 3567254 |
| 营业成本 | 18010733 | 392468 | 631725 | 458664 | 493101 | 135264 | 12661570 | 3237941 |
| 主营业务成本 | 17809667 | 383998 | 628240 | 457905 | 492551 | 134678 | 12483529 | 3228766 |
| 税金及附加 | 1027703 | 2501 | 2951 | 3283 | 2043 | 631 | 1006645 | 9650 |
| 主营业务税金及附加 | 1024564 | 2411 | 2821 | 3230 | 1921 | 600 | 1004016 | 9566 |

## 12-4 续表

(2018年) 单位：万元

| 项　　目 | 惠州市 | 惠城区 | 惠阳区 | 惠东县 | 博罗县 | 龙门县 | 大亚湾区 | 仲恺区 |
|---|---|---|---|---|---|---|---|---|
| 销售费用 | 180407 | 14806 | 1148 | 1352 | 723 | 2517 | 127149 | 32712 |
| 管理费用 | 230266 | 14148 | 7981 | 6561 | 2366 | 4589 | 54338 | 140283 |
| 财务费用 | 206860 | 8370 | 10575 | 16799 | 4713 | 1515 | 144994 | 19895 |
| 利息收入 | 16917 | 588 | 398 | 466 | 399 | 93 | 857 | 14115 |
| 利息支出 | 160585 | 8860 | 10774 | 15999 | 4873 | 1573 | 92647 | 25861 |
| 资产减值损失 | 61225 | 181 | -59 | -56 | -139 | 88 | 51202 | 10008 |
| 公允价值变动收益 | 2317 | | | | | | 2005 | 312 |
| 投资收益 | 31013 | 124 | 213 | 78 | 619 | 49 | 25686 | 4245 |
| 其他收益 | 7288 | 1111 | 635 | 241 | 595 | 394 | 1138 | 3174 |
| 营业利润 | 1029460 | 17752 | 16113 | 67283 | 11314 | -174 | 780132 | 137040 |
| 营业外收入 | 23371 | 2067 | 1941 | 742 | 1338 | 621 | 10580 | 6081 |
| 营业外支出 | 8238 | 566 | 692 | 881 | 506 | 149 | 3325 | 2120 |
| 利润总额 | 1044592 | 19253 | 17363 | 67144 | 12146 | 298 | 787386 | 141002 |
| 亏损企业亏损总额 | 11286 | 256 | 327 | | 39 | 2632 | 3470 | 4563 |
| 税金总额 | 1557359 | 15748 | 16621 | 24431 | 13698 | 3878 | 1418978 | 64004 |
| 应交增值税 | 532795 | 13337 | 13801 | 21201 | 11777 | 3278 | 414962 | 54438 |
| 平均用工人数(人) | 45696 | 2587 | 3394 | 1294 | 2263 | 1186 | 7421 | 27551 |
| 收入法增加值 | 5533187 | 117341 | 160641 | 218171 | 117283 | 30274 | 4203125 | 591929 |

## 12-5 分县区规模以上民营工业企业主要经济指标

(2018年)　　单位：万元

| 项　　目 | 惠州市 | 惠城区 | 惠阳区 | 惠东县 | 博罗县 | 龙门县 | 大亚湾区 | 仲恺区 |
|---|---|---|---|---|---|---|---|---|
| 企业单位数(个) | 1473 | 100 | 273 | 310 | 333 | 89 | 64 | 304 |
| 亏损企业(个) | 248 | 22 | 44 | 29 | 56 | 11 | 13 | 73 |
| 工业总产值(当年价格) | 18470340 | 1398879 | 2678068 | 912441 | 3634476 | 832012 | 1780213 | 7234249 |
| 工业销售产值(当年价格) | 18197177 | 1389347 | 2631819 | 903328 | 3552818 | 836686 | 1765174 | 7118005 |
| 出口交货值 | 2269192 | 113327 | 496664 | 248464 | 299139 | 108324 | 56573 | 946702 |
| 流动资产合计 | 10713301 | 966668 | 1430367 | 383976 | 2360058 | 378093 | 1007748 | 4186391 |
| 应收账款 | 4284596 | 343145 | 603992 | 164075 | 854966 | 73038 | 332887 | 1912494 |
| 存货 | 2383732 | 285146 | 335267 | 69512 | 482234 | 61626 | 179075 | 970873 |
| 产成品 | 838020 | 85209 | 126410 | 26070 | 188479 | 14411 | 83313 | 314128 |
| 资产总计 | 16917701 | 1252178 | 2179669 | 598185 | 3876828 | 702195 | 1531180 | 6777467 |
| 负债合计 | 11059222 | 733293 | 1442663 | 357923 | 2564562 | 326626 | 1061092 | 4573064 |
| 营业收入 | 18290399 | 1352585 | 2595627 | 908065 | 3550715 | 838014 | 1945037 | 7100357 |
| 主营业务收入 | 18041955 | 1335185 | 2573947 | 905255 | 3523682 | 837310 | 1856500 | 7010077 |
| 营业成本 | 15912105 | 1123901 | 2286694 | 803226 | 3054755 | 561733 | 1709887 | 6371908 |
| 主营业务成本 | 15708074 | 1110251 | 2270174 | 801717 | 3034682 | 561623 | 1624010 | 6305619 |
| 税金及附加 | 90870 | 7204 | 12753 | 6888 | 15204 | 8769 | 8226 | 31826 |
| 主营业务税金及附加 | 88249 | 7067 | 11643 | 6840 | 14331 | 8769 | 8084 | 31516 |

## 12-5 续表

(2018年) 单位：万元

| 项　　目 | 惠州市 | 惠城区 | 惠阳区 | 惠东县 | 博罗县 | 龙门县 | 大亚湾区 | 仲恺区 |
| --- | --- | --- | --- | --- | --- | --- | --- | --- |
| 销售费用 | 440922 | 55115 | 61269 | 18895 | 99373 | 17798 | 36289 | 152183 |
| 管理费用 | 1083990 | 106743 | 146896 | 39954 | 214077 | 40156 | 87021 | 449144 |
| 财务费用 | 121757 | 5472 | 15499 | 4787 | 24966 | 4908 | 5162 | 60965 |
| 利息收入 | 7075 | 840 | 477 | 61 | 333 | 516 | 537 | 4311 |
| 利息支出 | 90122 | 4177 | 9054 | 2229 | 20046 | 5045 | 3504 | 46067 |
| 资产减值损失 | 94621 | 5485 | 2000 | -208 | 958 | 54229 | 4032 | 28125 |
| 公允价值变动收益 | -68 | | | | -2 | 133 | | -200 |
| 投资收益 | 33791 | 2812 | 3049 | 188 | 2441 | 106 | 1564 | 23632 |
| 其他收益 | 25536 | 5150 | 1620 | 125 | 929 | 180 | 2274 | 15259 |
| 营业利润 | 605340 | 56625 | 75171 | 34840 | 144769 | 150842 | 98233 | 44860 |
| 营业外收入 | 57365 | 7946 | 5522 | 1094 | 7810 | 361 | 3381 | 31250 |
| 营业外支出 | 25745 | 2658 | 5626 | 1030 | 5805 | 846 | 1324 | 8456 |
| 利润总额 | 636957 | 61913 | 75070 | 34909 | 146773 | 150357 | 100287 | 67648 |
| 亏损企业亏损总额 | 234820 | 12806 | 11141 | 3188 | 35287 | 1330 | 11795 | 159274 |
| 税金总额 | 507380 | 43758 | 58586 | 18569 | 89243 | 58151 | 34944 | 204130 |
| 应交增值税 | 419131 | 36691 | 46943 | 11729 | 74912 | 49382 | 26860 | 172614 |
| 平均用工人数(人) | 286666 | 24896 | 43115 | 27087 | 58272 | 7003 | 15780 | 110513 |
| 收入法增加值 | 4166267 | 331680 | 620249 | 236898 | 854408 | 276067 | 455507 | 1388819 |

# 12-6　分县区规模以上“三资”工业企业主要经济指标

(2018年)　　单位：万元

| 项　　目 | 惠州市 | 惠城区 | 惠阳区 | 惠东县 | 博罗县 | 龙门县 | 大亚湾区 | 仲恺区 |
|---|---|---|---|---|---|---|---|---|
| 企业单位数(个) | 899 | 106 | 204 | 58 | 243 | 15 | 71 | 202 |
| 亏损企业(个) | 202 | 22 | 42 | 13 | 55 | 2 | 22 | 46 |
| 工业总产值(当年价格) | 40999234 | 2458498 | 7864462 | 646261 | 3542739 | 233511 | 9884278 | 16369486 |
| 工业销售产值(当年价格) | 39239263 | 2445545 | 6754704 | 629341 | 3535160 | 234373 | 9741772 | 15898369 |
| 出口交货值 | 21179676 | 1445434 | 3957257 | 510840 | 2032812 | 131294 | 1632064 | 11469977 |
| 流动资产合计 | 22577437 | 1451021 | 3871534 | 341045 | 2143538 | 131914 | 4558599 | 10079785 |
| 应收账款 | 8096515 | 386942 | 1381764 | 94810 | 969671 | 59675 | 1572061 | 3631591 |
| 存货 | 5023703 | 404462 | 1524380 | 114729 | 520284 | 21722 | 1078364 | 1359763 |
| 产成品 | 1512470 | 120835 | 258015 | 30626 | 175774 | 6028 | 446839 | 474354 |
| 资产总计 | 35910797 | 2239502 | 7246285 | 538119 | 3246498 | 228360 | 10592130 | 11819903 |
| 负债合计 | 18944286 | 985673 | 4712497 | 340795 | 1846884 | 108777 | 5478410 | 5471250 |
| 营业收入 | 41171890 | 2590044 | 6783423 | 649908 | 3558419 | 236232 | 11339533 | 16014332 |
| 主营业务收入 | 40116443 | 2559288 | 6715390 | 638086 | 3524136 | 235543 | 10901607 | 15542394 |
| 营业成本 | 36463233 | 2210688 | 5905216 | 554594 | 3192192 | 188691 | 9732348 | 14679504 |
| 主营业务成本 | 35549472 | 2196697 | 5862046 | 546293 | 3139805 | 188211 | 9362765 | 14253655 |
| 税金及附加 | 174737 | 17854 | 28728 | 3526 | 12890 | 1446 | 41134 | 69158 |
| 主营业务税金及附加 | 172778 | 17704 | 28642 | 3493 | 12575 | 1437 | 40815 | 68113 |

## 12-6 续表

(2018年)　　单位：万元

| 项　目 | 惠州市 | 惠城区 | 惠阳区 | 惠东县 | 博罗县 | 龙门县 | 大亚湾区 | 仲恺区 |
|---|---|---|---|---|---|---|---|---|
| 销售费用 | 767513 | 61978 | 78677 | 18532 | 58300 | 1427 | 180373 | 368227 |
| 管理费用 | 1674013 | 192239 | 401103 | 45305 | 209823 | 11171 | 394267 | 420106 |
| 财务费用 | 121857 | 8184 | 105172 | 4143 | 19737 | -859 | 109505 | -124025 |
| 利息收入 | 108902 | 1590 | 2036 | 74 | 3682 | 98 | 9365 | 92057 |
| 利息支出 | 131917 | 7213 | 6478 | 1888 | 11081 | 312 | 86038 | 18908 |
| 资产减值损失 | 50654 | 3320 | 4197 | 1 | 5422 | 143 | 19026 | 18545 |
| 公允价值变动收益 | 18700 |  | -1313 |  | -10 | 133 | 1896 | 17993 |
| 投资收益 | 157857 | 98802 | -492 | 801 | 518 | -426 | 72137 | -13483 |
| 其他收益 | 13311 | 1072 | 3724 | 89 | 731 | 74 | 1043 | 6578 |
| 营业利润 | 2109822 | 195659 | 262278 | 24688 | 61323 | 33990 | 937964 | 593919 |
| 营业外收入 | 121400 | 14775 | 15375 | 9015 | 23819 | 2549 | 27495 | 28372 |
| 营业外支出 | 90061 | 13058 | 18585 | 7482 | 26273 | 858 | 8400 | 15406 |
| 利润总额 | 2141131 | 197373 | 259039 | 26221 | 58872 | 35681 | 957062 | 606884 |
| 亏损企业亏损总额 | 175283 | 23520 | 22415 | 3033 | 37591 | 247 | 25398 | 63079 |
| 税金总额 | 679893 | 37260 | 103332 | 13613 | 43859 | 7936 | 382690 | 91203 |
| 应交增值税 | 507115 | 19556 | 74690 | 10120 | 31284 | 6499 | 341876 | 23091 |
| 平均用工人数(人) | 532106 | 52467 | 168437 | 16567 | 84495 | 3797 | 100813 | 105530 |
| 收入法增加值 | 8998491 | 659309 | 1996326 | 178405 | 858889 | 75041 | 2780816 | 2769953 |

# 12-7 分县区规模以上大中型工业企业主要经济指标

(2018年)　　单位：万元

| 项 目 | 惠州市 | 惠城区 | 惠阳区 | 惠东县 | 博罗县 | 龙门县 | 大亚湾区 | 仲恺区 |
|---|---|---|---|---|---|---|---|---|
| 企业单位数(个) | 591 | 75 | 93 | 53 | 139 | 7 | 50 | 174 |
| 亏损企业(个) | 115 | 13 | 14 | 7 | 27 |  | 10 | 44 |
| 工业总产值(当年价格) | 60266833 | 3184831 | 7947823 | 1382151 | 4279300 | 800430 | 18668758 | 24003541 |
| 工业销售产值(当年价格) | 58373159 | 3152032 | 6858832 | 1339011 | 4241499 | 806302 | 18555140 | 23420342 |
| 出口交货值 | 22022967 | 1260363 | 3527212 | 462284 | 1686836 | 117033 | 1510025 | 13459214 |
| 流动资产合计 | 28749905 | 1832985 | 3710687 | 469806 | 2437315 | 355468 | 6035726 | 13907917 |
| 应收账款 | 10422076 | 502725 | 1349391 | 149610 | 1087990 | 59392 | 1773798 | 5499170 |
| 存货 | 7099602 | 505626 | 1446076 | 87268 | 523731 | 48898 | 2185075 | 2302928 |
| 产成品 | 2095526 | 143643 | 253644 | 24421 | 202279 | 5917 | 603687 | 861936 |
| 资产总计 | 49971356 | 3133162 | 7691824 | 1304243 | 4373286 | 664236 | 14886120 | 17918486 |
| 负债合计 | 27953189 | 1513742 | 4978264 | 813987 | 2576271 | 308383 | 8047748 | 9714794 |
| 营业收入 | 60287737 | 3213967 | 6920630 | 1315540 | 4243919 | 810827 | 20143973 | 23638881 |
| 主营业务收入 | 58964439 | 3163446 | 6847795 | 1305951 | 4200480 | 809813 | 19582601 | 23054354 |
| 营业成本 | 53234433 | 2710113 | 6057631 | 1116711 | 3804168 | 549650 | 17337855 | 21658305 |
| 主营业务成本 | 52145164 | 2687333 | 6010760 | 1114095 | 3746286 | 549394 | 16893860 | 21143436 |
| 税金及附加 | 1185185 | 18899 | 29690 | 8078 | 15273 | 6627 | 1013547 | 93072 |
| 主营业务税金及附加 | 1182100 | 18669 | 29382 | 8018 | 14204 | 6596 | 1013428 | 91804 |

## 12-7 续表

(2018年)　　单位：万元

| 项　　目 | 惠州市 | 惠城区 | 惠阳区 | 惠东县 | 博罗县 | 龙门县 | 大亚湾区 | 仲恺区 |
|---|---|---|---|---|---|---|---|---|
| 销售费用 | 913727 | 100561 | 68974 | 19921 | 60274 | 5398 | 204651 | 453949 |
| 管理费用 | 2125124 | 240273 | 381365 | 50600 | 228388 | 30780 | 399810 | 793909 |
| 财务费用 | 254718 | 12942 | 114447 | 18801 | 21383 | 4008 | 153851 | -70713 |
| 利息收入 | 126030 | 2135 | 2320 | 447 | 4050 | 619 | 8852 | 107608 |
| 利息支出 | 260960 | 14955 | 14559 | 17313 | 16017 | 5721 | 117601 | 74795 |
| 资产减值损失 | 174721 | 12398 | 4921 | -162 | 5136 | 54149 | 55412 | 42868 |
| 公允价值变动收益 | 19268 |  | -1313 |  | 28 | 133 | 2005 | 18414 |
| 投资收益 | 201263 | 101008 | -205 | 828 | -4304 | 155 | 88769 | 15012 |
| 其他收益 | 36183 | 6803 | 3929 | 240 | 1451 | 337 | 2056 | 21366 |
| 营业利润 | 2656556 | 226596 | 266016 | 102668 | 106482 | 160837 | 1071652 | 722304 |
| 营业外收入 | 147019 | 14733 | 14690 | 8299 | 22424 | 1305 | 33279 | 52288 |
| 营业外支出 | 86406 | 9154 | 15475 | 7497 | 24081 | 1319 | 10533 | 18348 |
| 利润总额 | 2717163 | 232171 | 265234 | 103471 | 104825 | 160823 | 1094397 | 756243 |
| 亏损企业亏损总额 | 258383 | 25735 | 17600 | 2119 | 34665 |  | 17065 | 161199 |
| 税金总额 | 2133680 | 67104 | 120264 | 40318 | 60592 | 57939 | 1495612 | 291852 |
| 应交增值税 | 951580 | 48435 | 90881 | 32300 | 46388 | 51343 | 482185 | 200048 |
| 平均用工人数(人) | 657054 | 66209 | 165100 | 22680 | 92948 | 5473 | 109910 | 194734 |
| 收入法增加值 | 13588683 | 859835 | 2008872 | 419043 | 1042546 | 263609 | 5269957 | 3962148 |

# 12-8 分县区规模以上电子工业主要经济指标

(2018年)　　单位：万元

| 项　　目 | 惠州市 | 惠城区 | 惠阳区 | 惠东县 | 博罗县 | 龙门县 | 大亚湾区 | 仲恺区 |
|---|---|---|---|---|---|---|---|---|
| 企业单位数(个) | 456 | 58 | 73 | 10 | 102 | 3 | 45 | 165 |
| 亏损企业(个) | 108 | 14 | 11 | 1 | 18 | | 14 | 50 |
| 工业总产值(当年价格) | 32408726 | 1142046 | 6214455 | 153840 | 2203013 | 118879 | 2935749 | 19640745 |
| 工业销售产值(当年价格) | 30770808 | 1130329 | 5228272 | 154212 | 2169960 | 121006 | 2886032 | 19080996 |
| 出口交货值 | 17424545 | 528563 | 2910273 | 85312 | 1067178 | 107891 | 1054234 | 11671093 |
| 流动资产合计 | 18960179 | 622535 | 3034128 | 79085 | 1256144 | 69250 | 1990730 | 11908307 |
| 应收账款 | 7397322 | 230352 | 1093839 | 27876 | 657116 | 40442 | 864492 | 4483207 |
| 存货 | 3870195 | 195929 | 1259296 | 19242 | 284379 | 10144 | 346791 | 1754415 |
| 产成品 | 1151554 | 69941 | 198905 | 8767 | 128081 | 3405 | 125963 | 616492 |
| 资产总计 | 26914703 | 956243 | 6000651 | 123876 | 1917069 | 93390 | 3038499 | 14784975 |
| 负债合计 | 15558988 | 502553 | 4070526 | 52411 | 1341772 | 62768 | 1672945 | 7856014 |
| 营业收入 | 31977343 | 1155270 | 5241039 | 153087 | 2176706 | 121020 | 3852131 | 19278089 |
| 主营业务收入 | 31165995 | 1134306 | 5195345 | 151852 | 2149457 | 121020 | 3692902 | 18721113 |
| 营业成本 | 28936369 | 1014017 | 4556990 | 124995 | 1988536 | 103415 | 3404605 | 17743812 |
| 主营业务成本 | 28232991 | 998180 | 4531237 | 124850 | 1941031 | 103415 | 3286243 | 17248034 |
| 税金及附加 | 121925 | 5425 | 16997 | 860 | 4990 | 238 | 19693 | 73722 |
| 主营业务税金及附加 | 120406 | 5419 | 16975 | 860 | 4777 | 238 | 19604 | 72533 |

## 12-8 续表

(2018年)　　单位：万元

| 项　　目 | 惠州市 | 惠城区 | 惠阳区 | 惠东县 | 博罗县 | 龙门县 | 大亚湾区 | 仲恺区 |
|---|---|---|---|---|---|---|---|---|
| 销售费用 | 515382 | 19956 | 44176 | 3499 | 27098 | 1255 | 33223 | 386175 |
| 管理费用 | 1303939 | 93261 | 274878 | 11142 | 99072 | 4419 | 205539 | 615628 |
| 财务费用 | 25153 | 6245 | 101630 | 758 | 14123 | -436 | -7264 | -89903 |
| 利息收入 | 105548 | 479 | 1188 | -13 | 921 | 50 | 6043 | 96880 |
| 利息支出 | 65945 | 4443 | 2915 | 692 | 7810 | 25 | 5883 | 44177 |
| 资产减值损失 | 56436 | 7918 | 4052 | 147 | 3584 | 134 | 7236 | 33365 |
| 公允价值变动收益 | 17462 |  | -1313 |  | 28 | 133 |  | 18613 |
| 投资收益 | -9806 | -20 | -685 | 707 | -15 | -427 | 186 | -9552 |
| 其他收益 | 18423 | 1097 | 3710 | 6 | 183 | 69 | 590 | 12768 |
| 营业利润 | 1044232 | 9524 | 244038 | 12398 | 39512 | 11772 | 189877 | 537111 |
| 营业外收入 | 84246 | 8975 | 7656 | 515 | 9840 | 1558 | 18258 | 37445 |
| 营业外支出 | 41538 | 6866 | 7118 | 342 | 11119 | 161 | 4728 | 11204 |
| 利润总额 | 1086922 | 11630 | 244565 | 12571 | 38231 | 13168 | 203404 | 563353 |
| 亏损企业亏损总额 | 215644 | 22143 | 4323 | 45 | 22813 |  | 13222 | 153098 |
| 税金总额 | 418212 | 18475 | 77367 | 6495 | 18520 | 239 | 58073 | 239043 |
| 应交增值税 | 297806 | 13056 | 60392 | 5635 | 13744 | 2 | 38469 | 166510 |
| 平均用工人数(人) | 412336 | 26478 | 129874 | 3388 | 41264 | 1656 | 69592 | 140084 |
| 收入法增加值 | 6389967 | 292954 | 1613527 | 41711 | 497049 | 34556 | 975916 | 3177725 |

# 12-9 分县区规模以上石化工业主要经济指标

(2018年) 单位：万元

| 项 目 | 惠州市 | 惠城区 | 惠阳区 | 惠东县 | 博罗县 | 龙门县 | 大亚湾区 | 仲恺区 |
|---|---|---|---|---|---|---|---|---|
| 企业单位数(个) | 174 | 8 | 34 | 28 | 43 | 6 | 30 | 25 |
| 亏损企业(个) | 29 | | 4 | 3 | 8 | 2 | 9 | 3 |
| 工业总产值(当年价格) | 17248795 | 157907 | 442067 | 155638 | 364054 | 25395 | 15827496 | 276238 |
| 工业销售产值(当年价格) | 17233034 | 153483 | 440652 | 154315 | 364547 | 23860 | 15825351 | 270826 |
| 出口交货值 | 297935 | 40524 | 41094 | 50864 | 68923 | 6125 | 76380 | 14026 |
| 流动资产合计 | 4068296 | 68802 | 217887 | 75383 | 250181 | 10121 | 3295691 | 150232 |
| 应收账款 | 720543 | 19449 | 106092 | 30503 | 91066 | 5099 | 413630 | 54705 |
| 存货 | 1812534 | 9971 | 37629 | 14741 | 48216 | 2121 | 1663208 | 36649 |
| 产成品 | 422550 | 2036 | 8674 | 5964 | 8428 | 1493 | 377959 | 17997 |
| 资产总计 | 11443062 | 91609 | 301261 | 98162 | 315735 | 38277 | 10331870 | 266148 |
| 负债合计 | 5916370 | 27656 | 187616 | 52057 | 149181 | 11271 | 5362298 | 126292 |
| 营业收入 | 17468214 | 153592 | 426856 | 156817 | 366279 | 24082 | 16068770 | 271819 |
| 主营业务收入 | 17152630 | 153439 | 426558 | 156817 | 362418 | 24082 | 15761196 | 268120 |
| 营业成本 | 14895797 | 112792 | 369217 | 134249 | 313908 | 20084 | 13716257 | 229290 |
| 主营业务成本 | 14632982 | 112792 | 367738 | 134249 | 311066 | 20084 | 13460774 | 226279 |
| 税金及附加 | 1019363 | 1198 | 3044 | 879 | 2237 | 357 | 1009891 | 1758 |
| 主营业务税金及附加 | 1015972 | 1198 | 2435 | 862 | 2211 | 357 | 1007167 | 1742 |

## 12-9 续表

(2018年) 单位：万元

| 项 目 | 惠州市 | 惠城区 | 惠阳区 | 惠东县 | 博罗县 | 龙门县 | 大亚湾区 | 仲恺区 |
|---|---|---|---|---|---|---|---|---|
| 销售费用 | 238440 | 9208 | 16922 | 4106 | 16687 | 628 | 182959 | 7930 |
| 管理费用 | 195895 | 10124 | 27601 | 7969 | 29908 | 1606 | 100548 | 18140 |
| 财务费用 | 164513 | -712 | 2199 | 2400 | -993 | 79 | 159970 | 1570 |
| 利息收入 | 1193 | 1 | 30 | 61 | 54 | 3 | 1024 | 21 |
| 利息支出 | 102184 | 266 | 976 | 573 | 139 | 52 | 98764 | 1413 |
| 资产减值损失 | 52337 | -60 | 100 | -62 | 942 |  | 50944 | 474 |
| 公允价值变动收益 | 1896 |  |  |  |  |  | 1896 |  |
| 投资收益 | 32192 | 39 | 2415 | 9 | 61 |  | 29356 | 313 |
| 其他收益 | 1757 | 146 | 14 | 85 | 1 |  | 1503 | 8 |
| 营业利润 | 937689 | 21230 | 10200 | 7370 | 3652 | 1320 | 880939 | 12978 |
| 营业外收入 | 19539 | 938 | 1110 | 138 | 985 | 21 | 12056 | 4291 |
| 营业外支出 | 18331 | 297 | 1234 | 146 | 9244 | 45 | 3785 | 3580 |
| 利润总额 | 938906 | 21873 | 10076 | 7367 | -4606 | 1296 | 889211 | 13689 |
| 亏损企业亏损总额 | 41164 |  | 1044 | 249 | 19560 | 232 | 18836 | 1242 |
| 税金总额 | 1479316 | 5531 | 10574 | 4307 | 14977 | 944 | 1436563 | 6420 |
| 应交增值税 | 463345 | 4333 | 8139 | 3446 | 12766 | 587 | 429396 | 4678 |
| 平均用工人数(人) | 24214 | 2095 | 3356 | 2632 | 4276 | 531 | 8453 | 2871 |
| 收入法增加值 | 4718443 | 48588 | 102165 | 28048 | 81043 | 4839 | 4369019 | 99683 |

# 12-10 分县区分行业规模以上工业企业单位数

(2018年)　　　　单位：个

| 项　　目 | 惠州市 | 惠城区 | 惠阳区 | 惠东县 | 博罗县 | 龙门县 | 大亚湾区 | 仲恺区 |
|---|---|---|---|---|---|---|---|---|
| **总　计** | **2376** | **211** | **468** | **370** | **572** | **109** | **142** | **504** |
| **采矿业** | **27** | **1** |  | **4** | **3** | **19** |  |  |
| 黑色金属矿采选业 | 1 |  |  |  | 1 |  |  |  |
| 有色金属矿采选业 | 1 |  |  |  |  | 1 |  |  |
| 非金属矿采选业 | 25 | 1 |  | 4 | 2 | 18 |  |  |
| **制造业** | **2314** | **204** | **465** | **362** | **560** | **86** | **135** | **502** |
| 农副食品加工业 | 36 | 6 | 3 | 5 | 14 | 2 | 1 | 5 |
| 食品制造业 | 10 | 2 | 1 | 1 | 2 | 4 |  |  |
| 酒、饮料和精制茶制造业 | 9 | 2 |  |  | 3 | 2 |  | 2 |
| 纺织业 | 42 | 2 | 6 |  | 29 | 2 | 1 | 2 |
| 纺织服装、服饰业 | 72 | 15 | 10 | 13 | 25 | 2 |  | 7 |
| 皮革、毛皮、羽毛及其制品和制鞋业 | 248 | 9 | 9 | 198 | 30 |  | 1 | 1 |
| 木材加工和木、竹、藤、棕、草制品业 | 40 | 1 | 5 | 5 | 9 | 19 |  | 1 |
| 家具制造业 | 131 | 1 | 84 | 9 | 23 |  | 4 | 10 |
| 造纸和纸制品业 | 44 | 1 | 13 | 8 | 10 | 1 | 2 | 9 |
| 印刷和记录媒介复制业 | 41 | 3 | 9 | 16 | 7 |  | 1 | 5 |
| 文教、工美、体育和娱乐用品制造业 | 86 | 2 | 38 | 11 | 20 | 3 | 6 | 6 |
| 石油加工、炼焦和核燃料加工业 | 2 |  |  |  | 1 |  | 1 |  |
| 化学原料和化学制品制造业 | 137 | 7 | 32 | 6 | 38 | 5 | 28 | 21 |
| 医药制造业 | 15 | 3 | 1 | 1 | 5 | 1 | 2 | 2 |
| 化学纤维制造业 | 2 |  |  |  | 2 |  |  |  |
| 橡胶和塑料制品业 | 227 | 12 | 53 | 27 | 58 | 5 | 10 | 62 |
| 非金属矿物制品业 | 110 | 3 | 22 | 19 | 20 | 24 | 7 | 15 |
| 黑色金属冶炼和压延加工业 | 7 |  |  | 2 | 1 |  |  | 4 |
| 有色金属冶炼和压延加工业 | 24 | 1 | 1 |  | 10 | 2 | 3 | 7 |
| 金属制品业 | 132 | 8 | 24 | 7 | 61 | 2 | 5 | 25 |
| 通用设备制造业 | 62 | 12 | 15 | 6 | 10 | 2 |  | 17 |
| 专用设备制造业 | 60 | 4 | 11 | 4 | 16 |  | 2 | 23 |
| 汽车制造业 | 36 | 8 | 3 |  | 6 | 4 | 9 | 6 |
| 铁路、船舶、航空航天和其他运输设备制造业 | 21 | 4 | 7 | 3 | 4 |  |  | 3 |
| 电气机械和器材制造业 | 221 | 36 | 31 | 9 | 42 | 1 | 6 | 96 |
| 计算机、通信和其他电子设备制造业 | 456 | 58 | 73 | 10 | 102 | 3 | 45 | 165 |
| 仪器仪表制造业 | 19 | 2 | 3 | 2 | 5 | 1 | 1 | 5 |
| 其他制造业 | 14 | 2 | 10 |  | 1 |  |  | 1 |
| 废弃资源综合利用业 | 10 |  | 1 |  | 6 | 1 |  | 2 |
| **电力、燃气及水的生产和供应业** | **35** | **6** | **3** | **4** | **9** | **4** | **7** | **2** |
| 电力、热力生产和供应业 | 16 | 1 | 1 | 2 | 5 | 3 | 3 | 1 |
| 燃气生产和供应业 | 2 | 1 |  |  |  |  | 1 |  |
| 水的生产和供应业 | 17 | 4 | 2 | 2 | 4 | 1 | 3 | 1 |

# 12-11　分县区分行业规模以上工业总产值

(2018年)　　单位：万元

| 项　　目 | 惠州市 | 惠城区 | 惠阳区 | 惠东县 |
|---|---|---|---|---|
| **总　　计** | **75559283** | **4328772** | **10873435** | **2154311** |
| **采矿业** | **63561** | | | **18975** |
| 黑色金属矿采选业 | 2842 | | | |
| 有色金属矿采选业 | 4280 | | | |
| 非金属矿采选业 | 56439 | | | 18975 |
| **制造业** | **71829451** | **3898488** | **10303201** | **1528860** |
| 农副食品加工业 | 635633 | 98595 | 77556 | 28354 |
| 食品制造业 | 28938 | 15821 | 5452 | 162 |
| 酒、饮料和精制茶制造业 | 482820 | 69115 | | |
| 纺织业 | 257252 | 13314 | 33414 | |
| 纺织服装、服饰业 | 557115 | 213796 | 126274 | 74101 |
| 皮革、毛皮、羽毛及其制品和制鞋业 | 934724 | 170578 | 81480 | 309869 |
| 木材加工和木、竹、藤、棕、草制品业 | 205247 | 31889 | 47051 | 14582 |
| 家具制造业 | 1553876 | 26208 | 585058 | 47019 |
| 造纸和纸制品业 | 423943 | 4046 | 198244 | 32423 |
| 印刷和记录媒介复制业 | 332475 | 12479 | 139894 | 15479 |
| 文教、工美、体育和娱乐用品制造业 | 533080 | 13057 | 228229 | 46668 |
| 石油加工、炼焦和核燃料加工业 | 9154716 | | | |
| 化学原料和化学制品制造业 | 7797881 | 154715 | 424372 | 52980 |
| 医药制造业 | 244029 | 50185 | 2272 | 6788 |
| 化学纤维制造业 | 9338 | | | |
| 橡胶和塑料制品业 | 2245938 | 181735 | 399392 | 132130 |
| 非金属矿物制品业 | 1888820 | 36287 | 305763 | 171911 |
| 黑色金属冶炼和压延加工业 | 144867 | | | 97197 |
| 有色金属冶炼和压延加工业 | 244814 | 36980 | 3039 | |
| 金属制品业 | 1529809 | 42998 | 497644 | 15528 |
| 通用设备制造业 | 762878 | 170810 | 195724 | 30230 |
| 专用设备制造业 | 538248 | 113868 | 96254 | 22079 |
| 汽车制造业 | 2509288 | 553964 | 17575 | |
| 铁路、船舶、航空航天和其他运输设备制造业 | 160448 | 48431 | 57137 | 9805 |
| 电气机械和器材制造业 | 5917156 | 651345 | 476629 | 256754 |
| 计算机、通信和其他电子设备制造业 | 32408726 | 1142046 | 6214455 | 153840 |
| 仪器仪表制造业 | 164608 | 42058 | 6211 | 10961 |
| 其他制造业 | 78112 | 4169 | 68661 | |
| 废弃资源综合利用业 | 84670 | | 15422 | |
| **电力、燃气及水的生产和供应业** | **3666271** | **430284** | **570235** | **606476** |
| 电力、热力生产和供应业 | 3422396 | 333950 | 545692 | 596301 |
| 燃气生产和供应业 | 60010 | 39985 | | |
| 水的生产和供应业 | 183865 | 56349 | 24542 | 10175 |

## 12-11 续表

(2018年)　　　　　　　　　　　　　　　　　　　　单位：万元

| 项　　目 | 博罗县 | 龙门县 | 大亚湾区 | 仲恺区 |
|---|---|---|---|---|
| **总　计** | **7552186** | **1100503** | **22677332** | **26872744** |
| **采矿业** | **6603** | **37983** | | |
| 黑色金属矿采选业 | 2842 | | | |
| 有色金属矿采选业 | | 4280 | | |
| 非金属矿采选业 | 3761 | 33703 | | |
| **制造业** | **6981305** | **926949** | **21742692** | **26447956** |
| 农副食品加工业 | 272134 | 2029 | 87134 | 69832 |
| 食品制造业 | 1323 | 6181 | | |
| 酒、饮料和精制茶制造业 | 170866 | 17562 | | 225277 |
| 纺织业 | 177186 | 9035 | 6679 | 17624 |
| 纺织服装、服饰业 | 98958 | 9387 | | 34599 |
| 皮革、毛皮、羽毛及其制品和制鞋业 | 368642 | | 1539 | 2617 |
| 木材加工和木、竹、藤、棕、草制品业 | 84247 | 25841 | | 1637 |
| 家具制造业 | 344937 | | 377393 | 173261 |
| 造纸和纸制品业 | 61078 | 4800 | 29441 | 93911 |
| 印刷和记录媒介复制业 | 102026 | | 2710 | 59886 |
| 文教、工美、体育和娱乐用品制造业 | 121353 | 8299 | 77603 | 37872 |
| 石油加工、炼焦和核燃料加工业 | 35438 | | 9119277 | |
| 化学原料和化学制品制造业 | 281985 | 17570 | 6695563 | 170697 |
| 医药制造业 | 106729 | 268 | 55730 | 22057 |
| 化学纤维制造业 | 9338 | | | |
| 橡胶和塑料制品业 | 385154 | 28069 | 151325 | 968132 |
| 非金属矿物制品业 | 220220 | 633604 | 233562 | 287473 |
| 黑色金属冶炼和压延加工业 | 18333 | | | 29337 |
| 有色金属冶炼和压延加工业 | 93789 | 2094 | 76080 | 32833 |
| 金属制品业 | 684798 | 9500 | 33347 | 245996 |
| 通用设备制造业 | 65367 | 8522 | | 292225 |
| 专用设备制造业 | 63298 | | 17755 | 224994 |
| 汽车制造业 | 25763 | 16070 | 1723424 | 172491 |
| 铁路、船舶、航空航天和其他运输设备制造业 | 19023 | | | 26053 |
| 电气机械和器材制造业 | 911979 | 285 | 109250 | 3510914 |
| 计算机、通信和其他电子设备制造业 | 2203013 | 118879 | 2935749 | 19640745 |
| 仪器仪表制造业 | 44428 | 3345 | 9132 | 48473 |
| 其他制造业 | 2577 | | | 2705 |
| 废弃资源综合利用业 | 7322 | 5609 | | 56316 |
| **电力、燃气及水的生产和供应业** | **564278** | **135571** | **934640** | **424788** |
| 电力、热力生产和供应业 | 537342 | 132950 | 871263 | 404896 |
| 燃气生产和供应业 | | | 20026 | |
| 水的生产和供应业 | 26935 | 2621 | 43351 | 19892 |

# 12-12　分县区分经济类型规模以上工业企业单位数

(2018年)　　单位：个

| 项　　目 | 惠州市 | 惠城区 | 惠阳区 | 惠东县 | 博罗县 | 龙门县 | 大亚湾区 | 仲恺区 |
|---|---|---|---|---|---|---|---|---|
| **总　　计** | **2376** | **211** | **468** | **370** | **572** | **109** | **142** | **504** |
| **一、按登记注册类型分组** | | | | | | | | |
| 内资 | 1477 | 105 | 264 | 312 | 329 | 94 | 71 | 302 |
| 国有 | 9 | | 1 | | 3 | 5 | | |
| 集体 | 5 | | | 1 | 3 | | | 1 |
| 集体联营 | 1 | | | | | 1 | | |
| 国有独资公司 | 10 | 4 | | | | | 5 | 1 |
| 其他有限责任公司 | 552 | 39 | 35 | 76 | 159 | 77 | 14 | 152 |
| 股份有限公司 | 37 | 11 | 2 | | 6 | 1 | | 17 |
| 私营独资 | 105 | | 2 | 98 | 5 | | | |
| 私营合伙 | 2 | | | 1 | | | | 1 |
| 私营有限责任公司 | 726 | 48 | 218 | 128 | 148 | 10 | 49 | 125 |
| 私营有限股份公司 | 23 | 3 | 6 | 2 | 4 | | 3 | 5 |
| 其他 | 7 | | | 6 | 1 | | | |
| 港澳台商投资 | 668 | 71 | 163 | 51 | 195 | 13 | 43 | 132 |
| 与港澳台商合资经营 | 78 | 8 | 16 | 2 | 16 | 2 | 10 | 24 |
| 与港澳台商合作经营 | 17 | 3 | 1 | 4 | 5 | 1 | 1 | 2 |
| 港澳台商独资 | 561 | 58 | 144 | 43 | 173 | 10 | 32 | 101 |
| 港澳台商投资股份有限公司 | 12 | 2 | 2 | 2 | 1 | | | 5 |
| 外商投资 | 231 | 35 | 41 | 7 | 48 | 2 | 28 | 70 |
| 中外合资经营 | 45 | 9 | 9 | | 6 | | 7 | 14 |
| 中外合作经营 | 4 | | | 2 | | | | 2 |
| 外资企业 | 172 | 24 | 30 | 5 | 39 | 2 | 20 | 52 |
| 外商投资股份有限公司 | 5 | | 2 | | 1 | | 1 | 1 |
| 其他外商投资 | 5 | 2 | | | 2 | | | 1 |
| **二、按轻重工业分** | | | | | | | | |
| 在总计中：轻工业 | 1187 | 87 | 279 | 290 | 279 | 40 | 33 | 179 |
| 重工业 | 1189 | 124 | 189 | 80 | 293 | 69 | 109 | 325 |
| **三、按企业规模分** | | | | | | | | |
| 在总计中：大型企业 | 109 | 14 | 17 | 3 | 20 | 2 | 14 | 39 |
| 中型企业 | 482 | 61 | 76 | 50 | 119 | 5 | 36 | 135 |
| 小微型企业 | 1785 | 136 | 375 | 317 | 433 | 102 | 92 | 330 |

# 12-13 分县区分经济类型规模以上工业总产值

(2018年) 单位：万元

| 项目 | 惠州市 | 惠城区 | 惠阳区 | 惠东县 | 博罗县 | 龙门县 | 大亚湾区 | 仲恺区 |
|---|---|---|---|---|---|---|---|---|
| **总计** | **75559283** | **4328772** | **10873435** | **2154311** | **7552186** | **1100503** | **22677332** | **26872744** |
| **一、按登记注册类型分组** | | | | | | | | |
| 内资 | 34560049 | 1870275 | 3008974 | 1508050 | 4009447 | 866992 | 12793054 | 10503258 |
| 国有 | 42660 | | 20932 | | 13055 | 8672 | | |
| 集体 | 13462 | | | | 11101 | | | 2361 |
| 集体联营 | 851 | | | | | 851 | | |
| 国有独资公司 | 12189018 | 377578 | 529075 | 200257 | 495681 | 126943 | 9968285 | 491199 |
| 其他有限责任公司 | 12294818 | 702783 | 490770 | 746843 | 2226945 | 526422 | 1259621 | 6341433 |
| 股份有限公司 | 1468493 | 301834 | 25625 | | 134904 | 178711 | | 827419 |
| 私营独资 | 239748 | | 6584 | 212547 | 20616 | | | |
| 私营合伙 | 13961 | | | | | | | 13961 |
| 私营有限责任公司 | 8082347 | 477105 | 1877465 | 335307 | 1054843 | 25393 | 1543625 | 2768608 |
| 私营有限股份公司 | 205579 | 10975 | 58522 | 4493 | 51790 | | 21523 | 58277 |
| 其他 | 9113 | | | 8602 | 510 | | | |
| 港澳台商投资 | 20006072 | 1169616 | 6827584 | 591150 | 2749502 | 223785 | 2663667 | 5780767 |
| 与港澳台商合资经营 | 5552107 | 137827 | 493777 | 10419 | 248258 | 112462 | 1278589 | 3270775 |
| 与港澳台商合作经营 | 121562 | 11959 | 11707 | 45865 | 22753 | 3405 | 19750 | 6123 |
| 港澳台商独资 | 14133321 | 959563 | 6295647 | 529067 | 2463945 | 107919 | 1365328 | 2411853 |
| 港澳台商投资股份有限公司 | 199081 | 60268 | 26453 | 5799 | 14546 | | | 92016 |
| 外商投资 | 20993162 | 1288882 | 1036878 | 55111 | 793237 | 9725 | 7220611 | 10588719 |
| 中外合资经营 | 15102625 | 619437 | 404759 | | 108061 | | 6255117 | 7715251 |
| 中外合作经营 | 37557 | | | 27877 | | | | 9680 |
| 外资企业 | 5654748 | 564850 | 618748 | 27233 | 637341 | 9725 | 956362 | 2840487 |
| 外商投资股份有限公司 | 47448 | | 13370 | | 3141 | | 9132 | 21805 |
| 其他外商投资 | 150784 | 104594 | | | 44694 | | | 1496 |
| **二、按轻重工业分** | | | | | | | | |
| 在总计中：轻工业 | 13399926 | 1482505 | 2420175 | 913172 | 2930082 | 113137 | 934550 | 4606305 |
| 重工业 | 62159357 | 2846268 | 8453261 | 1241139 | 4622104 | 987365 | 21742782 | 22266438 |
| **三、按企业规模分** | | | | | | | | |
| 在总计中：大型企业 | 48075580 | 1746433 | 6328887 | 435199 | 2358085 | 541978 | 17345336 | 19319661 |
| 中型企业 | 12191253 | 1438397 | 1618936 | 946952 | 1921215 | 258451 | 1323422 | 4683879 |
| 小微型企业 | 15292450 | 1143942 | 2925612 | 772160 | 3272886 | 300073 | 4008575 | 2869203 |

# 12-14 分县区分行业规模以上“三资”工业企业单位数

(2018年)　　单位：个

| 项　　目 | 惠州市 | 惠城区 | 惠阳区 | 惠东县 | 博罗县 | 龙门县 | 大亚湾区 | 仲恺区 |
|---|---|---|---|---|---|---|---|---|
| **总　计** | **899** | **106** | **204** | **58** | **243** | **15** | **71** | **202** |
| **采矿业** | **1** | | | **1** | | | | |
| 非金属矿采选业 | 1 | | | 1 | | | | |
| **制造业** | **894** | **106** | **204** | **57** | **242** | **15** | **69** | **201** |
| 农副食品加工业 | 6 | 1 | | 2 | 2 | | | 1 |
| 食品制造业 | 2 | 2 | | | | | | |
| 酒、饮料和精制茶制造业 | 4 | 1 | | | 1 | 1 | | 1 |
| 纺织业 | 23 | 1 | 5 | | 14 | 2 | | 1 |
| 纺织服装、服饰业 | 40 | 9 | 7 | 6 | 15 | 1 | | 2 |
| 皮革、毛皮、羽毛及其制品和制鞋业 | 46 | 8 | 7 | 8 | 22 | | | 1 |
| 木材加工和木、竹、藤、棕、草制品业 | 5 | 1 | 3 | | | | | 1 |
| 家具制造业 | 39 | 1 | 16 | 3 | 14 | | 3 | 2 |
| 造纸和纸制品业 | 12 | | 5 | 2 | 4 | | | 1 |
| 印刷和记录媒介复制业 | 10 | | 5 | | 5 | | | |
| 文教、工美、体育和娱乐用品制造业 | 60 | 2 | 26 | 5 | 14 | 2 | 5 | 6 |
| 化学原料和化学制品制造业 | 41 | 3 | 5 | 1 | 12 | 1 | 15 | 4 |
| 医药制造业 | 1 | | | | 1 | | | |
| 化学纤维制造业 | 1 | | | | 1 | | | |
| 橡胶和塑料制品业 | 100 | 5 | 25 | 7 | 30 | 2 | 6 | 25 |
| 非金属矿物制品业 | 19 | 1 | 6 | 2 | 3 | 2 | 2 | 3 |
| 黑色金属冶炼和压延加工业 | 4 | | | | | | | 4 |
| 有色金属冶炼和压延加工业 | 8 | 1 | | | 3 | | 2 | 2 |
| 金属制品业 | 57 | 5 | 11 | 2 | 21 | 1 | 2 | 15 |
| 通用设备制造业 | 23 | 7 | 3 | 1 | 3 | | | 9 |
| 专用设备制造业 | 24 | 1 | 6 | 2 | 7 | | | 8 |
| 汽车制造业 | 22 | 7 | | | 3 | | 9 | 3 |
| 铁路、船舶、航空航天和其他运输设备制造业 | 15 | 4 | 6 | 2 | 1 | | | 2 |
| 电气机械和器材制造业 | 91 | 11 | 13 | 7 | 16 | | 3 | 41 |
| 计算机、通信和其他电子设备制造业 | 216 | 32 | 45 | 5 | 44 | 2 | 21 | 67 |
| 仪器仪表制造业 | 14 | 2 | 3 | 2 | 5 | 1 | 1 | |
| 其他制造业 | 10 | 1 | 7 | | 1 | | | 1 |
| 废弃资源综合利用业 | 1 | | | | | | | 1 |
| **电力、燃气及水的生产和供应业** | **4** | | | | **1** | | **2** | **1** |
| 电力、热力生产和供应业 | 2 | | | | 1 | | | 1 |
| 燃气生产和供应业 | 1 | | | | | | 1 | |
| 水的生产和供应业 | 1 | | | | | | 1 | |

# 12-15 分县区分行业规模以上"三资"工业企业总产值

(2018年)　　　　　　　　　　　　单位：万元

| 项　　目 | 惠州市 | 惠城区 | 惠阳区 | 惠东县 |
|---|---|---|---|---|
| **总　计** | **40999234** | **2458498** | **7864462** | **646261** |
| **采矿业** | **16975** | | | **16975** |
| 非金属矿采选业 | 16975 | | | 16975 |
| **制造业** | **40871193** | **2458498** | **7864462** | **629286** |
| 农副食品加工业 | 79975 | 12960 | | 699 |
| 食品制造业 | 15821 | 15821 | | |
| 酒、饮料和精制茶制造业 | 164844 | 65125 | | |
| 纺织业 | 137122 | 12071 | 28378 | |
| 纺织服装、服饰业 | 464260 | 189307 | 113154 | 63825 |
| 皮革、毛皮、羽毛及其制品和制鞋业 | 536051 | 133343 | 63505 | 27939 |
| 木材加工和木、竹、藤、棕、草制品业 | 71257 | 31889 | 37731 | |
| 家具制造业 | 731183 | 26208 | 144393 | 14659 |
| 造纸和纸制品业 | 116441 | | 58146 | 16929 |
| 印刷和记录媒介复制业 | 201258 | | 107520 | |
| 文教、工美、体育和娱乐用品制造业 | 416400 | 13057 | 156531 | 35211 |
| 化学原料和化学制品制造业 | 5279920 | 93873 | 104108 | 10249 |
| 医药制造业 | 358 | | | |
| 化学纤维制造业 | 756 | | | |
| 橡胶和塑料制品业 | 1173477 | 25410 | 147398 | 55322 |
| 非金属矿物制品业 | 282825 | 9593 | 72491 | 48943 |
| 黑色金属冶炼和压延加工业 | 29337 | | | |
| 有色金属冶炼和压延加工业 | 140519 | 36980 | | |
| 金属制品业 | 840133 | 31963 | 315237 | 2014 |
| 通用设备制造业 | 482073 | 129203 | 57784 | 20220 |
| 专用设备制造业 | 166478 | 10007 | 57152 | 8185 |
| 汽车制造业 | 2449293 | 544593 | | |
| 铁路、船舶、航空航天和其他运输设备制造业 | 142805 | 48431 | 57137 | 8642 |
| 电气机械和器材制造业 | 1892653 | 241942 | 240049 | 220234 |
| 计算机、通信和其他电子设备制造业 | 24862739 | 744664 | 6048459 | 85255 |
| 仪器仪表制造业 | 116135 | 42058 | 6211 | 10961 |
| 其他制造业 | 54360 | | 49078 | |
| 废弃资源综合利用业 | 22721 | | | |
| **电力、燃气及水的生产和供应业** | **111066** | | | |
| 电力、热力生产和供应业 | 76546 | | | |
| 燃气生产和供应业 | 20026 | | | |
| 水的生产和供应业 | 14494 | | | |

## 12-15 续表

(2018年)　　单位：万元

| 项　　目 | 博罗县 | 龙门县 | 大亚湾区 | 仲恺区 |
|---|---|---|---|---|
| **总　计** | **3542739** | **233511** | **9884278** | **16369486** |
| **采矿业** | | | | |
| 非金属矿采选业 | | | | |
| **制造业** | **3533161** | **233511** | **9849758** | **16302518** |
| 农副食品加工业 | 59438 | | | 6878 |
| 食品制造业 | | | | |
| 酒、饮料和精制茶制造业 | 22615 | 12894 | | 64210 |
| 纺织业 | 75603 | 9035 | | 12036 |
| 纺织服装、服饰业 | 77668 | 3762 | | 16543 |
| 皮革、毛皮、羽毛及其制品和制鞋业 | 308648 | | | 2617 |
| 木材加工和木、竹、藤、棕、草制品业 | | | | 1637 |
| 家具制造业 | 168105 | | 372492 | 5327 |
| 造纸和纸制品业 | 30051 | | | 11315 |
| 印刷和记录媒介复制业 | 93739 | | | |
| 文教、工美、体育和娱乐用品制造业 | 102354 | 5865 | 65510 | 37872 |
| 化学原料和化学制品制造业 | 101188 | 932 | 4895606 | 73964 |
| 医药制造业 | 358 | | | |
| 化学纤维制造业 | 756 | | | |
| 橡胶和塑料制品业 | 214485 | 10797 | 114309 | 605756 |
| 非金属矿物制品业 | 26301 | 68261 | 32460 | 24776 |
| 黑色金属冶炼和压延加工业 | | | | 29337 |
| 有色金属冶炼和压延加工业 | 26738 | | 70935 | 5865 |
| 金属制品业 | 300432 | 7266 | 17820 | 165401 |
| 通用设备制造业 | 17270 | | | 257596 |
| 专用设备制造业 | 39551 | | | 51583 |
| 汽车制造业 | 15659 | | 1723424 | 165617 |
| 铁路、船舶、航空航天和其他运输设备制造业 | 5313 | | | 23282 |
| 电气机械和器材制造业 | 244890 | | 11597 | 933943 |
| 计算机、通信和其他电子设备制造业 | 1554995 | 111354 | 2536473 | 13781539 |
| 仪器仪表制造业 | 44428 | 3345 | 9132 | |
| 其他制造业 | 2577 | | | 2705 |
| 废弃资源综合利用业 | | | | 22721 |
| **电力、燃气及水的生产和供应业** | **9578** | | **34520** | **66968** |
| 电力、热力生产和供应业 | 9578 | | | 66968 |
| 燃气生产和供应业 | | | 20026 | |
| 水的生产和供应业 | | | 14494 | |

## 12-16 规模以上工业企业分经济类型主要经济指标

(2018年)　　　　单位：万元

| 项　　目 | 企 业<br>单位数<br>(个) | 亏损企业<br>(个) | 工 业<br>总产值<br>(当年价格) | 工业销<br>售产值<br>(当年价格) | 出 口<br>交货值 | 流动资<br>产合计 |
|---|---|---|---|---|---|---|
| **总　　计** | **2376** | **450** | **75559283** | **73522381** | **24999843** | **36744179** |
| **一、按登记注册类型分组** | | | | | | |
| 内资 | 1477 | 248 | 34560049 | 34283118 | 3820166 | 14166742 |
| 国有 | 9 | 4 | 42660 | 42625 | | 24852 |
| 集体 | 5 | 1 | 13462 | 13429 | 2256 | 10163 |
| 集体联营 | 1 | | 851 | 848 | | |
| 国有独资公司 | 10 | 3 | 12189018 | 12189004 | 111143 | 1927457 |
| 其他有限责任公司 | 552 | 94 | 12294818 | 12129843 | 2574640 | 6475634 |
| 股份有限公司 | 37 | 7 | 1468493 | 1493952 | 160104 | 1270617 |
| 私营独资 | 105 | 7 | 239748 | 237985 | 80818 | 64785 |
| 私营合伙 | 2 | | 13961 | 13856 | | 5795 |
| 私营有限责任公司 | 726 | 123 | 8082347 | 7954153 | 865929 | 4165188 |
| 私营有限股份公司 | 23 | 6 | 205579 | 198848 | 19914 | 217649 |
| 其他 | 7 | 3 | 9113 | 8577 | 5362 | 4603 |
| 港澳台商投资 | 668 | 134 | 20006072 | 18736460 | 10301348 | 11353016 |
| 与港澳台商合资经营 | 78 | 21 | 5552107 | 5388623 | 2366891 | 3392147 |
| 与港澳台商合作经营 | 17 | 2 | 121562 | 122119 | 83911 | 71342 |
| 港澳台商独资 | 561 | 109 | 14133321 | 13031802 | 7756163 | 7676323 |
| 港澳台商投资股份有限公司 | 12 | 2 | 199081 | 193916 | 94382 | 213204 |
| 外商投资 | 231 | 68 | 20993162 | 20502803 | 10878329 | 11224421 |
| 中外合资经营 | 45 | 14 | 15102625 | 14712130 | 7372995 | 7393144 |
| 中外合作经营 | 4 | | 37557 | 37237 | 27548 | 14175 |
| 外资企业 | 172 | 49 | 5654748 | 5559949 | 3386469 | 3470825 |
| 外商投资股份有限公司 | 5 | 3 | 47448 | 49989 | 37805 | 32734 |
| 其他外商投资 | 5 | 2 | 150784 | 143498 | 53512 | 313545 |
| **二、按轻重工业分** | | | | | | |
| 在总计中：轻工业 | 1187 | 205 | 13399926 | 13197459 | 5626467 | 7763128 |
| 重工业 | 1189 | 245 | 62159357 | 60324923 | 19373376 | 28981051 |
| **三、按企业规模分** | | | | | | |
| 在总计中：大型企业 | 109 | 13 | 48075580 | 46397322 | 18215448 | 21415456 |
| 中型企业 | 482 | 102 | 12191253 | 11975837 | 3807519 | 7334450 |
| 小微型企业 | 1785 | 335 | 15292450 | 15149223 | 2976875 | 7994273 |

## 12-16 续表 1

(2018年) 单位：万元

| 项　　目 | 应收账款 | 存货 | 产成品 | 资产总计 | 负债合计 | 营业收入 |
|---|---|---|---|---|---|---|
| **总　计** | **13264554** | **8973063** | **2745943** | **62905523** | **35706981** | **75630546** |
| **一、按登记注册类型分组** | | | | | | |
| 内资 | 5168039 | 3949360 | 1233473 | 26994727 | 16762694 | 34458656 |
| 国有 | 762 | 3789 | 1797 | 152380 | 122020 | 45588 |
| 集体 | 778 | 1167 | 503 | 28796 | 24553 | 14545 |
| 集体联营 | | | | | | |
| 国有独资公司 | 262896 | 1187845 | 180190 | 7380527 | 3917676 | 12205299 |
| 其他有限责任公司 | 2680547 | 1505994 | 619511 | 11034416 | 6983503 | 12160341 |
| 股份有限公司 | 502837 | 221664 | 43984 | 2017264 | 1110326 | 1563162 |
| 私营独资 | 27672 | 9567 | 4263 | 105571 | 53786 | 239601 |
| 私营合伙 | 1069 | 2457 | 322 | 9425 | 2058 | 13321 |
| 私营有限责任公司 | 1591185 | 921721 | 360833 | 5883040 | 4295067 | 8003749 |
| 私营有限股份公司 | 97235 | 94657 | 21641 | 378209 | 249504 | 204621 |
| 其他 | 3058 | 500 | 429 | 5099 | 4202 | 8430 |
| 港澳台商投资 | 4445500 | 3144245 | 908780 | 17886458 | 11225106 | 20005748 |
| 与港澳台商合资经营 | 1474231 | 693947 | 356564 | 4584158 | 3110990 | 6500689 |
| 与港澳台商合作经营 | 27252 | 22272 | 4874 | 106319 | 44532 | 126222 |
| 港澳台商独资 | 2836830 | 2390784 | 537580 | 12749203 | 7907993 | 13178524 |
| 港澳台商投资股份有限公司 | 107188 | 37242 | 9763 | 446778 | 161591 | 200313 |
| 外商投资 | 3651014 | 1879458 | 603690 | 18024339 | 7719181 | 21166143 |
| 中外合资经营 | 1801528 | 1116617 | 367819 | 12333168 | 4412121 | 15143943 |
| 中外合作经营 | 7693 | 2937 | 1159 | 39102 | 22864 | 37154 |
| 外资企业 | 1788982 | 713915 | 219106 | 5075134 | 3044015 | 5731286 |
| 外商投资股份有限公司 | 5899 | 14741 | 4102 | 59593 | 32581 | 51790 |
| 其他外商投资 | 46912 | 31246 | 11505 | 517342 | 207600 | 201971 |
| **二、按轻重工业分** | | | | | | |
| 在总计中：轻工业 | 3052293 | 1986172 | 678533 | 11752777 | 7023644 | 13248518 |
| 重工业 | 10212261 | 6986891 | 2067411 | 51152746 | 28683337 | 62382028 |
| **三、按企业规模分** | | | | | | |
| 在总计中：大型企业 | 7508401 | 5348185 | 1474635 | 37923494 | 20676102 | 48225322 |
| 中型企业 | 2913674 | 1751417 | 620891 | 12047863 | 7277087 | 12062415 |
| 小微型企业 | 2842478 | 1873461 | 650417 | 12934167 | 7753792 | 15342809 |

## 12-16 续表 2

(2018年)　　单位：万元

| 项　　目 | 主营业务收入 | 营业成本 | 主营业务成本 | 税　金及附加 | 主营业务税金及附加 | 销售费用 |
|---|---|---|---|---|---|---|
| **总　　计** | **74105007** | **66553506** | **65287695** | **1283799** | **1276114** | **1303493** |
| **一、按登记注册类型分组** | | | | | | |
| 内资 | 33988564 | 30090273 | 29738223 | 1109062 | 1103336 | 535980 |
| 国有 | 41204 | 30935 | 27593 | 276 | 276 | 3108 |
| 集体 | 14063 | 8648 | 8433 | 287 | 287 | 88 |
| 集体联营 | | | | | | |
| 国有独资公司 | 12055511 | 10668673 | 10578803 | 986025 | 985400 | 70893 |
| 其他有限责任公司 | 12009075 | 10541893 | 10421682 | 78871 | 75290 | 229598 |
| 股份有限公司 | 1536708 | 1219984 | 1201933 | 9344 | 9343 | 71491 |
| 私营独资 | 239601 | 217542 | 217538 | 917 | 917 | 3507 |
| 私营合伙 | 13321 | 10155 | 10155 | 148 | 148 | 219 |
| 私营有限责任公司 | 7866793 | 7208200 | 7088418 | 32101 | 30586 | 150005 |
| 私营有限股份公司 | 203859 | 176230 | 175655 | 1064 | 1060 | 7041 |
| 其他 | 8430 | 8014 | 8014 | 30 | 30 | 32 |
| 港澳台商投资 | 19355610 | 17740060 | 17149880 | 92587 | 92175 | 380562 |
| 与港澳台商合资经营 | 6000996 | 5885448 | 5421841 | 32126 | 32092 | 179631 |
| 与港澳台商合作经营 | 125724 | 112683 | 112683 | 909 | 909 | 1999 |
| 港澳台商独资 | 13033111 | 11581066 | 11457109 | 57139 | 56768 | 195489 |
| 港澳台商投资股份有限公司 | 195778 | 160863 | 158247 | 2413 | 2406 | 3443 |
| 外商投资 | 20760834 | 18723174 | 18399592 | 82150 | 80603 | 386951 |
| 中外合资经营 | 14904855 | 13426653 | 13236564 | 52653 | 52651 | 233818 |
| 中外合作经营 | 34154 | 28990 | 28990 | 741 | 741 | 1277 |
| 外资企业 | 5577843 | 5058505 | 4928934 | 27201 | 25753 | 136682 |
| 外商投资股份有限公司 | 48869 | 47509 | 44760 | 360 | 360 | 390 |
| 其他外商投资 | 195112 | 161515 | 160345 | 1195 | 1098 | 14785 |
| **二、按轻重工业分** | | | | | | |
| 在总计中：轻工业 | 13160271 | 11571634 | 11515635 | 69862 | 67636 | 337097 |
| 重工业 | 60944736 | 54981872 | 53772059 | 1213937 | 1208478 | 966396 |
| **三、按企业规模分** | | | | | | |
| 在总计中：大型企业 | 47112691 | 42809112 | 41861481 | 1112570 | 1110950 | 645923 |
| 中型企业 | 11851748 | 10425322 | 10283683 | 72615 | 71151 | 267804 |
| 小微型企业 | 15140568 | 13319072 | 13142531 | 98614 | 94014 | 389767 |

## 12-16 续表 3

(2018年)　　单位：万元

| 项　　目 | 管理费用 | 财务费用 | 利息收入 | 利息支出 | 资产减值损失 | 公允价值变动收益 |
|---|---|---|---|---|---|---|
| **总　　计** | **2926074** | **361289** | **133858** | **327694** | **184197** | **19119** |
| **一、按登记注册类型分组** | | | | | | |
| 内资 | 1252061 | 239432 | 24956 | 195777 | 133542 | 419 |
| 国有 | 10624 | 976 | | 810 | | |
| 集体 | 2537 | 1848 | 1 | 1840 | | |
| 集体联营 | | | | | | |
| 国有独资公司 | 43262 | 87791 | 2206 | 69052 | 37968 | |
| 其他有限责任公司 | 664795 | 97018 | 18035 | 82417 | 71182 | 390 |
| 股份有限公司 | 114526 | 17081 | 1524 | 17497 | 18001 | |
| 私营独资 | 6622 | 734 | 34 | 44 | | |
| 私营合伙 | 963 | -49 | | | | |
| 私营有限责任公司 | 389303 | 32907 | 2687 | 23578 | 6264 | 28 |
| 私营有限股份公司 | 19074 | 1110 | 469 | 539 | 128 | |
| 其他 | 355 | 16 | | 1 | | |
| 港澳台商投资 | 1040400 | 126304 | 14081 | 52205 | 25378 | 7470 |
| 与港澳台商合资经营 | 262559 | 4076 | 4452 | 28973 | 16521 | 8566 |
| 与港澳台商合作经营 | 10729 | 635 | 20 | 476 | | |
| 港澳台商独资 | 748643 | 117514 | 9409 | 21439 | 8811 | -1096 |
| 港澳台商投资股份有限公司 | 18469 | 4078 | 199 | 1318 | 45 | |
| 外商投资 | 633613 | -4447 | 94822 | 79712 | 25277 | 11230 |
| 中外合资经营 | 303011 | -15971 | 87779 | 60000 | 18531 | 3780 |
| 中外合作经营 | 4824 | 715 | 11 | 49 | | |
| 外资企业 | 303101 | 7360 | 6939 | 17066 | 5989 | 7450 |
| 外商投资股份有限公司 | 4403 | 335 | 2 | 165 | -10 | |
| 其他外商投资 | 18275 | 3114 | 92 | 2431 | 767 | |
| **二、按轻重工业分** | | | | | | |
| 在总计中：轻工业 | 796079 | 56255 | 16193 | 45603 | 13622 | -210 |
| 重工业 | 2129995 | 305034 | 117665 | 282091 | 170575 | 19329 |
| **三、按企业规模分** | | | | | | |
| 在总计中：大型企业 | 1368113 | 190873 | 116288 | 205352 | 153691 | 19400 |
| 中型企业 | 757011 | 63844 | 9742 | 55608 | 21029 | -132 |
| 小微型企业 | 800950 | 106571 | 7828 | 66734 | 9476 | -149 |

## 12-16 续表 4

(2018年) 单位：万元

| 项目 | 投资收益 | 其他收益 | 营业利润 | 营业外收入 | 营业外支出 | 利润总额 |
|---|---|---|---|---|---|---|
| **总计** | **219414** | **44515** | **3301272** | **194260** | **121519** | **3373981** |
| **一、按登记注册类型分组** | | | | | | |
| 内资 | 61557 | 31204 | 1191450 | 72860 | 31458 | 1232850 |
| 国有 | 224 | | -107 | 1167 | 194 | 866 |
| 集体 | | | 1137 | 142 | 768 | 512 |
| 集体联营 | | | | | | |
| 国有独资公司 | 21358 | 3975 | 336024 | 12374 | 5351 | 343046 |
| 其他有限责任公司 | 13870 | 18868 | 510108 | 38420 | 8905 | 539626 |
| 股份有限公司 | 24834 | 3804 | 141370 | 4079 | 1573 | 143876 |
| 私营独资 | | | 10279 | 7 | 64 | 10222 |
| 私营合伙 | | | 1885 | 183 | 6 | 2062 |
| 私营有限责任公司 | 1305 | 4157 | 190425 | 15363 | 14306 | 191477 |
| 私营有限股份公司 | -34 | 402 | 346 | 1124 | 260 | 1209 |
| 其他 | | | -16 | | 30 | -46 |
| 港澳台商投资 | 64899 | 8172 | 681037 | 67894 | 60409 | 688489 |
| 与港澳台商合资经营 | 819 | 2764 | 132465 | 10941 | 10164 | 133240 |
| 与港澳台商合作经营 | | 83 | -651 | 1946 | 38 | 1256 |
| 港澳台商独资 | 64185 | 5044 | 538045 | 54181 | 49942 | 542251 |
| 港澳台商投资股份有限公司 | -105 | 281 | 11179 | 826 | 264 | 11742 |
| 外商投资 | 92958 | 5139 | 1428785 | 53506 | 29653 | 1452643 |
| 中外合资经营 | -5886 | 3766 | 1126914 | 28485 | 6898 | 1148501 |
| 中外合作经营 | | | 601 | 80 | 7 | 675 |
| 外资企业 | 850 | 1386 | 202167 | 24177 | 22142 | 204207 |
| 外商投资股份有限公司 | | -14 | -1211 | 62 | 266 | -1415 |
| 其他外商投资 | 97994 | | 100314 | 702 | 341 | 100675 |
| **二、按轻重工业分** | | | | | | |
| 在总计中：轻工业 | 189594 | 7717 | 601091 | 49855 | 35366 | 615556 |
| 重工业 | 29820 | 36799 | 2700182 | 144405 | 86154 | 2758426 |
| **三、按企业规模分** | | | | | | |
| 在总计中：大型企业 | 198596 | 18617 | 2181657 | 92895 | 46689 | 2227865 |
| 中型企业 | 2668 | 17566 | 474898 | 54123 | 39717 | 489298 |
| 小微型企业 | 18151 | 8333 | 644717 | 47241 | 35113 | 656818 |

## 12-16 续表5

(2018年)　　单位：万元

| 项　　目 | 亏损企业亏损总额 | 税金总额 | 应交增值税 | 平均用工人数(人) | 收入法增加值 |
|---|---|---|---|---|---|
| **总　计** | **397809** | **2492288** | **1216175** | **847842** | **17315740** |
| **一、按登记注册类型分组** | | | | | |
| 内资 | 222526 | 1812395 | 709060 | 315736 | 8317249 |
| 国有 | 2671 | 1656 | 1381 | 1604 | 17239 |
| 集体 | 10 | 417 | 131 | 545 | 5126 |
| 集体联营 | | | | | 259 |
| 国有独资公司 | 3727 | 1195131 | 209731 | 15575 | 3274213 |
| 其他有限责任公司 | 154292 | 360499 | 285209 | 151909 | 2806135 |
| 股份有限公司 | 10556 | 59107 | 49764 | 26288 | 309744 |
| 私营独资 | 88 | 1897 | 979 | 6702 | 57852 |
| 私营合伙 | | 1122 | 975 | 118 | 5108 |
| 私营有限责任公司 | 41304 | 186835 | 156249 | 109349 | 1784021 |
| 私营有限股份公司 | 9770 | 5627 | 4567 | 3294 | 54673 |
| 其他 | 110 | 103 | 74 | 352 | 2878 |
| 港澳台商投资 | 81738 | 303315 | 211140 | 360589 | 4245705 |
| 与港澳台商合资经营 | 21498 | 93914 | 61822 | 52295 | 1014148 |
| 与港澳台商合作经营 | 975 | 2377 | 1467 | 3901 | 27913 |
| 港澳台商独资 | 58918 | 204489 | 147720 | 300040 | 3154971 |
| 港澳台商投资股份有限公司 | 347 | 2536 | 131 | 4353 | 48672 |
| 外商投资 | 93545 | 376578 | 295975 | 171517 | 4752786 |
| 中外合资经营 | 20155 | 304678 | 252027 | 79514 | 3429632 |
| 中外合作经营 | | 945 | 204 | 953 | 13136 |
| 外资企业 | 69933 | 71082 | 45329 | 88096 | 1263704 |
| 外商投资股份有限公司 | 1777 | 398 | 39 | 941 | 12444 |
| 其他外商投资 | 1681 | -526 | -1624 | 2013 | 33870 |
| **二、按轻重工业分** | | | | | |
| 在总计中：轻工业 | 85408 | 202007 | 134371 | 270825 | 3157337 |
| 重工业 | 312401 | 2290281 | 1081803 | 577017 | 14158403 |
| **三、按企业规模分** | | | | | |
| 在总计中：大型企业 | 129281 | 1876599 | 765650 | 417528 | 10732824 |
| 中型企业 | 129102 | 257081 | 185930 | 239526 | 2855859 |
| 小微型企业 | 139426 | 358608 | 264595 | 190788 | 3727057 |

# 12-17 规模以上分行业工业企业主要经济指标

(2018年)　　单位：万元

| 项　　目 | 企　业单位数(个) | 亏损企业(个) | 工　业总产值(当年价格) | 工业销售产值(当年价格) | 出　口交货值 | 流动资产合计 |
|---|---|---|---|---|---|---|
| **总　计** | **2376** | **450** | **75559283** | **73522381** | **24999843** | **36744179** |
| **采矿业** | **27** | **5** | **63561** | **64583** | **13913** | **47776** |
| 黑色金属矿采选业 | 1 | | 2842 | 4036 | | 7884 |
| 有色金属矿采选业 | 1 | | 4280 | 4280 | | 1557 |
| 非金属矿采选业 | 25 | 5 | 56439 | 56267 | 13913 | 38334 |
| **制造业** | **2314** | **441** | **71829451** | **69816742** | **24985929** | **35842374** |
| 农副食品加工业 | 36 | 5 | 635633 | 639135 | 25371 | 280962 |
| 食品制造业 | 10 | 6 | 28938 | 27704 | 19747 | 33258 |
| 酒、饮料和精制茶制造业 | 9 | 1 | 482820 | 487493 | 2278 | 133266 |
| 纺织业 | 42 | 7 | 257252 | 252909 | 52548 | 148152 |
| 纺织服装、服饰业 | 72 | 17 | 557115 | 547970 | 337762 | 341570 |
| 皮革、毛皮、羽毛及其制品和制鞋业 | 248 | 28 | 934724 | 926618 | 606018 | 463619 |
| 木材加工和木、竹、藤、棕、草制品业 | 40 | 3 | 205247 | 199843 | 31644 | 84092 |
| 家具制造业 | 131 | 22 | 1553876 | 1508606 | 825961 | 840066 |
| 造纸和纸制品业 | 44 | 1 | 423943 | 419786 | 45004 | 265165 |
| 印刷和记录媒介复制业 | 41 | 4 | 332475 | 328158 | 79015 | 214310 |
| 文教、工美、体育和娱乐用品制造业 | 86 | 22 | 533080 | 520754 | 434232 | 341366 |
| 石油加工、炼焦和核燃料加工业 | 2 | 1 | 9154716 | 9155849 | | 1532915 |
| 化学原料和化学制品制造业 | 137 | 22 | 7797881 | 7784393 | 194470 | 2414705 |
| 医药制造业 | 15 | 4 | 244029 | 228423 | 14687 | 210520 |
| 化学纤维制造业 | 2 | 1 | 9338 | 9338 | 756 | 9594 |
| 橡胶和塑料制品业 | 227 | 42 | 2245938 | 2222045 | 814594 | 1240305 |
| 非金属矿物制品业 | 110 | 14 | 1888820 | 1885403 | 88421 | 901035 |
| 黑色金属冶炼和压延加工业 | 7 | 1 | 144867 | 143896 | 7385 | 47191 |
| 有色金属冶炼和压延加工业 | 24 | 4 | 244814 | 240908 | 67025 | 147342 |
| 金属制品业 | 132 | 33 | 1529809 | 1484836 | 476247 | 940145 |
| 通用设备制造业 | 62 | 13 | 762878 | 758971 | 306309 | 505443 |
| 专用设备制造业 | 60 | 16 | 538248 | 521922 | 93558 | 468602 |
| 汽车制造业 | 36 | 5 | 2509288 | 2452899 | 358464 | 1313691 |
| 铁路、船舶、航空航天和其他运输设备制造业 | 21 | 4 | 160448 | 150713 | 113322 | 122100 |
| 电气机械和器材制造业 | 221 | 43 | 5917156 | 5825469 | 2419411 | 3612575 |
| 计算机、通信和其他电子设备制造业 | 456 | 108 | 32408726 | 30770808 | 17424545 | 18960179 |
| 仪器仪表制造业 | 19 | 7 | 164608 | 164148 | 95964 | 173262 |
| 其他制造业 | 14 | 3 | 78112 | 76053 | 49532 | 48582 |
| 废弃资源综合利用业 | 10 | 4 | 84670 | 81696 | 1662 | 48365 |
| **电力、燃气及水的生产和供应业** | **35** | **4** | **3666271** | **3641056** | | **854029** |
| 电力、热力生产和供应业 | 16 | 3 | 3422396 | 3400703 | | 626934 |
| 燃气生产和供应业 | 2 | | 60010 | 60010 | | 74963 |
| 水的生产和供应业 | 17 | 1 | 183865 | 180343 | | 152132 |

## 12-17 续表 1

(2018年) 单位：万元

| 项　　目 | 应收账款 | 存货 | 产成品 | 资产总计 | 负债合计 | 营业收入 |
|---|---|---|---|---|---|---|
| **总　计** | **13264554** | **8973063** | **2745943** | **62905523** | **35706981** | **75630546** |
| **采矿业** | **14964** | **7028** | **3627** | **101120** | **47467** | **63902** |
| 黑色金属矿采选业 | 2039 | 678 | 678 | 14137 | 7911 | 4036 |
| 有色金属矿采选业 | | 170 | 143 | 2486 | 386 | 4280 |
| 非金属矿采选业 | 12924 | 6181 | 2806 | 84497 | 39169 | 55587 |
| **制造业** | **13113380** | **8920416** | **2737264** | **57935172** | **32979063** | **71904335** |
| 农副食品加工业 | 93132 | 85593 | 31710 | 410141 | 232647 | 662703 |
| 食品制造业 | 22669 | 5023 | 2800 | 49394 | 44245 | 27713 |
| 酒、饮料和精制茶制造业 | 49526 | 21933 | 6994 | 338376 | 145139 | 536951 |
| 纺织业 | 43382 | 61136 | 21587 | 211339 | 128070 | 239314 |
| 纺织服装、服饰业 | 75348 | 136411 | 34662 | 477691 | 263827 | 554090 |
| 皮革、毛皮、羽毛及其制品和制鞋业 | 145374 | 150756 | 40482 | 685973 | 349772 | 915804 |
| 木材加工和木、竹、藤、棕、草制品业 | 26466 | 30850 | 8990 | 167907 | 94100 | 197030 |
| 家具制造业 | 234580 | 146009 | 62448 | 1272478 | 800594 | 1474904 |
| 造纸和纸制品业 | 121055 | 86727 | 25922 | 442094 | 300249 | 418157 |
| 印刷和记录媒介复制业 | 82685 | 37389 | 15084 | 346774 | 201776 | 325940 |
| 文教、工美、体育和娱乐用品制造业 | 136181 | 121337 | 32071 | 496084 | 304067 | 520022 |
| 石油加工、炼焦和核燃料加工业 | 196467 | 1175818 | 180470 | 4187094 | 2376118 | 9155107 |
| 化学原料和化学制品制造业 | 478189 | 603835 | 230348 | 7010801 | 3414985 | 8015005 |
| 医药制造业 | 91801 | 59649 | 29615 | 311349 | 211314 | 215573 |
| 化学纤维制造业 | 902 | 3775 | 2279 | 20946 | 7985 | 10034 |
| 橡胶和塑料制品业 | 475458 | 316526 | 92421 | 1854425 | 1097493 | 2234782 |
| 非金属矿物制品业 | 252837 | 165922 | 48791 | 1502583 | 893331 | 1869797 |
| 黑色金属冶炼和压延加工业 | 6106 | 20910 | 2572 | 68571 | 30617 | 142312 |
| 有色金属冶炼和压延加工业 | 47394 | 38694 | 14518 | 252833 | 147729 | 264103 |
| 金属制品业 | 365682 | 258665 | 103149 | 1538295 | 801429 | 1487346 |
| 通用设备制造业 | 195037 | 87676 | 26167 | 743198 | 427957 | 769049 |
| 专用设备制造业 | 120938 | 152187 | 32808 | 642360 | 424995 | 504112 |
| 汽车制造业 | 653197 | 365392 | 187195 | 2147540 | 1191409 | 3000181 |
| 铁路、船舶、航空航天和其他运输设备制造业 | 26607 | 31030 | 8436 | 212361 | 78038 | 150145 |
| 电气机械和器材制造业 | 1677616 | 824174 | 325908 | 5219937 | 3196561 | 5900773 |
| 计算机、通信和其他电子设备制造业 | 7397322 | 3870195 | 1151554 | 26914703 | 15558988 | 31977343 |
| 仪器仪表制造业 | 72741 | 32742 | 11574 | 224578 | 127872 | 167027 |
| 其他制造业 | 14883 | 18677 | 2788 | 69491 | 42697 | 78540 |
| 废弃资源综合利用业 | 9809 | 11389 | 3924 | 115856 | 85061 | 90481 |
| **电力、燃气及水的生产和供应业** | **136211** | **45619** | **5052** | **4869232** | **2680451** | **3662309** |
| 电力、热力生产和供应业 | 106672 | 28462 | 7 | 4086027 | 2119978 | 3376370 |
| 燃气生产和供应业 | 4663 | 8413 | 4562 | 169271 | 123866 | 80851 |
| 水的生产和供应业 | 24875 | 8744 | 483 | 613934 | 436607 | 205089 |

## 12-17 续表 2

(2018年) 单位：万元

| 项　　目 | 主营业务收入 | 营业成本 | 主营业务成本 | 税　金及附加 | 主营业务税金及附加 | 销售费用 |
|---|---|---|---|---|---|---|
| **总　计** | **74105007** | **66553506** | **65287695** | **1283799** | **1276114** | **1303493** |
| **采矿业** | **59346** | **49248** | **49248** | **1819** | **1775** | **2568** |
| 黑色金属矿采选业 | 4036 | 2606 | 2606 | 87 | 87 | 116 |
| 有色金属矿采选业 | 4280 | 2965 | 2965 | 176 | 176 | |
| 非金属矿采选业 | 51031 | 43678 | 43678 | 1556 | 1512 | 2452 |
| **制造业** | **70436098** | **63218906** | **61980199** | **1263980** | **1257016** | **1278617** |
| 农副食品加工业 | 662636 | 598779 | 598776 | 1086 | 1000 | 14799 |
| 食品制造业 | 27713 | 23868 | 23868 | 150 | 150 | 1754 |
| 酒、饮料和精制茶制造业 | 532802 | 411753 | 409851 | 6115 | 6115 | 39062 |
| 纺织业 | 237728 | 209816 | 209227 | 1217 | 1215 | 6221 |
| 纺织服装、服饰业 | 552189 | 484369 | 482806 | 3731 | 3666 | 7068 |
| 皮革、毛皮、羽毛及其制品和制鞋业 | 912949 | 806773 | 804231 | 5566 | 5565 | 17819 |
| 木材加工和木、竹、藤、棕、草制品业 | 196983 | 165555 | 165552 | 1539 | 1480 | 12923 |
| 家具制造业 | 1465919 | 1304183 | 1298744 | 7079 | 6905 | 50765 |
| 造纸和纸制品业 | 405595 | 369874 | 360619 | 1748 | 1747 | 11956 |
| 印刷和记录媒介复制业 | 324373 | 282002 | 281855 | 1407 | 1407 | 5905 |
| 文教、工美、体育和娱乐用品制造业 | 519041 | 450938 | 450405 | 3932 | 3913 | 8332 |
| 石油加工、炼焦和核燃料加工业 | 9017057 | 7796199 | 7711246 | 973270 | 973270 | 63780 |
| 化学原料和化学制品制造业 | 7842383 | 6843283 | 6669778 | 43754 | 40379 | 169760 |
| 医药制造业 | 212838 | 161642 | 159852 | 1068 | 1067 | 16108 |
| 化学纤维制造业 | 9973 | 8029 | 8005 | 75 | 75 | 381 |
| 橡胶和塑料制品业 | 2213041 | 1942419 | 1923342 | 14473 | 14444 | 55461 |
| 非金属矿物制品业 | 1862804 | 1462932 | 1456293 | 14053 | 13898 | 53533 |
| 黑色金属冶炼和压延加工业 | 142247 | 130491 | 130491 | 300 | 300 | 2590 |
| 有色金属冶炼和压延加工业 | 262027 | 225162 | 223953 | 1200 | 1198 | 4136 |
| 金属制品业 | 1454642 | 1307083 | 1277694 | 10844 | 10728 | 27322 |
| 通用设备制造业 | 767736 | 685971 | 685642 | 3312 | 3198 | 13755 |
| 专用设备制造业 | 488870 | 390050 | 376810 | 3949 | 3915 | 17893 |
| 汽车制造业 | 2808896 | 2562146 | 2399261 | 14484 | 14378 | 52823 |
| 铁路、船舶、航空航天和其他运输设备制造业 | 149416 | 122805 | 122108 | 988 | 988 | 4181 |
| 电气机械和器材制造业 | 5875015 | 5252310 | 5242339 | 24068 | 22968 | 97723 |
| 计算机、通信和其他电子设备制造业 | 31165995 | 28936369 | 28232991 | 121925 | 120406 | 515382 |
| 仪器仪表制造业 | 163414 | 140208 | 136906 | 1171 | 1167 | 2708 |
| 其他制造业 | 78506 | 70199 | 70199 | 392 | 392 | 1408 |
| 废弃资源综合利用业 | 83312 | 73699 | 67356 | 1084 | 1084 | 3068 |
| **电力、燃气及水的生产和供应业** | **3609563** | **3285351** | **3258247** | **17999** | **17323** | **22308** |
| 电力、热力生产和供应业 | 3364897 | 3108465 | 3105458 | 15363 | 14745 | 641 |
| 燃气生产和供应业 | 54738 | 51216 | 36596 | 695 | 695 | 10114 |
| 水的生产和供应业 | 189928 | 125670 | 116193 | 1941 | 1883 | 11553 |

## 12-17 续表 3

(2018年)　　单位：万元

| 项　　目 | 管理费用 | 财务费用 | 利息收入 | 利息支出 | 资产减值损失 | 公允价值变动收益 |
|---|---|---|---|---|---|---|
| **总　计** | **2926074** | **361289** | **133858** | **327694** | **184197** | **19119** |
| **采矿业** | **6573** | **872** | **25** | **113** | | |
| 黑色金属矿采选业 | 590 | 96 | | | | |
| 有色金属矿采选业 | 423 | -1 | | | | |
| 非金属矿采选业 | 5560 | 777 | 25 | 113 | | |
| **制造业** | **2859417** | **294877** | **129124** | **259910** | **181988** | **19119** |
| 农副食品加工业 | 20265 | 4790 | 37 | 1544 | 408 | |
| 食品制造业 | 2840 | 196 | -5 | 171 | | |
| 酒、饮料和精制茶制造业 | 17130 | 810 | 40 | 883 | -31 | |
| 纺织业 | 17975 | 2159 | 13 | 668 | | -10 |
| 纺织服装、服饰业 | 44137 | 4311 | 5 | 1183 | 6 | |
| 皮革、毛皮、羽毛及其制品和制鞋业 | 62581 | 2342 | 75 | 944 | | |
| 木材加工和木、竹、藤、棕、草制品业 | 8144 | 627 | 14 | 607 | 35 | |
| 家具制造业 | 78045 | 1970 | 474 | 2360 | -284 | |
| 造纸和纸制品业 | 20481 | 1527 | 135 | 1098 | 333 | |
| 印刷和记录媒介复制业 | 26507 | 3891 | 288 | 2299 | 41 | |
| 文教、工美、体育和娱乐用品制造业 | 47303 | 1810 | 153 | 338 | 29 | |
| 石油加工、炼焦和核燃料加工业 | 17189 | 55237 | 80 | 35845 | 35890 | |
| 化学原料和化学制品制造业 | 153020 | 106053 | 1045 | 64755 | 15276 | 1896 |
| 医药制造业 | 15289 | 1815 | 4 | 1648 | 9 | |
| 化学纤维制造业 | 1641 | 169 | 4 | 173 | | |
| 橡胶和塑料制品业 | 155012 | 7618 | 2853 | 8600 | 1381 | |
| 非金属矿物制品业 | 77076 | 14390 | 514 | 10047 | 54345 | |
| 黑色金属冶炼和压延加工业 | 3139 | 607 | | | | |
| 有色金属冶炼和压延加工业 | 20872 | 3701 | 33 | 2921 | -69 | |
| 金属制品业 | 118102 | -1254 | 2116 | 3733 | 1997 | |
| 通用设备制造业 | 54441 | 5177 | 150 | 1080 | 770 | |
| 专用设备制造业 | 57500 | 3531 | 190 | 2668 | 621 | |
| 汽车制造业 | 176316 | 14871 | 2337 | 17013 | 737 | |
| 铁路、船舶、航空航天和其他运输设备制造业 | 15031 | 1516 | 9 | 708 | -5 | |
| 电气机械和器材制造业 | 313035 | 29009 | 12974 | 31259 | 13902 | -230 |
| 计算机、通信和其他电子设备制造业 | 1303939 | 25153 | 105548 | 65945 | 56436 | 17462 |
| 仪器仪表制造业 | 20750 | 526 | 8 | 26 | 183 | |
| 其他制造业 | 4349 | 482 | 3 | 170 | | |
| 废弃资源综合利用业 | 7309 | 1843 | 29 | 1224 | -21 | |
| **电力、燃气及水的生产和供应业** | **60084** | **65540** | **4710** | **67672** | **2209** | |
| 电力、热力生产和供应业 | 30642 | 52813 | 2335 | 54671 | 1919 | |
| 燃气生产和供应业 | 4298 | -783 | 902 | 58 | 270 | |
| 水的生产和供应业 | 25145 | 13511 | 1473 | 12943 | 20 | |

12-17 续表 4

(2018年) 单位：万元

| 项目 | 投资收益 | 其他收益 | 营业利润 | 营业外收入 | 营业外支出 | 利润总额 |
|---|---|---|---|---|---|---|
| **总计** | **219414** | **44515** | **3301272** | **194260** | **121519** | **3373981** |
| **采矿业** | **-5** | | **2816** | **130** | **317** | **2629** |
| 黑色金属矿采选业 | | | 540 | | 6 | 535 |
| 有色金属矿采选业 | | | 718 | 4 | 98 | 623 |
| 非金属矿采选业 | -5 | | 1558 | 127 | 214 | 1471 |
| **制造业** | **218224** | **38801** | **3082731** | **184281** | **116650** | **3150331** |
| 农副食品加工业 | 318 | 158 | 23049 | 3936 | 1356 | 25628 |
| 食品制造业 | | | -1094 | 49 | 269 | -1315 |
| 酒、饮料和精制茶制造业 | 5531 | 3098 | 70742 | 1143 | 1169 | 70715 |
| 纺织业 | 53 | 30 | 1999 | 398 | 736 | 1661 |
| 纺织服装、服饰业 | 1 | -6 | 10477 | 666 | 866 | 10277 |
| 皮革、毛皮、羽毛及其制品和制鞋业 | 2239 | | 22967 | 1678 | 1286 | 23359 |
| 木材加工和木、竹、藤、棕、草制品业 | 616 | 228 | 9067 | 2368 | 242 | 11193 |
| 家具制造业 | 63439 | 60 | 96649 | 3730 | 3709 | 96669 |
| 造纸和纸制品业 | 47 | | 12294 | 652 | 151 | 12793 |
| 印刷和记录媒介复制业 | 658 | -198 | 6643 | 5039 | 2612 | 9068 |
| 文教、工美、体育和娱乐用品制造业 | 164 | 98 | 7936 | 1657 | 1874 | 7722 |
| 石油加工、炼焦和核燃料加工业 | 20391 | | 233933 | 4498 | 2548 | 235883 |
| 化学原料和化学制品制造业 | 11769 | 1664 | 699173 | 13943 | 3170 | 709954 |
| 医药制造业 | 72 | 247 | 19960 | 927 | 164 | 20722 |
| 化学纤维制造业 | 9 | | -252 | 30 | | -222 |
| 橡胶和塑料制品业 | 205 | 920 | 59527 | 10017 | 18018 | 51500 |
| 非金属矿物制品业 | 533 | 1071 | 195078 | 2296 | 2230 | 195143 |
| 黑色金属冶炼和压延加工业 | | | 5184 | 26 | 57 | 5153 |
| 有色金属冶炼和压延加工业 | | 297 | 9398 | 234 | 259 | 9374 |
| 金属制品业 | 513 | 889 | 24697 | 10259 | 7598 | 27357 |
| 通用设备制造业 | 3400 | 46 | 9069 | 4060 | 1904 | 11225 |
| 专用设备制造业 | 615 | 6680 | 37855 | 1870 | 1258 | 38472 |
| 汽车制造业 | 673 | 1124 | 180580 | 4042 | 3423 | 181198 |
| 铁路、船舶、航空航天和其他运输设备制造业 | 54 | | 5680 | 650 | 244 | 6086 |
| 电气机械和器材制造业 | 116732 | 3151 | 290379 | 22294 | 14622 | 298054 |
| 计算机、通信和其他电子设备制造业 | -9806 | 18423 | 1044232 | 84246 | 41538 | 1086922 |
| 仪器仪表制造业 | | 822 | 2303 | 2949 | 4727 | 524 |
| 其他制造业 | | | 1713 | 169 | 336 | 1544 |
| 废弃资源综合利用业 | | | 3498 | 457 | 284 | 3671 |
| **电力、燃气及水的生产和供应业** | **1196** | **5714** | **215725** | **9848** | **4552** | **221020** |
| 电力、热力生产和供应业 | 973 | 3189 | 170699 | 6343 | 3178 | 173864 |
| 燃气生产和供应业 | | | 15040 | 17 | 34 | 15023 |
| 水的生产和供应业 | 224 | 2525 | 29986 | 3488 | 1340 | 32133 |

## 12-17 续表 5

(2018年) 单位：万元

| 项 目 | 亏损企业亏损总额 | 税金总额 | 应 交 增值税 | 平均用工人数 (人) | 收入法增加值 |
|---|---|---|---|---|---|
| **总 计** | **397809** | **2492288** | **1216175** | **847842** | **17315740** |
| **采矿业** | **458** | **4145** | **2370** | **946** | **27738** |
| 黑色金属矿采选业 | | 698 | 610 | 43 | 16 |
| 有色金属矿采选业 | | 706 | 530 | 103 | 2841 |
| 非金属矿采选业 | 458 | 2742 | 1230 | 800 | 24728 |
| **制造业** | **392457** | **2373070** | **1116055** | **832120** | **16256858** |
| 农副食品加工业 | 1641 | 1309 | 309 | 4476 | 97960 |
| 食品制造业 | 1367 | 652 | 502 | 1011 | 25972 |
| 酒、饮料和精制茶制造业 | 187 | 25850 | 19734 | 2241 | 109944 |
| 纺织业 | 3836 | 3846 | 2631 | 4950 | 67409 |
| 纺织服装、服饰业 | 3097 | 7652 | 3987 | 21071 | 140662 |
| 皮革、毛皮、羽毛及其制品和制鞋业 | 9155 | 16300 | 10735 | 42435 | 285735 |
| 木材加工和木、竹、藤、棕、草制品业 | 113 | 7308 | 5828 | 3439 | 48352 |
| 家具制造业 | 4362 | 17084 | 10180 | 32024 | 340131 |
| 造纸和纸制品业 | 1006 | 11648 | 9901 | 5370 | 82341 |
| 印刷和记录媒介复制业 | 2272 | 5360 | 3953 | 8374 | 79549 |
| 文教、工美、体育和娱乐用品制造业 | 3693 | 6138 | 2225 | 20593 | 187140 |
| 石油加工、炼焦和核燃料加工业 | 6349 | 1121205 | 147935 | 2632 | 2523759 |
| 化学原料和化学制品制造业 | 21226 | 351067 | 310688 | 16327 | 2132000 |
| 医药制造业 | 1668 | 9296 | 8229 | 4113 | 83432 |
| 化学纤维制造业 | 337 | 75 | | 170 | 2131 |
| 橡胶和塑料制品业 | 33805 | 41273 | 26829 | 45832 | 530009 |
| 非金属矿物制品业 | 9768 | 99899 | 86002 | 15194 | 453336 |
| 黑色金属冶炼和压延加工业 | 551 | 722 | 422 | 1165 | 27623 |
| 有色金属冶炼和压延加工业 | 978 | 3454 | 2257 | 3674 | 71705 |
| 金属制品业 | 12811 | 35405 | 24677 | 28210 | 369709 |
| 通用设备制造业 | 11060 | 13994 | 10796 | 12830 | 210739 |
| 专用设备制造业 | 7478 | 23190 | 19275 | 10439 | 88888 |
| 汽车制造业 | 698 | 84046 | 69668 | 34083 | 514230 |
| 铁路、船舶、航空航天和其他运输设备制造业 | 210 | 1382 | 394 | 5057 | 37315 |
| 电气机械和器材制造业 | 29281 | 57996 | 35029 | 85895 | 1252073 |
| 计算机、通信和其他电子设备制造业 | 215644 | 418212 | 297806 | 412336 | 6389967 |
| 仪器仪表制造业 | 7861 | 3429 | 2262 | 4838 | 63547 |
| 其他制造业 | 708 | 729 | 337 | 2218 | 21126 |
| 废弃资源综合利用业 | 1295 | 4552 | 3468 | 1123 | 20073 |
| **电力、燃气及水的生产和供应业** | **4894** | **115073** | **97750** | **14776** | **1031145** |
| 电力、热力生产和供应业 | 4571 | 103003 | 88258 | 10792 | 944649 |
| 燃气生产和供应业 | | 1582 | 887 | 552 | 20704 |
| 水的生产和供应业 | 323 | 10487 | 8605 | 3432 | 65792 |

## 12-18 规模以上国有及国有控股工业企业主要经济指标

(2018年) 单位：万元

| 项目 | 企业单位数(个) | 亏损企业(个) | 工业总产值(当年价格) | 工业销售产值(当年价格) | 出口交货值 | 流动资产合计 |
|---|---|---|---|---|---|---|
| **总计** | **45** | **10** | **20628552** | **20611583** | **1635883** | **5087219** |
| **一、按登记注册类型分组** | | | | | | |
| 内资 | 38 | 8 | 16658266 | 16637700 | 1513605 | 3845986 |
| 国有 | 9 | 4 | 42660 | 42625 | | 24852 |
| 国有独资公司 | 10 | 3 | 12189018 | 12189004 | 111143 | 1927457 |
| 其他有限责任公司 | 17 | 1 | 4307006 | 4286490 | 1402462 | 1817422 |
| 股份有限公司 | 2 | | 119581 | 119581 | | 76256 |
| 港澳台商投资 | 4 | 1 | 39654 | 39337 | 15073 | 22559 |
| 与港澳台商合资经营 | 4 | 1 | 39654 | 39337 | 15073 | 22559 |
| 外商投资 | 3 | 1 | 3930632 | 3934547 | 107205 | 1218674 |
| 中外合资经营 | 3 | 1 | 3930632 | 3934547 | 107205 | 1218674 |
| **二、按轻重工业分** | | | | | | |
| 在总计中：轻工业 | 6 | 1 | 1609430 | 1556111 | 972977 | 601323 |
| 重工业 | 39 | 9 | 19019122 | 19055472 | 662906 | 4485896 |
| **三、按企业规模分** | | | | | | |
| 在总计中：大型企业 | 9 | | 18268536 | 18228402 | 1546379 | 4266704 |
| 中型企业 | 8 | 1 | 624479 | 606648 | 1578 | 266565 |
| 小微型企业 | 28 | 9 | 1735537 | 1776533 | 87927 | 553949 |
| **四、按行业分** | | | | | | |
| **采矿业** | **2** | **1** | | **945** | | **10467** |
| 非金属矿采选业 | 2 | 1 | | 945 | | 10467 |
| **制造业** | **24** | **5** | **17102075** | **17108906** | **1635883** | **4493229** |
| 农副食品加工业 | 1 | | 127 | 127 | | 26 |
| 纺织业 | 1 | 1 | 650 | 650 | 15 | 2952 |
| 印刷和记录媒介复制业 | 1 | | 4053 | 4053 | | 7956 |
| 石油加工、炼焦和核燃料加工业 | 1 | | 9119277 | 9121404 | | 1511470 |
| 化学原料和化学制品制造业 | 3 | 1 | 4651127 | 4693870 | | 1193139 |
| 医药制造业 | 1 | | 9201 | 9167 | | 5748 |
| 橡胶和塑料制品业 | 1 | | 19363 | 19172 | 1578 | 10344 |
| 非金属矿物制品业 | 2 | 1 | 9236 | 9236 | | 7666 |
| 金属制品业 | 1 | | 100512 | 103937 | | 82298 |
| 通用设备制造业 | 1 | 1 | 6200 | 12881 | | 13980 |
| 汽车制造业 | 1 | | 4797 | 5465 | | 1973 |
| 电气机械和器材制造业 | 1 | | 1576036 | 1522944 | 971384 | 574296 |
| 计算机、通信和其他电子设备制造业 | 9 | 1 | 1601496 | 1606002 | 662906 | 1081381 |
| **电力、燃气及水的生产和供应业** | **19** | **4** | **3526477** | **3501733** | | **583523** |
| 电力、热力生产和供应业 | 10 | 3 | 3380652 | 3359430 | | 504210 |
| 燃气生产和供应业 | 1 | | 39985 | 39985 | | 20448 |
| 水的生产和供应业 | 8 | 1 | 105840 | 102317 | | 58865 |

## 12-18 续表 1

(2018年) 单位：万元

| 项目 | 应收账款 | 存货 | 产成品 | 资产总计 | 负债合计 | 营业收入 |
|---|---|---|---|---|---|---|
| **总计** | **1214604** | **2004702** | **547160** | **15564900** | **8321478** | **20706028** |
| **一、按登记注册类型分组** | | | | | | |
| 内资 | 1051402 | 1626038 | 420661 | 10547279 | 5803732 | 16646874 |
| 国有 | 762 | 3789 | 1797 | 152380 | 122020 | 45588 |
| 国有独资公司 | 262896 | 1187845 | 180190 | 7380527 | 3917676 | 12205299 |
| 其他有限责任公司 | 768675 | 427493 | 238495 | 2792067 | 1599420 | 4265809 |
| 股份有限公司 | 19069 | 6911 | 179 | 222306 | 164615 | 130178 |
| 港澳台商投资 | 10623 | 4404 | 1823 | 33477 | 18448 | 39638 |
| 与港澳台商合资经营 | 10623 | 4404 | 1823 | 33477 | 18448 | 39638 |
| 外商投资 | 152579 | 374260 | 124676 | 4984144 | 2499298 | 4019516 |
| 中外合资经营 | 152579 | 374260 | 124676 | 4984144 | 2499298 | 4019516 |
| **二、按轻重工业分** | | | | | | |
| 在总计中：轻工业 | 360684 | 198899 | 137325 | 687878 | 546283 | 1556234 |
| 重工业 | 853920 | 1805803 | 409834 | 14877022 | 7775195 | 19149794 |
| **三、按企业规模分** | | | | | | |
| 在总计中：大型企业 | 1006190 | 1860169 | 495602 | 13023800 | 6970827 | 18322675 |
| 中型企业 | 71293 | 63458 | 16990 | 1101839 | 786308 | 586155 |
| 小微型企业 | 137121 | 81075 | 34568 | 1439260 | 564343 | 1797198 |
| **四、按行业分** | | | | | | |
| **采矿业** | **745** | | | **10522** | **366** | **2702** |
| 非金属矿采选业 | 745 | | | 10522 | 366 | 2702 |
| **制造业** | **1096619** | **1964886** | **546730** | **11338616** | **6080847** | **17209501** |
| 农副食品加工业 | | | | 57 | 22 | 143 |
| 纺织业 | 1316 | 890 | 328 | 6914 | 3094 | 936 |
| 印刷和记录媒介复制业 | 1955 | 368 | 27 | 10137 | 482 | 4053 |
| 石油加工、炼焦和核燃料加工业 | 195274 | 1155970 | 178001 | 4165559 | 2351426 | 9121404 |
| 化学原料和化学制品制造业 | 79083 | 362803 | 138470 | 4902132 | 2308321 | 4783224 |
| 医药制造业 | 83 | 3235 | 1797 | 7607 | 7937 | 9167 |
| 橡胶和塑料制品业 | 7845 | 1115 | 515 | 13747 | 10275 | 19172 |
| 非金属矿物制品业 | 4358 | 188 | 5 | 20188 | 9914 | 9210 |
| 金属制品业 | 18811 | 46321 | 15874 | 150747 | 94149 | 100932 |
| 通用设备制造业 | 6907 | 4994 | 985 | 15974 | 13683 | 11622 |
| 汽车制造业 | 708 | 372 | 241 | 4970 | 930 | 5465 |
| 电气机械和器材制造业 | 349486 | 193291 | 134659 | 649417 | 524474 | 1522765 |
| 计算机、通信和其他电子设备制造业 | 430797 | 195340 | 75828 | 1391167 | 756142 | 1621411 |
| **电力、燃气及水的生产和供应业** | **117239** | **39816** | **429** | **4215762** | **2240265** | **3493826** |
| 电力、热力生产和供应业 | 105628 | 28291 | 7 | 3770528 | 1901130 | 3336324 |
| 燃气生产和供应业 | 3744 | 3851 | | 93299 | 72557 | 46499 |
| 水的生产和供应业 | 7868 | 7674 | 422 | 351934 | 266579 | 111002 |

## 12-18 续表 2

(2018年) 单位：万元

| 项 目 | 主营业务收入 | 营业成本 | 主营业务成本 | 税 金及附加 | 主营业务税金及附加 | 销售费用 |
|---|---|---|---|---|---|---|
| **总 计** | **20430520** | **18010733** | **17809667** | **1027703** | **1024564** | **180407** |
| **一、按登记注册类型分组** | | | | | | |
| 内资 | 16456736 | 14564536 | 14448641 | 1021863 | 1018724 | 125707 |
| 国有 | 41204 | 30935 | 27593 | 276 | 276 | 3108 |
| 国有独资公司 | 12055511 | 10668673 | 10578803 | 986025 | 985400 | 70893 |
| 其他有限责任公司 | 4247945 | 3763717 | 3753527 | 34486 | 31973 | 43525 |
| 股份有限公司 | 112077 | 101211 | 88718 | 1076 | 1076 | 8181 |
| 港澳台商投资 | 38952 | 32697 | 32109 | 315 | 315 | 1668 |
| 与港澳台商合资经营 | 38952 | 32697 | 32109 | 315 | 315 | 1668 |
| 外商投资 | 3934832 | 3413499 | 3328917 | 5526 | 5526 | 53033 |
| 中外合资经营 | 3934832 | 3413499 | 3328917 | 5526 | 5526 | 53033 |
| **二、按轻重工业分** | | | | | | |
| 在总计中：轻工业 | 1556229 | 1458374 | 1458374 | 2831 | 2831 | 5575 |
| 重工业 | 18874291 | 16552359 | 16351293 | 1024872 | 1021734 | 174832 |
| **三、按企业规模分** | | | | | | |
| 在总计中：大型企业 | 18086346 | 15985771 | 15805205 | 995083 | 994465 | 143175 |
| 中型企业 | 558885 | 451531 | 439263 | 3801 | 3797 | 17642 |
| 小微型企业 | 1785289 | 1573431 | 1565198 | 28819 | 26302 | 19591 |
| **四、按行业分** | | | | | | |
| **采矿业** | **1145** | **1697** | **1697** | **32** | **24** | |
| 非金属矿采选业 | 1145 | 1697 | 1697 | 32 | 24 | |
| **制造业** | **16966896** | **14828866** | **14642644** | **1011183** | **1008673** | **160678** |
| 农副食品加工业 | 143 | 42 | 42 | | | |
| 纺织业 | 931 | 952 | 952 | 8 | 8 | 12 |
| 印刷和记录媒介复制业 | 4053 | 1815 | 1815 | 47 | 47 | |
| 石油加工、炼焦和核燃料加工业 | 8983354 | 7756935 | 7671982 | 973237 | 973237 | 63056 |
| 化学原料和化学制品制造业 | 4693870 | 4101386 | 4010242 | 29229 | 26719 | 63495 |
| 医药制造业 | 9167 | 8149 | 8149 | 54 | 54 | 318 |
| 橡胶和塑料制品业 | 19172 | 16219 | 16219 | 103 | 103 | 272 |
| 非金属矿物制品业 | 9210 | 6868 | 6868 | 100 | 100 | 1261 |
| 金属制品业 | 99683 | 98675 | 98675 | 323 | 323 | |
| 通用设备制造业 | 11622 | 8365 | 8365 | 100 | 100 | 599 |
| 汽车制造业 | 4783 | 4393 | 3805 | 76 | 76 | 277 |
| 电气机械和器材制造业 | 1522765 | 1431197 | 1431197 | 2619 | 2619 | 4974 |
| 计算机、通信和其他电子设备制造业 | 1608146 | 1393871 | 1384335 | 5288 | 5288 | 26415 |
| **电力、燃气及水的生产和供应业** | **3462478** | **3180170** | **3165326** | **16489** | **15867** | **19730** |
| 电力、热力生产和供应业 | 3325000 | 3086413 | 3083416 | 15156 | 14538 | 639 |
| 燃气生产和供应业 | 34712 | 30523 | 23818 | 182 | 182 | 8085 |
| 水的生产和供应业 | 102767 | 63233 | 58092 | 1150 | 1147 | 11006 |

## 12-18 续表 3

(2018年) 单位：万元

| 项　　目 | 管理费用 | 财务费用 | 利息收入 | 利息支出 | 资产减值损失 | 公允价值变动收益 |
|---|---|---|---|---|---|---|
| **总　计** | **230266** | **206860** | **16917** | **160585** | **61225** | **2317** |
| **一、按登记注册类型分组** | | | | | | |
| 内资 | 199701 | 120686 | 16079 | 107088 | 47389 | 309 |
| 国有 | 10624 | 976 | | 810 | | |
| 国有独资公司 | 43262 | 87791 | 2206 | 69052 | 37968 | |
| 其他有限责任公司 | 133694 | 29234 | 13490 | 34486 | 8940 | 309 |
| 股份有限公司 | 12121 | 2686 | 383 | 2740 | 481 | |
| 港澳台商投资 | 3782 | 163 | 7 | 304 | -11 | |
| 与港澳台商合资经营 | 3782 | 163 | 7 | 304 | -11 | |
| 外商投资 | 26783 | 86010 | 831 | 53194 | 13847 | 2008 |
| 中外合资经营 | 26783 | 86010 | 831 | 53194 | 13847 | 2008 |
| **二、按轻重工业分** | | | | | | |
| 在总计中：轻工业 | 24728 | 6670 | 9498 | 11403 | 437 | |
| 重工业 | 205538 | 200190 | 7419 | 149183 | 60787 | 2317 |
| **三、按企业规模分** | | | | | | |
| 在总计中：大型企业 | 166225 | 175461 | 15990 | 129160 | 57967 | 2317 |
| 中型企业 | 23039 | 20005 | 598 | 19136 | 484 | |
| 小微型企业 | 41003 | 11393 | 329 | 12289 | 2774 | |
| **四、按行业分** | | | | | | |
| **采矿业** | **1202** | **-136** | **15** | **29** | | |
| 非金属矿采选业 | 1202 | -136 | 15 | 29 | | |
| **制造业** | **181809** | **152552** | **14290** | **105645** | **59030** | **2317** |
| 农副食品加工业 | 100 | | | | | |
| 纺织业 | 252 | 39 | | 35 | | |
| 印刷和记录媒介复制业 | 507 | -45 | 45 | | | |
| 石油加工、炼焦和核燃料加工业 | 17114 | 55277 | 37 | 35842 | 35890 | |
| 化学原料和化学制品制造业 | 22520 | 82696 | 339 | 49399 | 12712 | 2005 |
| 医药制造业 | 601 | 1 | | | | |
| 橡胶和塑料制品业 | 1870 | 150 | 5 | 215 | | |
| 非金属矿物制品业 | 467 | 332 | 2 | 324 | 123 | |
| 金属制品业 | 852 | 95 | 11 | | -2 | |
| 通用设备制造业 | 4232 | 152 | -2 | 132 | 758 | |
| 汽车制造业 | 480 | 22 | 2 | 24 | -11 | |
| 电气机械和器材制造业 | 21398 | 6526 | 9448 | 11152 | 437 | |
| 计算机、通信和其他电子设备制造业 | 111417 | 7307 | 4403 | 8521 | 9122 | 312 |
| **电力、燃气及水的生产和供应业** | **47255** | **54444** | **2612** | **54912** | **2195** | |
| 电力、热力生产和供应业 | 26513 | 46729 | 2307 | 48560 | 1919 | |
| 燃气生产和供应业 | 2811 | -140 | 259 | 58 | 270 | |
| 水的生产和供应业 | 17931 | 7854 | 46 | 6295 | 6 | |

## 12-18　续表4

(2018年)　　单位：万元

| 项　　目 | 投资收益 | 其他收益 | 营业利润 | 营业外收　入 | 营业外支　出 | 利润总额 |
|---|---|---|---|---|---|---|
| **总　　计** | **31013** | **7288** | **1029460** | **23370** | **8237** | **1044592** |
| **一、按登记注册类型分组** | | | | | | |
| 内资 | 26732 | 6980 | 601020 | 17282 | 7338 | 610964 |
| 国有 | 224 | | -107 | 1167 | 194 | 866 |
| 国有独资公司 | 21358 | 3975 | 336024 | 12374 | 5351 | 343046 |
| 其他有限责任公司 | 5151 | 3005 | 260682 | 1628 | 1249 | 261061 |
| 股份有限公司 | | | 4422 | 2113 | 543 | 5992 |
| 港澳台商投资 | 2 | 32 | 1058 | 295 | 116 | 1238 |
| 与港澳台商合资经营 | 2 | 32 | 1058 | 295 | 116 | 1238 |
| 外商投资 | 4279 | 276 | 427381 | 5793 | 784 | 432391 |
| 中外合资经营 | 4279 | 276 | 427381 | 5793 | 784 | 432391 |
| **二、按轻重工业分** | | | | | | |
| 在总计中：轻工业 | 250 | 346 | 58214 | 261 | 127 | 58349 |
| 重工业 | 30763 | 6941 | 971246 | 23110 | 8111 | 986244 |
| **三、按企业规模分** | | | | | | |
| 在总计中：大型企业 | 29753 | 5413 | 836480 | 19644 | 6785 | 849338 |
| 中型企业 | 9 | | 69670 | 1897 | 1068 | 70499 |
| 小微型企业 | 1250 | 1875 | 123310 | 1830 | 384 | 124755 |
| **四、按行业分** | | | | | | |
| **采矿业** | **-5** | | **-98** | | **158** | **-256** |
| 非金属矿采选业 | -5 | | -98 | | 158 | -256 |
| **制造业** | **29822** | **2746** | **850272** | **14524** | **4690** | **860106** |
| 农副食品加工业 | | | | 19 | | 19 |
| 纺织业 | | | -328 | 1 | | -327 |
| 印刷和记录媒介复制业 | 203 | | 1932 | 6 | 4 | 1935 |
| 石油加工、炼焦和核燃料加工业 | 20391 | | 240286 | 4494 | 2548 | 242232 |
| 化学原料和化学制品制造业 | 5107 | 347 | 478645 | 4802 | 212 | 483234 |
| 医药制造业 | | | 45 | | 7 | 38 |
| 橡胶和塑料制品业 | 2 | | 560 | 233 | 108 | 685 |
| 非金属矿物制品业 | | 242 | 302 | 5 | 12 | 296 |
| 金属制品业 | 7 | | 996 | 18 | 15 | 999 |
| 通用设备制造业 | | | -2584 | 285 | 2 | -2301 |
| 汽车制造业 | | 32 | 260 | 2 | 2 | 260 |
| 电气机械和器材制造业 | 45 | 346 | 56005 | 1 | 7 | 55999 |
| 计算机、通信和其他电子设备制造业 | 4067 | 1779 | 74153 | 4656 | 1772 | 77037 |
| **电力、燃气及水的生产和供应业** | **1196** | **4542** | **179286** | **8846** | **3389** | **184743** |
| 电力、热力生产和供应业 | 973 | 3189 | 163127 | 6126 | 3150 | 166102 |
| 燃气生产和供应业 | | | 4768 | 9 | 32 | 4745 |
| 水的生产和供应业 | 224 | 1353 | 11392 | 2711 | 207 | 13896 |

## 12-18 续表 5

(2018年) 单位：万元

| 项 目 | 亏损企业亏损总额 | 税金总额 | 应 交 增值税 | 平均用工人数(人) | 收入法增加值 |
|---|---|---|---|---|---|
| **总 计** | **11286** | **1557359** | **532795** | **45696** | **5533187** |
| **一、按登记注册类型分组** | | | | | |
| 内资 | 8698 | 1319380 | 300655 | 39544 | 4326921 |
| 国有 | 2671 | 1656 | 1381 | 1604 | 17239 |
| 国有独资公司 | 3727 | 1195131 | 209731 | 15575 | 3274213 |
| 其他有限责任公司 | 2301 | 114924 | 82951 | 16598 | 1005810 |
| 股份有限公司 | | 7669 | 6593 | 5767 | 29658 |
| 港澳台商投资 | 327 | 1244 | 929 | 908 | 7772 |
| 与港澳台商合资经营 | 327 | 1244 | 929 | 908 | 7772 |
| 外商投资 | 2262 | 236736 | 231211 | 5244 | 1198495 |
| 中外合资经营 | 2262 | 236736 | 231211 | 5244 | 1198495 |
| **二、按轻重工业分** | | | | | |
| 在总计中：轻工业 | 327 | 6815 | 3985 | 7322 | 282668 |
| 重工业 | 10960 | 1550544 | 528810 | 38374 | 5250519 |
| **三、按企业规模分** | | | | | |
| 在总计中：大型企业 | | 1469276 | 474811 | 38109 | 4733705 |
| 中型企业 | 2311 | 24621 | 20824 | 4197 | 237076 |
| 小微型企业 | 8976 | 63462 | 37161 | 3390 | 562405 |
| **四、按行业分** | | | | | |
| **采矿业** | **256** | **142** | **118** | **94** | |
| 非金属矿采选业 | 256 | 142 | 118 | 94 | |
| **制造业** | **6136** | **1455599** | **446926** | **32698** | **4556433** |
| 农副食品加工业 | | | | 14 | 17 |
| 纺织业 | 327 | 8 | | 30 | 155 |
| 印刷和记录媒介复制业 | | 518 | 471 | 113 | 866 |
| 石油加工、炼焦和核燃料加工业 | | 1120834 | 147598 | 2597 | 2510537 |
| 化学原料和化学制品制造业 | 1160 | 276797 | 250078 | 2219 | 1424158 |
| 医药制造业 | | 590 | 536 | 174 | 3367 |
| 橡胶和塑料制品业 | | 648 | 545 | 556 | 4663 |
| 非金属矿物制品业 | 39 | 529 | 430 | 164 | 1944 |
| 金属制品业 | | 323 | | 955 | 22464 |
| 通用设备制造业 | 2301 | 902 | 803 | 245 | |
| 汽车制造业 | | 461 | 384 | 76 | 1313 |
| 电气机械和器材制造业 | | 5051 | 2432 | 6435 | 286294 |
| 计算机、通信和其他电子设备制造业 | 2311 | 48937 | 43649 | 19120 | 293950 |
| **电力、燃气及水的生产和供应业** | **4894** | **101618** | **85751** | **12904** | **976754** |
| 电力、热力生产和供应业 | 4571 | 93934 | 79395 | 10108 | 927559 |
| 燃气生产和供应业 | | 1063 | 881 | 430 | 13795 |
| 水的生产和供应业 | 323 | 6622 | 5474 | 2366 | 35400 |

## 12-19 规模以上民营工业企业主要经济指标

(2018年) 单位：万元

| 项目 | 企业单位数(个) | 亏损企业(个) | 工业总产值(当年价格) | 工业销售产值(当年价格) | 出口交货值 | 流动资产合计 |
|---|---|---|---|---|---|---|
| **总计** | **1473** | **248** | **18470340** | **18197177** | **2269192** | **10713301** |
| **一、按登记注册类型分组** | | | | | | |
| 内资 | 1432 | 239 | 17156558 | 16906194 | 1744052 | 9882129 |
| 集体 | 5 | 1 | 13462 | 13429 | 2256 | 10163 |
| 集体联营 | 1 | | 851 | 848 | | |
| 其他有限责任公司 | 529 | 92 | 7347430 | 7202977 | 671324 | 4288301 |
| 股份有限公司 | 34 | 7 | 1244068 | 1275522 | 98448 | 1125646 |
| 私营独资 | 105 | 7 | 239748 | 237985 | 80818 | 64785 |
| 私营合伙 | 2 | | 13961 | 13856 | | 5795 |
| 私营有限责任公司 | 726 | 123 | 8082347 | 7954153 | 865929 | 4165188 |
| 私营有限股份公司 | 23 | 6 | 205579 | 198848 | 19914 | 217649 |
| 其他 | 7 | 3 | 9113 | 8577 | 5362 | 4603 |
| 港澳台商投资 | 26 | 6 | 942829 | 929892 | 368633 | 673200 |
| 与港澳台商合资经营 | 23 | 6 | 924245 | 911308 | 361049 | 659602 |
| 与港澳台商合作经营 | 3 | | 18584 | 18584 | 7584 | 13598 |
| 外商投资 | 15 | 3 | 370952 | 361091 | 156507 | 157971 |
| 中外合资经营 | 13 | 3 | 354458 | 344597 | 146328 | 153038 |
| 中外合作经营 | 1 | | 6579 | 6579 | 264 | 2461 |
| 其他外商投资 | 1 | | 9915 | 9915 | 9915 | 2473 |
| **二、按轻重工业分** | | | | | | |
| 在总计中：轻工业 | 741 | 111 | 6309397 | 6257544 | 1126474 | 3546632 |
| 重工业 | 732 | 137 | 12160943 | 11939633 | 1142718 | 7166668 |
| **三、按企业规模分** | | | | | | |
| 在总计中：大型企业 | 27 | 7 | 3998948 | 3981800 | 634763 | 2194023 |
| 中型企业 | 227 | 46 | 5857838 | 5711719 | 649894 | 3816681 |
| 小微型企业 | 1219 | 195 | 8613553 | 8503658 | 984535 | 4702597 |

## 12-19 续表 1

(2018年)　　　　单位：万元

| 项　　目 | 企业单位数(个) | 亏损企业(个) | 工业总产值(当年价格) | 工业销售产值(当年价格) | 出口交货值 | 流动资产合计 |
|---|---|---|---|---|---|---|
| **四、按行业分** | | | | | | |
| **采矿业** | **24** | **4** | **46585** | **46983** | | **33811** |
| 黑色金属矿采选业 | 1 | | 2842 | 4036 | | 7884 |
| 有色金属矿采选业 | 1 | | 4280 | 4280 | | 1557 |
| 非金属矿采选业 | 22 | 4 | 39463 | 38667 | | 24369 |
| **制造业** | **1437** | **244** | **18352996** | **18079906** | **2269192** | **10530732** |
| 农副食品加工业 | 30 | 4 | 610229 | 613239 | 13410 | 266847 |
| 食品制造业 | 8 | 4 | 13117 | 12107 | 4790 | 13583 |
| 酒、饮料和精制茶制造业 | 5 | 1 | 317976 | 318921 | | 88390 |
| 纺织业 | 20 | 2 | 124199 | 123140 | 19986 | 64062 |
| 纺织服装、服饰业 | 33 | 8 | 118522 | 118362 | 11411 | 100683 |
| 皮革、毛皮、羽毛及其制品和制鞋业 | 203 | 16 | 402818 | 401316 | 205981 | 195837 |
| 木材加工和木、竹、藤、棕、草制品业 | 36 | 3 | 165879 | 163152 | 12628 | 63618 |
| 家具制造业 | 92 | 15 | 822693 | 802473 | 315695 | 260526 |
| 造纸和纸制品业 | 32 | | 307502 | 304056 | 912 | 209963 |
| 印刷和记录媒介复制业 | 31 | 3 | 186884 | 183086 | 3208 | 109990 |
| 文教、工美、体育和娱乐用品制造业 | 28 | 7 | 135396 | 130788 | 70288 | 107357 |
| 石油加工、炼焦和核燃料加工业 | 1 | 1 | 35438 | 34445 | | 21446 |
| 化学原料和化学制品制造业 | 95 | 11 | 1540703 | 1535657 | 49632 | 640148 |
| 医药制造业 | 13 | 4 | 234470 | 218899 | 14541 | 204335 |
| 化学纤维制造业 | 1 | | 8583 | 8583 | | 7772 |
| 橡胶和塑料制品业 | 130 | 20 | 1038689 | 1021075 | 184987 | 457689 |
| 非金属矿物制品业 | 90 | 9 | 1611596 | 1609811 | 6533 | 743260 |
| 黑色金属冶炼和压延加工业 | 3 | | 115530 | 115530 | | 31319 |
| 有色金属冶炼和压延加工业 | 17 | 2 | 107339 | 105270 | 533 | 61201 |
| 金属制品业 | 75 | 15 | 610605 | 611696 | 26971 | 383420 |
| 通用设备制造业 | 39 | 7 | 310305 | 303969 | 24457 | 255413 |
| 专用设备制造业 | 38 | 10 | 397645 | 385034 | 41320 | 398584 |
| 汽车制造业 | 16 | 4 | 139550 | 132098 | 14497 | 88942 |
| 铁路、船舶、航空航天和其他运输设备制造业 | 7 | 1 | 26407 | 24199 | 7169 | 8219 |
| 电气机械和器材制造业 | 131 | 32 | 2495099 | 2495048 | 296090 | 1799167 |
| 计算机、通信和其他电子设备制造业 | 243 | 58 | 6328748 | 6167317 | 921118 | 3789820 |
| 仪器仪表制造业 | 7 | 2 | 61374 | 57383 | 11432 | 110783 |
| 其他制造业 | 4 | 1 | 23752 | 22617 | 11603 | 10581 |
| 废弃资源综合利用业 | 9 | 4 | 61949 | 60636 | | 37780 |
| **电力、燃气及水的生产和供应业** | **12** | | **70758** | **70287** | | **148758** |
| 电力、热力生产和供应业 | 5 | | 32165 | 31694 | | 117428 |
| 水的生产和供应业 | 7 | | 38593 | 38593 | | 31330 |

## 12-19 续表 2

(2018年) 单位：万元

| 项　　目 | 应收账款 | 存货 | 产成品 | 资产总计 | 负债合计 | 营业收入 |
|---|---|---|---|---|---|---|
| **总　计** | **4284596** | **2383732** | **838020** | **16917701** | **11059222** | **18290399** |
| **一、按登记注册类型分组** | | | | | | |
| 内资 | 3939665 | 2205244 | 752418 | 15806794 | 10503269 | 17023801 |
| 集体 | 778 | 1167 | 503 | 28796 | 24553 | 14545 |
| 集体联营 | | | | | | |
| 其他有限责任公司 | 1766575 | 972940 | 327969 | 7720055 | 4958899 | 7213439 |
| 股份有限公司 | 452094 | 202236 | 36458 | 1676599 | 915201 | 1326096 |
| 私营独资 | 27672 | 9567 | 4263 | 105571 | 53786 | 239601 |
| 私营合伙 | 1069 | 2457 | 322 | 9425 | 2058 | 13321 |
| 私营有限责任公司 | 1591185 | 921721 | 360833 | 5883040 | 4295067 | 8003749 |
| 私营有限股份公司 | 97235 | 94657 | 21641 | 378209 | 249504 | 204621 |
| 其他 | 3058 | 500 | 429 | 5099 | 4202 | 8430 |
| 港澳台商投资 | 289535 | 129974 | 69099 | 831388 | 403233 | 908489 |
| 与港澳台商合资经营 | 286411 | 125044 | 68202 | 814784 | 392040 | 889737 |
| 与港澳台商合作经营 | 3124 | 4930 | 897 | 16604 | 11193 | 18753 |
| 外商投资 | 55396 | 48514 | 16503 | 279518 | 152720 | 358109 |
| 中外合资经营 | 53822 | 46535 | 15882 | 273282 | 148339 | 341554 |
| 中外合作经营 | 875 | 857 | 444 | 3081 | 2586 | 6579 |
| 其他外商投资 | 700 | 1122 | 177 | 3156 | 1796 | 9976 |
| **二、按轻重工业分** | | | | | | |
| 在总计中：轻工业 | 1459101 | 899859 | 319822 | 5604585 | 3595983 | 6136426 |
| 重工业 | 2825496 | 1483873 | 518198 | 11313116 | 7463239 | 12153973 |
| **三、按企业规模分** | | | | | | |
| 在总计中：大型企业 | 969586 | 489220 | 134211 | 3862678 | 2549057 | 4016525 |
| 中型企业 | 1529579 | 827924 | 311011 | 6109818 | 3951315 | 5725000 |
| 小微型企业 | 1785431 | 1066588 | 392798 | 6945205 | 4558850 | 8548874 |

## 12-19 续表 3

(2018年) 单位：万元

| 项目 | 应收账款 | 存货 | 产成品 | 资产总计 | 负债合计 | 营业收入 |
|---|---|---|---|---|---|---|
| **四、按行业分** | | | | | | |
| **采矿业** | **13621** | **5888** | **3503** | **63190** | **28328** | **44546** |
| 黑色金属矿采选业 | 2039 | 678 | 678 | 14137 | 7911 | 4036 |
| 有色金属矿采选业 | | 170 | 143 | 2486 | 386 | 4280 |
| 非金属矿采选业 | 11581 | 5040 | 2682 | 46567 | 20031 | 36230 |
| **制造业** | **4265190** | **2377122** | **834456** | **16486299** | **10767999** | **18165590** |
| 农副食品加工业 | 82464 | 83857 | 31018 | 392805 | 223509 | 632938 |
| 食品制造业 | 7014 | 3638 | 1613 | 25762 | 16652 | 12169 |
| 酒、饮料和精制茶制造业 | 34903 | 9785 | 1211 | 217668 | 72064 | 317912 |
| 纺织业 | 20899 | 22575 | 12131 | 81187 | 66892 | 104780 |
| 纺织服装、服饰业 | 20116 | 52318 | 30373 | 151837 | 107448 | 116409 |
| 皮革、毛皮、羽毛及其制品和制鞋业 | 63436 | 46232 | 8939 | 277150 | 139646 | 396201 |
| 木材加工和木、竹、藤、棕、草制品业 | 17358 | 23479 | 6912 | 134401 | 77175 | 160736 |
| 家具制造业 | 63013 | 74043 | 31585 | 444790 | 321189 | 751665 |
| 造纸和纸制品业 | 94387 | 70927 | 21087 | 344005 | 249555 | 298406 |
| 印刷和记录媒介复制业 | 57006 | 12706 | 7900 | 199248 | 122873 | 184047 |
| 文教、工美、体育和娱乐用品制造业 | 38290 | 34426 | 8736 | 155411 | 103802 | 135976 |
| 石油加工、炼焦和核燃料加工业 | 1193 | 19849 | 2469 | 21534 | 24692 | 33703 |
| 化学原料和化学制品制造业 | 253994 | 87022 | 26162 | 970178 | 448700 | 1629007 |
| 医药制造业 | 91484 | 56228 | 27793 | 303219 | 203212 | 206260 |
| 化学纤维制造业 | 791 | 3775 | 2279 | 18721 | 6745 | 8583 |
| 橡胶和塑料制品业 | 212607 | 111723 | 46449 | 675900 | 459253 | 1014388 |
| 非金属矿物制品业 | 195583 | 121268 | 32518 | 1219430 | 768529 | 1597294 |
| 黑色金属冶炼和压延加工业 | 1220 | 14258 | 1706 | 50288 | 18015 | 116957 |
| 有色金属冶炼和压延加工业 | 23496 | 14750 | 6564 | 112466 | 71267 | 125074 |
| 金属制品业 | 161290 | 93386 | 46802 | 663366 | 404983 | 598763 |
| 通用设备制造业 | 98541 | 38400 | 13401 | 381104 | 219073 | 303735 |
| 专用设备制造业 | 95294 | 132477 | 24015 | 540379 | 366730 | 363373 |
| 汽车制造业 | 41865 | 23963 | 14255 | 166807 | 72371 | 132798 |
| 铁路、船舶、航空航天和其他运输设备制造业 | 3317 | 2399 | 1312 | 11022 | 5910 | 20933 |
| 电气机械和器材制造业 | 810808 | 394416 | 124977 | 2727102 | 1707419 | 2493578 |
| 计算机、通信和其他电子设备制造业 | 1712722 | 802135 | 289406 | 5968104 | 4322505 | 6261478 |
| 仪器仪表制造业 | 53390 | 15484 | 8586 | 115727 | 73739 | 58101 |
| 其他制造业 | 3170 | 2867 | 745 | 19399 | 14885 | 22583 |
| 废弃资源综合利用业 | 5541 | 8735 | 3514 | 97289 | 79165 | 67747 |
| **电力、燃气及水的生产和供应业** | **5785** | **723** | **61** | **368212** | **262895** | **80263** |
| 电力、热力生产和供应业 | 860 | 25 | | 255299 | 186777 | 30319 |
| 水的生产和供应业 | 4926 | 698 | 61 | 112913 | 76117 | 49944 |

## 12-19 续表 4

(2018年)　　　　单位：万元

| 项　　目 | 主营业务收入 | 营业成本 | 主营业务成本 | 税　金及附加 | 主营业务税金及附加 | 销售费用 |
|---|---|---|---|---|---|---|
| **总　　计** | **18041955** | **15912105** | **15708074** | **90870** | **88249** | **440922** |
| **一、按登记注册类型分组** | | | | | | |
| 内资 | 16787411 | 14837081 | 14640972 | 84258 | 81671 | 402772 |
| 集体 | 14063 | 8648 | 8433 | 287 | 287 | 88 |
| 集体联营 | | | | | | |
| 其他有限责任公司 | 7122846 | 6172862 | 6102326 | 42392 | 41324 | 180217 |
| 股份有限公司 | 1318498 | 1035432 | 1030433 | 7320 | 7319 | 61664 |
| 私营独资 | 239601 | 217542 | 217538 | 917 | 917 | 3507 |
| 私营合伙 | 13321 | 10155 | 10155 | 148 | 148 | 219 |
| 私营有限责任公司 | 7866793 | 7208200 | 7088418 | 32101 | 30586 | 150005 |
| 私营有限股份公司 | 203859 | 176230 | 175655 | 1064 | 1060 | 7041 |
| 其他 | 8430 | 8014 | 8014 | 30 | 30 | 32 |
| 港澳台商投资 | 900227 | 759919 | 754218 | 4688 | 4654 | 31469 |
| 与港澳台商合资经营 | 881474 | 743968 | 738267 | 4262 | 4228 | 31106 |
| 与港澳台商合作经营 | 18753 | 15951 | 15951 | 426 | 426 | 364 |
| 外商投资 | 354317 | 315105 | 312884 | 1924 | 1924 | 6681 |
| 中外合资经营 | 337766 | 299907 | 297764 | 1849 | 1849 | 6470 |
| 中外合作经营 | 6579 | 6139 | 6139 | 26 | 26 | 62 |
| 其他外商投资 | 9972 | 9059 | 8980 | 49 | 49 | 149 |
| **二、按轻重工业分** | | | | | | |
| 在总计中：轻工业 | 6106669 | 5298663 | 5279732 | 30586 | 28632 | 198547 |
| 重工业 | 11935286 | 10613441 | 10428343 | 60285 | 59618 | 242375 |
| **三、按企业规模分** | | | | | | |
| 在总计中：大型企业 | 3961968 | 3557009 | 3516527 | 15348 | 15348 | 58259 |
| 中型企业 | 5656317 | 4916433 | 4872736 | 34033 | 32941 | 137513 |
| 小微型企业 | 8423670 | 7438662 | 7318811 | 41490 | 39960 | 245149 |

## 12-19　续表 5

(2018年)　　单位：万元

| 项　　目 | 主营业务收入 | 营业成本 | 主营业务成本 | 税　金及附加 | 主营业务税金及附加 | 销售费用 |
|---|---|---|---|---|---|---|
| **四、按行业分** | | | | | | |
| **采矿业** | **44546** | **35779** | **35779** | **1072** | **1036** | **1456** |
| 黑色金属矿采选业 | 4036 | 2606 | 2606 | 87 | 87 | 116 |
| 有色金属矿采选业 | 4280 | 2965 | 2965 | 176 | 176 | |
| 非金属矿采选业 | 36230 | 30209 | 30209 | 809 | 772 | 1339 |
| **制造业** | **17917575** | **15827320** | **15623560** | **89106** | **86576** | **439423** |
| 农副食品加工业 | 632871 | 578463 | 578460 | 851 | 765 | 13787 |
| 食品制造业 | 12169 | 10190 | 10190 | 35 | 35 | 1046 |
| 酒、饮料和精制茶制造业 | 316140 | 218995 | 218523 | 2668 | 2668 | 35856 |
| 纺织业 | 104618 | 89705 | 89705 | 569 | 569 | 3533 |
| 纺织服装、服饰业 | 115432 | 102494 | 101665 | 919 | 916 | 3352 |
| 皮革、毛皮、羽毛及其制品和制鞋业 | 396199 | 346159 | 346157 | 2282 | 2281 | 13098 |
| 木材加工和木、竹、藤、棕、草制品业 | 160707 | 132768 | 132765 | 1346 | 1287 | 12102 |
| 家具制造业 | 748571 | 669463 | 667150 | 3619 | 3445 | 21654 |
| 造纸和纸制品业 | 296913 | 266240 | 266133 | 1032 | 1032 | 7367 |
| 印刷和记录媒介复制业 | 183878 | 156976 | 156941 | 933 | 933 | 3009 |
| 文教、工美、体育和娱乐用品制造业 | 135771 | 122521 | 122398 | 670 | 670 | 1683 |
| 石油加工、炼焦和核燃料加工业 | 33703 | 39264 | 39264 | 34 | 34 | 724 |
| 化学原料和化学制品制造业 | 1553934 | 1411595 | 1335178 | 7270 | 6635 | 46814 |
| 医药制造业 | 203525 | 153334 | 151544 | 1013 | 1012 | 15791 |
| 化学纤维制造业 | 8529 | 6576 | 6555 | 69 | 69 | 362 |
| 橡胶和塑料制品业 | 1009907 | 886265 | 879845 | 5755 | 5726 | 26724 |
| 非金属矿物制品业 | 1591072 | 1246973 | 1240795 | 11862 | 11707 | 44071 |
| 黑色金属冶炼和压延加工业 | 116957 | 107499 | 107499 | 208 | 208 | 1791 |
| 有色金属冶炼和压延加工业 | 124893 | 105426 | 105207 | 442 | 440 | 1616 |
| 金属制品业 | 592118 | 521310 | 512575 | 2706 | 2687 | 9142 |
| 通用设备制造业 | 303332 | 268524 | 268310 | 1735 | 1620 | 5249 |
| 专用设备制造业 | 348483 | 273437 | 260528 | 3135 | 3102 | 13545 |
| 汽车制造业 | 130108 | 104438 | 100985 | 843 | 843 | 5014 |
| 铁路、船舶、航空航天和其他运输设备制造业 | 20928 | 18439 | 18435 | 113 | 113 | 729 |
| 电气机械和器材制造业 | 2479434 | 2169868 | 2165216 | 11530 | 10612 | 51572 |
| 计算机、通信和其他电子设备制造业 | 6156245 | 5703426 | 5630959 | 26058 | 25760 | 94295 |
| 仪器仪表制造业 | 57978 | 41430 | 41380 | 420 | 420 | 2347 |
| 其他制造业 | 22583 | 20691 | 20691 | 69 | 69 | 413 |
| 废弃资源综合利用业 | 60579 | 54853 | 48509 | 921 | 921 | 2740 |
| **电力、燃气及水的生产和供应业** | **79834** | **49006** | **48735** | **692** | **637** | **43** |
| 电力、热力生产和供应业 | 30319 | 17854 | 17854 | 100 | 100 | 2 |
| 水的生产和供应业 | 49515 | 31152 | 30881 | 592 | 537 | 41 |

## 12-19 续表 6

(2018年)　　单位：万元

| 项　　目 | 管理费用 | 财务费用 | 利息收入 | 利息支出 | 资产减值损失 | 公允价值变动收益 |
|---|---|---|---|---|---|---|
| **总　计** | **1083990** | **121757** | **7075** | **90122** | **94621** | **-68** |
| **一、按登记注册类型分组** | | | | | | |
| 内资 | 983532 | 119861 | 6525 | 86865 | 82226 | -2 |
| 集体 | 2537 | 1848 | 1 | 1840 | | |
| 集体联营 | | | | | | |
| 其他有限责任公司 | 474344 | 66986 | 2533 | 46137 | 61810 | -30 |
| 股份有限公司 | 90334 | 16308 | 801 | 14727 | 14026 | |
| 私营独资 | 6622 | 734 | 34 | 44 | | |
| 私营合伙 | 963 | -49 | | | | |
| 私营有限责任公司 | 389303 | 32907 | 2687 | 23578 | 6264 | 28 |
| 私营有限股份公司 | 19074 | 1110 | 469 | 539 | 128 | |
| 其他 | 355 | 16 | | 1 | | |
| 港澳台商投资 | 80854 | -1103 | 507 | 1236 | 12128 | -67 |
| 与港澳台商合资经营 | 78011 | -1219 | 507 | 1236 | 12128 | -67 |
| 与港澳台商合作经营 | 2843 | 116 | | | | |
| 外商投资 | 19605 | 3000 | 43 | 2021 | 267 | |
| 中外合资经营 | 18566 | 3028 | 43 | 2021 | 267 | |
| 中外合作经营 | 330 | 1 | | | | |
| 其他外商投资 | 709 | -29 | | | | |
| **二、按轻重工业分** | | | | | | |
| 在总计中：轻工业 | 353799 | 36086 | 2329 | 23934 | 12315 | -200 |
| 重工业 | 730192 | 85672 | 4745 | 66187 | 82307 | 132 |
| **三、按企业规模分** | | | | | | |
| 在总计中：大型企业 | 238407 | 44641 | 1632 | 39250 | 75200 | 133 |
| 中型企业 | 375112 | 26071 | 3587 | 20011 | 14368 | -171 |
| 小微型企业 | 470472 | 51046 | 1855 | 30861 | 5054 | -30 |

12–19　续表 7

(2018年)　　单位：万元

| 项　　目 | 管理费用 | 财务费用 | 利息收入 | 利息支出 | 资产减值损失 | 公允价值变动收益 |
|---|---|---|---|---|---|---|
| **四、按行业分** | | | | | | |
| **采矿业** | **3532** | **295** | | **35** | | |
| 黑色金属矿采选业 | 590 | 96 | | | | |
| 有色金属矿采选业 | 423 | -1 | | | | |
| 非金属矿采选业 | 2519 | 200 | | 35 | | |
| **制造业** | **1071933** | **112421** | **7072** | **81473** | **94607** | **-68** |
| 农副食品加工业 | 17576 | 4743 | 37 | 1540 | 408 | |
| 食品制造业 | 1462 | 281 | | 171 | | |
| 酒、饮料和精制茶制造业 | 12188 | -24 | 26 | | 74 | |
| 纺织业 | 7345 | 1764 | 3 | 250 | | |
| 纺织服装、服饰业 | 7069 | 1620 | -3 | 881 | 6 | |
| 皮革、毛皮、羽毛及其制品和制鞋业 | 14517 | 916 | 3 | 254 | | |
| 木材加工和木、竹、藤、棕、草制品业 | 5759 | 722 | -8 | 587 | 35 | |
| 家具制造业 | 41367 | 1287 | 268 | 1782 | -109 | |
| 造纸和纸制品业 | 11914 | 1220 | 109 | 836 | 364 | |
| 印刷和记录媒介复制业 | 14902 | 4024 | 223 | 2297 | | |
| 文教、工美、体育和娱乐用品制造业 | 10373 | 851 | 4 | 423 | 2 | |
| 石油加工、炼焦和核燃料加工业 | 75 | -41 | 43 | 2 | | |
| 化学原料和化学制品制造业 | 75967 | 2606 | 282 | 1873 | 1789 | |
| 医药制造业 | 14626 | 1814 | 4 | 1648 | 9 | |
| 化学纤维制造业 | 1330 | 171 | 4 | 173 | | |
| 橡胶和塑料制品业 | 58948 | 6360 | 341 | 4166 | -141 | |
| 非金属矿物制品业 | 60394 | 12720 | 434 | 8115 | 54038 | |
| 黑色金属冶炼和压延加工业 | 1714 | 99 | | | | |
| 有色金属冶炼和压延加工业 | 9214 | 3231 | | 2903 | -433 | |
| 金属制品业 | 43874 | 1061 | 3 | 1751 | -172 | |
| 通用设备制造业 | 22367 | 2478 | 31 | 370 | 11 | |
| 专用设备制造业 | 45260 | 3733 | 181 | 2469 | 467 | |
| 汽车制造业 | 13389 | 687 | 66 | 505 | 260 | |
| 铁路、船舶、航空航天和其他运输设备制造业 | 1471 | 64 | 2 | 30 | | |
| 电气机械和器材制造业 | 174186 | 13798 | 1871 | 11597 | 12977 | -230 |
| 计算机、通信和其他电子设备制造业 | 385944 | 43736 | 3114 | 35475 | 24916 | 161 |
| 仪器仪表制造业 | 11080 | 825 | 5 | 25 | 125 | |
| 其他制造业 | 1199 | 133 | | 122 | | |
| 废弃资源综合利用业 | 6424 | 1544 | 29 | 1224 | -21 | |
| **电力、燃气及水的生产和供应业** | **8526** | **9041** | **3** | **8614** | **14** | |
| 电力、热力生产和供应业 | 2617 | 4932 | | 4934 | | |
| 水的生产和供应业 | 5910 | 4109 | 3 | 3680 | 14 | |

## 12-19 续表 8

(2018年) 单位：万元

| 项　　目 | 投资收益 | 其他收益 | 营业利润 | 营业外收入 | 营业外支出 | 利润总额 |
|---|---|---|---|---|---|---|
| **总　计** | **33791** | **25536** | **605340** | **57365** | **25745** | **636957** |
| **一、按登记注册类型分组** | | | | | | |
| 内资 | 32345 | 23190 | 569554 | 51592 | 23598 | 597547 |
| 集体 | | | 1137 | 142 | 768 | 512 |
| 集体联营 | | | | | | |
| 其他有限责任公司 | 6240 | 15434 | 236457 | 32808 | 7185 | 262084 |
| 股份有限公司 | 24834 | 3197 | 129042 | 1964 | 980 | 130027 |
| 私营独资 | | | 10279 | 7 | 64 | 10222 |
| 私营合伙 | | | 1885 | 183 | 6 | 2062 |
| 私营有限责任公司 | 1305 | 4157 | 190425 | 15363 | 14306 | 191477 |
| 私营有限股份公司 | -34 | 402 | 346 | 1124 | 260 | 1209 |
| 其他 | | | -16 | | 30 | -46 |
| 港澳台商投资 | 554 | 2164 | 23182 | 3741 | 1024 | 25898 |
| 与港澳台商合资经营 | 554 | 2164 | 24129 | 1840 | 998 | 24971 |
| 与港澳台商合作经营 | | | -947 | 1901 | 27 | 927 |
| 外商投资 | 892 | 182 | 12603 | 2032 | 1123 | 13512 |
| 中外合资经营 | 892 | 182 | 12543 | 2030 | 1110 | 13462 |
| 中外合作经营 | | | 22 | 2 | | 23 |
| 其他外商投资 | | | 39 | 1 | 13 | 27 |
| **二、按轻重工业分** | | | | | | |
| 在总计中：轻工业 | 27364 | 6038 | 239634 | 16214 | 11297 | 244544 |
| 重工业 | 6428 | 19498 | 365706 | 41150 | 14448 | 392414 |
| **三、按企业规模分** | | | | | | |
| 在总计中：大型企业 | 22545 | 7051 | 57390 | 19350 | 2834 | 73905 |
| 中型企业 | 224 | 13717 | 235232 | 13071 | 7039 | 241260 |
| 小微型企业 | 11022 | 4768 | 312718 | 24943 | 15871 | 321792 |

## 12-19 续表 9

(2018年) 单位：万元

| 项　　目 | 投资收益 | 其他收益 | 营业利润 | 营业外收　入 | 营业外支　出 | 利润总额 |
|---|---|---|---|---|---|---|
| **四、按行业分** | | | | | | |
| **采矿业** | | | **2420** | **122** | **155** | **2388** |
| 黑色金属矿采选业 | | | 540 | | 6 | 535 |
| 有色金属矿采选业 | | | 718 | 4 | 98 | 623 |
| 非金属矿采选业 | | | 1162 | 119 | 51 | 1230 |
| **制造业** | **33791** | **24364** | **588807** | **56463** | **24515** | **620753** |
| 农副食品加工业 | 318 | 158 | 17583 | 3877 | 365 | 21094 |
| 食品制造业 | | | -845 | 25 | 5 | -825 |
| 酒、饮料和精制茶制造业 | 5531 | 3098 | 56784 | 646 | 648 | 56782 |
| 纺织业 | | | 1864 | 261 | 281 | 1844 |
| 纺织服装、服饰业 | | -6 | 951 | 92 | 282 | 760 |
| 皮革、毛皮、羽毛及其制品和制鞋业 | 2204 | | 21437 | 190 | 180 | 21447 |
| 木材加工和木、竹、藤、棕、草制品业 | 616 | 228 | 8850 | 2331 | 97 | 11085 |
| 家具制造业 | 5 | 60 | 14450 | 1103 | 1754 | 13800 |
| 造纸和纸制品业 | | | 10276 | 467 | 114 | 10630 |
| 印刷和记录媒介复制业 | 454 | | 4654 | 401 | 2303 | 2751 |
| 文教、工美、体育和娱乐用品制造业 | 121 | | 5 | 484 | 436 | 53 |
| 石油加工、炼焦和核燃料加工业 | | | -6353 | 4 | | -6349 |
| 化学原料和化学制品制造业 | 3917 | 1294 | 88148 | 3074 | 1068 | 90163 |
| 医药制造业 | 72 | 247 | 19991 | 849 | 157 | 20683 |
| 化学纤维制造业 | 9 | | 85 | 30 | | 115 |
| 橡胶和塑料制品业 | 171 | 78 | 30711 | 4224 | 3166 | 31760 |
| 非金属矿物制品业 | 533 | 823 | 168594 | 883 | 1775 | 167703 |
| 黑色金属冶炼和压延加工业 | | | 5645 | 12 | 21 | 5636 |
| 有色金属冶炼和压延加工业 | | 297 | 5876 | 138 | 78 | 5936 |
| 金属制品业 | 18 | 111 | 20983 | 907 | 956 | 20934 |
| 通用设备制造业 | 233 | 46 | 3650 | 2138 | 827 | 4961 |
| 专用设备制造业 | 473 | 6611 | 30864 | 1372 | 576 | 31663 |
| 汽车制造业 | 3 | 647 | 8801 | 88 | 176 | 8712 |
| 铁路、船舶、航空航天和其他运输设备制造业 | | | 114 | 108 | 32 | 189 |
| 电气机械和器材制造业 | 18624 | 2560 | 80609 | 5349 | 1871 | 84090 |
| 计算机、通信和其他电子设备制造业 | 490 | 7291 | -8981 | 26451 | 6571 | 10894 |
| 仪器仪表制造业 | | 822 | 2694 | 620 | 411 | 2904 |
| 其他制造业 | | | 79 | 133 | 285 | -74 |
| 废弃资源综合利用业 | | | 1286 | 209 | 82 | 1413 |
| **电力、燃气及水的生产和供应业** | | **1172** | **14112** | **779** | **1075** | **13817** |
| 电力、热力生产和供应业 | | | 4814 | 101 | 24 | 4891 |
| 水的生产和供应业 | | 1172 | 9298 | 679 | 1051 | 8926 |

## 12-19 续表 10

(2018年) 单位：万元

| 项目 | 亏损企业亏损总额 | 税金总额 | 应交增值税 | 平均用工人数(人) | 收入法增加值 |
|---|---|---|---|---|---|
| **总计** | **234820** | **507380** | **419131** | **286666** | **4166266** |
| **一、按登记注册类型分组** | | | | | |
| 内资 | 213245 | 489358 | 407687 | 264047 | 3872983 |
| 集体 | 10 | 417 | 131 | 545 | 5126 |
| 集体联营 | | | | | 259 |
| 其他有限责任公司 | 151408 | 242865 | 201541 | 126700 | 1708226 |
| 股份有限公司 | 10556 | 50490 | 43172 | 16987 | 254839 |
| 私营独资 | 88 | 1897 | 979 | 6702 | 57852 |
| 私营合伙 | | 1122 | 975 | 118 | 5108 |
| 私营有限责任公司 | 41304 | 186835 | 156249 | 109349 | 1784021 |
| 私营有限股份公司 | 9770 | 5627 | 4567 | 3294 | 54673 |
| 其他 | 110 | 103 | 74 | 352 | 2878 |
| 港澳台商投资 | 18376 | 9745 | 5091 | 15130 | 209110 |
| 与港澳台商合资经营 | 18376 | 9144 | 4916 | 14300 | 206407 |
| 与港澳台商合作经营 | | 601 | 175 | 830 | 2703 |
| 外商投资 | 3200 | 8277 | 6353 | 7489 | 84174 |
| 中外合资经营 | 3200 | 8123 | 6273 | 7106 | 80248 |
| 中外合作经营 | | 105 | 79 | 94 | 1584 |
| 其他外商投资 | | 49 | | 289 | 2342 |
| **二、按轻重工业分** | | | | | |
| 在总计中：轻工业 | 40541 | 123972 | 95341 | 115394 | 1420682 |
| 重工业 | 194280 | 383408 | 323790 | 171272 | 2745584 |
| **三、按企业规模分** | | | | | |
| 在总计中：大型企业 | 109773 | 152235 | 136887 | 53802 | 841568 |
| 中型企业 | 68167 | 155241 | 122300 | 116194 | 1332433 |
| 小微型企业 | 56881 | 199904 | 159944 | 116670 | 1992265 |

## 12-19　续表 11

(2018年)　　单位：万元

| 项　　目 | 亏损企业亏损总额 | 税金总额 | 应　交增值税 | 平均用工人数(人) | 收入法增加值 |
|---|---|---|---|---|---|
| **四、按行业分** | | | | | |
| **采矿业** | **202** | **3241** | **2205** | **789** | **20650** |
| 黑色金属矿采选业 | | 698 | 610 | 43 | 16 |
| 有色金属矿采选业 | | 706 | 530 | 103 | 2841 |
| 非金属矿采选业 | 202 | 1837 | 1064 | 643 | 17641 |
| **制造业** | **234619** | **500988** | **414412** | **284488** | **4119081** |
| 农副食品加工业 | 657 | 365 | -400 | 4059 | 94003 |
| 食品制造业 | 877 | 67 | 32 | 576 | 20709 |
| 酒、饮料和精制茶制造业 | 187 | 19698 | 17030 | 1486 | 66561 |
| 纺织业 | 1148 | 1332 | 763 | 2273 | 31197 |
| 纺织服装、服饰业 | 1153 | 4068 | 3152 | 5884 | 28815 |
| 皮革、毛皮、羽毛及其制品和制鞋业 | 948 | 7077 | 4796 | 18749 | 124001 |
| 木材加工和木、竹、藤、棕、草制品业 | 113 | 6177 | 4891 | 2100 | 38889 |
| 家具制造业 | 3382 | 11743 | 8298 | 16128 | 178946 |
| 造纸和纸制品业 | | 8438 | 7406 | 2826 | 60363 |
| 印刷和记录媒介复制业 | 1870 | 4455 | 3521 | 3388 | 43786 |
| 文教、工美、体育和娱乐用品制造业 | 1564 | 2202 | 1533 | 3687 | 59366 |
| 石油加工、炼焦和核燃料加工业 | 6349 | 371 | 337 | 35 | 13222 |
| 化学原料和化学制品制造业 | 4570 | 37732 | 31097 | 8052 | 357000 |
| 医药制造业 | 1668 | 8704 | 7693 | 3896 | 79994 |
| 化学纤维制造业 | | 69 | | 160 | 1959 |
| 橡胶和塑料制品业 | 4899 | 24192 | 18466 | 18934 | 238845 |
| 非金属矿物制品业 | 7506 | 86298 | 74592 | 11830 | 382715 |
| 黑色金属冶炼和压延加工业 | | 555 | 347 | 905 | 19582 |
| 有色金属冶炼和压延加工业 | 223 | 2173 | 1733 | 1304 | 25301 |
| 金属制品业 | 3546 | 17762 | 15076 | 13801 | 131416 |
| 通用设备制造业 | 1795 | 10466 | 8846 | 5829 | 96326 |
| 专用设备制造业 | 4159 | 19029 | 15927 | 7840 | 59551 |
| 汽车制造业 | 697 | 3777 | 2934 | 3694 | 38675 |
| 铁路、船舶、航空航天和其他运输设备制造业 | 73 | 265 | 152 | 583 | 4563 |
| 电气机械和器材制造业 | 25337 | 38260 | 27648 | 42548 | 494125 |
| 计算机、通信和其他电子设备制造业 | 158872 | 178911 | 153151 | 101085 | 1385719 |
| 仪器仪表制造业 | 1428 | 2288 | 1868 | 1636 | 22106 |
| 其他制造业 | 303 | 125 | 56 | 382 | 6157 |
| 废弃资源综合利用业 | 1295 | 4389 | 3468 | 818 | 15191 |
| **电力、燃气及水的生产和供应业** | | **3152** | **2515** | **1389** | **26535** |
| 电力、热力生产和供应业 | | 582 | 482 | 598 | 12515 |
| 水的生产和供应业 | | 2570 | 2033 | 791 | 14020 |

# 12-20 规模以上"三资"工业企业主要经济指标

(2018年) 单位：万元

| 项目 | 企业单位数(个) | 亏损企业(个) | 工业总产值(当年价格) | 工业销售产值(当年价格) | 出口交货值 | 流动资产合计 |
|---|---|---|---|---|---|---|
| **总计** | **899** | **202** | **40999234** | **39239263** | **21179676** | **22577437** |
| **一、按登记注册类型分组** | | | | | | |
| 港澳台商投资 | 668 | 134 | 20006072 | 18736460 | 10301348 | 11353016 |
| 与港澳台商合资经营 | 78 | 21 | 5552107 | 5388623 | 2366891 | 3392147 |
| 与港澳台商合作经营 | 17 | 2 | 121562 | 122119 | 83911 | 71342 |
| 港澳台商独资 | 561 | 109 | 14133321 | 13031802 | 7756163 | 7676323 |
| 港澳台商投资股份有限公司 | 12 | 2 | 199081 | 193916 | 94382 | 213204 |
| 外商投资 | 231 | 68 | 20993162 | 20502803 | 10878329 | 11224421 |
| 中外合资经营 | 45 | 14 | 15102625 | 14712130 | 7372995 | 7393144 |
| 中外合作经营 | 4 | | 37557 | 37237 | 27548 | 14175 |
| 外资企业 | 172 | 49 | 5654748 | 5559949 | 3386469 | 3470825 |
| 外商投资股份有限公司 | 5 | 3 | 47448 | 49989 | 37805 | 32734 |
| 其他外商投资 | 5 | 2 | 150784 | 143498 | 53512 | 313545 |
| **二、按轻重工业分** | | | | | | |
| 在总计中：轻工业 | 456 | 95 | 5714495 | 5621775 | 3579449 | 3755515 |
| 重工业 | 443 | 107 | 35284739 | 33617488 | 17600227 | 18821922 |
| **三、按企业规模分** | | | | | | |
| 在总计中：大型企业 | 80 | 7 | 29641395 | 28021198 | 15955010 | 16211752 |
| 中型企业 | 261 | 57 | 6154672 | 6096866 | 3267568 | 3525580 |
| 小微型企业 | 558 | 138 | 5203167 | 5121199 | 1957099 | 2840105 |

## 12-20 续表 1

(2018年) 单位：万元

| 项　　目 | 企业单位数(个) | 亏损企业(个) | 工业总产值(当年价格) | 工业销售产值(当年价格) | 出口交货值 | 流动资产合计 |
|---|---|---|---|---|---|---|
| **四、按行业分** | | | | | | |
| **采矿业** | **1** | | **16975** | **16655** | **13913** | **3499** |
| 非金属矿采选业 | 1 | | 16975 | 16655 | 13913 | 3499 |
| **制造业** | **894** | **201** | **40871193** | **39113159** | **21165763** | **22478866** |
| 农副食品加工业 | 6 | 1 | 79975 | 80466 | 11962 | 50879 |
| 食品制造业 | 2 | 2 | 15821 | 15597 | 14957 | 19675 |
| 酒、饮料和精制茶制造业 | 4 | | 164844 | 168572 | 2278 | 44877 |
| 纺织业 | 23 | 5 | 137122 | 133837 | 32562 | 86160 |
| 纺织服装、服饰业 | 40 | 9 | 464260 | 455404 | 326351 | 247666 |
| 皮革、毛皮、羽毛及其制品和制鞋业 | 46 | 12 | 536051 | 530475 | 400037 | 272128 |
| 木材加工和木、竹、藤、棕、草制品业 | 5 | | 71257 | 67508 | 19016 | 36338 |
| 家具制造业 | 39 | 7 | 731183 | 706133 | 510265 | 579539 |
| 造纸和纸制品业 | 12 | 1 | 116441 | 115730 | 44092 | 55201 |
| 印刷和记录媒介复制业 | 10 | 1 | 201258 | 198358 | 75806 | 158977 |
| 文教、工美、体育和娱乐用品制造业 | 60 | 15 | 416400 | 406930 | 380902 | 239752 |
| 化学原料和化学制品制造业 | 41 | 10 | 5279920 | 5230935 | 154823 | 1663074 |
| 医药制造业 | 1 | | 358 | 358 | 146 | 438 |
| 化学纤维制造业 | 1 | 1 | 756 | 756 | 756 | 1821 |
| 橡胶和塑料制品业 | 100 | 24 | 1173477 | 1173464 | 625466 | 753818 |
| 非金属矿物制品业 | 19 | 5 | 282825 | 281193 | 81888 | 166559 |
| 黑色金属冶炼和压延加工业 | 4 | 1 | 29337 | 28366 | 7385 | 15872 |
| 有色金属冶炼和压延加工业 | 8 | 2 | 140519 | 138426 | 66492 | 87547 |
| 金属制品业 | 57 | 18 | 840133 | 790643 | 439371 | 491630 |
| 通用设备制造业 | 23 | 5 | 482073 | 478066 | 281852 | 263297 |
| 专用设备制造业 | 24 | 6 | 166478 | 159571 | 68305 | 81163 |
| 汽车制造业 | 22 | 1 | 2449293 | 2393767 | 358464 | 1277017 |
| 铁路、船舶、航空航天和其他运输设备制造业 | 15 | 4 | 142805 | 134848 | 106154 | 115272 |
| 电气机械和器材制造业 | 91 | 12 | 1892653 | 1856159 | 1167597 | 1268518 |
| 计算机、通信和其他电子设备制造业 | 216 | 51 | 24862739 | 23373436 | 15859796 | 14382185 |
| 仪器仪表制造业 | 14 | 6 | 116135 | 119666 | 89452 | 70876 |
| 其他制造业 | 10 | 2 | 54360 | 53436 | 37928 | 38001 |
| 废弃资源综合利用业 | 1 | | 22721 | 21059 | 1662 | 10585 |
| **电力、燃气及水的生产和供应业** | **4** | **1** | **111066** | **109450** | | **95073** |
| 电力、热力生产和供应业 | 2 | 1 | 76546 | 74930 | | 25120 |
| 燃气生产和供应业 | 1 | | 20026 | 20026 | | 54516 |
| 水的生产和供应业 | 1 | | 14494 | 14494 | | 15437 |

## 12-20 续表 2

(2018年)　　单位：万元

| 项　目 | 应收账款 | 存货 | 产成品 | 资产总计 | 负债合计 | 营业收入 |
|---|---|---|---|---|---|---|
| **总　计** | **8096515** | **5023703** | **1512470** | **35910797** | **18944286** | **41171890** |
| **一、按登记注册类型分组** | | | | | | |
| 港澳台商投资 | 4445500 | 3144245 | 908780 | 17886458 | 11225106 | 20005748 |
| 与港澳台商合资经营 | 1474231 | 693947 | 356564 | 4584158 | 3110990 | 6500689 |
| 与港澳台商合作经营 | 27252 | 22272 | 4874 | 106319 | 44532 | 126222 |
| 港澳台商独资 | 2836830 | 2390784 | 537580 | 12749203 | 7907993 | 13178524 |
| 港澳台商投资股份有限公司 | 107188 | 37242 | 9763 | 446778 | 161591 | 200313 |
| 外商投资 | 3651014 | 1879458 | 603690 | 18024339 | 7719181 | 21166143 |
| 中外合资经营 | 1801528 | 1116617 | 367819 | 12333168 | 4412121 | 15143943 |
| 中外合作经营 | 7693 | 2937 | 1159 | 39102 | 22864 | 37154 |
| 外资企业 | 1788982 | 713915 | 219106 | 5075134 | 3044015 | 5731286 |
| 外商投资股份有限公司 | 5899 | 14741 | 4102 | 59593 | 32581 | 51790 |
| 其他外商投资 | 46912 | 31246 | 11505 | 517342 | 207600 | 201971 |
| **二、按轻重工业分** | | | | | | |
| 在总计中：轻工业 | 1292810 | 924107 | 237594 | 5620147 | 3024362 | 5790430 |
| 重工业 | 6803704 | 4099596 | 1274877 | 30290650 | 15919925 | 35381461 |
| **三、按企业规模分** | | | | | | |
| 在总计中：大型企业 | 5697185 | 3338420 | 954155 | 25990157 | 13447635 | 29744030 |
| 中型企业 | 1439071 | 910748 | 309976 | 5212661 | 2754707 | 6187241 |
| 小微型企业 | 960258 | 774535 | 248340 | 4707979 | 2741944 | 5240620 |

## 12-20 续表 3

(2018年) 单位：万元

| 项目 | 应收账款 | 存货 | 产成品 | 资产总计 | 负债合计 | 营业收入 |
|---|---|---|---|---|---|---|
| **四、按行业分** | | | | | | |
| **采矿业** | **598** | **1141** | **124** | **27407** | **18772** | **16655** |
| 非金属矿采选业 | 598 | 1141 | 124 | 27407 | 18772 | 16655 |
| **制造业** | **8073871** | **5014269** | **1507785** | **35619336** | **18740586** | **41032854** |
| 农副食品加工业 | 24627 | 15694 | 14651 | 59677 | 32662 | 84319 |
| 食品制造业 | 15655 | 1385 | 1188 | 23633 | 27593 | 15545 |
| 酒、饮料和精制茶制造业 | 14623 | 12149 | 5784 | 120708 | 73075 | 219040 |
| 纺织业 | 23146 | 39854 | 9456 | 133262 | 64723 | 138603 |
| 纺织服装、服饰业 | 57315 | 86925 | 4389 | 340324 | 168653 | 463477 |
| 皮革、毛皮、羽毛及其制品和制鞋业 | 82325 | 107066 | 31548 | 413731 | 214335 | 524783 |
| 木材加工和木、竹、藤、棕、草制品业 | 12675 | 13436 | 2771 | 65853 | 29296 | 64470 |
| 家具制造业 | 171567 | 71966 | 30863 | 827687 | 479404 | 723240 |
| 造纸和纸制品业 | 26668 | 15799 | 4836 | 98089 | 50695 | 119751 |
| 印刷和记录媒介复制业 | 55061 | 26593 | 8671 | 218965 | 122877 | 195773 |
| 文教、工美、体育和娱乐用品制造业 | 98788 | 88730 | 23538 | 347894 | 204141 | 401091 |
| 化学原料和化学制品制造业 | 225603 | 500304 | 189638 | 5884060 | 2965786 | 5362471 |
| 医药制造业 | 234 | 186 | 25 | 523 | 165 | 146 |
| 化学纤维制造业 | 111 | | | 2225 | 1240 | 1451 |
| 橡胶和塑料制品业 | 240562 | 207810 | 44248 | 1108708 | 642074 | 1186396 |
| 非金属矿物制品业 | 52896 | 44466 | 16267 | 282591 | 129458 | 278131 |
| 黑色金属冶炼和压延加工业 | 4886 | 6651 | 866 | 18283 | 12602 | 25355 |
| 有色金属冶炼和压延加工业 | 24476 | 24492 | 8502 | 142472 | 78055 | 141884 |
| 金属制品业 | 191001 | 127422 | 42267 | 752806 | 327852 | 808558 |
| 通用设备制造业 | 101878 | 46444 | 12481 | 386449 | 201213 | 489638 |
| 专用设备制造业 | 29054 | 25320 | 12234 | 117076 | 69014 | 165230 |
| 汽车制造业 | 633774 | 359854 | 185471 | 2062152 | 1147416 | 2942794 |
| 铁路、船舶、航空航天和其他运输设备制造业 | 24095 | 29173 | 7594 | 203892 | 72671 | 133800 |
| 电气机械和器材制造业 | 538321 | 238084 | 67065 | 1883271 | 989138 | 1933804 |
| 计算机、通信和其他电子设备制造业 | 5386566 | 2885076 | 777438 | 19937731 | 10543385 | 24413043 |
| 仪器仪表制造业 | 21988 | 20926 | 3546 | 118619 | 59357 | 121373 |
| 其他制造业 | 11713 | 15810 | 2042 | 50092 | 27812 | 55957 |
| 废弃资源综合利用业 | 4267 | 2655 | 410 | 18567 | 5896 | 22734 |
| **电力、燃气及水的生产和供应业** | **22046** | **8293** | **4562** | **264053** | **184928** | **122382** |
| 电力、热力生产和供应业 | 12754 | 3731 | | 146461 | 112901 | 75383 |
| 燃气生产和供应业 | 919 | 4562 | 4562 | 75971 | 51309 | 34351 |
| 水的生产和供应业 | 8372 | | | 41621 | 20718 | 12647 |

## 12-20 续表 4

(2018年) 单位：万元

| 项　　　目 | 主营业务收入 | 营业成本 | 主营业务成本 | 税金及附加 | 主营业务税金及附加 | 销售费用 |
|---|---|---|---|---|---|---|
| **总　计** | **40116443** | **36463233** | **35549472** | **174737** | **172778** | **767513** |
| **一、按登记注册类型分组** | | | | | | |
| 港澳台商投资 | 19355610 | 17740060 | 17149880 | 92587 | 92175 | 380562 |
| 与港澳台商合资经营 | 6000996 | 5885448 | 5421841 | 32126 | 32092 | 179631 |
| 与港澳台商合作经营 | 125724 | 112683 | 112683 | 909 | 909 | 1999 |
| 港澳台商独资 | 13033111 | 11581066 | 11457109 | 57139 | 56768 | 195489 |
| 港澳台商投资股份有限公司 | 195778 | 160863 | 158247 | 2413 | 2406 | 3443 |
| 外商投资 | 20760834 | 18723174 | 18399592 | 82150 | 80603 | 386951 |
| 中外合资经营 | 14904855 | 13426653 | 13236564 | 52653 | 52651 | 233818 |
| 中外合作经营 | 34154 | 28990 | 28990 | 741 | 741 | 1277 |
| 外资企业 | 5577843 | 5058505 | 4928934 | 27201 | 25753 | 136682 |
| 外商投资股份有限公司 | 48869 | 47509 | 44760 | 360 | 360 | 390 |
| 其他外商投资 | 195112 | 161515 | 160345 | 1195 | 1098 | 14785 |
| **二、按轻重工业分** | | | | | | |
| 在总计中：轻工业 | 5729362 | 5027231 | 4988157 | 37599 | 37327 | 139473 |
| 重工业 | 34387082 | 31436002 | 30561315 | 137138 | 135451 | 628040 |
| **三、按企业规模分** | | | | | | |
| 在总计中：大型企业 | 28867256 | 26502173 | 25721723 | 107620 | 106617 | 512646 |
| 中型企业 | 6068264 | 5431913 | 5343690 | 37431 | 37060 | 124238 |
| 小微型企业 | 5180924 | 4529148 | 4484059 | 29687 | 29101 | 130629 |

## 12-20 续表 5

(2018年) 单位：万元

| 项目 | 主营业务收入 | 营业成本 | 主营业务成本 | 税金及附加 | 主营业务税金及附加 | 销售费用 |
|---|---|---|---|---|---|---|
| **四、按行业分** | | | | | | |
| **采矿业** | **13655** | **11773** | **11773** | **715** | **715** | **1112** |
| 非金属矿采选业 | 13655 | 11773 | 11773 | 715 | 715 | 1112 |
| **制造业** | **39994901** | **36355994** | **35450158** | **173040** | **171081** | **764371** |
| 农副食品加工业 | 84319 | 70948 | 70948 | 296 | 296 | 1406 |
| 食品制造业 | 15545 | 13678 | 13678 | 116 | 116 | 708 |
| 酒、饮料和精制茶制造业 | 216662 | 192758 | 191327 | 3447 | 3447 | 3206 |
| 纺织业 | 137179 | 123807 | 123218 | 663 | 660 | 2688 |
| 纺织服装、服饰业 | 461576 | 406162 | 404599 | 2975 | 2913 | 3981 |
| 皮革、毛皮、羽毛及其制品和制鞋业 | 521931 | 465214 | 462674 | 3306 | 3306 | 4742 |
| 木材加工和木、竹、藤、棕、草制品业 | 64425 | 52981 | 52981 | 440 | 440 | 2589 |
| 家具制造业 | 717348 | 634720 | 631594 | 3460 | 3460 | 29111 |
| 造纸和纸制品业 | 108682 | 103635 | 94486 | 716 | 715 | 4590 |
| 印刷和记录媒介复制业 | 194375 | 171688 | 171576 | 633 | 633 | 3908 |
| 文教、工美、体育和娱乐用品制造业 | 400285 | 343195 | 342705 | 3365 | 3346 | 6908 |
| 化学原料和化学制品制造业 | 5271269 | 4492041 | 4401487 | 12383 | 12152 | 113076 |
| 医药制造业 | 146 | 159 | 159 | 2 | 2 | |
| 化学纤维制造业 | 1444 | 1453 | 1451 | 6 | 6 | 19 |
| 橡胶和塑料制品业 | 1168713 | 1038248 | 1025511 | 8792 | 8792 | 28468 |
| 非金属矿物制品业 | 277360 | 222741 | 222281 | 2136 | 2136 | 8268 |
| 黑色金属冶炼和压延加工业 | 25290 | 22992 | 22992 | 91 | 91 | 800 |
| 有色金属冶炼和压延加工业 | 139921 | 122473 | 121483 | 761 | 761 | 2528 |
| 金属制品业 | 783749 | 705942 | 685289 | 7901 | 7804 | 18455 |
| 通用设备制造业 | 488728 | 444071 | 443956 | 1683 | 1683 | 7907 |
| 专用设备制造业 | 164487 | 137716 | 137033 | 859 | 825 | 4791 |
| 汽车制造业 | 2751754 | 2515280 | 2352595 | 14132 | 14027 | 50992 |
| 铁路、船舶、航空航天和其他运输设备制造业 | 133071 | 108789 | 108092 | 887 | 887 | 3566 |
| 电气机械和器材制造业 | 1921434 | 1689602 | 1683616 | 10184 | 10002 | 45096 |
| 计算机、通信和其他电子设备制造业 | 23748672 | 22098429 | 21510407 | 92473 | 91252 | 414483 |
| 仪器仪表制造业 | 117882 | 108919 | 105667 | 846 | 843 | 763 |
| 其他制造业 | 55923 | 49508 | 49508 | 323 | 323 | 996 |
| 废弃资源综合利用业 | 22734 | 18846 | 18846 | 163 | 163 | 329 |
| **电力、燃气及水的生产和供应业** | **107888** | **95466** | **87541** | **982** | **982** | **2030** |
| 电力、热力生产和供应业 | 75215 | 67737 | 67727 | 468 | 468 | |
| 燃气生产和供应业 | 20026 | 20693 | 12778 | 513 | 513 | 2030 |
| 水的生产和供应业 | 12647 | 7037 | 7037 | | | |

## 12-20 续表 6

(2018年) 单位：万元

| 项　　目 | 管理费用 | 财务费用 | 利息收入 | 利息支出 | 资产减值损失 | 公允价值变动收益 |
|---|---|---|---|---|---|---|
| **总　计** | **1674013** | **121857** | **108902** | **131917** | **50654** | **18700** |
| **一、按登记注册类型分组** | | | | | | |
| 港澳台商投资 | 1040400 | 126304 | 14081 | 52205 | 25378 | 7470 |
| 与港澳台商合资经营 | 262559 | 4076 | 4452 | 28973 | 16521 | 8566 |
| 与港澳台商合作经营 | 10729 | 635 | 20 | 476 | | |
| 港澳台商独资 | 748643 | 117514 | 9409 | 21439 | 8811 | -1096 |
| 港澳台商投资股份有限公司 | 18469 | 4078 | 199 | 1318 | 45 | |
| 外商投资 | 633613 | -4447 | 94822 | 79712 | 25277 | 11230 |
| 中外合资经营 | 303011 | -15971 | 87779 | 60000 | 18531 | 3780 |
| 中外合作经营 | 4824 | 715 | 11 | 49 | | |
| 外资企业 | 303101 | 7360 | 6939 | 17066 | 5989 | 7450 |
| 外商投资股份有限公司 | 4403 | 335 | 2 | 165 | -10 | |
| 其他外商投资 | 18275 | 3114 | 92 | 2431 | 767 | |
| **二、按轻重工业分** | | | | | | |
| 在总计中：轻工业 | 430902 | 16659 | 4228 | 11843 | -2598 | -210 |
| 重工业 | 1243111 | 105198 | 104674 | 120074 | 53253 | 18910 |
| **三、按企业规模分** | | | | | | |
| 在总计中：大型企业 | 977245 | 54477 | 98820 | 88085 | 42032 | 18979 |
| 中型企业 | 392913 | 19667 | 5781 | 18471 | 6932 | -160 |
| 小微型企业 | 303855 | 47713 | 4301 | 25361 | 1691 | -119 |

## 12-20 续表 7

(2018年) 单位：万元

| 项目 | 管理费用 | 财务费用 | 利息收入 | 利息支出 | 资产减值损失 | 公允价值变动收益 |
|---|---|---|---|---|---|---|
| **四、按行业分** | | | | | | |
| **采矿业** | **1839** | **713** | **10** | **49** | | |
| 非金属矿采选业 | 1839 | 713 | 10 | 49 | | |
| **制造业** | **1667015** | **116487** | **108172** | **126491** | **50654** | **18700** |
| 农副食品加工业 | 4268 | 182 | 28 | 103 | | |
| 食品制造业 | 1377 | -85 | -5 | | | |
| 酒、饮料和精制茶制造业 | 4943 | 834 | 15 | 883 | -105 | |
| 纺织业 | 10937 | 395 | 10 | 418 | | -10 |
| 纺织服装、服饰业 | 37714 | 2990 | 6 | 568 | | |
| 皮革、毛皮、羽毛及其制品和制鞋业 | 48573 | 1429 | 72 | 690 | | |
| 木材加工和木、竹、藤、棕、草制品业 | 3482 | 362 | 23 | 467 | 35 | |
| 家具制造业 | 36679 | 683 | 206 | 577 | -175 | |
| 造纸和纸制品业 | 8567 | 306 | 26 | 262 | -32 | |
| 印刷和记录媒介复制业 | 16091 | 740 | 188 | 951 | 41 | |
| 文教、工美、体育和娱乐用品制造业 | 38655 | 967 | 150 | -86 | 27 | |
| 化学原料和化学制品制造业 | 78508 | 104025 | 767 | 63349 | 13539 | 1896 |
| 医药制造业 | 62 | | | | | |
| 化学纤维制造业 | 311 | -1 | | | | |
| 橡胶和塑料制品业 | 89351 | 2992 | 2173 | 4544 | -1973 | |
| 非金属矿物制品业 | 16477 | 2227 | 78 | 1607 | 184 | |
| 黑色金属冶炼和压延加工业 | 1425 | 508 | | | | |
| 有色金属冶炼和压延加工业 | 11745 | 471 | 33 | 18 | 364 | |
| 金属制品业 | 74992 | -1953 | 2101 | 1981 | 2170 | |
| 通用设备制造业 | 28730 | 2486 | 120 | 578 | 1 | |
| 专用设备制造业 | 14595 | 4 | 9 | 199 | 195 | |
| 汽车制造业 | 169973 | 14167 | 2302 | 16640 | 737 | |
| 铁路、船舶、航空航天和其他运输设备制造业 | 13673 | 1452 | 8 | 678 | -5 | |
| 电气机械和器材制造业 | 122387 | 7999 | 1655 | 8510 | 515 | -200 |
| 计算机、通信和其他电子设备制造业 | 818361 | -27166 | 98204 | 23505 | 35080 | 17014 |
| 仪器仪表制造业 | 11105 | -175 | 3 | 1 | 58 | |
| 其他制造业 | 3150 | 349 | 3 | 48 | | |
| 废弃资源综合利用业 | 885 | 298 | | | | |
| **电力、燃气及水的生产和供应业** | **5158** | **4657** | **720** | **5377** | | |
| 电力、热力生产和供应业 | 2817 | 4005 | 77 | 4081 | | |
| 燃气生产和供应业 | 1487 | -644 | 644 | | | |
| 水的生产和供应业 | 855 | 1296 | | 1296 | | |

## 12-20 续表 8

(2018年)　　单位：万元

| 项　　目 | 投资收益 | 其他收益 | 营业利润 | 营业外收　入 | 营业外支　出 | 利润总额 |
|---|---|---|---|---|---|---|
| **总　计** | **157857** | **13311** | **2109822** | **121400** | **90061** | **2141131** |
| **一、按登记注册类型分组** | | | | | | |
| 港澳台商投资 | 64899 | 8172 | 681037 | 67894 | 60409 | 688489 |
| 与港澳台商合资经营 | 819 | 2764 | 132465 | 10941 | 10164 | 133240 |
| 与港澳台商合作经营 | | 83 | -651 | 1946 | 38 | 1256 |
| 港澳台商独资 | 64185 | 5044 | 538045 | 54181 | 49942 | 542251 |
| 港澳台商投资股份有限公司 | -105 | 281 | 11179 | 826 | 264 | 11742 |
| 外商投资 | 92958 | 5139 | 1428785 | 53506 | 29653 | 1452643 |
| 中外合资经营 | -5886 | 3766 | 1126914 | 28485 | 6898 | 1148501 |
| 中外合作经营 | | | 601 | 80 | 7 | 675 |
| 外资企业 | 850 | 1386 | 202167 | 24177 | 22142 | 204207 |
| 外商投资股份有限公司 | | -14 | -1211 | 62 | 266 | -1415 |
| 其他外商投资 | 97994 | | 100314 | 702 | 341 | 100675 |
| **二、按轻重工业分** | | | | | | |
| 在总计中：轻工业 | 161546 | 787 | 303305 | 36274 | 24320 | 315243 |
| 重工业 | -3689 | 12525 | 1806517 | 85126 | 65742 | 1825888 |
| **三、按企业规模分** | | | | | | |
| 在总计中：大型企业 | 149110 | 7445 | 1723365 | 59452 | 38536 | 1744283 |
| 中型企业 | 2937 | 4144 | 181081 | 40935 | 32383 | 189630 |
| 小微型企业 | 5810 | 1722 | 205376 | 21013 | 19143 | 207218 |

## 12-20 续表 9

(2018年) 单位：万元

| 项　　目 | 投资收益 | 其他收益 | 营业利润 | 营业外收　入 | 营业外支　出 | 利润总额 |
|---|---|---|---|---|---|---|
| **四、按行业分** | | | | | | |
| **采矿业** | | | **494** | **8** | **4** | **498** |
| 非金属矿采选业 | | | 494 | 8 | 4 | 498 |
| **制造业** | **157857** | **13311** | **2095244** | **121125** | **90047** | **2126293** |
| 农副食品加工业 | | | 7219 | 126 | 1019 | 6327 |
| 食品制造业 | | | -250 | 24 | 264 | -490 |
| 酒、饮料和精制茶制造业 | | | 13958 | 497 | 521 | 13933 |
| 纺织业 | 53 | 30 | 187 | 142 | 456 | -127 |
| 纺织服装、服饰业 | | | 9663 | 575 | 585 | 9654 |
| 皮革、毛皮、羽毛及其制品和制鞋业 | 34 | | 1555 | 1488 | 1106 | 1938 |
| 木材加工和木、竹、藤、棕、草制品业 | | | 4596 | 1154 | 157 | 5593 |
| 家具制造业 | 63434 | | 82199 | 2627 | 1955 | 82870 |
| 造纸和纸制品业 | 47 | | 2017 | 185 | 38 | 2163 |
| 印刷和记录媒介复制业 | | -198 | 2474 | 4825 | 345 | 6952 |
| 文教、工美、体育和娱乐用品制造业 | 43 | 98 | 8104 | 1195 | 1450 | 7852 |
| 化学原料和化学制品制造业 | 7912 | 482 | 559202 | 8187 | 1974 | 565417 |
| 医药制造业 | | | -77 | 78 | | 1 |
| 化学纤维制造业 | | | -337 | | | -337 |
| 橡胶和塑料制品业 | 34 | 236 | 20786 | 7800 | 14870 | 13699 |
| 非金属矿物制品业 | | 6 | 26107 | 1413 | 449 | 27070 |
| 黑色金属冶炼和压延加工业 | | | -461 | 15 | 36 | -483 |
| 有色金属冶炼和压延加工业 | | | 3543 | 98 | 182 | 3459 |
| 金属制品业 | 417 | 779 | 2275 | 9366 | 6507 | 5133 |
| 通用设备制造业 | 3167 | | 7926 | 1932 | 1121 | 8737 |
| 专用设备制造业 | 145 | 70 | 7290 | 579 | 685 | 7187 |
| 汽车制造业 | 670 | 1124 | 179304 | 3957 | 3384 | 179877 |
| 铁路、船舶、航空航天和其他运输设备制造业 | 54 | | 5493 | 543 | 212 | 5824 |
| 电气机械和器材制造业 | 97625 | 305 | 155742 | 17214 | 13021 | 159936 |
| 计算机、通信和其他电子设备制造业 | -15778 | 10381 | 993026 | 54471 | 35140 | 1012343 |
| 仪器仪表制造业 | | | -144 | 2351 | 4317 | -2110 |
| 其他制造业 | | | 1634 | 36 | 51 | 1618 |
| 废弃资源综合利用业 | | | 2212 | 248 | 202 | 2258 |
| **电力、燃气及水的生产和供应业** | | | **14084** | **267** | **10** | **14341** |
| 电力、热力生产和供应业 | | | 357 | 258 | 7 | 608 |
| 燃气生产和供应业 | | | 10272 | 9 | 2 | 10279 |
| 水的生产和供应业 | | | 3455 | | 2 | 3454 |

## 12-20 续表 10

(2018年) 单位：万元

| 项 目 | 亏损企业亏损总额 | 税金总额 | 应 交增值税 | 平均用工人数(人) | 收入法增加值 |
|---|---|---|---|---|---|
| **总 计** | **175283** | **679893** | **507115** | **532106** | **8998491** |
| **一、按登记注册类型分组** | | | | | |
| 港澳台商投资 | 81738 | 303315 | 211140 | 360589 | 4245705 |
| 与港澳台商合资经营 | 21498 | 93914 | 61822 | 52295 | 1014148 |
| 与港澳台商合作经营 | 975 | 2377 | 1467 | 3901 | 27913 |
| 港澳台商独资 | 58918 | 204489 | 147720 | 300040 | 3154971 |
| 港澳台商投资股份有限公司 | 347 | 2536 | 131 | 4353 | 48672 |
| 外商投资 | 93545 | 376578 | 295975 | 171517 | 4752786 |
| 中外合资经营 | 20155 | 304678 | 252027 | 79514 | 3429632 |
| 中外合作经营 | | 945 | 204 | 953 | 13136 |
| 外资企业 | 69933 | 71082 | 45329 | 88096 | 1263704 |
| 外商投资股份有限公司 | 1777 | 398 | 39 | 941 | 12444 |
| 其他外商投资 | 1681 | -526 | -1624 | 2013 | 33870 |
| **二、按轻重工业分** | | | | | |
| 在总计中：轻工业 | 44721 | 76346 | 39019 | 150819 | 1429135 |
| 重工业 | 130562 | 603547 | 468096 | 381287 | 7569356 |
| **三、按企业规模分** | | | | | |
| 在总计中：大型企业 | 37132 | 494723 | 388106 | 330227 | 6381591 |
| 中型企业 | 60648 | 86721 | 49661 | 127614 | 1386089 |
| 小微型企业 | 77503 | 98449 | 69348 | 74265 | 1230811 |

## 12-20 续表 11

(2018年)　　单位：万元

| 项　　目 | 亏损企业亏损总额 | 税金总额 | 应　交增值税 | 平均用工人数(人) | 收入法增加值 |
|---|---|---|---|---|---|
| **四、按行业分** | | | | | |
| **采矿业** | | **763** | **48** | **63** | **7087** |
| 非金属矿采选业 | | 763 | 48 | 63 | 7087 |
| **制造业** | **173021** | **668946** | **497865** | **531563** | **8945374** |
| 农副食品加工业 | 983 | 223 | -73 | 883 | 11427 |
| 食品制造业 | 490 | 585 | 469 | 435 | 5264 |
| 酒、饮料和精制茶制造业 | | 6151 | 2704 | 755 | 43383 |
| 纺织业 | 2688 | 2678 | 2017 | 2887 | 37164 |
| 纺织服装、服饰业 | 1944 | 4745 | 1832 | 15915 | 118135 |
| 皮革、毛皮、羽毛及其制品和制鞋业 | 8207 | 9246 | 5940 | 23846 | 162731 |
| 木材加工和木、竹、藤、棕、草制品业 | | 2742 | 2302 | 1506 | 17095 |
| 家具制造业 | 980 | 5341 | 1881 | 15896 | 161185 |
| 造纸和纸制品业 | 1006 | 3209 | 2495 | 2544 | 21978 |
| 印刷和记录媒介复制业 | 402 | 2303 | 1669 | 5432 | 47660 |
| 文教、工美、体育和娱乐用品制造业 | 2130 | 4039 | 693 | 17436 | 132279 |
| 化学原料和化学制品制造业 | 16786 | 272348 | 260196 | 8636 | 1471587 |
| 医药制造业 | | 2 | | 43 | 71 |
| 化学纤维制造业 | 337 | 6 | | 10 | 172 |
| 橡胶和塑料制品业 | 29420 | 17478 | 8687 | 24350 | 282987 |
| 非金属矿物制品业 | 2298 | 13151 | 11015 | 3320 | 73459 |
| 黑色金属冶炼和压延加工业 | 551 | 167 | 75 | 260 | 8041 |
| 有色金属冶炼和压延加工业 | 755 | 1284 | 523 | 2380 | 47373 |
| 金属制品业 | 9264 | 17409 | 9605 | 14248 | 218303 |
| 通用设备制造业 | 6965 | 4543 | 2860 | 7743 | 122585 |
| 专用设备制造业 | 3320 | 4566 | 3741 | 3349 | 31283 |
| 汽车制造业 | 1 | 82104 | 68077 | 32579 | 497337 |
| 铁路、船舶、航空航天和其他运输设备制造业 | 210 | 1129 | 243 | 4517 | 34358 |
| 电气机械和器材制造业 | 4094 | 15785 | 5784 | 37806 | 482140 |
| 计算机、通信和其他电子设备制造业 | 73339 | 195626 | 104374 | 298932 | 4860357 |
| 仪器仪表制造业 | 6446 | 1320 | 477 | 3714 | 42051 |
| 其他制造业 | 405 | 604 | 281 | 1836 | 14968 |
| 废弃资源综合利用业 | | 163 | | 305 | |
| **电力、燃气及水的生产和供应业** | **2262** | **10184** | **9202** | **480** | **46030** |
| 电力、热力生产和供应业 | 2262 | 9665 | 9197 | 277 | 33103 |
| 燃气生产和供应业 | | 519 | 6 | 122 | 6909 |
| 水的生产和供应业 | | | | 81 | 6018 |

## 12-21 规模以上大中型工业企业主要经济指标

(2018年)

单位：万元

| 项目 | 企业单位数(个) | 亏损企业(个) | 工业总产值(当年价格) | 工业销售产值(当年价格) | 出口交货值 | 流动资产合计 |
|---|---|---|---|---|---|---|
| **总计** | **591** | **115** | **60266833** | **58373159** | **22022967** | **28749905** |
| **一、按登记注册类型分组** | | | | | | |
| 内资 | 250 | 51 | 24470766 | 24255095 | 2800390 | 9012573 |
| 国有 | 1 | | 20932 | 20932 | | 11284 |
| 国有独资公司 | 5 | 1 | 11825001 | 11824041 | 111143 | 1718160 |
| 其他有限责任公司 | 121 | 25 | 7980252 | 7824826 | 2267738 | 4461229 |
| 股份有限公司 | 16 | 3 | 1234287 | 1265702 | 142836 | 999137 |
| 私营独资 | 5 | | 100486 | 100486 | 1933 | 20802 |
| 私营有限责任公司 | 97 | 20 | 3253241 | 3164113 | 258985 | 1769590 |
| 私营有限股份公司 | 5 | 2 | 56568 | 54995 | 17755 | 32372 |
| 港澳台商投资 | 240 | 42 | 16908019 | 15692278 | 9045535 | 9453097 |
| 与港澳台商合资经营 | 28 | 5 | 5035946 | 4872398 | 2248739 | 2989918 |
| 与港澳台商合作经营 | 7 | 1 | 60494 | 61051 | 34661 | 38515 |
| 港澳台商独资 | 200 | 36 | 11641705 | 10591777 | 6674589 | 6232636 |
| 港澳台商投资股份有限公司 | 5 | | 169874 | 167053 | 87546 | 192028 |
| 外商投资 | 101 | 22 | 18888048 | 18425786 | 10177043 | 10284235 |
| 中外合资经营 | 28 | 7 | 14793535 | 14403290 | 7333248 | 7302196 |
| 中外合作经营 | 1 | | 10902 | 10902 | 10902 | 5653 |
| 外资企业 | 69 | 14 | 3954394 | 3889796 | 2793501 | 2675731 |
| 外商投资股份有限公司 | 2 | 1 | 32823 | 32728 | 32068 | 16583 |
| 其他外商投资 | 1 | | 96394 | 89070 | 7324 | 284072 |
| **二、按轻重工业分** | | | | | | |
| 在总计中：轻工业 | 260 | 43 | 8144346 | 7989525 | 4016177 | 4958373 |
| 重工业 | 331 | 72 | 52122486 | 50383634 | 18006790 | 23791532 |
| **三、按企业规模分** | | | | | | |
| 在总计中：大型企业 | 109 | 13 | 48075580 | 46397322 | 18215448 | 21415456 |
| 中型企业 | 482 | 102 | 12191253 | 11975837 | 3807519 | 7334450 |

## 12-21 续表 1

(2018年) 单位：万元

| 项目 | 企业单位数(个) | 亏损企业(个) | 工业总产值(当年价格) | 工业销售产值(当年价格) | 出口交货值 | 流动资产合计 |
|---|---|---|---|---|---|---|
| **四、按行业分** | | | | | | |
| **制造业** | **584** | **115** | **57254117** | **55381506** | **22022967** | **28413987** |
| 农副食品加工业 | 1 | | 35948 | 35948 | 235 | 11042 |
| 酒、饮料和精制茶制造业 | 1 | | 161067 | 162541 | | 48028 |
| 纺织业 | 7 | 2 | 41101 | 40492 | 6940 | 22752 |
| 纺织服装、服饰业 | 29 | 3 | 421083 | 411598 | 282238 | 231852 |
| 皮革、毛皮、羽毛及其制品和制鞋业 | 36 | 7 | 550538 | 541843 | 379573 | 288747 |
| 木材加工和木、竹、藤、棕、草制品业 | 2 | | 12709 | 12118 | 12094 | 4564 |
| 家具制造业 | 27 | 5 | 811349 | 779271 | 433886 | 578730 |
| 造纸和纸制品业 | 4 | | 75225 | 75165 | 40968 | 32176 |
| 印刷和记录媒介复制业 | 7 | | 194881 | 192544 | 70145 | 122949 |
| 文教、工美、体育和娱乐用品制造业 | 24 | 4 | 252333 | 243476 | 227292 | 168748 |
| 石油加工、炼焦和核燃料加工业 | 1 | | 9119277 | 9121404 | | 1511470 |
| 化学原料和化学制品制造业 | 12 | 3 | 4160899 | 4152695 | 58738 | 1229482 |
| 医药制造业 | 3 | | 136129 | 121229 | | 73631 |
| 橡胶和塑料制品业 | 51 | 10 | 1280382 | 1268534 | 553669 | 743761 |
| 非金属矿物制品业 | 13 | 3 | 844343 | 847978 | 57996 | 375592 |
| 黑色金属冶炼和压延加工业 | 1 | | 91545 | 91545 | | 13361 |
| 有色金属冶炼和压延加工业 | 3 | | 73975 | 71544 | 58845 | 47114 |
| 金属制品业 | 26 | 8 | 898100 | 855889 | 334489 | 527126 |
| 通用设备制造业 | 12 | 4 | 368492 | 365263 | 136979 | 232228 |
| 专用设备制造业 | 12 | 3 | 230054 | 227173 | 15669 | 254533 |
| 汽车制造业 | 13 | | 2283743 | 2235613 | 320897 | 1181166 |
| 铁路、船舶、航空航天和其他运输设备制造业 | 4 | | 49894 | 48293 | 47456 | 71108 |
| 电气机械和器材制造业 | 77 | 13 | 4769144 | 4691010 | 2164126 | 2906729 |
| 计算机、通信和其他电子设备制造业 | 205 | 48 | 30186067 | 28583996 | 16710054 | 17623210 |
| 仪器仪表制造业 | 8 | 2 | 120467 | 120992 | 83592 | 73303 |
| 其他制造业 | 2 | | 29056 | 29056 | 25423 | 16790 |
| 废弃资源综合利用业 | 3 | | 56316 | 54297 | 1662 | 23798 |
| **电力、燃气及水的生产和供应业** | **7** | | **3012716** | **2991652** | | **335918** |
| 电力、热力生产和供应业 | 3 | | 2905654 | 2888112 | | 287327 |
| 燃气生产和供应业 | 1 | | 39985 | 39985 | | 20448 |
| 水的生产和供应业 | 3 | | 67078 | 63555 | | 28144 |

## 12-21 续表 2

(2018年) 单位：万元

| 项　　目 | 应收账款 | 存货 | 产成品 | 资产总计 | 负债合计 | 营业收入 |
| --- | --- | --- | --- | --- | --- | --- |
| **总　　计** | **10422076** | **7099602** | **2095526** | **49971356** | **27953189** | **60287737** |
| **一、按登记注册类型分组** | | | | | | |
| 内资 | 3285820 | 2850434 | 831395 | 18768538 | 11750846 | 24356467 |
| 国有 | | | | 102079 | 104835 | 24089 |
| 国有独资公司 | 215711 | 1171785 | 179848 | 6608560 | 3662392 | 11828680 |
| 其他有限责任公司 | 1944236 | 1081417 | 457011 | 7789636 | 5053499 | 7816295 |
| 股份有限公司 | 416689 | 189116 | 32456 | 1662958 | 951738 | 1334274 |
| 私营独资 | 5332 | 1171 | 169 | 39130 | 9104 | 100486 |
| 私营有限责任公司 | 686779 | 398225 | 158909 | 2515894 | 1944224 | 3196075 |
| 私营有限股份公司 | 17072 | 8720 | 3004 | 50282 | 25053 | 56568 |
| 港澳台商投资 | 3812768 | 2634461 | 753753 | 15108418 | 9622014 | 16891292 |
| 与港澳台商合资经营 | 1363600 | 584674 | 307248 | 4031821 | 2805034 | 5940540 |
| 与港澳台商合作经营 | 19454 | 10256 | 2234 | 55137 | 23852 | 65338 |
| 港澳台商独资 | 2326891 | 2008122 | 435889 | 10617790 | 6643607 | 10713455 |
| 港澳台商投资股份有限公司 | 102824 | 31410 | 8382 | 403671 | 149521 | 171959 |
| 外商投资 | 3323488 | 1614707 | 510377 | 16094400 | 6580329 | 19039978 |
| 中外合资经营 | 1771862 | 1084178 | 363116 | 12115570 | 4265874 | 14839102 |
| 中外合作经营 | 5198 | | | 5653 | 1257 | 10826 |
| 外资企业 | 1510403 | 501360 | 135871 | 3465614 | 2114307 | 4013356 |
| 外商投资股份有限公司 | 1561 | 10571 | 1602 | 23363 | 11538 | 32746 |
| 其他外商投资 | 34465 | 18598 | 9788 | 484200 | 187353 | 143947 |
| **二、按轻重工业分** | | | | | | |
| 在总计中：轻工业 | 2035119 | 1141088 | 388630 | 7583301 | 4375600 | 8061812 |
| 重工业 | 8386957 | 5958514 | 1706897 | 42388055 | 23577588 | 52225925 |
| **三、按企业规模分** | | | | | | |
| 在总计中：大型企业 | 7508401 | 5348185 | 1474635 | 37923494 | 20676102 | 48225322 |
| 中型企业 | 2913674 | 1751417 | 620891 | 12047863 | 7277087 | 12062415 |

## 12-21 续表 3

(2018年)　　单位：万元

| 项　　目 | 应收账款 | 存货 | 产成品 | 资产总计 | 负债合计 | 营业收入 |
|---|---|---|---|---|---|---|
| **四、按行业分** | | | | | | |
| **制造业** | **10369715** | **7080080** | **2095519** | **46774775** | **26109801** | **57314064** |
| 农副食品加工业 | 3536 | 3918 | 18 | 55712 | 43024 | 29852 |
| 酒、饮料和精制茶制造业 | 29634 | 6946 | 363 | 104600 | 16526 | 161611 |
| 纺织业 | 7517 | 7593 | 3124 | 36346 | 19366 | 44582 |
| 纺织服装、服饰业 | 50047 | 86275 | 9774 | 339472 | 158333 | 415873 |
| 皮革、毛皮、羽毛及其制品和制鞋业 | 87766 | 93019 | 26028 | 456139 | 195973 | 535828 |
| 木材加工和木、竹、藤、棕、草制品业 | 1846 | 2149 | 827 | 9654 | 4946 | 12118 |
| 家具制造业 | 160042 | 88523 | 40093 | 905933 | 555016 | 788210 |
| 造纸和纸制品业 | 17485 | 8649 | 2289 | 49682 | 14733 | 76231 |
| 印刷和记录媒介复制业 | 57733 | 20818 | 5723 | 174903 | 89837 | 193707 |
| 文教、工美、体育和娱乐用品制造业 | 93049 | 53620 | 14459 | 251814 | 95410 | 247380 |
| 石油加工、炼焦和核燃料加工业 | 195274 | 1155970 | 178001 | 4165559 | 2351426 | 9121404 |
| 化学原料和化学制品制造业 | 129153 | 390119 | 137448 | 5111109 | 2491743 | 4236616 |
| 医药制造业 | 17490 | 20645 | 11922 | 140645 | 87789 | 108660 |
| 橡胶和塑料制品业 | 282530 | 176903 | 48435 | 1136904 | 657527 | 1292228 |
| 非金属矿物制品业 | 46631 | 74480 | 19722 | 677928 | 317788 | 833742 |
| 黑色金属冶炼和压延加工业 | 529 | 281 | 105 | 28782 | 363 | 91545 |
| 有色金属冶炼和压延加工业 | 11838 | 12281 | 2648 | 88582 | 54254 | 74937 |
| 金属制品业 | 208894 | 149788 | 58008 | 942696 | 481616 | 852997 |
| 通用设备制造业 | 92905 | 34065 | 11950 | 388710 | 221870 | 367340 |
| 专用设备制造业 | 61446 | 82943 | 12912 | 360699 | 247592 | 205895 |
| 汽车制造业 | 604628 | 337555 | 177417 | 1916633 | 1097215 | 2780900 |
| 铁路、船舶、航空航天和其他运输设备制造业 | 7294 | 16222 | 2522 | 130185 | 32409 | 48351 |
| 电气机械和器材制造业 | 1366722 | 657494 | 265577 | 4293240 | 2712069 | 4782209 |
| 计算机、通信和其他电子设备制造业 | 6787553 | 3568221 | 1058835 | 24835209 | 14076769 | 29802599 |
| 仪器仪表制造业 | 36102 | 19314 | 5687 | 90614 | 39335 | 121802 |
| 其他制造业 | 6141 | 5103 | | 20387 | 7033 | 31477 |
| 废弃资源综合利用业 | 5935 | 7189 | 1634 | 62641 | 39843 | 55971 |
| **电力、燃气及水的生产和供应业** | **52361** | **19522** | **7** | **3196581** | **1843387** | **2973673** |
| 电力、热力生产和供应业 | 48144 | 9544 | 7 | 2839643 | 1535452 | 2855248 |
| 燃气生产和供应业 | 3744 | 3851 | | 93299 | 72557 | 46499 |
| 水的生产和供应业 | 473 | 6127 | | 263639 | 235378 | 71927 |

## 12-21 续表 4

(2018年)　　单位：万元

| 项　　目 | 主营业务收入 | 营业成本 | 主营业务成本 | 税金及附加 | 主营业务税金及附加 | 销售费用 |
|---|---|---|---|---|---|---|
| **总　　计** | **58964439** | **53234433** | **52145164** | **1185185** | **1182100** | **913727** |
| **一、按登记注册类型分组** | | | | | | |
| 内资 | 24028920 | 21300348 | 21079751 | 1040135 | 1038423 | 276843 |
| 国有 | 20374 | 13657 | 10760 | 174 | 174 | 1132 |
| 国有独资公司 | 11682098 | 10362837 | 10272971 | 983701 | 983083 | 70750 |
| 其他有限责任公司 | 7708462 | 6791541 | 6711172 | 36224 | 35285 | 102736 |
| 股份有限公司 | 1309013 | 1043540 | 1026281 | 8058 | 8058 | 58087 |
| 私营独资 | 100486 | 92899 | 92899 | 199 | 199 | 1586 |
| 私营有限责任公司 | 3152361 | 2951253 | 2921395 | 11386 | 11231 | 39952 |
| 私营有限股份公司 | 56128 | 44621 | 44273 | 394 | 394 | 2601 |
| 港澳台商投资 | 16281682 | 15028961 | 14468860 | 73936 | 73692 | 316104 |
| 与港澳台商合资经营 | 5446769 | 5390812 | 4932508 | 27288 | 27288 | 168761 |
| 与港澳台商合作经营 | 64857 | 56759 | 56759 | 306 | 306 | 1597 |
| 港澳台商独资 | 10602633 | 9445172 | 9345991 | 44042 | 43804 | 142897 |
| 港澳台商投资股份有限公司 | 167424 | 136218 | 133603 | 2302 | 2294 | 2850 |
| 外商投资 | 18653837 | 16905125 | 16596553 | 71114 | 69986 | 320780 |
| 中外合资经营 | 14601700 | 13154356 | 12967156 | 51379 | 51379 | 225893 |
| 中外合作经营 | 10826 | 8559 | 8559 | | | |
| 外资企业 | 3870966 | 3605615 | 3485160 | 18535 | 17407 | 80991 |
| 外商投资股份有限公司 | 32746 | 29303 | 29303 | 186 | 186 | 275 |
| 其他外商投资 | 137598 | 107292 | 106375 | 1014 | 1014 | 13621 |
| **二、按轻重工业分** | | | | | | |
| 在总计中：轻工业 | 8004494 | 7050599 | 7020095 | 40425 | 39381 | 182715 |
| 重工业 | 50959945 | 46183834 | 45125068 | 1144760 | 1142719 | 731011 |
| **三、按企业规模分** | | | | | | |
| 在总计中：大型企业 | 47112691 | 42809112 | 41861481 | 1112570 | 1110950 | 645923 |
| 中型企业 | 11851748 | 10425322 | 10283683 | 72615 | 71151 | 267804 |

## 12-21　续表 5

(2018年)　　单位：万元

| 项　　目 | 主营业务收入 | 营业成本 | 主营业务成本 | 税　金及附加 | 主营业务税金及附加 | 销售费用 |
|---|---|---|---|---|---|---|
| **四、按行业分** | | | | | | |
| **制造业** | **56019607** | **50471293** | **49396341** | **1172109** | **1169645** | **896422** |
| 农副食品加工业 | 29852 | 26172 | 26172 | 224 | 224 | 36 |
| 酒、饮料和精制茶制造业 | 160721 | 132805 | 132476 | 1004 | 1004 | 9990 |
| 纺织业 | 44125 | 39532 | 39532 | 257 | 255 | 943 |
| 纺织服装、服饰业 | 413993 | 360882 | 359319 | 3083 | 3083 | 3765 |
| 皮革、毛皮、羽毛及其制品和制鞋业 | 533093 | 456942 | 454425 | 3571 | 3571 | 13810 |
| 木材加工和木、竹、藤、棕、草制品业 | 12118 | 10997 | 10997 | 75 | 75 | 480 |
| 家具制造业 | 781186 | 691661 | 687921 | 4065 | 4065 | 30219 |
| 造纸和纸制品业 | 74523 | 64804 | 64804 | 469 | 469 | 3105 |
| 印刷和记录媒介复制业 | 192372 | 165845 | 165845 | 820 | 820 | 3807 |
| 文教、工美、体育和娱乐用品制造业 | 246923 | 210178 | 210176 | 1650 | 1650 | 3453 |
| 石油加工、炼焦和核燃料加工业 | 8983354 | 7756935 | 7671982 | 973237 | 973237 | 63056 |
| 化学原料和化学制品制造业 | 4150361 | 3573841 | 3487718 | 7888 | 7888 | 67798 |
| 医药制造业 | 106077 | 78870 | 77240 | 558 | 558 | 13171 |
| 橡胶和塑料制品业 | 1275722 | 1110370 | 1097460 | 9287 | 9287 | 31784 |
| 非金属矿物制品业 | 832283 | 563321 | 562692 | 7631 | 7476 | 9714 |
| 黑色金属冶炼和压延加工业 | 91545 | 84602 | 84602 | 158 | 158 | 1415 |
| 有色金属冶炼和压延加工业 | 73394 | 62715 | 61925 | 603 | 603 | 800 |
| 金属制品业 | 827682 | 742043 | 718781 | 6858 | 6858 | 14974 |
| 通用设备制造业 | 366630 | 326611 | 326609 | 1617 | 1617 | 6683 |
| 专用设备制造业 | 193811 | 154519 | 144349 | 2092 | 2092 | 5238 |
| 汽车制造业 | 2593168 | 2377785 | 2219619 | 13160 | 13160 | 48979 |
| 铁路、船舶、航空航天和其他运输设备制造业 | 48351 | 36047 | 36047 | 409 | 409 | 1286 |
| 电气机械和器材制造业 | 4761013 | 4279233 | 4271866 | 18861 | 17974 | 74396 |
| 计算机、通信和其他电子设备制造业 | 29018921 | 26991579 | 26311507 | 112779 | 111359 | 483995 |
| 仪器仪表制造业 | 121160 | 101196 | 100674 | 838 | 838 | 1205 |
| 其他制造业 | 31477 | 27348 | 27348 | 162 | 162 | 700 |
| 废弃资源综合利用业 | 55753 | 44460 | 44257 | 755 | 755 | 1622 |
| **电力、燃气及水的生产和供应业** | **2944832** | **2763140** | **2748822** | **13076** | **12455** | **17304** |
| 电力、热力生产和供应业 | 2845752 | 2692487 | 2689572 | 12257 | 11639 | 184 |
| 燃气生产和供应业 | 34712 | 30523 | 23818 | 182 | 182 | 8085 |
| 水的生产和供应业 | 64368 | 40130 | 35433 | 637 | 634 | 9035 |

## 12-21 续表 6

(2018年) 单位：万元

| 项　　目 | 管理费用 | 财务费用 | 利息收入 | 利息支出 | 资产减值损失 | 公允价值变动收益 |
|---|---|---|---|---|---|---|
| **总　计** | **2125124** | **254718** | **126030** | **260960** | **174721** | **19268** |
| **一、按登记注册类型分组** | | | | | | |
| 内资 | 754966 | 180575 | 21429 | 154404 | 125757 | 449 |
| 国有 | 5511 | 810 | | 810 | | |
| 国有独资公司 | 29509 | 85266 | 2086 | 66273 | 35436 | |
| 其他有限责任公司 | 478451 | 70610 | 15717 | 63769 | 70460 | 420 |
| 股份有限公司 | 91120 | 16442 | 1466 | 15597 | 17479 | |
| 私营独资 | 297 | 24 | | | | |
| 私营有限责任公司 | 141561 | 7016 | 2160 | 7783 | 2436 | 28 |
| 私营有限股份公司 | 8518 | 406 | | 172 | -54 | |
| 港澳台商投资 | 841527 | 113528 | 11011 | 41449 | 24335 | 7470 |
| 与港澳台商合资经营 | 233911 | 1041 | 3521 | 26537 | 16635 | 8566 |
| 与港澳台商合作经营 | 5760 | 604 | 2 | 464 | | |
| 港澳台商独资 | 586443 | 107889 | 7314 | 13188 | 7654 | -1096 |
| 港澳台商投资股份有限公司 | 15413 | 3995 | 174 | 1260 | 45 | |
| 外商投资 | 528632 | -39385 | 93591 | 65107 | 24629 | 11349 |
| 中外合资经营 | 291734 | -19677 | 87683 | 56371 | 18467 | 3780 |
| 中外合作经营 | 2235 | 1 | 1 | | | |
| 外资企业 | 216362 | -22363 | 5815 | 6141 | 6081 | 7569 |
| 外商投资股份有限公司 | 2584 | 314 | | 164 | -68 | |
| 其他外商投资 | 15717 | 2340 | 91 | 2431 | 149 | |
| **二、按轻重工业分** | | | | | | |
| 在总计中：轻工业 | 500411 | 31294 | 15350 | 33725 | 13122 | -200 |
| 重工业 | 1624713 | 223424 | 110680 | 227235 | 161599 | 19468 |
| **三、按企业规模分** | | | | | | |
| 在总计中：大型企业 | 1368113 | 190873 | 116288 | 205352 | 153691 | 19400 |
| 中型企业 | 757011 | 63844 | 9742 | 55608 | 21029 | -132 |

## 12-21　续表 7

(2018年)　　单位：万元

| 项　　目 | 管理费用 | 财务费用 | 利息收入 | 利息支出 | 资产减值损失 | 公允价值变动收益 |
|---|---|---|---|---|---|---|
| **四、按行业分** | | | | | | |
| **制造业** | **2101680** | **212031** | **123655** | **217721** | **175155** | **19268** |
| 农副食品加工业 | 653 | 1022 | | | | |
| 酒、饮料和精制茶制造业 | 5367 | -23 | 23 | | 30 | |
| 纺织业 | 4736 | 354 | 10 | 352 | | |
| 纺织服装、服饰业 | 34484 | 2980 | 3 | 737 | 6 | |
| 皮革、毛皮、羽毛及其制品和制鞋业 | 46021 | -133 | 74 | 676 | | |
| 木材加工和木、竹、藤、棕、草制品业 | 543 | 4 | | | | |
| 家具制造业 | 38161 | 1540 | 393 | 2181 | 11 | |
| 造纸和纸制品业 | 5546 | -97 | 13 | 220 | -76 | |
| 印刷和记录媒介复制业 | 16992 | 2478 | 187 | 1143 | | |
| 文教、工美、体育和娱乐用品制造业 | 26227 | 367 | 123 | -134 | 29 | |
| 石油加工、炼焦和核燃料加工业 | 17114 | 55277 | 37 | 35842 | 35890 | |
| 化学原料和化学制品制造业 | 47680 | 87390 | 474 | 54585 | 12566 | 2005 |
| 医药制造业 | 8093 | 1426 | 6 | 1427 | 9 | |
| 橡胶和塑料制品业 | 96474 | 2665 | 2523 | 4695 | 1335 | |
| 非金属矿物制品业 | 37762 | 5978 | 492 | 6235 | 53845 | |
| 黑色金属冶炼和压延加工业 | 82 | 14 | | | | |
| 有色金属冶炼和压延加工业 | 8540 | 339 | -2 | | | |
| 金属制品业 | 72711 | -4490 | 1225 | 2035 | 1445 | |
| 通用设备制造业 | 26292 | 2974 | 110 | 177 | -4 | |
| 专用设备制造业 | 26496 | 2913 | 109 | 2141 | 70 | |
| 汽车制造业 | 161673 | 14110 | 2148 | 16548 | 748 | |
| 铁路、船舶、航空航天和其他运输设备制造业 | 6956 | 1450 | -6 | 678 | -5 | |
| 电气机械和器材制造业 | 237094 | 22727 | 11618 | 25233 | 13935 | -200 |
| 计算机、通信和其他电子设备制造业 | 1156852 | 9430 | 104058 | 61808 | 55194 | 17462 |
| 仪器仪表制造业 | 13665 | -228 | 7 | 18 | 149 | |
| 其他制造业 | 1355 | 174 | 1 | | | |
| 废弃资源综合利用业 | 4114 | 1394 | 29 | 1124 | -21 | |
| **电力、燃气及水的生产和供应业** | **23444** | **42687** | **2375** | **43239** | **-434** | |
| 电力、热力生产和供应业 | 8059 | 36054 | 2082 | 37676 | -704 | |
| 燃气生产和供应业 | 2811 | -140 | 259 | 58 | 270 | |
| 水的生产和供应业 | 12575 | 6774 | 34 | 5506 | | |

## 12-21 续表 8

(2018年)　　单位：万元

| 项　　目 | 投资收益 | 其他收益 | 营业利润 | 营业外收入 | 营业外支出 | 利润总额 |
|---|---|---|---|---|---|---|
| **总　　计** | **201264** | **36183** | **2656556** | **147019** | **86406** | **2717163** |
| **一、按登记注册类型分组** | | | | | | |
| 内资 | 49216 | 24593 | 752110 | 46631 | 15487 | 783250 |
| 国有 | | | 2806 | 677 | 158 | 3326 |
| 国有独资公司 | 21363 | 3016 | 285561 | 12321 | 5175 | 292707 |
| 其他有限责任公司 | 3439 | 15007 | 285172 | 25222 | 4527 | 305866 |
| 股份有限公司 | 24631 | 3640 | 127822 | 3273 | 1057 | 130038 |
| 私营独资 | | | 5481 | | | 5481 |
| 私营有限责任公司 | -245 | 2910 | 45138 | 4694 | 4433 | 45396 |
| 私营有限股份公司 | 27 | 20 | 129 | 445 | 137 | 437 |
| 港澳台商投资 | 62398 | 7288 | 570057 | 51740 | 48058 | 573737 |
| 与港澳台商合资经营 | 82 | 2664 | 113402 | 9959 | 9509 | 113851 |
| 与港澳台商合作经营 | | | 313 | 51 | 2 | 363 |
| 港澳台商独资 | 62421 | 4342 | 445030 | 41027 | 38308 | 447748 |
| 港澳台商投资股份有限公司 | -105 | 281 | 11312 | 703 | 240 | 11776 |
| 外商投资 | 89650 | 4302 | 1334389 | 48648 | 22861 | 1360176 |
| 中外合资经营 | -5950 | 3774 | 1118552 | 26992 | 5988 | 1139556 |
| 中外合作经营 | | | 32 | 15 | 1 | 46 |
| 外资企业 | -2394 | 542 | 113856 | 21140 | 16419 | 118577 |
| 外商投资股份有限公司 | | -14 | 139 | 30 | 261 | -92 |
| 其他外商投资 | 97994 | | 101809 | 471 | 191 | 102089 |
| **二、按轻重工业分** | | | | | | |
| 在总计中：轻工业 | 180574 | 7071 | 430709 | 28129 | 16901 | 441939 |
| 重工业 | 20689 | 29112 | 2225846 | 118890 | 69505 | 2275224 |
| **三、按企业规模分** | | | | | | |
| 在总计中：大型企业 | 198596 | 18617 | 2181657 | 92895 | 46689 | 2227865 |
| 中型企业 | 2668 | 17566 | 474898 | 54123 | 39717 | 489298 |

## 12-21 续表9

(2018年)　　单位：万元

| 项目 | 投资收益 | 其他收益 | 营业利润 | 营业外收入 | 营业外支出 | 利润总额 |
|---|---|---|---|---|---|---|
| **四、按行业分** | | | | | | |
| **制造业** | **200291** | **33172** | **2538110** | **139591** | **83096** | **2594600** |
| 农副食品加工业 | | 24 | 1768 | 33 | 55 | 1746 |
| 酒、饮料和精制茶制造业 | | 3098 | 15536 | 35 | 474 | 15097 |
| 纺织业 | | | -1241 | 32 | 224 | -1433 |
| 纺织服装、服饰业 | | | 10671 | 556 | 360 | 10867 |
| 皮革、毛皮、羽毛及其制品和制鞋业 | 2235 | | 17856 | 895 | 983 | 17767 |
| 木材加工和木、竹、藤、棕、草制品业 | | | 27 | 14 | 35 | 6 |
| 家具制造业 | 62133 | 30 | 84717 | 943 | 845 | 84814 |
| 造纸和纸制品业 | | | 2483 | 171 | 7 | 2647 |
| 印刷和记录媒介复制业 | | -198 | 3566 | 1748 | 208 | 5106 |
| 文教、工美、体育和娱乐用品制造业 | 116 | 58 | 5652 | 871 | 201 | 6322 |
| 石油加工、炼焦和核燃料加工业 | 20391 | | 240286 | 4494 | 2548 | 242232 |
| 化学原料和化学制品制造业 | 5206 | 692 | 447333 | 6795 | 1321 | 452807 |
| 医药制造业 | | 93 | 6626 | 564 | 120 | 7070 |
| 橡胶和塑料制品业 | -25 | 755 | 41038 | 5993 | 13358 | 33673 |
| 非金属矿物制品业 | 533 | 116 | 156155 | 831 | 1091 | 155895 |
| 黑色金属冶炼和压延加工业 | | | 5274 | | | 5274 |
| 有色金属冶炼和压延加工业 | | | 1940 | 83 | 174 | 1849 |
| 金属制品业 | -544 | 886 | 19808 | 8857 | 6269 | 22396 |
| 通用设备制造业 | 3167 | | 6335 | 2369 | 1003 | 7701 |
| 专用设备制造业 | 394 | 6412 | 21369 | 748 | 284 | 21833 |
| 汽车制造业 | 484 | 1084 | 166011 | 3802 | 2856 | 166957 |
| 铁路、船舶、航空航天和其他运输设备制造业 | | | 2211 | 511 | 47 | 2675 |
| 电气机械和器材制造业 | 116296 | 2762 | 254833 | 19051 | 13225 | 260661 |
| 计算机、通信和其他电子设备制造业 | -10097 | 16538 | 1016674 | 79067 | 36656 | 1059078 |
| 仪器仪表制造业 | | 822 | 5798 | 868 | 498 | 6167 |
| 其他制造业 | | | 1737 | 4 | 3 | 1738 |
| 废弃资源综合利用业 | | | 3649 | 260 | 254 | 3655 |
| **电力、燃气及水的生产和供应业** | **973** | **3011** | **118446** | **7428** | **3310** | **122563** |
| 电力、热力生产和供应业 | 973 | 3011 | 110902 | 5892 | 3093 | 113700 |
| 燃气生产和供应业 | | | 4768 | 9 | 32 | 4745 |
| 水的生产和供应业 | | | 2776 | 1527 | 185 | 4118 |

## 12-21 续表 10

(2018年)　　单位：万元

| 项　　目 | 亏损企业亏损总额 | 税金总额 | 应　交增值税 | 平均用工人数(人) | 收入法增加值 |
|---|---|---|---|---|---|
| **总　　计** | **258383** | **2133680** | **951580** | **657054** | **13588683** |
| **一、按登记注册类型分组** | | | | | |
| 内资 | 160602 | 1552236 | 513813 | 199213 | 5821003 |
| 国有 | | 750 | 577 | 522 | 8691 |
| 国有独资公司 | 2311 | 1186389 | 203305 | 14881 | 3121947 |
| 其他有限责任公司 | 132706 | 226454 | 191169 | 111487 | 1735983 |
| 股份有限公司 | 9137 | 46035 | 37978 | 22066 | 261868 |
| 私营独资 | | 214 | 15 | 1328 | 17378 |
| 私营有限责任公司 | 14526 | 90894 | 79663 | 47037 | 661335 |
| 私营有限股份公司 | 1923 | 1501 | 1107 | 1892 | 13801 |
| 港澳台商投资 | 54792 | 244027 | 170335 | 306560 | 3503354 |
| 与港澳台商合资经营 | 18972 | 86008 | 58721 | 46018 | 894486 |
| 与港澳台商合作经营 | 285 | 961 | 656 | 2348 | 12927 |
| 港澳台商独资 | 35536 | 154696 | 110892 | 254569 | 2552798 |
| 港澳台商投资股份有限公司 | | 2361 | 67 | 3625 | 43143 |
| 外商投资 | 42988 | 337417 | 267432 | 151281 | 4264326 |
| 中外合资经营 | 15848 | 299389 | 248010 | 76637 | 3347204 |
| 中外合作经营 | | 4 | 4 | 690 | 3767 |
| 外资企业 | 26722 | 38565 | 21158 | 71882 | 884650 |
| 外商投资股份有限公司 | 419 | 186 | | 640 | 7749 |
| 其他外商投资 | | -726 | -1740 | 1432 | 20956 |
| **二、按轻重工业分** | | | | | |
| 在总计中：轻工业 | 50629 | 107102 | 67721 | 174461 | 1862290 |
| 重工业 | 207754 | 2026578 | 883859 | 482593 | 11726393 |
| **三、按企业规模分** | | | | | |
| 在总计中：大型企业 | 129281 | 1876599 | 765650 | 417528 | 10732824 |
| 中型企业 | 129102 | 257081 | 185930 | 239526 | 2855859 |

## 12-21 续表 11

(2018年) 单位：万元

| 项目 | 亏损企业亏损总额 | 税金总额 | 应交增值税 | 平均用工人数(人) | 收入法增加值 |
|---|---|---|---|---|---|
| **四、按行业分** | | | | | |
| **制造业** | **258383** | **2047438** | **877793** | **645768** | **12815204** |
| 农副食品加工业 | | 224 | | 816 | 10946 |
| 酒、饮料和精制茶制造业 | | 6762 | 5758 | 1011 | 24533 |
| 纺织业 | 2153 | 1364 | 1110 | 1066 | 14003 |
| 纺织服装、服饰业 | 921 | 5403 | 2321 | 15441 | 109523 |
| 皮革、毛皮、羽毛及其制品和制鞋业 | 6969 | 11815 | 8244 | 27246 | 172685 |
| 木材加工和木、竹、藤、棕、草制品业 | | 786 | 711 | 684 | 3242 |
| 家具制造业 | 1772 | 8967 | 4902 | 18041 | 177380 |
| 造纸和纸制品业 | | 1798 | 1329 | 1956 | 16471 |
| 印刷和记录媒介复制业 | | 2341 | 1521 | 5834 | 42965 |
| 文教、工美、体育和娱乐用品制造业 | 1824 | 2382 | 732 | 12729 | 95129 |
| 石油加工、炼焦和核燃料加工业 | | 1120834 | 147598 | 2597 | 2510537 |
| 化学原料和化学制品制造业 | 6358 | 244397 | 236509 | 6470 | 1211205 |
| 医药制造业 | | 5922 | 5364 | 2732 | 49810 |
| 橡胶和塑料制品业 | 26675 | 23896 | 14609 | 29064 | 295582 |
| 非金属矿物制品业 | 3553 | 64436 | 56960 | 6980 | 218345 |
| 黑色金属冶炼和压延加工业 | | 158 | | 609 | 15517 |
| 有色金属冶炼和压延加工业 | | 796 | 193 | 2196 | 25577 |
| 金属制品业 | 4359 | 20004 | 13146 | 16419 | 217110 |
| 通用设备制造业 | 7060 | 6560 | 4943 | 7853 | 108110 |
| 专用设备制造业 | 2181 | 13175 | 11083 | 4532 | 25022 |
| 汽车制造业 | | 79009 | 65849 | 30938 | 452010 |
| 铁路、船舶、航空航天和其他运输设备制造业 | | 409 | | 2382 | 16891 |
| 电气机械和器材制造业 | 23324 | 41479 | 23505 | 66897 | 1017314 |
| 计算机、通信和其他电子设备制造业 | 170876 | 379258 | 267899 | 375980 | 5912078 |
| 仪器仪表制造业 | 359 | 1994 | 1157 | 3542 | 41503 |
| 其他制造业 | | 162 | | 1030 | 6706 |
| 废弃资源综合利用业 | | 3106 | 2352 | 723 | 8244 |
| **电力、燃气及水的生产和供应业** | | **86242** | **73787** | **11286** | **773479** |
| 电力、热力生产和供应业 | | 82118 | 70479 | 9214 | 731833 |
| 燃气生产和供应业 | | 1063 | 881 | 430 | 13795 |
| 水的生产和供应业 | | 3061 | 2427 | 1642 | 27851 |

# 12-22 分县区规模以上工业企业主要工业产品产量

(2018年)

| 产品名称 | | 惠州市 | 惠城区 | 惠阳区 | 惠东县 | 博罗县 | 龙门县 | 大亚湾区 | 仲恺区 |
|---|---|---|---|---|---|---|---|---|---|
| 石灰石 | 吨 | 12068165 | | | | | 12068165 | | |
| 建筑用天然石料 | 立方米 | 1653805 | | | | 76795 | 1577010 | | |
| 高岭土(瓷土) | 吨 | 303946 | | | | | 303946 | | |
| 大米 | 吨 | 98580 | 59708 | 38872 | | | | | |
| 饲料 | 吨 | 1203971 | 111328 | 223317 | | 617349 | | 251977 | |
| 成品糖 | 吨 | 4030 | | | | 4030 | | | |
| 鲜、冷藏肉 | 吨 | 17787 | | | 16791 | | | | 996 |
| 方便面 | 吨 | 22245 | 22245 | | | | | | |
| 乳制品 | 吨 | 114968 | | | | | 1256 | | 113712 |
| 罐头 | 吨 | 1669 | | | | 1669 | | | |
| 饮料酒 | 千升 | 100093 | 97593 | | | | 2500 | | |
| 饮料 | 吨 | 1466981 | 9456 | | | 681030 | 82815 | | 693680 |
| 布 | 万米 | 910 | | 910 | | | | | |
| 印染布 | 万米 | 3535 | | | | 2529 | 1006 | | |
| 化纤长丝机织物 | 万米 | 3507 | | | | 3507 | | | |
| 服装 | 万件 | 4950 | 2588 | 323 | 599 | 1048 | 230 | | 162 |
| 手提包(袋)、背包 | 万个 | 626 | 13 | 613 | | | | | |
| 鞋 | 万双 | 8377 | 607 | 263 | 7417 | 90 | | | |
| 皮革鞋靴 | 万双 | 8377 | 607 | 263 | 7417 | 90 | | | |
| 人造板 | 立方米 | 328259 | 233254 | | 6959 | 88046 | | | |
| 家具 | 件 | 11154422 | | 4663592 | 36524 | 1719557 | | 2888689 | 1846060 |
| 机制纸及纸板(外购原纸加工除外 | 吨 | 13865 | | | | | 13865 | | |
| 纸制品 | 吨 | 214309 | | 110801 | 29880 | 25645 | | 26440 | 21543 |
| 单色印刷品 | 令 | 152180 | | | | 71472 | | | 80708 |
| 多色印刷品 | 对开色令 | 198269 | | 169237 | | 2869 | | | 26163 |
| 乙烯 | 吨 | 1577004 | | | | | | 1577004 | |
| 对二甲苯(PX) | 吨 | 980624 | | | | | | 980624 | |
| 涂料 | 吨 | 116772 | | 64899 | 4645 | 8720 | | 33193 | 5316 |
| 初级形态塑料 | 吨 | 217569 | | 23064 | | 909 | | 190576 | 3020 |
| 合成橡胶 | 吨 | 257833 | | | | | | 257833 | |
| 乙二醇 | 吨 | 612347 | | | | | | 612347 | |
| 化学试剂 | 吨 | 43757 | | | | | 9800 | 33956 | |

## 12-22 续表 1

(2018年)

| 产品名称 | | 惠州市 | 惠城区 | 惠阳区 | 惠东县 | 博罗县 | 龙门县 | 大亚湾区 | 仲恺区 |
|---|---|---|---|---|---|---|---|---|---|
| 合成洗涤剂 | 吨 | 44508 | | | | | | 44508 | |
| 中成药 | 吨 | 3168 | 80 | | | 3088 | | | |
| 化学纤维 | 吨 | 1071 | | | | 1071 | | | |
| 橡胶轮胎外胎 | 条 | 651464 | | | | | | | 651464 |
| 塑料制品 | 吨 | 159039 | 1820 | 25271 | 681 | 26220 | | 26171 | 78876 |
| 硅酸盐水泥熟料 | 吨 | 11760434 | | | | | 11760434 | | |
| 水泥 | 吨 | 19574182 | | 946511 | 52216 | 1973244 | 15627056 | | 975155 |
| 石灰 | 吨 | 250366 | | | | | 250366 | | |
| 商品混凝土 | 立方米 | 11008134 | | 3907468 | 830267 | 1123882 | 608509 | 3099766 | 1438242 |
| 预应力混凝土桩 | 米 | 6271674 | 1719727 | | 3324047 | | | | 1227900 |
| 砖 | 万块 | 41419 | | | | | 33422 | | 7997 |
| 瓷质砖 | 平方米 | 829800 | | 829800 | | | | | |
| 钢化玻璃 | 平方米 | 229628 | | | 229628 | | | | |
| 钢材 | 吨 | 262196 | | | 259489 | | | | 2707 |
| 铝合金 | 吨 | 13519 | | | | 10999 | | 2520 | |
| 铜材 | 吨 | 5331 | | | | 37 | | 5294 | |
| 钢结构 | 吨 | 205521 | 10587 | 38214 | | 13614 | | 49819 | 93287 |
| 金属集装箱 | 立方米 | 5822572 | | 5764401 | | | | | 58171 |
| 不锈钢日用制品 | 吨 | 8771 | | 6171 | | 1251 | | | 1349 |
| 电梯、自动扶梯及升降机 | 台 | 894 | | 894 | | | | | |
| 泵 | 台 | 9555713 | | | 3108404 | | | | 6447309 |
| 气体压缩机 | 台 | 6008782 | | | | 23530 | | | 5985252 |
| 液压元件 | 件 | 3078647 | | | | | | | 3078647 |
| 复印和胶版印制设备 | 台 | 91272 | | | | | | | 91272 |
| 自动柜员机(ATM机) | 台 | 3620 | | | | | | | 3620 |
| 金属密封件 | 万件 | 276 | | | | | | | 276 |
| 金属紧固件 | 吨 | 1357 | | | 57 | 703 | | | 597 |
| 弹簧 | 吨 | 866 | | 866 | | | | | |
| 模具 | 套 | 42687 | | 1860 | | 2587 | | | 38240 |
| 电子工业专用设备 | 台 | 116 | | | | | | | 116 |
| 工业机器人 | 套 | 852 | 272 | | | | | | 580 |
| 摩托车整车 | 辆 | 32660 | | 32660 | | | | | |

# 12-22 续表 2

(2018年)

| 产品名称 | | 惠州市 | 惠城区 | 惠阳区 | 惠东县 | 博罗县 | 龙门县 | 大亚湾区 | 仲恺区 |
|---|---|---|---|---|---|---|---|---|---|
| 变压器 | 千伏安 | 1911508 | 631578 | 1279930 | | | | | |
| 通信及电子网络用电缆 | 对千米 | 2929514 | 2519476 | | | | | | 410038 |
| 电力电缆 | 千米 | 320068 | | 1989 | | 315189 | | | 2890 |
| 锂离子电池 | 万只 | 67918 | 745 | 4 | | 3481 | | | 63688 |
| 铅酸蓄电池 | 千伏安时 | 933790 | | | | | | | 933790 |
| 原电池及原电池组(非扣式) | 万只 | 580729 | | | | | | | 580729 |
| 家用房间空气清洁装置 | 台 | 25343 | | | | | | | 25343 |
| 家用电风扇 | 台 | 6815425 | | | | | | | 6815425 |
| 家用电热烘烤器具 | 个 | 6969280 | | | 6969280 | | | | |
| 电光源 | 万只 | 2455 | 50 | | | | | | 2405 |
| 灯具及照明装置 | 万套 | 8827 | 3130 | | 196 | 3126 | | | 2374 |
| 电子计算机整机 | 台 | 3784681 | | 3585685 | | | | 9184 | 189812 |
| 微型计算机设备 | 台 | 3775497 | | 3585685 | | | | | 189812 |
| 平板电脑 | 台 | 189812 | | | | | | | 189812 |
| 卫星导航定位接收机 | 部 | 723452 | | | | | | | 723452 |
| 电话单机 | 部 | 3482220 | | 2833240 | | 645530 | | | 3450 |
| 移动通信手持机(手机) | 万台 | 10295 | 0 | | | | | | 10295 |
| 其中：智能手机 | 万台 | 8760 | 0 | | | | | | 8760 |
| 彩色电视机 | 台 | 25993257 | | | | | | | 25993257 |
| 其中：智能电视 | 台 | 16554923 | | | | | | | 16554923 |
| 组合音响 | 台 | 34227228 | | 1395555 | | 45399 | | | 32786274 |
| 数字激光音、视盘机 | 台 | 52102040 | | | | | | | 52102040 |
| 电视接收机顶盒 | 台 | 16472120 | | | | | | | 16472120 |
| 半导体分立器件 | 万只 | 13109 | 13109 | | | | | | |
| 光电子器件 | 万只(片) | 1117149 | | | 6965 | 12469 | | 12381 | 1085334 |
| 电子元件 | 万只 | 2446493 | 26514 | 378945 | 1030058 | 378527 | | | 632450 |
| 印制电路板 | 平方米 | 30702093 | 2058813 | 8359075 | | 4731826 | | 10239580 | 5312799 |
| 电工仪器仪表 | 台 | 338269 | | | | | | | 338269 |
| 工业仪表 | 台(个) | 1393763 | | | | 1393763 | | | |
| 表 | 只 | 3813529 | | | | 3044156 | 769373 | | |
| 眼镜成镜 | 副 | 17675372 | 16546109 | 1129263 | | | | | |
| 自来水生产量 | 万立方米 | 49368 | 16600 | 9006 | 5917 | 7721 | 1211 | 8913 | |

# 12-23　规模以上工业主要产品销售、库存实物量

(2018年)

| 产品名称 | | 年初库存量 | 累计销售量 | 企业累计自用及其他 | 期末库存量 |
|---|---|---|---|---|---|
| 塑料制品 | 吨 | 11917 | 154413 | 2070 | 15111 |
| 水泥 | 吨 | 588407 | 19588849 | | 573740 |
| 初级形态的塑料 | 吨 | 18503 | 215466 | 6111 | 14495 |
| 饮料 | 吨 | 5536 | 1455193 | 5 | 17319 |
| 服装 | 万件 | 442 | 5055 | | 472 |
| 彩色电视机 | 台 | 143021 | 25506727 | | 629551 |
| 合成橡胶 | 吨 | 14637 | 252629 | | 19841 |
| 乳制品 | 吨 | 1049 | 114239 | 6 | 1260 |
| 钢材 | 吨 | 5537 | 254539 | | 13194 |
| 机制纸及纸板(外购原纸加工除外) | 吨 | 2048 | 13680 | | 2233 |
| 合成洗涤剂 | 吨 | 2371 | 45480 | | 1399 |
| 涂料 | 吨 | 7843 | 110864 | 6507 | 7244 |
| 布 | 万米 | 120 | 920 | | 110 |
| 铁矿石原矿 | 吨 | 36128 | 37494 | | 2645 |
| 橡胶轮胎外胎 | 条 | 55331 | 640661 | | 66134 |
| 化学纤维 | 吨 | 270 | 704 | | 282 |
| 乙烯 | 吨 | 3551 | | 1571547 | 9008 |
| 移动通信手持机(手机) | 台 | 904869 | 101578672 | | 2280582 |
| 电子计算机整机 | 台 | 2494 | 3785434 | 30 | 1711 |

# 12-24　分县区规模以上现代产业工业增加值及比重

(2018年)　　单位：万元、%

| 地　区 | 高技术制造业 | | 先进制造业 | | 优势传统产业 | |
|---|---|---|---|---|---|---|
| | 增加值 | 占比 | 增加值 | 占比 | 增加值 | 占比 |
| 惠州市 | 6987841 | 40.4 | 12217924 | 70.6 | 1780588 | 10.3 |
| 惠城区 | 338481 | 30.2 | 575972 | 51.5 | 138504 | 12.4 |
| 惠阳区 | 1637232 | 60.6 | 1741161 | 64.4 | 361852 | 13.4 |
| 惠东县 | 47847 | 7.6 | 179226 | 28.3 | 141102 | 22.3 |
| 博罗县 | 597118 | 33.1 | 914018 | 50.6 | 470613 | 26.1 |
| 龙门县 | 34638 | 9.9 | 18533 | 5.3 | 250528 | 71.8 |
| 大亚湾区 | 994616 | 15.7 | 5733304 | 90.6 | 121673 | 1.9 |
| 仲恺区 | 3526128 | 76.5 | 3263853 | 70.8 | 276187 | 6.0 |

# 12–25　先进制造业主要经济指标情况

(2018年)　　单位：万元

| 主要行业 | 收入法增加值 | 主营业务收入 | 利润总额 |
|---|---|---|---|
| **先进制造业合计** | **12217924** | **50403791** | **2241152** |
| **一、高端电子信息制造业** | **5705913** | **24269432** | **851237** |
| 集成电路及关键元器件 | 2893266 | 9065786 | 244735 |
| 信息通信设备 | 2392214 | 12009388 | 579696 |
| 新型显示 | 420433 | 3194258 | 26807 |
| **二、先进装备制造业** | **963973** | **5386585** | **284450** |
| 智能制造装备 | 81208 | 263005 | 14645 |
| 船舶与海洋工程装备 | | | |
| 节能环保装备 | 66757 | 449877 | 13118 |
| 轨道交通设备 | | | |
| 航空装备 | 1926 | 8337 | 138 |
| 新能源装备 | 119896 | 547114 | 18288 |
| 汽车制造 | 514230 | 2808896 | 181198 |
| 卫星及应用 | 24726 | 764053 | 48905 |
| 重要基础件 | 155230 | 545303 | 8157 |
| **三、石油化工产业** | **4612229** | **16723084** | **945451** |
| **四、先进轻纺制造业** | **436491** | **1853223** | **89677** |
| 绿色食品饮料 | 73787 | 384968 | 34156 |
| 高附加值纺织服装 | 149210 | 516517 | 10958 |
| 环保多功能家具 | 102039 | 439776 | 29001 |
| 智能节能型家电 | 111455 | 511963 | 15562 |
| **五、新材料制造业** | **491826** | **2160749** | **58906** |
| 高端精品钢材 | 22098 | 109276 | 4067 |
| 高性能复合材料及特种功能材料 | 469728 | 2051473 | 54839 |
| 战略前沿材料 | | | |
| **六、生物医药及高性能医疗器械** | **74685** | **212076** | **18836** |
| 生物制药 | 66746 | 170270 | 16578 |
| 高性能医疗器械 | 7939 | 41806 | 2258 |

说明：先进制造业中，总项剔除了分项中的4类重复行业，故合计数与分项之和不等。

# 12-26 高技术制造业主要经济指标情况

(2018年)　　　　单位：万元

| 主要行业 | 收入法增加值 | 主营业务收入 | 利润总额 |
|---|---|---|---|
| **高技术制造业合计** | **6987841** | **34149568** | **1211388** |
| **一、医药制造业** | **83432** | **212838** | **20722** |
| (一)化学药品制造 | 15824 | 59570 | 10945 |
| (二)中药饮片加工 | 1564 | 7557 | 104 |
| (三)中成药生产 | 58600 | 128961 | 8991 |
| (四)兽用药品制造 | | | |
| (五)生物药品制造 | 3543 | 9259 | -1421 |
| (六)卫生材料及医药用品制造 | 3900 | | |
| (七)药用辅料及包装材料 | | 7491 | 2103 |
| **二、航空、航天器及设备制造业** | **1249** | **8337** | **138** |
| (一)飞机制造 | 1249 | 5155 | 100 |
| (二)航天器制造 | | | |
| (三)航空、航天相关设备制造 | | | |
| (四)其他航空航天器制造 | | 3182 | 38 |
| (五)航空航天器修理 | | | |
| **三、电子及通信设备制造业** | **6671875** | **32326371** | **1171065** |
| (一)电子工业专用设备制造 | 1970 | 27900 | 3138 |
| (二)光纤、光缆及锂离子电池制造 | 435802 | 2489309 | 96762 |
| (三)通信设备、雷达及配套设备制造 | 2392214 | 12603579 | 624799 |
| (四)广播电视设备制造 | 20574 | 189117 | 5286 |
| (五)非专业视听设备制造 | 818326 | 5419742 | 77786 |
| (六)电子器件制造 | 1621814 | 3903350 | 13824 |
| (七)电子元件及电子专用材料制造 | 1230950 | 5094606 | 230216 |
| (八)智能消费设备制造 | 84597 | 2378054 | 97922 |
| (九)其他电子设备制造 | 65628 | 220715 | 21333 |
| **四、计算机及办公设备制造业** | **189775** | **1514168** | **15820** |
| (一)计算机整机制造 | 107832 | 969957 | 12271 |
| (二)计算机零部件制造 | 7196 | 53503 | 127 |
| (三)计算机外围设备制造 | 35727 | 304430 | 3304 |
| (四)工业控制计算机及系统制造 | | | |
| (五)信息安全设备制造 | | | |
| (六)其他计算机制造 | 5110 | 28942 | 55 |
| (七)办公设备制造 | 33910 | 157335 | 63 |
| **五、医疗仪器设备及仪器仪表制造业** | **41162** | **85881** | **3769** |
| (一)医疗仪器设备及器械制造 | 5629 | 31321 | 2552 |
| (二) 通用仪器仪表制造 | 26011 | 44188 | 686 |
| (三) 专用仪器仪表制造 | | 8279 | 544 |
| (四) 光学仪器制造 | 7970 | 2094 | -13 |
| (五) 其他仪器仪表制造业 | 1552 | | |
| **六、信息化学品制造业** | **349** | **1973** | **-126** |
| (一)信息化学品制造 | 349 | 1973 | -126 |

# 12-27 全市重点工业企业名单

(2018年)

| 序号 | 单位详细名称 | 序号 | 单位详细名称 |
|---|---|---|---|
| 1 | 中海油惠州石化有限公司 | 53 | 广东伊利乳业有限责任公司 |
| 2 | 惠州三星电子有限公司 | 54 | 惠州比亚迪实业有限公司 |
| 3 | 中海壳牌石油化工有限公司 | 55 | 惠州德赛信息科技有限公司 |
| 4 | 伯恩光学(惠州)有限公司 | 56 | 乐金电子部品(惠州)有限公司 |
| 5 | 广东省电力集团有限公司惠州供电分公司 | 57 | 惠州光弘科技股份有限公司 |
| 6 | ＴＣＬ王牌电器(惠州)有限公司 | 58 | 隆发鞋业(惠州)有限公司 |
| 7 | 惠州比亚迪电子有限公司 | 59 | ＴＣＬ罗格朗国际电工(惠州)有限公司 |
| 8 | 惠州市德赛电池有限公司 | 60 | 惠州南旋毛织厂有限公司 |
| 9 | 龙旗电子(惠州)有限公司 | 61 | 索尼精密部件(惠州)有限公司 |
| 10 | 中海石油开氏石化有限责任公司 | 62 | 中国神华能源股份有限公司国华惠州热电分公司 |
| 11 | 惠州比亚迪电池有限公司 | 63 | 信华精机有限公司 |
| 12 | 惠州TCL移动通信有限公司 | 64 | 惠州仁信新材料股份有限公司 |
| 13 | 惠阳联想电子工业有限公司 | 65 | 惠州中京电子科技有限公司 |
| 14 | ＴＣＬ海外电子(惠州)有限公司 | 66 | 惠州建邦精密塑胶有限公司 |
| 15 | ＴＣＬ通力电子(惠州)有限公司 | 67 | 杰希智能居家用品科技(惠州)有限公司 |
| 16 | 惠州市德赛西威汽车电子有限公司 | 68 | 惠州市米琦通信设备有限公司 |
| 17 | 惠州市蓝微电子有限公司 | 69 | 欣旺达惠州新能源有限公司 |
| 18 | 华通精密线路板(惠州)有限公司 | 70 | 先进科技(惠州)有限公司 |
| 19 | 广东惠州平海发电厂有限公司 | 71 | 惠州惠菱化成有限公司 |
| 20 | 惠州亿纬锂能股份有限公司 | 72 | 惠州市富丽电子有限公司 |
| 21 | 东风本田汽车零部件有限公司 | 73 | 惠州威博精密科技有限公司 |
| 22 | 胜宏科技(惠州)股份有限公司 | 74 | 威世电子(惠州)有限公司 |
| 23 | 惠州科锐半导体照明有限公司 | 75 | 美律电子(惠州)有限公司 |
| 24 | 华通电脑(惠州)有限公司 | 76 | 汇聚科技(惠州)有限公司 |
| 25 | 惠州住润电装有限公司 | 77 | 惠州极帝电子有限公司 |
| 26 | 惠州市光大水泥企业有限公司 | 78 | 惠州市坚柔科技有限公司 |
| 27 | 敏华家具制造(惠州)有限公司 | 79 | 格林精密部件(惠州)有限公司 |
| 28 | 乐金电子(惠州)有限公司 | 80 | 声电电子科技(惠州)有限公司 |
| 29 | 伯恩高新科技(惠州)有限公司 | 81 | 新谱(惠州)电子有限公司 |
| 30 | 日立乐金光科技(惠州)有限公司 | 82 | 中建钢构广东有限公司 |
| 31 | 惠州市华星光电技术有限公司 | 83 | 惠州宝柏包装有限公司 |
| 32 | 惠州兴达石化工业有限公司 | 84 | 惠州市锦湖实业发展有限公司 |
| 33 | 惠州宇新化工有限责任公司 | 85 | 晓星金融设备(惠州)有限公司 |
| 34 | 惠州李长荣橡胶有限公司 | 86 | 广东利元亨智能装备有限公司 |
| 35 | 乐金化学(惠州)化工有限公司 | 87 | 惠州雷士光电科技有限公司 |
| 36 | 华显光电技术(惠州)有限公司 | 88 | 惠州市和宏电线电缆有限公司 |
| 37 | 南亚电子材料(惠州)有限公司 | 89 | 奥士康精密电路(惠州)有限公司 |
| 38 | 广东九联科技股份有限公司 | 90 | 惠东县华业铸造厂 |
| 39 | 惠州太平货柜有限公司 | 91 | 惠州海格电气有限公司 |
| 40 | 惠州忠信化工有限公司 | 92 | 广东百岁山实业有限公司 |
| 41 | 惠州鼎智通讯有限公司 | 93 | 惠州硕贝德无线科技股份有限公司 |
| 42 | 惠州超声音响有限公司 | 94 | 盛威尔(惠州)电缆科技有限公司 |
| 43 | 惠州高盛达科技有限公司 | 95 | 惠州科达利精密工业有限公司 |
| 44 | 惠州市康冠科技有限公司 | 96 | 安品达精密工业(惠州)有限公司 |
| 45 | 广东惠州天然气发电有限公司 | 97 | 惠州市西顿工业发展有限公司 |
| 46 | 惠州华阳通用电子有限公司 | 98 | 广东金新农饲料有限公司 |
| 47 | 惠州塔牌水泥有限公司 | 99 | 惠州市诚业家具有限公司 |
| 48 | 大统营(惠州)科技有限公司 | 100 | 亚浩电子五金塑胶(惠州)有限公司 |
| 49 | 惠州住成电装有限公司 | 101 | 广东科士达工业科技有限公司 |
| 50 | 惠州市金龙羽电缆实业发展有限公司 | 102 | 普利司通(惠州)轮胎有限公司 |
| 51 | 天宝电子(惠州)有限公司 | 103 | 惠阳源高电器有限公司 |
| 52 | TCL瑞智(惠州)制冷设备有限公司 | 104 | 惠州市天长实业有限公司 |

注：本表为现价工业总产值1亿元及以上的工业企业。

## 12-27 续表 1

(2018年)

| 序号 | 单位详细名称 | 序号 | 单位详细名称 |
|---|---|---|---|
| 105 | 惠州海格科技有限公司 | 157 | 惠州三华工业有限公司 |
| 106 | 惠州东方雨虹建筑材料有限责任公司 | 158 | 惠州市宙邦化工有限公司 |
| 107 | 智盛(惠州)石油化工有限公司 | 159 | 至远彩色印刷工业(惠州)有限公司 |
| 108 | 广东得胜电子有限公司 | 160 | 惠州住润电子装备有限公司 |
| 109 | 惠州拓邦电气技术有限公司 | 161 | 惠州好莱客集成家居有限公司 |
| 110 | 惠州长城开发科技有限公司 | 162 | 惠州景田食品饮料有限公司 |
| 111 | 惠州市金山电子有限公司 | 163 | 喜斯达电器(惠州)有限公司 |
| 112 | 惠阳东威电子制品有限公司 | 164 | 立隆电子(惠州)有限公司 |
| 113 | 惠州美锐电子科技有限公司 | 165 | 敏华家居产业(惠州)有限公司 |
| 114 | 普莱克斯(惠州)工业气体有限公司 | 166 | 嘉瑞科技(惠州)有限公司 |
| 115 | 惠州住润汽车部品有限公司 | 167 | 博罗县全成电子有限公司 |
| 116 | 惠州市天河星科技有限公司 | 168 | 惠州住金锻造有限公司 |
| 117 | 信利(惠州)智能显示有限公司 | 169 | 惠州东风易进工业有限公司 |
| 118 | 惠州元晖光电股份有限公司 | 170 | 惠州左右家私有限公司 |
| 119 | 惠州欣旺达智能工业有限公司 | 171 | 惠州顺兴食品有限公司 |
| 120 | 惠州合正电子科技有限公司 | 172 | 惠州市可立克电子有限公司 |
| 121 | 惠州市华阳多媒体电子有限公司 | 173 | 嘉丰工业科技(惠州)有限公司 |
| 122 | 基准精密工业(惠州)有限公司 | 174 | 广东索菱电子科技有限公司 |
| 123 | 德联覆铜板(惠州)有限公司 | 175 | 慧怡织造(惠州)有限公司 |
| 124 | 濠玮电子科技(惠州)有限公司 | 176 | 惠州铭薪电子有限公司 |
| 125 | 广东洲明节能科技有限公司 | 177 | 惠州艺都影像科技有限公司 |
| 126 | 隆裕鞋业(惠州)有限公司 | 178 | 仝达实业(惠州)有限公司 |
| 127 | 惠州住电电装有限公司 | 179 | 惠州市华阳精机有限公司 |
| 128 | 惠州锂威新能源科技有限公司 | 180 | 惠州市特创电子科技有限公司 |
| 129 | 广东罗浮山国药股份有限公司 | 181 | 惠州市闽环纸品有限公司 |
| 130 | 惠阳东亚电子制品有限公司 | 182 | 建业科技电子(惠州)有限公司 |
| 131 | 惠州茂硕能源科技有限公司 | 183 | 澳宝化妆品(惠州)有限公司 |
| 132 | 东阳(博罗)电子有限公司 | 184 | 惠州市艾比森光电有限公司 |
| 133 | 东弘电子(惠阳)有限公司 | 185 | 惠州市可立克科技有限公司 |
| 134 | 惠州市睿兴元技术有限公司 | 186 | 康惠(惠州)半导体有限公司 |
| 135 | 惠州深能源丰达电力有限公司 | 187 | 南亚塑胶工业(惠州)有限公司 |
| 136 | 华润水泥(惠州)有限公司 | 188 | 兴昂制革(惠州)有限公司 |
| 137 | 捷普绿点科技(惠州)有限公司 | 189 | 鑫双利(惠州)树脂有限公司 |
| 138 | 嘉士伯啤酒(广东)有限公司 | 190 | 凯赫威(惠州)精密制造有限公司 |
| 139 | 惠州住润汽车线业有限公司 | 191 | 旭硝子显示玻璃(惠州)有限公司 |
| 140 | 恒昌涂料(惠阳)有限公司 | 192 | 惠州德晋昌光电科技有限公司 |
| 141 | 广东太古可口可乐(惠州)有限公司 | 193 | 胜华电子(惠阳)有限公司 |
| 142 | 惠州市华晟电子线材有限公司 | 194 | 惠州市永隆电路有限公司 |
| 143 | 普利司通(惠州)合成橡胶有限公司 | 195 | 惠州市凡进科技有限公司 |
| 144 | 惠阳科惠工业科技有限公司 | 196 | 惠州信立泰药业有限公司 |
| 145 | 惠州高德机电有限公司 | 197 | 惠州市赢合科技有限公司 |
| 146 | 惠州市豪鹏科技有限公司 | 198 | 惠州古河汽配有限公司 |
| 147 | 讯强电子惠州有限公司 | 199 | TCL新技术(惠州)有限公司 |
| 148 | 惠州九鼎饲料科技有限公司 | 200 | 惠州市德泓科技有限公司 |
| 149 | 广东红墙新材料股份有限公司 | 201 | 科莱恩化工(惠州)有限公司 |
| 150 | 志源塑胶制品(惠州)有限公司 | 202 | 惠州信兴荣电业塑胶有限公司 |
| 151 | 惠州艺都文化用品有限公司 | 203 | 惠州大亚湾华冠混凝土制品有限公司 |
| 152 | 惠州市亿能电子有限公司 | 204 | 惠州乐庭电子线缆有限公司 |
| 153 | 惠州市健和光电有限公司 | 205 | 巴斯夫造纸化学品(惠州)有限公司 |
| 154 | 惠州至精精密技术有限公司 | 206 | 惠州市力信电子有限公司 |
| 155 | 广东骏亚电子科技股份有限公司 | 207 | 智恩电子(大亚湾)有限公司 |
| 156 | 青上化工(惠州)有限公司 | 208 | 惠州大亚湾市政广兴混凝土有限公司 |

## 12-27 续表 2

(2018年)

| 序号 | 单位详细名称 | 序号 | 单位详细名称 |
|---|---|---|---|
| 209 | 惠州建华管桩有限公司 | 261 | 广东科翔电子科技有限公司 |
| 210 | 雅美工业(惠阳)有限公司 | 262 | 广东百朗新风系统有限公司 |
| 211 | 骏马精密工业(惠州)有限公司 | 263 | 惠州硕贝德精密技术工业有限公司 |
| 212 | 惠州佳扬电子科技有限公司 | 264 | 惠州市容大油墨有限公司 |
| 213 | 惠州联合铜箔电子材料有限公司 | 265 | 惠州市固德尔合成材料有限公司 |
| 214 | 惠州市胜源纸品有限公司 | 266 | 泰和电路科技(惠州)有限公司 |
| 215 | 惠州伟志电子有限公司 | 267 | 惠州TCL照明电器有限公司 |
| 216 | 田村电子(惠州)有限公司 | 268 | 惠州市荟宝饲料有限公司 |
| 217 | 惠州市星之光科技有限公司 | 269 | 惠州市华丽盛混凝土有限公司 |
| 218 | 惠州市讯硕科技有限公司 | 270 | 惠东美新塑木型材制品有限公司 |
| 219 | 惠州印想科技有限公司 | 271 | 丰林亚创(惠州)人造板有限公司 |
| 220 | 惠州市金利丰科技有限公司 | 272 | 东山电池工业(中国)有限公司 |
| 221 | 惠州市城市燃气发展有限公司 | 273 | 高铭电子(惠州)有限公司 |
| 222 | 惠州市九惠制药股份有限公司 | 274 | 惠州市华宝饲料有限公司 |
| 223 | 惠州市华辉信达电子有限公司 | 275 | 惠州市兆光光电科技有限公司 |
| 224 | 泰洋光电(惠州)有限公司 | 276 | 惠州TCL金能电池有限公司 |
| 225 | 惠州市澳华饲料有限公司 | 277 | 惠州市博伟皮革制品有限公司 |
| 226 | 惠州市美特伦科技有限公司 | 278 | 惠州市合升电子有限公司 |
| 227 | 惠阳兆吉鞋业有限公司 | 279 | 荣晖电子(惠州)有限公司 |
| 228 | 惠州志顺电子实业有限公司 | 280 | 广东湘大骆驼饲料有限公司 |
| 229 | 惠州市宝明精工有限公司 | 281 | 盛宏光电(惠州)有限公司 |
| 230 | 惠州市供水有限公司 | 282 | 万盛兴精密技术(惠州)有限公司 |
| 231 | 惠州市聚真电路板有限公司 | 283 | 惠州威尔高电子有限公司 |
| 232 | 惠州大亚湾石化动力热力有限公司 | 284 | 惠州迈腾伟业科技发展有限公司 |
| 233 | 惠州市利而安化工有限公司 | 285 | 惠州市亿鹏能源科技有限公司 |
| 234 | 广东菲安妮皮具股份有限公司 | 286 | 惠州长联新材料科技有限公司 |
| 235 | 惠州市升华工业有限公司 | 287 | 惠州舒达实业有限公司 |
| 236 | 千住金属(惠州)有限公司 | 288 | 泰山石膏(广东)有限公司 |
| 237 | 惠州市国鹏印刷股份有限公司 | 289 | 惠州市远安新材料有限公司 |
| 238 | 惠州市秋叶原实业有限公司 | 290 | 国恒电子(惠州)有限公司 |
| 239 | 惠州市粤泰翔科技有限公司 | 291 | 惠州三美音响技术有限公司 |
| 240 | 广东立邦长润发科技材料有限公司 | 292 | 凤凰新能源(惠州)有限公司 |
| 241 | 惠州市浩明科技股份有限公司 | 293 | 惠州联韵声学科技股份有限公司 |
| 242 | 惠州市一电电池技术有限公司 | 294 | 惠州市盈晖电子有限公司 |
| 243 | 宏凯鞋业(惠州)有限公司 | 295 | 惠州太胜预拌混凝土有限公司 |
| 244 | 广东雪榕生物科技有限公司 | 296 | 惠州立兴金属制品厂有限公司 |
| 245 | 瑞智精密机械(惠州)有限公司 | 297 | 广东辰奕智能科技股份有限公司 |
| 246 | 惠州市杰创生物能源科技有限公司 | 298 | 国统电器科技(惠州)有限公司 |
| 247 | 惠州伟康新型建材有限公司 | 299 | 惠州建发混凝土有限公司 |
| 248 | 惠州市盛易木业有限公司 | 300 | 惠州市星聚宇光学有限公司 |
| 249 | TCL华瑞照明科技(惠州)有限公司 | 301 | 博罗县长宁喜运来印刷制品有限公司 |
| 250 | 惠阳钰原工业有限公司 | 302 | 鼎富电子(惠州)有限公司 |
| 251 | 美达王(惠州)钢材制品有限公司 | 303 | 惠州市银山科技有限公司 |
| 252 | 华励包装(惠州)有限公司 | 304 | 惠州市盛达化工有限公司 |
| 253 | 广东海纳农业有限公司 | 305 | 广东新峰药业股份有限公司 |
| 254 | 惠州兆婷化妆品有限公司 | 306 | 光宝钢铁(惠州)有限公司 |
| 255 | 惠州市凯越电子有限公司 | 307 | 惠阳亚伦塑胶电器实业有限公司 |
| 256 | 惠州市汇星印刷有限公司 | 308 | 惠州中记家具制造有限公司 |
| 257 | 惠州大亚湾永昶科技电子有限公司 | 309 | 海德运动器材(惠州)有限公司 |
| 258 | 申泰电子(惠州)有限公司 | 310 | 惠州信邦表面处理有限公司 |
| 259 | 惠州TCL环境科技有限公司 | 311 | 惠州东洋益恩彼电子有限公司 |
| 260 | 惠州丰采贵金属制造有限公司 | 312 | 惠州市丰源钢结构有限公司 |

## 12-27 续表 3

(2018年)

| 序号 | 单位详细名称 | 序号 | 单位详细名称 |
|---|---|---|---|
| 313 | 惠州市惠宝佳牧饲料有限公司 | 365 | 惠州埃富拓科技有限公司 |
| 314 | 惠州市津惠汽车线束有限公司 | 366 | 惠州雷曼光电科技有限公司 |
| 315 | 惠州商祺科技有限公司 | 367 | 惠州三和鸿运构件有限公司 |
| 316 | 惠州市惠强塑料包装有限公司 | 368 | 惠阳区嘉骏预拌混凝土有限公司 |
| 317 | 惠州市大亚湾科翔科技电路板有限公司 | 369 | 博罗县园洲罗浮山水泥有限公司 |
| 318 | 雅芳婷家纺(惠州)有限公司 | 370 | 惠州攸特电子股份有限公司 |
| 319 | 惠州市三协精密有限公司 | 371 | 惠州景湖实业有限公司 |
| 320 | 惠州市道科包装材料有限公司 | 372 | 惠州市臻宝电器制造有限公司 |
| 321 | 大隆饰品玩具(惠州)有限公司 | 373 | 剂吉泰光电科技(惠州)有限公司 |
| 322 | 广东中旭服饰有限公司 | 374 | 讯达康通讯设备(惠州)有限公司 |
| 323 | 惠州市创盛混凝土搅拌有限公司 | 375 | 双叶电子器件(惠州)有限公司 |
| 324 | 惠州市忠邦电子有限公司 | 376 | 惠州市金百泽电路科技有限公司 |
| 325 | 惠州市信牌电缆有限公司 | 377 | 广东千叶松化工有限公司 |
| 326 | 惠州市华阳数码特电子有限公司 | 378 | 广东汉德精密机械股份有限公司 |
| 327 | 惠州市德康兴家居用品有限公司 | 379 | 惠州凯珑光电有限公司 |
| 328 | 惠州海拓电子科技有限公司 | 380 | 高业制衣(惠州)有限公司 |
| 329 | 惠阳国威运动器材有限公司 | 381 | 惠州安特科技工业有限公司 |
| 330 | 亚伦工业科技(惠州)有限公司 | 382 | 惠州市超频三光电科技有限公司 |
| 331 | 惠州大亚湾溢源净水有限公司 | 383 | 广东奥科伟业科技发展有限公司 |
| 332 | 惠州市恒都电子有限公司 | 384 | 惠州市富安娜家居用品有限公司 |
| 333 | 中潜股份有限公司 | 385 | 柏承电子(惠阳)有限公司 |
| 334 | 惠州市恒信亿丰金属制品有限公司 | 386 | 安特(惠州)工业有限公司 |
| 335 | 惠州市普安电子有限公司 | 387 | 惠州市华阳光电技术有限公司 |
| 336 | 惠州鸿兴建筑五金制造有限公司 | 388 | 惠州福盛创新电子技术有限公司 |
| 337 | 惠东县东进保鲜肉类有限公司 | 389 | 惠州市迈锐光电有限公司 |
| 338 | 乐庭电线工业(惠州)有限公司 | 390 | 惠州市惠阳供水有限公司 |
| 339 | 龙亿科技(惠州)有限公司 | 391 | 惠州大亚湾嘉华混凝土有限公司 |
| 340 | 惠州骏通新材料有限公司 | 392 | 惠州市盈力纸品有限公司 |
| 341 | 博罗县温氏畜牧有限公司(饲料厂) | 393 | 惠州威健电路板实业有限公司 |
| 342 | 惠州市德立电子有限公司 | 394 | 星华科技(惠州)有限公司 |
| 343 | 惠州真华美服装有限公司 | 395 | 博罗县嘉盛帐蓬有限公司 |
| 344 | 惠州市迪诺雅家具发展有限公司 | 396 | 惠州市鼎力智能科技有限公司 |
| 345 | 协顺灯饰(惠州)有限公司 | 397 | 大胜天成科技(惠州)有限公司 |
| 346 | 千石家电(惠州)有限公司 | 398 | 惠州市坤洋实业有限公司 |
| 347 | 惠州春昶五金塑料有限公司 | 399 | 惠州金山线束科技有限公司 |
| 348 | 惠州市贝特瑞新材料科技有限公司 | 400 | 惠州大亚湾华润燃气有限公司 |
| 349 | 惠州市惠阳双新水泥有限公司 | 401 | 惠州市海牛饲料有限公司 |
| 350 | 惠州市宝湖建材制造有限公司 | 402 | 惠州高比烘焙设备有限公司 |
| 351 | 广东金力变速科技股份有限公司 | 403 | 惠州市东江环保技术有限公司 |
| 352 | 宝凯皮件(惠州)有限公司 | 404 | 惠州大亚湾汇利日用制品有限公司 |
| 353 | 惠州圣莲毛织实业有限公司 | 405 | 广东红禾朗科技实业有限公司 |
| 354 | 惠州祝贺礼品有限公司 | 406 | 惠州鼎宝金属制品有限公司 |
| 355 | 博罗康佳精密科技有限公司 | 407 | 惠州市凯润混凝土有限公司 |
| 356 | 惠州市凯帝智光电科技有限公司 | 408 | 惠州市宏枫实业有限公司 |
| 357 | 奔迈颂怡塑胶钢制品(惠州)有限公司 | 409 | 惠州信辉电业有限公司 |
| 358 | 惠州时代电池有限公司 | 410 | 美盛隆制罐(惠州)有限公司 |
| 359 | 惠州春兴精工有限公司 | 411 | 明华电子科技(惠州)有限公司 |
| 360 | 惠州典展五金制品有限公司 | 412 | 惠州市互赢机电有限公司 |
| 361 | 惠州统实企业有限公司 | 413 | 惠州市德赛精密部件有限公司 |
| 362 | 惠州市桑莱士智能科技股份有限公司 | 414 | 惠州市煌粮实业有限公司 |
| 363 | 惠州建邦表面处理有限公司 | 415 | 惠州市肯恩化妆品实业有限公司 |
| 364 | 金时发工业(惠州)有限公司 | 416 | 惠州国展电子有限公司 |

## 12-27 续表 4

(2018年)

| 序号 | 单位详细名称 | 序号 | 单位详细名称 |
|---|---|---|---|
| 417 | 惠州市欧森家居有限公司 | 469 | 惠州市华昱美实业有限公司 |
| 418 | 广东鑫隆管业有限公司 | 470 | 利佳电讯(惠州)有限公司 |
| 419 | 惠州富登鞋业有限公司 | 471 | 广东亿纬赛恩斯新能源系统有限公司 |
| 420 | 东保利电业(惠州)有限公司 | 472 | 广东瑞捷光电股份有限公司 |
| 421 | 惠州市众业混凝土有限公司 | 473 | 启丰实业(惠州)有限公司 |
| 422 | 立敦电子科技(惠州)有限公司 | 474 | 佳丽化工(惠州)有限公司 |
| 423 | 惠州市驰久能量科技有限公司 | 475 | 惠州建富科技电子有限公司 |
| 424 | 惠州深赛尔化工有限公司 | 476 | 博罗县罗浮山林场振基木器制品有限公司 |
| 425 | 惠州市三强线路有限公司 | 477 | 名豪木业(惠州)有限公司 |
| 426 | 惠州市永卓科技有限公司 | 478 | 国粤惠州电力有限公司 |
| 427 | 兴宇电子(惠州)有限公司 | 479 | 美高精密部品(惠州)有限公司 |
| 428 | 惠州市宝明显示技术有限公司 | 480 | 惠州绿色动力环保有限公司 |
| 429 | 渤海电子(惠州)有限公司 | 481 | 天健精密模具注塑(惠州)有限公司 |
| 430 | 欧蒙特电子(惠州)有限公司 | 482 | 广东威林科技股份有限公司 |
| 431 | 翱泰温控器(惠州)有限公司 | 483 | 惠州市贝斯特膜业有限公司 |
| 432 | 惠州市南钢金属压延有限公司 | 484 | 冠明智能科技股份有限公司 |
| 433 | 可隆(惠州)电子材料化工有限公司 | 485 | 惠州五和实业有限公司 |
| 434 | 力研时装(惠州)有限公司 | 486 | 惠州市一德塑胶科技有限公司 |
| 435 | 通元科技(惠州)有限公司 | 487 | 爱科卓英(惠州)焊料有限公司 |
| 436 | 广东弘大管桩有限公司 | 488 | 巴川影像科技(惠州)有限公司 |
| 437 | 金皇铝科技(惠州)有限公司 | 489 | 惠州市博宇科技有限公司 |
| 438 | 晶威眼镜(惠州)有限公司 | 490 | 惠州市永欣新材料有限公司 |
| 439 | 惠州市辉贸科技有限公司 | 491 | 昱庆塑胶五金制品(惠州)有限公司 |
| 440 | 惠州爱而泰可包装有限公司 | 492 | 惠州市昌晖金属制品有限公司 |
| 441 | 惠州迪威信家庭用品有限公司 | 493 | 惠州市宏利五金塑胶制品厂有限公司 |
| 442 | 博罗冠业电子有限公司 | 494 | 桦耀木业(惠阳)有限公司 |
| 443 | 惠州市泛华管桩有限公司 | 495 | 惠州市鑫伟发实业有限公司 |
| 444 | 惠州市翔汉家具有限公司 | 496 | 惠州龙展机电有限公司 |
| 445 | 仕达利恩(惠州)电子有限公司 | 497 | 萨瓦瑞亚(惠州)机械设备制造有限公司 |
| 446 | 惠兰灯饰(惠东)有限公司 | 498 | 展茂电子企业(惠州)有限公司 |
| 447 | 惠州市建达混凝土有限公司 | 499 | 鸿通电子(惠阳)企业有限公司 |
| 448 | 惠州亚珠钢铁加工有限公司 | 500 | 惠州市惠阳区力行环保有限公司 |
| 449 | 惠州大北农生物科技有限公司 | 501 | 惠州市惠阳顺景混凝土有限公司 |
| 450 | 惠州市润丰混凝土有限公司 | 502 | 广东科隆智谷新材料股份有限公司 |
| 451 | 惠州华润建材有限公司 | 503 | 惠州市威隆展业实业有限公司 |
| 452 | 惠州市环兴包装制品有限公司 | 504 | 来百利(惠州)手套有限公司 |
| 453 | 量子光电(惠州)有限公司 | 505 | 惠东县港惠针织有限公司 |
| 454 | 博罗县常美印刷有限公司 | 506 | 惠州蒙特莉皮具加工有限公司 |
| 455 | 惠州市盈佳五金制品有限公司 | 507 | 彰豪金属(惠州)有限公司 |
| 456 | 广东至远实业集团有限公司 | 508 | 惠州基达塑胶五金有限公司 |
| 457 | 惠州市万邦建材有限公司 | 509 | 惠阳中建电讯制品有限公司 |
| 458 | 惠州市东一钢结构制造有限公司 | 510 | 惠州市惠德瑞锂电科技股份有限公司 |
| 459 | 惠州市创建混凝土有限公司 | 511 | 惠州市博罗嘉盈混凝土有限公司 |
| 460 | 惠州市奥拓电子科技有限公司 | 512 | 惠州市宝雅家居用品有限公司 |
| 461 | 惠州市升华科技有限公司 | 513 | 阿富特电子(惠州)有限公司 |
| 462 | 有利华建材(惠州)有限公司 | 514 | 精塑汽配科技(惠州)有限公司 |
| 463 | 先驱塑胶电子(惠州)有限公司 | 515 | 惠州恒铭达电子科技有限公司 |
| 464 | 惠州市海韵电子有限公司 | 516 | 惠州市德赛智能科技有限公司 |
| 465 | 惠州国强水泥有限公司 | 517 | 惠州罗浮山旋窑水泥有限公司 |
| 466 | 广东日出化工有限公司 | 518 | 惠州市广美精细化工有限公司 |
| 467 | 惠东嘉华材料有限公司 | 519 | 志源表面处理(惠州)有限公司 |
| 468 | 杰森石膏板(惠州)有限公司 | 520 | 惠州市恒泰科技股份有限公司 |

## 12-27　续表 5

(2018年)

| 序号 | 单位详细名称 | 序号 | 单位详细名称 |
|---|---|---|---|
| 521 | 惠州市盈海数码电器有限公司 | 572 | 广龙电子部件(惠州)有限公司 |
| 522 | 惠州皇冠制罐有限公司 | 573 | 博罗承创精密工业有限公司 |
| 523 | 嘉宜科技(惠州)有限公司 | 574 | 杰成工业(惠州)有限公司 |
| 524 | 惠州隆基电子有限公司 | 575 | 惠州华邦创建科技有限公司 |
| 525 | 佳都(惠州)制衣有限公司 | 576 | 富电电子(惠州)有限公司 |
| 526 | 广东中安人防股份有限公司 | 577 | 劲家庄(惠州)健康食品有限公司 |
| 527 | 惠州市捷美斯科技有限公司 | 578 | 广东奕宏化工有限公司 |
| 528 | 南泰印整(惠州)有限公司 | 579 | 达能益力(惠州)饮品有限公司 |
| 529 | 惠州市冠城实业有限公司 | 580 | 惠东县吉泰混凝土搅拌有限公司 |
| 530 | 惠州中水水务发展有限公司 | 581 | 惠州民爆光电技术有限公司 |
| 531 | 惠东县金山陶瓷有限公司 | 582 | 博罗复扬针织漂染有限公司 |
| 532 | 惠阳维信纺织工业有限公司 | 583 | 上原汽车铭牌(惠州)有限公司 |
| 533 | 广东建通管道制品有限公司 | 584 | 惠州市隆合科技有限公司 |
| 534 | 惠州市银宝山新实业有限公司 | 585 | 礼恩派工业(惠州)有限公司 |
| 535 | 惠州市海博晖科技有限公司 | 586 | 大中塑胶电子礼品(惠州)有限公司 |
| 536 | 博罗达鑫电子有限公司 | 587 | 惠州市惠裕实业有限公司 |
| 537 | 长泰化学工业(惠州)有限公司 | 588 | 奔辉欧式艺品(惠州)有限公司 |
| 538 | 惠州超霸电化产品有限公司 | 589 | 惠州市威盛工业有限公司 |
| 539 | 惠州市博艺黄金珠宝有限公司 | 590 | 惠州金茂源环保科技有限公司 |
| 540 | 喜比斯运动器材(惠州)有限公司 | 591 | 多向玩具(惠州)有限公司 |
| 541 | 惠州市唐群座椅科技股份有限公司 | 592 | 惠州市中茂橡胶制品有限公司 |
| 542 | 惠州建发科技电子有限公司 | 593 | 惠州赛科尼可科技有限公司 |
| 543 | 宏发手袋(惠州)有限公司 | 594 | 惠州市海龙模具塑料制品有限公司 |
| 544 | 惠州市宏商电气有限公司 | 595 | 惠州市竑泰科技有限公司 |
| 545 | 广东省惠州市中药厂 | 596 | 旺利塑胶电子(惠州)有限公司 |
| 546 | 雅刚电子(惠州)有限公司 | 597 | 惠州市斯瑞尔环境化工有限公司 |
| 547 | 广东恒大新材料科技有限公司 | 598 | 惠州萨至德光电科技有限公司 |
| 548 | 惠州艾特娜家具有限公司 | 599 | 惠州TCL通讯电子有限公司 |
| 549 | 惠州市华阳光学技术有限公司 | 600 | 惠州市兴邦新材料科技有限公司 |
| 550 | 惠州市赛能电池有限公司 | 601 | 雅梦娜家具实业(惠州)有限公司 |
| 551 | 惠州市正牌科电有限公司 | 602 | 惠州市创美科技有限公司 |
| 552 | 惠州市惠阳华丽鞋业有限公司 | 603 | 金同山车业(惠州)有限公司 |
| 553 | 华庆健身科技(惠州)有限公司 | 604 | 广东鼎新高新科技股份有限公司 |
| 554 | 永盛恒基(惠州)电路板有限公司 | 605 | 强恩逊(惠州)家居发展有限公司 |
| 555 | 惠州市建达实业有限公司 | 606 | 惠州旭鑫智能技术有限公司 |
| 556 | 惠东县振达鞋业有限公司 | 607 | 惠阳东美音响制品有限公司 |
| 557 | 惠州万合包装制品有限公司 | 608 | 鸿昇纸品(惠州)有限公司 |
| 558 | 惠州市银宝山新科技有限公司 | 609 | 惠州市顺天翔实业有限公司 |
| 559 | 惠州市安泰普表面处理科技有限公司 | 610 | 惠州群富精密组件有限公司 |
| 560 | 惠州市金泰制衣有限公司 | 611 | 广东全球通管网有限公司 |
| 561 | 惠州市福莱思电子工程有限公司 | 612 | 新天伦服装配料(惠州)有限公司 |
| 562 | 龙门县富城预拌混凝土有限公司 | 613 | 惠州市杰优实业有限公司 |
| 563 | 保丽信(惠州)织造有限公司 | 614 | 吉盛科技(惠州)有限公司 |
| 564 | 广东省博罗县园洲勤达印务有限公司 | 615 | 卡撒天娇家居(惠州)有限公司 |
| 565 | 广东圣帕新材料股份有限公司 | 616 | 惠州市创舰实业有限公司 |
| 566 | 惠州市联达金电子有限公司 | 617 | 惠州市维尔康精密部件有限公司 |
| 567 | 惠州市东鑫管桩制品有限公司 | 618 | 惠州新泰美纺织有限公司 |
| 568 | 惠州市住润汽车回路技术有限公司 | 619 | 格瑞夫(惠州)包装有限公司 |
| 569 | 超美精密工业(惠州)有限公司 | 620 | 宝星磁电工业(惠州)有限公司 |
| 570 | 广东博顺带业有限公司 | 621 | 惠州市长方照明节能科技有限公司 |
| 571 | 惠州市飞鸿精密五金塑胶制品有限公司 | 622 | 惠州市德帮实业有限公司 |

## 12–27 续表 6

(2018年)

| 序号 | 单位详细名称 | 序号 | 单位详细名称 |
| --- | --- | --- | --- |
| 623 | 广东金世纪高新材料有限公司 | 673 | 惠东县嘉兴隆塑胶厂有限公司 |
| 624 | 惠阳天丽实业有限公司 | 674 | 东翔制衣(惠州)有限公司 |
| 625 | 惠州市奥罗拉科技有限公司 | 675 | 广东富利时实业有限公司 |
| 626 | 惠州市恒生发纸品包装有限公司 | 676 | 惠州市光宇实业有限公司 |
| 627 | 联宏灯饰(惠州)有限公司 | 677 | 惠州市惠阳区美思奇实业发展有限公司 |
| 628 | 惠州新联业纺织有限公司 | 678 | 惠州市繁中宝橡塑发泡厂有限公司 |
| 629 | 比奥德(惠州)食品有限公司 | 679 | 惠州市安可远磁性器件有限公司 |
| 630 | 广东保达动力技术有限公司 | 680 | 惠阳帝宇工业有限公司 |
| 631 | 惠州市方特新材料有限公司 | 681 | 凌志家具(惠州)有限公司 |
| 632 | 惠州市显盈电子科技有限公司 | 682 | 惠州市玖华家具有限公司 |
| 633 | 大洋塑胶(惠州)有限公司 | 683 | 惠州市其正科技有限公司 |
| 634 | 惠州市三力实业有限公司 | 684 | 惠州市远大电梯有限公司 |
| 635 | 三鑫(惠州)幕墙产品有限公司 | 685 | 班信科技(惠州)有限公司 |
| 636 | 博罗县信隆电工材料有限公司 | 686 | 国纳合成革(惠州)有限公司 |
| 637 | 惠州美丰塑胶制品有限公司 | 687 | 惠东县港东塑胶制品有限公司 |
| 638 | 科时电子(惠州)有限公司 | 688 | 广东新美锐科技有限公司 |
| 639 | 博罗华兴旺包装有限公司 | 689 | 广东圣源恒科技有限公司 |
| 640 | 惠州新统五金机械有限公司 | 690 | 惠州市深阳科技有限公司 |
| 641 | 惠州市盛兴隆实业有限公司 | 691 | 惠州市锦好医疗科技股份有限公司 |
| 642 | 惠州市福瑞尔光电有限公司 | 692 | 惠州元太实业有限公司 |
| 643 | 惠州市宏达五金制品有限公司 | 693 | 惠州市居峰实业有限公司 |
| 644 | 惠州市众信天成电子发展有限公司 | 694 | 惠州市吉邦精密技术有限公司 |
| 645 | 广东力王高新科技股份有限公司 | 695 | 博罗县园洲嘉和塑胶电子有限公司 |
| 646 | 惠州市欧凡实业有限公司 | 696 | 龙门县荣生建材有限公司 |
| 647 | 鼎鹏碳纤科技(惠州)有限公司 | 697 | 广东维尔科技股份有限公司 |
| 648 | 记忆科技电子(惠州)有限公司 | 698 | 惠州市富池精工五金制品有限公司 |
| 649 | 惠州荣健运动器材有限公司 | 699 | 速必雅金属印务(惠阳)有限公司 |
| 650 | 雅拓莱焊接科技(惠州)有限公司 | 700 | 仝达机电工业(惠州)有限公司 |
| 651 | 惠州佳景印刷制品有限公司 | 701 | 广东富绅服饰有限公司 |
| 652 | 惠州市和鑫达电子科技有限公司 | 702 | 广东鹏星重工有限公司 |
| 653 | 惠州惠立勤电子科技有限公司 | 703 | 柏林(惠州)科技化工有限公司 |
| 654 | 惠州市泰信精密部件有限公司 | 704 | 澳达树熊涂料(惠州)有限公司 |
| 655 | 惠州市普来德电子有限公司 | 705 | 惠州市玛丝菲尔时装制造有限公司 |
| 656 | 惠州优比贝柠科技股份有限公司 | 706 | 惠州市鑫晖源科技有限公司 |
| 657 | 惠州市成飞实业有限公司 | 707 | 惠州亚华胶粘带有限公司 |
| 658 | 惠州铂科磁材有限公司 | 708 | 惠州华盛家庭用品有限公司 |
| 659 | 广东粤盛特种建材有限公司 | 709 | 惠州三盛源电子有限公司 |
| 660 | 惠阳荣双制伞工业有限公司 | 710 | 中海油能源发展股份有限公司采油技术服务惠州分公司 |
| 661 | 汇思智科(惠州)电子有限公司 | 711 | 惠州禧兴实业有限公司 |
| 662 | 惠州市龙德科技有限公司 | 712 | 惠州市宝电通科技有限公司 |
| 663 | 惠州养之源饲料科技有限公司 | 713 | 惠州市圣德宝家居用品有限公司 |
| 664 | 惠州市港盈鞋业有限公司 | 714 | 伟全化纤(惠州)有限公司 |
| 665 | 惠州益栢包装材料有限公司 | 715 | 惠州纳诺泰克合金科技有限公司 |
| 666 | 惠州震浩塑胶制品有限公司 | 716 | 惠州市创荣发实业有限公司 |
| 667 | 广东京晟家具有限公司 | 717 | 惠州市博美电源科技有限公司 |
| 668 | 惠州市德胜电线有限公司 | 718 | 惠州市康洁洗涤用品有限公司 |
| 669 | 惠州海弘科技有限公司 | 719 | 恒胜制衣(惠州)有限公司 |
| 670 | 惠州市华保化工有限公司 | 720 | 钧星精密部件(惠州)有限公司 |
| 671 | 惠州市登高达电业有限公司 | 721 | 久田伞业(惠阳)有限公司 |
| 672 | 增达电子(惠州)有限公司 | 722 | 惠州市欣欣家具有限公司 |

# 12-28　全市主营业务收入最大的100家企业

(2018年)

| 序号 | 单位详细名称 | 序号 | 单位详细名称 |
|---|---|---|---|
| 1 | 中海油惠州石化有限公司 | 26 | 东风本田汽车零部件有限公司 |
| 2 | 惠州三星电子有限公司 | 27 | 广东九联科技股份有限公司 |
| 3 | 中海壳牌石油化工有限公司 | 28 | 惠州兴达石化工业有限公司 |
| 4 | 广东省电力集团有限公司惠州供电分公司 | 29 | 敏华家具制造(惠州)有限公司 |
| 5 | 惠州比亚迪电子有限公司 | 30 | 惠州市华星光电技术有限公司 |
| 6 | ＴＣＬ王牌电器(惠州)有限公司 | 31 | 惠州宇新化工有限责任公司 |
| 7 | 伯恩光学(惠州)有限公司 | 32 | 惠州李长荣橡胶有限公司 |
| 8 | 惠州市德赛电池有限公司 | 33 | 伯恩高新科技(惠州)有限公司 |
| 9 | 惠州比亚迪电池有限公司 | 34 | 乐金化学(惠州)化工有限公司 |
| 10 | 龙旗电子(惠州)有限公司 | 35 | 日立乐金光科技(惠州)有限公司 |
| 11 | 中海石油开氏石化有限责任公司 | 36 | 华显光电技术(惠州)有限公司 |
| 12 | 惠州TCL移动通信有限公司 | 37 | 乐金电子(惠州)有限公司 |
| 13 | 惠阳联想电子工业有限公司 | 38 | 南亚电子材料(惠州)有限公司 |
| 14 | ＴＣＬ海外电子(惠州)有限公司 | 39 | 惠州超声音响有限公司 |
| 15 | ＴＣＬ通力电子(惠州)有限公司 | 40 | 广东惠州天然气发电有限公司 |
| 16 | 惠州市德赛西威汽车电子有限公司 | 41 | 惠州忠信化工有限公司 |
| 17 | 惠州市蓝微电子有限公司 | 42 | 惠州鼎智通讯有限公司 |
| 18 | 华通精密线路板(惠州)有限公司 | 43 | 惠州市康冠科技有限公司 |
| 19 | 惠州亿纬锂能股份有限公司 | 44 | 惠州高盛达科技有限公司 |
| 20 | 广东惠州平海发电厂有限公司 | 45 | 惠州太平货柜有限公司 |
| 21 | 惠州科锐半导体照明有限公司 | 46 | 惠州华阳通用电子有限公司 |
| 22 | 惠州市光大水泥企业有限公司 | 47 | 大统营(惠州)科技有限公司 |
| 23 | 华通电脑(惠州)有限公司 | 48 | 惠州塔牌水泥有限公司 |
| 24 | 胜宏科技(惠州)股份有限公司 | 49 | 惠州比亚迪实业有限公司 |
| 25 | 惠州住润电装有限公司 | 50 | 惠州住成电装有限公司 |

12-28 续表

(2018年)

| 序号 | 单位详细名称 | 序号 | 单位详细名称 |
|---|---|---|---|
| 51 | 天宝电子(惠州)有限公司 | 76 | 欣旺达惠州新能源有限公司 |
| 52 | TCL瑞智(惠州)制冷设备有限公司 | 77 | 格林精密部件(惠州)有限公司 |
| 53 | 惠州市金龙羽电缆实业发展有限公司 | 78 | 晓星金融设备(惠州)有限公司 |
| 54 | 广东伊利乳业有限责任公司 | 79 | 惠州威博精密科技有限公司 |
| 55 | 惠州德赛信息科技有限公司 | 80 | 惠州极帝电子有限公司 |
| 56 | 隆发鞋业(惠州)有限公司 | 81 | 汇聚科技(惠州)有限公司 |
| 57 | 乐金电子部品(惠州)有限公司 | 82 | 声电电子科技(惠州)有限公司 |
| 58 | 惠州光弘科技股份有限公司 | 83 | 普莱克斯(惠州)工业气体有限公司 |
| 59 | 惠州南旋毛织厂有限公司 | 84 | 新谱(惠州)电子有限公司 |
| 60 | 索尼精密部件(惠州)有限公司 | 85 | 中建钢构广东有限公司 |
| 61 | 惠州仁信新材料股份有限公司 | 86 | 惠州宝柏包装有限公司 |
| 62 | 中国神华能源股份有限公司国华惠州热电分公司 | 87 | 杰希智能居家用品科技(惠州)有限公司 |
| 63 | 惠州雷士光电科技有限公司 | 88 | 惠州市和宏电线电缆有限公司 |
| 64 | T C L罗格朗国际电工(惠州)有限公司 | 89 | 惠州市锦湖实业发展有限公司 |
| 65 | 惠州中京电子科技有限公司 | 90 | 惠东县华业铸造厂 |
| 66 | 惠州建邦精密塑胶有限公司 | 91 | 奥士康精密电路(惠州)有限公司 |
| 67 | 惠州市米琦通信设备有限公司 | 92 | 惠州海格电气有限公司 |
| 68 | 信华精机有限公司 | 93 | 广东百岁山实业有限公司 |
| 69 | 惠州市富丽电子有限公司 | 94 | 盛威尔(惠州)电缆科技有限公司 |
| 70 | 嘉士伯啤酒(广东)有限公司 | 95 | 惠州市诚业家具有限公司 |
| 71 | 美律电子(惠州)有限公司 | 96 | 安品达精密工业(惠州)有限公司 |
| 72 | 广东金新农饲料有限公司 | 97 | 惠州市西顿工业发展有限公司 |
| 73 | 惠州惠菱化成有限公司 | 98 | 亚浩电子五金塑胶(惠州)有限公司 |
| 74 | 先进科技(惠州)有限公司 | 99 | 惠州科达利精密工业有限公司 |
| 75 | 威世电子(惠州)有限公司 | 100 | 普利司通(惠州)轮胎有限公司 |

## 12-29　全市工业增加值最大的100家企业

(2018年)

| 序号 | 单位详细名称 | 序号 | 单位详细名称 |
|---|---|---|---|
| 1 | 中海油惠州石化有限公司 | 26 | ＴＣＬ通力电子(惠州)有限公司 |
| 2 | 惠州三星电子有限公司 | 27 | 伯恩高新科技(惠州)有限公司 |
| 3 | 中海壳牌石油化工有限公司 | 28 | 惠州忠信化工有限公司 |
| 4 | 伯恩光学(惠州)有限公司 | 29 | 惠州市华星光电技术有限公司 |
| 5 | 广东省电力集团有限公司惠州供电分公司 | 30 | 惠州市德赛西威汽车电子有限公司 |
| 6 | 惠州比亚迪电子有限公司 | 31 | 惠州亿纬锂能股份有限公司 |
| 7 | 中海石油开氏石化有限责任公司 | 32 | 敏华家具制造(惠州)有限公司 |
| 8 | ＴＣＬ王牌电器(惠州)有限公司 | 33 | 华显光电技术(惠州)有限公司 |
| 9 | 惠州市德赛电池有限公司 | 34 | 中国神华能源股份有限公司国华惠州热电分公司 |
| 10 | 龙旗电子(惠州)有限公司 | 35 | 惠州塔牌水泥有限公司 |
| 11 | 惠州比亚迪电池有限公司 | 36 | 惠州太平货柜有限公司 |
| 12 | 惠州TCL移动通信有限公司 | 37 | 南亚电子材料(惠州)有限公司 |
| 13 | 广东惠州平海发电厂有限公司 | 38 | 惠州高盛达科技有限公司 |
| 14 | 惠阳联想电子工业有限公司 | 39 | 惠州华阳通用电子有限公司 |
| 15 | ＴＣＬ海外电子(惠州)有限公司 | 40 | 隆发鞋业(惠州)有限公司 |
| 16 | 惠州市蓝微电子有限公司 | 41 | 惠州住成电装有限公司 |
| 17 | 惠州市光大水泥企业有限公司 | 42 | 惠州鼎智通讯有限公司 |
| 18 | 华通精密线路板(惠州)有限公司 | 43 | 惠州宇新化工有限责任公司 |
| 19 | 东风本田汽车零部件有限公司 | 44 | 大统营(惠州)科技有限公司 |
| 20 | 广东惠州天然气发电有限公司 | 45 | 惠州南旋毛织厂有限公司 |
| 21 | 惠州住润电装有限公司 | 46 | 广东伊利乳业有限责任公司 |
| 22 | 惠州兴达石化工业有限公司 | 47 | 惠州仁信新材料股份有限公司 |
| 23 | 惠州科锐半导体照明有限公司 | 48 | 天宝电子(惠州)有限公司 |
| 24 | 胜宏科技(惠州)股份有限公司 | 49 | 乐金电子部品(惠州)有限公司 |
| 25 | 华通电脑(惠州)有限公司 | 50 | 惠州光弘科技股份有限公司 |

## 12-29　续表

(2018年)

| 序号 | 单位详细名称 | 序号 | 单位详细名称 |
| --- | --- | --- | --- |
| 51 | 乐金电子(惠州)有限公司 | 76 | 广东罗浮山国药股份有限公司 |
| 52 | 惠州惠菱化成有限公司 | 77 | 广东百岁山实业有限公司 |
| 53 | 惠州李长荣橡胶有限公司 | 78 | 惠州市锦湖实业发展有限公司 |
| 54 | 日立乐金光科技(惠州)有限公司 | 79 | 基准精密工业(惠州)有限公司 |
| 55 | 乐金化学(惠州)化工有限公司 | 80 | 声电电子科技(惠州)有限公司 |
| 56 | ＴＣＬ罗格朗国际电工(惠州)有限公司 | 81 | 惠州宝柏包装有限公司 |
| 57 | 惠州建邦精密塑胶有限公司 | 82 | 隆裕鞋业(惠州)有限公司 |
| 58 | 惠州市金龙羽电缆实业发展有限公司 | 83 | 普莱克斯(惠州)工业气体有限公司 |
| 59 | 惠州中京电子科技有限公司 | 84 | 惠州威博精密科技有限公司 |
| 60 | 惠州比亚迪实业有限公司 | 85 | 普利司通(惠州)轮胎有限公司 |
| 61 | 杰希智能居家用品科技(惠州)有限公司 | 86 | 中建钢构广东有限公司 |
| 62 | 惠州德赛信息科技有限公司 | 87 | TCL瑞智(惠州)制冷设备有限公司 |
| 63 | 安品达精密工业(惠州)有限公司 | 88 | 惠州市诚业家具有限公司 |
| 64 | 广东九联科技股份有限公司 | 89 | 广东利元亨智能装备有限公司 |
| 65 | 先进科技(惠州)有限公司 | 90 | 奥士康精密电路(惠州)有限公司 |
| 66 | 惠州市富丽电子有限公司 | 91 | 华润水泥(惠州)有限公司 |
| 67 | 惠州深能源丰达电力有限公司 | 92 | 惠州海格电气有限公司 |
| 68 | 惠州超声音响有限公司 | 93 | 惠州硕贝德无线科技股份有限公司 |
| 69 | 惠州市康冠科技有限公司 | 94 | 亚浩电子五金塑胶(惠州)有限公司 |
| 70 | 惠州市坚柔科技有限公司 | 95 | 惠州极帝电子有限公司 |
| 71 | 美律电子(惠州)有限公司 | 96 | 惠州雷士光电科技有限公司 |
| 72 | 威世电子(惠州)有限公司 | 97 | 欣旺达惠州新能源有限公司 |
| 73 | 新谱(惠州)电子有限公司 | 98 | 惠州住润汽车部品有限公司 |
| 74 | 格林精密部件(惠州)有限公司 | 99 | 汇聚科技(惠州)有限公司 |
| 75 | 惠州市米琦通信设备有限公司 | 100 | 惠阳源高电器有限公司 |

## 12-30　全市利税总额最大的100家企业

(2018年)

| 序号 | 单位详细名称 | 序号 | 单位详细名称 |
|---|---|---|---|
| 1 | 中海油惠州石化有限公司 | 26 | 惠州住润电装有限公司 |
| 2 | 中海壳牌石油化工有限公司 | 27 | 惠州忠信化工有限公司 |
| 3 | 惠州三星电子有限公司 | 28 | ＴＣＬ罗格朗国际电工(惠州)有限公司 |
| 4 | 惠州比亚迪电子有限公司 | 29 | 惠州兴达石化工业有限公司 |
| 5 | 伯恩光学(惠州)有限公司 | 30 | 伯恩高新科技(惠州)有限公司 |
| 6 | 广东省电力集团有限公司惠州供电分公司 | 31 | 惠州李长荣橡胶有限公司 |
| 7 | 惠州雷士光电科技有限公司 | 32 | 华润水泥(惠州)有限公司 |
| 8 | 中海石油开氏石化有限责任公司 | 33 | 广东利元亨智能装备有限公司 |
| 9 | 惠州市光大水泥企业有限公司 | 34 | 广东伊利乳业有限责任公司 |
| 10 | 惠州比亚迪电池有限公司 | 35 | 中国神华能源股份有限公司国华惠州热电分公司 |
| 11 | 惠州塔牌水泥有限公司 | 36 | 惠州宇新化工有限责任公司 |
| 12 | 广东惠州平海发电厂有限公司 | 37 | 惠州市蓝微电子有限公司 |
| 13 | 惠州市德赛西威汽车电子有限公司 | 38 | ＴＣＬ海外电子(惠州)有限公司 |
| 14 | 敏华家具制造(惠州)有限公司 | 39 | 普莱克斯(惠州)工业气体有限公司 |
| 15 | 惠州惠菱化成有限公司 | 40 | 惠阳联想电子工业有限公司 |
| 16 | 惠州市德赛电池有限公司 | 41 | 惠州市金龙羽电缆实业发展有限公司 |
| 17 | 东风本田汽车零部件有限公司 | 42 | 奥士康精密电路(惠州)有限公司 |
| 18 | 龙旗电子(惠州)有限公司 | 43 | 澳宝化妆品(惠州)有限公司 |
| 19 | 惠州光弘科技股份有限公司 | 44 | 惠州科锐半导体照明有限公司 |
| 20 | 惠州亿纬锂能股份有限公司 | 45 | 惠州景田食品饮料有限公司 |
| 21 | 胜宏科技(惠州)股份有限公司 | 46 | 广东红墙新材料股份有限公司 |
| 22 | 广东百岁山实业有限公司 | 47 | 广东菲安妮皮具股份有限公司 |
| 23 | 广东惠州天然气发电有限公司 | 48 | 惠州比亚迪实业有限公司 |
| 24 | ＴＣＬ王牌电器(惠州)有限公司 | 49 | 美律电子(惠州)有限公司 |
| 25 | 惠州住成电装有限公司 | 50 | 惠州威博精密科技有限公司 |

12–30　续表

(2018年)

| 序号 | 单位详细名称 | 序号 | 单位详细名称 |
|---|---|---|---|
| 51 | 胜华电子(惠阳)有限公司 | 76 | 惠州建邦精密塑胶有限公司 |
| 52 | 光大环保能源(博罗)有限公司 | 77 | 惠州好莱客集成家居有限公司 |
| 53 | 惠州信立泰药业有限公司 | 78 | 格林精密部件(惠州)有限公司 |
| 54 | 泰山石膏(广东)有限公司 | 79 | 惠州南旋毛织厂有限公司 |
| 55 | 广东得胜电子有限公司 | 80 | 信华精机有限公司 |
| 56 | 华通精密线路板(惠州)有限公司 | 81 | 惠州市康冠科技有限公司 |
| 57 | 惠州仁信新材料股份有限公司 | 82 | 惠州美锐电子科技有限公司 |
| 58 | 立隆电子(惠州)有限公司 | 83 | 惠州市华阳光学技术有限公司 |
| 59 | 惠州大亚湾华润燃气有限公司 | 84 | 惠州市富丽电子有限公司 |
| 60 | 惠州海格电气有限公司 | 85 | 惠州TCL移动通信有限公司 |
| 61 | 广东九联科技股份有限公司 | 86 | 惠州海格科技有限公司 |
| 62 | 惠州超声音响有限公司 | 87 | 惠州高比烘焙设备有限公司 |
| 63 | TCL瑞智(惠州)制冷设备有限公司 | 88 | 盛威尔(惠州)电缆科技有限公司 |
| 64 | 惠州高盛达科技有限公司 | 89 | 乐金电子(惠州)有限公司 |
| 65 | 惠州中京电子科技有限公司 | 90 | 惠州兆婷化妆品有限公司 |
| 66 | 惠州宝柏包装有限公司 | 91 | 广东金力变速科技股份有限公司 |
| 67 | 乐金电子部品(惠州)有限公司 | 92 | 惠州大亚湾溢源净水有限公司 |
| 68 | 惠州住金锻造有限公司 | 93 | 惠州市赢合科技有限公司 |
| 69 | 嘉士伯啤酒(广东)有限公司 | 94 | 丰林亚创(惠州)人造板有限公司 |
| 70 | 惠州东方雨虹建筑材料有限责任公司 | 95 | 惠州市华阳精机有限公司 |
| 71 | 惠州市米琦通信设备有限公司 | 96 | 惠州金茂源环保科技有限公司 |
| 72 | 华通电脑(惠州)有限公司 | 97 | 惠阳东亚电子制品有限公司 |
| 73 | T C L通力电子(惠州)有限公司 | 98 | 声电电子科技(惠州)有限公司 |
| 74 | 惠州市天长实业有限公司 | 99 | 惠州市九惠制药股份有限公司 |
| 75 | 惠州住电电装有限公司 | 100 | 惠州市浩明科技股份有限公司 |

# 12-31　全市资产总额最大的100家企业

(2018年)

| 序号 | 单位详细名称 | 序号 | 单位详细名称 |
|---|---|---|---|
| 1 | 中海壳牌石油化工有限公司 | 26 | 惠州比亚迪实业有限公司 |
| 2 | 中海油惠州石化有限公司 | 27 | 旭硝子显示玻璃(惠州)有限公司 |
| 3 | 惠州三星电子有限公司 | 28 | 华通精密线路板(惠州)有限公司 |
| 4 | 伯恩光学(惠州)有限公司 | 29 | 惠州市蓝微电子有限公司 |
| 5 | 广东省电力集团有限公司惠州供电分公司 | 30 | 中国神华能源股份有限公司国华惠州热电分公司 |
| 6 | ＴＣＬ王牌电器(惠州)有限公司 | 31 | 华通电脑(惠州)有限公司 |
| 7 | 惠州比亚迪电子有限公司 | 32 | 惠州市健和光电有限公司 |
| 8 | 惠州TCL移动通信有限公司 | 33 | 惠阳联想电子工业有限公司 |
| 9 | 惠州比亚迪电池有限公司 | 34 | 广东九联科技股份有限公司 |
| 10 | 惠州亿纬锂能股份有限公司 | 35 | 惠州市光大水泥企业有限公司 |
| 11 | 惠州市德赛电池有限公司 | 36 | 惠州华阳通用电子有限公司 |
| 12 | 伯恩高新科技(惠州)有限公司 | 37 | 惠州威博精密科技有限公司 |
| 13 | 广东惠州平海发电厂有限公司 | 38 | 惠州科锐半导体照明有限公司 |
| 14 | 惠州市德赛西威汽车电子有限公司 | 39 | 惠州光弘科技股份有限公司 |
| 15 | 信利(惠州)智能显示有限公司 | 40 | 惠州市浩明科技股份有限公司 |
| 16 | 胜宏科技(惠州)股份有限公司 | 41 | 华显光电技术(惠州)有限公司 |
| 17 | ＴＣＬ海外电子(惠州)有限公司 | 42 | 南亚电子材料(惠州)有限公司 |
| 18 | 龙旗电子(惠州)有限公司 | 43 | 中海石油开氏石化有限责任公司 |
| 19 | 惠州雷士光电科技有限公司 | 44 | 基准精密工业(惠州)有限公司 |
| 20 | 敏华家具制造(惠州)有限公司 | 45 | 乐金化学(惠州)化工有限公司 |
| 21 | 惠州市华星光电技术有限公司 | 46 | 惠州超声音响有限公司 |
| 22 | 广东惠州天然气发电有限公司 | 47 | 广东利元亨智能装备有限公司 |
| 23 | 欣旺达惠州新能源有限公司 | 48 | 中建钢构广东有限公司 |
| 24 | ＴＣＬ通力电子(惠州)有限公司 | 49 | TCL瑞智(惠州)制冷设备有限公司 |
| 25 | 东风本田汽车零部件有限公司 | 50 | 国粤惠州电力有限公司 |

## 12-31 续表

(2018年)

| 序号 | 单位详细名称 | 序号 | 单位详细名称 |
|---|---|---|---|
| 51 | 惠州中京电子科技有限公司 | 76 | 惠州长城开发科技有限公司 |
| 52 | 普莱克斯(惠州)工业气体有限公司 | 77 | 惠州市米琦通信设备有限公司 |
| 53 | 惠州塔牌水泥有限公司 | 78 | 广东伊利乳业有限责任公司 |
| 54 | 惠州住润电装有限公司 | 79 | 德联覆铜板(惠州)有限公司 |
| 55 | 惠州市供水有限公司 | 80 | 大统营(惠州)科技有限公司 |
| 56 | 惠州李长荣橡胶有限公司 | 81 | 惠州市惠阳供水有限公司 |
| 57 | 惠州硕贝德无线科技股份有限公司 | 82 | 索尼精密部件(惠州)有限公司 |
| 58 | 惠州建邦精密塑胶有限公司 | 83 | 乐金电子部品(惠州)有限公司 |
| 59 | 惠州海格科技有限公司 | 84 | 惠州市康冠科技有限公司 |
| 60 | 惠州惠菱化成有限公司 | 85 | 广东洲明节能科技有限公司 |
| 61 | 惠州春兴精工有限公司 | 86 | 捷普绿点科技(惠州)有限公司 |
| 62 | 普利司通(惠州)轮胎有限公司 | 87 | 安品达精密工业(惠州)有限公司 |
| 63 | 广东红墙新材料股份有限公司 | 88 | 惠州美锐电子科技有限公司 |
| 64 | 格林精密部件(惠州)有限公司 | 89 | 惠州忠信化工有限公司 |
| 65 | 惠州高盛达科技有限公司 | 90 | 惠州信立泰药业有限公司 |
| 66 | 惠州科达利精密工业有限公司 | 91 | 盛威尔(惠州)电缆科技有限公司 |
| 67 | 惠州海格电气有限公司 | 92 | 先进科技(惠州)有限公司 |
| 68 | 惠州信兴荣电业塑胶有限公司 | 93 | 惠州锂威新能源科技有限公司 |
| 69 | 乐金电子(惠州)有限公司 | 94 | 惠州住成电装有限公司 |
| 70 | 惠州市赢合科技有限公司 | 95 | 惠州市亿能电子有限公司 |
| 71 | 惠州元晖光电股份有限公司 | 96 | 惠州合正电子科技有限公司 |
| 72 | ＴＣＬ罗格朗国际电工(惠州)有限公司 | 97 | 广东骏亚电子科技股份有限公司 |
| 73 | 中潜股份有限公司 | 98 | 惠州市城市燃气发展有限公司 |
| 74 | 惠州大亚湾溢源净水有限公司 | 99 | 惠州市诚业家具有限公司 |
| 75 | 惠州拓邦电气技术有限公司 | 100 | 惠州兴达石化工业有限公司 |

惠州统计年鉴－2019

HUIZHOU STATISTICAL YEARBOOK

# 十三、运输和邮电

# 13-1　运输邮电主要指标

| 指标名称 | | 2012年 | 2013年 | 2014年 | 2015年 | 2016年 | 2017年 | 2018年 | 2018年比2017年增减(%) |
|---|---|---|---|---|---|---|---|---|---|
| 公路通车里程 | (公里) | 10933 | 11234 | 12594 | 13476 | 13541 | 13823 | 14001 | 1.3 |
| 港口码头泊位 | (个) | 71 | 71 | 71 | 75 | 75 | 75 | 75 | |
| #万吨级泊位 | (个) | 18 | 18 | 18 | 21 | 21 | 21 | 21 | |
| 码头泊位长度 | (米) | 10765 | 10765 | 10765 | 11465 | 11465 | 11465 | 11465 | |
| 民用汽车辆拥有量 | (万辆) | 35.77 | 41.40 | 47.09 | 64.34 | 87.62 | 104.09 | 118.39 | 13.7 |
| #载客汽车 | (万辆) | 29.43 | 34.88 | 40.86 | 58.47 | 81.15 | 96.83 | 110.06 | 13.7 |
| 载货汽车 | (万辆) | 6.01 | 6.18 | 5.92 | 5.57 | 6.18 | 6.95 | 7.98 | 14.8 |
| 机动船艘数 | (艘) | 757 | 768 | 760 | 770 | 686 | 648 | 634.0 | -2.2 |
| 净载重量 | (万吨) | 36.74 | 43.94 | 46.93 | 52.81 | 53.40 | 51.12 | 51.60 | 0.9 |
| 本地电话用户 | (万户) | 130.10 | 131.47 | 120.20 | 108.59 | 106.48 | 100.00 | 100.44 | 0.4 |
| 移动电话用户 | (万户) | 501.20 | 597.79 | 697.97 | 669.09 | 537.13 | 611.51 | 722.17 | 18.1 |
| 客运量 | (万人) | 16597 | 17301 | 7033 | 7380 | 7001 | 6829 | 6846 | 0.2 |
| 旅客周转量 | (万人公里) | 1307341 | 1401594 | 669516 | 710137 | 666286 | 691827 | 693965 | 0.3 |
| 货运量 | (万吨) | 17344 | 19314 | 21765 | 24839 | 24891 | 25936 | 27414 | 5.7 |
| 货物周转量 | (万吨公里) | 2945509 | 3434875 | 3966072 | 5033993 | 4638246 | 4853406 | 5054982 | 4.2 |
| 港口货物吞吐量 | (万吨) | 5257 | 8045 | 6485 | 7013.47 | 7658 | 7214 | 8757 | 21.4 |
| 邮电业务总量 | (亿元) | 80.05 | 95.60 | 118.40 | 141.83 | 245.42 | 203.73 | 381.31 | 87.2 |
| 邮政 | (亿元) | 6.27 | 9.86 | 14.01 | 20.51 | 32.95 | 41.89 | 55.12 | 31.6 |
| 通信 | (亿元) | 73.78 | 85.70 | 104.39 | 121.31 | 212.47 | 161.84 | 326.18 | 101.5 |

注：邮政数据按2010年不变价格计算；通信2017年数据按2015年不变价计算，之前年份按2010年不变价格计算；增长速度按可比价格计算。从2014年开始城市公交和出租车的客运量不纳入公路客运量统计。因铁路部门数据统计口径调整，客运量、货运量、旅客周转量、货物周转量17年数据与16年不可比。2016年起本地电话、移动电话为省反馈数据。

## 13-2 全社会客货运输(吞吐)量

(2018年)

| 指标名称 | | 合计 | 公路运输 | | 水上运输 | | | |
|---|---|---|---|---|---|---|---|---|
| | | | | 个体及联营 | | 内河 | 沿海 | 远洋 |
| 客运量 | 万人 | 6846 | 6616 | | | | | |
| 旅客周转量 | 万人公里 | 693965 | 559360 | | | | | |
| 货运量 | 万吨 | 27414.21 | 12069.99 | 7180.88 | 14009.52 | 8591.33 | 1251.58 | 4166.61 |
| 货运周转量 | 万吨公里 | 5054982 | 1566442 | 696755 | 3248079.85 | 1720905 | 606470 | 920706 |
| 旅客吞吐量 | 万人 | | | | | | | |
| #旅客离港量 | 万人 | | | | | | | |
| 货物吞吐量 | 万吨 | 8757.37 | | | | | | |
| #集装箱 | 万吨 | 575.82 | | | | | | |

13-2 续表

(2018年)

| 指标名称 | | 港口 | | | 铁路运输 | | | 管道合计 |
|---|---|---|---|---|---|---|---|---|
| | | | 内河港口 | 沿海港口 | | 国家 | 地方 | |
| 客运量 | 万人 | | | | 230 | 230 | | |
| 旅客周转量 | 万人公里 | | | | 134605 | 134605 | | |
| 货运量 | 万吨 | | | | 72.75 | 72.75 | | 1261.95 |
| 货运周转量 | 万吨公里 | | | | 20880 | 20880 | | 219579 |
| 旅客吞吐量 | 万人 | | | | | | | |
| #旅客离港量 | 万人 | | | | | | | |
| 货物吞吐量 | 万吨 | 8757.37 | 1303.91 | 7453.47 | | | | |
| #集装箱 | 万吨 | 575.82 | 281.69 | 294.13 | | | | |

注：因铁路部门数据统计口径调整，客运量、货运量17年数据与16年不可比。

# 13–3 民用车辆拥有量

(2018年)　　单位：辆

| 指标名称 | 总计 | | | 总计中 | | |
|---|---|---|---|---|---|---|
| | | 营运 | 非营运 | 进口 | 个人 | 新注册 |
| **合　计** | **1369550** | **42168** | **1325271** | **46433** | **1242886** | **195450** |
| **一、汽车** | **1183938** | **38529** | **1143298** | **46411** | **1064792** | **173442** |
| 1.载客汽车 | 1100614 | 13266 | 1085237 | 46260 | 1011016 | 159507 |
| 其中：大型 | 8175 | 5179 | 1386 | 11 | 103 | 676 |
| 中型 | 1905 | 39 | 1365 | 19 | 662 | 92 |
| 小型 | 1086870 | 8048 | 1078822 | 45754 | 1006730 | 158644 |
| 微型 | 3664 | | 3664 | 476 | 3521 | 95 |
| 其中：轿车 | 747047 | 7810 | 739237 | 18687 | 696811 | 105068 |
| 2.载货汽车 | 79763 | 24825 | 54938 | 144 | 52344 | 13238 |
| 其中：重型 | 13036 | 8664 | 4372 | 82 | 3920 | 3641 |
| 中型 | 3488 | 1786 | 1702 | | 2008 | 141 |
| 轻型 | 62929 | 14257 | 48672 | 62 | 46122 | 9452 |
| 微型 | 310 | 118 | 192 | | 294 | 4 |
| 其中：普通载货 | 24177 | 2254 | 21923 | 59 | 17466 | 3332 |
| 3.其他汽车 | 3561 | 438 | 3123 | 7 | 1432 | 697 |
| 其中：三轮汽车 | | | | | | |
| 低速货车 | 97 | 66 | 31 | | 84 | |
| **二、电车** | | | | | | |
| 1.无轨 | | | | | | |
| 2.有轨 | | | | | | |
| **三、摩托车** | **181664** | **26** | **181638** | **21** | **177445** | **20291** |
| 1.普通 | 181598 | 26 | 181572 | 21 | 177379 | 20287 |
| 2.轻便 | 66 | | 66 | | 66 | 4 |
| **四、拖拉机** | | **-** | **-** | | | |
| **五、挂车** | **3948** | **3613** | **335** | **1** | **649** | **1717** |
| **六、其他类型车** | | | | | | |

注：机动车驾驶员2126611人，其中：汽车驾驶员1998862人。

## 13-3 续表

(2018年)　　单位：辆

| 指标名称 | 报废 | 载客汽车客位(人) | 营运 | 载货汽车吨位(吨) | 营运 |
|---|---|---|---|---|---|
| **合　计** | **5112** | **6029490** | **265539** | **295768** | **197052** |
| **一、汽车** | **2914** | **6029490** | **265539** | **184460** | **95131** |
| 1.载客汽车 | 2303 | 6029490 | 265539 | | |
| 其中：大型 | 360 | 294523 | 253986 | | |
| 中型 | 95 | 18352 | 775 | | |
| 小型 | 1798 | 5699684 | 10774 | | |
| 微型 | 50 | 16931 | 4 | | |
| 其中：轿车 | 958 | | | | |
| 2.载货汽车 | 550 | | | 184460 | 95131 |
| 其中：重型 | 46 | | | 111595 | 71669 |
| 中型 | 31 | | | 13016 | 6034 |
| 轻型 | 453 | | | 59705 | 17373 |
| 微型 | 20 | | | 144 | 56 |
| 其中：普通载货 | 249 | | | | |
| 3.其他汽车 | 61 | | | | |
| 其中：三轮汽车 | | | | | |
| 低速货车 | | | | 108 | 82 |
| **二、电车** | | | | | |
| 1.无轨 | | | | | |
| 2.有轨 | | | | | |
| **三、摩托车** | **2171** | | | | |
| 1.普通 | 2170 | | | | |
| 2.轻便 | 1 | | | | |
| **四、拖拉机** | | | | | |
| **五、挂车** | **27** | | | **111308** | **101921** |
| **六、其他类型车** | | | | | |

# 13-4 民用车辆、运输船舶拥有量

| 指标名称 | | 2005年 | 2006年 | 2007年 | 2008年 | 2009年 | 2010年 | 2011年 |
|---|---|---|---|---|---|---|---|---|
| **民用车辆** | **辆** | **615794** | **623571** | **658524** | **688109** | **696964** | **738368** | **778129** |
| #摩托车 | 辆 | 477330 | 465052 | 475678 | 482709 | 482966 | 478686 | 468365 |
| **机动船** | **艘** | **945** | **1067** | **1090** | **1070** | **795** | **784** | **760** |
| 载客量 | 客位 | 240 | 427 | 331 | 217 | 697 | 553 | 757 |
| 净载重量 | 吨位 | 187287 | 585691 | 635713 | 258777 | 251845 | 295738 | 636518 |
| 总功率 | 千瓦 | 232453 | 290096 | 300170 | 294115 | 263329 | 292147 | 314113 |
| #客船 | 艘 | 1 | 2 | 1 | 13 | 20 | 19 | 23 |
| 载客量 | 客位 | 240 | 427 | 331 | 217 | 697 | 553 | 757 |
| #货船 | 艘 | 944 | 1065 | 1089 | 1057 | 775 | 765 | 737 |
| 净载重量 | 吨位 | 187287 | 585691 | 635713 | 258673 | 251407 | 295378 | 636071 |

13-4 续表

| 指标名称 | | 2012年 | 2013年 | 2014年 | 2015年 | 2016年 | 2017年 | 2018年 |
|---|---|---|---|---|---|---|---|---|
| **民用车辆** | **辆** | **800162** | **818168** | **846880** | **990915** | **1099115** | **1341417** | **1369550** |
| #摩托车 | 辆 | 439098 | 400628 | 374444 | 345829 | 220994 | 298006 | 181664 |
| **机动船** | **艘** | **757** | **768** | **760** | **770** | **686** | **648** | **635** |
| 载客量 | 客位 | 761 | 857 | 950 | 896 | 1184 | 683 | 1052 |
| 净载重量 | 吨位 | 367357 | 439441 | 469299 | 528095 | 534108 | 511245 | 517338 |
| 总功率 | 千瓦 | 344578 | 390455 | 398011 | 417681 | 405288 | 393522 | 394542 |
| #客船 | 艘 | 17 | 18 | 17 | 16 | 15 | 9 | 14 |
| 载客量 | 客位 | 761 | 857 | 950 | 896 | 1184 | 683 | 1052 |
| #货船 | 艘 | 740 | 750 | 743 | 754 | 670 | 637 | 619 |
| 净载重量 | 吨位 | 366913 | 438920 | 468072 | 527501 | 533431 | 509236 | 515150 |

# 13-5　全市邮电业务量

| 指标名称 | | 2018年 | 2017年 | 2018年比2017年增减% |
|---|---|---|---|---|
| 邮电业务总量 | 万元 | 3813085 | 2037345 | 87.2 |
| #邮政业务总量 | 万元 | 551208 | 418942 | 31.6 |
| 电信业务总量 | 万元 | 3261878 | 1618404 | 101.5 |
| 固定电话用户 | 万户 | 100.44 | 100.00 | 0.4 |
| 移动电话年末用户 | 万户 | 722.17 | 611.51 | 18.1 |
| 互联网用户数 | 万户 | 199.33 | 176.54 | 9.1 |
| 邮政局所 | 处 | 164 | 164 | |
| 邮路总长度 | 公里 | 5805 | 4632 | 25.3 |
| 农村投递线路总长度 | 公里 | 18669 | 14572 | 28.1 |
| 城市段道总长度 | 公里 | 8992 | 9868 | -8.9 |
| 函件 | 万件 | 313 | 271 | 15.5 |
| 快递 | 万件 | 27409 | 20259 | 35.3 |
| 订销报刊累计数 | 万份 | 4119 | 4186 | -1.6 |
| 集邮业务 | 万枚 | 159 | 252 | -37.0 |

# 13-6 全市公路情况

| 指标名称 | | 2007年 | 2008年 | 2009年 | 2010年 | 2011年 | 2012年 |
|---|---|---|---|---|---|---|---|
| 公路线路长度 | 公里 | 10436.1 | 10467.7 | 10682.3 | 10825.814 | 10892.4 | 10933.4 |
| #等级公路 | 公里 | 8831.1 | 9348 | 9825.8 | 10074 | 10234.675 | 10340.8 |
| #高速公路 | 公里 | 277.9 | 277.1 | 374.5 | 378.524 | 453.8 | 492.4 |
| 等外公路 | 公里 | 1327.2 | 1119.7 | 790 | 751.8 | 656.7 | 592.7 |
| 公路密度 | 公里/每百平方公里 | 93.53 | 94 | 95.7 | 95.4 | 96 | 96.4 |

13-6 续表

| 指标名称 | | 2013年 | 2014年 | 2015年 | 2016年 | 2017年 | 2018年 |
|---|---|---|---|---|---|---|---|
| 公路线路长度 | 公里 | 10933.4 | 11234.0 | 12594.0 | 13476.3 | 13540.7 | 14000.5 |
| #等级公路 | 公里 | 10340.8 | 10702.6 | 12375.5 | 13442.8 | 13521.6 | 13983.8 |
| #高速公路 | 公里 | 492.4 | 492.4 | 492.4 | 588.2 | 650.0 | 727.8 |
| 等外公路 | 公里 | 592.7 | 531.4 | 218.5 | 33.5 | 19.1 | 16.7 |
| 公路密度 | 公里/每百平方公里 | 96.4 | 99.0 | 111.0 | 118.8 | 119.3 | 123.4 |

# 13-7　分县区公路情况

(2018年)

| 指标 名称 | | 合计 | 惠城区 | 惠阳区 | 惠东县. |
|---|---|---|---|---|---|
| 公路线路长度 | 公里 | 14000.5 | 1698.9 | 1800.7 | 3291.5 |
| # 等级公路 | 公里 | 13983.8 | 1686.7 | 1796.7 | 3291.5 |
| # 高速公路 | 公里 | 727.8 | 123.0 | 127.3 | 139.7 |
| 等外公路 | 公里 | 16.7 | 12.1 | 4.0 | |
| 公路密度 | 公里/每百平方公里 | 123.39 | 146.83 | 196.59 | 93.30 |

13-7　续表

| 指标 名称 | | 博罗县 | 龙门县 | 大亚湾区 | 仲恺区 |
|---|---|---|---|---|---|
| 公路线路长度 | 公里 | 4296.9 | 2264.0 | 134.9 | 513.7 |
| # 等级公路 | 公里 | 4296.3 | 2264.0 | 134.9 | 513.7 |
| # 高速公路 | 公里 | 188.0 | 113.8 | 36.1 | — |
| 等外公路 | 公里 | 0.6 | | | |
| 公路密度 | 公里/每百平方公里 | 150.50 | 99.87 | 46.03 | 155.20 |

注：惠城区和仲恺区高速公路、国道、省道没有分开。

# 十四、国内贸易

# 14-1 国内贸易主要指标

| 指　　标 | | 2011年 | 2012年 | 2013年 | 2014年 | 2015年 | 2016年 | 2017年 | 2018年 | 2018年比2017年增长(%) |
|---|---|---|---|---|---|---|---|---|---|---|
| **社会消费品零售总额** | **(亿元)** | **684.72** | **754.15** | **857.91** | **968.70** | **1070.72** | **1227.88** | **1363.46** | **1478.97** | **9.5** |
| 按行业分 | | | | | | | | | | |
| 批发零售业 | | 619.42 | 683.32 | 781.88 | 881.65 | 970.77 | 1117.49 | 1244.45 | 1352.37 | 9.8 |
| 限额以上 | | 207.34 | 246.85 | 298.26 | 366.55 | 410.41 | 470.46 | 536.35 | 501.87 | 8.1 |
| 限额以下 | | 412.08 | 436.47 | 483.61 | 515.10 | 560.36 | 647.02 | 708.10 | 850.50 | 10.8 |
| 住宿餐饮业 | | 65.30 | 70.83 | 76.03 | 87.05 | 99.95 | 110.39 | 119.01 | 126.60 | 6.4 |
| 限额以上 | | 19.29 | 23.63 | 24.34 | 26.98 | 30.39 | 31.11 | 33.76 | 28.68 | -0.4 |
| 限额以下 | | 46.01 | 47.20 | 51.70 | 60.07 | 69.56 | 79.28 | 85.25 | 97.92 | 8.6 |
| 按城乡分 | | | | | | | | | | |
| 城镇 | | 569.72 | 628.15 | 707.47 | 794.22 | 873.01 | 993.62 | 1099.54 | 1189.35 | 9.2 |
| 乡村 | | 115.00 | 126.00 | 150.44 | 174.48 | 197.71 | 234.26 | 263.93 | 289.62 | 10.9 |
| **批发零售业商品销售总额** | **(亿元)** | **1159.09** | **1251.78** | **1544.39** | **1649.82** | **1811.82** | **2022.24** | **2301.26** | **2461.16** | **8.4** |
| 批发额 | | 542.92 | 571.44 | 764.29 | 769.82 | 842.61 | 906.50 | 1058.35 | 1110.27 | 6.9 |
| 零售额 | | 616.17 | 680.34 | 780.10 | 880.00 | 969.21 | 1115.73 | 1242.91 | 1350.89 | 9.7 |
| 按行业分 | | | | | | | | | | |
| 批发业销售额 | | 483.82 | 517.29 | 776.12 | 784.65 | 859.64 | 944.78 | 1102.94 | 1152.39 | 7.3 |
| 批发额 | | 413.28 | 433.89 | 679.55 | 684.90 | 730.52 | 791.12 | 930.86 | 981.51 | 7.6 |
| 零售额 | | 70.54 | 83.40 | 96.57 | 99.75 | 129.12 | 153.65 | 172.08 | 170.88 | 5.9 |
| 零售业销售额 | | 675.27 | 734.49 | 768.27 | 865.16 | 952.18 | 1077.46 | 1198.31 | 1308.77 | 9.4 |
| 批发额 | | 129.64 | 137.55 | 84.74 | 84.91 | 112.09 | 115.38 | 127.49 | 128.77 | 2.1 |
| 零售额 | | 545.63 | 596.94 | 683.53 | 780.25 | 840.09 | 962.08 | 1070.83 | 1180.00 | 10.2 |
| 按规模分 | | | | | | | | | | |
| 限额以上销售额 | | 572.48 | 680.05 | 884.22 | 930.75 | 808.77 | 900.22 | 1099.77 | 948.31 | 5.5 |
| 批发额 | | 368.39 | 436.18 | 590.07 | 565.84 | 399.92 | 425.01 | 564.96 | 447.93 | 3.1 |
| 零售额 | | 204.09 | 243.87 | 294.15 | 364.91 | 408.85 | 475.21 | 534.81 | 500.38 | 7.8 |
| 限额以下销售额 | | 586.61 | 571.73 | 660.17 | 719.07 | 1003.05 | 1122.02 | 1201.49 | 1512.84 | 10.3 |
| 批发额 | | 174.53 | 135.26 | 174.21 | 203.98 | 442.69 | 519.76 | 493.39 | 662.34 | 9.7 |
| 零售额 | | 412.08 | 436.47 | 485.96 | 515.09 | 560.36 | 602.25 | 708.10 | 850.50 | 10.8 |
| **限额以上住宿餐饮业营业额** | **(亿元)** | **30.83** | **36.26** | **38.26** | **43.39** | **47.97** | **49.20** | **52.31** | **43.85** | **-2.2** |
| #客房收入 | | 9.63 | 10.86 | 11.83 | 13.86 | 16.33 | 16.93 | 19.48 | 14.32 | -5.4 |
| 餐费收入 | | 18.27 | 21.62 | 21.82 | 24.94 | 26.82 | 26.88 | 28.58 | 0.53 | -16.9 |
| 商品销售收入 | | 0.80 | 0.86 | 1.25 | 1.51 | 1.69 | 2.11 | 2.53 | 24.52 | -2.1 |
| **亿元以上商品交易市场成交额** | **(亿元)** | **169.26** | **136.18** | **146.75** | **159.46** | **228.94** | **221.68** | **196.16** | **167.80** | **-14.4** |
| **限额以上连锁总店数** | **(个)** | **9** | **13** | **15** | **15** | **15** | **14** | **14** | **12** | **-14.3** |
| **限额以上连锁门店数** | **(个)** | **425** | **509** | **424** | **435** | **450** | **445** | **676** | **790** | **16.8** |
| **限额以上连锁店销售总额** | **(亿元)** | **114** | **130** | **145** | **145** | **126** | **117** | **136** | **148** | **1.3** |
| #零售额 | | 85 | 99 | 112 | 131 | 114 | 113 | 130 | 126 | **1.1** |

注：表内社会消费品零售总额、销售总额及营业额为快报数据。2013年和2014年销售额使用三经普修定后的数据，有变化。

## 14-2　分县区社会消费品零售总额

单位：亿元

| 县 区 | 2010年 | 2011年 | 2012年 | 2013年 | 2014年 | 2015年 | 2016年 | 2017年 | 2018年 |
|---|---|---|---|---|---|---|---|---|---|
| 惠城区 | 237.61 | 273.28 | 311.88 | 360.38 | 402.31 | 446.97 | 516.29 | 570.94 | 613.15 |
| 惠阳区 | 73.63 | 87.18 | 92.27 | 103.71 | 114.47 | 125.68 | 143.77 | 159.29 | 174.46 |
| 惠东县 | 113.64 | 134.64 | 146.91 | 165.79 | 188.58 | 214.33 | 247.48 | 278.66 | 300.62 |
| 博罗县 | 90.99 | 106.78 | 112.04 | 124.28 | 136.97 | 149.31 | 168.86 | 186.84 | 205.71 |
| 龙门县 | 22.10 | 30.36 | 34.61 | 39.69 | 45.59 | 51.39 | 58.70 | 64.49 | 69.44 |
| 大亚湾区 | 13.07 | 14.99 | 16.81 | 18.86 | 31.14 | 30.97 | 33.47 | 38.78 | 45.23 |
| 仲恺区 | 31.49 | 37.50 | 39.63 | 45.20 | 49.63 | 52.48 | 59.32 | 64.46 | 70.36 |

## 14-3　分县区批发零售业商品销售总额

单位：亿元

| 县 区 | 2010年 | 2011年 | 2012年 | 2013年 | 2014年 | 2015年 | 2016年 | 2017年 | 2018年 |
|---|---|---|---|---|---|---|---|---|---|
| 惠城区 | 419.45 | 381.49 | 429.28 | 503.46 | 641.69 | 687.66 | 750.23 | 814.13 | 864.27 |
| 惠阳区 | 67.90 | 99.31 | 102.79 | 114.65 | 125.37 | 138.59 | 155.73 | 174.51 | 188.57 |
| 惠东县 | 154.46 | 233.23 | 250.59 | 296.64 | 352.90 | 406.23 | 464.10 | 528.98 | 547.05 |
| 博罗县 | 80.66 | 125.51 | 119.88 | 139.57 | 159.36 | 176.71 | 189.57 | 208.77 | 226.55 |
| 龙门县 | 35.28 | 53.72 | 49.31 | 60.51 | 71.09 | 78.60 | 88.39 | 96.53 | 105.54 |
| 大亚湾区 | 25.57 | 58.70 | 67.63 | 97.98 | 120.62 | 132.42 | 160.64 | 242.39 | 279.24 |
| 仲恺区 | 178.00 | 207.13 | 232.31 | 331.58 | 178.80 | 191.61 | 213.58 | 235.93 | 249.94 |

# 14-4 批发零售业商品销售总额

单位：万元

| 项 目 | 2011年 | 2012年 | 2013年 | 2014年 | 2015年 | 2016年 | 2017年 | 2018年 |
|---|---|---|---|---|---|---|---|---|
| **合 计** | **11590873** | **12517826** | **15443903** | **16498192** | **18118202** | **20222377** | **23012552** | **24611594** |
| 按行业分组 | | | | | | | | |
| 批发业 | 4838188 | 5172920 | 7761173 | 7846546 | 8596378 | 9447772 | 10583450 | 11102737 |
| 零售业 | 6752685 | 7344906 | 7682730 | 8651646 | 9521824 | 10774605 | 12429102 | 13508857 |
| 按规模分组 | | | | | | | | |
| **限额以上企业和个体户类值** | **5757310** | **6830275** | **8809628** | **9356767** | **8130531** | **9041993** | **11037851** | **9522866** |
| 1、粮油、食品、饮料、烟酒类 | 720857 | 945417 | 1180357 | 1337252 | 1576615 | 1759597 | 1995645 | 1405398 |
| (1)粮油、食品类 | 278908 | 427022 | 604590 | 762329 | 942301 | 1084859 | 1250343 | 663023 |
| 其中：粮油类 | 102953 | 144362 | 198344 | 254108 | 287253 | 310073 | 361959 | 142651 |
| 肉禽蛋类 | 41117 | 68665 | 115760 | 158244 | 175708 | 204686 | 178626 | 184854 |
| 水产品类 | 8857 | 61694 | 101550 | 113883 | 177541 | 217451 | 262338 | 44172 |
| 蔬菜类 | 49761 | 65510 | 69164 | 104596 | 146899 | 180585 | 195739 | 97522 |
| 干鲜果品类 | 12220 | 15493 | 19462 | 33949 | 39036 | 58160 | 70558 | 60256 |
| (2)饮料类 | 26791 | 60268 | 58231 | 72412 | 70392 | 73954 | 91064 | 81423 |
| (3)烟酒类 | 415158 | 458127 | 517535 | 502511 | 563922 | 600784 | 654237 | 660953 |
| 2、服装、鞋帽、针纺织品类 | 387853 | 602013 | 661475 | 858942 | 1190469 | 1226434 | 1105439 | 366243 |
| (1)服装类 | 305621 | 363498 | 349722 | 507290 | 703232 | 674677 | 594391 | 238530 |
| (2)鞋帽类 | 63130 | 183555 | 241654 | 316632 | 445365 | 506683 | 477877 | 95103 |
| (3)针、纺织品类 | 19102 | 54960 | 70099 | 35021 | 41872 | 45074 | 33171 | 32609 |
| 3、化妆品类 | 13772 | 16547 | 17467 | 28045 | 30031 | 37381 | 42927 | 37579 |
| 4、金银珠宝类 | 13435 | 19685 | 28397 | 25563 | 33717 | 37157 | 55023 | 54239 |
| 5、日用品类 | 48580 | 79490 | 89222 | 114267 | 157917 | 184679 | 186579 | 165937 |
| 其中：洗涤用品类 | 13848 | 28453 | 29012 | 31737 | | | | |
| 儿童玩具类 | 2376 | 5297 | 4498 | 17719 | 7393 | 8732 | 14715 | 14878 |
| 6、五金、电料类 | 17567 | 13098 | 12417 | 28317 | 42663 | 34008 | 38001 | 35091 |
| 7、体育、娱乐用品类 | 4372 | 3671 | 3798 | 4989 | 5774 | 8208 | 11268 | 10481 |
| 8、书报杂志类 | 3222 | 4522 | 5086 | 7392 | 7577 | 10078 | 11253 | 14856 |
| 9、电子出版物及音像制品类 | 750 | 844 | 1756 | 697 | 623 | 686 | 340 | 132 |
| 10、家用电器和音像器材类 | 1705608 | 1963071 | 2442599 | 2585297 | 1015494 | 1067213 | 1273876 | 1648350 |
| 11、中西药品类 | 153408 | 177900 | 235071 | 388796 | 542975 | 607972 | 615806 | 536510 |
| 其中：西药类 | 119963 | 143214 | 154658 | 237861 | 351149 | 425849 | 455016 | 390835 |
| 中草药及中成药类 | 5645 | 5734 | 14300 | 63360 | 83844 | 66331 | 62169 | 58117 |
| 12、文化办公用品类 | 101573 | 93454 | 405272 | 36525 | 28955 | 27163 | 51550 | 49595 |
| 13、家具类 | 4746 | 21984 | 17549 | 41261 | 52477 | 37556 | 26411 | 17013 |
| 14、通讯器材类 | 69090 | 76043 | 230165 | 232436 | 113010 | 137253 | 107808 | 25658 |
| 15、煤炭及制品类 | 5 | 15 | 18 | 11884 | 25 | 73 | 39573 | 72452 |
| 16、木材及制品类 | 1871 | 7577 | | | 2110 | | 2063 | |
| 17、石油及制品类 | 1552118 | 1669082 | 2025591 | 1839686 | 1361748 | 1503651 | 2670536 | 2328190 |
| 18、化工材料及制品类 | 31637 | 38672 | 228373 | 298691 | 209687 | 190170 | 236831 | 325434 |
| 其中：化肥类 | 13368 | 23221 | 27803 | 27344 | 39767 | 30107 | 54228 | 29592 |
| 19、金属材料类 | 100500 | 72843 | 32361 | 33605 | 29199 | 17489 | 22425 | 37542 |
| 20、建筑及装潢材料类 | 51235 | 98899 | 110670 | 122488 | 129622 | 117672 | 148079 | 89646 |
| 21、机电产品及设备类 | 44998 | 57492 | 58532 | 58677 | 51622 | 77262 | 69037 | 44792 |
| 其中：农机类 | 1420 | | | 3757 | 5695 | 6819 | 8475 | |
| 22、汽车类 | 592067 | 656205 | 871268 | 1115905 | 1396271 | 1819999 | 1977593 | 1979775 |
| 23、种子饲料类 | 2983 | 2723 | 5297 | 6335 | 5168 | 2180 | 2010 | |
| 25、其他类 | 135062 | 209026 | 146888 | 179717 | 146785 | 138114 | 347778 | 277953 |
| **限额以下企业和个体户** | **5833563** | **5687552** | **6634275** | **7141425** | **9987671** | **11180383** | **11974701** | **15088728** |

# 14-5　批发零售业商品批发额

单位：万元

| 项　　目 | 2011年 | 2012年 | 2013年 | 2014年 | 2015年 | 2016年 | 2017年 | 2018年 |
|---|---|---|---|---|---|---|---|---|
| **合　　计** | **5429170** | **5714433** | **7327542** | **7183568** | **8426070** | **9065028** | **10583450** | **11102737** |
| 按行业分组 | | | | | | | | |
| 批发业 | 4132780 | 4338859 | 6756353 | 6790714 | 7305162 | 7911243 | 9308568 | 9815058 |
| 零售业 | 1296389 | 1375574 | 571189 | 392854 | 1120909 | 1153785 | 1274882 | 1287679 |
| 按规模分组 | | | | | | | | |
| **限额以上企业和个体户类值** | **3683874** | **4361797** | **5831315** | **5685661** | **4026403** | **4337345** | **5674315** | **4504210** |
| 1、粮油、食品、饮料、烟酒类 | 581347 | 720163 | 909215 | 1075075 | 1260486 | 1422002 | 1560242 | 1092770 |
| (1)粮油、食品类 | 206623 | 310236 | 447487 | 571502 | 701519 | 824265 | 907139 | 417862 |
| 其中：粮油类 | 83842 | 112365 | 152879 | 197390 | 224048 | 240066 | 291768 | 88974 |
| 肉禽蛋类 | 31720 | 53833 | 93854 | 134005 | 150379 | 172732 | 143238 | 152524 |
| 水产品类 | 7838 | 46549 | 87151 | 94384 | 145860 | 177546 | 209414 | 36146 |
| 蔬菜类 | 47651 | 61155 | 58666 | 85663 | 118676 | 151423 | 165306 | 77019 |
| 干鲜果品类 | 7131 | 7771 | 10454 | 15919 | 18522 | 33230 | 38195 | 31152 |
| (2)饮料类 | 13011 | 18430 | 22184 | 41844 | 38796 | 42930 | 53700 | 48797 |
| (3)烟酒类 | 361714 | 391496 | 439544 | 461729 | 520171 | 554808 | 599404 | 626110 |
| 2、服装、鞋帽、针纺织品类 | 256908 | 394037 | 399100 | 528775 | 745086 | 698392 | 601418 | 128354 |
| (1)服装类 | 205849 | 242321 | 210105 | 332879 | 475387 | 409221 | 343960 | 74511 |
| (2)鞋帽类 | 41913 | 117479 | 144170 | 174491 | 241007 | 261165 | 241114 | 34913 |
| (3)针、纺织品类 | 9147 | 34237 | 44825 | 21406 | 28692 | 28006 | 16344 | 18930 |
| 3、化妆品类 | | 1 | | 2305 | 443 | 54 | 364 | 523 |
| 4、金银珠宝类 | 1433 | 1514 | 1717 | 3079 | 3839 | 4401 | 3146 | 3555 |
| 5、日用品类 | 19644 | 24705 | 22932 | 31077 | 52639 | 47117 | 52790 | 51263 |
| 其中：洗涤用品类 | 91 | 1 | | 5556 | | | | |
| 儿童玩具类 | | | | 8330 | 80 | 12 | 6137 | 6758 |
| 6、五金、电料类 | 14584 | 10275 | 8170 | 21825 | 29866 | 20600 | 22077 | 23941 |
| 7、体育、娱乐用品类 | 904 | 462 | 309 | 1506 | 1629 | 3611 | 5430 | 4916 |
| 8、书报杂志类 | 810 | 834 | 551 | 522 | 987 | 1696 | 1836 | 4022 |
| 9、电子出版物及音像制品类 | | | 757 | | 1 | | 4 | 1 |
| 10、家用电器和音像器材类 | 1598788 | 1866357 | 2329657 | 2295241 | 689541 | 732733 | 895664 | 1174720 |
| 11、中西药品类 | 149726 | 172193 | 224824 | 366162 | 459574 | 498660 | 454708 | 466286 |
| 其中：西药类 | 118284 | 139812 | 148337 | 222732 | 279823 | 331051 | 333169 | 361869 |
| 中草药及中成药类 | 3726 | 3557 | 10503 | 57715 | 75772 | 54147 | 43216 | 43415 |
| 12、文化办公用品类 | 43027 | 27795 | 361615 | 17412 | 10626 | 10949 | 18339 | 17998 |
| 13、家具类 | 1306 | 10717 | 10152 | 32327 | 45458 | 30741 | 14658 | 8286 |
| 14、通讯器材类 | 55518 | 62646 | 209564 | 207781 | 89070 | 113536 | 80644 | 168 |
| 15、煤炭及制品类 | | | | 11860 | | | 39507 | 72452 |
| 16、木材及制品类 | 1871 | 7577 | | | 2110 | | 2063 | |
| 17、石油及制品类 | 634058 | 666076 | 871665 | 515520 | 200145 | 339202 | 1264807 | 730739 |
| 18、化工材料及制品类 | 31637 | 38672 | 228373 | 298691 | 209687 | 190170 | 236831 | 325434 |
| 其中：化肥类 | 13368 | 23221 | 27803 | 27344 | 39767 | 30107 | 54228 | 29592 |
| 19、金属材料类 | 100500 | 72843 | 32361 | 33605 | 29199 | 17489 | 22425 | 37542 |
| 20、建筑及装潢材料类 | 33257 | 57033 | 67827 | 63563 | 60928 | 45607 | 45802 | 59836 |
| 21、机电产品及设备类 | 37589 | 50352 | 49615 | 47893 | 35912 | 57549 | 53501 | 36786 |
| 其中：农机类 | 1420 | | | 3757 | 5695 | 6819 | 8475 | |
| 22、汽车类 | 13884 | 6513 | 6133 | 5828 | 7835 | 17708 | 13728 | 19999 |
| 23、种子饲料类 | 2983 | 2723 | 5297 | 6335 | 5168 | 2180 | 2010 | |
| 25、其他类 | 104099 | 168311 | 91481 | 119281 | 86178 | 82950 | 282321 | 244621 |
| **限额以下企业和个体户** | **1745296** | **1352635** | **1211549** | **1497907** | **4399667** | **4727683** | **4909136** | **6598527** |

# 14-6 批发零售业商品零售额

单位：万元

| 项　　目 | 2011年 | 2012年 | 2013年 | 2014年 | 2015年 | 2016年 | 2017年 | 2018年 |
|---|---|---|---|---|---|---|---|---|
| **合　计** | **6161704** | **6803394** | **8116361** | **9314624** | **9692132** | **11157349** | **12429102** | **13508857** |
| 按行业分组 | | | | | | | | |
| 批发业 | 705408 | 834062 | 1004820 | 1055832 | 1291217 | 1536529 | 1720836 | 1708810 |
| 零售业 | 5456296 | 5969332 | 7111541 | 8258792 | 8400915 | 9620820 | 10708266 | 11800047 |
| 按规模分组 | | | | | | | | |
| **限额以上企业和个体户类值** | **2073436** | **2468477** | **2978313** | **3671106** | **4104128** | **4704648** | **5363537** | **5018656** |
| 1. 粮油、食品、饮料、烟酒类 | 139510 | 225255 | 271142 | 262178 | 316129 | 337595 | 435402 | 312628 |
| (1)粮油、食品类 | 72285 | 116786 | 157103 | 190826 | 240783 | 260594 | 343205 | 245161 |
| 其中：粮油类 | 19111 | 31997 | 45465 | 56717 | 63205 | 70007 | 70191 | 53677 |
| 肉禽蛋类 | 9397 | 14832 | 21906 | 24238 | 25329 | 31954 | 35387 | 32330 |
| 水产品类 | 1019 | 15146 | 14398 | 19499 | 31681 | 39905 | 52924 | 8027 |
| 蔬菜类 | 2110 | 4355 | 10498 | 18933 | 28223 | 29162 | 30433 | 20504 |
| 干鲜果品类 | 5089 | 7723 | 9008 | 18030 | 20514 | 24930 | 32363 | 29104 |
| (2)饮料类 | 13781 | 41837 | 36047 | 30569 | 31596 | 31025 | 37364 | 32625 |
| (3)烟酒类 | 53444 | 66631 | 77992 | 40783 | 43751 | 45976 | 54833 | 34842 |
| 2. 服装、鞋帽、针纺织品类 | 130944 | 207976 | 262375 | 330168 | 445383 | 528042 | 504021 | 237889 |
| (1)服装类 | 99772 | 121178 | 139617 | 174412 | 227845 | 265455 | 250432 | 164019 |
| (2)鞋帽类 | 21217 | 66076 | 97484 | 142141 | 204358 | 245518 | 236763 | 60191 |
| (3)针、纺织品类 | 9955 | 20722 | 25274 | 13615 | 13180 | 17069 | 16826 | 13679 |
| 3. 化妆品类 | 13772 | 16546 | 17467 | 25740 | 29588 | 37327 | 42563 | 37057 |
| 4. 金银珠宝类 | 12001 | 18171 | 26681 | 22484 | 29878 | 32756 | 51878 | 50684 |
| 5. 日用品类 | 28936 | 54786 | 66290 | 83190 | 105278 | 137562 | 133789 | 114674 |
| 其中：洗涤用品类 | 13756 | 28451 | 29012 | 26181 | | | | |
| 儿童玩具类 | 2376 | 5297 | 4498 | 9389 | 7313 | 8720 | 8578 | 8120 |
| 6. 五金、电料类 | 2982 | 2823 | 4248 | 6492 | 12798 | 13407 | 15924 | 11150 |
| 7. 体育、娱乐用品类 | 3469 | 3209 | 3489 | 3483 | 4146 | 4598 | 5839 | 5565 |
| 8. 书报杂志类 | 2412 | 3688 | 4536 | 6870 | 6590 | 8382 | 9417 | 10834 |
| 9. 电子出版物及音像制品类 | 750 | 844 | 999 | 697 | 622 | 685 | 336 | 131 |
| 10. 家用电器和音像器材类 | 106820 | 96714 | 112942 | 290057 | 325953 | 334481 | 378212 | 473630 |
| 11. 中西药品类 | 3683 | 5707 | 10247 | 22634 | 83401 | 109312 | 161098 | 70223 |
| 其中：西药类 | 1679 | 3402 | 6320 | 15128 | 71327 | 94798 | 121847 | 28966 |
| 中草药及中成药类 | 1919 | 2177 | 3797 | 5645 | 8072 | 12184 | 18953 | 14702 |
| 12. 文化办公用品类 | 58546 | 65659 | 43657 | 19112 | 18329 | 16214 | 33211 | 31598 |
| 13. 家具类 | 3440 | 11267 | 7396 | 8933 | 7019 | 6815 | 11754 | 8728 |
| 14. 通讯器材类 | 13573 | 13398 | 20600 | 24655 | 23940 | 23717 | 27164 | 25490 |
| 15. 煤炭及制品类 | 5 | 15 | 18 | 24 | 25 | 73 | 65 | |
| 17. 石油及制品类 | 918060 | 1003006 | 1153926 | 1324166 | 1161603 | 1164449 | 1405729 | 1597451 |
| 20. 建筑及装潢材料类 | 17978 | 41866 | 42843 | 58925 | 68695 | 72065 | 102277 | 29810 |
| 21. 机电产品及设备类 | 7409 | 7140 | 8917 | 10784 | 15710 | 19713 | 15536 | 8006 |
| 22. 汽车类 | 578183 | 649692 | 865135 | 1110078 | 1388436 | 1802292 | 1963865 | 1959776 |
| 25. 其他类 | 30964 | 40715 | 55407 | 60437 | 60607 | 55164 | 65457 | 33332 |
| **限额以下企业和个体户** | **4088268** | **4334916** | **5138049** | **5643518** | **5588004** | **6452701** | **7065565** | **8490201** |

# 14-7 限额以上批发业商品购、销、存总额

(2018年)　　单位：万元

| 项　　目 | 企业单位数(个) | 购进总额 | #进口 | 商品销售总　额 |
|---|---|---|---|---|
| **批发业** | **368** | **4522887** | **55734** | **5197863** |
| **1.按批发行业小类分** | | | | |
| 农、林、牧、渔产品批发 | 25 | 314370 | | 167381 |
| 谷物、豆及薯类批发 | 13 | 72373 | | 94774 |
| 畜牧渔业饲料批发 | 1 | 12516 | | 13834 |
| 林业产品批发 | 4 | 6832 | | 7761 |
| 牲畜批发 | 3 | 3677 | | 17867 |
| 渔业产品批发 | 1 | 208496 | | 21490 |
| 其他农牧产品批发 | 3 | 10475 | | 11655 |
| 食品、饮料及烟草制品批发 | 62 | 722750 | 1784 | 1019741 |
| 米、面制品及食用油批发 | 7 | 54324 | 655 | 56591 |
| 糕点、糖果及糖批发 | 1 | 12579 | | 14995 |
| 果品、蔬菜批发 | 20 | 73860 | | 89485 |
| 肉、禽、蛋、奶及水产品批发 | 20 | 99591 | | 177876 |
| 盐及调味品批发 | 1 | 3667 | | 5879 |
| 酒、饮料及茶叶批发 | 9 | 42151 | | 49518 |
| 烟草制品批发 | 1 | 429141 | 1129 | 617655 |
| 其他食品批发 | 3 | 7438 | | 7742 |
| 纺织、服装及家庭用品批发 | 49 | 1084763 | | 1272812 |
| 纺织品、针织品及原料批发 | 5 | 32225 | | 32941 |
| 服装批发 | 5 | 16810 | | 34845 |
| 鞋帽批发 | 18 | 42568 | | 57411 |
| 化妆品及卫生用品批发 | 1 | 2244 | | 2482 |
| 厨具卫具及日用杂品批发 | 1 | 1326 | | 10750 |
| 灯具、装饰物品批发 | 1 | 232424 | | 257499 |
| 家用视听设备批发 | 8 | 647329 | | 757667 |
| 日用家电批发 | 8 | 104230 | | 109111 |
| 其他家庭用品批发 | 2 | 5609 | | 10106 |
| 文化、体育用品及器材批发 | 8 | 59744 | | 67442 |
| 文具用品批发 | 5 | 45846 | | 50970 |
| 其他文化用品批发 | 3 | 13897 | | 16472 |
| 医药及医疗器材批发 | 53 | 526397 | 12319 | 617444 |
| 西药批发 | 24 | 295387 | 5276 | 349193 |
| 中药批发 | 20 | 172376 | 5145 | 196833 |
| 医疗用品及器材批发 | 9 | 58634 | 1898 | 71418 |
| 矿产品、建材及化工产品批发 | 112 | 1444828 | 7693 | 1603194 |
| 煤炭及制品批发 | 4 | 35950 | | 52692 |
| 石油及制品批发 | 22 | 827859 | | 858387 |
| 非金属矿及制品批发 | 1 | 4859 | | 6119 |
| 金属及金属矿批发 | 15 | 61981 | | 74483 |
| 建材批发 | 32 | 196980 | | 240417 |
| 化肥批发 | 5 | 55628 | | 53660 |
| 农药批发 | 4 | 38640 | | 49971 |
| 其他化工产品批发 | 29 | 222931 | 7693 | 267466 |

## 14-7　续表1

(2018年)　　单位：万元

| 项　　目 | 企业单位数(个) | 购进总额 | #进口 | 商品销售总额 |
|---|---|---|---|---|
| 机械设备、五金产品及电子产品批发 | 40 | 239326 | 3202 | 288273 |
| 农业机械批发 | 1 | 4300 |  | 4468 |
| 汽车及零配件批发 | 6 | 35971 |  | 39231 |
| 五金产品批发 | 6 | 19789 | 1209 | 22792 |
| 电气设备批发 | 6 | 29892 | 941 | 38052 |
| 计算机、软件及辅助设备批发 | 6 | 91722 | 949 | 105501 |
| 通讯设备批发 | 1 | 578 |  | 10723 |
| 广播影视设备批发 | 1 | 2386 |  | 2734 |
| 其他机械设备及电子产品批发 | 13 | 54688 | 102 | 64773 |
| 贸易经纪与代理 | 13 | 105144 | 30736 | 128282 |
| 贸易代理 | 11 | 91907 | 30736 | 108569 |
| 其他贸易经纪与代理 | 2 | 13237 |  | 19713 |
| 其他批发业 | 6 | 25566 |  | 33294 |
| 再生物资回收与批发 | 2 | 4476 |  | 5186 |
| 其他未列明批发业 | 4 | 21090 |  | 28108 |
| **2.按登记注册类型分** |  |  |  |  |
| 内资企业 | 342 | 3694938 | 48032 | 4204071 |
| 国有企业 | 4 | 7096 |  | 8177 |
| 集体企业 | 1 | 20403 |  | 20224 |
| 有限责任公司 | 114 | 1935455 | 5216 | 2347844 |
| 国有独资公司 | 1 | 3667 |  | 5879 |
| 其他有限责任公司 | 113 | 1931788 | 5216 | 2341965 |
| 股份有限公司 | 4 | 86933 |  | 116786 |
| 私营企业 | 213 | 1640705 | 42816 | 1698488 |
| 私营独资企业 | 2 | 6381 |  | 7621 |
| 私营有限责任公司 | 209 | 1624085 | 42816 | 1679498 |
| 私营股份有限公司 | 2 | 10239 |  | 11369 |
| 其他企业 | 6 | 4347 |  | 12552 |
| 港、澳、台商投资企业 | 19 | 321334 | 2979 | 397625 |
| 与港澳台商合资经营企业 | 2 | 1333 |  | 11839 |
| 与港澳台商合作经营企业 | 2 | 676 |  | 909 |
| 港澳台商独资经营企业 | 14 | 301032 | 2979 | 365335 |
| 其他港澳台投资企业 | 1 | 18293 |  | 19542 |
| 外商投资企业 | 7 | 506615 | 4724 | 596167 |
| 中外合资经营企业 | 3 | 481115 | 4139 | 565677 |
| 外资企业 | 4 | 25500 | 585 | 30490 |
| **3.按控股情况分** |  |  |  |  |
| 国有控股 | 13 | 747537 | 2078 | 981572 |
| 集体控股 | 4 | 52803 |  | 56255 |
| 私人控股 | 292 | 2444695 | 45851 | 2614952 |
| 港澳台商控股 | 16 | 303303 | 2979 | 387412 |
| 外商控股 | 5 | 29523 | 585 | 35921 |
| 其他 | 38 | 945025 | 4241 | 1121751 |
| **4.按经营形式分** |  |  |  |  |
| 独立门店 | 193 | 2251343 | 16433 | 2382602 |
| 连锁总店(总部) | 1 | 16187 |  | 16854 |
| 其他 | 174 | 2255357 | 39302 | 2798407 |

## 14-7 续表2

(2018年)　　单位：万元

| 项　　目 | 批发 | 出口 | 零售 | 年末库存总　额 |
|---|---|---|---|---|
| **批发业** | **5107130** | **206966** | **90733** | **253607** |
| **1.按批发行业小类分** | | | | |
| 农、林、牧、渔产品批发 | 163395 | | 3986 | 7098 |
| 谷物、豆及薯类批发 | 93038 | | 1736 | 6585 |
| 畜牧渔业饲料批发 | 13834 | | | 48 |
| 林业产品批发 | 7761 | | | 95 |
| 牲畜批发 | 17384 | | 482 | 168 |
| 渔业产品批发 | 21490 | | | |
| 其他农牧产品批发 | 9887 | | 1768 | 202 |
| 食品、饮料及烟草制品批发 | 1003833 | 32785 | 15908 | 35942 |
| 米、面制品及食用油批发 | 55972 | | 619 | 10672 |
| 糕点、糖果及糖批发 | 14995 | | | 1825 |
| 果品、蔬菜批发 | 82292 | | 7193 | 3068 |
| 肉、禽、蛋、奶及水产品批发 | 170649 | 32785 | 7227 | 6762 |
| 盐及调味品批发 | 5879 | | | 1259 |
| 酒、饮料及茶叶批发 | 48649 | | 869 | 3882 |
| 烟草制品批发 | 617655 | | | 8182 |
| 其他食品批发 | 7742 | | | 292 |
| 纺织、服装及家庭用品批发 | 1250747 | 61085 | 22065 | 30600 |
| 纺织品、针织品及原料批发 | 32941 | 20726 | | 184 |
| 服装批发 | 34845 | 19939 | | 54 |
| 鞋帽批发 | 45742 | 13299 | 11669 | 544 |
| 化妆品及卫生用品批发 | 2482 | | | 1037 |
| 厨具卫具及日用杂品批发 | 2416 | | 8334 | 375 |
| 灯具、装饰物品批发 | 257499 | | | |
| 家用视听设备批发 | 756160 | | 1508 | 19339 |
| 日用家电批发 | 108557 | | 553 | 8231 |
| 其他家庭用品批发 | 10106 | 7121 | | 836 |
| 文化、体育用品及器材批发 | 62096 | 6739 | 5346 | 4296 |
| 文具用品批发 | 45624 | | 5346 | 3615 |
| 其他文化用品批发 | 16472 | 6739 | | 681 |
| 医药及医疗器材批发 | 607682 | | 9762 | 75999 |
| 西药批发 | 343606 | | 5587 | 42893 |
| 中药批发 | 192688 | | 4145 | 22175 |
| 医疗用品及器材批发 | 71388 | | 30 | 10930 |
| 矿产品、建材及化工产品批发 | 1588180 | 1510 | 15014 | 75390 |
| 煤炭及制品批发 | 52309 | | 383 | 1616 |
| 石油及制品批发 | 857951 | | 436 | 21695 |
| 非金属矿及制品批发 | 6119 | | | 33 |
| 金属及金属矿批发 | 65330 | | 9153 | 9406 |
| 建材批发 | 236109 | | 4309 | 24424 |
| 化肥批发 | 53660 | | | 6766 |
| 农药批发 | 49971 | | | 1445 |
| 其他化工产品批发 | 266732 | 1510 | 734 | 10005 |

## 14-7 续表3

(2018年) 单位：万元

| 项目 | 批发 | 出口 | 零售 | 年末库存总额 |
|---|---|---|---|---|
| 机械设备、五金产品及电子产品批发 | 272357 | 16985 | 15917 | 22648 |
| 农业机械批发 | | | 4468 | 102 |
| 汽车及零配件批发 | 29220 | | 10011 | 660 |
| 五金产品批发 | 22640 | 428 | 152 | 932 |
| 电气设备批发 | 37982 | 11318 | 70 | 1230 |
| 计算机、软件及辅助设备批发 | 104428 | | 1072 | 15558 |
| 通讯设备批发 | 10723 | | | 1140 |
| 广播影视设备批发 | 2734 | | | 4 |
| 其他机械设备及电子产品批发 | 64630 | 5239 | 143 | 3022 |
| 贸易经纪与代理 | 125547 | 87862 | 2735 | 1459 |
| 贸易代理 | 105834 | 68150 | 2735 | 1242 |
| 其他贸易经纪与代理 | 19713 | 19713 | | 217 |
| 其他批发业 | 33294 | | | 175 |
| 再生物资回收与批发 | 5186 | | | 73 |
| 其他未列明批发业 | 28108 | | | 102 |
| **2.按登记注册类型分** | | | | |
| 内资企业 | 4113409 | 182408 | 90662 | 223782 |
| 国有企业 | 7000 | | 1178 | 2856 |
| 集体企业 | 20224 | | | 219 |
| 有限责任公司 | 2312472 | 51658 | 35372 | 105884 |
| 国有独资公司 | 5879 | | | 1259 |
| 其他有限责任公司 | 2306594 | 51658 | 35372 | 104625 |
| 股份有限公司 | 116731 | 17394 | 55 | 14243 |
| 私营企业 | 1644476 | 113357 | 54012 | 100540 |
| 私营独资企业 | 7176 | | 446 | 403 |
| 私营有限责任公司 | 1625932 | 113357 | 53566 | 99941 |
| 私营股份有限公司 | 11369 | | | 196 |
| 其他企业 | 12506 | | 46 | 39 |
| 港、澳、台商投资企业 | 397625 | 6119 | | 11830 |
| 与港澳台商合资经营企业 | 11839 | | | 106 |
| 与港澳台商合作经营企业 | 909 | | | 124 |
| 港澳台商独资经营企业 | 365335 | 6119 | | 11599 |
| 其他港澳台投资企业 | 19542 | | | |
| 外商投资企业 | 596096 | 18439 | 71 | 17996 |
| 中外合资经营企业 | 565626 | | 51 | 16730 |
| 外资企业 | 30470 | 18439 | 20 | 1266 |
| **3.按控股情况分** | | | | |
| 国有控股 | 980394 | | 1178 | 28107 |
| 集体控股 | 56255 | | | 3339 |
| 私人控股 | 2543323 | 157706 | 71629 | 157876 |
| 港澳台商控股 | 379078 | 6119 | 8334 | 11975 |
| 外商控股 | 33492 | 18439 | 2430 | 1266 |
| 其他 | 1114588 | 24703 | 7162 | 51045 |
| **4.按经营形式分** | | | | |
| 独立门店 | 2327579 | 71098 | 55023 | 119929 |
| 连锁总店(总部) | 16854 | | | 1009 |
| 其他 | 2762697 | 135868 | 35710 | 132669 |

# 14-8 限额以上零售业商品购、销、存总额

(2018年)　　单位：万元

| 项　　目 | 企业单位数（个） | 购进总额 | #进口 | 商品销售总额 |
|---|---|---|---|---|
| **零售业** | **363** | **4193991** | **136303** | **5564160** |
| **1.按零售行业小类分** | | | | |
| 综合零售 | 27 | 316785 | 1438 | 439235 |
| 百货零售 | 18 | 275860 | | 389589 |
| 超级市场零售 | 9 | 40926 | 1438 | 49646 |
| 食品、饮料及烟草制品专门零售 | 36 | 40872 | | 50577 |
| 粮油零售 | 3 | 9167 | | 10840 |
| 糕点、面包零售 | 5 | 3563 | | 4975 |
| 果品、蔬菜零售 | 10 | 11234 | | 14036 |
| 肉、禽、蛋、奶及水产品零售 | 5 | 2636 | | 3891 |
| 酒、饮料及茶叶零售 | 9 | 9765 | | 11867 |
| 烟草制品零售 | 3 | 2449 | | 2721 |
| 其他食品零售 | 1 | 2058 | | 2248 |
| 纺织、服装及日用品专门零售 | 16 | 73899 | | 127342 |
| 服装零售 | 3 | 33831 | | 64358 |
| 鞋帽零售 | 7 | 11532 | | 15573 |
| 化妆品及卫生用品零售 | 1 | 1618 | | 2052 |
| 钟表、眼镜零售 | 1 | 3429 | | 3850 |
| 箱包零售 | 1 | 19595 | | 37378 |
| 其他日用品零售 | 3 | 3895 | | 4130 |
| 文化、体育用品及器材专门零售 | 9 | 11770 | | 17480 |
| 文具用品零售 | 3 | 3383 | | 4048 |
| 图书、报刊零售 | 4 | 8134 | | 12781 |
| 珠宝首饰零售 | 1 | 57 | | 268 |
| 乐器零售 | 1 | 196 | | 383 |
| 医药及医疗器材专门零售 | 13 | 88220 | | 120447 |
| 西药零售 | 9 | 82365 | | 113836 |
| 中药零售 | 1 | 827 | | 1364 |
| 医疗用品及器材零售 | 3 | 5029 | | 5246 |
| 汽车、摩托车、零配件和燃料及其他动力销售 | 197 | 2651833 | 130883 | 3719966 |
| 汽车新车零售 | 142 | 1981447 | 130883 | 2088750 |
| 汽车零配件零售 | 2 | 15868 | | 15906 |
| 摩托车及零配件零售 | 4 | 5119 | | 9036 |
| 机动车燃油零售 | 49 | 649399 | | 1606274 |
| 家用电器及电子产品专门零售 | 32 | 84515 | 715 | 103187 |
| 家用视听设备零售 | 2 | 5168 | | 5935 |
| 日用家电零售 | 13 | 45557 | | 51017 |
| 计算机、软件及辅助设备零售 | 9 | 10524 | 715 | 12422 |
| 通信设备零售 | 4 | 11168 | | 18893 |
| 其他电子产品零售 | 4 | 12099 | | 14921 |

## 14-8 续表1

(2018年) 单位：万元

| 项 目 | 企业单位数(个) | 购进总额 | #进口 | 商品销售总额 |
|---|---|---|---|---|
| 五金、家具及室内装饰材料专门零售 | 12 | 25462 | | 34554 |
| 五金零售 | 3 | 3697 | | 4536 |
| 家具零售 | 3 | 1539 | | 2037 |
| 涂料零售 | 1 | 2958 | | 3071 |
| 木质装饰材料零售 | 1 | 434 | | 538 |
| 陶瓷、石材装饰材料零售 | 3 | 3137 | | 4174 |
| 其他室内装饰材料零售 | 1 | 13698 | | 20198 |
| 货摊、无店铺及其他零售业 | 21 | 900634 | 3268 | 951374 |
| 互联网零售 | 5 | 863911 | | 908243 |
| 生活用燃料零售 | 16 | 36723 | 3268 | 43131 |
| **2.按登记注册类型分** | | | | |
| 内资企业 | 355 | 4010038 | 94165 | 5292250 |
| 国有企业 | 3 | 2449 | | 2721 |
| 集体企业 | 5 | 15717 | | 17231 |
| 有限责任公司 | 136 | 2579287 | 14083 | 2849204 |
| 国有独资公司 | 4 | 10687 | | 14105 |
| 其他有限责任公司 | 132 | 2568600 | 14083 | 2835099 |
| 股份有限公司 | 6 | 10914 | | 893062 |
| 私营企业 | 205 | 1401672 | 80083 | 1530033 |
| 私营独资企业 | 17 | 25380 | | 28908 |
| 私营有限责任公司 | 188 | 1376292 | 80083 | 1501126 |
| 港、澳、台商投资企业 | 6 | 176047 | 42138 | 219945 |
| 与港澳台商合资经营企业 | 2 | 68249 | | 67592 |
| 与港澳台商合作经营企业 | 1 | 20905 | | 31084 |
| 港澳台商独资经营企业 | 3 | 86893 | 42138 | 121269 |
| 外商投资企业 | 2 | 7906 | | 51965 |
| 外资企业 | 1 | 7267 | | 10165 |
| 其他外商投资企业 | 1 | 639 | | 41800 |
| **3.按控股情况分** | | | | |
| 国有控股 | 19 | 562577 | | 615197 |
| 集体控股 | 9 | 71355 | | 77244 |
| 私人控股 | 291 | 2144097 | 80083 | 2390549 |
| 港澳台商控股 | 5 | 172673 | 42138 | 216563 |
| 外商控股 | 1 | 7267 | | 10165 |
| 其他 | 38 | 1236023 | 14083 | 2254443 |
| **4.按经营形式分** | | | | |
| 独立门店 | 296 | 2530718 | 126221 | 3732672 |
| 连锁总店(总部) | 14 | 436360 | | 500620 |
| 连锁直营店 | 4 | 6095 | | 19427 |
| 其他 | 49 | 1220818 | 10082 | 1311441 |

## 14-8 续表2

(2018年) 单位：万元

| 项目 | 批发 | #出口 | 零售 | 年末库存总额 |
|---|---|---|---|---|
| **零售业** | **738193** | **1088** | **4825967** | **361914** |
| **1.按零售行业小类分** | | | | |
| 综合零售 | 172 | | 439063 | 13432 |
| 百货零售 | 172 | | 389417 | 11501 |
| 超级市场零售 | | | 49646 | 1931 |
| 食品、饮料及烟草制品专门零售 | 3838 | | 46739 | 6225 |
| 粮油零售 | | | 10840 | 118 |
| 糕点、面包零售 | 141 | | 4834 | 696 |
| 果品、蔬菜零售 | 1105 | | 12931 | 194 |
| 肉、禽、蛋、奶及水产品零售 | 1 | | 3890 | 324 |
| 酒、饮料及茶叶零售 | 1761 | | 10106 | 3919 |
| 烟草制品零售 | 830 | | 1891 | 973 |
| 其他食品零售 | | | 2248 | 2 |
| 纺织、服装及日用品专门零售 | 12636 | | 114706 | 24253 |
| 服装零售 | 12551 | | 51808 | 13739 |
| 鞋帽零售 | 85 | | 15488 | 174 |
| 化妆品及卫生用品零售 | | | 2052 | 585 |
| 钟表、眼镜零售 | | | 3850 | 2371 |
| 箱包零售 | | | 37378 | 7260 |
| 其他日用品零售 | | | 4130 | 123 |
| 文化、体育用品及器材专门零售 | 4031 | | 13449 | 4498 |
| 文具用品零售 | | | 4048 | 158 |
| 图书、报刊零售 | 3917 | | 8864 | 2591 |
| 珠宝首饰零售 | 114 | | 154 | 1717 |
| 乐器零售 | | | 383 | 32 |
| 医药及医疗器材专门零售 | 1340 | | 119107 | 17027 |
| 西药零售 | | | 113836 | 16424 |
| 中药零售 | | | 1364 | 457 |
| 医疗用品及器材零售 | 1340 | | 3907 | 146 |
| 汽车、摩托车、零配件和燃料及其他动力销售 | 144713 | | 3575252 | 267054 |
| 汽车新车零售 | 21619 | | 2067131 | 195462 |
| 汽车零配件零售 | | | 15906 | 454 |
| 摩托车及零配件零售 | 5129 | | 3907 | 5883 |
| 机动车燃油零售 | 117965 | | 1488308 | 65254 |
| 家用电器及电子产品专门零售 | 7662 | 1088 | 95525 | 10792 |
| 家用视听设备零售 | 2137 | | 3798 | 1662 |
| 日用家电零售 | 4437 | | 46580 | 2838 |
| 计算机、软件及辅助设备零售 | | | 12422 | 2092 |
| 通信设备零售 | | | 18893 | 2563 |
| 其他电子产品零售 | 1088 | 1088 | 13833 | 1637 |

## 14-8 续表3

(2018年) 单位：万元

| 项 目 | 批发 | #出口 | 零售 | 年末库存总额 |
|---|---|---|---|---|
| 五金、家具及室内装饰材料专门零售 | 2958 | | 31596 | 1782 |
| 五金零售 | 887 | | 3649 | 480 |
| 家具零售 | | | 2037 | 102 |
| 涂料零售 | 2071 | | 1000 | 285 |
| 木质装饰材料零售 | | | 538 | 32 |
| 陶瓷、石材装饰材料零售 | | | 4174 | 612 |
| 其他室内装饰材料零售 | | | 20198 | 270 |
| 货摊、无店铺及其他零售业 | 560844 | | 390531 | 16851 |
| 互联网零售 | 558356 | | 349887 | 14944 |
| 生活用燃料零售 | 2488 | | 40644 | 1907 |
| **2.按登记注册类型分** | | | | |
| 内资企业 | 732328 | | 4559922 | 344247 |
| 国有企业 | 830 | | 1891 | 973 |
| 集体企业 | | | 17231 | 237 |
| 有限责任公司 | 680068 | | 2169136 | 142231 |
| 国有独资公司 | 3368 | | 10737 | 1578 |
| 其他有限责任公司 | 676700 | | 2158399 | 140653 |
| 股份有限公司 | 9656 | | 883406 | 761 |
| 私营企业 | 41774 | | 1488259 | 200045 |
| 私营独资企业 | 141 | | 28767 | 1125 |
| 私营有限责任公司 | 41633 | | 1459492 | 198920 |
| 港、澳、台商投资企业 | 4777 | | 215168 | 16064 |
| 与港澳台商合资经营企业 | | | 67592 | 5518 |
| 与港澳台商合作经营企业 | | | 31084 | 1237 |
| 港澳台商独资经营企业 | 4777 | | 116492 | 9309 |
| 外商投资企业 | 1088 | 1088 | 50877 | 1603 |
| 外资企业 | 1088 | 1088 | 9077 | 1064 |
| 其他外商投资企业 | | | 41800 | 539 |
| **3.按控股情况分** | | | | |
| 国有控股 | 105963 | | 509234 | 24562 |
| 集体控股 | | | 77244 | 2033 |
| 私人控股 | 49296 | | 2341253 | 264002 |
| 港澳台商控股 | 4777 | | 211786 | 15951 |
| 外商控股 | 1088 | 1088 | 9077 | 1064 |
| 其他 | 577069 | | 1677375 | 54301 |
| **4.按经营形式分** | | | | |
| 独立门店 | 93251 | | 3639420 | 272709 |
| 连锁总店(总部) | 74640 | | 425980 | 34471 |
| 连锁直营店 | 1992 | | 17436 | 2856 |
| 其他 | 568310 | 1088 | 743131 | 51878 |

# 14–9 分县区限额以上批发零售业商品购、销、存总额

(2018年)　　单位：万元

| 县区 | 商品购进总额 | #进口 | 商品销售总额 | 批发 | #出口 | 零售 | 年末库存总额 |
|---|---|---|---|---|---|---|---|
| **合　计** | **8716877** | **192037** | **10762023** | **5845322** | **208054** | **4916701** | **615521** |
| **批发业** | **4522887** | **55734** | **5197863** | **5107130** | **206966** | **90733** | **253607** |
| 惠城区 | 2315442 | 48834 | 2550007 | 2504892 | 117045 | 45115 | 95759 |
| 惠阳区 | 227603 | 1526 | 248608 | 247350 | 19823 | 1258 | 18753 |
| 惠东县 | 352998 | | 480277 | 449330 | 15845 | 30947 | 27116 |
| 博罗县 | 262408 | 655 | 335599 | 330912 | 50894 | 4686 | 26975 |
| 龙门县 | 7330 | | 8118 | 8118 | | | 475 |
| 大亚湾区 | 474514 | | 529471 | 526320 | | 3151 | 21475 |
| 仲恺区 | 882592 | 4719 | 1045784 | 1040207 | 3359 | 5577 | 63056 |
| **零售业** | **4193991** | **136303** | **5564160** | **738193** | **1088** | **4825967** | **361914** |
| 惠城区 | 3651941 | 136303 | 4939907 | 715966 | 1088 | 4223940 | 261430 |
| 惠阳区 | 223611 | | 260048 | 164 | | 259883 | 22133 |
| 惠东县 | 161339 | | 183692 | 14644 | | 169049 | 14138 |
| 博罗县 | 55634 | | 69658 | 5386 | | 64272 | 9415 |
| 龙门县 | 21655 | | 25712 | 830 | | 24882 | 3305 |
| 大亚湾区 | 50755 | | 50409 | 1202 | | 49207 | 6244 |
| 仲恺区 | 29056 | | 34734 | | | 34734 | 45247 |

# 14-10　限额以上住宿业经营情况

(2018年)　　　　单位：万元

| 项　　目 | 企业数(个) | 营业额合　计 | #客房收入 | #餐费收入 | #商品销售收入 |
|---|---|---|---|---|---|
| **一、住宿业** | **124** | **232571** | **124461** | **77648** | **7986** |
| **1.按住宿业行业小类分** | | | | | |
| 旅游饭店 | 89 | 208859 | 106800 | 73376 | 7563 |
| 经济型连锁酒店 | 6 | 6602 | 4982 | 1582 | 1 |
| 其他一般旅馆 | 24 | 14027 | 10981 | 1817 | 57 |
| 其他住宿业 | 5 | 3083 | 1698 | 873 | 364 |
| **2.按登记注册类型分组** | | | | | |
| 内资企业 | 108 | 169335 | 96722 | 50919 | 2630 |
| 集体企业 | 1 | 2130 | 1215 | 705 | 6 |
| 有限责任公司 | 37 | 72024 | 43456 | 18190 | 433 |
| 国有独资公司 | 3 | 7422 | 3744 | 3225 | 78 |
| 其他有限责任公司 | 34 | 64602 | 39712 | 14965 | 356 |
| 股份有限公司 | 3 | 4051 | 2252 | 1362 | 39 |
| 私营企业 | 67 | 91130 | 49799 | 30662 | 2152 |
| 私营独资企业 | 5 | 1178 | 713 | 355 | 7 |
| 私营有限责任公司 | 61 | 89880 | 49014 | 30307 | 2145 |
| 私营股份有限公司 | 1 | 72 | 72 | | |
| 港、澳、台商投资企业 | 15 | 53946 | 25680 | 21133 | 3868 |
| 与港澳台商合资经营企业 | 11 | 48043 | 23679 | 17612 | 3864 |
| 与港澳台商合作经营企业 | 2 | 4735 | 1662 | 3025 | |
| 港澳台商独资经营企业 | 1 | 933 | 278 | 326 | |
| 其他港澳台投资企业 | 1 | 236 | 62 | 171 | 4 |
| 外商投资企业 | 1 | 9290 | 2059 | 5596 | 1487 |
| 中外合作经营企业 | 1 | 9290 | 2059 | 5596 | 1487 |
| **3.按控股情况分组** | | | | | |
| 国有控股 | 3 | 7422 | 3744 | 3225 | 78 |
| 集体控股 | 1 | 2130 | 1215 | 705 | 6 |
| 私人控股 | 93 | 141945 | 82646 | 41548 | 4279 |
| 港澳台商控股 | 11 | 40990 | 16909 | 18179 | 2095 |
| 其他 | 16 | 40084 | 19946 | 13991 | 1528 |
| **4.按星级分组** | | | | | |
| 五星 | 10 | 54651 | 25866 | 21931 | 1694 |
| 四星 | 7 | 13316 | 5983 | 6862 | 30 |
| 三星 | 10 | 17071 | 8533 | 7001 | |
| 二星 | 2 | 9477 | 2105 | 5706 | 1494 |
| 其他 | 95 | 138056 | 81974 | 36147 | 4767 |

# 14-11 限额以上餐饮业经营情况

(2018年)　　单位：万元

| 项　　目 | 企业数(个) | 营业额 合　计 | #客房收入 | #餐费收入 | #商品销售收入 |
|---|---|---|---|---|---|
| **二、餐饮业** | **119** | **141603** | **23763** | **101561** | **7838** |
| **1.按餐饮业行业小类分** | | | | | |
| 正餐服务 | 112 | 112209 | 23763 | 74848 | 5168 |
| 快餐服务 | 3 | 23748 | | 23737 | |
| 餐饮配送及外卖送餐服务 | 1 | 1176 | | 1176 | |
| 餐饮配送服务 | 1 | 1176 | | 1176 | |
| 其他餐饮业 | 3 | 4471 | | 1800 | 2671 |
| 其他未列明餐饮业 | 3 | 4471 | | 1800 | 2671 |
| **2.按登记注册类型分组** | | | | | |
| 内资企业 | 109 | 113418 | 22970 | 75757 | 6315 |
| 有限责任公司 | 25 | 32739 | 9811 | 19850 | 2289 |
| 其他有限责任公司 | 25 | 32739 | 9811 | 19850 | 2289 |
| 私营企业 | 84 | 80678 | 13158 | 55907 | 4026 |
| 私营独资企业 | 20 | 17603 | 1392 | 14067 | 841 |
| 私营有限责任公司 | 60 | 60977 | 10300 | 41243 | 3152 |
| 私营股份有限公司 | 4 | 2098 | 1467 | 597 | 34 |
| 港、澳、台商投资企业 | 9 | 26395 | 738 | 25500 | 91 |
| 与港澳台商合资经营企业 | 3 | 1058 | 407 | 604 | 20 |
| 与港澳台商合作经营企业 | 1 | 268 | 7 | 167 | 71 |
| 港澳台商独资经营企业 | 5 | 25069 | 324 | 24730 | |
| 外商投资企业 | 1 | 1791 | 55 | 303 | 1432 |
| 外资企业 | 1 | 1791 | 55 | 303 | 1432 |
| **3.按控股情况分组** | | | | | |
| 私人控股 | 102 | 96010 | 18878 | 63139 | 6296 |
| 港澳台商控股 | 7 | 25792 | 668 | 25089 | 20 |
| 外商控股 | 1 | 1791 | 55 | 303 | 1432 |
| 其他 | 9 | 18010 | 4162 | 13030 | 91 |

# 14-12 分县区限额以上住宿餐饮业经营情况

(2018年) 单位：万元

| 县 区 | 企业数(个) | 营业额 | 客房收入 | 餐费收入 | 商品销售收入 |
|---|---|---|---|---|---|
| **合　计** | **243** | **374174** | **148223** | **179209** | **15824** |
| **住宿业** | **124** | **232571** | **124461** | **77648** | **7986** |
| 惠城区 | 31 | 78440 | 34910 | 33527 | 3335 |
| 惠阳区 | 14 | 21853 | 10796 | 8622 | 78 |
| 惠东县 | 42 | 63229 | 38368 | 18164 | 2485 |
| 博罗县 | 11 | 12231 | 6001 | 3653 | 22 |
| 龙门县 | 13 | 47594 | 27676 | 11522 | 2065 |
| 大亚湾区 | 7 | 5812 | 4107 | 1569 | |
| 仲恺区 | 6 | 3412 | 2604 | 590 | |
| **餐饮业** | **119** | **141603** | **23763** | **101561** | **7838** |
| 惠城区 | 32 | 45676 | 1522 | 41338 | 2795 |
| 惠阳区 | 15 | 32945 | 7347 | 19378 | |
| 惠东县 | 33 | 28225 | 7287 | 16121 | 3686 |
| 博罗县 | 10 | 5540 | 1208 | 3248 | 754 |
| 龙门县 | 8 | 5947 | 1608 | 3693 | 584 |
| 大亚湾区 | 12 | 15356 | 3558 | 11170 | |
| 仲恺区 | 9 | 7915 | 1234 | 6613 | 20 |

## 14–13 限额以上批发零售、住宿餐饮业财务状况

(2018年) 单位：万元

| 项　　目 | 批发业 | 零售业 | 住宿业 | 餐饮业 |
|---|---|---|---|---|
| 法人企业数(个) | 368 | 363 | 124 | 119 |
| 年初存货 | 194591 | 240133 | 61695 | 2397 |
| 流动资产合计 | 1915898 | 2179649 | 332648 | 85641 |
| #应收帐款 | 808364 | 167429 | 19433 | 6867 |
| 存货 | 247028 | 338860 | 64864 | 2898 |
| 固定资产合计 | 241945 | 253394 | 170604 | 44318 |
| 固定资产原价 | 358961 | 395162 | 338784 | 84226 |
| 累计折旧 | 116251 | 138694 | 168126 | 39636 |
| #本年折旧 | 27291 | 32856 | 21651 | 10492 |
| 资产总计 | 3222855 | 2688153 | 706375 | 161715 |
| 流动负债合计 | 1716776 | 1358086 | 516846 | 96537 |
| 应付帐款 | 754023 | 190920 | 37036 | 13626 |
| 非流动负债合计 | 196860 | 236447 | 179487 | 30666 |
| 负债合计 | 1930962 | 1602063 | 695758 | 127319 |
| 所有者权益合计 | 1291893 | 1086090 | 10618 | 34396 |
| 实收资本 | 1020348 | 352666 | 647120 | 56681 |
| #国家资本 | 80881 | 21951 | 15900 | |
| 集体资本 | 3614 | 2010 | 292 | |
| 法人资本 | 828284 | 244332 | 563503 | 26757 |
| 个人资本 | 81066 | 60298 | 45774 | 16994 |
| 港澳台资本 | 19296 | 23107 | 21652 | 5250 |
| 外商资本 | 7209 | 968 | | 7680 |
| 营业收入 | 4709042 | 4891079 | 226786 | 139206 |
| #主营业务收入 | 4684527 | 4774560 | 224792 | 136550 |
| 营业成本 | 4165442 | 4379317 | 88230 | 66699 |
| #主营业务成本 | 4148300 | 4311237 | 88031 | 66348 |
| 营业税金及附加 | 79911 | 12323 | 3120 | 1019 |
| #主营业务税金及附加 | 79484 | 11552 | 2876 | 970 |
| 其他业务利润 | 4834 | 20673 | 510 | 2515 |
| 销售费用 | 211520 | 289050 | 74676 | 44023 |
| 管理费用 | 97735 | 99973 | 59344 | 20881 |
| 财务费用 | 13132 | 22371 | 7517 | 2463 |
| #利息收入 | -1324 | 1039 | 20 | 10 |
| 利息支出 | 10093 | 10281 | 1553 | 326 |
| 投资收益 | 30538 | 8110 | 706 | 59 |
| 其他收益 | 418 | 175 | 144 | 11 |
| 营业利润 | 151716 | 94780 | -5361 | 3871 |
| 营业外收入 | 5243 | 3818 | 958 | 204 |
| 利润总额 | 153065 | 96123 | -4908 | 3714 |
| 应交所得税 | 24921 | 24432 | 345 | 1516 |
| 应付职工薪酬(本年贷方累计发生额) | 120284 | 146170 | 65481 | 33886 |
| 应交增值税 | 74568 | 65962 | 8860 | 2642 |

# 14-14 限额以上批发企业财务状况

(2018年)　　　　单位：万元

| 项　　目 | 企业数(个) | 年初存货 | 流动资产合计 | 固定资产原价 | 累计折旧 | 本年折旧 |
|---|---|---|---|---|---|---|
| **一、批发业** | **368** | **194591** | **1915898** | **358961** | **116251** | **27291** |
| **1.按批发行业小类分** | | | | | | |
| 农、林、牧、渔产品批发 | 25 | 8018 | 48357 | 27906 | 9105 | 1487 |
| 谷物、豆及薯类批发 | 13 | 4120 | 21682 | 8700 | 2659 | 563 |
| 畜牧渔业饲料批发 | 1 | | 4483 | | | |
| 林业产品批发 | 4 | 159 | 3596 | 1593 | 149 | 84 |
| 牲畜批发 | 3 | 3392 | 8217 | 15866 | 5585 | 719 |
| 渔业产品批发 | 1 | | 5778 | 4 | 1 | 1 |
| 其他农牧产品批发 | 3 | 348 | 4602 | 1744 | 711 | 120 |
| 食品、饮料及烟草制品批发 | 62 | 27144 | 266981 | 125408 | 36750 | 8708 |
| 米、面制品及食用油批发 | 7 | 6366 | 17365 | 6796 | 1278 | 431 |
| 糕点、糖果及糖批发 | 1 | 1327 | 3008 | 217 | 183 | 12 |
| 果品、蔬菜批发 | 20 | 1555 | 49793 | 26459 | 14014 | 2439 |
| 肉、禽、蛋、奶及水产品批发 | 20 | 2083 | 61694 | 67643 | 10868 | 4662 |
| 盐及调味品批发 | 1 | 1483 | 6028 | 3967 | 2746 | 121 |
| 酒、饮料及茶叶批发 | 9 | 2704 | 11253 | 141 | 39 | 6 |
| 烟草制品批发 | 1 | 11249 | 113961 | 20140 | 7595 | 1027 |
| 其他食品批发 | 3 | 378 | 3879 | 46 | 28 | 11 |
| 纺织、服装及家庭用品批发 | 49 | 18829 | 609849 | 6492 | 3582 | 350 |
| 纺织品、针织品及原料批发 | 5 | 82 | 15899 | 3062 | 2348 | 129 |
| 服装批发 | 5 | 94 | 12134 | 469 | 280 | 22 |
| 鞋帽批发 | 18 | 513 | 9200 | 1870 | 415 | 113 |
| 化妆品及卫生用品批发 | 1 | 979 | 1299 | 99 | 85 | 7 |
| 厨具卫具及日用杂品批发 | 1 | 196 | 1967 | 101 | 80 | 5 |
| 灯具、装饰物品批发 | 1 | | 242259 | 12 | 3 | 3 |
| 家用视听设备批发 | 8 | 14462 | 287820 | 264 | 143 | 13 |
| 日用家电批发 | 8 | 1900 | 36824 | 228 | 172 | 27 |
| 其他家庭用品批发 | 2 | 603 | 2448 | 387 | 55 | 30 |
| 文化、体育用品及器材批发 | 8 | 5120 | 36519 | 6165 | 2044 | 316 |
| 文具用品批发 | 5 | 4691 | 31572 | 5773 | 1785 | 274 |
| 其他文化用品批发 | 3 | 429 | 4947 | 393 | 259 | 42 |
| 医药及医疗器材批发 | 52 | 57579 | 357895 | 11115 | 5163 | 1128 |
| 西药批发 | 24 | 38518 | 212029 | 4257 | 2285 | 481 |
| 中药批发 | 20 | 15489 | 107566 | 6686 | 2817 | 618 |
| 医疗用品及器材批发 | 8 | 3573 | 38301 | 173 | 61 | 29 |
| 矿产品、建材及化工产品批发 | 113 | 50754 | 436535 | 161562 | 53445 | 13576 |
| 煤炭及制品批发 | 4 | 2245 | 19829 | 1592 | 1062 | 134 |
| 石油及制品批发 | 23 | 25250 | 160934 | 144205 | 44614 | 10872 |
| 非金属矿及制品批发 | 1 | 166 | 415 | 84 | 17 | 17 |
| 金属及金属矿批发 | 15 | 3756 | 56720 | 772 | 358 | 161 |
| 建材批发 | 32 | 7138 | 75043 | 9356 | 3660 | 1808 |
| 化肥批发 | 5 | 4232 | 11170 | 615 | 338 | 68 |
| 农药批发 | 4 | 65 | 16674 | 480 | 328 | 4 |
| 其他化工产品批发 | 29 | 7903 | 95752 | 4458 | 3068 | 512 |

## 14-14 续表1

(2018年) 单位：万元

| 项　　目 | 企业数(个) | 年初存货 | 流动资产合计 | 固定资产原价 | 累计折旧 | 本年折旧 |
|---|---|---|---|---|---|---|
| 机械设备、五金产品及电子产品批发 | 40 | 21812 | 112778 | 8717 | 2565 | 1052 |
| 农业机械批发 | 1 | 5 | 804 | | | |
| 汽车及零配件批发 | 6 | 944 | 25529 | 2985 | 483 | 426 |
| 五金产品批发 | 6 | 1125 | 8112 | 1167 | 381 | 221 |
| 电气设备批发 | 6 | 825 | 10172 | 156 | 41 | 19 |
| 计算机、软件及辅助设备批发 | 6 | 15584 | 40031 | 2834 | 796 | 151 |
| 通讯设备批发 | 1 | 563 | 2615 | 71 | 10 | 10 |
| 广播影视设备批发 | 1 | 39 | 1568 | 18 | 6 | 3 |
| 其他机械设备及电子产品批发 | 13 | 2729 | 23947 | 1487 | 848 | 224 |
| 贸易经纪与代理 | 13 | 1608 | 35442 | 1773 | 642 | 121 |
| 贸易代理 | 11 | 1572 | 22984 | 1771 | 640 | 121 |
| 其他贸易经纪与代理 | 2 | 36 | 12458 | 3 | 2 | 1 |
| 其他批发业 | 6 | 3726 | 11543 | 9822 | 2958 | 552 |
| 再生物资回收与批发 | 2 | 99 | 1068 | 54 | 3 | 2 |
| 其他未列明批发业 | 4 | 3627 | 10475 | 9768 | 2955 | 550 |
| **2.按登记注册类型分** | | | | | | |
| 内资企业 | 342 | 165350 | 1365466 | 311784 | 94061 | 22427 |
| 国有企业 | 4 | 2773 | 7134 | 1234 | 611 | 43 |
| 集体企业 | 1 | | 1125 | 141 | 50 | |
| 有限责任公司 | 114 | 75173 | 689411 | 180511 | 61012 | 13365 |
| 国有独资公司 | 1 | 1483 | 6028 | 3967 | 2746 | 121 |
| 其他有限责任公司 | 113 | 73690 | 683383 | 176544 | 58266 | 13244 |
| 股份有限公司 | 4 | 17081 | 48077 | 3287 | 992 | 207 |
| 私营企业 | 213 | 70078 | 615043 | 125626 | 31108 | 8769 |
| 私营独资企业 | 2 | 224 | 1068 | 599 | 114 | 70 |
| 私营有限责任公司 | 209 | 69776 | 609483 | 124849 | 30937 | 8690 |
| 私营股份有限公司 | 2 | 78 | 4493 | 179 | 57 | 8 |
| 其他企业 | 6 | 245 | 4675 | 985 | 288 | 43 |
| 港、澳、台商投资企业 | 19 | 10650 | 318546 | 46847 | 21952 | 4718 |
| 与港澳台商合资经营企业 | 2 | 3307 | 7102 | 13465 | 4911 | 647 |
| 与港澳台商合作经营企业 | 2 | 126 | 1769 | 94 | 40 | 6 |
| 港澳台商独资经营企业 | 14 | 7217 | 304185 | 33275 | 17001 | 4064 |
| 其他港澳台投资企业 | 1 | | 5490 | 12 | 1 | |
| 外商投资企业 | 7 | 18592 | 231887 | 330 | 238 | 147 |
| 中外合资经营企业 | 3 | 16981 | 219099 | 91 | 69 | 4 |
| 外资企业 | 4 | 1610 | 12788 | 239 | 169 | 142 |
| **3.按控股情况分** | | | | | | |
| 国有控股 | 13 | 31647 | 266705 | 149200 | 50342 | 11234 |
| 集体控股 | 4 | 1791 | 18106 | 873 | 668 | 16 |
| 私人控股 | 292 | 103669 | 859027 | 152051 | 39184 | 10437 |
| 港澳台商控股 | 16 | 10640 | 312512 | 46544 | 21954 | 4710 |
| 外商控股 | 5 | 1610 | 12893 | 258 | 175 | 143 |
| 其他 | 38 | 45234 | 446655 | 10035 | 3929 | 751 |
| **4.按经营形式分** | | | | | | |
| 独立门店 | 193 | 93183 | 906870 | 92571 | 39832 | 6820 |
| 连锁总店(总部) | 1 | 395 | 2234 | 421 | 377 | 2 |
| 其他 | 174 | 101013 | 1006794 | 265969 | 76042 | 20469 |

## 14-14 续表2

(2018年) 单位：万元

| 项目 | 资产合计 | 负债合计 | 所有者权益合计 | 实收资本 | 营业收入 | 主营业务收入 | 营业成本 |
|---|---|---|---|---|---|---|---|
| **一、批发业** | **3222855** | **1930962** | **1291893** | **1020348** | **4709042** | **4684527** | **4165442** |
| **1.按批发行业小类分** | | | | | | | |
| 农、林、牧、渔产品批发 | 106041 | 38227 | 67814 | 21591 | 162962 | 162648 | 146377 |
| 谷物、豆及薯类批发 | 32716 | 8831 | 23884 | 7821 | 94057 | 94052 | 82941 |
| 畜牧渔业饲料批发 | 4483 | 4456 | 28 | | 12544 | 12544 | 12516 |
| 林业产品批发 | 5132 | 1681 | 3451 | 1500 | 7758 | 7707 | 6787 |
| 牲畜批发 | 50050 | 15090 | 34960 | 10560 | 17867 | 17867 | 15442 |
| 渔业产品批发 | 6524 | 3794 | 2730 | 1000 | 19536 | 19536 | 18954 |
| 其他农牧产品批发 | 7136 | 4376 | 2760 | 710 | 11201 | 10943 | 9737 |
| 食品、饮料及烟草制品批发 | 410496 | 174954 | 235542 | 40541 | 922455 | 921356 | 714119 |
| 米、面制品及食用油批发 | 24003 | 18562 | 5440 | 3873 | 51570 | 51098 | 48031 |
| 糕点、糖果及糖批发 | 3042 | 686 | 2356 | 100 | 13377 | 13095 | 12120 |
| 果品、蔬菜批发 | 67718 | 14673 | 53046 | 14757 | 89222 | 89222 | 75884 |
| 肉、禽、蛋、奶及水产品批发 | 150573 | 87592 | 62982 | 15235 | 176811 | 176811 | 152739 |
| 盐及调味品批发 | 10958 | 5633 | 5325 | 1500 | 6071 | 5879 | 2557 |
| 酒、饮料及茶叶批发 | 11512 | 10191 | 1321 | 847 | 46661 | 46661 | 42374 |
| 烟草制品批发 | 138795 | 34773 | 104022 | 3200 | 530938 | 530805 | 372895 |
| 其他食品批发 | 3895 | 2844 | 1051 | 1030 | 7807 | 7787 | 7519 |
| 纺织、服装及家庭用品批发 | 630167 | 641464 | | 17623 | 1120296 | 1117735 | 984492 |
| 纺织品、针织品及原料批发 | 16805 | 13968 | 2838 | 1739 | 31603 | 31256 | 30578 |
| 服装批发 | 15643 | 12812 | 2831 | 2130 | 33173 | 33173 | 31164 |
| 鞋帽批发 | 11246 | 8302 | 2944 | 1684 | 57173 | 57173 | 50713 |
| 化妆品及卫生用品批发 | 1313 | 766 | 547 | 500 | 2482 | 2482 | 2170 |
| 厨具卫具及日用杂品批发 | 1988 | 1357 | 631 | 100 | 10061 | 9270 | 8768 |
| 灯具、装饰物品批发 | 242273 | 242146 | 127 | | 222236 | 221982 | 200597 |
| 家用视听设备批发 | 300792 | 317211 | | 9335 | 656257 | 656225 | 560399 |
| 日用家电批发 | 37314 | 42895 | | 2085 | 96069 | 96069 | 91966 |
| 其他家庭用品批发 | 2794 | 2008 | 787 | 50 | 11243 | 10106 | 8138 |
| 文化、体育用品及器材批发 | 42536 | 39452 | 3084 | 4131 | 61548 | 61548 | 57346 |
| 文具用品批发 | 37456 | 36722 | 734 | 2518 | 45923 | 45923 | 43115 |
| 其他文化用品批发 | 5081 | 2730 | 2350 | 1613 | 15625 | 15625 | 14232 |
| 医药及医疗器材批发 | 377268 | 321927 | 55342 | 49361 | 539303 | 536799 | 478379 |
| 西药批发 | 218889 | 186828 | 32061 | 27660 | 305385 | 303412 | 275357 |
| 中药批发 | 118901 | 107416 | 11485 | 13926 | 174705 | 174175 | 154095 |
| 医疗用品及器材批发 | 39479 | 27683 | 11796 | 7775 | 59213 | 59213 | 48927 |
| 矿产品、建材及化工产品批发 | 1464481 | 554781 | 909700 | 853345 | 1466582 | 1456255 | 1378724 |
| 煤炭及制品批发 | 21791 | 19871 | 1920 | 1850 | 45383 | 45383 | 39346 |
| 石油及制品批发 | 1166875 | 336441 | 830434 | 786961 | 782809 | 772661 | 757120 |
| 非金属矿及制品批发 | 482 | 136 | 346 | 343 | 5275 | 5275 | 4991 |
| 金属及金属矿批发 | 58585 | 36814 | 21771 | 21817 | 67371 | 67284 | 63973 |
| 建材批发 | 85673 | 65992 | 19681 | 19686 | 220681 | 220681 | 202784 |
| 化肥批发 | 11746 | 8719 | 3027 | 749 | 48783 | 48783 | 45802 |
| 农药批发 | 17019 | 15772 | 1247 | 1300 | 49969 | 49969 | 39856 |
| 其他化工产品批发 | 102310 | 71036 | 31274 | 20639 | 246311 | 246218 | 224852 |

## 14-14 续表3

(2018年)　　　　单位：万元

| 项　　目 | 资产合计 | 负债合计 | 所有者权益合计 | 实收资本 | 营业收入 | 主营业务收　入 | 营业成本 |
|---|---|---|---|---|---|---|---|
| 机械设备、五金产品及电子产品批发 | 130972 | 105396 | 25576 | 24632 | 261513 | 258611 | 238601 |
| 农业机械批发 | 804 | 822 |  |  | 3852 | 3852 | 3707 |
| 汽车及零配件批发 | 29198 | 27587 | 1611 | 1666 | 35680 | 35165 | 34159 |
| 五金产品批发 | 9270 | 8983 | 287 | 2532 | 21825 | 20762 | 19418 |
| 电气设备批发 | 10877 | 7031 | 3847 | 530 | 36084 | 36080 | 32743 |
| 计算机、软件及辅助设备批发 | 51312 | 41350 | 9962 | 11157 | 91883 | 90638 | 81023 |
| 通讯设备批发 | 2680 | 2040 | 639 | 617 | 9221 | 9221 | 8207 |
| 广播影视设备批发 | 2129 | 1829 | 301 | 300 | 2800 | 2734 | 2386 |
| 其他机械设备及电子产品批发 | 24702 | 15755 | 8947 | 7831 | 60167 | 60159 | 56958 |
| 贸易经纪与代理 | 38009 | 31094 | 6915 | 3566 | 144255 | 143798 | 138812 |
| 贸易代理 | 25524 | 19890 | 5634 | 2066 | 124542 | 124085 | 119195 |
| 其他贸易经纪与代理 | 12485 | 11204 | 1281 | 1500 | 19713 | 19713 | 19617 |
| 其他批发业 | 22885 | 23666 |  | 5558 | 30129 | 25779 | 28593 |
| 再生物资回收与批发 | 1119 | 1744 |  | 23 | 4465 | 4465 | 4139 |
| 其他未列明批发业 | 21766 | 21922 |  | 5535 | 25663 | 21313 | 24454 |
| **2.按登记注册类型分** |  |  |  |  |  |  |  |
| 内资企业 | 2601694 | 1384733 | 1216961 | 973490 | 3828467 | 3809822 | 3406283 |
| 国有企业 | 9963 | 11659 |  | 1049 | 8057 | 7818 | 6629 |
| 集体企业 | 1477 | 1228 | 249 | 249 | 16995 | 16995 | 16834 |
| 有限责任公司 | 912944 | 605210 | 307734 | 144315 | 2107729 | 2098765 | 1823385 |
| 国有独资公司 | 10958 | 5633 | 5325 | 1500 | 6071 | 5879 | 2557 |
| 其他有限责任公司 | 901986 | 599577 | 302409 | 142815 | 2101658 | 2092886 | 1820827 |
| 股份有限公司 | 62916 | 52712 | 10204 | 12010 | 102220 | 100975 | 88832 |
| 私营企业 | 1608921 | 712030 | 896891 | 814937 | 1580914 | 1572717 | 1460986 |
| 私营独资企业 | 2721 | 521 | 2200 | 1100 | 7621 | 7621 | 6744 |
| 私营有限责任公司 | 1601586 | 706945 | 894641 | 813637 | 1562936 | 1554790 | 1445208 |
| 私营股份有限公司 | 4614 | 4564 | 50 | 200 | 10357 | 10306 | 9034 |
| 其他企业 | 5475 | 1895 | 3581 | 930 | 12552 | 12552 | 9618 |
| 港、澳、台商投资企业 | 375985 | 293233 | 82752 | 30950 | 359195 | 354500 | 315572 |
| 与港澳台商合资经营企业 | 39895 | 13764 | 26131 | 10375 | 11839 | 11839 | 10529 |
| 与港澳台商合作经营企业 | 1823 | 94 | 1729 | 835 | 909 | 909 | 848 |
| 港澳台商独资经营企业 | 328746 | 274067 | 54679 | 19640 | 326905 | 322209 | 285903 |
| 其他港澳台投资企业 | 5522 | 5308 | 214 | 100 | 19542 | 19542 | 18293 |
| 外商投资企业 | 245175 | 252996 |  | 15909 | 521380 | 520206 | 443586 |
| 中外合资经营企业 | 231992 | 243272 |  | 13574 | 490120 | 490088 | 417715 |
| 外资企业 | 13183 | 9724 | 3460 | 2335 | 31260 | 30118 | 25871 |
| **3.按控股情况分** |  |  |  |  |  |  |  |
| 国有控股 | 420049 | 205328 | 214721 | 88371 | 876206 | 869697 | 685076 |
| 集体控股 | 19060 | 16115 | 2944 | 2049 | 49580 | 49580 | 47039 |
| 私人控股 | 1922309 | 948131 | 974179 | 858388 | 2416473 | 2406750 | 2238105 |
| 港澳台商控股 | 369628 | 289147 | 80481 | 29640 | 348293 | 342807 | 304700 |
| 外商控股 | 13302 | 9988 | 3314 | 2535 | 36588 | 35447 | 29895 |
| 其他 | 478507 | 462253 | 16255 | 39366 | 981901 | 980248 | 860628 |
| **4.按经营形式分** |  |  |  |  |  |  |  |
| 独立门店 | 1877041 | 977481 | 899560 | 818157 | 2124814 | 2117241 | 1913036 |
| 连锁总店(总部) | 2278 | 935 | 1343 | 100 | 14764 | 14764 | 13377 |
| 其他 | 1343535 | 952545 | 390990 | 202092 | 2569464 | 2552523 | 2239029 |

## 14-14 续表4

(2018年)　　单位：万元

| 项　　目 | 主营业务成本 | 营业税金及附加 | 主营业务税金及附加 | 其它业务利润 | 销售费用 | 管理费用 |
|---|---|---|---|---|---|---|
| **一、批发业** | **4148300** | **79911** | **79484** | **4834** | **211520** | **97735** |
| **1.按批发行业小类分** | | | | | | |
| 农、林、牧、渔产品批发 | 146377 | 67 | 66 | 263 | 4361 | 6117 |
| 谷物、豆及薯类批发 | 82941 | 17 | 16 | 5 | 3494 | 2964 |
| 畜牧渔业饲料批发 | 12516 | 7 | 7 | | | 8 |
| 林业产品批发 | 6787 | 1 | 1 | | 45 | 517 |
| 牲畜批发 | 15442 | 14 | 14 | | 233 | 1723 |
| 渔业产品批发 | 18954 | 15 | 15 | | 207 | 175 |
| 其他农牧产品批发 | 9737 | 15 | 15 | 259 | 383 | 730 |
| 食品、饮料及烟草制品批发 | 713684 | 73381 | 73334 | 580 | 20211 | 25946 |
| 米、面制品及食用油批发 | 47599 | 84 | 83 | 258 | 2046 | 831 |
| 糕点、糖果及糖批发 | 12120 | 25 | 25 | | 871 | 193 |
| 果品、蔬菜批发 | 75884 | 28 | 10 | | 1190 | 1929 |
| 肉、禽、蛋、奶及水产品批发 | 152739 | 95 | 94 | | 4384 | 4204 |
| 盐及调味品批发 | 2557 | 33 | 13 | 192 | 1481 | 1184 |
| 酒、饮料及茶叶批发 | 42374 | 39 | 32 | | 1651 | 460 |
| 烟草制品批发 | 372893 | 73072 | 73072 | 130 | 8518 | 16971 |
| 其他食品批发 | 7519 | 5 | 5 | | 71 | 174 |
| 纺织、服装及家庭用品批发 | 984226 | 2142 | 2127 | 23 | 105135 | 12111 |
| 纺织品、针织品及原料批发 | 30578 | 53 | 53 | | 714 | 748 |
| 服装批发 | 31164 | 28 | 26 | | 293 | 833 |
| 鞋帽批发 | 50713 | 95 | 86 | | 1488 | 686 |
| 化妆品及卫生用品批发 | 2170 | 3 | 3 | | 195 | 112 |
| 厨具卫具及日用杂品批发 | 8733 | 20 | 17 | | 460 | 497 |
| 灯具、装饰物品批发 | 200365 | 346 | 346 | 23 | 18081 | 2829 |
| 家用视听设备批发 | 560399 | 1467 | 1467 | | 82474 | 1650 |
| 日用家电批发 | 91966 | 122 | 122 | | 1167 | 2261 |
| 其他家庭用品批发 | 8138 | 8 | 8 | | 263 | 2495 |
| 文化、体育用品及器材批发 | 57346 | 72 | 72 | | 1312 | 1662 |
| 文具用品批发 | 43115 | 61 | 61 | | 554 | 1478 |
| 其他文化用品批发 | 14232 | 11 | 11 | | 758 | 184 |
| 医药及医疗器材批发 | 475993 | 1499 | 1364 | 1628 | 22286 | 18851 |
| 西药批发 | 272971 | 705 | 702 | 1200 | 10356 | 8042 |
| 中药批发 | 154095 | 558 | 429 | 428 | 8314 | 8240 |
| 医疗用品及器材批发 | 48927 | 236 | 233 | | 3616 | 2570 |
| 矿产品、建材及化工产品批发 | 1371067 | 2001 | 1897 | 1826 | 42326 | 22033 |
| 煤炭及制品批发 | 39346 | 75 | 75 | | 5440 | 134 |
| 石油及制品批发 | 749692 | 1117 | 1048 | 1824 | 5483 | 5578 |
| 非金属矿及制品批发 | 4991 | 3 | 3 | | | 263 |
| 金属及金属矿批发 | 63898 | 99 | 99 | | 1453 | 1302 |
| 建材批发 | 202696 | 263 | 234 | | 10820 | 4688 |
| 化肥批发 | 45802 | 25 | 24 | | 1565 | 810 |
| 农药批发 | 39856 | 19 | 19 | | 7693 | 1484 |
| 其他化工产品批发 | 224786 | 401 | 395 | 2 | 9873 | 7774 |

## 14-14 续表5

(2018年) 单位：万元

| 项　　目 | 主营业务成本 | 营业税金及附加 | 主营业务税金及附加 | 其它业务利润 | 销售费用 | 管理费用 |
|---|---|---|---|---|---|---|
| 机械设备、五金产品及电子产品批发 | 236834 | 518 | 394 | 67 | 13804 | 7935 |
| 农业机械批发 | 3707 | 1 | 1 |  | 98 | 45 |
| 汽车及零配件批发 | 33963 | 43 | 19 |  | 763 | 527 |
| 五金产品批发 | 18443 | 111 | 19 |  | 599 | 997 |
| 电气设备批发 | 32743 | 53 | 53 | 4 | 516 | 574 |
| 计算机、软件及辅助设备批发 | 80428 | 220 | 216 | -12 | 10225 | 3683 |
| 通讯设备批发 | 8207 | 12 | 12 |  | 642 | 337 |
| 广播影视设备批发 | 2386 | 3 | 3 | 66 | 23 | 361 |
| 其他机械设备及电子产品批发 | 56958 | 76 | 72 | 9 | 938 | 1411 |
| 贸易经纪与代理 | 138320 | 65 | 62 |  | 1808 | 2485 |
| 贸易代理 | 118703 | 57 | 55 |  | 1770 | 2237 |
| 其他贸易经纪与代理 | 19617 | 7 | 7 |  | 38 | 247 |
| 其他批发业 | 24453 | 166 | 166 | 447 | 277 | 595 |
| 再生物资回收与批发 | 4136 | 6 | 6 |  |  | 234 |
| 其他未列明批发业 | 20317 | 161 | 161 | 447 | 277 | 361 |
| **2.按登记注册类型分** |  |  |  |  |  |  |
| 内资企业 | 3393573 | 78046 | 77636 | 4360 | 125745 | 85182 |
| 国有企业 | 6629 | 34 | 32 | 239 | 504 | 900 |
| 集体企业 | 16834 |  |  |  |  | 158 |
| 有限责任公司 | 1817178 | 75770 | 75577 | 2766 | 69417 | 40729 |
| 国有独资公司 | 2557 | 33 | 13 | 192 | 1481 | 1184 |
| 其他有限责任公司 | 1814622 | 75737 | 75564 | 2575 | 67936 | 39545 |
| 股份有限公司 | 88237 | 235 | 225 | -12 | 11063 | 4316 |
| 私营企业 | 1455077 | 2006 | 1802 | 1367 | 43422 | 38632 |
| 私营独资企业 | 6744 |  |  |  | 129 | 104 |
| 私营有限责任公司 | 1439299 | 1981 | 1777 | 1367 | 42445 | 38151 |
| 私营股份有限公司 | 9034 | 25 | 25 |  | 847 | 376 |
| 其他企业 | 9618 | 1 | 1 |  | 1340 | 449 |
| 港、澳、台商投资企业 | 311141 | 654 | 636 | 469 | 28140 | 8672 |
| 与港澳台商合资经营企业 | 10529 | 14 | 14 |  | 50 | 1278 |
| 与港澳台商合作经营企业 | 848 |  |  |  | 10 | 50 |
| 港澳台商独资经营企业 | 281471 | 612 | 594 | 469 | 27141 | 7207 |
| 其他港澳台投资企业 | 18293 | 29 | 29 |  | 939 | 138 |
| 外商投资企业 | 443586 | 1211 | 1211 | 4 | 57635 | 3880 |
| 中外合资经营企业 | 417715 | 1187 | 1187 |  | 56840 | 1295 |
| 外资企业 | 25871 | 24 | 24 | 4 | 795 | 2585 |
| **3.按控股情况分** |  |  |  |  |  |  |
| 国有控股 | 681187 | 74391 | 74318 | 2621 | 15011 | 23507 |
| 集体控股 | 47039 | 23 | 22 |  | 1215 | 845 |
| 私人控股 | 2229913 | 2817 | 2490 | 1375 | 67920 | 50548 |
| 港澳台商控股 | 300234 | 646 | 624 | 469 | 27645 | 8977 |
| 外商控股 | 29895 | 25 | 24 | 4 | 1984 | 2883 |
| 其他 | 860033 | 2009 | 2005 | 364 | 97745 | 10976 |
| **4.按经营形式分** |  |  |  |  |  |  |
| 独立门店 | 1906003 | 3721 | 3455 | 2244 | 121469 | 38221 |
| 连锁总店(总部) | 13377 | 21 | 21 |  | 836 | 235 |
| 其他 | 2228921 | 76169 | 76008 | 2590 | 89216 | 59280 |

## 14-14 续表6

(2018年) 单位：万元

| 项　　目 | 财务费用 | 营业利润 | 利润总额 | 应交所得税 | 本年应付职工薪酬 | 本年应交增值税 |
|---|---|---|---|---|---|---|
| **一、批发业** | **13132** | **151716** | **153065** | **24921** | **120284** | **74568** |
| **1.按批发行业小类分** | | | | | | |
| 农、林、牧、渔产品批发 | 885 | 8986 | 8778 | 22 | 4517 | 1567 |
| 谷物、豆及薯类批发 | 496 | 4148 | 4159 | 12 | 1640 | 104 |
| 畜牧渔业饲料批发 | 2 | 12 | 12 | 1 | 14 | 1302 |
| 林业产品批发 | 21 | 388 | 395 | | 309 | 129 |
| 牲畜批发 | 261 | 4023 | 3834 | | 1990 | |
| 渔业产品批发 | 87 | 97 | 60 | | 156 | 7 |
| 其他农牧产品批发 | 18 | 319 | 318 | 9 | 408 | 26 |
| 食品、饮料及烟草制品批发 | 629 | 88393 | 88645 | 16011 | 32858 | 27387 |
| 米、面制品及食用油批发 | 155 | 423 | 598 | 92 | 1433 | 369 |
| 糕点、糖果及糖批发 | 41 | 127 | 127 | 32 | 637 | 135 |
| 果品、蔬菜批发 | 708 | 9481 | 9539 | 7 | 3642 | 3 |
| 肉、禽、蛋、奶及水产品批发 | 978 | 14388 | 14491 | 86 | 4309 | 282 |
| 盐及调味品批发 | -37 | 979 | 963 | 279 | 1627 | 276 |
| 酒、饮料及茶叶批发 | 104 | 2030 | 2026 | 30 | 800 | 352 |
| 烟草制品批发 | -1329 | 60939 | 60875 | 15479 | 20271 | 25865 |
| 其他食品批发 | 10 | 26 | 26 | 5 | 140 | 106 |
| 纺织、服装及家庭用品批发 | 847 | 14963 | 15522 | 1091 | 34003 | 15224 |
| 纺织品、针织品及原料批发 | -198 | -293 | -355 | 4 | 417 | 43 |
| 服装批发 | 868 | -7 | 424 | 62 | 311 | 251 |
| 鞋帽批发 | 71 | 4113 | 4113 | 38 | 1528 | 74 |
| 化妆品及卫生用品批发 | 1 | | | | 163 | 25 |
| 厨具卫具及日用杂品批发 | 17 | 299 | 300 | 80 | 657 | 106 |
| 灯具、装饰物品批发 | 198 | 485 | 469 | 376 | 10150 | 3451 |
| 家用视听设备批发 | 59 | 9306 | 9512 | 279 | 19255 | 10268 |
| 日用家电批发 | -168 | 720 | 721 | 152 | 1014 | 892 |
| 其他家庭用品批发 | -1 | 339 | 339 | 100 | 507 | 117 |
| 文化、体育用品及器材批发 | 421 | 744 | 704 | 148 | 1304 | 2449 |
| 文具用品批发 | 553 | 172 | 129 | 31 | 954 | 2455 |
| 其他文化用品批发 | -131 | 572 | 575 | 117 | 350 | -5 |
| 医药及医疗器材批发 | 2979 | 16156 | 16584 | 3812 | 14374 | 10388 |
| 西药批发 | 1526 | 10296 | 10463 | 2305 | 7721 | 4760 |
| 中药批发 | 1195 | 2291 | 2548 | 458 | 5334 | 4663 |
| 医疗用品及器材批发 | 258 | 3570 | 3573 | 1049 | 1319 | 966 |
| 矿产品、建材及化工产品批发 | 7127 | 10237 | 10271 | 3072 | 22431 | 10619 |
| 煤炭及制品批发 | 236 | 152 | 161 | 29 | 256 | 587 |
| 石油及制品批发 | 5554 | 4122 | 4099 | 1848 | 9764 | 2575 |
| 非金属矿及制品批发 | 9 | 9 | 9 | 1 | 33 | 42 |
| 金属及金属矿批发 | 644 | -153 | -95 | 43 | 765 | 543 |
| 建材批发 | 243 | 1855 | 1842 | 347 | 2182 | 3792 |
| 化肥批发 | 235 | 322 | 348 | 81 | 1016 | 88 |
| 农药批发 | 44 | 685 | 703 | 203 | 4483 | 27 |
| 其他化工产品批发 | 162 | 3245 | 3204 | 521 | 3932 | 2965 |

## 14-14 续表7

(2018年) 单位：万元

| 项　　目 | 财务费用 | 营业利润 | 利润总额 | 应交所得税 | 本年应付职工薪酬 | 本年应交增值税 |
|---|---|---|---|---|---|---|
| 机械设备、五金产品及电子产品批发 | -236 | 11097 | 11426 | 642 | 8314 | 4580 |
| 农业机械批发 | 2 | -2 | -2 | | 33 | 9 |
| 汽车及零配件批发 | 19 | 168 | 145 | 38 | 474 | 229 |
| 五金产品批发 | 202 | 500 | 804 | 15 | 864 | 1724 |
| 电气设备批发 | -211 | 2414 | 2418 | 404 | 827 | 388 |
| 计算机、软件及辅助设备批发 | -264 | 7234 | 7376 | 83 | 3980 | 1543 |
| 通讯设备批发 | 2 | 22 | 21 | 2 | 311 | 101 |
| 广播影视设备批发 | | 26 | 26 | | 220 | |
| 其他机械设备及电子产品批发 | 14 | 735 | 638 | 100 | 1606 | 588 |
| 贸易经纪与代理 | 317 | 759 | 755 | 109 | 1782 | 1469 |
| 贸易代理 | 306 | 966 | 962 | 98 | 1657 | 1469 |
| 其他贸易经纪与代理 | 11 | -208 | -208 | 11 | 125 | |
| 其他批发业 | 164 | 380 | 380 | 16 | 701 | 883 |
| 再生物资回收与批发 | | 86 | 86 | 2 | 101 | 43 |
| 其他未列明批发业 | 164 | 294 | 294 | 13 | 600 | 840 |
| **2.按登记注册类型分** | | | | | | |
| 内资企业 | 12369 | 127732 | 128779 | 23631 | 87501 | 61032 |
| 国有企业 | 65 | -80 | -68 | 5 | 828 | 81 |
| 集体企业 | | 3 | 6 | 2 | 66 | |
| 有限责任公司 | 5453 | 74415 | 74445 | 21882 | 51900 | 42438 |
| 国有独资公司 | -37 | 979 | 963 | 279 | 1627 | 276 |
| 其他有限责任公司 | 5490 | 73436 | 73481 | 21602 | 50273 | 42162 |
| 股份有限公司 | 518 | 7500 | 8070 | 88 | 3601 | 3464 |
| 私营企业 | 6298 | 44790 | 45207 | 1655 | 30234 | 15050 |
| 私营独资企业 | 19 | 624 | 624 | | 143 | |
| 私营有限责任公司 | 6253 | 44117 | 44568 | 1642 | 29784 | 14899 |
| 私营股份有限公司 | 26 | 49 | 14 | 13 | 307 | 151 |
| 其他企业 | 36 | 1105 | 1120 | | 872 | |
| 港、澳、台商投资企业 | 735 | 9604 | 9324 | 772 | 14617 | 5220 |
| 与港澳台商合资经营企业 | 119 | 3678 | 3489 | | 1398 | |
| 与港澳台商合作经营企业 | | 1 | 1 | | 82 | |
| 港澳台商独资经营企业 | 595 | 5802 | 5711 | 759 | 13085 | 5076 |
| 其他港澳台投资企业 | 21 | 123 | 123 | 13 | 53 | 143 |
| 外商投资企业 | 28 | 14380 | 14962 | 519 | 18166 | 8316 |
| 中外合资经营企业 | 116 | 12308 | 12523 | 254 | 17543 | 8303 |
| 外资企业 | -88 | 2072 | 2439 | 264 | 623 | 13 |
| **3.按控股情况分** | | | | | | |
| 国有控股 | 2490 | 56635 | 56666 | 19375 | 32310 | 30779 |
| 集体控股 | 101 | 346 | 371 | 93 | 770 | 188 |
| 私人控股 | 8676 | 64453 | 64980 | 3608 | 44707 | 19507 |
| 港澳台商控股 | 730 | 9779 | 9500 | 839 | 15097 | 5182 |
| 外商控股 | -88 | 1890 | 2259 | 265 | 1586 | 94 |
| 其他 | 1223 | 18614 | 19290 | 741 | 25815 | 18817 |
| **4.按经营形式分** | | | | | | |
| 独立门店 | 5458 | 58454 | 58605 | 3648 | 49912 | 24979 |
| 连锁总店(总部) | 2 | 294 | 304 | 76 | 499 | 173 |
| 其他 | 7672 | 92968 | 94157 | 21197 | 69873 | 49416 |

# 14-15 限额以上零售企业财务状况

(2018年)　　单位:万元

| 项目 | 企业数(个) | 年初存货 | 流动资产合计 | 固定资产原价 | 累计折旧 | 本年折旧 |
|---|---|---|---|---|---|---|
| **二、零售业** | **363** | **240133** | **2179649** | **395162** | **138694** | **32856** |
| **1.按零售行业小类分** | | | | | | |
| 综合零售 | 27 | 26540 | 284663 | 115936 | 30879 | 5300 |
| 百货零售 | 18 | 23325 | 278812 | 104631 | 26175 | 4338 |
| 超级市场零售 | 9 | 3214 | 5851 | 11305 | 4704 | 962 |
| 食品、饮料及烟草制品专门零售 | 36 | 5136 | 47422 | 9706 | 3748 | 816 |
| 粮油零售 | 3 | 707 | 906 | 292 | 119 | 36 |
| 糕点、面包零售 | 5 | 422 | 1551 | 1118 | 244 | 142 |
| 果品、蔬菜零售 | 10 | 124 | 2980 | 2838 | 1218 | 221 |
| 肉、禽、蛋、奶及水产品零售 | 5 | 188 | 1641 | 290 | 59 | 12 |
| 酒、饮料及茶叶零售 | 9 | 3156 | 8117 | 1435 | 484 | 255 |
| 烟草制品零售 | 3 | 537 | 31905 | 3110 | 1565 | 144 |
| 其他食品零售 | 1 | 2 | 323 | 623 | 60 | 6 |
| 纺织、服装及日用品专门零售 | 16 | 8923 | 92111 | 2018 | 953 | 239 |
| 服装零售 | 3 | 5641 | 53358 | 531 | 194 | 166 |
| 鞋帽零售 | 7 | 611 | 1765 | 603 | 108 | 22 |
| 化妆品及卫生用品零售 | 1 | 547 | 856 | 117 | 101 | 2 |
| 钟表、眼镜零售 | 1 | 2008 | 3577 | 98 | 42 | 16 |
| 箱包零售 | 1 | | 32060 | 595 | 503 | 31 |
| 其他日用品零售 | 3 | 116 | 495 | 75 | 6 | 3 |
| 文化、体育用品及器材专门零售 | 9 | 4541 | 15263 | 6522 | 1694 | 426 |
| 文具用品零售 | 3 | 131 | 1703 | 17 | 10 | 10 |
| 图书、报刊零售 | 4 | 1880 | 9007 | 5310 | 1313 | 203 |
| 珠宝首饰零售 | 1 | 2530 | 4143 | 884 | 165 | 37 |
| 乐器零售 | 1 | | 410 | 311 | 205 | 177 |
| 医药及医疗器材专门零售 | 13 | 6761 | 45379 | 2115 | 636 | 252 |
| 西药零售 | 9 | 6341 | 42515 | 1993 | 623 | 243 |
| 中药零售 | 1 | 216 | 808 | 3 | | |
| 医疗用品及器材零售 | 3 | 205 | 2056 | 119 | 13 | 9 |
| 汽车、摩托车、零配件和燃料及其他动力销售 | 197 | 159596 | 1469864 | 239123 | 94080 | 22294 |
| 汽车新车零售 | 142 | 137786 | 577141 | 95135 | 34339 | 14715 |
| 汽车零配件零售 | 2 | 270 | 26314 | 41 | 23 | 5 |
| 摩托车及零配件零售 | 4 | 1597 | 7191 | 715 | 406 | 363 |
| 机动车燃油零售 | 49 | 19943 | 859218 | 143232 | 59312 | 7212 |
| 家用电器及电子产品专门零售 | 32 | 9981 | 59926 | 2258 | 1724 | 617 |
| 家用视听设备零售 | 2 | 1890 | 9522 | 38 | 29 | 2 |
| 日用家电零售 | 13 | 2005 | 12921 | 654 | 490 | 460 |
| 计算机、软件及辅助设备零售 | 9 | 2381 | 14840 | 441 | 225 | 38 |
| 通信设备零售 | 4 | 2148 | 13486 | 85 | 73 | 24 |
| 其他电子产品零售 | 4 | 1557 | 9157 | 1039 | 908 | 94 |
| 五金、家具及室内装饰材料专门零售 | 12 | 1778 | 8128 | 1108 | 274 | 117 |
| 五金零售 | 3 | 606 | 1061 | 226 | 62 | 33 |
| 家具零售 | 3 | 110 | 651 | 479 | 55 | 14 |
| 涂料零售 | 1 | | 18 | 4 | 2 | 2 |
| 木质装饰材料零售 | 1 | | 40 | 43 | 18 | 18 |
| 陶瓷、石材装饰材料零售 | 3 | 585 | 1543 | 329 | 128 | 46 |
| 其他室内装饰材料零售 | 1 | 477 | 4814 | 26 | 9 | 5 |
| 货摊、无店铺及其他零售业 | 21 | 16878 | 156893 | 16376 | 4707 | 2796 |
| 互联网零售 | 5 | 14899 | 140101 | 2574 | 1972 | 1931 |
| 生活用燃料零售 | 16 | 1980 | 16792 | 13802 | 2735 | 865 |

## 14-15 续表1

(2018年)　　单位:万元

| 项　　目 | 企业数(个) | 年初存货 | 流动资产合计 | 固定资产原价 | 累计折旧 | 本年折旧 |
|---|---|---|---|---|---|---|
| **2.按登记注册类型分** | | | | | | |
| 内资企业 | 355 | 223870 | 2081225 | 379898 | 131712 | 31213 |
| 国有企业 | 3 | 537 | 31905 | 3110 | 1565 | 144 |
| 集体企业 | 5 | 172 | 1111 | 2314 | 691 | 282 |
| 有限责任公司 | 136 | 115445 | 663366 | 185271 | 66615 | 17042 |
| 国有独资公司 | 4 | 814 | 7457 | 2024 | 811 | 117 |
| 其他有限责任公司 | 132 | 114631 | 655909 | 183247 | 65804 | 16925 |
| 股份有限公司 | 6 | 7994 | 844018 | 80596 | 32946 | 2134 |
| 私营企业 | 205 | 99721 | 540825 | 108608 | 29895 | 11611 |
| 私营独资企业 | 17 | 1139 | 4529 | 2562 | 1469 | 434 |
| 私营有限责任公司 | 188 | 98582 | 536296 | 106046 | 28427 | 11177 |
| 港、澳、台商投资企业 | 6 | 10670 | 82529 | 13152 | 5876 | 1350 |
| 与港澳台商合资经营企业 | 2 | 2589 | 16120 | 1788 | 756 | 256 |
| 与港澳台商合作经营企业 | 1 | 1295 | 8874 | 1737 | 1245 | 73 |
| 港澳台商独资经营企业 | 3 | 6787 | 57535 | 9627 | 3875 | 1022 |
| 外商投资企业 | 2 | 5592 | 15895 | 2112 | 1107 | 293 |
| 外资企业 | 1 | 1000 | 6886 | 965 | 849 | 35 |
| 其他外商投资企业 | 1 | 4593 | 9009 | 1146 | 258 | 258 |
| **3.按控股情况分** | | | | | | |
| 国有控股 | 19 | 10980 | 36482 | 68563 | 24078 | 4024 |
| 集体控股 | 9 | 2660 | 8260 | 3445 | 1451 | 1043 |
| 私人控股 | 291 | 155247 | 851163 | 207836 | 63836 | 19143 |
| 港澳台商控股 | 5 | 10529 | 81520 | 13084 | 5870 | 1350 |
| 外商控股 | 1 | 1000 | 6886 | 965 | 849 | 35 |
| 其他 | 38 | 59717 | 1195338 | 101268 | 42611 | 7261 |
| **4.按经营形式分** | | | | | | |
| 独立门店 | 296 | 185386 | 1749973 | 319005 | 110629 | 23633 |
| 连锁总店(总部) | 14 | 23273 | 116896 | 42140 | 16558 | 2754 |
| 连锁直营店 | 4 | 814 | 7181 | 2925 | 1078 | 581 |
| 连锁加盟店 | | | | | | |
| 其他 | 49 | 30660 | 305599 | 31091 | 10430 | 5889 |
| **5.按单位规模分** | | | | | | |
| 大型 | 8 | 35084 | 1094001 | 105446 | 47165 | 5351 |
| 中型 | 114 | 149383 | 796476 | 245015 | 74267 | 20646 |
| 小型 | 178 | 46567 | 203143 | 38107 | 14312 | 5177 |
| 微型 | 63 | 9100 | 86028 | 6593 | 2950 | 1683 |
| **6.按零售业态分** | | | | | | |
| 有店铺零售 | 331 | 221134 | 1943416 | 375265 | 130869 | 27890 |
| 食杂店 | 3 | 785 | 2029 | 1117 | 246 | 143 |
| 便利店 | 24 | 17132 | 840676 | 131009 | 53557 | 5407 |
| 超市 | 11 | 4800 | 9503 | 4164 | 2215 | 239 |
| 大型超市 | 8 | 9339 | 48700 | 9907 | 4304 | 1481 |
| 仓储会员店 | 2 | 196 | 432 | 22 | 4 | 3 |
| 百货店 | 9 | 2918 | 6521 | 1831 | 555 | 138 |
| 专业店 | 103 | 41748 | 261744 | 37897 | 14517 | 5131 |
| 专卖店 | 147 | 122730 | 506369 | 82217 | 28981 | 10998 |
| 家居建材商店 | 5 | 685 | 2040 | 582 | 182 | 73 |
| 购物中心 | 6 | 12107 | 226573 | 101168 | 24148 | 3591 |
| 厂家直销中心 | 13 | 8694 | 38830 | 5352 | 2160 | 686 |
| 无店铺零售 | 32 | 18999 | 236233 | 19897 | 7826 | 4966 |
| 网上商店 | 6 | 14833 | 188796 | 3184 | 2467 | 1995 |
| 电话购物 | 2 | 478 | 1727 | 73 | 26 | 3 |

## 14-15 续表2

(2018年) 单位:万元

| 项　　目 | 资产合计 | 负债合计 | 所有者权益合计 | 实收资本 | 营业收入 | 主营业务收入 | 营业成本 |
|---|---|---|---|---|---|---|---|
| **二、零售业** | **2688153** | **1602063** | **1086090** | **352666** | **4891079** | **4774560** | **4379317** |
| **1.按零售行业小类分** | | | | | | | |
| 综合零售 | 397964 | 360037 | 37927 | 76588 | 324625 | 302743 | 240895 |
| 百货零售 | 384723 | 350120 | 34603 | 73461 | 276552 | 256394 | 202521 |
| 超级市场零售 | 13242 | 9917 | 3324 | 3127 | 48073 | 46349 | 38373 |
| 食品、饮料及烟草制品专门零售 | 61976 | 13898 | 48078 | 8933 | 49865 | 49246 | 41067 |
| 粮油零售 | 1401 | 1042 | 359 | 249 | 10568 | 10568 | 9428 |
| 糕点、面包零售 | 2594 | 957 | 1637 | 1151 | 4527 | 4527 | 3716 |
| 果品、蔬菜零售 | 6193 | 1675 | 4518 | 2938 | 14504 | 14504 | 11712 |
| 肉、禽、蛋、奶及水产品零售 | 2227 | 1289 | 939 | 793 | 3841 | 3841 | 2692 |
| 酒、饮料及茶叶零售 | 9588 | 7276 | 2312 | 2061 | 11255 | 11255 | 9030 |
| 烟草制品零售 | 39088 | 1428 | 37660 | 1340 | 2987 | 2369 | 2432 |
| 其他食品零售 | 885 | 231 | 654 | 400 | 2182 | 2182 | 2058 |
| 纺织、服装及日用品专门零售 | 97401 | 79512 | 17889 | 15237 | 115237 | 113140 | 78082 |
| 服装零售 | 54674 | 39081 | 15593 | 13544 | 59440 | 57390 | 39794 |
| 鞋帽零售 | 2519 | 863 | 1657 | 532 | 14359 | 14359 | 11120 |
| 化妆品及卫生用品零售 | 874 | 624 | 250 | 100 | 1814 | 1767 | 1578 |
| 钟表、眼镜零售 | 3633 | 3385 | 247 | 150 | 3319 | 3319 | 2605 |
| 箱包零售 | 35134 | 35503 | -369 | 500 | 32223 | 32223 | 19595 |
| 其他日用品零售 | 568 | 56 | 512 | 410 | 4083 | 4083 | 3389 |
| 文化、体育用品及器材专门零售 | 37353 | 19228 | 18125 | 9642 | 17526 | 16750 | 11903 |
| 文具用品零售 | 1713 | 1224 | 490 | 400 | 3655 | 3655 | 3178 |
| 图书、报刊零售 | 28825 | 13677 | 15148 | 6192 | 13212 | 12497 | 8305 |
| 珠宝首饰零售 | 6299 | 3976 | 2323 | 3000 | 291 | 229 | 114 |
| 乐器零售 | 516 | 351 | 165 | 50 | 369 | 369 | 306 |
| 医药及医疗器材专门零售 | 48780 | 47384 | 1396 | 3023 | 108315 | 108112 | 87590 |
| 西药零售 | 45744 | 45818 | -74 | 2676 | 102576 | 102373 | 83058 |
| 中药零售 | 819 | 782 | 37 | 130 | 1176 | 1176 | 827 |
| 医疗用品及器材零售 | 2217 | 784 | 1434 | 217 | 4563 | 4563 | 3706 |
| 汽车、摩托车、零配件和燃料及其他动力销售 | 1785087 | 888998 | 896089 | 165659 | 3302738 | 3238108 | 3010772 |
| 汽车新车零售 | 671098 | 539984 | 131114 | 136968 | 1890733 | 1862359 | 1743247 |
| 汽车零配件零售 | 26346 | 25537 | 809 | 754 | 14211 | 14211 | 13716 |
| 摩托车及零配件零售 | 7513 | 6988 | 525 | 430 | 8161 | 8156 | 7621 |
| 机动车燃油零售 | 1080131 | 316489 | 763642 | 27507 | 1389632 | 1353382 | 1246189 |
| 家用电器及电子产品专门零售 | 61419 | 49305 | 12114 | 13602 | 92003 | 91379 | 80815 |
| 家用视听设备零售 | 9531 | 5843 | 3688 | 3801 | 5995 | 5995 | 5495 |
| 日用家电零售 | 13794 | 14032 | -238 | 2934 | 45145 | 44717 | 39301 |
| 计算机、软件及辅助设备零售 | 15192 | 11177 | 4015 | 3469 | 10882 | 10825 | 9324 |
| 通信设备零售 | 13498 | 11004 | 2494 | 2200 | 16492 | 16429 | 13977 |
| 其他电子产品零售 | 9404 | 7250 | 2155 | 1198 | 13489 | 13412 | 12717 |
| 五金、家具及室内装饰材料专门零售 | 12808 | 7796 | 5012 | 1816 | 30475 | 30463 | 23900 |
| 五金零售 | 1255 | 760 | 495 | 345 | 4058 | 4058 | 3769 |
| 家具零售 | 1097 | 184 | 913 | 611 | 2015 | 2015 | 1649 |
| 涂料零售 | 21 | 4 | 17 | 10 | 2625 | 2625 | 2365 |
| 木质装饰材料零售 | 100 | 47 | 53 | 50 | 538 | 538 | 434 |
| 陶瓷、石材装饰材料零售 | 5403 | 3009 | 2394 | 300 | 3853 | 3853 | 3092 |
| 其他室内装饰材料零售 | 4933 | 3792 | 1141 | 500 | 17386 | 17375 | 12591 |
| 货摊、无店铺及其他零售业 | 185365 | 135905 | 49460 | 58168 | 850296 | 824619 | 804294 |
| 互联网零售 | 152886 | 112030 | 40856 | 51592 | 807215 | 783725 | 769040 |
| 生活用燃料零售 | 32479 | 23875 | 8604 | 6576 | 43081 | 40894 | 35254 |

## 14-15　续表3

(2018年)　　单位:万元

| 项　　目 | 资产合计 | 负债合计 | 所有者权益合计 | 实收资本 | 营业收入 | 主营业务收　入 | 营业成本 |
|---|---|---|---|---|---|---|---|
| **2.按登记注册类型分** | | | | | | | |
| 内资企业 | 2573279 | 1541406 | 1031873 | 308884 | 4637789 | 4530490 | 4174239 |
| 国有企业 | 39088 | 1428 | 37660 | 1340 | 2987 | 2369 | 2432 |
| 集体企业 | 3699 | 1268 | 2431 | 732 | 16857 | 16857 | 14259 |
| 有限责任公司 | 921048 | 710890 | 210157 | 192076 | 2453206 | 2392293 | 2216093 |
| 国有独资公司 | 14599 | 4588 | 10012 | 5254 | 13639 | 13452 | 9844 |
| 其他有限责任公司 | 906448 | 706303 | 200145 | 186822 | 2439567 | 2378841 | 2206250 |
| 股份有限公司 | 958531 | 280442 | 678089 | 2016 | 769813 | 739638 | 681614 |
| 私营企业 | 650913 | 547377 | 103536 | 112720 | 1394925 | 1379334 | 1259840 |
| 私营独资企业 | 8160 | 5464 | 2696 | 1407 | 25842 | 25821 | 22743 |
| 私营有限责任公司 | 642753 | 541913 | 100840 | 111313 | 1369083 | 1353513 | 1237097 |
| 港、澳、台商投资企业 | 95842 | 48690 | 47152 | 23858 | 202901 | 196202 | 162581 |
| 与港澳台商合资经营企业 | 20762 | 7701 | 13061 | 6750 | 64763 | 62559 | 56503 |
| 与港澳台商合作经营企业 | 10374 | 2771 | 7603 | 3110 | 27012 | 27008 | 21048 |
| 港澳台商独资经营企业 | 64706 | 38218 | 26488 | 13998 | 111126 | 106635 | 85030 |
| 外商投资企业 | 19033 | 11968 | 7065 | 19925 | 50389 | 47868 | 42497 |
| 外资企业 | 7118 | 5181 | 1937 | 968 | 8970 | 8893 | 8585 |
| 其他外商投资企业 | 11915 | 6787 | 5128 | 18957 | 41419 | 38975 | 33912 |
| **3.按控股情况分** | | | | | | | |
| 国有控股 | 165536 | 45157 | 120379 | 25112 | 536462 | 526701 | 487486 |
| 集体控股 | 12263 | 9848 | 2415 | 2517 | 69517 | 68666 | 61735 |
| 私人控股 | 1047526 | 842979 | 204547 | 217817 | 2088268 | 2056542 | 1850742 |
| 港澳台商控股 | 94419 | 48333 | 46085 | 23107 | 199534 | 192835 | 159684 |
| 外商控股 | 7118 | 5181 | 1937 | 968 | 8970 | 8893 | 8585 |
| 其他 | 1361292 | 650565 | 710727 | 83146 | 1988329 | 1920922 | 1811086 |
| **4.按经营形式分** | | | | | | | |
| 独立门店 | 2137863 | 1183738 | 954125 | 253316 | 3252015 | 3175881 | 2896393 |
| 连锁总店(总部) | 185437 | 133663 | 51775 | 24759 | 445483 | 436358 | 396846 |
| 连锁直营店 | 12190 | 8225 | 3965 | 2216 | 18453 | 18259 | 12729 |
| 连锁加盟店 | | | | | | | |
| 其他 | 352663 | 276438 | 76225 | 72375 | 1175128 | 1144062 | 1073349 |
| **5.按单位规模分** | | | | | | | |
| 大型 | 1269769 | 513300 | 756469 | 89471 | 1973857 | 1905449 | 1784188 |
| 中型 | 1064927 | 822534 | 242393 | 190827 | 2215372 | 2170926 | 1968066 |
| 小型 | 259511 | 183132 | 76379 | 62100 | 557658 | 554094 | 498485 |
| 微型 | 93946 | 83098 | 10848 | 10269 | 144193 | 144091 | 128578 |
| **6.按零售业态分** | | | | | | | |
| 有店铺零售 | 2418862 | 1394299 | 1024563 | 288558 | 3912712 | 3822708 | 3473237 |
| 食杂店 | 2909 | 1804 | 1105 | 520 | 2410 | 2410 | 1938 |
| 便利店 | 1047756 | 302832 | 744924 | 20068 | 1315661 | 1279423 | 1183613 |
| 超市 | 11594 | 9648 | 1946 | 2579 | 35761 | 34340 | 30206 |
| 大型超市 | 60464 | 69918 | -9454 | 24143 | 168120 | 160968 | 130100 |
| 仓储会员店 | 489 | 225 | 264 | 49 | 2106 | 2106 | 1744 |
| 百货店 | 8021 | 6559 | 1461 | 1060 | 30125 | 30104 | 27201 |
| 专业店 | 319557 | 232779 | 86778 | 56784 | 643741 | 635333 | 574014 |
| 专卖店 | 587447 | 456284 | 131164 | 120641 | 1449113 | 1429117 | 1313888 |
| 家居建材商店 | 6131 | 3145 | 2986 | 750 | 4825 | 4825 | 3729 |
| 购物中心 | 327832 | 280894 | 46938 | 50338 | 116701 | 103117 | 76743 |
| 厂家直销中心 | 46663 | 30211 | 16452 | 11627 | 144150 | 140965 | 130060 |
| 无店铺零售 | 269291 | 207765 | 61526 | 64108 | 978368 | 951852 | 906080 |
| 网上商店 | 204704 | 156308 | 48396 | 55372 | 848491 | 824418 | 792235 |
| 电话购物 | 1774 | 1209 | 565 | 500 | 2301 | 2244 | 2064 |

## 14-15 续表4

(2018年) 单位:万元

| 项目 | 主营业务成本 | 营业税金及附加 | 主营业务税金及附加 | 其它业务利润 | 营业费用 | 管理费用 |
|---|---|---|---|---|---|---|
| **二、零售业** | **4311237** | **12323** | **11552** | **20673** | **289050** | **99973** |
| **1.按零售行业小类分** | | | | | | |
| 综合零售 | 235936 | 3370 | 3174 | 3298 | 54846 | 6909 |
| 百货零售 | 197874 | 3216 | 3035 | 3120 | 46018 | 6099 |
| 超级市场零售 | 38061 | 155 | 138 | 178 | 8827 | 810 |
| 食品、饮料及烟草制品专门零售 | 40737 | 341 | 323 | | 2169 | 3956 |
| 粮油零售 | 9428 | 268 | 268 | | 218 | 129 |
| 糕点、面包零售 | 3716 | 13 | 13 | | 309 | 299 |
| 果品、蔬菜零售 | 11712 | 6 | 6 | | 431 | 379 |
| 肉、禽、蛋、奶及水产品零售 | 2692 | 1 | 1 | | 113 | 170 |
| 酒、饮料及茶叶零售 | 9030 | 17 | 17 | | 515 | 470 |
| 烟草制品零售 | 2102 | 33 | 15 | | 582 | 2500 |
| 其他食品零售 | 2058 | 2 | 2 | | 2 | 10 |
| 纺织、服装及日用品专门零售 | 77927 | 506 | 504 | 1512 | 25377 | 9091 |
| 服装零售 | 39639 | 140 | 140 | 1466 | 12015 | 6803 |
| 鞋帽零售 | 11120 | 37 | 37 | | 1795 | 298 |
| 化妆品及卫生用品零售 | 1578 | 3 | 3 | 47 | 124 | 101 |
| 钟表、眼镜零售 | 2605 | 4 | 4 | | 495 | 186 |
| 箱包零售 | 19595 | 279 | 279 | | 10768 | 1614 |
| 其他日用品零售 | 3389 | 43 | 41 | | 180 | 91 |
| 文化、体育用品及器材专门零售 | 11528 | 85 | 69 | 228 | 2485 | 2177 |
| 文具用品零售 | 3178 | 6 | 6 | | 1 | 297 |
| 图书、报刊零售 | 7938 | 73 | 57 | 228 | 2417 | 1633 |
| 珠宝首饰零售 | 106 | 5 | 5 | | 66 | 212 |
| 乐器零售 | 306 | 2 | 2 | | 1 | 36 |
| 医药及医疗器材专门零售 | 87589 | 366 | 221 | 360 | 18004 | 4616 |
| 西药零售 | 83057 | 260 | 199 | 360 | 17763 | 3853 |
| 中药零售 | 827 | 2 | | | 5 | 338 |
| 医疗用品及器材零售 | 3706 | 104 | 22 | | 236 | 425 |
| 汽车、摩托车、零配件和燃料及其他动力销售 | 2973162 | 6255 | 5951 | 14924 | 141895 | 59064 |
| 汽车新车零售 | 1736497 | 3122 | 3018 | 14280 | 76429 | 47580 |
| 汽车零配件零售 | 13716 | 9 | 9 | | | 408 |
| 摩托车及零配件零售 | 7621 | 61 | 59 | 75 | 258 | 298 |
| 机动车燃油零售 | 1215328 | 3063 | 2865 | 570 | 65207 | 10777 |
| 家用电器及电子产品专门零售 | 80665 | 248 | 207 | 209 | 8036 | 3630 |
| 家用视听设备零售 | 5495 | 11 | 11 | | 313 | 131 |
| 日用家电零售 | 39190 | 134 | 112 | 8 | 5959 | 1396 |
| 计算机、软件及辅助设备零售 | 9324 | 37 | 20 | 162 | 215 | 960 |
| 通信设备零售 | 13977 | 25 | 25 | | 1454 | 684 |
| 其他电子产品零售 | 12679 | 40 | 39 | 39 | 95 | 459 |
| 五金、家具及室内装饰材料专门零售 | 23090 | 156 | 114 | 28 | 2297 | 923 |
| 五金零售 | 3769 | 8 | 8 | | 14 | 144 |
| 家具零售 | 1649 | 12 | 8 | | 117 | 37 |
| 涂料零售 | 2365 | 2 | 2 | 28 | 11 | 9 |
| 木质装饰材料零售 | 434 | 14 | 14 | | 35 | 30 |
| 陶瓷、石材装饰材料零售 | 3092 | 43 | 5 | | 219 | 213 |
| 其他室内装饰材料零售 | 11781 | 77 | 77 | | 1901 | 491 |
| 货摊、无店铺及其他零售业 | 780603 | 996 | 990 | 113 | 33941 | 9607 |
| 互联网零售 | 746771 | 898 | 898 | 113 | 30952 | 6481 |
| 生活用燃料零售 | 33833 | 98 | 92 | | 2989 | 3126 |

## 14-15 续表5

(2018年) 单位:万元

| 项 目 | 主营业务成本 | 营业税金及附加 | 主营业务税金及附加 | 其它业务利润 | 营业费用 | 管理费用 |
|---|---|---|---|---|---|---|
| **2.按登记注册类型分** | | | | | | |
| 内资企业 | 4106883 | 11444 | 10673 | 15032 | 259346 | 90973 |
| 国有企业 | 2102 | 33 | 15 | | 582 | 2500 |
| 集体企业 | 14259 | 275 | 275 | | 418 | 399 |
| 有限责任公司 | 2176726 | 6913 | 6439 | 4687 | 151717 | 43378 |
| 国有独资公司 | 9841 | 78 | 62 | 65 | 1497 | 1073 |
| 其他有限责任公司 | 2166886 | 6836 | 6377 | 4622 | 150220 | 42305 |
| 股份有限公司 | 657255 | 1582 | 1582 | 113 | 36725 | 4342 |
| 私营企业 | 1256541 | 2641 | 2362 | 10231 | 69905 | 40355 |
| 私营独资企业 | 22742 | 51 | 50 | 6 | 663 | 1530 |
| 私营有限责任公司 | 1233799 | 2590 | 2312 | 10225 | 69242 | 38825 |
| 港、澳、台商投资企业 | 161895 | 784 | 784 | 3158 | 21063 | 8826 |
| 与港澳台商合资经营企业 | 55993 | 264 | 264 | 1693 | 3164 | 1546 |
| 与港澳台商合作经营企业 | 21048 | 130 | 130 | | 1656 | 480 |
| 港澳台商独资经营企业 | 84855 | 389 | 389 | 1466 | 16243 | 6800 |
| 外商投资企业 | 42459 | 95 | 95 | 2483 | 8641 | 174 |
| 外资企业 | 8546 | 31 | 31 | 39 | 75 | 174 |
| 其他外商投资企业 | 33912 | 64 | 64 | 2444 | 8567 | |
| **3.按控股情况分** | | | | | | |
| 国有控股 | 479726 | 1224 | 1012 | 758 | 30019 | 8377 |
| 集体控股 | 61571 | 394 | 387 | 254 | 6014 | 1338 |
| 私人控股 | 1841231 | 5673 | 5121 | 15591 | 132844 | 60894 |
| 港澳台商控股 | 158998 | 779 | 779 | 3158 | 20858 | 8746 |
| 外商控股 | 8546 | 31 | 31 | 39 | 75 | 174 |
| 其他 | 1761165 | 4222 | 4221 | 873 | 99241 | 20445 |
| **4.按经营形式分** | | | | | | |
| 独立门店 | 2859182 | 9398 | 8921 | 16731 | 180566 | 72397 |
| 连锁总店(总部) | 393352 | 1104 | 1033 | 1206 | 32873 | 10124 |
| 连锁直营店 | 11980 | 37 | 17 | | 4365 | 1020 |
| 连锁加盟店 | | | | | | |
| 其他 | 1046723 | 1784 | 1580 | 2736 | 71246 | 16432 |
| **5.按单位规模分** | | | | | | |
| 大型 | 1731850 | 3354 | 3025 | 3910 | 124828 | 19531 |
| 中型 | 1956190 | 7025 | 6879 | 15060 | 131296 | 54869 |
| 小型 | 495466 | 1540 | 1366 | 1677 | 25023 | 23197 |
| 微型 | 127732 | 404 | 281 | 26 | 7904 | 2375 |
| **6.按零售业态分** | | | | | | |
| 有店铺零售 | 3429850 | 10797 | 10113 | 19769 | 240235 | 85990 |
| 食杂店 | 1938 | 6 | 6 | | 22 | 202 |
| 便利店 | 1153585 | 2765 | 2597 | 558 | 61621 | 8527 |
| 超市 | 29821 | 83 | 82 | 353 | 4220 | 1038 |
| 大型超市 | 128348 | 368 | 195 | 3100 | 35401 | 1324 |
| 仓储会员店 | 1744 | 70 | 70 | | 50 | 148 |
| 百货店 | 27191 | 289 | 280 | 20 | 1072 | 581 |
| 专业店 | 569888 | 1167 | 1049 | 3905 | 44772 | 20211 |
| 专卖店 | 1310300 | 2714 | 2559 | 9260 | 69901 | 46695 |
| 家居建材商店 | 3729 | 64 | 23 | | 341 | 264 |
| 购物中心 | 73859 | 2912 | 2897 | 42 | 15244 | 4070 |
| 厂家直销中心 | 129448 | 358 | 356 | 2531 | 7592 | 2930 |
| 无店铺零售 | 881388 | 1526 | 1439 | 904 | 48815 | 13982 |
| 网上商店 | 769811 | 1171 | 1171 | 113 | 42940 | 8802 |
| 电话购物 | 2064 | 4 | | 57 | 7 | 133 |

## 14-15 续表6

(2018年) 单位:万元

| 项　　目 | 财务费用 | 营业利润 | 利润总额 | 应交所得税 | 本年应付职工薪酬 | 本年应交增值税 |
|---|---|---|---|---|---|---|
| **二、零售业** | **22371** | **94780** | **96123** | **24432** | **146170** | **65962** |
| **1.按零售行业小类分** | | | | | | |
| 综合零售 | 8943 | 9631 | 10695 | 2271 | 22549 | 7534 |
| 百货零售 | 8712 | 9955 | 10635 | 2187 | 19183 | 6583 |
| 超级市场零售 | 231 | -324 | 60 | 84 | 3366 | 951 |
| 食品、饮料及烟草制品专门零售 | 122 | 10396 | 10420 | 192 | 4327 | 627 |
| 粮油零售 | 20 | 495 | 493 | 51 | 119 | 272 |
| 糕点、面包零售 | 9 | 181 | 324 | 19 | 454 | 138 |
| 果品、蔬菜零售 | 200 | 1776 | 1776 | 49 | 593 | 31 |
| 肉、禽、蛋、奶及水产品零售 | 17 | 847 | 847 | 2 | 221 | 1 |
| 酒、饮料及茶叶零售 | 29 | 1194 | 1188 | 14 | 489 | 120 |
| 烟草制品零售 | -153 | 5792 | 5681 | 36 | 2376 | 64 |
| 其他食品零售 | 1 | 110 | 110 | 22 | 77 | 2 |
| 纺织、服装及日用品专门零售 | 834 | 1348 | 1432 | 289 | 10453 | 3208 |
| 服装零售 | 184 | 503 | 532 | 212 | 5551 | 1054 |
| 鞋帽零售 | 92 | 1017 | 1017 | 46 | 796 | 32 |
| 化妆品及卫生用品零售 | -5 | 13 | 14 | 1 | 84 | 25 |
| 钟表、眼镜零售 | | 29 | 29 | 5 | 341 | 35 |
| 箱包零售 | 560 | -590 | -536 | | 3439 | 2014 |
| 其他日用品零售 | 3 | 376 | 376 | 25 | 242 | 48 |
| 文化、体育用品及器材专门零售 | 250 | 728 | 721 | 9 | 2163 | 82 |
| 文具用品零售 | 2 | 172 | 172 | 9 | 206 | 51 |
| 图书、报刊零售 | -3 | 889 | 877 | | 1773 | -12 |
| 珠宝首饰零售 | 251 | -357 | -351 | | 138 | 28 |
| 乐器零售 | | 24 | 24 | | 46 | 14 |
| 医药及医疗器材专门零售 | 311 | -2360 | -2172 | 175 | 9636 | 1732 |
| 西药零售 | 308 | -2453 | -2264 | 173 | 9144 | 1526 |
| 中药零售 | 1 | 4 | 4 | | 277 | 20 |
| 医疗用品及器材零售 | 2 | 90 | 89 | 2 | 216 | 186 |
| 汽车、摩托车、零配件和燃料及其他动 | 11838 | 74647 | 74430 | 20596 | 76909 | 44645 |
| 汽车新车零售 | 9772 | 12429 | 12393 | 5116 | 56520 | 15855 |
| 汽车零配件零售 | -21 | 98 | 98 | 2 | 65 | 91 |
| 摩托车及零配件零售 | 4 | -58 | -58 | 10 | 411 | 97 |
| 机动车燃油零售 | 2083 | 62177 | 61997 | 15468 | 19913 | 28602 |
| 家用电器及电子产品专门零售 | 212 | -1020 | -1060 | 128 | 5728 | 661 |
| 家用视听设备零售 | -9 | 53 | 53 | 10 | 377 | 4 |
| 日用家电零售 | 27 | -1728 | -1768 | 25 | 2562 | 197 |
| 计算机、软件及辅助设备零售 | 38 | 306 | 305 | 26 | 876 | 186 |
| 通信设备零售 | 150 | 193 | 194 | 35 | 1005 | 196 |
| 其他电子产品零售 | 6 | 156 | 156 | 33 | 908 | 78 |
| 五金、家具及室内装饰材料专门零售 | 14 | 3481 | 3497 | 661 | 1756 | 1091 |
| 五金零售 | 1 | 123 | 122 | 3 | 125 | 378 |
| 家具零售 | 3 | 473 | 473 | 3 | 242 | 7 |
| 涂料零售 | | 209 | 208 | | 101 | 2 |
| 木质装饰材料零售 | 2 | 25 | 25 | | 92 | 14 |
| 陶瓷、石材装饰材料零售 | 25 | 261 | 291 | 60 | 286 | 107 |
| 其他室内装饰材料零售 | -17 | 2391 | 2379 | 595 | 909 | 583 |
| 货摊、无店铺及其他零售业 | -154 | -2072 | -1840 | 112 | 12649 | 6382 |
| 互联网零售 | -332 | -3521 | -3291 | 17 | 9678 | 5711 |
| 生活用燃料零售 | 178 | 1450 | 1451 | 95 | 2971 | 671 |

## 14-15 续表7

(2018年) 单位:万元

| 项　　目 | 财务费用 | 营业利润 | 利润总额 | 应交所得税 | 本年应付职工薪酬 | 本年应交增值税 |
|---|---|---|---|---|---|---|
| **2.按登记注册类型分** | | | | | | |
| 内资企业 | 22744 | 85834 | 86957 | 21152 | 129860 | 49447 |
| 国有企业 | -153 | 5792 | 5681 | 36 | 2376 | 64 |
| 集体企业 | 190 | 1306 | 1305 | 111 | 243 | 322 |
| 有限责任公司 | 13670 | 18879 | 19976 | 6956 | 70343 | 27482 |
| 国有独资公司 | 21 | 1153 | 1163 | 141 | 1162 | 215 |
| 其他有限责任公司 | 13649 | 17726 | 18813 | 6816 | 69181 | 27267 |
| 股份有限公司 | 638 | 44911 | 44799 | 11168 | 9589 | 5037 |
| 私营企业 | 8398 | 14946 | 15196 | 2881 | 47309 | 16543 |
| 私营独资企业 | 49 | 805 | 798 | 96 | 1206 | 382 |
| 私营有限责任公司 | 8349 | 14142 | 14398 | 2784 | 46102 | 16161 |
| 港、澳、台商投资企业 | 31 | 9618 | 9686 | 3253 | 11301 | 15971 |
| 与港澳台商合资经营企业 | -100 | 3385 | 3393 | 888 | 2395 | 843 |
| 与港澳台商合作经营企业 | -24 | 3723 | 3713 | 930 | 1144 | 12617 |
| 港澳台商独资经营企业 | 155 | 2509 | 2580 | 1435 | 7762 | 2512 |
| 外商投资企业 | -404 | -672 | -521 | 27 | 5009 | 545 |
| 外资企业 | 0 | 107 | 109 | 27 | 711 | 26 |
| 其他外商投资企业 | -404 | -778 | -630 | | 4299 | 518 |
| **3.按控股情况分** | | | | | | |
| 国有控股 | 991 | 16615 | 16471 | 2974 | 13024 | 7722 |
| 集体控股 | 416 | -395 | -475 | 141 | 2222 | 574 |
| 私人控股 | 12733 | 27407 | 28230 | 6391 | 83548 | 24961 |
| 港澳台商控股 | 31 | 9438 | 9507 | 3209 | 11275 | 15928 |
| 外商控股 | | 107 | 109 | 27 | 711 | 26 |
| 其他 | 8200 | 41609 | 42281 | 11689 | 35390 | 16752 |
| **4.按经营形式分** | | | | | | |
| 独立门店 | 18934 | 84361 | 84782 | 19844 | 101292 | 46904 |
| 连锁总店(总部) | 1520 | 3304 | 3852 | 2105 | 13667 | 7224 |
| 连锁直营店 | 7 | 316 | 325 | 33 | 2849 | 502 |
| 其他 | 1909 | 6799 | 7164 | 2449 | 28361 | 11332 |
| **5.按单位规模分** | | | | | | |
| 大型 | 706 | 37471 | 37880 | 12391 | 41362 | 15387 |
| 中型 | 18946 | 43174 | 43658 | 9538 | 80211 | 38691 |
| 小型 | 2118 | 9944 | 10378 | 2326 | 22316 | 9976 |
| 微型 | 601 | 4192 | 4208 | 177 | 2281 | 1909 |
| **6.按零售业态分** | | | | | | |
| 有店铺零售 | 21256 | 91564 | 92603 | 23472 | 126661 | 56517 |
| 食杂店 | 25 | 217 | 217 | 16 | 204 | 15 |
| 便利店 | 1824 | 57251 | 57060 | 14686 | 17429 | 27108 |
| 超市 | 124 | 89 | 176 | 41 | 2542 | 525 |
| 大型超市 | -130 | 1027 | 1736 | 1000 | 13468 | 4914 |
| 仓储会员店 | 4 | 14 | 14 | | 229 | 1 |
| 百货店 | 11 | 963 | 958 | 60 | 876 | 471 |
| 专业店 | 3184 | 9409 | 9153 | 1996 | 27388 | 8182 |
| 专卖店 | 6886 | 10564 | 10945 | 3519 | 52751 | 12427 |
| 家居建材商店 | 27 | 399 | 428 | 61 | 523 | 126 |
| 购物中心 | 8933 | 8796 | 9064 | 1235 | 6068 | 1887 |
| 厂家直销中心 | 367 | 2836 | 2851 | 859 | 5184 | 862 |
| 无店铺零售 | 1115 | 3216 | 3520 | 959 | 19509 | 9446 |
| 网上商店 | 388 | | | 227 | 13459 | 7809 |
| 电话购物 | | 92 | 91 | 4 | 133 | 35 |

# 14-16 各县(区)限额以上批发零售企业财务状况

(2018年) 单位:万元

| 县(区) | 企业数(个) | 年初存货 | 流动资产合计 | 固定资产原价 | 累计折旧 | 本年折旧 |
|---|---|---|---|---|---|---|
| **批发零售业合计** | **731** | **434724** | **4095547** | **754123** | **254946** | **60147** |
| **批发业** | **368** | **194591** | **1915898** | **358961** | **116251** | **27291** |
| 惠城区 | 137 | 82982 | 941002 | 50545 | 22841 | 3640 |
| 惠阳区 | 28 | 11167 | 83233 | 4505 | 2118 | 466 |
| 惠东县 | 103 | 24402 | 200347 | 127513 | 37552 | 7287 |
| 博罗县 | 40 | 13895 | 88942 | 17749 | 4882 | 3101 |
| 龙门县 | 3 | 598 | 2437 | 881 | 260 | 65 |
| 大亚湾区 | 25 | 14610 | 160541 | 145712 | 45037 | 12176 |
| 仲恺区 | 32 | 46937 | 439398 | 12056 | 3561 | 557 |
| **零售业** | **363** | **240133** | **2179649** | **395162** | **138694** | **32856** |
| 惠城区 | 190 | 196466 | 1967370 | 305243 | 113908 | 24400 |
| 惠阳区 | 23 | 12696 | 98721 | 18057 | 8346 | 3834 |
| 惠东县 | 86 | 9078 | 44150 | 16909 | 5919 | 1922 |
| 博罗县 | 28 | 9811 | 32047 | 16757 | 5113 | 1510 |
| 龙门县 | 18 | 2536 | 7825 | 7741 | 2930 | 480 |
| 大亚湾区 | 5 | 4798 | 17375 | 1145 | 736 | 98 |
| 仲恺区 | 13 | 4748 | 12160 | 29311 | 1742 | 612 |

## 14-16 续表1

(2018年) 单位:万元

| 县(区) | 资产合计 | 负债合计 | 所有者权益合计 | 实收资本 | 营业收入 | 主营业务收入 | 营业成本 |
|---|---|---|---|---|---|---|---|
| **批发零售业合计** | **5911008** | **3533025** | **2377983** | **1373014** | **9600121** | **9459087** | **8544759** |
| **批发业** | **3222855** | **1930962** | **1291893** | **1020348** | **4709042** | **4684527** | **4165442** |
| 惠城区 | 1002839 | 815895 | 186944 | 81880 | 2263008 | 2259660 | 1968643 |
| 惠阳区 | 94115 | 58291 | 35825 | 24155 | 231394 | 231084 | 216538 |
| 惠东县 | 353538 | 166597 | 186940 | 55686 | 471712 | 467029 | 411265 |
| 博罗县 | 135208 | 115501 | 19707 | 20080 | 313648 | 311401 | 286749 |
| 龙门县 | 3051 | 1805 | 1247 | 250 | 7594 | 7594 | 7068 |
| 大亚湾区 | 1157804 | 336425 | 821380 | 781029 | 502856 | 492762 | 474586 |
| 仲恺区 | 476299 | 436448 | 39851 | 57269 | 918830 | 914997 | 800594 |
| **零售业** | **2688153** | **1602063** | **1086090** | **352666** | **4891079** | **4774560** | **4379317** |
| 惠城区 | 2376327 | 1367646 | 1008682 | 294756 | 4307306 | 4198316 | 3877334 |
| 惠阳区 | 116679 | 99410 | 17269 | 19747 | 237352 | 233944 | 203966 |
| 惠东县 | 64148 | 33876 | 30272 | 19798 | 174157 | 173683 | 150318 |
| 博罗县 | 50180 | 36495 | 13685 | 9450 | 66096 | 63471 | 55936 |
| 龙门县 | 20640 | 13037 | 7602 | 3692 | 23982 | 23919 | 19473 |
| 大亚湾区 | 19728 | 13962 | 5767 | 1950 | 47773 | 47772 | 43643 |
| 仲恺区 | 40451 | 37638 | 2813 | 3274 | 34413 | 33455 | 28647 |

## 14-16 续表2

(2018年) 单位:万元

| 县 (区) | 主营业务成本 | 营业税金及附加 | 主营业务税金及附加 | 其它业务利润 | 销售费用 | 管理费用 |
|---|---|---|---|---|---|---|
| **批发零售业合计** | **8459538** | **92234** | **91035** | **25507** | **500570** | **197708** |
| **批发业** | **4148300** | **79911** | **79484** | **4834** | **211520** | **97735** |
| 惠城区 | 1966707 | 75559 | 75421 | 1656 | 93857 | 54138 |
| 惠阳区 | 216475 | 312 | 299 | 263 | 5849 | 4514 |
| 惠东县 | 407129 | 593 | 499 | 789 | 12278 | 12238 |
| 博罗县 | 285772 | 297 | 177 | 9 | 7468 | 8121 |
| 龙门县 | 7068 | 6 | 6 |  | 187 | 154 |
| 大亚湾区 | 467156 | 1055 | 994 | 1824 | 9724 | 6264 |
| 仲恺区 | 797995 | 2090 | 2088 | 295 | 82158 | 12307 |
| **零售业** | **4311237** | **12323** | **11552** | **20673** | **289050** | **99973** |
| 惠城区 | 3812885 | 10406 | 9892 | 17042 | 246522 | 80328 |
| 惠阳区 | 203664 | 648 | 641 | 2958 | 24873 | 5205 |
| 惠东县 | 150305 | 665 | 548 | 110 | 5887 | 4491 |
| 博罗县 | 54517 | 148 | 108 | 162 | 4892 | 4846 |
| 龙门县 | 18636 | 180 | 128 |  | 1883 | 2068 |
| 大亚湾区 | 43643 | 93 | 50 | 1 | 902 | 1105 |
| 仲恺区 | 27587 | 184 | 183 | 401 | 4092 | 1929 |

## 14-16 续表3

(2018年)　　单位:万元

| 县 (区) | 财务费用 | 营业利润 | 利润总额 | 应交所得税 | 本年应付职工薪酬 | 本年应交增值税 |
|---|---|---|---|---|---|---|
| **批发零售业合计** | **35503** | **246496** | **249188** | **49353** | **266454** | **140530** |
| **批发业** | **13132** | **151716** | **153065** | **24921** | **120284** | **74568** |
| 惠城区 | 3602 | 68363 | 68621 | 18344 | 56275 | 46035 |
| 惠阳区 | 418 | 3773 | 4204 | 724 | 3931 | 1929 |
| 惠东县 | 2893 | 36316 | 36231 | 273 | 14739 | 3857 |
| 博罗县 | 210 | 10752 | 10735 | 619 | 5266 | 5339 |
| 龙门县 | 38 | 139 | 139 | 7 | 206 | 61 |
| 大亚湾区 | 4931 | 2451 | 2423 | 1769 | 9362 | 2278 |
| 仲恺区 | 1041 | 29921 | 30712 | 3187 | 30505 | 15070 |
| **零售业** | **22371** | **94780** | **96123** | **24432** | **146170** | **65962** |
| 惠城区 | 17838 | 78917 | 79788 | 22572 | 116980 | 57158 |
| 惠阳区 | 2294 | 375 | 685 | 801 | 11724 | 4155 |
| 惠东县 | 1215 | 11843 | 11835 | 340 | 7103 | 2082 |
| 博罗县 | 186 | 1926 | 1911 | 175 | 5286 | 948 |
| 龙门县 | 192 | 779 | 781 | 98 | 1727 | 493 |
| 大亚湾区 | 534 | 1495 | 1435 | 360 | 1000 | 595 |
| 仲恺区 | 111 | -555 | -313 | 85 | 2349 | 532 |

# 14-17　限额以上住宿企业财务状况

(2018年)　　单位:万元

| 项目 | 企业数(个) | 年初库存 | 流动资产合计 | 固定资产原价 | 累计折旧 | 本年折旧 |
|---|---|---|---|---|---|---|
| **一、住宿业** | **124** | **61695** | **332648** | **338784** | **168126** | **21651** |
| **1.按住宿业行业小类分** | | | | | | |
| 旅游饭店 | 89 | 61215 | 305734 | 309943 | 162933 | 19952 |
| 经济型连锁酒店 | 6 | 123 | 5326 | 18500 | 2226 | 692 |
| 其他一般旅馆 | 24 | 238 | 18128 | 8389 | 2243 | 534 |
| 其他住宿业 | 5 | 118 | 3460 | 1953 | 725 | 472 |
| **2.按登记注册类型分组** | | | | | | |
| 内资企业 | 108 | 24469 | 216552 | 237161 | 107946 | 16571 |
| 集体企业 | 1 | 34 | 976 | 116 | 111 | 24 |
| 有限责任公司 | 37 | 21600 | 107781 | 110488 | 46116 | 10919 |
| 国有独资公司 | 3 | 184 | 6587 | 14354 | 8368 | 561 |
| 其他有限责任公司 | 34 | 21416 | 101194 | 96134 | 37749 | 10358 |
| 股份有限公司 | 3 | 157 | 1432 | 12 | 3 | 3 |
| 私营企业 | 67 | 2678 | 106363 | 126545 | 61716 | 5626 |
| 私营独资企业 | 5 | 103 | 225 | 1018 | 435 | 47 |
| 私营有限责任公司 | 61 | 2575 | 106113 | 125504 | 61267 | 5577 |
| 私营股份有限公司 | 1 | | 26 | 23 | 15 | 2 |
| 港、澳、台商投资企业 | 15 | 36654 | 112029 | 76002 | 37509 | 4949 |
| 与港澳台商合资经营企业 | 11 | 36556 | 110108 | 71681 | 34880 | 4752 |
| 与港澳台商合作经营企业 | 2 | 75 | 567 | 1864 | 833 | 145 |
| 港澳台商独资经营企业 | 1 | 23 | 1287 | 2391 | 1775 | 41 |
| 其他港澳台投资企业 | 1 | 1 | 67 | 67 | 21 | 11 |
| 外商投资企业 | 1 | 572 | 4068 | 25622 | 22672 | 130 |
| 中外合作经营企业 | 1 | 572 | 4068 | 25622 | 22672 | 130 |
| **3.按控股情况分组** | | | | | | |
| 国有控股 | 3 | 184 | 6587 | 14354 | 8368 | 561 |
| 集体控股 | 1 | 34 | 976 | 116 | 111 | 24 |
| 私人控股 | 93 | 23722 | 173028 | 206843 | 86684 | 13118 |
| 港澳台商控股 | 11 | 35281 | 97418 | 48037 | 30516 | 3046 |
| 其他 | 16 | 2475 | 54640 | 69435 | 42449 | 4902 |
| **4.按经营形式分组** | | | | | | |
| 独立门店 | 94 | 58540 | 256051 | 190904 | 90793 | 15648 |
| 连锁总店(总部) | 1 | | 2 | 5 | 3 | 3 |
| 连锁加盟店 | 3 | 156 | 1227 | 36 | 13 | 12 |
| 其他 | 26 | 2998 | 75368 | 147840 | 77317 | 5989 |
| **5.按星级分组** | | | | | | |
| 五星 | 10 | 3844 | 69342 | 60286 | 33053 | 7228 |
| 四星 | 7 | 187 | 29226 | 14672 | 11121 | 1496 |
| 三星 | 10 | 2829 | 6757 | 9838 | 8183 | 334 |
| 二星 | 2 | 675 | 4238 | 26075 | 22788 | 130 |
| 其他 | 95 | 54161 | 223085 | 227914 | 92981 | 12463 |

## 14-17 续表1

(2018年) 单位:万元

| 项 目 | 资产合计 | 负债合计 | 所有者权益合计 | 实收资本 | 营业收入 | 主营业务收入 |
|---|---|---|---|---|---|---|
| **一、住宿业** | **706375** | **695758** | **10618** | **647120** | **226786** | **224792** |
| **1.按住宿业行业小类分** | | | | | | |
| 旅游饭店 | 641829 | 647440 | -5611 | 618583 | 203223 | 202033 |
| 经济型连锁酒店 | 21777 | 2560 | 19217 | 21910 | 6594 | 6405 |
| 其他一般旅馆 | 37421 | 40760 | -3340 | 3799 | 13694 | 13271 |
| 其他住宿业 | 5349 | 4997 | 352 | 2829 | 3276 | 3083 |
| **2.按登记注册类型分组** | | | | | | |
| 内资企业 | 467701 | 450223 | 17478 | 589445 | 165623 | 163693 |
| 集体企业 | 986 | 4953 | -3967 | 292 | 2058 | 2058 |
| 有限责任公司 | 226008 | 205352 | 20657 | 42894 | 70395 | 69718 |
| 国有独资公司 | 15903 | 14388 | 1515 | 15989 | 7250 | 7250 |
| 其他有限责任公司 | 210105 | 190964 | 19141 | 26904 | 63145 | 62468 |
| 股份有限公司 | 1441 | 6776 | -5335 | 663 | 3837 | 3828 |
| 私营企业 | 239266 | 233142 | 6124 | 545596 | 89333 | 88088 |
| 私营独资企业 | 820 | 1352 | -532 | 402 | 1162 | 1162 |
| 私营有限责任公司 | 238412 | 231769 | 6643 | 545189 | 88100 | 86854 |
| 私营股份有限公司 | 34 | 21 | 13 | 5 | 71 | 71 |
| 港、澳、台商投资企业 | 230191 | 199222 | 30970 | 45226 | 51873 | 51809 |
| 与港澳台商合资经营企业 | 226219 | 194169 | 32050 | 40840 | 46197 | 46134 |
| 与港澳台商合作经营企业 | 1918 | 1513 | 406 | 3483 | 4566 | 4566 |
| 港澳台商独资经营企业 | 1904 | 3284 | -1381 | 904 | 880 | 880 |
| 其他港澳台投资企业 | 151 | 256 | -105 | | 229 | 229 |
| 外商投资企业 | 8483 | 46313 | -37830 | 12450 | 9290 | 9290 |
| 中外合作经营企业 | 8483 | 46313 | -37830 | 12450 | 9290 | 9290 |
| **3.按控股情况分组** | | | | | | |
| 国有控股 | 15903 | 14388 | 1515 | 15989 | 7250 | 7250 |
| 集体控股 | 986 | 4953 | -3967 | 292 | 2058 | 2058 |
| 私人控股 | 430356 | 398741 | 31615 | 575038 | 137064 | 135463 |
| 港澳台商控股 | 146733 | 132811 | 13922 | 31038 | 40193 | 40193 |
| 其他 | 112398 | 144864 | -32467 | 24763 | 40220 | 39827 |
| **4.按经营形式分组** | | | | | | |
| 独立门店 | 457836 | 420945 | 36891 | 576476 | 163497 | 162076 |
| 连锁总店(总部) | 5 | | 5 | 5 | 364 | 355 |
| 连锁加盟店 | 1442 | 7408 | -5966 | 164 | 4429 | 4327 |
| 其他 | 247092 | 267405 | -20312 | 70477 | 58495 | 58035 |
| **5.按星级分组** | | | | | | |
| 五星 | 146286 | 119813 | 26473 | 516576 | 52288 | 52010 |
| 四星 | 46855 | 35608 | 11247 | 14643 | 12764 | 12764 |
| 三星 | 12905 | 17097 | -4191 | 8798 | 16700 | 16665 |
| 二星 | 9003 | 47125 | -38122 | 12747 | 9477 | 9477 |
| 其他 | 491326 | 476115 | 15211 | 94357 | 135558 | 133877 |

## 14-17 续表2

(2018年) 单位:万元

| 项 目 | 营业成本 | 主营业务成本 | 营业税金及附加 | 主营业务税金及附加 | 其它业务利润 | 营业费用 |
|---|---|---|---|---|---|---|
| **一、住宿业** | **88230** | **88031** | **3120** | **2876** | **510** | **74676** |
| **1.按住宿业行业小类分** | | | | | | |
| 旅游饭店 | 76950 | 76884 | 2935 | 2721 | 213 | 68625 |
| 经济型连锁酒店 | 1382 | 1362 | 28 | 28 | 91 | 2236 |
| 其他一般旅馆 | 8517 | 8406 | 106 | 78 | 206 | 3006 |
| 其他住宿业 | 1381 | 1379 | 51 | 49 | | 808 |
| **2.按登记注册类型分组** | | | | | | |
| 内资企业 | 69605 | 69423 | 2276 | 2032 | 488 | 53786 |
| 集体企业 | 1067 | 1067 | 7 | 7 | | 66 |
| 有限责任公司 | 30428 | 30406 | 1154 | 1125 | 20 | 21346 |
| 国有独资公司 | 3628 | 3628 | 34 | 34 | | 3266 |
| 其他有限责任公司 | 26800 | 26778 | 1120 | 1091 | 20 | 18080 |
| 股份有限公司 | 678 | 678 | 11 | 11 | | 1841 |
| 私营企业 | 37433 | 37273 | 1104 | 889 | 468 | 30533 |
| 私营独资企业 | 833 | 833 | 23 | 23 | | 191 |
| 私营有限责任公司 | 36562 | 36402 | 1080 | 866 | 468 | 30342 |
| 私营股份有限公司 | 38 | 38 | | | | |
| 港、澳、台商投资企业 | 15943 | 15926 | 822 | 822 | 22 | 17163 |
| 与港澳台商合资经营企业 | 13178 | 13161 | 745 | 745 | | 15134 |
| 与港澳台商合作经营企业 | 2490 | 2490 | 61 | 61 | 22 | 1432 |
| 港澳台商独资经营企业 | 161 | 161 | 15 | 15 | | 466 |
| 其他港澳台投资企业 | 115 | 115 | 1 | 1 | | 131 |
| 外商投资企业 | 2682 | 2682 | 23 | 23 | | 3727 |
| 中外合作经营企业 | 2682 | 2682 | 23 | 23 | | 3727 |
| **3.按控股情况分组** | | | | | | |
| 国有控股 | 3628 | 3628 | 34 | 34 | | 3266 |
| 集体控股 | 1067 | 1067 | 7 | 7 | | 66 |
| 私人控股 | 53771 | 53573 | 1943 | 1728 | 488 | 47235 |
| 港澳台商控股 | 15456 | 15456 | 643 | 643 | 22 | 10034 |
| 其他 | 14309 | 14307 | 494 | 464 | | 14075 |
| **4.按经营形式分组** | | | | | | |
| 独立门店 | 67512 | 67431 | 2107 | 1891 | 244 | 52137 |
| 连锁总店(总部) | 27 | 27 | 1 | 1 | | 210 |
| 连锁加盟店 | 1031 | 1031 | 12 | 12 | 103 | 1687 |
| 其他 | 19661 | 19542 | 1001 | 973 | 163 | 20643 |
| **5.按星级分组** | | | | | | |
| 五星 | 17385 | 17336 | 617 | 617 | | 19250 |
| 四星 | 4126 | 4126 | 177 | 100 | 69 | 6682 |
| 三星 | 7561 | 7541 | 251 | 251 | 22 | 5335 |
| 二星 | 2802 | 2802 | 28 | 28 | | 3826 |
| 其他 | 56357 | 56227 | 2047 | 1881 | 419 | 39584 |

## 14-17 续表3

(2018年) 单位:万元

| 项 目 | 管理费用 | 财务费用 | 营业利润 | 利润总额 | 应交所得税 | 本年应付职工薪酬 |
|---|---|---|---|---|---|---|
| **一、住宿业** | **59344** | **7517** | **-5361** | **-4908** | **345** | **65481** |
| **1.按住宿业行业小类分** | | | | | | |
| 旅游饭店 | 52611 | 7279 | -4347 | -3894 | 289 | 58541 |
| 经济型连锁酒店 | 2968 | 14 | -34 | -32 | 36 | 2060 |
| 其他一般旅馆 | 3062 | 47 | -1135 | -1146 | 5 | 3878 |
| 其他住宿业 | 703 | 178 | 155 | 163 | 14 | 1002 |
| **2.按登记注册类型分组** | | | | | | |
| 内资企业 | 42533 | 5650 | -8343 | -7795 | 83 | 50035 |
| 集体企业 | 1983 | 2 | -1066 | -1063 | | 633 |
| 有限责任公司 | 18202 | 3578 | -4384 | -3827 | -388 | 21253 |
| 国有独资公司 | 1384 | 149 | -1211 | -735 | | 2906 |
| 其他有限责任公司 | 16819 | 3429 | -3173 | -3092 | -389 | 18346 |
| 股份有限公司 | 2295 | 2 | -989 | -989 | | 1666 |
| 私营企业 | 20052 | 2068 | -1905 | -1916 | 472 | 26484 |
| 私营独资企业 | 119 | 15 | -18 | -18 | 10 | 347 |
| 私营有限责任公司 | 19931 | 2054 | -1918 | -1929 | 461 | 26118 |
| 私营股份有限公司 | 2 | | 32 | 32 | 0 | 19 |
| 港、澳、台商投资企业 | 14041 | 1838 | 2924 | 2870 | 261 | 12071 |
| 与港澳台商合资经营企业 | 13179 | 1827 | 2970 | 2932 | 261 | 10964 |
| 与港澳台商合作经营企业 | 574 | 10 | 21 | 3 | | 759 |
| 港澳台商独资经营企业 | 259 | | -20 | -18 | | 236 |
| 其他港澳台投资企业 | 30 | | -47 | -47 | | 112 |
| 外商投资企业 | 2771 | 29 | 58 | 17 | | 3376 |
| 中外合作经营企业 | 2771 | 29 | 58 | 17 | | 3376 |
| **3.按控股情况分组** | | | | | | |
| 国有控股 | 1384 | 149 | -1211 | -735 | | 2906 |
| 集体控股 | 1983 | 2 | -1066 | -1063 | | 633 |
| 私人控股 | 33196 | 6005 | -4429 | -4419 | 761 | 38971 |
| 港澳台商控股 | 10010 | 650 | 3434 | 3431 | 182 | 9825 |
| 其他 | 12773 | 711 | -2089 | -2120 | -599 | 13147 |
| **4.按经营形式分组** | | | | | | |
| 独立门店 | 36509 | 4899 | 378 | 863 | 1062 | 46028 |
| 连锁总店(总部) | 132 | 1 | -6 | -5 | | 62 |
| 连锁加盟店 | 2488 | 1 | -788 | -789 | 19 | 1734 |
| 其他 | 20217 | 2616 | -4945 | -4977 | -736 | 17658 |
| **5.按星级分组** | | | | | | |
| 五星 | 12338 | 1570 | 1124 | 1170 | -404 | 16002 |
| 四星 | 2129 | 1028 | -1318 | -849 | 21 | 4719 |
| 三星 | 3392 | 37 | 145 | 124 | 58 | 4323 |
| 二星 | 2794 | 29 | -2 | -44 | | 3475 |
| 其他 | 38691 | 4853 | -5310 | -5309 | 670 | 36962 |

## 14-18 限额以上餐饮企业财务状况

(2018年)　　单位:万元

| 项 目 | 企业数(个) | 年初库存 | 流动资产合计 | 固定资产原价 | 累计折旧 | |
|---|---|---|---|---|---|---|
| | | | | | | 本年折旧 |
| **二、餐饮业** | **119** | **2397** | **85641** | **84226** | **39636** | **10492** |
| **1.按餐饮业行业小类分** | | | | | | |
| 正餐服务 | 112 | 2110 | 79483 | 74205 | 34349 | 10053 |
| 快餐服务 | 3 | 251 | 3452 | 9582 | 5177 | 355 |
| 餐饮配送及外卖送餐服务 | 1 | | 631 | 13 | 12 | 12 |
| 餐饮配送服务 | 1 | | 631 | 13 | 12 | 12 |
| 其他餐饮业 | 3 | 36 | 2075 | 426 | 99 | 72 |
| 其他未列明餐饮业 | 3 | 36 | 2075 | 426 | 99 | 72 |
| **2.按登记注册类型分组** | | | | | | |
| 内资企业 | 109 | 1971 | 76367 | 56752 | 25433 | 9829 |
| 有限责任公司 | 25 | 407 | 27574 | 19587 | 11035 | 6785 |
| 其他有限责任公司 | 25 | 407 | 27574 | 19587 | 11035 | 6785 |
| 私营企业 | 84 | 1564 | 48793 | 37165 | 14397 | 3044 |
| 私营独资企业 | 20 | 357 | 4748 | 5302 | 2331 | 333 |
| 私营有限责任公司 | 60 | 1188 | 40599 | 30305 | 11646 | 2586 |
| 私营股份有限公司 | 4 | 19 | 3446 | 1558 | 421 | 125 |
| 港、澳、台商投资企业 | 9 | 256 | 6618 | 21668 | 10572 | 442 |
| 与港澳台商合资经营企业 | 3 | 5 | 2159 | 9376 | 4181 | 43 |
| 与港澳台商合作经营企业 | 1 | | 570 | 529 | 472 | 13 |
| 港澳台商独资经营企业 | 5 | 251 | 3889 | 11763 | 5919 | 387 |
| 外商投资企业 | 1 | 171 | 2657 | 5807 | 3632 | 220 |
| 外资企业 | 1 | 171 | 2657 | 5807 | 3632 | 220 |
| **3.按控股情况分组** | | | | | | |
| 私人控股 | 102 | 1775 | 65965 | 55259 | 24294 | 9688 |
| 港澳台商控股 | 7 | 256 | 6027 | 18616 | 9726 | 418 |
| 外商控股 | 1 | 171 | 2657 | 5807 | 3632 | 220 |
| 其他 | 9 | 196 | 10993 | 4545 | 1985 | 165 |
| **4.按经营形式分组** | | | | | | |
| 独立门店 | 101 | 2032 | 59026 | 67312 | 30784 | 9800 |
| 连锁直营店 | 3 | 249 | 1956 | 7624 | 3557 | 288 |
| 其他 | 15 | 116 | 24659 | 9290 | 5295 | 404 |

## 14-18 续表1

(2018年) 单位:万元

| 项 目 | 资产合计 | 负债合计 | 所有者权益合计 | 实收资本 | 营业收入 | 主营业务收入 |
|---|---|---|---|---|---|---|
| **二、餐饮业** | **161715** | **127319** | **34396** | **56681** | **139206** | **136550** |
| **1.按餐饮业行业小类分** | | | | | | |
| 正餐服务 | 140621 | 121209 | 19412 | 52459 | 109190 | 108514 |
| 快餐服务 | 18059 | 4553 | 13506 | 2878 | 24497 | 22517 |
| 餐饮配送及外卖送餐服务 | 633 | 433 | 199 | 200 | 1114 | 1114 |
| 餐饮配送服务 | 633 | 433 | 199 | 200 | 1114 | 1114 |
| 其他餐饮业 | 2403 | 1124 | 1278 | 1144 | 4405 | 4405 |
| 其他未列明餐饮业 | 2403 | 1124 | 1278 | 1144 | 4405 | 4405 |
| **2.按登记注册类型分组** | | | | | | |
| 内资企业 | 127214 | 111538 | 15676 | 30467 | 110159 | 109483 |
| 有限责任公司 | 41043 | 40443 | 600 | 9751 | 31154 | 30803 |
| 其他有限责任公司 | 41043 | 40443 | 600 | 9751 | 31154 | 30803 |
| 私营企业 | 86171 | 71095 | 15076 | 20716 | 79005 | 78680 |
| 私营独资企业 | 9889 | 2594 | 7295 | 4254 | 17512 | 17493 |
| 私营有限责任公司 | 71501 | 63843 | 7658 | 15113 | 59168 | 58925 |
| 私营股份有限公司 | 4780 | 4657 | 123 | 1350 | 2325 | 2262 |
| 港、澳、台商投资企业 | 28654 | 10098 | 18556 | 18534 | 27379 | 25399 |
| 与港澳台商合资经营企业 | 7880 | 4384 | 3496 | 12695 | 1337 | 1337 |
| 与港澳台商合作经营企业 | 638 | 50 | 589 | 589 | 260 | 260 |
| 港澳台商独资经营企业 | 20136 | 5665 | 14471 | 5250 | 25782 | 23802 |
| 外商投资企业 | 5847 | 5683 | 165 | 7680 | 1668 | 1668 |
| 外资企业 | 5847 | 5683 | 165 | 7680 | 1668 | 1668 |
| **3.按控股情况分组** | | | | | | |
| 私人控股 | 114537 | 96189 | 18347 | 27492 | 93661 | 92985 |
| 港澳台商控股 | 25418 | 8178 | 17239 | 17945 | 26785 | 24805 |
| 外商控股 | 5847 | 5683 | 165 | 7680 | 1668 | 1668 |
| 其他 | 15914 | 17269 | -1355 | 3563 | 17093 | 17093 |
| **4.按经营形式分组** | | | | | | |
| 独立门店 | 116633 | 100985 | 15647 | 37296 | 101100 | 100424 |
| 连锁直营店 | 16011 | 4002 | 12009 | 2773 | 21123 | 19143 |
| 其他 | 29071 | 22331 | 6740 | 16612 | 16984 | 16984 |

## 14-18 续表2

(2018年) 单位:万元

| 项 目 | 营业成本 | 主营业务成本 | 营业税金及附加 | 主营业务税金及附加 | 其它业务利润 | 营业费用 |
|---|---|---|---|---|---|---|
| **二、餐饮业** | **66699** | **66348** | **1019** | **970** | **2515** | **44023** |
| **1.按餐饮业行业小类分** | | | | | | |
| 正餐服务 | 54412 | 54061 | 996 | 948 | 536 | 31906 |
| 快餐服务 | 7681 | 7681 | 10 | 10 | 1980 | 12099 |
| 餐饮配送及外卖送餐服务 | 696 | 696 | 4 | 4 | | 1 |
| 餐饮配送服务 | 696 | 696 | 4 | 4 | | 1 |
| 其他餐饮业 | 3910 | 3910 | 10 | 9 | | 18 |
| 其他未列明餐饮业 | 3910 | 3910 | 10 | 9 | | 18 |
| **2.按登记注册类型分组** | | | | | | |
| 内资企业 | 56587 | 56236 | 959 | 910 | 536 | 30856 |
| 有限责任公司 | 16774 | 16744 | 237 | 228 | | 9761 |
| 其他有限责任公司 | 16774 | 16744 | 237 | 228 | | 9761 |
| 私营企业 | 39813 | 39492 | 722 | 682 | 536 | 21095 |
| 私营独资企业 | 10358 | 10328 | 237 | 234 | 443 | 2897 |
| 私营有限责任公司 | 28025 | 27738 | 441 | 405 | 93 | 17776 |
| 私营股份有限公司 | 1431 | 1427 | 44 | 43 | | 422 |
| 港、澳、台商投资企业 | 9140 | 9140 | 53 | 53 | 1980 | 12934 |
| 与港澳台商合资经营企业 | 556 | 556 | 24 | 24 | | 703 |
| 与港澳台商合作经营企业 | 169 | 169 | 7 | 7 | | 28 |
| 港澳台商独资经营企业 | 8415 | 8415 | 22 | 22 | 1980 | 12203 |
| 外商投资企业 | 972 | 972 | 7 | 7 | | 233 |
| 外资企业 | 972 | 972 | 7 | 7 | | 233 |
| **3.按控股情况分组** | | | | | | |
| 私人控股 | 47459 | 47108 | 902 | 854 | 536 | 26324 |
| 港澳台商控股 | 8729 | 8729 | 39 | 39 | 1980 | 12906 |
| 外商控股 | 972 | 972 | 7 | 7 | | 233 |
| 其他 | 9540 | 9540 | 71 | 70 | | 4561 |
| **4.按经营形式分组** | | | | | | |
| 独立门店 | 50210 | 49859 | 927 | 878 | 536 | 29263 |
| 连锁直营店 | 6224 | 6224 | 8 | 8 | 1980 | 10281 |
| 其他 | 10266 | 10266 | 84 | 84 | | 4479 |

## 14-18 续表3

(2018年) 单位:万元

| 项 目 | 管理费用 | 财务费用 | 营业利润 | 利润总额 | 应交所得税 | 本年应付职工薪酬 |
|---|---|---|---|---|---|---|
| **二、餐饮业** | **20881** | **2463** | **3871** | **3714** | **1516** | **33886** |
| **1.按餐饮业行业小类分** | | | | | | |
| 正餐服务 | 19159 | 2600 | -147 | -268 | 558 | 29395 |
| 快餐服务 | 1024 | -142 | 3840 | 3803 | 951 | 3875 |
| 餐饮配送及外卖送餐服务 | 389 | | 25 | 25 | | 298 |
| 餐饮配送服务 | 389 | | 25 | 25 | | 298 |
| 其他餐饮业 | 309 | 5 | 154 | 154 | 6 | 319 |
| 其他未列明餐饮业 | 309 | 5 | 154 | 154 | 6 | 319 |
| **2.按登记注册类型分组** | | | | | | |
| 内资企业 | 18623 | 2593 | 284 | 120 | 564 | 28228 |
| 有限责任公司 | 5615 | 523 | -1757 | -1767 | 106 | 8789 |
| 其他有限责任公司 | 5615 | 523 | -1757 | -1767 | 106 | 8789 |
| 私营企业 | 13007 | 2070 | 2040 | 1887 | 458 | 19440 |
| 私营独资企业 | 1752 | 147 | 1824 | 1816 | 142 | 3806 |
| 私营有限责任公司 | 11016 | 1911 | 39 | -131 | 316 | 14995 |
| 私营股份有限公司 | 239 | 13 | 177 | 202 | 1 | 638 |
| 港、澳、台商投资企业 | 1615 | -134 | 3779 | 3785 | 951 | 4808 |
| 与港澳台商合资经营企业 | 184 | 5 | -134 | -93 | | 558 |
| 与港澳台商合作经营企业 | 40 | 1 | 14 | 14 | | 111 |
| 港澳台商独资经营企业 | 1392 | -140 | 3900 | 3864 | 951 | 4139 |
| 外商投资企业 | 644 | 4 | -192 | -192 | | 850 |
| 外资企业 | 644 | 4 | -192 | -192 | | 850 |
| **3.按控股情况分组** | | | | | | |
| 私人控股 | 15713 | 2491 | 513 | 367 | 549 | 22770 |
| 港澳台商控股 | 1505 | -136 | 3751 | 3757 | 951 | 4537 |
| 外商控股 | 644 | 4 | -192 | -192 | | 850 |
| 其他 | 3019 | 104 | -201 | -218 | 15 | 5730 |
| **4.按经营形式分组** | | | | | | |
| 独立门店 | 18074 | 2585 | 76 | -91 | 500 | 26236 |
| 连锁直营店 | 1073 | -145 | 3696 | 3665 | 915 | 3420 |
| 其他 | 1735 | 24 | 99 | 139 | 100 | 4231 |

# 14–19 各县(区)限额以上住宿和餐饮企业财务状况

(2018年)　　单位: 万元

| 县(区) | 企业数(个) | 年初库存 | 流动资产合计 | 固定资产原价 | 累计折旧 | #本年折旧 |
|---|---|---|---|---|---|---|
| **住宿餐饮业合计** | **243** | **64092** | **418290** | **423011** | **207762** | **32143** |
| **住宿业** | **124** | **61695** | **332648** | **338784** | **168126** | **21651** |
| 惠城区 | 31 | 5643 | 68639 | 92389 | 70572 | 2520 |
| 惠阳区 | 14 | 540 | 23918 | 18602 | 8541 | 495 |
| 惠东县 | 42 | 1724 | 62840 | 58910 | 23768 | 10588 |
| 博罗县 | 11 | 1511 | 27516 | 33993 | 15809 | 1899 |
| 龙门县 | 13 | 52181 | 139985 | 110741 | 44178 | 5200 |
| 大亚湾区 | 7 | 85 | 5267 | 18408 | 2077 | 661 |
| 仲恺区 | 6 | 11 | 4483 | 5742 | 3181 | 289 |
| **餐饮业** | **119** | **2397** | **85641** | **84226** | **39636** | **10492** |
| 惠城区 | 32 | 651 | 14670 | 19042 | 9685 | 814 |
| 惠阳区 | 15 | 456 | 12164 | 22439 | 9923 | 1868 |
| 惠东县 | 33 | 789 | 15645 | 20403 | 8202 | 1725 |
| 博罗县 | 10 | 38 | 8405 | 3616 | 1375 | 81 |
| 龙门县 | 8 | 34 | 3135 | 15723 | 8979 | 5735 |
| 大亚湾区 | 12 | 301 | 28873 | 1391 | 808 | 181 |
| 仲恺区 | 9 | 129 | 2748 | 1613 | 666 | 87 |

## 14-19 续表1

(2018年) 单位: 万元

| 县 (区) | 资产合计 | 负债合计 | 所有者权益合计 | 实收资本 | 营业收入 | 主营业务收入 |
|---|---|---|---|---|---|---|
| **住宿餐饮业合计** | **868090** | **823077** | **45014** | **703801** | **365992** | **361342** |
| **住宿业** | **706375** | **695758** | **10618** | **647120** | **226786** | **224792** |
| 惠城区 | 112468 | 142638 | -30170 | 51658 | 76654 | 76156 |
| 惠阳区 | 62782 | 79604 | -16822 | 503119 | 21197 | 21143 |
| 惠东县 | 129583 | 92696 | 36888 | 29027 | 61404 | 60485 |
| 博罗县 | 85843 | 90430 | -4586 | 7866 | 12511 | 12482 |
| 龙门县 | 285785 | 282826 | 2959 | 29282 | 45833 | 45697 |
| 大亚湾区 | 21926 | 3395 | 18531 | 21669 | 5857 | 5589 |
| 仲恺区 | 7988 | 4169 | 3819 | 4500 | 3331 | 3241 |
| **餐饮业** | **161715** | **127319** | **34396** | **56681** | **139206** | **136550** |
| 惠城区 | 35974 | 25061 | 10913 | 20430 | 46752 | 44619 |
| 惠阳区 | 33390 | 28967 | 4423 | 4881 | 31564 | 31373 |
| 惠东县 | 35200 | 20082 | 15118 | 18348 | 27765 | 27695 |
| 博罗县 | 12536 | 17148 | -4612 | 2635 | 5381 | 5381 |
| 龙门县 | 10277 | 6228 | 4049 | 2481 | 5676 | 5422 |
| 大亚湾区 | 29785 | 26932 | 2853 | 5562 | 14447 | 14447 |
| 仲恺区 | 4553 | 2901 | 1652 | 2344 | 7621 | 7614 |

## 14-19　续表2

(2018年)　　单位: 万元

| 县 (区) | 营业成本 | 主营业务成本 | 营业税金及附加 | 主营业务税金及附加 | 其它业务利润 | 营业费用 |
|---|---|---|---|---|---|---|
| **住宿餐饮业合计** | **154930** | **154379** | **4140** | **3846** | **3025** | **118699** |
| **住宿业** | **88230** | **88031** | **3120** | **2876** | **510** | **74676** |
| 惠城区 | 27846 | 27759 | 817 | 710 | 330 | 27203 |
| 惠阳区 | 8964 | 8915 | 262 | 262 | | 8442 |
| 惠东县 | 24985 | 24985 | 604 | 576 | 20 | 14693 |
| 博罗县 | 6131 | 6131 | 400 | 291 | | 5055 |
| 龙门县 | 16535 | 16519 | 944 | 944 | 62 | 17367 |
| 大亚湾区 | 2165 | 2118 | 27 | 26 | 91 | 962 |
| 仲恺区 | 1604 | 1604 | 67 | 67 | 7 | 955 |
| **餐饮业** | **66699** | **66348** | **1019** | **970** | **2515** | **44023** |
| 惠城区 | 21272 | 21272 | 69 | 68 | 2422 | 18062 |
| 惠阳区 | 12715 | 12677 | 318 | 318 | 94 | 9763 |
| 惠东县 | 15568 | 15468 | 342 | 306 | | 7312 |
| 博罗县 | 3499 | 3318 | 72 | 70 | | 802 |
| 龙门县 | 3083 | 3053 | 127 | 119 | | 1392 |
| 大亚湾区 | 5360 | 5360 | 47 | 47 | | 5632 |
| 仲恺区 | 5202 | 5199 | 44 | 42 | | 1060 |

## 14-19 续表3

(2018年) 单位: 万元

| 县 (区) | 管理费用 | 财务费用 | 营业利润 | 利润总额 | 应交所得税 | 本年应付职工薪酬 |
|---|---|---|---|---|---|---|
| **住宿餐饮业合计** | **80226** | **9980** | **-1490** | **-1194** | **1860** | **99367** |
| **住宿业** | **59344** | **7517** | **-5361** | **-4908** | **345** | **65481** |
| 惠城区 | 18597 | 783 | 1386 | 1812 | 614 | 23394 |
| 惠阳区 | 4329 | 762 | -1562 | -1519 | 12 | 6756 |
| 惠东县 | 17278 | 2102 | 1669 | 1740 | 207 | 16711 |
| 博罗县 | 2474 | 55 | -1469 | -1422 | -710 | 4481 |
| 龙门县 | 13034 | 3677 | -5020 | -5153 | 219 | 11095 |
| 大亚湾区 | 2975 | 12 | -292 | -290 | 1 | 1799 |
| 仲恺区 | 658 | 126 | -73 | -76 | 2 | 1246 |
| **餐饮业** | **20881** | **2463** | **3871** | **3714** | **1516** | **33886** |
| 惠城区 | 4623 | 45 | 2694 | 2717 | 987 | 9595 |
| 惠阳区 | 5566 | 1746 | 1201 | 1007 | 323 | 6820 |
| 惠东县 | 4184 | 193 | 167 | 184 | 146 | 6758 |
| 博罗县 | 947 | 274 | -213 | -222 | 7 | 1997 |
| 龙门县 | 808 | 75 | 185 | 186 | 12 | 1408 |
| 大亚湾区 | 3379 | 47 | -19 | -7 | 30 | 5424 |
| 仲恺区 | 1375 | 83 | -145 | -151 | 11 | 1884 |

# 14–20 亿元以上商品交易市场成交额

单位: 亿元

| 项　　目 | 2010年 | 2011年 | 2012年 | 2013年 | 2014年 | 2015年 | 2016年 | 2017年 | 2018年 |
|---|---|---|---|---|---|---|---|---|---|
| **总　　计** | **154.65** | **169.26** | **136.18** | **146.75** | **159.46** | **228.94** | **221.68** | **196.16** | **167.80** |
| 食品、饮料、烟酒类 | 50.50 | 58.87 | 10.95 | 9.15 | 2.34 | 2.57 | 2.60 | 2.60 | 2.64 |
| #粮油类 | 11.43 | 26.71 | 1.23 | 1.58 |  | 1.31 |  |  |  |
| 服装鞋帽、针、纺织品类 | 36.25 | 39.97 | 40.22 | 39.74 | 33.04 | 62.72 | 57.41 | 29.57 | 28.54 |
| 化妆品类 | 1.60 | 1.18 | 1.19 | 1.36 | 1.12 | 4.82 | 4.30 | 3.89 | 3.57 |
| 金银珠宝类 | 0.97 | 2.61 | 2.61 | 2.62 | 2.57 | 2.58 | 2.58 | 2.75 | 2.73 |
| 日用品类 | 2.75 | 3.02 | 3.07 | 3.26 | 2.97 | 3.47 | 3.42 | 3.36 | 3.15 |
| 五金、电料类 | 0.62 | 1.16 | 1.17 | 1.17 | 1.17 | 1.26 | 1.25 | 1.19 | 1.14 |
| 体育、娱乐用品类 | 0.97 | 0.44 | 0.50 | 0.49 | 0.49 | 0.49 | 0.48 | 0.49 | 0.48 |
| 书报杂志类 | 0.01 | 0.01 | 0.01 | 0.01 |  |  |  |  |  |
| 电子出版物及音像制品类 | 0.17 | 0.34 | 0.34 | 0.27 | 0.31 | 0.32 | 0.30 | 0.28 | 0.33 |
| 家用电器和音像器材类 | 0.70 | 1.63 | 1.61 | 1.27 | 1.58 | 1.57 | 1.56 | 1.57 | 1.61 |
| 中西药品类 | 0.13 | 0.10 | 0.13 | 0.14 |  |  |  |  |  |
| 文化办公用品类 | 4.90 | 1.62 | 1.62 | 1.51 | 1.60 | 1.61 | 1.60 | 1.56 | 1.60 |
| 通讯器材类 | 0.14 | 0.94 | 0.93 | 0.81 | 0.95 | 0.95 | 0.93 | 0.93 | 0.98 |
| 汽车类 | 53.84 | 54.84 | 69.11 | 82.48 | 108.98 | 144.45 | 142.95 | 146.62 | 119.06 |
| 其它类 | 1.10 | 2.53 | 2.75 | 2.46 | 2.14 | 2.14 | 2.10 | 1.34 | 1.96 |
| **市场数** | **11** | **10** | **10** | **10** | **6** | **6** | **6** | **5** | **5** |

惠州统计年鉴－2019

HUIZHOU STATISTICAL YEARBOOK

# 十五、对外经济及旅游

# 15-1 历年对外贸易及旅游

| 年份 | 外贸进口总额(万美元) | 外贸出口总额(万美元) | 利用外资签订协议合同数(个) | 外商直接投资签订协议合同数(个) | 实际利用外资(万美元) | | 接待旅游总人数(人次) |
|---|---|---|---|---|---|---|---|
| | | | | | | 外商直接投资额 | |
| 1978 | | 1278 | 3 | | | | |
| 1979 | | 1171 | 53 | | 13 | | |
| 1980 | | 1663 | 173 | | 60 | | |
| 1981 | | 1511 | 151 | | 138 | 3 | |
| 1982 | | 1672 | 173 | | 198 | 80 | |
| 1983 | | 1356 | 232 | | 344 | 29 | |
| 1984 | | 1759 | 382 | | 1258 | 253 | |
| 1985 | | 2931 | 425 | | 1600 | 1070 | |
| 1986 | | 5791 | 470 | | 1802 | 1254 | 326440 |
| 1987 | | 11314 | 744 | 63 | 1503 | 1084 | 513894 |
| 1988 | | 19751 | 805 | 96 | 8178 | 4577 | 727998 |
| 1989 | | 21971 | 669 | 78 | 9205 | 7703 | 706582 |
| 1990 | | 28703 | 747 | 127 | 19136 | 15662 | 757916 |
| 1991 | | 42497 | 841 | 211 | 20754 | 15207 | 779440 |
| 1992 | | 55552 | 1077 | 556 | 35376 | 29831 | 957773 |
| 1993 | | 78992 | 1271 | 916 | 61774 | 58576 | 1004310 |
| 1994 | | 172693 | 1002 | 531 | 78877 | 72789 | 1903500 |
| 1995 | | 233211 | 984 | 431 | 88834 | 79802 | 2121500 |
| 1996 | | 277364 | 589 | 221 | 90990 | 83672 | 2398048 |
| 1997 | 228703 | 346591 | 613 | 195 | 96855 | 85273 | 2482315 |
| 1998 | 243798 | 335269 | 475 | 247 | 97026 | 83643 | 3292600 |
| 1999 | 327468 | 367612 | 484 | 182 | 98383 | 78526 | 4432400 |
| 2000 | 371384 | 449746 | 477 | 238 | 105016 | 83319 | 4460600 |
| 2001 | 391989 | 490928 | 446 | 262 | 118015 | 96015 | 4584200 |
| 2002 | 533589 | 588957 | 578 | 405 | 132648 | 108208 | 6050100 |
| 2003 | 598521 | 714614 | 581 | 388 | 169035 | 140703 | 5215800 |
| 2004 | 789613 | 873927 | 721 | 549 | 93134 | 63228 | 7500300 |
| 2005 | 836630 | 1065535 | 659 | 539 | 128390 | 104187 | 10002000 |
| 2006 | 895372 | 1227718 | 602 | 489 | 129541 | 104518 | 12170700 |
| 2007 | 950722 | 1460586 | 506 | 444 | 148801 | 122815 | 15669100 |
| 2008 | 1175594 | 1798881 | 362 | 293 | 155848 | 135249 | 18050000 |
| 2009 | 1209154 | 1714867 | 323 | 279 | 150528 | 139484 | 21150000 |
| 2010 | 1400157 | 2023305 | 368 | 362 | 145887 | 143761 | 25010300 |
| 2011 | 1569148 | 2312180 | 434 | 425 | 157307 | 156803 | 28209400 |
| 2012 | 2029557 | 2920456 | 337 | 327 | 173267 | 172782 | 31529900 |
| 2013 | 2407220 | 3332146 | 298 | 284 | 183895 | 183417 | 35514200 |
| 2014 | 2308101 | 3633124 | 314 | 314 | 196582 | 196582 | 39683000 |
| 2015 | 1957879 | 3477648 | 234 | 234 | 110499 | 110499 | 40768000 |
| 2016 | 10722565 | 19725247 | 154 | 154 | 114252 | 114252 | 47134700 |
| 2017 | 11828603 | 22331343 | 661 | 661 | 114354 | 114354 | 53935800 |
| 2018 | 11258173 | 22088958 | 2006 | 2006 | 634865 | 634865 | 58927700 |

注：2016年起进出口总额单位改为万元，2018年起利用外资单位改为万元。

## 15-2 分县区外商直接投资情况

单位：个、万美元

| 项 目 | 2010年 | 2011年 | 2012年 | 2013年 | 2014年 | 2015年 | 2016年 | 2017年 | 2018年 |
|---|---|---|---|---|---|---|---|---|---|
| **新批企业个数** | **362** | **425** | **327** | **284** | **314** | **234** | **154** | **661** | **2006** |
| 市 直 | | | | | | | | | 5 |
| 惠城区 | 32 | 58 | 45 | 43 | 43 | 47 | 31 | 98 | 586 |
| 惠阳区 | 58 | 79 | 64 | 38 | 55 | 59 | 42 | 93 | 124 |
| 惠东县 | 29 | 38 | 22 | 22 | 21 | 9 | 14 | 272 | 828 |
| 博罗县 | 52 | 68 | 39 | 46 | 42 | 50 | 37 | 60 | 106 |
| 龙门县 | 22 | 16 | 19 | 13 | 21 | 9 | 3 | 41 | 103 |
| 大亚湾区 | 7 | 13 | 7 | 8 | 6 | 9 | 12 | 51 | 58 |
| 仲恺区 | 28 | 35 | 42 | 31 | 31 | 31 | 15 | 46 | 196 |
| **合同外资金额** | **148014** | **216751** | **265477** | **289230** | **305468** | **204518** | **213416** | **167825** | **1810846** |
| 惠州市 | | | | | | | | | -816 |
| 市 直 | | | | | | | | | -153 |
| 惠城区 | 23845 | 33479 | 44689 | 50409 | 53535 | 37953 | 40998 | 45171 | 655184 |
| 惠阳区 | 25091 | 44448 | 57246 | 67185 | 70714 | 72907 | 32475 | 35124 | 339140 |
| 惠东县 | 14653 | 20987 | 25983 | 27963 | 29691 | 20127 | 4366 | 16111 | 392067 |
| 博罗县 | 19011 | 29227 | 40879 | 46178 | 49044 | 27032 | 14891 | 23181 | 179045 |
| 龙门县 | 3860 | 6202 | 8369 | 8926 | 9822 | 6720 | 7145 | 5561 | 15096 |
| 大亚湾区 | 7630 | 30046 | 36744 | 39053 | 41100 | 16640 | 89074 | 20335 | 73913 |
| 仲恺区 | 22058 | 31093 | 38155 | 42932 | 45113 | 21804 | 24467 | 22342 | 157370 |
| **实际使用外资金额** | **143761** | **156803** | **172782** | **183417** | **196582** | **110499** | **114252** | **114354** | **634865** |
| 市 直 | | | | | | | | | 957 |
| 惠城区 | 17382 | 19200 | 22378 | 24317 | 25949 | 14822 | 16779 | 17326 | 68427 |
| 惠阳区 | 24811 | 28000 | 33000 | 36863 | 42235 | 43831 | 49427 | 24462 | 236853 |
| 惠东县 | 11683 | 13088 | 15198 | 16737 | 17721 | 7848 | 2704 | 2692 | 34446 |
| 博罗县 | 22597 | 25000 | 29200 | 31635 | 33338 | 12000 | 8127 | 11609 | 99142 |
| 龙门县 | 3400 | 3900 | 4300 | 4606 | 4916 | 2240 | 2790 | 3000 | 1751 |
| 大亚湾区 | 27400 | 29900 | 32900 | 34968 | 36800 | 10019 | 20000 | 39331 | 109866 |
| 仲恺区 | 21696 | 23790 | 26200 | 27800 | 29608 | 14295 | 14425 | 15934 | 83423 |

注：从2018年起利用外资单位改为万元。

## 15-3 分地区(国别)、行业外商直接投资情况

单位：万美元

| 项　目 | 2010年 | 2011年 | 2012年 | 2013年 | 2014年 |
|---|---|---|---|---|---|
| **实际使用外资金额** | **143761** | **156803** | **172782** | **183417** | **196582** |
| **按地区(国别)分** | | | | | |
| 香港 | 96178 | 116151 | 108663 | 97443 | 110738 |
| 日本 | 6498 | 157 | 706 | 10311 | 6804 |
| 台湾 | 1241 | 2215 | 787 | 521 | 1202 |
| 美国 | 3159 | 774 | 1423 | 473 | 701 |
| 英属维尔京群岛 | 16711 | 17285 | 23471 | 19739 | 18235 |
| **按行业分** | | | | | |
| 制造业 | 106271 | 122923 | 129763 | 143946 | 147525 |
| 交通运输、仓储和邮政业 | 8434 | 4572 | 2886 | 351 | 5634 |
| 批发和零售业 | 8631 | 7613 | 18460 | 25518 | 28239 |
| 房地产业 | 9121 | 9618 | 6901 | 3064 | 6578 |

15-3 续表

单位：万美元

| 项　目 | 2015年 | 2016年 | 2017年 | 2018年 |
|---|---|---|---|---|
| **实际使用外资金额** | **110499** | **114252** | **114354** | **634865** |
| **按地区(国别)分** | | | | |
| 香港 | 76014 | 68153 | 53013 | 438244 |
| 日本 | 15202 | 6664 | 5844 | 60592 |
| 台湾 | 320 | 36 | 857 | 2214 |
| 美国 | 1 | 150 | 111 | 85 |
| 英属维尔京群岛 | 6260 | 3783 | 2361 | 27562 |
| **按行业分** | | | | |
| 制造业 | 81854 | 93164 | 96047 | 477447 |
| 交通运输、仓储和邮政业 | 6053 | 1554 | 3219 | 6497 |
| 批发和零售业 | 4115 | 2440 | 2986 | 41000 |
| 房地产业 | 1776 | 10952 | 5103 | 21894 |

注：从2018年起利用外资单位改为万元

# 15-4 外商投资情况表

(2018年) 单位：个、万元

| 项 目 | 新批企业个数 | 合同外资金额 | 实际使用外资金额 |
| --- | --- | --- | --- |
| **合计** | **2006** | **1810846** | **634865** |
| **按地区(国别)分** | | | |
| 香港 | 1914 | 1653907 | 438244 |
| 台湾 | 42 | 13097 | 2214 |
| 日本 | 6 | 81821 | 60592 |
| 泰国 | | 90 | |
| 新加坡 | 1 | 25317 | |
| 英属维尔京群岛 | 4 | 373 | 27562 |
| 加拿大 | | -693 | |
| 美国 | 2 | 7006 | 85 |
| 澳门 | 10 | 5109 | 2165 |
| 韩国 | 6 | 5452 | 235 |
| 埃及 | 2 | 123 | |
| 加纳 | 2 | 350 | |
| 萨摩亚 | 2 | 10257 | 15158 |
| **按行业分** | | | |
| 农、林、牧、渔业 | 15 | 24460 | 572 |
| 制造业 | 210 | 642406 | 477447 |
| 电力、煤气及水的生产和供应业 | 1 | 2000 | 4794 |
| 建筑业 | 191 | 77150 | 1270 |
| 批发和零售业 | 794 | 528395 | 41000 |
| 交通运输、仓储及邮政业 | 4 | 6787 | 6497 |
| 住宿和餐饮业 | 8 | -2716 | 9 |
| 信息传输、软件和信息技术服务业 | 304 | 152006 | 101 |
| 金融业 | 3 | 25374 | |
| 房地产业 | 33 | 73713 | 21894 |
| 租赁和商务服务 | 311 | 205578 | 20833 |
| 科学研究和技术服务业 | 96 | 65748 | 32700 |
| 水利、环境和公共设施管理业 | 11 | 5668 | 25536 |
| 居民服务和其他服务业 | 12 | 3010 | 2200 |
| 教育 | 3 | 630 | |
| 卫生和社会工作 | | | 12 |
| 文化、体育和娱乐业 | 9 | 537 | |
| 公共管理、社会保障和社会组织 | 1 | 100 | |

# 15-5 分县区外贸进出口总值情况

单位：万美元

| 项　目 | 2010年 | 2011年 | 2012年 | 2013年 | 2014年 | 2015年 | 2016年 | 2017年 | 2018年 |
|---|---|---|---|---|---|---|---|---|---|
| **外贸出口总额** | **2023305** | **2312180** | **2920456** | **3332146** | **3633124** | **3477648** | **19725247** | **22331343** | **22088958** |
| 惠城区 | 115632 | 132197 | 154218 | 182793 | 208442 | 218864 | 1869492 | 1896507 | 1608074 |
| 惠阳区 | 206750 | 248454 | 289431 | 325451 | 367104 | 439543 | 2629659 | 3346801 | 3314989 |
| 惠东县 | 79139 | 87955 | 102483 | 116916 | 131452 | 134081 | 679626 | 782137 | 803037 |
| 博罗县 | 163964 | 217073 | 270010 | 297308 | 224153 | 238877 | 1544920 | 1744073 | 1937707 |
| 龙门县 | 4776 | 5725 | 7103 | 8535 | 10729 | 12370 | 62773 | 73792 | 143840 |
| 大亚湾区 | 184177 | 202771 | 221027 | 243616 | 255863 | 258422 | 1078089 | 1359062 | 1704512 |
| 仲恺区 | 571536 | 631302 | 688210 | 716324 | 2219891 | 2099618 | 11860689 | 13122997 | 12436092 |
| **外贸进口总额** | **1400157** | **1569148** | **2029557** | **2407220** | **2308101** | **1957879** | **10722565** | **11828603** | **11258173** |
| 惠城区 | 83120 | 90323 | 105730 | 114888 | 120257 | 120858 | 805518 | 806324 | 689168 |
| 惠阳区 | 97657 | 119341 | 143674 | 187337 | 223507 | 215198 | 1016324 | 1310042 | 1358682 |
| 惠东县 | 25586 | 29165 | 33871 | 39969 | 41103 | 38637 | 223037 | 223483 | 284561 |
| 博罗县 | 110226 | 119598 | 132214 | 138333 | 89804 | 90702 | 573607 | 771251 | 839197 |
| 龙门县 | 2209 | 2551 | 2901 | 3077 | 4098 | 4106 | 19032 | 21102 | 21819 |
| 大亚湾区 | 131209 | 142362 | 156960 | 166350 | 170701 | 127664 | 631009 | 769258 | 875431 |
| 仲恺区 | 383409 | 432350 | 480017 | 441237 | 1481491 | 1337573 | 7454038 | 7927136 | 7163234 |

注：2016年起进出口总额单位改为万元。

## 15-6 分地区(国别)、产品外贸进出口情况

单位：万美元

| 项　目 | 2010年 | 2011年 | 2012年 | 2013年 | 2014年 | 2015年 | 2016年 | 2017年 | 2018年 |
|---|---|---|---|---|---|---|---|---|---|
| **外贸出口总额** | **2023305** | **2312180** | **2920456** | **3332146** | **3633124** | **3477648** | **19725247** | **22331343** | **22088958** |
| **按地区(国别)分** | | | | | | | | | |
| 香港 | 613620 | 695393 | 782863 | 869969 | 987545 | 1075629 | 6398737 | 6630442 | 6104077 |
| 日本 | 81216 | 80281 | 79956 | 84288 | 87576 | 86965 | 568049 | 551686 | 571306 |
| 美国 | 324159 | 348263 | 391132 | 391278 | 467911 | 469397 | 3136966 | 3775270 | 4189085 |
| 欧盟 | 230736 | 259472 | 245921 | 237678 | 271041 | 258315 | 1531277 | 1658330 | 1885028 |
| 台湾 | 32582 | 38742 | 35317 | 47785 | 41624 | 60772 | 336443 | 441018 | 523653 |
| 韩国 | 363866 | 423066 | 954082 | 1289745 | 1332976 | 1129092 | 5219433 | 6260623 | 5281424 |
| 俄罗斯 | 13987 | 19214 | 26452 | 20506 | 20919 | | | | |
| **按主要产品分** | | | | | | | | | |
| 机电产品 | 1619941 | 1834052 | 2435511 | 2845793 | 3104764 | 2947399 | 16256020 | 18730804 | 18259452 |
| 高新技术产品 | 1030128 | 1196339 | 1788737 | 2163667 | 2311248 | 2192260 | 11560884 | 13545737 | 12692093 |
| 鞋类 | 57907 | 67115 | 75545 | 79628 | 89531 | 92836 | 621086 | 588908 | 591809 |
| 服装 | 110254 | 135653 | 128941 | 112219 | 114290 | 95565 | 608627 | 546464 | 548392 |
| **外贸进口总额** | **1400157** | **1569148** | **2029557** | **2407220** | **2308101** | **1957879** | **10722565** | **11828603** | **11258173** |
| **按地区(国别)分** | | | | | | | | | |
| 香港 | 12733 | 12193 | 8651 | 9430 | 8727 | 8806 | 53365 | 38106 | 18157 |
| 日本 | 236166 | 232830 | 214462 | 186235 | 204920 | 180473 | 1337639 | 1206285 | 1192804 |
| 美国 | 76162 | 95802 | 107601 | 94016 | 112923 | 79206 | 560637 | 563076 | 416562 |
| 欧盟 | 59706 | 44331 | 53910 | 53815 | 55219 | 40790 | 300048 | 255814 | 346438 |
| 韩国 | 249426 | 315423 | 546919 | 641505 | 473761 | 488541 | 2192659 | 2633931 | 2343924 |
| 台湾 | 208779 | 229008 | 243470 | 369402 | 425190 | 310972 | 1710875 | 1851512 | 1996731 |
| **按主要产品分** | | | | | | | | | |
| 机电产品 | 1033038 | 1201353 | 1658837 | 2039050 | 1901428 | 1639184 | 8810858 | 9614023 | 8939999 |
| 高新技术产品 | 769738 | 905808 | 1362099 | 1743514 | 1594962 | 1378395 | 7259691 | 7941471 | 7249312 |

注：2016年起进出口总额单位改为万元。

# 15-7 外商投资企业登记主要情况(一)

(2018年)

| 项 目 | 年末实有企业数(户) | 年末实有投资总额(万美元) | 年末实有注册资本(万美元) | 外方 |
|---|---|---|---|---|
| **总　　计** | **8857** | **4935076** | **2923335** | **2449950** |
| **按投资方式分** | | | | |
| 中外合资 | 618 | 1844157 | 920268 | 477579 |
| 中外合作(法人) | 252 | 196269 | 106454 | 98691 |
| 中外合作(非法人) | 11 | 7716 | 4226 | 4184 |
| 外资企业 | 7061 | 2833737 | 1849062 | 1849062 |
| 外商投资股份 | 14 | 48953 | 40600 | 19136 |
| 其他外商投资企业 | 11 | 4245 | 2361 | 1224 |
| 外商投资企业分支机构 | 890 | | | |
| **按主要行业分** | | | | |
| 农、林、牧、渔业 | 259 | 69400 | 49647 | 43813 |
| 采矿业 | 5 | 7525 | 3632 | 3632 |
| 制造业 | 3967 | 3459915 | 1929630 | 1662456 |
| 电力、热力、燃气及水生产和供应业 | 44 | 182381 | 111027 | 18159 |
| 建筑业 | 516 | 176610 | 96244 | 90721 |
| 批发和零售业 | 1783 | 171610 | 145252 | 139101 |
| 交通运输、仓储和邮政业 | 86 | 101132 | 53098 | 46062 |
| 住宿和餐饮业 | 183 | 69079 | 47045 | 36510 |
| 信息传输、软件和信息技术服务业 | 533 | 45455 | 43922 | 43565 |
| 金融业 | 88 | 3049 | 3023 | 3017 |
| 房地产业 | 303 | 343415 | 220668 | 188398 |
| 租赁和商务服务业 | 614 | 163433 | 124040 | 96282 |
| 科学研究和技术服务业 | 284 | 50681 | 44388 | 34427 |
| 水利、环境和公共设施管理业 | 38 | 16500 | 8099 | 8012 |
| 居民服务、修理和其他服务业 | 116 | 57612 | 33365 | 27520 |
| 教育 | 4 | 552 | 552 | 552 |
| 卫生和社会工作 | 6 | 5006 | 4322 | 2682 |
| 文化、体育和娱乐业 | 23 | 5259 | 2464 | 2464 |
| 其他 | 5 | 6461 | 2917 | 2578 |

## 15-7 续表

(2018年)

| 项　目 | 年末实有企业数(户) | 年末实有投资总额(万美元) | 年末实有注册资本(万美元) | 外方 |
|---|---|---|---|---|
| **按主要国别(地区)分** | | | | |
| **亚洲** | **6491** | **3115624** | **2026341** | **1834624** |
| 日本 | 57 | 242210 | 112813 | 106582 |
| 韩国 | 148 | 128042 | 63755 | 52398 |
| 香港 | 5609 | 2551276 | 1726794 | 1561528 |
| 澳门 | 25 | 11522 | 8144 | 7084 |
| 台湾 | 429 | 63569 | 49369 | 46966 |
| 亚洲其他国家(地区) | 223 | 119005 | 65467 | 60066 |
| **非洲** | **55** | **51336** | **23172** | **22983** |
| 埃及 | 2 | 14 | 14 | 14 |
| 毛里求斯 | 16 | 43676 | 16613 | 16613 |
| 塞舌尔 | 32 | 7532 | 6431 | 6242 |
| 非洲其他国家(地区) | 5 | 114 | 114 | 114 |
| **欧洲** | **36** | **867184** | **323389** | **170427** |
| 英国 | 10 | 10680 | 6017 | 5808 |
| 德国 | 5 | 9019 | 4179 | 3726 |
| 法国 | 5 | 8402 | 4331 | 4331 |
| 欧洲其他国家(地区) | 16 | 839083 | 308863 | 156563 |
| **拉丁美洲** | **230** | **614223** | **341224** | **231382** |
| 巴西 | 1 | 39 | 39 | 39 |
| 开曼群岛 | 10 | 30215 | 13638 | 13629 |
| 英属维尔京群岛 | 209 | 580891 | 325061 | 215227 |
| 拉丁美洲其他国家(地区) | 10 | 3078 | 2488 | 2488 |
| **北美洲** | **76** | **54816** | **33952** | **30112** |
| 加拿大 | 6 | 1374 | 1164 | 1164 |
| 美国 | 70 | 53442 | 32788 | 28948 |
| **大洋洲** | **102** | **79418** | **56846** | **50248** |
| 澳大利亚 | 8 | 3702 | 2093 | 2061 |
| 新西兰 | 1 | 103 | 103 | 26 |
| 萨摩亚 | 84 | 73540 | 53149 | 46660 |
| 大洋洲其他国家(地区) | 9 | 2073 | 1500 | 1500 |
| **其它** | **955** | **140513** | **111459** | **104692** |

# 15-8 外商投资企业登记主要情况(二)

(2018年)

| 项　目 | 本年登记企业数(户) | 本年登记投资总额(万美元) | 本年登记注册资本(万美元) | 外方 |
|---|---|---|---|---|
| **总　　计** | **2284** | **222480** | **203607** | **197797** |
| **按投资方式分** | | | | |
| 中外合资 | 33 | 15807 | 13036 | 7243 |
| 中外合作(法人) | 2 | 10033 | 10024 | 10007 |
| 外资企业 | 2137 | 196514 | 180421 | 180421 |
| 外商投资股份 | 1 | 126 | 126 | 126 |
| 外商投资企业分支机构 | 111 | | | |
| **按主要行业分** | | | | |
| 农、林、牧、渔业 | 21 | 17632 | 15606 | 14606 |
| 采矿业 | | | | |
| 制造业 | 236 | 42740 | 33983 | 33497 |
| 电力、热力、燃气及水生产和供应业 | 1 | 105 | 105 | 105 |
| 建筑业 | 241 | 15079 | 15073 | 14998 |
| 批发和零售业 | 739 | 64413 | 57353 | 57226 |
| 交通运输、仓储和邮政业 | 11 | 580 | 580 | 580 |
| 住宿和餐饮业 | 18 | 283 | 283 | 283 |
| 信息传输、软件和信息技术服务业 | 352 | 31590 | 31123 | 31123 |
| 金融业 | 24 | 319 | 319 | 319 |
| 房地产业 | 53 | 6613 | 6607 | 4275 |
| 租赁和商务服务业 | 324 | 19324 | 19363 | 19320 |
| 科学研究和技术服务业 | 217 | 20419 | 20362 | 19003 |
| 水利、环境和公共设施管理业 | 11 | 343 | 343 | 343 |
| 居民服务、修理和其他服务业 | 18 | 1123 | 1116 | 1093 |
| 教育 | 2 | 375 | 375 | 375 |
| 卫生和社会工作 | 2 | 1258 | 729 | 365 |
| 文化、体育和娱乐业 | 14 | 285 | 285 | 285 |

## 15-8 续表

(2018年)

| 项　目 | 本年登记企业数(户) | 本年登记投资总额(万美元) | 本年登记注册资本(万美元) | 外方 |
|---|---|---|---|---|
| **按主要国别(地区)分** | | | | |
| **亚洲** | **1717** | **177552** | **161618** | **157208** |
| 日本 | 3 | 10291 | 3520 | 3400 |
| 韩国 | 6 | 2598 | 2593 | 1311 |
| 香港 | 1601 | 151520 | 147202 | 144272 |
| 澳门 | 6 | 133 | 133 | 133 |
| 台湾 | 42 | 1294 | 1294 | 1291 |
| 亚洲其他国家(地区) | 59 | 11716 | 6875 | 6800 |
| **非洲** | **3** | **63** | **63** | **63** |
| 埃及 | 1 | 13 | 13 | 13 |
| 塞舌尔 | 1 | 13 | 13 | 13 |
| 非洲其他国家(地区) | 1 | 38 | 38 | 38 |
| **欧洲** | **3** | **201** | **188** | **183** |
| 英国 | 3 | 201 | 188 | 183 |
| **拉丁美洲** | **4** | **2326** | **1476** | **1476** |
| 开曼群岛 | 1 | 126 | 126 | 126 |
| 英属维尔京群岛 | 3 | 2200 | 1350 | 1350 |
| **北美洲** | **3** | **165** | **165** | **74** |
| 加拿大 | 1 | 1 | 1 | 1 |
| 美国 | 2 | 164 | 164 | 73 |
| **其它** | **443** | **42174** | **40097** | **38793** |

# 15-9 旅游情况

| 项　目 | | 2010年 | 2011年 | 2012年 | 2013年 | 2014年 |
|---|---|---|---|---|---|---|
| 住宿游客人数 | (万人) | 1073.56 | 1188.63 | 1312.84 | 1501.63 | 1655.54 |
| 1. 国内游客 | (万人) | 913.4 | 1013.95 | 1122.25 | 1294.62 | 1440.69 |
| 2. 国际旅游者 | (万人) | 160.16 | 174.68 | 190.59 | 207.01 | 214.85 |
| 港澳台 | (万人) | 122.11 | 133.51 | 145.97 | 162.28 | 169.45 |
| 旅游总收入 | (亿元) | 140.82 | 161.19 | 184.16 | 212.65 | 273.2 |

15-9 续表

| 项　目 | | 2015年 | 2016年 | 2017年 | 2018年 |
|---|---|---|---|---|---|
| 住宿游客人数 | (万人) | 2076.84 | 2032.92 | 2238.94 | 2440.62 |
| 1. 国内游客 | (万人) | 1644.19 | 1805.40 | 2000 | 2187.93 |
| 2. 国际旅游者 | (万人) | 222.59 | 227.52 | 238.93 | 252.69 |
| 港澳台 | (万人) | 175.79 | 179.70 | 183.97 | 201.68 |
| 旅游总收入 | (亿元) | 330 | 364.13 | 439.28 | 501.63 |

# 十六、教育、科技和文化

# 16-1 各类学校基本情况

| 项　目 | | 2003年 | 2004年 | 2005年 | 2006年 | 2007年 | 2008年 | 2009年 | 2010年 |
|---|---|---|---|---|---|---|---|---|---|
| **高等学校** | | | | | | | | | |
| 学校数 | (所) | 1 | 1 | 1 | 1 | 1 | 1 | 1 | 2 |
| 毕业生数 | (人) | 1460 | 1460 | 1421 | 1622 | 2706 | 2244 | 1479 | 4005 |
| 招生数 | (人) | 2419 | 2924 | 1513 | 1972 | 2386 | 3467 | 4265 | 6199 |
| 在校学生数 | (人) | 6586 | 8046 | 8106 | 8423 | 8079 | 9286 | 12038 | 20041 |
| 教职工数 | (人) | 777 | 797 | 807 | 755 | 753 | 773 | 881 | 1490 |
| 专任教师 | (人) | 460 | 496 | 506 | 511 | 503 | 522 | 629 | 990 |
| **中等职业技术学校** | | | | | | | | | |
| 学校数 | (所) | 9 | 27 | 34 | 34 | 40 | 45 | 40 | 43 |
| 毕业生数 | (人) | 4126 | 5829 | 8325 | 11864 | 13006 | 14380 | 16745 | 19503 |
| 招生数 | (人) | 7212 | 12463 | 15108 | 21348 | 23176 | 27818 | 31308 | 37893 |
| 在校学生数 | (人) | 17466 | 32037 | 35694 | 50665 | 57180 | 65460 | 76596 | 89908 |
| 教职工数 | (人) | 987 | 2007 | 2046 | 2432 | 2869 | 3230 | 3886 | 4160 |
| 专任教师 | (人) | 560 | 1128 | 1278 | 1600 | 1944 | 2220 | 3160 | 3429 |
| **普通中学** | | | | | | | | | |
| 学校数 | (所) | 167 | 171 | 174 | 194 | 203 | 209 | 210 | 209 |
| 毕业生数 | (人) | 58996 | 60248 | 62343 | 68243 | 73144 | 79839 | 87064 | 91248 |
| 招生数 | (人) | 72202 | 78501 | 85872 | 97533 | 102373 | 108741 | 109635 | 107112 |
| 在校学生数 | (人) | 198004 | 212095 | 232301 | 257051 | 277215 | 295346 | 305888 | 308667 |
| 专任教师 | (人) | 10242 | 10943 | 11969 | 13315 | 14330 | 15232 | 16735 | 17211 |
| **小学** | | | | | | | | | |
| 学校数 | (所) | 1154 | 1170 | 1118 | 1031 | 982 | 945 | 785 | 689 |
| 毕业生数 | (人) | 57435 | 59661 | 64271 | 72225 | 79066 | 80890 | 80973 | 76715 |
| 招生数 | (人) | 67095 | 67728 | 66305 | 64111 | 63353 | 61952 | 62344 | 72570 |
| 在校学生数 | (人) | 391082 | 418989 | 442092 | 451551 | 445221 | 426443 | 401270 | 397983 |
| 专任教师 | (人) | 18861 | 18986 | 19217 | 19749 | 20188 | 20240 | 20137 | 20652 |
| 小学毕业生升学率 | (%) | 100 | 100 | 100 | 100 | 100 | 100 | 100 | 100 |
| **学龄儿童** | | | | | | | | | |
| 学龄儿童总数 | (人) | 383748 | 409497 | 435971 | 448694 | 442082 | 423240 | 397204 | 392431 |
| 学龄儿童入学率 | (%) | 100.48 | 99.97 | 99.94 | 99.96 | 100 | 100 | 100 | 100 |
| **幼儿园** | | | | | | | | | |
| 幼儿园数 | (所) | 227 | 243 | 253 | 273 | 278 | 300 | 326 | 351 |
| 在园幼儿数 | (人) | 69699 | 69867 | 70685 | 75267 | 79722 | 87378 | 100617 | 114440 |
| 教职工数 | (人) | 4300 | 4615 | 5284 | 5957 | 6467 | 7442 | 8398 | 10448 |
| #专任教师 | (人) | 2509 | 2697 | 3073 | 3499 | 3907 | 4453 | 5043 | 6044 |

## 16-1 续表

| 项　目 | | 2011年 | 2012年 | 2013年 | 2014年 | 2015年 | 2016年 | 2017年 | 2018年 |
|---|---|---|---|---|---|---|---|---|---|
| **高等学校** | | | | | | | | | |
| 学校数 | (所) | 2 | 3 | 3 | 4 | 4 | 4 | 5 | 5 |
| 毕业生数 | (人) | 4358 | 5631 | 6070 | 5859 | 8128 | 8206 | 9963 | 10813 |
| 招生数 | (人) | 6353 | 8032 | 8942 | 10202 | 11683 | 11693 | 12808 | 15302 |
| 在校学生数 | (人) | 22007 | 24300 | 27012 | 30183 | 34174 | 37229 | 39212 | 44018 |
| 教职工数 | (人) | 1545 | 1907 | 2095 | 2737 | 3169 | 3086 | 3277 | 3289 |
| 专任教师 | (人) | 1290 | 1329 | 1497 | 1929 | 1893 | 1925 | 2055 | 2111 |
| **中等职业技术学校** | | | | | | | | | |
| 学校数 | (所) | 39 | 39 | 33 | 33 | 35 | 35 | 36 | 36 |
| 毕业生数 | (人) | 22032 | 24441 | 27156 | 25879 | 24987 | 26322 | 24700 | 23919 |
| 招生数 | (人) | 37203 | 34167 | 31607 | 30708 | 29823 | 30137 | 29556 | 27670 |
| 在校学生数 | (人) | 97131 | 97852 | 95812 | 82943 | 83870 | 81697 | 81250 | 80619 |
| 教职工数 | (人) | 4295 | 4473 | 4268 | 4043 | 4261 | 4513 | 4621 | 4054 |
| 专任教师 | (人) | 3355 | 3366 | 3209 | 3042 | 3143 | 3342 | 3470 | 2971 |
| **普通中学** | | | | | | | | | |
| 学校数 | (所) | 211 | 214 | 221 | 234 | 241 | 252 | 263 | 271 |
| 毕业生数 | (人) | 95870 | 99934 | 98685 | 95585 | 91389 | 88864 | 85641 | 86351 |
| 招生数 | (人) | 102649 | 98045 | 95644 | 90971 | 91585 | 99679 | 103325 | 112151 |
| 在校学生数 | (人) | 307746 | 296561 | 287317 | 276309 | 270727 | 275031 | 287517 | 308128 |
| 专任教师 | (人) | 17759 | 18444 | 19076 | 19154 | 19532 | 20076 | 20870 | 21801 |
| **小学** | | | | | | | | | |
| 学校数 | (所) | 518 | 472 | 460 | 453 | 454 | 456 | 463 | 468 |
| 毕业生数 | (人) | 70940 | 64366 | 62148 | 61088 | 63240 | 70260 | 75052 | 83954 |
| 招生数 | (人) | 78119 | 87160 | 89068 | 87966 | 96841 | 100177 | 102481 | 112594 |
| 在校学生数 | (人) | 403950 | 421074 | 445608 | 472152 | 504066 | 530498 | 556985 | 584251 |
| 专任教师 | (人) | 20947 | 21243 | 22497 | 23755 | 24970 | 26253 | 27471 | 28903 |
| 小学毕业生升学率 | (%) | 100 | 100 | 100 | 100 | 100 | 100 | 100 | 100 |
| **学龄儿童** | | | | | | | | | |
| 学龄儿童总数 | (人) | 399720 | 409732 | 441726 | 469995 | 502921 | 528535 | 556046 | 582320 |
| 学龄儿童入学率 | (%) | 100 | 100 | 100 | 100 | 100 | 100 | 100 | 100 |
| **幼儿园** | | | | | | | | | |
| 幼儿园数 | (所) | 384 | 436 | 480 | 513 | 578 | 637 | 695 | 728 |
| 在园幼儿数 | (人) | 128324 | 144664 | 163139 | 175808 | 193674 | 207214 | 224848 | 224216 |
| 教职工数 | (人) | 12061 | 14593 | 17341 | 18899 | 21207 | 23242 | 25628 | 26949 |
| #专任教师 | (人) | 6819 | 8216 | 9507 | 10153 | 11357 | 12382 | 13517 | 13938 |

# 16–2 分县区教育事业发展情况

(2018年)

| 项目 | | 合计 | 惠城区 | 惠阳区 | 惠东县 | 博罗县 | 龙门县 | 大亚湾区 | 仲恺区 |
|---|---|---|---|---|---|---|---|---|---|
| 大学录取人数 | (人) | 30630 | 10996 | 5956 | 5404 | 5202 | 1446 | 647 | 979 |
| 各类学校数 | | | | | | | | | |
| 高等学校 | (所) | 5 | 5 | | | | | | |
| 普通中学 | (所) | 271 | 61 | 47 | 57 | 56 | 21 | 10 | 19 |
| 小学 | (所) | 468 | 97 | 94 | 96 | 104 | 24 | 17 | 36 |
| 幼儿园 | (所) | 728 | 240 | 128 | 98 | 132 | 35 | 30 | 65 |
| 成人高等教育学校 | (所) | 5 | 1 | 1 | 1 | 1 | 1 | | |
| 各类学校招生人数 | | | | | | | | | |
| 高等学校 | (人) | 15302 | 15302 | | | | | | |
| 普通中学 | (人) | 112151 | 29313 | 21505 | 20764 | 24777 | 5952 | 3145 | 6695 |
| 小学 | (人) | 112594 | 28435 | 19382 | 20838 | 22847 | 5766 | 5630 | 9696 |
| 幼儿园 | (人) | 102913 | 24640 | 11993 | 19554 | 24473 | 5587 | 5539 | 11127 |
| 成人高等教育学校 | (人) | 3546 | 1330 | 708 | 721 | 547 | 240 | | |
| 专任教师人数 | (人) | | | | | | | | |
| 高等学校 | (人) | 2111 | 2111 | | | | | | |
| 普通中学 | (人) | 21801 | 5913 | 3781 | 4815 | 4211 | 1342 | 639 | 1100 |
| 小学 | (人) | 28903 | 7350 | 4235 | 5671 | 6242 | 1591 | 1534 | 2280 |
| 幼儿园 | (人) | 13938 | 4438 | 2358 | 1891 | 2790 | 603 | 657 | 1201 |
| 成人高等教育学校 | (人) | 157 | 79 | 27 | 17 | 18 | 16 | | |
| 各类学校在校生人数 | | | | | | | | | |
| 高等学校 | (人) | 44018 | 44018 | | | | | | |
| 普通中学 | (人) | 308128 | 81926 | 60752 | 57433 | 65853 | 15952 | 8279 | 17933 |
| 小学 | (人) | 584251 | 147898 | 97491 | 109313 | 123668 | 30623 | 26536 | 48722 |
| 幼儿园 | (人) | 224216 | 64242 | 37606 | 37712 | 43857 | 12574 | 9472 | 18753 |
| 成人高等教育学校 | (人) | 9894 | 3233 | 1704 | 2125 | 2148 | 684 | | |
| 普及小学教育 | | | | | | | | | |
| 学龄儿童 | (人) | 582320 | 147614 | 96477 | 123035 | 109313 | 30623 | 26536 | 48722 |
| 入园幼儿数 | (人) | 102913 | 24640 | 11993 | 19554 | 24473 | 5587 | 5539 | 11127 |
| 入学率 | (%) | 100 | 100 | 100 | 100 | 100 | 100 | 100 | 100 |
| 小学毕业生人数 | (人) | 83954 | 20587 | 13792 | 19088 | 16480 | 4409 | 3023 | 6575 |
| 小学毕业生升学率 | (%) | 100 | 100 | 100 | 100 | 100 | 100 | 100 | 100 |
| 小学学生辍学率(流动率) | (%) | 0.27 | -1.21 | 1.33 | 0.86 | 0.95 | 0.83 | -4.54 | 1.43 |
| 普通初中毕业生升学率 | (%) | 99.09 | 99.81 | 100.00 | 98.84 | 97.27 | 99.02 | 99.65 | 100.00 |
| 普通初中生辍学率(流动率) | (%) | 2.57 | 0.57 | 3.1 | 3.38 | 3.79 | 2.07 | 1.55 | 2.62 |

# 16-3　教育事业其他指标

| 项　　目 | | 2003年 | 2004年 | 2005年 | 2006年 | 2007年 | 2008年 | 2009年 | 2010年 |
|---|---|---|---|---|---|---|---|---|---|
| 在园幼儿数 | (万人) | 6.96 | 6.98 | 7.06 | 7.50 | 7.97 | 8.74 | 10.06 | 11.44 |
| #男 童 | (万人) | 3.85 | 3.86 | 3.54 | 3.80 | 4.49 | 4.86 | 5.54 | 6.25 |
| 女 童 | (万人) | 3.11 | 3.12 | 3.52 | 3.70 | 3.48 | 3.88 | 4.52 | 5.19 |
| 3-6岁儿童入园率 | (%) | 71.2 | 72.3 | 75.6 | 76.0 | 78.2 | 80.2 | 81.2 | 87.7 |
| 女 童 | (%) | 70.6 | 71.7 | 74.6 | 75.0 | 78.0 | 80.1 | 74.8 | 85.2 |
| 小学适龄儿童净入学率 | (%) | 99.9 | 100.0 | 99.9 | 100.0 | 100.0 | 100.0 | 100.0 | 100.0 |
| #男 生 | (%) | 100.0 | 100.0 | 100.0 | 100.0 | 100.0 | 100.0 | 100.0 | 100.0 |
| 女 生 | (%) | 99.9 | 100.0 | 99.9 | 100.0 | 100.0 | 100.0 | 100.0 | 100.0 |
| 小学学生辍学率 | (%) | 0.1 | 0.0 | 0.0 | 0.0 | 0.0 | 0.0 | 0.0 | 0.0 |
| 女 生 | (%) | 0.1 | 0.0 | 0.0 | 0.0 | 0.0 | 0.0 | | 0.0 |
| 初中学生毛入学率 | (%) | 101.8 | 102.1 | 102.6 | 98.9 | 100.6 | 100.4 | 100.9 | 101.5 |
| 女 生 | (%) | 101.5 | 102.1 | 102.3 | 98.9 | 100.6 | 100.6 | 100.7 | 101.5 |
| 初中三年巩固率 | (%) | 97.6 | 97.8 | 92.6 | 93.4 | 92.2 | 87.5 | 86.9 | 86.2 |
| 初中毕业生升学率 | (%) | 63.4 | 64.4 | 70.5 | 77.2 | 82.5 | 85.7 | 93.1 | 97.7 |
| 女 生 | (%) | 61.3 | 60.9 | 70.4 | 77.8 | 82.3 | 85.6 | 93.1 | 96.5 |
| 高中学生毛入学率 | (%) | 70.4 | 73.2 | 79.8 | 84.9 | 84.9 | 83.3 | 88.1 | 90.6 |
| 高中毕业生升学率 | (%) | 87.7 | 86.0 | 87.2 | 81.4 | 82.0 | 83.3 | 84.5 | 86.7 |

## 16-3 续表

| 项　　目 | | 2011年 | 2012年 | 2013年 | 2014年 | 2015年 | 2016年 | 2017年 | 2018年 |
|---|---|---|---|---|---|---|---|---|---|
| 在园幼儿数 | (万人) | 12.83 | 14.47 | 16.31 | 17.58 | 19.37 | 20.72 | 22.48 | 22.42 |
| #男 童 | (万人) | 7.11 | 8.05 | 9.04 | 9.75 | 10.63 | 11.23 | 12.14 | 12.15 |
| 女 童 | (万人) | 5.72 | 6.42 | 7.27 | 7.83 | 8.74 | 9.49 | 10.34 | 10.27 |
| 3–6岁儿童入园率 | (%) | 88.09 | 94.20 | 96.10 | 98.20 | 98.31 | 98.38 | 98.38 | 98.39 |
| 女 童 | (%) | 86.12 | 93.80 | 95.60 | | | | 98.38 | 98.23 |
| 小学适龄儿童净入学率 | (%) | 100.0 | 100.0 | 100.0 | 100.0 | 100.0 | 100.0 | 100.0 | 100.0 |
| #男 生 | (%) | 100.0 | 100.0 | 100.0 | 100.0 | 100.0 | 100.0 | 100.0 | 100.0 |
| 女 生 | (%) | 100.0 | 100.0 | 100.0 | 100.0 | 100.0 | 100.0 | 100.0 | 100.0 |
| 小学学生辍学率 | (%) | 0.31 | 1.41 | 0.58 | 0.09 | 0.39 | 0.70 | -0.06 | 0.27 |
| 女 生 | (%) | 0.53 | 1.24 | 0.22 | -0.06 | 0.36 | 0.56 | 0.16 | 0.12 |
| 初中学生毛入学率 | (%) | 101.78 | 103.34 | 101.98 | 101.57 | 101.28 | 100.00 | 101.47 | 102.98 |
| 女 生 | (%) | 101.77 | 102.94 | 101.72 | 101.43 | 101.14 | 100.00 | 101.24 | 102.79 |
| 初中三年巩固率 | (%) | 89.84 | 90.15 | 90.58 | 91.65 | 99.40 | 99.51 | 99.53 | 99.53 |
| 初中毕业生升学率 | (%) | 98.34 | 98.51 | 98.69 | 99.01 | 98.93 | 98.98 | 99.14 | 99.09 |
| 女 生 | (%) | 97.95 | 98.44 | 98.70 | 99.14 | 98.93 | 99.08 | 99.17 | 99.15 |
| 高中学生毛入学率 | (%) | 92.11 | 92.56 | 96.00 | 96.80 | 97.00 | 97.30 | 97.30 | 98.14 |
| 高中毕业生升学率 | (%) | 87.57 | 89.65 | 92.85 | 92.96 | 93.77 | 92.30 | 95.48 | 94.58 |

# 16-4 工业企业R&D经费情况

单位：万元

| 项　　目 | 2011年 | 2012年 | 2013年 | 2014年 | 2015年 | 2016年 | 2017年 | 2018年 |
|---|---|---|---|---|---|---|---|---|
| **总计** | **314606** | **435405** | **518729** | **547473** | **597225** | **676932** | **803065** | **893218** |
| **一、按企业规模分组** | | | | | | | | |
| 大型 | 190029 | 230822 | 323519 | 353453 | 367067 | 376005 | 437320 | 605988 |
| 中型 | 70131 | 129148 | 117403 | 123476 | 131165 | 178078 | 180339 | 138041 |
| 小型 | 53869 | 75390 | 77807 | 70543 | 98973 | 122749 | 184346 | 147911 |
| 微型 | 578 | 45 | | | 19 | 101 | 1060 | 1279 |
| **二、按隶属关系分组** | | | | | | | | |
| 中央 | 3005 | 2068 | 5831 | 5580 | 3851 | 610 | 1172 | 6020 |
| 地方 | 311601 | 433338 | 512898 | 541892 | 593374 | 676322 | 635057 | 121078 |
| **三、按登记注册类型分组** | | | | | | | | |
| 内资企业 | 67468 | 122889 | 133192 | 156897 | 226299 | 278093 | 345735 | 443891 |
| 国有企业 | 1236 | 13238 | 4220 | | | | | |
| 集体企业 | | 110 | 118 | 821 | 1052 | | 9 | |
| 股份合作企业 | | 3192 | | | | | | |
| 有限责任公司 | 29530 | 48475 | 73791 | 90012 | 132575 | 140743 | 205787 | 235913 |
| 股份有限公司 | 10145 | 18867 | 18116 | 12813 | 19416 | 27055 | 27656 | 62765 |
| 私营企业 | 21897 | 29741 | 35005 | 53070 | 56563 | 110295 | 112284 | 145213 |
| 私营独资企业 | 929 | 1786 | | 2895 | 1731 | 473 | 5029 | 2164 |
| 私营合伙企业 | 591 | 717 | 185 | | | | | 174 |
| 私营有限责任公司 | 20252 | 26213 | 33183 | 49384 | 52655 | 107512 | 100584 | 135254 |
| 私营股份有限公司 | 125 | 1026 | 1638 | 791 | 2177 | 2310 | 6670 | 7621 |
| 其他企业 | 4660 | 9267 | 1942 | 182 | 16642 | | | |
| 港、澳、台商投资企业 | 141962 | 208803 | 243558 | 243163 | 233427 | 238182 | 300870 | 305806 |
| 与港澳台商合资经营企业 | 75084 | 79841 | 67396 | 64307 | 68147 | 73430 | 98473 | 87871 |
| 与港澳台商合作经营企业 | | 2482 | 2612 | 1854 | 1117 | 3299 | 3345 | 151 |
| 港澳台商独资经营企业 | 66878 | 122403 | 170106 | 160075 | 160181 | 155317 | 193682 | 214973 |
| 港澳台商投资股份有限公司 | | 4077 | 3443 | 16927 | 3982 | 6136 | 5370 | 2811 |
| 外商投资企业 | 105176 | 103713 | 141980 | 147413 | 137498 | 160656 | 156460 | 143521 |
| 中外合资经营企业 | 35642 | 42488 | 57407 | 80167 | 72043 | 86306 | 105372 | 75490 |
| 中外合作经营企业 | | | | | 540 | | 1169 | 16070 |
| 外资企业 | 69534 | 61226 | 84573 | 67246 | 58691 | 72373 | 43870 | 47519 |
| **四、按国民经济行业大类分组** | | | | | | | | |
| 采矿业 | | | | | | | 554 | 83 |
| 非金属矿采选业 | | | | | | | 554 | 83 |
| 制造业 | 5591 | 434029 | 513621 | 545916 | 596160 | 674147 | 800117 | 889956 |
| 农副食品加工业 | 5099 | 3297 | 3503 | 3166 | 6544 | 3638 | 9930 | 8485 |
| 食品制造业 | 493 | 863 | 775 | 954 | 1563 | 766 | 2142 | 227 |
| 酒、饮料和精制茶制造业 | | | | | | | 7101 | 3673 |
| 纺织服装、服饰业 | | 94 | 3556 | 4538 | 6111 | 750 | 4087 | 7662 |
| 皮革、毛皮、羽毛及其制品和制鞋业 | | 2163 | 4612 | 5872.6 | 13995 | 3323 | 4258 | 6243 |

## 16-4 续表

单位：万元

| 项　　目 | 2011年 | 2012年 | 2013年 | 2014年 | 2015年 | 2016年 | 2017年 | 2018年 |
|---|---|---|---|---|---|---|---|---|
| 木材加工和木、竹、藤、棕、草制品业 | | 1110 | 5130 | 1502 | 1837 | 1011 | 1241 | 1331 |
| 家具制造业 | 1000 | 1659 | 11230 | 11191 | | 4439 | 5594 | 15856 |
| 造纸和纸制品业 | | 628 | 10 | 1052 | 3252 | 230 | 671 | 1510 |
| 印刷和记录媒介复制业 | | | | | | | 3546 | 9063 |
| 文教、工美、体育和娱乐用品制造业 | 1966 | 320 | 773 | 1383 | 1743 | 1341 | 1882 | 3486 |
| 石油加工、炼焦和核燃料加工业 | 3005 | 2068 | 4789 | 4034 | 3679 | 365 | 201 | 860 |
| 化学原料和化学制品制造业 | 16004 | 17036 | 15069 | 20267 | 21107 | 20412 | 23799 | 31783 |
| 医药制造业 | 4982 | 10601 | 8064 | 6000 | 7710 | 10780 | 6103 | 6493 |
| 化学纤维制造业 | | | | | | | 324 | 508 |
| 橡胶和塑料制品业 | 4360 | 24642 | 19992 | 16323 | 19176 | 27052 | 29572 | 35091 |
| 非金属矿物制品业 | 8918 | 4079 | 7632 | 8590 | 9266 | 4331 | 5088 | 19907 |
| 有色金属冶炼和压延加工业 | 4239 | 8756 | 3106 | 2785 | 1886 | 4367 | 6747 | 6599 |
| 金属制品业 | 3447 | 9251 | 8529 | 9360 | 15783 | 29195 | 34200 | 26124 |
| 通用设备制造业 | 2135 | 7882 | 11319 | 5408 | 7538 | 14216 | 13079 | 14726 |
| 专用设备制造业 | 3707 | 3776 | 1396 | 4451 | 4589 | 9522 | 17111 | 17849 |
| 汽车制造业 | 17018 | 28675 | 32856 | 39973 | 50860 | 39529 | 59549 | 20093 |
| 铁路、船舶、航空航天和其他运输设备制造业 | 1419 | 1270 | 3365 | 1754 | 3357 | 2947 | 2658 | 1792 |
| 电气机械和器材制造业 | 25041 | 24041 | 30770 | 40511 | 54228 | 74052 | 86815 | 143058 |
| 计算机、通信和其他电子设备制造业 | 208813 | 277780 | 330011 | 353371 | 359329 | 408187 | 466748 | 503430 |
| 仪器仪表制造业 | 987 | 2354 | 4475 | 2757 | 1426 | 6043 | 5072 | 1769 |
| 其他制造业 | | | | | | | 412 | 651 |
| 废弃资源综合利用业 | 1096 | 1685 | 2658 | 673 | 1184 | 3630 | 2188 | 1688 |
| 电力、热力、燃气及水生产和供应业 | 878 | 1377 | 5108 | 1557 | 525 | 2785 | 2394 | 3179 |
| 电力、热力生产和供应业 | 878 | 1377 | 5108 | 1557 | 525 | 2785 | 333 | 1979 |
| 燃气生产和供应业 | | | | | | | 623 | 341 |
| 水的生产和供应业 | | | | | | | 1438 | 858 |
| **五、按企业控股情况分组** | | | | | | | | |
| 国有控股 | 26950 | 29594 | 30871 | 32372 | 43028 | 41079 | 66314 | 96914 |
| 集体控股 | 979 | 1415 | 557 | 3072 | 4341 | 1448 | 8332 | 6168 |
| 私人控股 | 51589 | 77088 | 97540 | 115598 | 143413 | 203726 | 210017 | 257713 |
| 港澳台商控股 | 124299 | 186504 | 216089 | 217697 | 217712 | 208942 | 261727 | 269083 |
| 外商控股 | 103371 | 110469 | 151330 | 154656 | 148645 | 159631 | 181620 | 171738 |
| 其他 | 7420 | 30335 | 22342 | 24079 | 40087 | 62105 | 75055 | 91603 |
| **六、按地区分组** | | | | | | | | |
| 惠城区 | 66435 | 76349 | 77947 | 83657 | 98589 | 112728 | 114789 | 121591 |
| 惠阳区 | 31297 | 45520 | 58340 | 63839 | 76604 | 88656 | 112312 | 152920 |
| 惠东县 | 18196 | 32918 | 38613 | 39009 | 46639 | 57096 | 67171 | 21124 |
| 博罗县 | 23859 | 40333 | 46662 | 54297 | 61007 | 70161 | 84526 | 89537 |
| 龙门县 | 2340 | 3196 | 4010 | 4624 | 5340 | 6528 | 11518 | 13859 |
| 大亚湾区 | 50134 | 76924 | 91594 | 93612 | 93801 | 100888 | 131204 | 169360 |
| 仲恺区 | 122344 | 160165 | 201563 | 208433 | 215244 | 240874 | 281545 | 324828 |

# 16-5 工业企业R&D人员情况

单位：人

| 项　　目 | 2011年 | 2012年 | 2013年 | 2014年 | 2015年 | 2016年 | 2017年 | 2018年 |
|---|---|---|---|---|---|---|---|---|
| **总计** | **13885** | **19055** | **18678** | **20010** | **22757** | **34926** | **43255** | **50199** |
| **一、按企业规模分组** | | | | | | | | |
| 大型 | 7559 | 8828 | 10002 | 11225 | 13480 | 19132 | 22230 | 33869 |
| 中型 | 4118 | 7137 | 5707 | 5963 | 5495 | 10041 | 11265 | 8160 |
| 小型 | 2194 | 3081 | 2969 | 2822 | 3781 | 5747 | 9675 | 8119 |
| 微型 | 14 | 9 | | | 1 | 9 | 85 | 51 |
| **二、按隶属关系分组** | | | | | | | | |
| 1.中央 | 121 | 99 | 347 | 434 | 339 | 61 | 88 | 166 |
| 2.地方 | 13764 | 18956 | 18331 | 19576 | 23997 | 34868 | 35322 | 4044 |
| **三、按登记注册类型分组** | | | | | | | | |
| 内资企业 | 3764 | 5934 | 5758 | 7207 | 10472 | 13709 | 18032 | 19702 |
| 国有企业 | 69 | 592 | 44 | | | | | |
| 集体企业 | | 10 | 10 | 21 | 28 | | 3 | |
| 股份合作企业 | | 101 | | | | | | |
| 有限责任公司 | 1496 | 2233 | 3394 | 3975 | 6702 | 6468 | 9943 | 9648 |
| 股份有限公司 | 566 | 928 | 865 | 1001 | 993 | 1518 | 1787 | 2254 |
| 私营企业 | 1373 | 1709 | 1388 | 2226 | 2491 | 5723 | 6299 | 7800 |
| 私营独资企业 | 89 | 59 | | 29 | 73 | 18 | 259 | 105 |
| 私营合伙企业 | 23 | 64 | 18 | | | | | 5 |
| 私营有限责任公司 | 1246 | 1535 | 1314 | 2159 | 2341 | 5542 | 5705 | 7294 |
| 私营股份有限公司 | 15 | 51 | 56 | 38 | 77 | 163 | 335 | 396 |
| 其他企业 | 260 | 361 | 57 | 19 | 254 | | | |
| 港、澳、台商投资企业 | 6279 | 8683 | 8547 | 8071 | 9476 | 13197 | 18074 | 22064 |
| 与港澳台商合资经营企业 | 3321 | 3756 | 3116 | 3268 | 2134 | 3565 | 3458 | 3942 |
| 与港澳台商合作经营企业 | | 84 | 86 | 54 | 35 | 193 | 230 | 8 |
| 港澳台商独资经营企业 | 2958 | 4305 | 5002 | 4336 | 6987 | 9020 | 14004 | 17700 |
| 港澳台商投资股份有限公司 | | 538 | 343 | 413 | 320 | 419 | 382 | 414 |
| 外商投资企业 | 3842 | 4438 | 4373 | 4697 | 4428 | 8023 | 7149 | 8433 |
| 中外合资经营企业 | 1302 | 1478 | 1623 | 1733 | 2409 | 5281 | 4375 | 4764 |
| 中外合作经营企业 | | | | | 20 | | 44 | 412 |
| 外资企业 | 2540 | 2960 | 2750 | 2964 | 1792 | 2648 | 2493 | 3102 |
| **四、按国民经济行业大类分组** | | | | | | | | |
| 采矿业 | | | | | | | 19 | 5 |
| 非金属矿采选业 | | | | | | | 19 | 5 |
| 制造业 | 13863 | 19008 | 18601 | 19887 | 24312 | 34771 | 42922 | 50092 |
| 农副食品加工业 | 121 | 63 | 71 | 102 | 181 | 121 | 293 | 241 |
| 食品制造业 | 49 | 68 | 70 | 59 | 65 | 51 | 95 | 29 |
| 酒、饮料和精制茶制造业 | | | | | | | 313 | 98 |
| 纺织服装、服饰业 | | 7 | 102 | 205 | 293 | 46 | 210 | 686 |
| 皮革、毛皮、羽毛及其制品和制鞋业 | | 137 | 90 | 258 | 433 | 228 | 250 | 761 |

## 16-5 续表

单位：人

| 项　　目 | 2011年 | 2012年 | 2013年 | 2014年 | 2015年 | 2016年 | 2017年 | 2018年 |
|---|---|---|---|---|---|---|---|---|
| 木材加工和木、竹、藤、棕、草制品业 |  | 11 | 29 | 5 | 15 | 32 | 76 | 53 |
| 家具制造业 | 35 | 22 | 231 | 245 |  | 302 | 259 | 1418 |
| 造纸和纸制品业 |  | 17 | 4 | 33 | 80 | 25 | 47 | 75 |
| 印刷和记录媒介复制业 |  |  |  |  |  |  | 104 | 247 |
| 文教、工美、体育和娱乐用品制造业 | 153 | 14 | 46 | 69 | 138 | 100 | 174 | 369 |
| 石油加工、炼焦和核燃料加工业 | 121 | 99 | 251 | 281 | 359 | 35 | 43 | 96 |
| 化学原料和化学制品制造业 | 683 | 808 | 708 | 888 | 984 | 791 | 1040 | 1428 |
| 医药制造业 | 396 | 550 | 569 | 566 | 305 | 336 | 269 | 340 |
| 化学纤维制造业 |  |  |  |  |  |  | 19 | 26 |
| 橡胶和塑料制品业 | 581 | 1372 | 1008 | 967 | 1003 | 1491 | 1562 | 1853 |
| 非金属矿物制品业 | 157 | 141 | 198 | 244 | 282 | 213 | 312 | 619 |
| 有色金属冶炼和压延加工业 | 119 | 142 | 113 | 44 | 25 | 196 | 261 | 407 |
| 金属制品业 | 271 | 809 | 833 | 894 | 739 | 1533 | 1580 | 1008 |
| 通用设备制造业 | 192 | 301 | 468 | 272 | 279 | 667 | 604 | 976 |
| 专用设备制造业 | 180 | 223 | 167 | 309 | 280 | 586 | 1220 | 832 |
| 汽车制造业 | 380 | 698 | 1082 | 1191 | 943 | 1332 | 1514 | 1054 |
| 铁路、船舶、航空航天和其他运输设备制造业 | 100 | 194 | 441 | 239 | 245 | 213 | 315 | 126 |
| 电气机械和器材制造业 | 1256 | 1649 | 1399 | 1975 | 2783 | 3762 | 4312 | 6316 |
| 计算机、通信和其他电子设备制造业 | 9000 | 11467 | 10391 | 10899 | 14704 | 22042 | 27668 | 30787 |
| 仪器仪表制造业 | 36 | 123 | 205 | 132 | 138 | 289 | 279 | 109 |
| 其他制造业 |  |  |  |  |  |  | 36 | 43 |
| 废弃资源综合利用业 | 33 | 93 | 125 | 45 | 38 | 183 | 67 | 95 |
| 电力、热力、燃气及水生产和供应业 | 22 | 47 | 77 | 88 | 44 | 158 | 314 | 102 |
| 电力、热力生产和供应业 | 22 | 47 | 77 | 88 | 44 | 158 | 113 | 47 |
| 燃气生产和供应业 |  |  |  |  |  |  | 78 | 5 |
| 水的生产和供应业 |  |  |  |  |  |  | 123 | 50 |
| **五、按企业控股情况分组** |  |  |  |  |  |  |  |  |
| 国有控股 | 1292 | 1286 | 1266 | 1258 | 2274 | 1558 | 2536 | 3661 |
| 集体控股 | 36 | 66 | 62 | 100 | 159 | 76 | 432 | 186 |
| 私人控股 | 2868 | 4022 | 4111 | 5357 | 5514 | 10048 | 11338 | 12853 |
| 港澳台商控股 | 4963 | 7182 | 6695 | 6161 | 8501 | 11638 | 16578 | 20673 |
| 外商控股 | 4384 | 5372 | 5196 | 5163 | 5443 | 8408 | 7949 | 9393 |
| 其他 | 342 | 1127 | 1348 | 1971 | 2485 | 3201 | 4422 | 3433 |
| **六、按地区分组** |  |  |  |  |  |  |  |  |
| 惠城区 | 2532 | 3160 | 3255 | 3664 | 4516 | 5534 | 5801 | 5844 |
| 惠阳区 | 1465 | 2206 | 2191 | 2218 | 3368 | 5359 | 8069 | 10233 |
| 惠东县 | 919 | 1144 | 1007 | 1051 | 1078 | 1369 | 2082 | 1355 |
| 博罗县 | 927 | 1749 | 1864 | 2015 | 3168 | 3874 | 5526 | 6069 |
| 龙门县 | 95 | 177 | 173 | 180 | 259 | 343 | 720 | 780 |
| 大亚湾区 | 1309 | 1733 | 1835 | 2057 | 2794 | 5070 | 6113 | 8328 |
| 仲恺区 | 6639 | 8886 | 8353 | 8825 | 9193 | 13380 | 14944 | 17590 |

# 16-6 惠州市历年专利申请授权情况统计表

| 年度 | 申请量(件) | | | | 授权量(件) | | | |
|---|---|---|---|---|---|---|---|---|
| | 合计 | 发明 | 实用新型 | 外观设计 | 合计 | 发明 | 实用新型 | 外观设计 |
| 1985年 | 1 | 1 | | | | | | |
| 1986年 | 2 | 1 | 1 | | | | | |
| 1987年 | 5 | 2 | 3 | | 2 | | 2 | |
| 1988年 | 8 | 3 | 5 | | 2 | | 2 | |
| 1989年 | 11 | 4 | 6 | 1 | 2 | | 2 | |
| 1990年 | 11 | 3 | 6 | 2 | 3 | 2 | 1 | |
| 1991年 | 14 | 4 | 2 | 8 | 4 | 1 | 3 | |
| 1992年 | 33 | 5 | 17 | 11 | 12 | 1 | 9 | 2 |
| 1993年 | 56 | 9 | 33 | 14 | 22 | 4 | 12 | 6 |
| 1994年 | 101 | 12 | 33 | 56 | 19 | 2 | 12 | 5 |
| 1995年 | 109 | 7 | 37 | 65 | 62 | 3 | 22 | 37 |
| 1996年 | 157 | 10 | 34 | 113 | 70 | 2 | 16 | 52 |
| 1997年 | 213 | 12 | 35 | 166 | 93 | 3 | 20 | 70 |
| 1998年 | 194 | 7 | 47 | 140 | 169 | 3 | 17 | 149 |
| 1999年 | 206 | 13 | 63 | 130 | 148 | 1 | 39 | 108 |
| 2000年 | 378 | 34 | 96 | 248 | 207 | 5 | 62 | 140 |
| 2001年 | 331 | 17 | 115 | 199 | 283 | 4 | 61 | 218 |
| 2002年 | 708 | 39 | 174 | 495 | 443 | 2 | 99 | 342 |
| 2003年 | 854 | 73 | 280 | 501 | 532 | 9 | 156 | 367 |
| 2004年 | 1109 | 168 | 335 | 606 | 680 | 17 | 211 | 452 |
| 2005年 | 1041 | 250 | 339 | 452 | 651 | 17 | 258 | 376 |
| 2006年 | 877 | 75 | 377 | 425 | 641 | 21 | 301 | 319 |
| 2007年 | 1235 | 84 | 436 | 715 | 726 | 33 | 353 | 340 |
| 2008年 | 1160 | 252 | 510 | 398 | 1011 | 66 | 426 | 519 |
| 2009年 | 1761 | 359 | 801 | 601 | 985 | 73 | 488 | 424 |
| 2010年 | 2889 | 823 | 1352 | 714 | 1628 | 44 | 992 | 592 |
| 2011年 | 6029 | 1296 | 2236 | 2497 | 2917 | 117 | 1577 | 1223 |
| 2012年 | 9894 | 1676 | 2614 | 5604 | 4093 | 313 | 2227 | 1553 |
| 2013年 | 15168 | 2466 | 3830 | 8872 | 5976 | 467 | 2577 | 2932 |
| 2014年 | 18359 | 3347 | 4853 | 10159 | 7396 | 522 | 3563 | 3311 |
| 2015年 | 21408 | 4600 | 5991 | 10817 | 9797 | 868 | 4632 | 4297 |
| 2016年 | 26123 | 6363 | 8794 | 10966 | 9891 | 1242 | 4560 | 4089 |
| 2017年 | 30448 | 8184 | 12198 | 10066 | 11706 | 1469 | 6394 | 3843 |
| 2018年 | 21643 | 5222 | 11755 | 4666 | 14705 | 1445 | 9661 | 3599 |

# 16-7 主要年份科技活动指标

| 项 目 | | 2005年 | 2009年 | 2010年 | 2011年 | 2012年 | 2013年 |
|---|---|---|---|---|---|---|---|
| 专利申请受理量 | (件) | 1041 | 1761 | 2889 | 6029 | 9894 | 15168 |
| 专利申请批准量 | (件) | 651 | 985 | 1628 | 2917 | 4093 | 5976 |
| 高新技术产品产值 | (亿元) | 661.00 | 1318.00 | 1797.63 | 2281.51 | 2908.58 | 3474.70 |
| 高技术产品产值占工业总产值比重 | (%) | 36.9 | 43.9 | 46.0 | 47.9 | 53.1 | 52.6 |
| 研究与实验发展(R&D)人员全时当量 | (人年) | 1710.6 | 8176 | 11062 | 12739 | 15946 | 16440 |
| 研究与实验发展(R&D)经费 | (亿元) | 1.71 | 10.55 | 19.26 | 33.12 | 45.31 | 55.6 |
| 占本市生产总值比例 | (%) | 0.21 | 0.74 | 1.10 | 1.56 | 1.88 | 2.03 |

16-7 续表

| 项 目 | | 2014年 | 2015年 | 2016年 | 2017年 | 2018年 |
|---|---|---|---|---|---|---|
| 专利申请受理量 | (件) | 18359 | 21408 | 26123 | 30448 | 21643 |
| 专利申请批准量 | (件) | 7396 | 9797 | 9891 | 11706 | 14705 |
| 高新技术产品产值 | (亿元) | 3520.76 | 3885.37 | 4567.84 | 4781.62 | 4178.55 |
| 高技术产品产值占工业总产值比重 | (%) | 50.7 | 55.2 | 58.0 | 55.8 | 55.3 |
| 研究与实验发展(R&D)人员全时当量 | (人年) | 15363 | 18888 | 28487 | 31349.6 | 40172.24 |
| 研究与实验发展(R&D)经费 | (亿元) | 59.3 | 63.81 | 69.88 | 83.98 | 94.19 |
| 占本市生产总值比例 | (%) | 1.95 | 2.00 | 2.02 | 2.19 | 2.3 |

注：从2006年(含)起，地区生产总值核算口径已含R&D支出。

# 16-8 分县区文化事业情况

(2018年)

| 项　　目 | | 全市 | 惠城区 | 惠阳区 | 惠东县 | 博罗县 | 龙门县 | 大亚湾区 | 仲恺区 |
|---|---|---|---|---|---|---|---|---|---|
| 文化馆 | (个) | 6 | 2 | 1 | 1 | 1 | 1 | | |
| 文化站 | (个) | 73 | 13 | 9 | 16 | 17 | 10 | 3 | 5 |
| 文化广场 | (个) | 1267 | 225 | 137 | 320 | 386 | 108 | 31 | 60 |
| 博物馆 | (个) | 6 | 2 | 1 | 1 | 1 | 1 | | |
| 公共图书馆 | (个) | 5 | 1 | 1 | 1 | 1 | 1 | | |
| 总藏量 | (千册、件) | 2410.07 | 874.74 | 630.12 | 441.24 | 337.18 | 126.80 | | |
| 图书 | (千册) | 1948.53 | 742.58 | 367.37 | 434.28 | 325.68 | 78.62 | | |
| 电影放映单位 | (个) | 60 | 18 | 13 | 8 | 5 | 1 | 6 | 9 |
| 其中：剧场、影剧院 | (个) | 60 | 18 | 13 | 8 | 5 | 1 | 6 | 9 |
| 歌舞厅 | (个) | 319 | 84 | 40 | 64 | 72 | 20 | 6 | 33 |
| 网吧 | (个) | 634 | 134 | 121 | 92 | 97 | 16 | 51 | 123 |

# 16-9 分县区广播电视业情况

(2018年)

| 项　　目 | | 全市 | 惠城区 | 惠阳区 | 惠东县 | 博罗县 | 龙门县 | 大亚湾区 | 仲恺区 |
|---|---|---|---|---|---|---|---|---|---|
| 广播电台 | (套) | 5 | 1 | 1 | 1 | 1 | 1 | | |
| 调频广播发射台和转播台 | (座) | 7 | 2 | 1 | 2 | 1 | 1 | | |
| 电视台 | (套) | 5 | 1 | 1 | 1 | 1 | 1 | | |
| 电视发射台和转播台 | (座) | 7 | 2 | 1 | 2 | 1 | 1 | | |
| 一千瓦以上电视发射台和转播台 | (座) | 5 | 2 | 1 | 1 | | 1 | | |
| 有线电视台 | (座) | 6 | 1 | 1 | 1 | 1 | 1 | 1 | |
| 有线电视用户 | (万户) | 75.81 | 26.19 | 8.80 | 17.50 | 12.32 | 3.32 | 2.87 | 4.82 |
| 广播人口覆盖率 | (%) | 100 | 100 | 100 | 100 | 100 | 100 | 100 | 100 |
| 电视人口覆盖率 | (%) | 100 | 100 | 100 | 100 | 100 | 100 | 100 | 100 |
| 微波传送线路站数 | (站) | 4 | 2 | | | 1 | 1 | | |
| 微波传送线路长度 | (公里) | 50 | 20 | | | 20 | 10 | | |
| 电视互平联用户数 | (户) | 255293 | 128871 | 11187 | 31870 | 49250 | 10758 | 7147 | 16210 |
| 新增户数 | (户) | 144980 | 48720 | 11130 | 23470 | 37521 | 10470 | 5980 | 7689 |

惠州统计年鉴－2019

HUIZHOU STATISTICAL YEARBOOK

# 十七、体育、卫生、社会福利、环保和其他

# 17-1 体育、卫生、社会福利、环保和其他主要指标

| 项目 | | 2011年 | 2012年 | 2013年 | 2014年 | 2015年 | 2016年 | 2017年 | 2018年 |
|---|---|---|---|---|---|---|---|---|---|
| 举办全民健身活动次数 | (次) | 167 | 179 | 238 | 281 | 144 | 188 | 187 | 348 |
| 卫生事业机构数 | (个) | 2366 | 2558 | 2604 | 2658 | 2654 | 2668 | 2725 | 2764 |
| 医院、卫生院 | (个) | 131 | 137 | 139 | 138 | 145 | 144 | 146 | 146 |
| 卫生事业机构床位数 | (张) | 13092 | 17231 | 19155 | 20135 | 21879 | 22460 | 22589 | 21452 |
| 医院、卫生院床位 | (张) | 11662 | 14485 | 16258 | 17098 | 18937 | 19383 | 19277 | 19257 |
| 卫生技术人员数 | (人) | 19978 | 23787 | 26991 | 27068 | 28115 | 30124 | 32953 | 34800 |
| 医生、助理医生 | (人) | 7386 | 9009 | 9735 | 10163 | 10458 | 11283 | 12582 | 13339 |
| 平均每千户籍人口医院、卫生院床位数 | (张) | 3.82 | 4.24 | 4.73 | 4.91 | 6.13 | 6.23 | 6.28 | 5.72 |
| 平均每千户籍人口有卫生技术人员数 | (人) | 5.82 | 6.96 | 7.86 | 7.72 | 7.87 | 8.35 | 8.98 | 9.28 |
| 医生 | (人) | 2.15 | 2.63 | 2.84 | 2.88 | 2.93 | 3.13 | 3.43 | 3.56 |
| 优抚收养性单位收养人数 | (人次) | 2063 | 2224 | 2188 | 2263 | 2296 | 3989 | 3407 | 4460 |
| 社会救济总人数 | (人) | 90248 | 98046 | 96867 | 92424 | 85399 | 77873 | 66960 | 57693 |
| 准予登记结婚对数 | (对) | 35384 | 31621 | 31236 | 32717 | 31817 | 30208 | 29203 | 28481 |
| 涉外婚姻 | (对) | 260 | 260 | 241 | 279 | 233 | 254 | 301 | 300 |
| 离婚总数 | (对) | 5568 | 5892 | 6367 | 6298 | 7333 | 7331 | 7855 | 8569 |
| 执业律师人数 | (人) | 562 | 605 | 635 | 678 | 740 | 802 | 1190 | 1283 |
| 公证人员数 | (人) | 30 | 26 | 27 | 27 | 30 | 29 | 99 | 122 |
| 人民调解委员会调解人员数 | (人) | 8012 | 9606 | 9927 | 9423 | 10036 | 9933 | 10072 | 8758 |
| 亿元地区生产总值生产安全事故死亡人数 | (人) | 0.160 | 0.135 | 0.115 | 0.104 | 0.059 | 0.063 | 0.057 | 0.046 |
| 交通事故发生数 | (起) | 569 | 551 | 168 | 154 | 132 | 264 | 207 | 201 |
| 交通事故损失折款 | (万元) | 260 | 285 | 129 | 122 | 113 | 215 | 3584 | 1238 |
| 火灾事故发生数 | (起) | 864 | 706 | 192 | 213 | 117 | 467 | 505 | — |
| 火灾事故损失折款 | (万元) | 994 | 923 | 345 | 618 | 442 | 1859 | 573 | — |

注：2009年起卫生数据含村级卫生数据。

## 17-2 分县区体育事业情况

(2017年)

| 项　目 | | 合计 | 惠城区 | 惠阳区 | 惠东县 | 博罗县 | 龙门县 | 大亚湾区 | 仲恺区 |
|---|---|---|---|---|---|---|---|---|---|
| 体育馆数 | (个) | 35 | 3 | 2 | 2 | 23 | 2 | 1 | 2 |
| 运动员人数 | (人) | 1429 | | 463 | | 148 | 147 | 280 | 391 |
| 体委系统年末职工人数 | (人) | 264 | 25 | 22 | 45 | 112 | 31 | 15 | 14 |
| # 专职教练员 | (人) | 56 | | 1 | | 7 | 9 | | |
| 专职文化教师 | (人) | 36 | | | | | | | |
| 管理人员 | (人) | 133 | 10 | | 24 | 70 | 8 | 10 | |
| 公务员 | (人) | 75 | 12 | 9 | 8 | 31 | 7 | 2 | 6 |
| 其他人员 | (人) | 43 | 3 | 12 | 13 | | 7 | | 8 |
| 举办全民健身活动情况 | (次) | 187 | 50 | 40 | 18 | 5 | 21 | 15 | 38 |
| 参加人数 | (人次) | 108680 | 20110 | 16000 | 13200 | 6120 | 29000 | 4750 | 19500 |
| 举办综合运动会 | (次) | 4 | | 1 | 1 | | | | 2 |
| 参加人数 | (人次) | 4720 | | 1100 | 410 | | | | 3210 |
| 举办单项比赛 | (次) | 118 | 5 | 20 | 15 | 20 | 29 | 12 | 17 |
| 参加人数 | (人次) | 60150 | 10550 | 15000 | 1970 | 2750 | 6300 | 2780 | 20800 |

# 17-3 分县区体育事业情况

单位：(奖牌)块、(记录)项

| 年份 | 获世界 | | | 获亚洲赛 | | | 获全国赛 | | | 获省赛 | | |
|---|---|---|---|---|---|---|---|---|---|---|---|---|
| | 金牌 | 银牌 | 铜牌 | 金牌 | 银牌 | 铜牌 | 金牌 | 银牌 | 铜牌 | 金牌 | 银牌 | 铜牌 |
| 1992 | 2 | 1 | 1 | 2 | 1 | 5 | | | | 19 | 20 | 28 |
| 1993 | 4 | | | | | | 4 | 2 | | 6 | 14 | 20 |
| 1994 | 2 | 4 | | | | | 6 | 4 | 1 | 13 | 12 | 13 |
| 1995 | 1 | | | | | | 6 | | | 12 | 12 | 13 |
| 1996 | 1 | | | | | | 11 | 4 | 9 | 8 | 11 | 39 |
| 1997 | 6 | | | | 1 | 3 | 5 | 2 | 5 | 6 | 17 | 15 |
| 1998 | | | | 2 | 2 | | 12 | 12 | 3 | 38 | 26 | 19 |
| 1999 | | 1 | | 1 | 1 | | 11 | 5 | 3 | 13 | 29 | 34 |
| 2000 | | | 2 | | | | 10 | 12 | 7 | 17 | 10 | 22 |
| 2001 | | | | | | | 9 | 1 | 4 | 8 | 8 | 13 |
| 2002 | 4 | 2 | | 1 | 3 | 3 | 9 | 8 | 8 | 26 | 18 | 18 |
| 2003 | | | | 1 | | | 3 | 1 | 2 | 19 | 21 | 26 |
| 2004 | 1 | | | | | | 2 | 2 | 4 | 9 | 20 | 18 |
| 2005 | | | | 3 | 2 | | 4 | 4 | 4 | 7 | 12 | 26 |
| 2006 | 1 | 3 | | 2 | | | 3 | 2 | 2 | 6 | 6 | 14 |
| 2007 | 2 | | | 2 | 1 | | 2 | 2 | | 50 | 41 | 43 |
| 2008 | 2 | 1 | | 3 | 1 | | 5 | 2 | | 55 | 52 | 58 |
| 2009 | 3 | | | 1 | | | 15 | 8 | 5 | 49 | 48 | 64 |
| 2010 | 4 | | | 12 | 2 | 2 | 17 | 3 | 2 | 20 | 20 | 32 |
| 2011 | 1 | 2 | | 9 | | | 24 | 10 | 16 | 8 | 9 | 12 |
| 2012 | 3 | | 1 | | | | 17 | 2 | 6 | 14 | 12 | 22 |
| 2013 | 1 | | | | | | 7 | 2 | | 12 | 15 | 18 |
| 2014 | | | 2 | | | | 7 | 8 | 8 | 12 | 13 | 34 |
| 2015 | 3 | | | 1 | | | 11 | 7 | 5 | 21 | 18 | 37 |
| 2016 | | | | 1 | | 1 | 17 | 4 | 10 | 7 | 12 | 16 |
| 2017 | | | | 1 | | 3 | 6 | 7 | 3 | 33 | 35 | 49 |
| 2018 | 3 | 3 | 1 | 3 | 1 | 2 | 25 | 3 | | 45 | 50 | 63 |

# 17-4 分县区卫生事业发展情况

(2018年)

| 项　　目 | | 合计 | 惠城区 | 惠阳区 | 惠东县 | 博罗县 | 龙门县 | 大亚湾区 | 仲恺区 |
|---|---|---|---|---|---|---|---|---|---|
| 卫生机构数 | (个) | 2764 | 681 | 384 | 595 | 571 | 228 | 121 | 184 |
| 医院 | (个) | 76 | 28 | 18 | 14 | 8 | 3 | 2 | 3 |
| 卫生院 | (个) | 70 | 7 | 6 | 20 | 19 | 15 | | 3 |
| 疾病预防控制中心 | (个) | 6 | 1 | 1 | 1 | 1 | 1 | 1 | |
| 妇幼保健院(所\站) | (个) | 7 | 2 | 1 | 1 | 1 | 1 | | 1 |
| 诊所、卫生所、医务室 | (个) | 966 | 358 | 152 | 162 | 80 | 36 | 70 | 108 |
| 卫生机构床位数 | (张) | 21452 | 8512 | 2904 | 3341 | 3794 | 1058 | 854 | 989 |
| 医院 | (张) | 15916 | 7268 | 2408 | 2218 | 2075 | 536 | 634 | 777 |
| 卫生院 | (张) | 3341 | 199 | 306 | 907 | 1349 | 433 | | 147 |
| 总诊疗人次数 | (万人次) | 4651.80 | 1594.91 | 906.18 | 761.63 | 680.62 | 244.29 | 155.30 | 308.87 |
| 村卫生室诊疗人次 | (万人次) | 868.69 | 185.21 | 150.74 | 255.43 | 164.82 | 77.27 | 12.33 | 22.90 |
| 医疗卫生机构在岗职工数 | (人) | 41399 | 16373 | 6293 | 6454 | 5719 | 2236 | 1417 | 2907 |
| 卫生技术人员 | (人) | 34800 | 13751 | 5493 | 5257 | 4688 | 1824 | 1224 | 2563 |
| 执业医师、执业助理医师 | (人) | 13339 | 5125 | 2123 | 1888 | 1966 | 664 | 556 | 1017 |
| 注册护士 | (人) | 15454 | 6248 | 2721 | 2265 | 1911 | 729 | 448 | 1132 |
| 每千户籍人口卫生机构床位数 | (张) | 5.72 | 8.89 | 7.41 | 3.76 | 4.17 | 2.95 | 7.99 | 7.15 |
| 每千户籍人口卫生技术人员 | (人) | 9.28 | 14.37 | 14.02 | 5.92 | 5.15 | 5.08 | 11.46 | 18.54 |
| 医生 | (人) | 3.56 | 5.36 | 5.42 | 2.13 | 2.16 | 1.85 | 5.20 | 7.35 |
| 每千户籍人口注册护士数 | (人) | 4.12 | 6.53 | 6.95 | 2.55 | 2.10 | 2.03 | 4.19 | 8.19 |
| 政府办 | | | | | | | | | |
| 机构 | (个) | 491 | 143 | 116 | 87 | 35 | 44 | 23 | 43 |
| 床位 | (张) | 17011 | 7643 | 1590 | 2374 | 3085 | 1026 | 854 | 439 |
| 在岗职工数 | (人) | 29500 | 12449 | 3543 | 4829 | 4423 | 1917 | 1136 | 1203 |
| 社会办 | | | | | | | | | |
| 机构 | (个) | 1105 | 99 | 92 | 341 | 363 | 149 | 46 | 15 |
| 床位 | (张) | 3497 | 505 | 1156 | 839 | 465 | 32 | | 500 |
| 在岗职工数 | (人) | 6151 | 1433 | 1650 | 1069 | 616 | 235 | 102 | 1046 |
| 个人办 | | | | | | | | | |
| 机构 | (个) | 1168 | 439 | 176 | 167 | 173 | 35 | 52 | 126 |
| 床位 | (张) | 944 | 364 | 158 | 128 | 244 | | | 50 |
| 在岗职工数 | (人) | 5748 | 2491 | 1100 | 556 | 680 | 84 | 179 | 658 |

注：表中人均数按当年户籍人口计算；政府办、社会办、个人办均不含卫生室数据，其它均含村卫生室数据。

# 17–5 卫生事业其他指标

| 项　　目 | | 2011年 | 2012年 | 2013年 | 2014年 | 2015年 | 2016年 | 2017年 | 2018年 |
|---|---|---|---|---|---|---|---|---|---|
| 婴儿死亡率 | (‰) | 2.50 | 2.03 | 1.68 | 2.45 | 2.11 | 2.59 | 1.96 | 1.75 |
| 5岁以下儿童死亡率 | (‰) | 2.82 | 2.36 | 1.96 | 2.98 | 2.79 | 3.16 | 3.00 | 2.86 |
| 孕产妇死亡率 | (1/10万) | 6.20 | 2.88 | 1.47 | 6.38 | 3.32 | 10.20 | 7.15 | 1.76 |
| 5岁以下儿童中重度营养不良比重 | (%) | 0.21 | 0.62 | 0.50 | 1.43 | 1.13 | 1.31 | | 1.55 |
| 儿童计划免疫接种率 | | | | | | | | | |
| #卡介苗接种率 | (%) | 99.86 | 99.88 | 99.89 | 99.88 | 99.88 | 99.91 | 99.83 | 99.92 |
| 脊灰疫苗接种率 | (%) | 99.55 | 99.63 | 99.70 | 99.68 | 99.49 | 99.78 | 99.72 | 99.77 |
| 百白破三联制剂接种率 | (%) | 99.50 | 99.64 | 99.69 | 99.63 | 99.74 | 99.34 | 99.70 | 97.47 |
| 麻疹疫苗接种率 | (%) | 99.53 | 99.62 | 99.74 | 99.70 | 99.80 | 99.81 | 99.77 | 99.74 |
| 乙肝疫苗接种率 | (%) | 99.78 | 99.81 | 99.66 | 99.81 | 99.58 | 99.85 | 99.78 | 99.82 |
| 住院分娩率 | (%) | 99.91 | 99.94 | 99.96 | 99.93 | 99.97 | 99.98 | 99.99 | 99.92 |
| 农村孕产妇住院分娩率 | (%) | 99.90 | 99.99 | 99.99 | 100.00 | 99.99 | 99.98 | 99.99 | 99.98 |
| 7岁以下儿童保健管理率 | (%) | 95.97 | 97.10 | 96.78 | 97.26 | 97.33 | 94.43 | 96.92 | 94.75 |
| 婚前医学检查率 | (%) | 76.07 | 84.29 | 86.61 | 93.08 | 92.11 | 91.62 | 92.59 | 91.57 |
| 低出生体重发生率 | (%) | 2.77 | 3.14 | 3.75 | 4.27 | 4.42 | 4.94 | 4.95 | 4.22 |
| 0—6个月婴儿母乳喂养率 | (%) | 81.73 | 68.55 | 76.36 | 75.23 | 73.58 | 74.04 | 74.88 | 65.13 |

注：2009年—2011年为0—4个月婴儿母乳喂养率。

# 17–6　农村村级卫生组织情况

| 项　　目 | | 2011年 | 2012年 | 2013年 | 2014年 | 2015年 | 2016年 | 2017年 | 2018年 |
|---|---|---|---|---|---|---|---|---|---|
| 机构数 | (个) | 1557 | 1574 | 1508 | 1496 | 1455 | 1423 | 1303 | 1292 |
| 执业 (助理) 医师 | (人) | 562 | 604 | 581 | 557 | 540 | 587 | 553 | 575 |
| 乡村医生和卫生员 | (人) | 1629 | 1528 | 1391 | 1313 | 1088 | 979 | 864 | 819 |
| 　乡村医生数 | (人) | 1504 | 1385 | 1287 | 1175 | 1077 | 968 | 855 | 812 |
| 　卫生员 | (人) | 125 | 143 | 104 | 138 | 11 | 11 | 9 | 7 |
| 诊疗人次 | (万人次) | 547.42 | 767.64 | 958.27 | 958.59 | 946.91 | 889.65 | 923.09 | 868.69 |

# 17–7　分县区农村村级卫生组织情况

(2018年)

| 项　　目 | | 合计 | 惠城区 | 惠阳区 | 惠东县 | 博罗县 | 龙门县 | 大亚湾区 | 仲恺区 |
|---|---|---|---|---|---|---|---|---|---|
| 机构数 | (个) | 1292 | 138 | 161 | 352 | 417 | 154 | 32 | 38 |
| 执业(助理)医师 | (人) | 575 | 77 | 125 | 140 | 153 | 25 | 21 | 34 |
| 乡村医生和卫生员 | (人) | 819 | 65 | 63 | 243 | 279 | 137 | 17 | 15 |
| 　乡村医生数 | (人) | 812 | 65 | 63 | 239 | 279 | 134 | 17 | 15 |
| 　卫生员 | (人) | 7 | | | 4 | | 3 | | |
| 农村诊疗人数 | (万人次) | 868.69 | 185.21 | 150.74 | 255.43 | 164.82 | 77.27 | 12 | 23 |
| 孕产妇检查人数 | (人次) | 55220 | 16885 | 7433 | 12996 | 10570 | 3154 | 2063 | 2119 |
| 儿童疫苗接种人数 | (人次) | 2154081 | 607655 | 345064 | 380800 | 392428 | 105373 | 121944 | 200817 |

# 17-8 参加社会保险基本情况

| 项　　目 | | 2012年 | 2013年 | 2014年 | 2015年 | 2016年 | 2017年 | 2018年 |
|---|---|---|---|---|---|---|---|---|
| 参保职工(执行企业制度职工数)人数 | (万人) | 202.15 | 197.61 | 203.26 | 201.89 | 214.70 | 204.92 | 194.52 |
| 参加社会养老保险离退休人员 | (万人) | 8.44 | 9.20 | 9.65 | 10.29 | 14.20 | 11.49 | 11.72 |
| 养老金社会化发放人数 | (万人) | 8.44 | 9.20 | 9.65 | 10.29 | 14.20 | 11.49 | 11.72 |
| 社会化发放率 | (%) | 100.0 | 100.0 | 100.0 | 100.0 | 100.0 | 100.0 | 100.0 |
| 城镇职工基本医疗保险参保人数 | (万人) | 139.49 | 159.30 | 166.68 | 161.83 | 156.20 | 155.08 | 156.58 |
| 失业保险参保人数 | (万人) | 92.53 | 127.38 | 130.74 | 127.39 | 124.64 | 125.20 | 127.62 |
| 工伤保险参保人数 | (万人) | 113.11 | 142.48 | 145.41 | 147.86 | 148.30 | 148.17 | 149.58 |
| 生育保险参保人数 | (万人) | 139.49 | 159.30 | 166.68 | 161.83 | 156.20 | 155.08 | 156.58 |
| 社会保险基金收入 | (万元) | 561213 | 731446 | 963577 | 1292041 | 1280278 | 1640626 | 2555504 |
| 城镇新增就业人员 | (人) | | 65603 | 72883 | 75066 | 71685 | 75408 | 73443 |
| 城镇登记失业人数 | (人) | 16869 | 17317 | 18772 | 19705 | 21468 | 23125 | 22798 |
| 下岗后再就业人员 | (人) | 20950 | 21198 | 20514 | 18703 | 18816 | 19183 | 18955 |
| 年末城镇人口登记失业率 | (%) | 2.35 | 2.25 | 2.35 | 2.37 | 2.38 | 2.36 | 2.30 |
| 转移农村劳动力 | (人) | 15474 | 10627 | 10486 | 10400 | 8648 | 8288 | 8378 |
| 就业困难人员再就业 | (人) | 3278 | 3453 | 3579 | 3632 | 3486 | 3501 | 3162 |

# 17-9 历年社会保险征收情况

| 项目 | | 2001年 | 2002年 | 2003年 | 2004年 | 2005年 | 2006年 | 2007年 | 2008年 | 2009年 |
|---|---|---|---|---|---|---|---|---|---|---|
| 基本养老保险应收额 | (万元) | 43845 | 47525 | 55175 | 69960 | 81832 | 101606 | 127133 | 168825 | 178434 |
| # 企业 | (万元) | 36537 | 40558 | 45894 | 61265 | 73085 | 91707 | 117574 | 158303 | 161484 |
| 机关单位 | (万元) | 7308 | 6967 | 9281 | 8695 | 8747 | 9899 | 9559 | 10522 | 16950 |
| 基本养老保险实收额 | (万元) | 37705 | 43027 | 48856 | 63088 | 74594 | 91336 | 118366 | 163425 | 167531 |
| # 企业 | (万元) | 31198 | 36419 | 39935 | 54969 | 66477 | 82529 | 109468 | 153417 | 151056 |
| 机关单位 | (万元) | 6507 | 6608 | 8921 | 8119 | 8117 | 8807 | 8898 | 10008 | 16475 |
| 基本养老平均收缴率 | (%) | 86.0 | 91.0 | 89.0 | 90.0 | 91.0 | 89.9 | 93.1 | 96.8 | 93.9 |
| # 企业 | (%) | 85.0 | 90.0 | 85.0 | 89.0 | 91.0 | 88.0 | 93.1 | 96.9 | 93.5 |
| 机关单位 | (%) | 89.0 | 95.0 | 96.0 | 93.0 | 93.0 | 88.9 | 93.1 | 95.1 | 97.2 |
| 基本养老保险历年欠费总额 | (万元) | 21328 | 23722 | 26109 | 25724 | 29061 | 34035 | 37089 | 38773 | 44280 |
| # 企业 | (万元) | 18386 | 20682 | 23088 | 22814 | 26048 | 30005 | 32564 | 33751 | 38800 |
| 机关单位 | (万元) | 2942 | 3040 | 3021 | 2910 | 3013 | 4030 | 4525 | 5022 | 5480 |
| 全年征收医疗保险基金 | (万元) | | | | 474357 | 526702 | 600538 | 60688 | 79271 | 98332 |
| 全年征收失业保险基金 | (万元) | | | | 466645 | 513229 | 583449 | 14709 | 20032 | 7704 |
| 全年征收工伤保险基金 | (万元) | | | | 407201 | 451294 | 516202 | 6910 | 9155 | 8653 |
| 全年征收生育保险基金 | (万元) | | | | | | | 6320 | 8088 | 3678 |
| 社会保险基金收入 | (万元) | | | | | | | 214795 | 284997 | 327185 |
| 养老、失业、医疗、工伤、 | (万元) | | | | | | | | | 187350 |

17–9　续表

| 项　　目 | | 2010年 | 2011年 | 2012年 | 2013年 | 2014年 | 2015年 | 2016年 | 2017年 | 2018年 |
|---|---|---|---|---|---|---|---|---|---|---|
| 基本养老保险应收额 | (万元) | 212877 | 219169 | 234510 | 410796 | 667545 | 948110 | 897983 | 1195958 | — |
| # 企业 | (万元) | 193848 | 198913 | 211382 | 386856 | 653882 | 935309 | 871008 | 1126562 | — |
| 机关单位 | (万元) | 19029 | 20256 | 23128 | 23940 | 13663 | 12801 | 26975 | 69397 | — |
| 基本养老保险实收额 | (万元) | 205200 | 219169 | 234510 | 410796 | 667545 | 948110 | 897983 | 1195958 | — |
| # 企业 | (万元) | 186621 | 198913 | 211382 | 386856 | 653882 | 935309 | 871008 | 1126562 | — |
| 机关单位 | (万元) | 18579 | 20256 | 23128 | 23940 | 13663 | 12801 | 26975 | 69397 | — |
| 基本养老平均收缴率 | (%) | 96.4 | 100.0 | 100.0 | 100.0 | 100.0 | 100.0 | 100.0 | 100.0 | — |
| # 企业 | (%) | 96.3 | 100.0 | 100.0 | 100.0 | 100.0 | 100.0 | 100.0 | 100.0 | — |
| 机关单位 | (%) | 97.6 | 100.0 | 100.0 | 100.0 | 100.0 | 100.0 | 100.0 | 100.0 | — |
| 基本养老保险历年欠费总额 | (万元) | 45339 | 41956 | 41452 | 40934 | 40934 | 40934 | 40934 | 40934 | 40934 |
| # 企业 | (万元) | 39486 | 36153 | 35689 | 35209 | 35209 | 35209 | 35209 | 35209 | 35209 |
| 机关单位 | (万元) | 5853 | 5803 | 5763 | 5725 | 5725 | 5725 | 5725 | 5725 | 5725 |
| 全年征收医疗保险基金 | (万元) | 112662 | 153390 | 196067 | 245150 | 293425 | 320812 | 328732 | 393059 | 444131 |
| 全年征收失业保险基金 | (万元) | 5912 | 8696 | 10624 | 13682 | 19283 | 25426 | 27786 | 31242 | 27663 |
| 全年征收工伤保险基金 | (万元) | 9098 | 10996 | 12888 | 16888 | 20679 | 29231 | 23968 | 30919 | 34746 |
| 全年征收生育保险基金 | (万元) | 4014 | 123 | 57 | 31 | 30 | 25 | 27 | 173 | 38 |
| 社会保险基金收入 | (万元) | 388673 | 502529 | 607140 | 731446 | 963577 | 1292041 | 1280278 | 1988084 | 2555504 |
| 养老、失业、医疗、工伤、生育保险基金当年支出额 | (万元) | 234178 | 266268 | 347422 | 455159 | 563145 | 624094 | 695841 | 844092 | 1068092 |

## 17-10 分县区社会福利、最低生活保障

(2018年)

| 项 目 | | 合计 | 惠城区 | 惠阳区 | 惠东县 | 博罗县 | 龙门县 | 大亚湾区 | 仲恺区 |
|---|---|---|---|---|---|---|---|---|---|
| **社会福利** | | | | | | | | | |
| 收养性社会福利单位数 | (个) | 101 | 26 | 13 | 22 | 21 | 13 | 3 | 4 |
| 收养性社会福利单位床位数 | (张) | 11996 | 5242 | 1544 | 1678 | 2064 | 1183 | 365 | 480 |
| 收养性社会福利单位收养人数 | (人) | 4460 | 3407 | 109 | 230 | 557 | 82 | 34 | 23 |
| **社会救济** | | | | | | | | | |
| 城乡居民最低生活保障标准 | | 800 | 800 | 800 | 800 | 800 | 800 | 800 | 800 |
| 城镇 | (元) | 800 | 800 | 800 | 800 | 800 | 800 | 800 | 800 |
| 农村 | (元) | 800 | 800 | 800 | 800 | 800 | 800 | 800 | 800 |
| 城乡居民最低生活保障人数 | (人) | 49892 | 5310 | 2802 | 20284 | 11029 | 9689 | 256 | 522 |
| 城镇 | (人) | 5262 | 913 | 386 | 2107 | 790 | 851 | 146 | 67 |
| 农村 | (人) | 44630 | 4397 | 2416 | 18177 | 10239 | 8838 | 110 | 453 |
| 城乡居民最低生活保障家庭户数 | (户) | 20255 | 2225 | 1451 | 7844 | 4914 | 3467 | 115 | 239 |
| 城镇 | (户) | 2591 | 479 | 230 | 983 | 413 | 386 | 65 | 35 |
| 农村 | (户) | 17664 | 1746 | 1221 | 6861 | 4501 | 3081 | 50 | 204 |
| 城乡居民最低生活保障金支出 | (万元) | 27835 | 3171 | 1669 | 10908 | 6276 | 5179 | 209 | 424 |
| 城镇 | (万元) | 3687 | 661 | 270 | 1436 | 561 | 584 | 124 | 53 |
| 农村 | (万元) | 24148 | 2510 | 1399 | 9472 | 5715 | 4595 | 85 | 371 |
| **城乡基层社会保障** | | | | | | | | | |
| 城镇社区服务设施数 | (个) | 6034 | 1072 | 562 | 1327 | 1735 | 779 | 277 | 282 |
| 社区服务中心数 | (个) | 73 | 13 | 9 | 15 | 18 | 10 | 3 | 5 |

# 17-11　环境保护基本情况

| 项　　目 | | 2011年 | 2012年 | 2013年 | 2014年 | 2015年 | 2016年 | 2017年 | 2018年 |
|---|---|---|---|---|---|---|---|---|---|
| **废　水** | | | | | | | | | |
| 废水排放总量 | (万吨) | 30400 | 33789 | 39562 | 41891 | 43180 | 44348 | 47698 | |
| 　生活污水 | (万吨) | 22937 | 25489 | 31242 | 33394 | 34558 | 38179 | 41600 | |
| 　工业废水 | (万吨) | 7462 | 8300 | 8320 | 8465 | 8595 | 6137 | 6058 | |
| 工业废水中COD排放量 | (吨) | 8500 | 9000 | 8763 | 9037 | 9142 | 4873 | 4640 | |
| **废　气** | | | | | | | | | |
| 二氧化硫排放总量 | (吨) | 39000 | 36100 | 30307 | 29203 | 29024 | 17689 | 14811 | |
| 　工业二氧化硫 | (吨) | 38900 | 35500 | 30029 | 28941 | 28683 | 17297 | 14435 | |
| 　生活二氧化硫排放量 | (吨) | | | | | | 384 | 372 | |
| 工业烟尘排放量 | (吨) | 21900 | 21300 | 23017 | 24525 | 15715 | 14572 | 14088 | |
| 机动车烟(粉)尘排放量 | (吨) | | | | | | 1285 | 1281 | |
| 高污染燃料禁烧区总面积 | (平方公里) | | 337 | 336.95 | 336.95 | 935.97 | 935.97 | 935.97 | |
| 可吸入颗料物年平均值 | ($mg/m^3$) | | 0.050 | 0.060 | 0.057 | 0.050 | 0.045 | 0.051 | 0.047 |
| 二氧化硫年平均值 | ($mg/m^3$) | | 0.014 | 0.017 | 0.014 | 0.010 | 0.008 | 0.008 | 0.009 |
| 二氧化氮年平均值 | ($mg/m^3$) | | 0.026 | 0.029 | 0.029 | 0.021 | 0.024 | 0.025 | 0.024 |
| 区域环境噪声等效声级 | (dB(A)) | | | | | | 54.60 | 54.70 | 54.50 |
| **工业固体废物** | | | | | | | | | |
| 　一般工业固体废物产生量 | (吨) | | 1232300 | 1196200 | 941324 | 742122 | 941924 | 1482021 | |
| 　危险废物产生量 | (吨) | 118800 | 117700 | 129847 | 144775 | 166068 | 183073 | 185397 | |
| 　一般工业固体废物综合利用量 | (吨) | | 1776000 | 1187300 | 909862 | 708698 | 901923 | 1430565 | |
| 　危险废物综合利用量 | (吨) | 81600 | 92100 | 104489 | 93706 | 67743 | 92290 | 73128 | |
| 　一般工业固体废物处置量 | (吨) | | 7800 | 8900 | 30095 | 32066 | 40421 | 45832 | |
| 　危险废物处置量 | (吨) | 37300 | 25700 | 25536 | 51029 | 98307 | 90563 | 108771 | |
| **工业三废治理设施** | | | | | | | | | |
| 　当年完成环保验收项目环保投资 | (万元) | | | | | | 360004 | 127700 | |
| 　　废水治理环保投资 | (万元) | | | | | | 16946 | 22683 | |
| 　　废气治理环保投资 | (万元) | | | | | | 34890 | 40097 | |
| 　工业废水治理设施运行费用 | (万元) | 41155 | 41488 | 36952 | 27657 | 27371 | 25675 | 44486 | |
| 　工业废气治理设施运行费用 | (万元) | 43531 | 42961 | 46887 | 22525 | 33660 | 40177 | 56649 | |

注：2017年为初步统计数。

# 17-12　惠州市律师、公证、基层司法基本情况

| 项　　目 | | 2009年 | 2010年 | 2011年 | 2012年 | 2013年 | 2014年 | 2015年 | 2016年 | 2017年 | 2018年 |
|---|---|---|---|---|---|---|---|---|---|---|---|
| **律师工作** | | | | | | | | | | | |
| 律师事务所 | (个) | 52 | 54 | 62 | 55 | 57 | 51 | 73 | 79 | 97 | 110 |
| 执业律师 | (人) | 404 | 513 | 562 | 605 | 635 | 678 | 740 | 802 | 1190 | 1300 |
| 担任常年法律顾问 | (家) | 1058 | 1266 | 1372 | 1473 | 1589 | 1898 | 1949 | 2100 | 2555 | 2883 |
| 民事代理 | (件) | 3629 | 4244 | 4152 | 6143 | 6835 | 7108 | 8785 | 10055 | 10472 | 12687 |
| 非诉讼事件 | (件) | 6352 | 8247 | 5649 | 4293 | 6994 | 5819 | 9683 | 21683 | 11014 | 8683 |
| 刑事辩护 | (件) | 985 | 1180 | 1134 | 1714 | 1926 | 2177 | 1004 | 1872 | 2330 | 2352 |
| 解答法律询问 | (件) | 7592 | 15771 | 15083 | 17808 | 14506 | 12709 | 13184 | 13007 | 16783 | 6790 |
| **公证工作** | | | | | | | | | | | |
| 公证处 | (个) | 7 | 7 | 7 | 7 | 7 | 7 | 7 | 7 | 7 | 8 |
| 公证人员 | (人) | 27 | 28 | 30 | 26 | 27 | 27 | 30 | 29 | 99 | 122 |
| 办结公证总数 | (件) | 12232 | 18105 | 21571 | 30296 | 45333 | 41928 | 63020 | 67442 | 46907 | 59432 |
| 国内民事公证 | (件) | 10384 | 13385 | 16706 | 23807 | 37529 | 36318 | 56416 | 56664 | 42366 | 53724 |
| 国内经济公证 | (件) | 1848 | 1258 | 1629 | 1252 | 2858 | 2864 | 3264 | — | — | — |
| 涉外民事经济公证 | (件) | 3437 | 3462 | 3236 | 2867 | 4946 | 4403 | 5396 | 5778 | 4541 | 5708 |
| **基层司法工作** | | | | | | | | | | | |
| 法律服务所 | (个) | 84 | 83 | 83 | 81 | 79 | 79 | 75 | 78 | 78 | 78 |
| 法律服务所人员 | (人) | 207 | 221 | 206 | 201 | 195 | 251 | 174 | 183 | 164 | 157 |
| 担任法律顾问 | (家) | 1281 | 732 | 799 | 790 | 790 | 783 | 632 | 60 | 11 | 19 |
| 民事诉讼代理 | (件) | 339 | 531 | 242 | 208 | 211 | 215 | 639 | 593 | 487 | 1199 |
| 非诉讼代理 | (件) | 252 | 192 | 225 | 67 | 70 | 79 | 191 | 338 | 151 | 359 |
| 帮助挽回经济损失 | (万元) | 3591 | 2957 | 2646 | 1080 | 872 | 1773 | 11331 | 8946 | 8946 | — |
| 人民调解委员会 | (个) | 1468 | 1494 | 1493 | 1567 | 1585 | 1600 | 1635 | 1573 | 1552 | 1499 |
| 调解人员 | (人) | 11716 | 9963 | 8012 | 9606 | 10272 | 9423 | 10036 | 9933 | 10072 | 8758 |
| 调解纠纷总数 | (件) | 5671 | 6016 | 5932 | 6186 | 6703 | 7823 | 7724 | 7658 | 6439 | 2289 |

# 17-13 交通、火灾事故发生及案件情况

(2018年)

| 项　　目 | | 合计 | 惠城区 | 惠阳区 | 惠东县 | 博罗县 | 龙门县 | 大亚湾区 | 仲恺区 |
|---|---|---|---|---|---|---|---|---|---|
| **交通事故** | | | | | | | | | |
| 发生件数 | (件) | 201 | 68 | 32 | 25 | 39 | 15 | 15 | 7 |
| 受伤人数 | (人) | 210 | 121 | 17 | 17 | 24 | 15 | 16 | |
| 死亡人数 | (人) | 151 | 41 | 26 | 27 | 36 | 7 | 7 | 7 |
| 损失金额 | (万元) | 1237.71 | 782.92 | 30.24 | 5.91 | 3.97 | 1.72 | 12.55 | 400.40 |
| **火灾事故** | | | | | | | | | |
| 发生件数 | (件) | | | | | | | | |
| 受伤人数 | (人) | | | | | | | | |
| 死亡人数 | (人) | | | | | | | | |
| 损失金额 | (万元) | | | | | | | | |
| 刑事案件立案数年 | (起) | 27053 | 5404 | 4709 | 3904 | 5320 | 636 | 2857 | 3505 |
| 捉获刑事案件犯罪人数 | (人) | 12074 | 2324 | 2459 | 2158 | 1911 | 397 | 991 | 1239 |
| 25周岁以下 | (人) | 3340 | 727 | 855 | 446 | 464 | 43 | 310 | 495 |
| 治安案件查处数 | (起) | 25852 | 3656 | 5436 | 10295 | 3825 | 231 | 1428 | 896 |

注：此表数据由市公安局提供，交通事故数据县区不含高速公路部分。

# 17–14 城市市政公用事业情况

| 项目 | | 2011年 | 2012年 | 2013年 | 2014年 | 2015年 | 2016年 | 2017年 | 2018年 |
|---|---|---|---|---|---|---|---|---|---|
| 一、城市(市区)供水 | | | | | | | | | |
| 供水管道总长度 | (千米) | 2190.63 | 2262.32 | 2781.42 | 2914.70 | 2878.35 | 3334.54 | 3594.92 | 3800.75 |
| 自来水综合生产能力 | (万立方米/日) | 136.53 | 138.00 | 146.00 | 166.00 | 164.00 | 164.00 | 168.00 | 168.00 |
| 城市供水总量 | (万立方米) | 28976.82 | 30521.96 | 32530.57 | 31231.35 | 34693.00 | 36321.53 | 34141.14 | 36348.70 |
| 居民家庭用水量 | (万立方米) | 10536.22 | 11508.59 | 12486.20 | 13279.66 | 13309.67 | 13868.07 | 15068.12 | 17043.82 |
| 二、城市供气 | | | | | | | | | |
| 液化气供气量 | (吨) | 103506 | 99148 | 104647 | 81752 | 93419 | 89820 | 103398 | 97072 |
| 家庭用量 | (吨) | 77595 | 73572 | 80471 | 71487 | 77533 | 78029 | 90939 | 74836 |
| 天然气供气总量 | (万立方米) | | | | | 11659 | 15999 | 14962 | 19143 |
| 家庭用量 | (万立方米) | | | | | 4995 | 6167 | 4522 | 9398 |
| 三、城市公共设施 | | | | | | | | | |
| 铺装道路总长度 | (公里) | 1843.41 | 1876.24 | 1886.55 | 1885.32 | 2003.57 | 1797.33 | 1873.09 | 1946.93 |
| 年末实有城市道路面积 | (万平方米) | 2407.65 | 2509.69 | 2623.25 | 3340.70 | 3538.25 | 3335.84 | 3464.85 | 4727.64 |
| 排水道总长度 | (公里) | 2332 | 2527 | 2663 | 2928 | 2886 | 2826 | 3125 | 4155 |
| 路灯 | (盏) | 104412 | 106482 | 115840 | 149650 | 168351 | 189311 | 197832 | 211980 |
| 四、城市园林 | | | | | | | | | |
| 建成区面积 | (平方公里) | 280.39 | 292.21 | 302.84 | 309.56 | 279.12 | 342.74 | 354.45 | 365.50 |
| 城市园林绿地面积 | (公顷) | 8313 | 9076 | 9685 | 10091 | 10326 | 12302 | 13499 | 13233 |
| 公园面积 | (公顷) | 1459 | 1958 | 2271 | 2464 | 2773 | 4115 | 4731 | 4689 |
| 建成区绿化覆盖面积 | (公顷) | 8908.00 | 9748.00 | 10566.00 | 10897.22 | 11285.28 | 13386.56 | 14609.18 | 14260.51 |
| 建成区绿化覆盖率 | (%) | 31.77 | 33.36 | 34.38 | 35.20 | 40.43 | 39.06 | 41.07 | 39.02 |
| 五、城市环境卫生 | | | | | | | | | |
| 市政公用设施固定资产投资 | (万元) | | | | | | 145822 | 341605 | 382177 |
| 实际清扫保洁面积 | (平方公里) | 35.22 | 37.61 | 47.37 | 90.40 | 95.30 | 194.80 | 220.35 | 231.68 |
| 环卫职工人数 | (人) | 5744 | 5857 | 6321 | 6382 | 7347 | 7181 | 9083 | 12450 |
| 生活垃圾 | (万吨) | 132.42 | 143.60 | 88.83 | 99.32 | 134.15 | 192.01 | 219.43 | 232.79 |
| 清洁卫生机械拥有量 | (辆) | 294 | 298 | 281 | 362 | 394 | 408 | 473 | 722 |
| 公共厕所 | (座) | 164 | 171 | 194 | 178 | 194 | 298 | 314 | 263 |

# 17-15 分县区城市市政公用事业情况

(2018年)

| 项　　目 | | 合计 | 惠城区 | 惠阳区 | 惠东县 | 博罗县 | 龙门县 | 大亚湾区 | 仲恺区 |
|---|---|---|---|---|---|---|---|---|---|
| **一、城市(市区)供水** | | | | | | | | | |
| 供水管道总长度 | (千米) | 3800.75 | 1473.70 | 820.41 | 433.40 | 583.82 | 99.42 | 390.00 | — |
| 自来水综合生产能力 | (万立方米/日) | 168 | 90 | 29 | 10 | 10 | 8 | 21 | — |
| 城市供水总量 | (万立方米) | 36349 | 17787 | 9322 | 3174 | 2037 | 1174 | 2854 | — |
| 居民家庭用水量 | (万立方米) | 17044 | 8560 | 3032 | 1610 | 1029 | 654 | 2158 | — |
| **二、城市供气** | | | | | | | | | |
| 液化气供气量 | (吨) | 97072 | 25919 | 2656 | 13053 | 32600 | 3860 | 9000 | 9984 |
| 家庭用量 | (吨) | 74836 | 18143 | 653 | 13050 | 22560 | 3201 | 8900 | 8330 |
| 天然气供气总量 | (万立方米) | 19143 | 8339 | 2054 | | 2052 | | 4636 | 2061 |
| 家庭用量 | (万立方米) | 9398 | 3825 | 826 | | 207 | | 4300 | 240 |
| **三、城市公共设施** | | | | | | | | | |
| 铺装道路总长度 | (公里) | 1947 | 318 | 468 | 455 | 79 | 50 | 371 | 207 |
| 年末实有城市道路面积 | (万平方米) | 4728 | 1090 | 662 | 1314 | 194 | 106 | 824 | 537 |
| 排水道总长度 | (公里) | 4155 | 1240 | 511 | 231 | 221 | 135 | 1542 | 275 |
| 路灯 | (盏) | 211980 | 90926 | 31575 | 17757 | 19331 | 8371 | 28090 | 15930 |
| **四、城市园林** | | | | | | | | | |
| 建成区面积 | (平方公里) | 365.50 | 122.00 | 53.95 | 39.26 | 38.74 | 9.08 | 57.50 | 44.97 |
| 城市园林绿地面积 | (公顷) | 13232.57 | 4971.21 | 2152.66 | 948.02 | 876.30 | 366.28 | 2301.03 | 1617.07 |
| 公园面积 | (公顷) | 4689.46 | 2290.44 | 877.11 | 367.37 | 198.15 | 102.84 | 519.24 | 334.31 |
| 建成区绿化覆盖面积 | (公顷) | 14260.51 | 5606.15 | 2250.00 | 890.88 | 916.85 | 369.63 | 2442.41 | 1784.59 |
| 建成区绿化覆盖率 | (%) | 39.02 | 45.95 | 45.95 | 22.69 | | | | |
| **五、城市环境卫生** | | | | | | | | | |
| 市政公用设施固定资产投资 | (万元) | 382177 | 59558 | 52256 | 1260 | 27627 | | 11873 | 229602 |
| 实际清扫保洁面积 | (平方公里) | 231.68 | 148.14 | 9.77 | 19.20 | 19.68 | 12.35 | 11.67 | 11.05 |
| 环卫职工人数 | (人) | 12450 | 3068 | 250 | 809 | 3947 | 2511 | 339 | 1526 |
| 生活垃圾 | (万吨) | 232.79 | 54.62 | 49.82 | 47.45 | 36.70 | 8.19 | 15.06 | 20.93 |
| 清洁卫生机械拥有量 | (辆) | 722 | 117 | 80 | 36 | 195 | 77 | 123 | 94 |
| 公共厕所 | (座) | 263 | 79 | 15 | 66 | 62 | 7 | | 34 |

# 17-16 个体、私营工商登记情况

| 项　　目 | | 2010年 | 2011年 | 2012年 | 2013年 | 2014年 | 2015年 | 2016年 | 2017年 | 2018年 |
|---|---|---|---|---|---|---|---|---|---|---|
| **个体工商** | | | | | | | | | | |
| 期末实有户数 | (户) | 162534 | 174424 | 191908 | 213296 | 238510 | 267868 | 292477 | 332696 | 392811 |
| 期末注册资本 | (万元) | 495923 | 552602 | 641754 | 766882 | 918204 | 1078547 | 1270909 | 1555493 | 1899620 |
| 本期新增户数 | (户) | 32383 | 29371 | 31616 | 33320 | 36227 | 43269 | 45226 | 62807 | 83623 |
| 本期新增注册资本 | (万元) | 109557 | 115979 | 136882 | 174959 | 209198 | 264124 | 298279 | 408966 | 483205 |
| **私营企业** | | | | | | | | | | |
| 期末实有户数 | (户) | 36683 | 40512 | 46635 | 55332 | 68473 | 82899 | 102593 | 126187 | 144226 |
| 期末注册资本 | (万元) | 7056445 | 8797786 | 10090534 | 12474730 | 17266129 | 22416143 | 31878322 | 43796628 | 65749785 |
| 本期新增户数 | (户) | 6585 | 7220 | 6896 | 9756 | 14504 | 16582 | 22555 | 29245 | 32231 |
| 本期新增注册资本 | (万元) | 1109796 | 1254706 | 931221 | 1626711 | 3972756 | 4333148 | 7864600 | 11787505 | 13013539 |

# 17-17 个体工商基本情况统计表

(2018年)　　　　单位：户、万元

| 项目 | 期末实有 | | 本期实有 | |
|---|---|---|---|---|
| | 户数 | 注册资本 | 户数 | 注册资本 |
| **合　计** | **392811** | **1899620** | **83623** | **483205** |
| 农　业 | 3947 | 116003 | 739 | 15418 |
| 工　业 | 45821 | 322715 | 5714 | 44686 |
| 建筑业 | 2188 | 17991 | 794 | 6176 |
| 第三产业 | 340855 | 1442911 | 76376 | 416926 |
| 农、林、牧、渔服务业 | 456 | 7159 | 102 | 1956 |
| 开采辅助活动 | 1 | 100 | | |
| 金属制品、机械和设备修理业 | 174 | 989 | 42 | 218 |
| 批发和零售业 | 232178 | 848199 | 44378 | 216902 |
| 交通运输、仓储和邮政业 | 3650 | 20846 | 1602 | 9257 |
| 住宿和餐饮业 | 55856 | 332251 | 18139 | 115671 |
| 信息传输、软件和信息技术服务业 | 1917 | 4258 | 776 | 1608 |
| 金融业 | 67 | 231 | 19 | 155 |
| 房地产业 | 980 | 5893 | 317 | 2375 |
| 租赁和商务服务业 | 3010 | 14220 | 1065 | 4906 |
| 科学研究和技术服务业 | 1272 | 3171 | 92 | 407 |
| 水利、环境和公共设施管理业 | 60 | 384 | 13 | 123 |
| 居民服务、修理和其他服务业 | 38873 | 176978 | 9294 | 56085 |
| 教　育 | 559 | 4378 | 135 | 1789 |
| 卫生和社会工作 | 524 | 7563 | 137 | 1896 |
| 文化、体育和娱乐业 | 1253 | 16249 | 265 | 3577 |
| 其　他 | 25 | 44 | | |

# 17-18 私营企业情况统计表

(2018年) 单位：户、万元

| 项目 | 期末实有 | | 本期实有 | |
|---|---|---|---|---|
| | 户数 | 注册资本 | 户数 | 注册资本 |
| **合 计** | **144226** | **65749785** | **32231** | **13013539** |
| 农 业 | 2188 | 966824 | 313 | 142377 |
| 工 业 | 22068 | 15905100 | 4245 | 1202612 |
| 建筑业 | 16221 | 7386028 | 3515 | 1460637 |
| 第三产业 | 103749 | 41491831 | 24157 | 10207913 |
| 农、林、牧、渔服务业 | 324 | 401346 | 70 | 29503 |
| 金属制品、机械和设备修理业 | 57 | 23195 | 13 | 12310 |
| 批发和零售业 | 47065 | 11283840 | 10264 | 2539385 |
| 交通运输、仓储和邮政业 | 2449 | 983665 | 467 | 450818 |
| 住宿和餐饮业 | 3021 | 723400 | 824 | 187421 |
| 信息传输、软件和信息技术服务业 | 5597 | 1552320 | 1087 | 363911 |
| 金融业 | 766 | 971070 | 93 | 63643 |
| 房地产业 | 13896 | 10707958 | 2706 | 2498587 |
| 租赁和商务服务业 | 18824 | 10919578 | 4614 | 2530186 |
| 科学研究和技术服务业 | 4225 | 1909992 | 2079 | 1008116 |
| 水利、环境和公共设施管理业 | 993 | 482045 | 149 | 58722 |
| 居民服务、修理和其他服务业 | 3643 | 783351 | 734 | 156374 |
| 教 育 | 658 | 154839 | 140 | 45571 |
| 卫生和社会工作 | 204 | 72773 | 69 | 17714 |
| 文化、体育和娱乐业 | 2003 | 515460 | 847 | 245552 |
| 其 他 | 24 | 6998 | 1 | 100 |

# 附　录

# F-1 全国国民经济主要指标

| 指　　标 | | 2017年 | 2018年 | 2018年比2017年增长(%) |
|---|---|---|---|---|
| 年末总人口 | (万人) | 139008 | 139538 | 0.4 |
| 年末从业人员 | (万人) | 77640 | 77586 | -0.1 |
| 国内生产总值 | (亿元) | 827122 | 900309 | 6.6 |
| 第一产业 | (亿元) | 65468 | 64734 | 3.5 |
| 第二产业 | (亿元) | 334623 | 366001 | 5.8 |
| 第三产业 | (亿元) | 427032 | 469575 | 7.6 |
| 全社会固定资产投资额 | (亿元) | 641238 | 635636 | 5.9 |
| 社会消费品零售总额 | (亿元) | 366262 | 380987 | 9 |
| 货物周转量 | (亿吨公里) | 196130 | 205452 | 4.1 |
| 旅客周转量 | (亿人公里) | 32813 | 34213 | 4.3 |
| 沿海规模以上货物吞吐量 | (亿吨) | 126 | 133 | 2.7 |
| 实际使用外商直接投资 | (亿元) | 8776 | 8856 | 0.9 |
| 海关进口总额 | (亿元) | 124602 | 140874 | 12.9 |
| 海关出口总额 | (亿元) | 153321 | 164177 | 7.1 |
| 财政收入 | (亿元) | 172567 | 183352 | 6.2 |
| 财政支出 | (亿元) | 203330 | 220906 | 7.6 |
| 税收收入 | (亿元) | 126000 | 156401 | 8.3 |
| 年末国家外汇储备 | (亿美元) | 31399 | 30727 | -2.1 |
| 城镇居民人均可支配收入 | (元) | 36396 | 39251 | 7.8 |
| 农村居民人均可支配收入 | (元) | 13432 | 14617 | 8.8 |
| 居民消费价格总指数 | (%) | 101.6 | 102.1 | 2.1 |
| 普通高校在校生 | (万人) | 3017.5 | 2831 | -6.2 |
| 普通中学在校生 | (万人) | 6817 | 7028 | 3.1 |
| 普通小学在校生 | (万人) | 10094 | 10339.3 | 2.4 |
| 医院、卫生院病床数 | (万张) | 734 | 845 | 15.1 |
| 卫生技术人员 | (万人) | 891 | 950 | 6.6 |
| # 医生 | (万人) | 335 | 358 | 6.9 |

注：1. 税收收入为全国税务部门组织税收收入；2. F部分数据均为初步统计数据。

# F-2 广东省国民经济主要指标

| 指　　标 | | 2012年 | 2013年 | 2014年 | 2015年 | 2016年 | 2017年 | 2018年 | 2018年比2017年增长(%) |
|---|---|---|---|---|---|---|---|---|---|
| 年末常住人口 | (万人) | 10594 | 10644 | 10724 | 10849 | 10999 | 11169 | 11346 | 1.6 |
| 年末从业人员 | (万人) | 5966 | 6118 | 6183 | 6219 | 6279 | 6341 | 6509 | 2.6 |
| 本省生产总值 | (亿元) | 57148 | 62475 | 67810 | 72813 | 79512 | 89879 | 97278 | 6.8 |
| 第一产业 | (亿元) | 2847 | 2977 | 3167 | 3346 | 3694 | 3792 | 3831 | 4.2 |
| 第二产业 | (亿元) | 27239 | 28994 | 31420 | 32614 | 34372 | 38599 | 40695 | 5.9 |
| 第三产业 | (亿元) | 27061 | 30503 | 33223 | 36853 | 41446 | 47488 | 52751 | 7.8 |
| 人均生产总值 | (元) | 54171 | 58833 | 63469 | 67503 | 72787 | 81089 | 86412 | 5.1 |
| 固定资产投资额 | (亿元) | 19308 | 22828.65 | 25928 | 30031 | 33009 | 37478 | 35287 | 10.7 |
| 社会消费品零售总额 | (亿元) | 22677 | 25454 | 28471 | 31518 | 34739 | 38200 | 39501 | 8.8 |
| 货物周转量 | (亿吨公里) | 9781 | 12496 | 15021 | 15131 | 22029 | 28200 | 28643 | 1.6 |
| 旅客周转量 | (亿人公里) | 4372 | 4852 | 3967 | 4336 | 3846 | 4144 | 4502 | 8.6 |
| 港口完成货物吞吐量 | (万吨) | 140776 | 156373 | 165455 | 171109 | 179924 | 197131 | 211037 | 6.6 |
| 邮电业务总量 | (亿元) | 2175 | 2508 | 3394 | 4397 | 3864 | 6107 | 10968 | 79.6 |
| 地方财政收入 | (亿元) | 6229 | 7081 | 8065 | 9367 | 10390 | 11315 | 12103 | 7.9 |
| 地方财政支出 | (亿元) | 7388 | 8411 | 9153 | 12828 | 13447 | 15043 | 15737 | 4.6 |
| 海关进口总额 | (亿美元) | 4099 | 4554.58 | 4305 | 3793 | 3567 | 25969 | 28900 | 11.3 |
| 海关出口总额 | (亿美元) | 5741 | 6364 | 6461 | 6435 | 5976 | 42187 | 42718 | 1.2 |
| 在岗职工年平均工资 | (元) | 50577 | 53611 | 59827 | 66296 | 72848 | 80020 | 89826 | 12.3 |
| 城镇常住居民人均可支配收入 | (元) | | | 32148 | 34757 | 37684 | 40975 | 44341 | 8.2 |
| 农民常住居民人均可支配收入 | (元) | | | 12246 | 13360 | 14512 | 15780 | 17168 | 8.8 |
| 居民消费价格总指数 | (%) | 102.8 | 102.5 | 102.3 | 101.5 | 102.3 | 101.5 | 102.2 | 2.2 |
| 城市居民消费价格总指数 | (%) | 102.8 | 102.5 | 102.3 | 101.6 | 102.4 | 101.7 | 102.2 | 2.2 |
| 普通高校在校生 | (万人) | 162.00 | 171.00 | 179.00 | 194.85 | 189.29 | 192.58 | 196.32 | 1.9 |
| 普通中学在校生 | (万人) | 668.00 | 625.00 | 591.00 | 560.72 | 545.22 | 545.37 | 556.18 | 2.0 |
| 普通小学在校生 | (万人) | 808.00 | 808.00 | 832.00 | 868.88 | 905.22 | 941.96 | 988.37 | 4.9 |
| 医疗病床数 | (万张) | 32.50 | 34.65 | 37.26 | 40.07 | 42.85 | 45.30 | 47.71 | 5.3 |
| 卫生机构工作人员 | (万人) | 66.48 | 71.03 | 73.43 | 77.10 | 82.19 | 86.69 | 92.35 | 6.5 |
| # 医生 | (万人) | 19.20 | 21.11 | 21.67 | 23.20 | 24.41 | 25.89 | 27.78 | 7.3 |

注：本表外贸进、出口总额从2017年起单位为亿元。

# F-3　广东省及各市主要经济指标

(2018年)

| 市　别 | 常住人口(万人) | | 人口密度(人/平方公里) | | 人均GDP | | |
|---|---|---|---|---|---|---|---|
| | 实绩数 | 排位 | 实绩数 | 排位 | 元 | 排位 | 美元 |
| **全　省** | **11346** | | **632** | | **86412** | | **13058** |
| 广州市 | 1490.44 | 2 | 2056 | 6 | 155491 | 3 | 23497 |
| 深圳市 | 1302.66 | 3 | 6524 | 1 | 189568 | 1 | 28646 |
| 珠海市 | 189.11 | 21 | 1097 | 9 | 159428 | 2 | 24092 |
| 汕头市 | 563.85 | 8 | 2579 | 4 | 44672 | 13 | 6751 |
| 佛山市 | 790.57 | 5 | 2082 | 5 | 127691 | 4 | 19296 |
| 韶关市 | 299.73 | 16 | 163 | 21 | 44971 | 12 | 6796 |
| 河源市 | 309.39 | 15 | 198 | 20 | 32530 | 19 | 4916 |
| 梅州市 | 437.88 | 11 | 276 | 18 | 25367 | 21 | 3833 |
| **惠州市** | **483.00** | **9** | 426 | 14 | **85418** | **7** | 12908 |
| 汕尾市 | 299.36 | 17 | 615 | 11 | 30825 | 20 | 4658 |
| 东莞市 | 839.22 | 4 | 3411 | 3 | 98939 | 6 | 14951 |
| 中山市 | 331.00 | 14 | 1856 | 7 | 110585 | 5 | 16711 |
| 江门市 | 459.82 | 10 | 484 | 13 | 63328 | 8 | 9570 |
| 阳江市 | 255.56 | 19 | 321 | 16 | 52969 | 10 | 8004 |
| 湛江市 | 7833.20 | 1 | 5907 | 2 | 41107 | 14 | 6212 |
| 茂名市 | 631.32 | 6 | 552 | 12 | 49406 | 11 | 7466 |
| 肇庆市 | 415.17 | 12 | 279 | 17 | 53267 | 9 | 8049 |
| 清远市 | 387.40 | 13 | 204 | 19 | 40476 | 15 | 6116 |
| 潮州市 | 265.66 | 18 | 844 | 10 | 40219 | 16 | 6078 |
| 揭阳市 | 608.94 | 7 | 1156 | 8 | 35358 | 17 | 5343 |
| 云浮市 | 252.69 | 20 | 325 | 15 | 33747 | 18 | 5100 |

# F–4　广东省及各市主要经济指标

(2018年)

| 市　别 | GDP<br>(亿元) | | | 第一产业<br>(亿元) | |
|---|---|---|---|---|---|
| | 实绩数 | 排位 | 增长(%) | 实绩数 | 增长(%) |
| **全　省** | **97277.77** | — | **6.8** | **3831.44** | **4.2** |
| 广州市 | 22859.35 | 2 | 6.2 | 223.44 | 2.5 |
| 深圳市 | 24221.98 | 1 | 7.6 | 22.09 | 3.9 |
| 珠海市 | 2914.74 | 9 | 8.0 | 50.09 | 1.2 |
| 汕头市 | 2512.05 | 11 | 6.9 | 110.45 | 4.1 |
| 佛山市 | 9935.88 | 3 | 6.3 | 144.45 | 5.8 |
| 韶关市 | 1343.91 | 16 | 4.3 | 156.00 | 5.0 |
| 河源市 | 1006.00 | 19 | 6.3 | 107.74 | 4.7 |
| 梅州市 | 1110.21 | 17 | 2.4 | 196.17 | 4.9 |
| **惠州市** | **4103.05** | **5** | **6.0** | **175.98** | **3.6** |
| 汕尾市 | 920.32 | 20 | 8.0 | 134.03 | 5.1 |
| 东莞市 | 8278.59 | 4 | 7.4 | 25.04 | 7.4 |
| 中山市 | 3632.70 | 6 | 5.9 | 61.59 | 2.2 |
| 江门市 | 2900.41 | 10 | 7.8 | 201.69 | 4.1 |
| 阳江市 | 1350.31 | 15 | 4.1 | 219.29 | 3.2 |
| 湛江市 | 3008.39 | 8 | 6.0 | 533.61 | 4.5 |
| 茂名市 | 3092.18 | 7 | 5.5 | 495.32 | 4.7 |
| 肇庆市 | 2201.80 | 12 | 6.6 | 347.86 | 4.8 |
| 清远市 | 1565.19 | 14 | 4.0 | 231.29 | 4.6 |
| 潮州市 | 1067.28 | 18 | 5.3 | 76.17 | 5.1 |
| 揭阳市 | 2152.47 | 13 | 5.3 | 164.36 | 4.0 |
| 云浮市 | 849.13 | 21 | 3.9 | 154.79 | 5.9 |

# F-5　广东省及各市主要经济指标

(2018年)

| 市　别 | 第二产业(亿元) | | 第三产业(亿元) | | 三次产业结构(%) |
|---|---|---|---|---|---|
| | 实绩数 | 增长(%) | 实绩数 | 增长(%) | |
| **全　省** | **40695.15** | **5.9** | **52751.18** | **7.8** | **3.9:41.8:54.2** |
| 广州市 | 6234.07 | 5.4 | 16401.84 | 6.6 | 1:27.3:71.8 |
| 深圳市 | 9961.95 | 9.3 | 14237.94 | 6.4 | 0.1:41.1:58.8 |
| 珠海市 | 1433.82 | 12.6 | 1430.83 | 3.5 | 1.7:49.2:49.1 |
| 汕头市 | 1276.19 | 8.7 | 1125.41 | 5.0 | 4.4:50.8:44.8 |
| 佛山市 | 5614.00 | 6.1 | 4177.43 | 6.6 | 1.5:56.5:42 |
| 韶关市 | 450.28 | 1.6 | 737.64 | 5.7 | 11.6:33.5:54.9 |
| 河源市 | 385.61 | 7.2 | 512.66 | 5.8 | 10.7:38.3:51 |
| 梅州市 | 356.72 | 1.5 | 557.32 | 2.1 | 17.7:32.1:50.2 |
| **惠州市** | **2161.58** | **6.0** | **1765.50** | **6.2** | **4.3:52.7:43** |
| 汕尾市 | 406.58 | 10.3 | 379.71 | 6.4 | 14.6:44.2:41.3 |
| 东莞市 | 4027.21 | 6.9 | 4226.34 | 7.9 | 0.3:48.6:51.1 |
| 中山市 | 1780.23 | 4.5 | 1790.88 | 7.6 | 1.7:49:49.3 |
| 江门市 | 1408.15 | 8.4 | 1290.57 | 7.7 | 7:48.6:44.5 |
| 阳江市 | 463.91 | 2.9 | 667.12 | 5.7 | 16.2:34.4:49.4 |
| 湛江市 | 1086.61 | 5.2 | 1388.16 | 7.2 | 17.7:36.1:46.1 |
| 茂名市 | 1178.63 | 3.0 | 1418.22 | 8.0 | 16:38.1:45.9 |
| 肇庆市 | 774.65 | 7.0 | 1079.29 | 6.9 | 15.8:35.2:49 |
| 清远市 | 542.87 | 6.5 | 791.04 | 1.9 | 14.8:34.7:50.5 |
| 潮州市 | 518.43 | 3.8 | 472.67 | 7.3 | 7.1:48.6:44.3 |
| 揭阳市 | 1123.04 | 4.4 | 865.06 | 7.1 | 7.6:52.2:40.2 |
| 云浮市 | 320.77 | 0.3 | 373.57 | 6.6 | 18.2:37.8:44 |

# F–6　广东省及各市主要经济指标

(2018年)

| 市　别 | 规模以上工业增加值(亿元) | | | 固定资产投资 | |
|---|---|---|---|---|---|
| | 实绩数 | 排位 | 增长(%) | 增长(%) | 增长排位 |
| **全　省** | **32305.16** | — | **6.3** | **10.7** | — |
| 广州市 | 4450.90 | 3 | 5.5 | 8.2 | 11 |
| 深圳市 | 9109.54 | 1 | 9.5 | 20.6 | 2 |
| 珠海市 | 1083.74 | 8 | 14.1 | 20.7 | 1 |
| 汕头市 | 822.68 | 9 | 9.5 | 19.2 | 3 |
| 佛山市 | 4590.05 | 2 | 6.3 | 5.6 | 15 |
| 韶关市 | 310.03 | 16 | 1.5 | 6.5 | 13 |
| 河源市 | 300.02 | 17 | 7.8 | 7.5 | 12 |
| 梅州市 | 193.12 | 20 | 1.3 | -1.5 | 21 |
| **惠州市** | **1731.57** | **5** | **6.6** | **3.1** | **19** |
| 汕尾市 | 219.56 | 18 | 11.8 | 16.6 | 4 |
| 东莞市 | 3904.57 | 4 | 6.4 | 5.8 | 14 |
| 中山市 | 1093.53 | 6 | 3.1 | 5.5 | 16 |
| 江门市 | 1085.24 | 7 | 9.4 | 9.5 | 10 |
| 阳江市 | 219.29 | 19 | 3.2 | 4.3 | 17 |
| 湛江市 | 769.97 | 10 | 5 | 12.8 | 6 |
| 茂名市 | 708.10 | 11 | 2.3 | 1.8 | 20 |
| 肇庆市 | 620.15 | 12 | 7.9 | 10.0 | 9 |
| 清远市 | 443.78 | 14 | 7.2 | 13.2 | 5 |
| 潮州市 | 311.49 | 15 | 3.7 | 3.4 | 18 |
| 揭阳市 | 587.58 | 13 | 4.3 | 12.3 | 7 |
| 云浮市 | 113.69 | 21 | -0.1 | 10.8 | 8 |

# F-7 广东省及各市主要经济指标

(2018年)

| 市 别 | 工业固定资产投资 | | 房地产开发投资(亿元) | | |
|---|---|---|---|---|---|
| | 增长（%） | 增长排位 | 实绩数 | 排位 | 增长(%) |
| **全 省** | **0.8** | — | **14412.19** | — | **19.3** |
| 广州市 | 53.8 | 1 | 2701.93 | 1 | |
| 深圳市 | 8.2 | 6 | 2640.71 | 2 | 23.6 |
| 珠海市 | 4.8 | 8 | 787.09 | 5 | 18.2 |
| 汕头市 | 10.7 | 4 | 447.75 | 10 | 24.0 |
| 佛山市 | -13.2 | 15 | 2019.51 | 3 | 38.9 |
| 韶关市 | 4.2 | 9 | 198.96 | 16 | 4.9 |
| 河源市 | 37.8 | 2 | 221.34 | 15 | -1.2 |
| 梅州市 | -26.0 | 20 | 258.75 | 14 | 18.7 |
| **惠州市** | **-12.2** | **14** | **983.94** | **4** | **11.3** |
| 汕尾市 | 3.3 | 10 | 119.11 | 19 | 37.8 |
| 东莞市 | -5.7 | 11 | 736.79 | 6 | 4.9 |
| 中山市 | -10.3 | 12 | 697.22 | 7 | 11.7 |
| 江门市 | 8.2 | 6 | 575.10 | 8 | 27.6 |
| 阳江市 | 11.8 | 3 | 141.61 | 17 | -2.2 |
| 湛江市 | -10.8 | 13 | 496.41 | 9 | 56.3 |
| 茂名市 | -37.3 | 21 | 309.90 | 13 | 84.2 |
| 肇庆市 | 9.1 | 5 | 348.03 | 12 | 67.3 |
| 清远市 | -20.9 | 19 | 393.44 | 11 | 42.4 |
| 潮州市 | -13.9 | 16 | 89.66 | 21 | 34.2 |
| 揭阳市 | -17.1 | 17 | 126.75 | 18 | 16.0 |
| 云浮市 | -19.4 | 18 | 118.20 | 20 | 38.0 |

# F-8　广东省及各市主要经济指标

(2018年)

| 市　别 | 社会消费品零售总额(亿元) | | | 外贸进出口总额(亿元) | | |
|---|---|---|---|---|---|---|
| | 实绩数 | 排位 | 增长(%) | 实绩数 | 排位 | 增长(%) |
| **全　省** | **39501.12** | **—** | **8.8** | **71618.35** | **—** | **5.1** |
| 广州市 | 9256.19 | 1 | 7.6 | 9810.15 | 3 | 1.0 |
| 深圳市 | 6168.87 | 2 | 7.6 | 29973.88 | 1 | 7.0 |
| 珠海市 | 1160.64 | 11 | 7.4 | 3246.28 | 6 | 8.5 |
| 汕头市 | 1769.63 | 5 | 8.8 | 555.63 | 9 | -6.8 |
| 佛山市 | 3287.54 | 3 | 8.9 | 4599.33 | 4 | 5.5 |
| 韶关市 | 751.59 | 14 | 9.4 | 156.03 | 17 | -6.5 |
| 河源市 | 628.72 | 18 | 8.7 | 270.58 | 14 | 3.9 |
| 梅州市 | 726.49 | 17 | 8.7 | 135.21 | 20 | 1.9 |
| **惠州市** | **1478.97** | **9** | **9.5** | **3334.71** | **5** | **-2.4** |
| 汕尾市 | 609.36 | 19 | 9.7 | 177.72 | 16 | -10.7 |
| 东莞市 | 2905.61 | 4 | 8.1 | 13418.70 | 2 | 9.5 |
| 中山市 | 1490.79 | 8 | 4.5 | 2341.88 | 7 | -9.3 |
| 江门市 | 1407.58 | 10 | 10.0 | 1473.26 | 8 | 6.4 |
| 阳江市 | 749.01 | 15 | 9.3 | 137.77 | 19 | -3.2 |
| 湛江市 | 1697.30 | 6 | 10.3 | 377.03 | 12 | 9.0 |
| 茂名市 | 1541.37 | 7 | 8.5 | 151.75 | 18 | 11.7 |
| 肇庆市 | 866.70 | 13 | 10.2 | 389.87 | 11 | 8.9 |
| 清远市 | 738.86 | 16 | 9.4 | 412.97 | 10 | 25.1 |
| 潮州市 | 588.03 | 20 | 8.9 | 206.33 | 15 | -2.2 |
| 揭阳市 | 1118.42 | 12 | 9.0 | 341.43 | 13 | -19.7 |
| 云浮市 | 385.07 | 21 | 7.8 | 107.90 | 21 | -19.2 |

# F-9 广东省及各市主要经济指标

(2018年)

| 市别 | 外贸进口总额(亿元) | | | 外贸出口总额(亿元) | | |
|---|---|---|---|---|---|---|
| | 实绩数 | 排位 | 增长(%) | 实绩数 | 排位 | 增长(%) |
| **全省** | **28900.01** | — | **11.3** | **42718.34** | — | **1.2** |
| 广州市 | 4202.57 | 3 | 7.1 | 5607.58 | 3 | -3.2 |
| 深圳市 | 13703.70 | 1 | 19.4 | 16270.19 | 1 | -1.6 |
| 珠海市 | 1359.14 | 4 | 22.5 | 1887.13 | 6 | 0.2 |
| 汕头市 | 146.96 | 12 | 3.5 | 408.67 | 9 | -10.0 |
| 佛山市 | 1071.91 | 6 | -11.0 | 3527.43 | 4 | 11.9 |
| 韶关市 | 83.56 | 14 | -7.8 | 72.47 | 20 | -5.0 |
| 河源市 | 55.28 | 15 | -15.0 | 215.30 | 12 | 10.2 |
| 梅州市 | 17.31 | 21 | -2.7 | 117.89 | 17 | 2.6 |
| **惠州市** | **1125.82** | **5** | **-4.8** | **2208.90** | **5** | **-1.1** |
| 汕尾市 | 89.99 | 13 | -18.8 | 87.73 | 19 | -0.5 |
| 东莞市 | 5463.06 | 2 | 4.3 | 7955.64 | 2 | 13.3 |
| 中山市 | 539.91 | 7 | 2.6 | 1801.97 | 7 | -12.3 |
| 江门市 | 350.16 | 8 | 13.1 | 1123.10 | 8 | 4.4 |
| 阳江市 | 30.57 | 18 | 6.0 | 107.20 | 18 | -5.5 |
| 湛江市 | 172.00 | 10 | 33.5 | 205.03 | 13 | -5.5 |
| 茂名市 | 24.42 | 19 | -36.9 | 127.33 | 16 | 31.0 |
| 肇庆市 | 152.23 | 11 | 12.2 | 237.65 | 11 | 6.9 |
| 清远市 | 212.72 | 9 | 46.5 | 200.25 | 14 | 8.3 |
| 潮州市 | 32.38 | 17 | -6.7 | 173.96 | 15 | -1.3 |
| 揭阳市 | 21.17 | 20 | -9.8 | 320.26 | 10 | -20.3 |
| 云浮市 | 45.20 | 16 | 6.5 | 62.70 | 21 | -31.2 |

# F-10 广东省及各市主要经济指标

(2018年)

| 市 别 | 实际吸收外商直接投资(亿元) | | | 地方公共财政预算收入(亿元) | | |
|---|---|---|---|---|---|---|
| | 实绩数 | 排位 | 增长(%) | 实绩数 | 排位 | 增长(%) |
| **全 省** | **1450.90** | — | **4.9** | **12102.90** | — | **7.9** |
| 广州市 | 395.00 | 2 | 9.1 | 1632.30 | 2 | 6.5 |
| 深圳市 | 514.56 | 1 | 8.2 | 3538.41 | 1 | 6.2 |
| 珠海市 | 156.31 | 3 | 26.9 | 331.47 | 6 | 5.4 |
| 汕头市 | 6.47 | 13 | -72.8 | 131.52 | 10 | -12.3 |
| 佛山市 | 45.73 | 8 | 1.4 | 703.14 | 3 | 6.3 |
| 韶关市 | 4.99 | 14 | 44.1 | 94.70 | 15 | 6.8 |
| 河源市 | 4.16 | 16 | -33.8 | 76.95 | 17 | 8.1 |
| 梅州市 | 3.33 | 17 | -12.7 | 97.09 | 14 | -10.6 |
| **惠州市** | **63.49** | **5** | **-8.1** | **393.01** | **5** | **1.0** |
| 汕尾市 | 6.89 | 12 | 3.3 | 42.27 | 21 | 15.0 |
| 东莞市 | 83.49 | 4 | -48.0 | 649.91 | 4 | 9.8 |
| 中山市 | 35.28 | 9 | 5.0 | 315.23 | 7 | 0.8 |
| 江门市 | 47.45 | 7 | 72.2 | 243.93 | 8 | 9.8 |
| 阳江市 | 50.41 | 6 | 2003.3 | 62.62 | 18 | 3.2 |
| 湛江市 | 4.59 | 15 | 32.5 | 121.84 | 11 | -9.7 |
| 茂名市 | 1.63 | 20 | -65.6 | 136.14 | 9 | 4.6 |
| 肇庆市 | 9.44 | 10 | 62.6 | 106.04 | 13 | 11.8 |
| 清远市 | 8.16 | 11 | -1.5 | 111.90 | 12 | 8.6 |
| 潮州市 | 3.27 | 18 | 35.4 | 47.37 | 20 | 6.2 |
| 揭阳市 | 1.08 | 21 | -3.6 | 79.34 | 16 | 9.0 |
| 云浮市 | 2.44 | 19 | 12.9 | 57.64 | 19 | 0.3 |

# F-11 广东省及各市主要经济指标

(2018年)

| 市别 | 税收收入(亿元) | | | 商品房销售面积(万平方米) | | |
|---|---|---|---|---|---|---|
| | 实绩数 | 排位 | 增长(%) | 实绩数 | 排位 | 增长(%) |
| **全省** | **23636.47** | — | **8.1** | **14336.31** | — | **-10.2** |
| 广州市 | 5477.74 | 2 | 5.6 | 1550.28 | 3 | -11.8 |
| 深圳市 | 8018.81 | 1 | 7.0 | 722.01 | 5 | 7.6 |
| 珠海市 | 954.47 | 6 | 8.4 | 301.58 | 18 | -40.8 |
| 汕头市 | 323.71 | 11 | 7.0 | 477.58 | 13 | -25.3 |
| 佛山市 | 1627.62 | 4 | 7.9 | 2352.31 | 1 | -16.0 |
| 韶关市 | 197.78 | 13 | 7.1 | 457.54 | 14 | 1.9 |
| 河源市 | 135.46 | 18 | 11.3 | 501.60 | 12 | -6.4 |
| 梅州市 | 215.57 | 14 | 0.4 | 410.42 | 16 | -17.7 |
| **惠州市** | **1137.65** | **5** | **20.8** | **1663.37** | **2** | **1.1** |
| 汕尾市 | 82.77 | 21 | -1.0 | 237.56 | 20 | 2.7 |
| 东莞市 | 2263.69 | 3 | 14.1 | 690.15 | 6 | -13.7 |
| 中山市 | 739.49 | 7 | 6.5 | 737.39 | 4 | -15.7 |
| 江门市 | 520.57 | 10 | 8.0 | 684.40 | 7 | -13.2 |
| 阳江市 | 146.14 | 17 | 15.6 | 412.09 | 15 | -8.8 |
| 湛江市 | 509.85 | 8 | 8.2 | 547.35 | 10 | -7.1 |
| 茂名市 | 435.61 | 9 | 5.2 | 522.43 | 11 | 1.2 |
| 肇庆市 | 233.00 | 15 | 11.6 | 658.27 | 8 | 10.1 |
| 清远市 | 247.38 | 12 | 13.2 | 652.56 | 9 | -27.5 |
| 潮州市 | 100.93 | 19 | 5.3 | 153.52 | 21 | 5.4 |
| 揭阳市 | 157.62 | 16 | 2.8 | 272.28 | 19 | 23.4 |
| 云浮市 | 110.58 | 20 | 8.4 | 331.63 | 17 | -0.9 |

# F-12 广东省及各市主要经济指标

(2018年)

| 市别 | 金融机构本外币存款余额(亿元) | | | 金融机构本外币贷款余额(亿元) | | |
|---|---|---|---|---|---|---|
| | 实绩数 | 排位 | 增长(%) | 实绩数 | 排位 | 增长(%) |
| **全省** | **208051.16** | — | **6.9** | **145169.39** | — | **15.2** |
| 广州市 | 50259.32 | 2 | 6.0 | 34343.10 | 2 | 17.2 |
| 深圳市 | 72550.36 | 1 | 4.1 | 52539.79 | 1 | 13.4 |
| 珠海市 | 7542.91 | 5 | 8.9 | 5238.24 | 5 | 9.0 |
| 汕头市 | 3579.40 | 9 | 7.1 | 1955.95 | 10 | 26.1 |
| 佛山市 | 15372.81 | 3 | 9.5 | 10457.65 | 3 | 11.5 |
| 韶关市 | 1849.76 | 16 | 5.4 | 956.33 | 18 | 9.1 |
| 河源市 | 1376.19 | 18 | 10.3 | 1154.17 | 16 | 13.3 |
| 梅州市 | 2132.87 | 15 | 5.9 | 1171.70 | 14 | 19.0 |
| **惠州市** | **6171.35** | **6** | **12.5** | **4886.82** | **6** | **21.8** |
| 汕尾市 | 940.46 | 21 | 12.4 | 425.40 | 20 | 4.3 |
| 东莞市 | 14157.22 | 4 | 13.3 | 8209.70 | 4 | 17.5 |
| 中山市 | 5930.49 | 7 | 9.5 | 4036.39 | 7 | 8.1 |
| 江门市 | 4528.88 | 8 | 6.0 | 3140.85 | 8 | 12.3 |
| 阳江市 | 1386.49 | 17 | 12.7 | 1006.16 | 17 | 7.9 |
| 湛江市 | 3343.59 | 10 | 9.2 | 2164.16 | 9 | 15.8 |
| 茂名市 | 2725.29 | 11 | 11.1 | 1326.32 | 13 | 15.7 |
| 肇庆市 | 2495.80 | 12 | 10.4 | 1825.47 | 11 | 21.5 |
| 清远市 | 2336.34 | 13 | 8.0 | 1559.72 | 12 | 13.7 |
| 潮州市 | 1369.72 | 19 | 8.1 | 417.44 | 21 | 4.4 |
| 揭阳市 | 2273.64 | 14 | 7.9 | 1154.75 | 15 | 9.2 |
| 云浮市 | 1199.50 | 20 | 7.0 | 793.07 | 19 | 8.4 |

# F–13　广东省及各市主要经济指标

(2018年)

| 市　别 | 住户存款余额<br>(人民币，亿元) | | | 在岗职工平均工资<br>(元) | | |
|---|---|---|---|---|---|---|
| | 实绩数 | 排位 | 增长(%) | 实绩数 | 排位 | 增长(%) |
| **全　省** | **69231.95** | — | **11.9** | **89826** | — | **12.3** |
| 广州市 | 15861.78 | 1 | 9.7 | 111839 | 1 | 13.4 |
| 深圳市 | 13478.94 | 2 | 24.4 | 111709 | 2 | 11.5 |
| 珠海市 | 1742.80 | 11 | 15.2 | 87032 | 3 | 7.4 |
| 汕头市 | 2325.80 | 8 | 7.6 | 68899 | 16 | 11.4 |
| 佛山市 | 7506.01 | 3 | 8.0 | 80288 | 4 | 10.4 |
| 韶关市 | 1191.06 | 16 | 10.0 | 75531 | 7 | 14.9 |
| 河源市 | 785.18 | 20 | 8.9 | 68940 | 15 | 12.0 |
| 梅州市 | 1343.91 | 15 | 7.9 | 72469 | 10 | 7.9 |
| **惠州市** | **2361.19** | **7** | **9.7** | **77634** | **5** | **9.5** |
| 汕尾市 | 498.57 | 21 | 6.4 | 64288 | 20 | 13.2 |
| 东莞市 | 5601.36 | 4 | 9.8 | 69937 | 14 | 13.5 |
| 中山市 | 2615.85 | 6 | 8.6 | 74484 | 8 | 9.5 |
| 江门市 | 2733.14 | 5 | 7.3 | 71371 | 12 | 8.0 |
| 阳江市 | 868.74 | 18 | 9.4 | 66999 | 19 | 12.5 |
| 湛江市 | 2118.72 | 9 | 8.4 | 70118 | 13 | 12.9 |
| 茂名市 | 1810.39 | 10 | 8.9 | 67843 | 17 | 10.4 |
| 肇庆市 | 1524.78 | 13 | 10.4 | 71451 | 11 | 9.5 |
| 清远市 | 1376.70 | 14 | 10.9 | 77341 | 6 | 5.5 |
| 潮州市 | 914.95 | 17 | 8.9 | 67431 | 18 | 13.3 |
| 揭阳市 | 1603.33 | 12 | 9.4 | 54855 | 21 | 8.4 |
| 云浮市 | 788.47 | 19 | 7.0 | 72525 | 9 | 12.4 |

# F-14　广东省及各市主要经济指标

(2018年)

| 市　别 | 城镇常住居民可支配收入(元) | | | 农村常住居民人均可支配收入(元) | | |
|---|---|---|---|---|---|---|
| | 实绩数 | 排位 | 增长(%) | 实绩数 | 排位 | 增长(%) |
| **全　省** | **44341** | — | **8.2** | **17168** | — | **8.8** |
| 广州市 | 59982 | 1 | 8.3 | 26020 | 5 | 10.8 |
| 深圳市 | 57544 | 2 | 8.7 | - | - | - |
| 珠海市 | 50713 | 5 | 8.3 | 26198 | 4 | 11.5 |
| 汕头市 | 29077 | 13 | 7.0 | 16246 | 11 | 9.0 |
| 佛山市 | 50737 | 3 | 8.3 | 28765 | 3 | 9.0 |
| 韶关市 | 30287 | 10 | 7.0 | 15434 | 15 | 9.4 |
| 河源市 | 25492 | 18 | 7.2 | 14620 | 19 | 9.9 |
| 梅州市 | 27385 | 15 | 6.6 | 15173 | 17 | 7.7 |
| **惠州市** | **39574** | **7** | **8.1** | **21039** | **6** | **9.1** |
| 汕尾市 | 26012 | 17 | 8.0 | 15851 | 14 | 10.0 |
| 东莞市 | 50721 | 4 | 8.5 | 32277 | 1 | 11.0 |
| 中山市 | 48804 | 6 | 7.7 | 32263 | 2 | 7.5 |
| 江门市 | 35466 | 8 | 9.2 | 18154 | 7 | 10.2 |
| 阳江市 | 29360 | 12 | 6.5 | 16799 | 10 | 9.5 |
| 湛江市 | 29046 | 14 | 7.1 | 15889 | 13 | 9.7 |
| 茂名市 | 27163 | 16 | 7.3 | 16951 | 9 | 8.0 |
| 肇庆市 | 30680 | 9 | 8.5 | 17696 | 8 | 7.7 |
| 清远市 | 29377 | 11 | 6.4 | 15163 | 18 | 8.1 |
| 潮州市 | 24170 | 21 | 6.5 | 15945 | 12 | 9.3 |
| 揭阳市 | 25425 | 19 | 5.5 | 14422 | 20 | 9.2 |
| 云浮市 | 24947 | 20 | 6.4 | 15240 | 16 | 7.9 |

# H-1　2018年全市规模以上电子制造业100强企业

(按工业总产值排序)

| 序号 | 单位详细名称 | 县(区) |
|---|---|---|
| 1 | 惠州三星电子有限公司 | 仲恺区 |
| 2 | 伯恩光学(惠州)有限公司 | 惠阳区 |
| 3 | ＴＣＬ王牌电器(惠州)有限公司 | 仲恺区 |
| 4 | 惠州比亚迪电子有限公司 | 大亚湾区 |
| 5 | 龙旗电子(惠州)有限公司 | 仲恺区 |
| 6 | 惠州TCL移动通信有限公司 | 仲恺区 |
| 7 | 惠阳联想电子工业有限公司 | 惠阳区 |
| 8 | ＴＣＬ海外电子(惠州)有限公司 | 仲恺区 |
| 9 | ＴＣＬ通力电子(惠州)有限公司 | 仲恺区 |
| 10 | 惠州市德赛西威汽车电子有限公司 | 仲恺区 |
| 11 | 惠州市蓝微电子有限公司 | 仲恺区 |
| 12 | 华通精密线路板(惠州)有限公司 | 博罗县 |
| 13 | 胜宏科技(惠州)股份有限公司 | 惠阳区 |
| 14 | 惠州科锐半导体照明有限公司 | 仲恺区 |
| 15 | 华通电脑(惠州)有限公司 | 博罗县 |
| 16 | 乐金电子(惠州)有限公司 | 仲恺区 |
| 17 | 伯恩高新科技(惠州)有限公司 | 惠阳区 |
| 18 | 日立乐金光科技(惠州)有限公司 | 仲恺区 |
| 19 | 惠州市华星光电技术有限公司 | 仲恺区 |
| 20 | 华显光电技术(惠州)有限公司 | 仲恺区 |
| 21 | 南亚电子材料(惠州)有限公司 | 博罗县 |
| 22 | 广东九联科技股份有限公司 | 仲恺区 |
| 23 | 惠州鼎智通讯有限公司 | 仲恺区 |
| 24 | 惠州超声音响有限公司 | 惠阳区 |
| 25 | 惠州高盛达科技有限公司 | 仲恺区 |
| 26 | 惠州市康冠科技有限公司 | 仲恺区 |
| 27 | 惠州华阳通用电子有限公司 | 仲恺区 |
| 28 | 天宝电子(惠州)有限公司 | 惠城区 |
| 29 | 惠州比亚迪实业有限公司 | 大亚湾区 |
| 30 | 惠州德赛信息科技有限公司 | 仲恺区 |
| 31 | 乐金电子部品(惠州)有限公司 | 仲恺区 |
| 32 | 惠州光弘科技股份有限公司 | 大亚湾区 |
| 33 | ＴＣＬ罗格朗国际电工(惠州)有限公司 | 仲恺区 |
| 34 | 索尼精密部件(惠州)有限公司 | 仲恺区 |
| 35 | 信华精机有限公司 | 仲恺区 |
| 36 | 惠州中京电子科技有限公司 | 仲恺区 |
| 37 | 惠州市米琦通信设备有限公司 | 仲恺区 |
| 38 | 先进科技(惠州)有限公司 | 惠城区 |
| 39 | 惠州市富丽电子有限公司 | 惠阳区 |
| 40 | 威世电子(惠州)有限公司 | 惠阳区 |
| 41 | 美律电子(惠州)有限公司 | 龙门县 |
| 42 | 惠州极帝电子有限公司 | 惠阳区 |
| 43 | 声电电子科技(惠州)有限公司 | 大亚湾区 |
| 44 | 新谱(惠州)电子有限公司 | 博罗县 |
| 45 | 惠州市锦湖实业发展有限公司 | 惠城区 |
| 46 | 奥士康精密电路(惠州)有限公司 | 惠阳区 |
| 47 | 惠州海格电气有限公司 | 仲恺区 |
| 48 | 惠州硕贝德无线科技股份有限公司 | 仲恺区 |
| 49 | 惠州海格科技有限公司 | 仲恺区 |
| 50 | 广东得胜电子有限公司 | 博罗县 |

H-1　续表

(按工业总产值排序)

| 序号 | 单位详细名称 | 县(区) |
| --- | --- | --- |
| 51 | 惠州拓邦电气技术有限公司 | 仲恺区 |
| 52 | 惠州长城开发科技有限公司 | 仲恺区 |
| 53 | 惠州市金山电子有限公司 | 仲恺区 |
| 54 | 惠阳东威电子制品有限公司 | 惠阳区 |
| 55 | 惠州美锐电子科技有限公司 | 仲恺区 |
| 56 | 惠州市天河星科技有限公司 | 仲恺区 |
| 57 | 信利(惠州)智能显示有限公司 | 仲恺区 |
| 58 | 惠州欣旺达智能工业有限公司 | 博罗县 |
| 59 | 惠州合正电子科技有限公司 | 大亚湾区 |
| 60 | 惠州市华阳多媒体电子有限公司 | 仲恺区 |
| 61 | 德联覆铜板(惠州)有限公司 | 博罗县 |
| 62 | 濠玮电子科技(惠州)有限公司 | 惠阳区 |
| 63 | 广东洲明节能科技有限公司 | 大亚湾区 |
| 64 | 惠阳东亚电子制品有限公司 | 惠阳区 |
| 65 | 东阳(博罗)电子有限公司 | 博罗县 |
| 66 | 东弘电子(惠阳)有限公司 | 惠阳区 |
| 67 | 捷普绿点科技(惠州)有限公司 | 惠阳区 |
| 68 | 惠阳科惠工业科技有限公司 | 惠阳区 |
| 69 | 讯强电子惠州有限公司 | 仲恺区 |
| 70 | 惠州市健和光电有限公司 | 大亚湾区 |
| 71 | 广东骏亚电子科技股份有限公司 | 惠城区 |
| 72 | 惠州三华工业有限公司 | 仲恺区 |
| 73 | 立隆电子(惠州)有限公司 | 惠东县 |
| 74 | 博罗县全成电子有限公司 | 博罗县 |
| 75 | 广东索菱电子科技有限公司 | 仲恺区 |
| 76 | 惠州铭薪电子有限公司 | 仲恺区 |
| 77 | 仝达实业(惠州)有限公司 | 惠城区 |
| 78 | 惠州市特创电子科技有限公司 | 惠东县 |
| 79 | 建业科技电子(惠州)有限公司 | 大亚湾区 |
| 80 | 惠州市艾比森光电有限公司 | 仲恺区 |
| 81 | 康惠(惠州)半导体有限公司 | 仲恺区 |
| 82 | 凯赫威(惠州)精密制造有限公司 | 惠城区 |
| 83 | 旭硝子显示玻璃(惠州)有限公司 | 仲恺区 |
| 84 | 胜华电子(惠阳)有限公司 | 惠城区 |
| 85 | 惠州市永隆电路有限公司 | 惠阳区 |
| 86 | 惠州市凡进科技有限公司 | 仲恺区 |
| 87 | TCL新技术(惠州)有限公司 | 仲恺区 |
| 88 | 智恩电子(大亚湾)有限公司 | 大亚湾区 |
| 89 | 惠州佳扬电子科技有限公司 | 博罗县 |
| 90 | 惠州伟志电子有限公司 | 博罗县 |
| 91 | 田村电子(惠州)有限公司 | 博罗县 |
| 92 | 惠州市星之光科技有限公司 | 仲恺区 |
| 93 | 惠州市讯硕科技有限公司 | 博罗县 |
| 94 | 泰洋光电(惠州)有限公司 | 仲恺区 |
| 95 | 惠州市美特伦科技有限公司 | 仲恺区 |
| 96 | 惠州志顺电子实业有限公司 | 仲恺区 |
| 97 | 惠州市宝明精工有限公司 | 大亚湾区 |
| 98 | 惠州市聚真电路板有限公司 | 大亚湾区 |
| 99 | 惠州市升华工业有限公司 | 仲恺区 |
| 100 | 惠州市粤泰翔科技有限公司 | 仲恺区 |

# H-2 2018年全市规模以上石油化工制造业100强企业

(按工业总产值排序)

| 序号 | 单位详细名称 | 县(区) |
|---|---|---|
| 1 | 中海油惠州石化有限公司 | 大亚湾区 |
| 2 | 中海壳牌石油化工有限公司 | 大亚湾区 |
| 3 | 中海石油开氏石化有限责任公司 | 大亚湾区 |
| 4 | 惠州兴达石化工业有限公司 | 大亚湾区 |
| 5 | 惠州宇新化工有限责任公司 | 大亚湾区 |
| 6 | 惠州李长荣橡胶有限公司 | 大亚湾区 |
| 7 | 乐金化学(惠州)化工有限公司 | 大亚湾区 |
| 8 | 惠州忠信化工有限公司 | 大亚湾区 |
| 9 | 惠州仁信新材料股份有限公司 | 大亚湾区 |
| 10 | 惠州惠菱化成有限公司 | 大亚湾区 |
| 11 | 普利司通(惠州)轮胎有限公司 | 仲恺区 |
| 12 | 智盛(惠州)石油化工有限公司 | 大亚湾区 |
| 13 | 普莱克斯(惠州)工业气体有限公司 | 大亚湾区 |
| 14 | 恒昌涂料(惠阳)有限公司 | 惠阳区 |
| 15 | 普利司通(惠州)合成橡胶有限公司 | 大亚湾区 |
| 16 | 广东红墙新材料股份有限公司 | 博罗县 |
| 17 | 青上化工(惠州)有限公司 | 仲恺区 |
| 18 | 惠州市宙邦化工有限公司 | 大亚湾区 |
| 19 | 澳宝化妆品(惠州)有限公司 | 惠城区 |
| 20 | 鑫双利(惠州)树脂有限公司 | 大亚湾区 |
| 21 | 科莱恩化工(惠州)有限公司 | 大亚湾区 |
| 22 | 巴斯夫造纸化学品(惠州)有限公司 | 大亚湾区 |
| 23 | 惠州市利而安化工有限公司 | 惠阳区 |
| 24 | 广东立邦长润发科技材料有限公司 | 大亚湾区 |
| 25 | 惠州市杰创生物能源科技有限公司 | 博罗县 |
| 26 | 惠州伟康新型建材有限公司 | 惠东县 |
| 27 | 惠州兆婷化妆品有限公司 | 惠城区 |
| 28 | 惠州市容大油墨有限公司 | 惠东县 |
| 29 | 惠州市固德尔合成材料有限公司 | 惠阳区 |
| 30 | 惠州长联新材料科技有限公司 | 惠阳区 |
| 31 | 惠州市远安新材料有限公司 | 惠城区 |
| 32 | 惠州市银山科技有限公司 | 仲恺区 |
| 33 | 惠州市盛达化工有限公司 | 博罗县 |
| 34 | 广东千叶松化工有限公司 | 惠阳区 |
| 35 | 惠州市坤洋实业有限公司 | 惠阳区 |
| 36 | 惠州市肯恩化妆品实业有限公司 | 博罗县 |
| 37 | 惠州深赛尔化工有限公司 | 惠阳区 |
| 38 | 可隆(惠州)电子材料化工有限公司 | 大亚湾区 |
| 39 | 先驱塑胶电子(惠州)有限公司 | 博罗县 |
| 40 | 广东日出化工有限公司 | 惠阳区 |
| 41 | 惠州市华昱美实业有限公司 | 惠阳区 |
| 42 | 佳丽化工(惠州)有限公司 | 惠阳区 |
| 43 | 爱科卓英(惠州)焊料有限公司 | 惠阳区 |
| 44 | 广东科隆智谷新材料股份有限公司 | 惠阳区 |
| 45 | 来百利(惠州)手套有限公司 | 博罗县 |
| 46 | 惠州市广美精细化工有限公司 | 博罗县 |
| 47 | 长泰化学工业(惠州)有限公司 | 博罗县 |
| 48 | 广东恒大新材料科技有限公司 | 惠城区 |
| 49 | 惠州市华阳光学技术有限公司 | 仲恺区 |
| 50 | 广东奕宏化工有限公司 | 惠阳区 |

## H-2 续表

(按工业总产值排序)

| 序号 | 单位详细名称 | 县(区) |
|---|---|---|
| 51 | 惠州市中茂橡胶制品有限公司 | 大亚湾区 |
| 52 | 惠州市斯瑞尔环境化工有限公司 | 惠阳区 |
| 53 | 惠州市兴邦新材料科技有限公司 | 龙门县 |
| 54 | 惠州市泰信精密部件有限公司 | 仲恺区 |
| 55 | 惠州市华保化工有限公司 | 仲恺区 |
| 56 | 惠州市繁中宝橡塑发泡厂有限公司 | 惠阳区 |
| 57 | 惠东县港东塑胶制品有限公司 | 惠东县 |
| 58 | 柏林(惠州)科技化工有限公司 | 博罗县 |
| 59 | 澳达树熊涂料(惠州)有限公司 | 惠东县 |
| 60 | 惠州亚华胶粘带有限公司 | 博罗县 |
| 61 | 中海油能源发展股份有限公司采油技术服务惠州分公司 | 大亚湾区 |
| 62 | 惠州市康洁洗涤用品有限公司 | 惠阳区 |
| 63 | 惠州市方舟工业气体有限公司 | 惠阳区 |
| 64 | 惠州市银农科技股份有限公司 | 惠城区 |
| 65 | 来士达劳保(惠州)有限公司 | 博罗县 |
| 66 | 惠州市立美特环保油墨有限公司 | 博罗县 |
| 67 | 惠州市爱斯达办公耗材有限公司 | 博罗县 |
| 68 | 惠州东进世美肯电子材料有限公司 | 大亚湾区 |
| 69 | 惠州凯美特气体有限公司 | 大亚湾区 |
| 70 | 惠州市智华合成革有限公司 | 惠东县 |
| 71 | 惠州市沃特新材料有限公司 | 惠城区 |
| 72 | 惠阳区施美克化工有限公司 | 惠阳区 |
| 73 | 惠州华创新材有限公司 | 惠东县 |
| 74 | 惠州市深华化工有限公司 | 惠城区 |
| 75 | 多泰工业有限公司 | 龙门县 |
| 76 | 惠州市肌缘生物科技股份有限公司 | 惠阳区 |
| 77 | 惠州兴鑫涂料化工有限公司 | 博罗县 |
| 78 | 惠州市亨迪树脂制品有限公司 | 博罗县 |
| 79 | 惠州市华聚塑化科技有限公司 | 博罗县 |
| 80 | 惠州市华泓新材料股份有限公司 | 大亚湾区 |
| 81 | 博罗县东明化工有限公司 | 博罗县 |
| 82 | 惠州市百利宏晟安化工有限公司 | 大亚湾区 |
| 83 | 广东能辉新材料科技有限公司 | 博罗县 |
| 84 | 惠州市久策工业气体有限公司 | 仲恺区 |
| 85 | 惠州瑞德新材料科技股份有限公司 | 惠阳区 |
| 86 | 惠州鸿财化妆品有限公司 | 博罗县 |
| 87 | 惠州市惠阳区嘉泰涂料有限公司 | 惠阳区 |
| 88 | 惠阳富顺新型材料有限公司 | 惠阳区 |
| 89 | 惠阳晋煜工业有限公司 | 仲恺区 |
| 90 | 惠州市耐宝塑胶制品有限公司 | 惠东县 |
| 91 | 惠阳钰城泰化工有限公司 | 惠阳区 |
| 92 | 惠州市志海新威科技有限公司 | 惠阳区 |
| 93 | 惠州大亚湾惠绿环保服务有限公司 | 大亚湾区 |
| 94 | 广东达一农林生态科技股份有限公司 | 博罗县 |
| 95 | 乾瑞化工(惠州)有限公司 | 仲恺区 |
| 96 | 惠州辉煌涂料有限公司 | 惠阳区 |
| 97 | 惠州市安品新材料有限公司 | 大亚湾区 |
| 98 | 惠州市远达电业五金制品有限公司 | 惠东县 |
| 99 | 惠州市双信达实业有限公司 | 大亚湾区 |
| 100 | 惠州市博美化妆品有限公司 | 博罗县 |

# H-3 2018年全市规模以上纺织服装业100强企业

(按工业总产值排序)

| 序号 | 单位详细名称 | 县(区) |
|---|---|---|
| 1 | 惠州南旋毛织厂有限公司 | 惠城区 |
| 2 | 慧怡织造(惠州)有限公司 | 惠阳区 |
| 3 | 广东中旭服饰有限公司 | 博罗县 |
| 4 | 惠州真华美服装有限公司 | 惠阳区 |
| 5 | 惠州圣莲毛织实业有限公司 | 惠东县 |
| 6 | 高业制衣(惠州)有限公司 | 博罗县 |
| 7 | 博罗县嘉盛帐蓬有限公司 | 博罗县 |
| 8 | 力研时装(惠州)有限公司 | 惠阳区 |
| 9 | 惠东县港惠针织有限公司 | 惠东县 |
| 10 | 佳都(惠州)制衣有限公司 | 博罗县 |
| 11 | 南泰印整(惠州)有限公司 | 博罗县 |
| 12 | 惠州市金泰制衣有限公司 | 惠城区 |
| 13 | 广东博顺带业有限公司 | 博罗县 |
| 14 | 博罗复扬针织漂染有限公司 | 博罗县 |
| 15 | 新天伦服装配料(惠州)有限公司 | 惠城区 |
| 16 | 卡撒天娇家居(惠州)有限公司 | 仲恺区 |
| 17 | 惠州新泰美纺织有限公司 | 博罗县 |
| 18 | 惠州新联业纺织有限公司 | 惠阳区 |
| 19 | 惠州市盛兴隆实业有限公司 | 博罗县 |
| 20 | 东翔制衣(惠州)有限公司 | 仲恺区 |
| 21 | 广东富绅服饰有限公司 | 仲恺区 |
| 22 | 惠州市玛丝菲尔时装制造有限公司 | 惠阳区 |
| 23 | 惠州华盛家庭用品有限公司 | 惠阳区 |
| 24 | 伟全化纤(惠州)有限公司 | 博罗县 |
| 25 | 恒胜制衣(惠州)有限公司 | 惠城区 |
| 26 | 惠州市棉王纺织有限公司 | 惠城区 |
| 27 | 鸿骅制衣(惠州)有限公司 | 惠城区 |
| 28 | 健荣针织染整(惠州)有限公司 | 博罗县 |
| 29 | 盛龙纺织(惠州)有限公司 | 博罗县 |
| 30 | 宏礼织造厂(惠州)有限公司 | 惠阳区 |
| 31 | 广东大红马纺织新材料有限公司 | 博罗县 |
| 32 | 惠东伟盛制衣有限公司 | 惠东县 |
| 33 | 惠州市高联制衣有限公司 | 惠城区 |
| 34 | 惠东玫瑰针织厂有限公司 | 惠东县 |
| 35 | 博罗县九潭芬迪漂染有限公司 | 博罗县 |
| 36 | 惠州建亿织造有限公司 | 博罗县 |
| 37 | 惠州大亚湾健兴粘扣带有限公司 | 大亚湾区 |
| 38 | 惠州市中纺利兴织造有限公司 | 博罗县 |
| 39 | 博罗县园洲镇东红绿色针织厂有限公司 | 博罗县 |
| 40 | 广东维耶斯服饰有限公司 | 博罗县 |
| 41 | 龙门县汉兴织染有限公司 | 龙门县 |
| 42 | 惠州市赛马仕服饰有限公司 | 仲恺区 |
| 43 | 龙门县鸿业纺织制衣漂染有限公司 | 龙门县 |
| 44 | 广东睡冬宝生态家居股份有限公司 | 仲恺区 |
| 45 | 惠州市老铭人服饰有限公司 | 惠东县 |
| 46 | 惠州大建毛织实业有限公司 | 惠东县 |
| 47 | 惠州市金豪成无纺布有限公司 | 惠阳区 |
| 48 | 惠州市创展运动器材有限公司 | 博罗县 |
| 49 | 景鸿(惠州)针织有限公司 | 博罗县 |
| 50 | 惠东登龙针织制衣有限公司 | 惠东县 |

H-3 续表

(按工业总产值排序)

| 序号 | 单位详细名称 | 县(区) |
|---|---|---|
| 51 | 惠州拓晟制衣有限公司 | 博罗县 |
| 52 | 惠州市君琦弹力织物有限公司 | 博罗县 |
| 53 | 博罗县港泰印染有限公司 | 博罗县 |
| 54 | 惠阳欣峰制衣有限公司 | 惠阳区 |
| 55 | 惠州连海汇服装有限公司 | 博罗县 |
| 56 | 惠州市蓝联制衣配料有限公司 | 博罗县 |
| 57 | 联泰(龙门)针织有限公司 | 龙门县 |
| 58 | 惠州永茂昌旅游用品有限公司 | 惠阳区 |
| 59 | 惠州市凯雅服饰有限公司 | 惠城区 |
| 60 | 博罗县园洲镇达泰制衣有限公司 | 博罗县 |
| 61 | 惠州市创易纺织有限公司 | 惠城区 |
| 62 | 金利兴（惠州）制衣有限公司 | 博罗县 |
| 63 | 惠州市振华工业发展有限公司 | 仲恺区 |
| 64 | 惠州市奥斯迪服饰有限公司 | 惠城区 |
| 65 | 惠东县昌和服装有限公司 | 惠东县 |
| 66 | 惠州市银河纺织科技有限公司 | 惠城区 |
| 67 | 龙门县裕泰漂染业有限公司 | 龙门县 |
| 68 | 惠州市永联针织有限公司 | 惠阳区 |
| 69 | 惠州泰富织造有限公司 | 博罗县 |
| 70 | 利东制衣（惠州）有限公司 | 惠阳区 |
| 71 | 博罗县龙业制衣有限公司 | 博罗县 |
| 72 | 惠州新联泰内衣配件有限公司 | 博罗县 |
| 73 | 惠州市新联大科技有限公司 | 仲恺区 |
| 74 | 博罗县韵顺服饰有限公司 | 博罗县 |
| 75 | 博罗石湾致丰织染有限公司 | 博罗县 |
| 76 | 惠州澳龙无纺布有限公司 | 博罗县 |
| 77 | 惠州新惠通针织制衣有限公司 | 惠城区 |
| 78 | 博罗县唯瑞植绒材料有限公司 | 博罗县 |
| 79 | 博罗县华意织染有限公司 | 博罗县 |
| 80 | 惠州市大盈织造有限公司 | 惠阳区 |
| 81 | 华业工业织造（惠州）有限公司 | 博罗县 |
| 82 | 博罗县石湾三和制衣有限公司 | 博罗县 |
| 83 | 惠东县大岭镇新超制衣厂 | 惠东县 |
| 84 | 惠州市力富服装有限公司 | 仲恺区 |
| 85 | 惠州力运织造厂有限公司 | 惠城区 |
| 86 | 惠州市大西洋服饰有限公司 | 惠城区 |
| 87 | 大进制衣厂(惠州)有限公司 | 惠城区 |
| 88 | 浩发针织（惠州）有限公司 | 惠阳区 |
| 89 | 博罗裕升染织有限公司 | 博罗县 |
| 90 | 惠州市帝盟纺织有限公司 | 惠城区 |
| 91 | 南益热转印花（惠州）有限公司 | 博罗县 |
| 92 | 惠州三富服装有限公司 | 博罗县 |
| 93 | 三龙（惠州）化纤有限公司 | 博罗县 |
| 94 | 博罗县园洲欧艺时装厂有限公司 | 博罗县 |
| 95 | 惠阳中核辉新化纤有限公司 | 惠阳区 |
| 96 | 博罗县德荣制衣有限公司 | 博罗县 |
| 97 | 博罗县龙溪礼安服装厂 | 博罗县 |
| 98 | 博罗五达纺织印染有限公司 | 博罗县 |
| 99 | 博罗璟太元服饰有限公司 | 博罗县 |
| 100 | 惠州永姿电脑针织有限公司 | 惠城区 |

# H-4　2018年全市规模以上制鞋业50强企业

(按工业总产值排序)

| 序号 | 单位详细名称 | 县(区) |
|---|---|---|
| 1 | 隆发鞋业(惠州)有限公司 | 博罗县 |
| 2 | 隆裕鞋业(惠州)有限公司 | 博罗县 |
| 3 | 惠阳兆吉鞋业有限公司 | 惠阳区 |
| 4 | 宏凯鞋业(惠州)有限公司 | 惠城区 |
| 5 | 宝凯皮件(惠州)有限公司 | 惠城区 |
| 6 | 惠州富登鞋业有限公司 | 博罗县 |
| 7 | 惠州市惠阳华丽鞋业有限公司 | 惠阳区 |
| 8 | 惠东县振达鞋业有限公司 | 惠东县 |
| 9 | 保丽信(惠州)织造有限公司 | 惠城区 |
| 10 | 惠州市港盈鞋业有限公司 | 惠东县 |
| 11 | 广东富利时实业有限公司 | 博罗县 |
| 12 | 惠州龙源鞋业有限公司 | 惠东县 |
| 13 | 惠东县黄埠镇华江鞋业有限公司 | 惠东县 |
| 14 | 惠州信立工业有限公司 | 博罗县 |
| 15 | 惠州市新发鞋业有限公司 | 惠东县 |
| 16 | 惠东县时艺鞋业有限公司 | 惠东县 |
| 17 | 惠东县黄埠足金高登鞋厂 | 惠东县 |
| 18 | 惠东县裕顺鞋业有限公司 | 惠东县 |
| 19 | 惠东县富成鞋业有限公司 | 惠东县 |
| 20 | 惠州市来裕鞋业有限公司 | 惠东县 |
| 21 | 惠东县吉隆易明鞋厂 | 惠东县 |
| 22 | 惠东县黄埠汤臣鞋厂 | 惠东县 |
| 23 | 惠东县源利通鞋业有限公司 | 惠东县 |
| 24 | 惠州市忠盛鞋业有限公司 | 惠东县 |
| 25 | 惠州市美盈鞋业有限公司 | 惠阳区 |
| 26 | 惠东县泰杰鞋业有限公司 | 惠东县 |
| 27 | 惠州市莱斯特鞋业有限公司 | 惠东县 |
| 28 | 惠东县吉隆正兴鞋厂 | 惠东县 |
| 29 | 惠州市昊烜鞋业有限公司 | 惠东县 |
| 30 | 惠州市煜笙鞋业有限公司 | 惠东县 |
| 31 | 惠州市远东鞋业有限公司 | 惠东县 |
| 32 | 惠东县粤嘉鞋业有限公司 | 惠东县 |
| 33 | 惠州市金喜源实业有限公司 | 惠东县 |
| 34 | 惠东县黄埠华海鞋厂 | 惠东县 |
| 35 | 惠州市鑫信丰鞋业有限公司 | 博罗县 |
| 36 | 惠东县黄埠贸源鞋厂 | 惠东县 |
| 37 | 惠州市骏腾鞋业有限公司 | 惠东县 |
| 38 | 惠东县黄埠鑫焱鞋厂 | 惠东县 |
| 39 | 惠东县美臣鞋业有限公司 | 惠东县 |
| 40 | 广东信利达鞋业有限公司 | 惠东县 |
| 41 | 惠东县新振业鞋业有限公司 | 惠东县 |
| 42 | 惠东县翀兴鞋业有限公司 | 惠东县 |
| 43 | 惠东县智达鞋业有限公司 | 惠东县 |
| 44 | 惠州市美源鞋业有限公司 | 惠东县 |
| 45 | 惠东县吉隆铭俊达鞋厂 | 惠东县 |
| 46 | 惠东县黄埠镇福华鞋业有限公司 | 惠东县 |
| 47 | 惠东县新逸鞋业有限公司 | 惠东县 |
| 48 | 惠州颀益塑料有限公司 | 博罗县 |
| 49 | 惠东县黄埠瑞恩鞋厂 | 惠东县 |
| 50 | 广东天鹅星鞋业有限公司 | 惠东县 |

# H-5 2018年全市规模以上建筑材料制造业50强企业

(按工业总产值排序)

| 序号 | 单位详细名称 | 县(区) |
|---|---|---|
| 1 | 惠州市光大水泥企业有限公司 | 龙门县 |
| 2 | 惠州塔牌水泥有限公司 | 龙门县 |
| 3 | 惠州市坚柔科技有限公司 | 仲恺区 |
| 4 | 惠州东方雨虹建筑材料有限责任公司 | 大亚湾区 |
| 5 | 华润水泥(惠州)有限公司 | 龙门县 |
| 6 | 惠州大亚湾华冠混凝土制品有限公司 | 大亚湾区 |
| 7 | 惠州大亚湾市政广兴混凝土有限公司 | 大亚湾区 |
| 8 | 惠州建华管桩有限公司 | 惠东县 |
| 9 | 惠州市华丽盛混凝土有限公司 | 大亚湾区 |
| 10 | 惠东美新塑木型材制品有限公司 | 惠东县 |
| 11 | 泰山石膏(广东)有限公司 | 博罗县 |
| 12 | 惠州太胜预拌混凝土有限公司 | 惠阳区 |
| 13 | 惠州立兴金属制品厂有限公司 | 博罗县 |
| 14 | 惠州建发混凝土有限公司 | 惠阳区 |
| 15 | 惠州市星聚宇光学有限公司 | 惠阳区 |
| 16 | 惠州市创盛混凝土搅拌有限公司 | 仲恺区 |
| 17 | 惠州骏通新材料有限公司 | 惠阳区 |
| 18 | 惠州市贝特瑞新材料科技有限公司 | 惠阳区 |
| 19 | 惠州市惠阳双新水泥有限公司 | 惠阳区 |
| 20 | 惠州市宝湖建材制造有限公司 | 仲恺区 |
| 21 | 惠州三和鸿运构件有限公司 | 惠城区 |
| 22 | 惠阳区嘉骏预拌混凝土有限公司 | 惠阳区 |
| 23 | 博罗县园洲罗浮山水泥有限公司 | 博罗县 |
| 24 | 惠州大亚湾嘉华混凝土有限公司 | 大亚湾区 |
| 25 | 惠州市凯润混凝土有限公司 | 博罗县 |
| 26 | 广东鑫隆管业有限公司 | 博罗县 |
| 27 | 惠州市众业混凝土有限公司 | 仲恺区 |
| 28 | 广东弘大管桩有限公司 | 博罗县 |
| 29 | 惠州市泛华管桩有限公司 | 仲恺区 |
| 30 | 惠州市建达混凝土有限公司 | 惠东县 |
| 31 | 惠州市润丰混凝土有限公司 | 惠阳区 |
| 32 | 惠州华润建材有限公司 | 惠阳区 |
| 33 | 惠州市创建混凝土有限公司 | 仲恺区 |
| 34 | 有利华建材(惠州)有限公司 | 惠阳区 |
| 35 | 惠州国强水泥有限公司 | 博罗县 |
| 36 | 惠东嘉华材料有限公司 | 惠东县 |
| 37 | 杰森石膏板(惠州)有限公司 | 惠东县 |
| 38 | 巴川影像科技(惠州)有限公司 | 仲恺区 |
| 39 | 惠州市惠阳顺景混凝土有限公司 | 惠阳区 |
| 40 | 惠州市博罗嘉盈混凝土有限公司 | 博罗县 |
| 41 | 惠州罗浮山旋窑水泥有限公司 | 博罗县 |
| 42 | 惠州市建达实业有限公司 | 仲恺区 |
| 43 | 龙门县富城预拌混凝土有限公司 | 龙门县 |
| 44 | 惠州市东鑫管桩制品有限公司 | 仲恺区 |
| 45 | 惠东县吉泰混凝土搅拌有限公司 | 惠东县 |
| 46 | 广东鼎新高新科技股份有限公司 | 仲恺区 |
| 47 | 三鑫(惠州)幕墙产品有限公司 | 大亚湾区 |
| 48 | 广东粤盛特种建材有限公司 | 龙门县 |
| 49 | 龙门县荣生建材有限公司 | 龙门县 |
| 50 | 华润混凝土(惠州)有限公司 | 惠城区 |

# H–6　2018年全市规模以上汽车制造业企业

(按工业总产值排序)

| 序号 | 单位详细名称 | 县(区) |
|---|---|---|
| 1 | 惠州比亚迪电池有限公司 | 大亚湾区 |
| 2 | 东风本田汽车零部件有限公司 | 大亚湾区 |
| 3 | 惠州住润电装有限公司 | 惠城区 |
| 4 | 惠州住成电装有限公司 | 大亚湾区 |
| 5 | 亚浩电子五金塑胶(惠州)有限公司 | 仲恺区 |
| 6 | 惠州住润汽车部品有限公司 | 惠城区 |
| 7 | 惠州住电电装有限公司 | 大亚湾区 |
| 8 | 惠州住润汽车线业有限公司 | 惠城区 |
| 9 | 惠州住金锻造有限公司 | 大亚湾区 |
| 10 | 惠州东风易进工业有限公司 | 大亚湾区 |
| 11 | 惠州市华阳精机有限公司 | 仲恺区 |
| 12 | 惠州古河汽配有限公司 | 惠城区 |
| 13 | 惠州市津惠汽车线束有限公司 | 仲恺区 |
| 14 | 惠州金山线束科技有限公司 | 惠城区 |
| 15 | 精塑汽配科技(惠州)有限公司 | 惠城区 |
| 16 | 惠州市住润汽车回路技术有限公司 | 惠城区 |
| 17 | 惠州金日工业科技有限公司 | 惠城区 |
| 18 | 惠州市湘联金属制品有限公司 | 惠阳区 |
| 19 | 惠州麦丰密封科技有限公司 | 大亚湾区 |
| 20 | 惠州雷电电子有限公司 | 博罗县 |
| 21 | 惠州市志联佳五金制品有限公司 | 惠阳区 |
| 22 | 惠州市闽航机械有限公司 | 龙门县 |
| 23 | 惠州市鹏得金属科技有限公司 | 博罗县 |
| 24 | 惠州东风汽车零部件有限公司 | 大亚湾区 |
| 25 | 龙门县同昌汽车新材料有限公司 | 龙门县 |
| 26 | 惠州市光裕汽车空调制造有限公司 | 龙门县 |
| 27 | 惠州市车之骄汽车用品有限公司 | 博罗县 |
| 28 | 全宇五金制品(惠州)有限公司 | 博罗县 |
| 29 | 东方化成(惠州)精密制品有限公司 | 博罗县 |
| 30 | 惠州市嘉和立方科技有限公司 | 仲恺区 |
| 31 | 惠州市索菱精密塑胶有限公司 | 仲恺区 |
| 32 | 惠州龙门红新能源汽车有限公司 | 龙门县 |
| 33 | 信昌盛(惠州)精密五金制造有限公司 | 大亚湾区 |
| 34 | 惠州市佑成五金制品有限公司 | 仲恺区 |
| 35 | 惠州市康兴汽车配件有限公司 | 惠阳区 |
| 36 | 广东好时代专用车有限公司 | 博罗县 |

# H-7　2018年全市限额以上商贸超市企业

| 序号 | 企业名称 | 县(区) |
|---|---|---|
| 1 | 惠州市润鑫商城发展有限公司 | 惠城区 |
| 2 | 惠州市天虹商场有限公司 | 惠城区 |
| 3 | 惠州市港惠新天地商业经营管理有限公司 | 惠城区 |
| 4 | 惠州市万佳百货有限公司 | 惠城区 |
| 5 | 惠州市丽日购物广场有限公司 | 惠城区 |
| 6 | 沃尔玛深国投百货有限公司惠州演达路分店 | 惠城区 |
| 7 | 永旺华南商业有限公司永旺惠州店 | 惠城区 |
| 8 | 深圳沃尔玛百货零售有限公司韶关新华南路分店 | 惠阳区 |
| 9 | 惠州市润福商业有限公司 | 惠阳区 |
| 10 | 广州沃尔玛百货有限公司惠州澳头分店 | 大亚湾区 |
| 11 | 惠州市嘉荣超市有限公司 | 惠城区 |
| 12 | 沃尔玛(广东)商业零售有限公司惠州文明一路分店 | 惠城区 |
| 13 | 沃尔玛(广东)商业零售有限公司惠州仲恺大道分店 | 仲恺区 |
| 14 | 惠州市美多实业有限公司 | 惠东县 |
| 15 | 深圳家乐福商业有限公司惠阳万联店 | 惠阳区 |
| 16 | 惠州市人人乐商业有限公司 | 惠城区 |
| 17 | 沃尔玛(广东)商业零售有限公司惠东飞鹅岭分店 | 惠东县 |
| 18 | 沃尔玛(广东)商业零售有限公司惠州鹅岭西路分店 | 惠城区 |
| 19 | 惠州市天天润实业有限公司 | 惠城区 |
| 20 | 惠州市金宝购物连锁有限公司 | 惠城区 |
| 21 | 永旺华南商业有限公司永旺惠阳店 | 惠阳区 |
| 22 | 深圳华润万佳超级市场有限公司惠州分公司 | 惠城区 |
| 23 | 惠州市惠阳区裕华企业有限公司 | 惠阳区 |
| 24 | 龙门县万家福购物广场有限公司 | 龙门县 |
| 25 | 惠州市益广兴实业有限公司 | 仲恺区 |
| 26 | 惠州市兴勤实业有限公司 | 仲恺区 |
| 27 | 惠州三新商贸有限公司 | 博罗区 |
| 28 | 惠州市天益城商业有限公司 | 仲恺区 |
| 29 | 惠州市万信佳商贸有限公司 | 仲恺区 |
| 30 | 惠州市大荣商贸有限公司 | 仲恺区 |
| 31 | 博罗县万信佳商贸有限公司 | 博罗区 |
| 32 | 广州屈臣氏个人用品商店有限公司惠州文昌一路分店 | 惠城区 |
| 33 | 博罗县石湾镇光华行百货店 | 博罗区 |
| 34 | 广州屈臣氏个人用品商店有限公司惠州演达大道分店 | 惠城区 |
| 35 | 博罗县福新世界购物广场 | 博罗区 |
| 36 | 惠州市爱尚百货有限公司 | 惠东县 |
| 37 | 惠州市海滨城贸易有限公司 | 惠东县 |
| 38 | 广州屈臣氏个人用品商店有限公司惠州南门中路分店 | 惠阳区 |
| 39 | 惠州新银河贸易有限公司 | 惠东县 |
| 40 | 惠东县粤盛贸易有限公司 | 惠东县 |
| 41 | 惠州市惠阳区秋长新世界购物广场 | 惠阳区 |
| 42 | 博罗县三和商业街商场 | 博罗区 |
| 43 | 广州屈臣氏个人用品商店有限公司惠州创富广场分店 | 惠东县 |
| 44 | 广州屈臣氏个人用品商店有限公司惠州国庆路分店 | 惠城区 |
| 45 | 广州屈臣氏个人用品商店有限公司惠州东湖西路分店 | 惠城区 |
| 46 | 广东东方粮号投资有限公司惠阳星河超市 | 惠阳区 |
| 47 | 惠州市仲恺高新区欣勤购物商场 | 仲恺区 |
| 48 | 惠州市惠阳区新圩新佳购物超市 | 惠阳区 |

# H-8 2018年全市星级酒店业50强企业

| 序号 | 企业名称 | 县(区) |
|---|---|---|
| 1 | 惠州市康帝国际酒店有限公司 | 惠城区 |
| 2 | 惠州港升置业有限公司皇冠假日酒店 | 惠城区 |
| 3 | 惠州国际金融大厦天悦酒店 | 惠城区 |
| 4 | 惠州富丽房地产有限公司 惠州富丽万丽酒店分公司 | 惠城区 |
| 5 | 惠州市帝景房地产开发有限公司凯宾斯基酒店 | 惠城区 |
| 6 | 华润沿海(惠州)发展有限公司艾美酒店分公司 | 大亚湾区 |
| 7 | 惠州市泰城酒店有限公司 | 惠阳区 |
| 8 | 惠州市金海湾嘉华度假酒店有限公司 | 惠东县 |
| 9 | 惠东县碧桂园凤凰酒店管理有限公司 | 惠东县 |
| 10 | 惠州市南昆山云顶温泉渡假村有限公司 | 龙门县 |
| 11 | 龙门南昆山温泉旅游大观园有限公司 | 龙门县 |
| 12 | 龙门县南昆山中恒生态旅游公司 | 龙门县 |
| 13 | 金融街惠州置业有限公司金海湾喜来登度假酒店 | 惠东县 |
| 14 | 惠州白鹭湖旅游实业开发有限公司喜来登酒店 | 惠城区 |
| 15 | 龙门县地派温泉度假村有限公司 | 龙门县 |
| 16 | 惠州市平海海滨温泉旅游度假区有限公司 | 惠东县 |
| 17 | 惠州涛景高尔夫度假村有限公司 | 惠城区 |
| 18 | 惠州金华悦国际酒店有限公司 | 惠城区 |
| 19 | 龙门尚天然温泉度假有限公司 | 龙门县 |
| 20 | 惠州君豪大酒店 | 惠城区 |
| 21 | 龙门明信温泉发展有限公司 | 龙门县 |
| 22 | 惠州宾馆 | 惠城区 |
| 23 | 惠州市国惠大酒店有限公司 | 惠东县 |
| 24 | 惠州市享海温泉度假酒店有限公司 | 惠东县 |
| 25 | 惠州市家路酒店投资有限公司家路国际大酒店 | 惠阳区 |
| 26 | 惠州市海王子首创学习型酒店有限公司 | 惠东县 |
| 27 | 博罗县佳兆业房地产开发有限公司万怡酒店分公司 | 博罗县 |
| 28 | 惠州市琼苑酒店有限公司 | 惠阳区 |
| 29 | 惠州市金鹅温泉实业有限公司洲际度假酒店 | 惠城区 |
| 30 | 惠州市西湖宾馆 | 惠城区 |
| 31 | 中信惠州汤泉旅游度假村有限公司 | 惠城区 |
| 32 | 博罗县园洲镇晶港酒店有限公司 | 博罗县 |
| 33 | 惠州市罗浮山嘉宝田乡村俱乐部有限公司 | 博罗县 |
| 34 | 龙门县南昆山云天海原始森林度假村有限公司 | 龙门县 |
| 35 | 龙门县南昆山柏祥森林度假酒店有限公司 | 龙门县 |
| 36 | 广东劳模疗休养基地 | 惠东县 |
| 37 | 惠州市凯泉高尔夫渡假酒店有限公司 | 博罗县 |
| 38 | 惠州市阳光海岸酒店有限公司 | 大亚湾区 |
| 39 | 博罗县怡情谷温泉酒店有限公司 | 博罗县 |
| 40 | 惠州市华斯顿酒店有限公司 | 惠城区 |
| 41 | 龙门县南昆山棉花庐度假村有限公司 | 龙门县 |
| 42 | 惠东县宝安虹海湾实业有限公司 | 惠东县 |
| 43 | 惠州市惠阳区碧桂园凤凰酒店有限公司 | 惠阳区 |
| 44 | 惠州市惠阳区星旗宾馆 | 惠阳区 |
| 45 | 龙门富力房地产开发有限公司南昆山温泉养生中心分公司 | 龙门县 |
| 46 | 惠州市微豪思湾舍酒店管理有限公司 | 惠东县 |
| 47 | 惠州大亚湾龙光城戴斯酒店有限公司 | 大亚湾区 |
| 48 | 惠州市候鸟实业有限公司 | 惠东县 |
| 49 | 惠州市金叶大酒店有限公司 | 惠城区 |
| 50 | 惠州市金銮酒店有限公司 | 惠城区 |

# H-9　2018年全市房地产业50强企业

(按销售面积排序)

| 序 号 | 企业名称 | 县(区) |
|---|---|---|
| 1 | 广东惠州群峰温泉投资有限公司 | 惠阳区 |
| 2 | 惠州市惠宇投资发展有限公司 | 惠城区 |
| 3 | 惠州市华源宏实业发展有限公司 | 惠东县 |
| 4 | 惠阳松涛实业有限公司 | 惠阳区 |
| 5 | 惠州市惠阳区岐山度假村发展有限公司 | 惠阳区 |
| 6 | 惠州市惠阳雅居乐房地产开发有限公司 | 惠阳区 |
| 7 | 惠州市金泓投资有限公司 | 大亚湾区 |
| 8 | 惠州富茂房地产开发有限公司 | 惠东县 |
| 9 | 惠州市汤普实业有限公司 | 惠城区 |
| 10 | 惠州阳光新都房地产开发有限公司 | 惠阳区 |
| 11 | 惠州市卓越东部房地产开发有限公司 | 大亚湾区 |
| 12 | 惠州市太东地产有限公司 | 大亚湾区 |
| 13 | 惠州市瑞锦丰实业有限公司 | 惠阳区 |
| 14 | 惠州市宏业投资开发有限公司 | 大亚湾区 |
| 15 | 龙门富力房地产开发有限公司 | 龙门县 |
| 16 | 惠州市德威集团有限公司 | 惠城区 |
| 17 | 惠东碧桂园房地产开发有限公司 | 惠东县 |
| 18 | 惠州TCL房地产开发有限公司 | 惠城区 |
| 19 | 惠州市惠和投资有限公司 | 惠阳区 |
| 20 | 惠州市原合房地产有限公司 | 仲恺区 |
| 21 | 惠州市中海宏洋地产有限公司 | 惠城区 |
| 22 | 中海宏洋惠州城市建设开发有限公司 | 惠城区 |
| 23 | 惠州市新天宇房地产开发有限公司 | 惠阳区 |
| 24 | 惠州市保利天同房地产开发有限公司 | 惠阳区 |
| 25 | 惠州大亚湾富国实业有限公司 | 大亚湾区 |
| 26 | 惠州中交地产开发有限公司 | 仲恺区 |
| 27 | 惠州市万城房地产开发有限公司 | 惠阳区 |
| 28 | 华润沿海(惠州)发展有限公司 | 大亚湾区 |
| 29 | 惠州市隆生仲恺花园开发建设有限公司 | 仲恺区 |
| 30 | 惠州市南乾实业有限公司 | 惠东县 |
| 31 | 惠东隆昌制衣有限公司 | 惠东县 |
| 32 | 惠州市名巨实业发展有限公司 | 博罗县 |
| 33 | 惠州大亚湾康成房地产开发有限公司 | 大亚湾区 |
| 34 | 惠东县长江房地产投资有限公司 | 惠东县 |
| 35 | 惠州市荣佳房地产开发有限公司 | 大亚湾区 |
| 36 | 博罗县润华置业有限公司 | 博罗县 |
| 37 | 惠州市腾信房地产开发有限公司 | 惠东县 |
| 38 | 惠州市利万房地产开发有限公司 | 惠东县 |
| 39 | 惠州市绿洲投资发展有限公司 | 惠城区 |
| 40 | 惠东县宝安鸿基房地产开发有限公司 | 惠东县 |
| 41 | 惠州市保利建业房地产开发有限公司 | 惠阳区 |
| 42 | 惠东金麒麟企业有限公司 | 惠东县 |
| 43 | 惠州市国圣房地产开发有限公司 | 大亚湾区 |
| 44 | 惠州大亚湾新际房地产开发有限公司 | 大亚湾区 |
| 45 | 惠州市德威集团有限公司 | 惠城区 |
| 46 | 惠州市泰瑞房地产开发有限公司 | 惠城区 |
| 47 | 惠州泰和怡馨房地产有限公司 | 大亚湾区 |
| 48 | 惠州市榕桐实业有限公司 | 仲恺区 |
| 49 | 惠州市恺乐居置业有限公司 | 仲恺区 |
| 50 | 惠州市隆生房地产有限公司 | 惠城区 |

H-9 续表

(按销售额排序)

| 序号 | 企业名称 | 县(区) |
|---|---|---|
| 1 | 广东惠州群峰温泉投资有限公司 | 惠阳区 |
| 2 | 惠阳松涛实业有限公司 | 惠阳区 |
| 3 | 惠州市瑞锦丰实业有限公司 | 惠阳区 |
| 4 | 惠州阳光新都房地产开发有限公司 | 惠阳区 |
| 5 | 惠州大亚湾富国实业有限公司 | 大亚湾区 |
| 6 | 惠州市惠宇投资发展有限公司 | 惠城区 |
| 7 | 惠州市宏业投资开发有限公司 | 大亚湾区 |
| 8 | 惠州市卓越东部房地产开发有限公司 | 大亚湾区 |
| 9 | 惠州市太东地产有限公司 | 大亚湾区 |
| 10 | 惠州市金泓投资有限公司 | 大亚湾区 |
| 11 | 惠州富茂房地产开发有限公司 | 惠东县 |
| 12 | 惠东碧桂园房地产开发有限公司 | 惠东县 |
| 13 | 惠州市惠阳雅居乐房地产开发有限公司 | 惠阳区 |
| 14 | 惠州市德威集团有限公司 | 惠城区 |
| 15 | 惠州市汤普实业有限公司 | 惠城区 |
| 16 | 惠州市新天宇房地产开发有限公司 | 惠阳区 |
| 17 | 龙门富力房地产开发有限公司 | 龙门县 |
| 18 | 惠州市保利天同房地产开发有限公司 | 惠阳区 |
| 19 | 惠州市惠阳区岐山度假村发展有限公司 | 惠阳区 |
| 20 | 华润沿海(惠州)发展有限公司 | 大亚湾区 |
| 21 | 中海宏洋惠州城市建设开发有限公司 | 惠城区 |
| 22 | 惠州市万城房地产开发有限公司 | 惠阳区 |
| 23 | 惠州市荣佳房地产开发有限公司 | 大亚湾区 |
| 24 | 惠州市华源宏实业发展有限公司 | 惠东县 |
| 25 | 惠州市惠和投资有限公司 | 惠阳区 |
| 26 | 惠州大亚湾康成房地产开发有限公司 | 大亚湾区 |
| 27 | 惠州市中海宏洋地产有限公司 | 惠城区 |
| 28 | 惠州市丰泰城房地产开发有限公司 | 大亚湾区 |
| 29 | 惠州TCL房地产开发有限公司 | 惠城区 |
| 30 | 广盛华侨(大亚湾)房产开发有限公司 | 惠阳区 |
| 31 | 惠州市保利建业房地产开发有限公司 | 惠阳区 |
| 32 | 惠州市隆生房地产有限公司 | 惠城区 |
| 33 | 惠州大亚湾新际房地产开发有限公司 | 大亚湾区 |
| 34 | 惠东县宝安鸿基房地产开发有限公司 | 惠东县 |
| 35 | 惠州市南乾实业有限公司 | 惠东县 |
| 36 | 惠州市国圣房地产开发有限公司 | 大亚湾区 |
| 37 | 惠州市泰瑞房地产开发有限公司 | 惠城区 |
| 38 | 惠州市绿洲投资发展有限公司 | 惠城区 |
| 39 | 惠州市原合房地产有限公司 | 仲恺区 |
| 40 | 惠州市利万房地产开发有限公司 | 惠东县 |
| 41 | 惠州市汤普实业有限公司 | 惠城区 |
| 42 | 惠州泰和怡馨房地产有限公司 | 大亚湾区 |
| 43 | 惠州碧桂大观投资有限公司 | 龙门县 |
| 44 | 惠州市德威集团有限公司 | 惠城区 |
| 45 | 惠州市隆生仲恺花园开发建设有限公司 | 仲恺区 |
| 46 | 惠州市正兆永义实业有限公司 | 大亚湾区 |
| 47 | 金融街惠州置业有限公司 | 惠东县 |
| 48 | 惠州大亚湾海汇实业发展有限公司 | 大亚湾区 |
| 49 | 惠州市晟景实业有限公司 | 惠城区 |
| 50 | 惠州中交地产开发有限公司 | 仲恺区 |

# H-10 惠州市星级饭店一览表

(2018年)

| 序号 | 饭店名称 | 星级 | 地址 |
|---|---|---|---|
| 1 | 康帝国际酒店 | 五 | 惠州市环城西一路渡口所 |
| 2 | 罗浮山宝田国际度假会议酒店 | 五 | 罗浮山风景区 |
| 3 | 家路国际酒店 | 五 | 惠阳区淡水中山四路 |
| 4 | 惠州金海湾喜来登度假酒店 | 五 | 惠东县巽寮金海湾金海路1号 |
| 5 | 国惠大酒店 | 五 | 惠东县黄埠镇吉黄大道48号 |
| 6 | 丽景花园酒店 | 四 | 惠阳区淡水南门西街 |
| 7 | 惠州宾馆 | 四 | 惠州市环城西二路17号 |
| 8 | 凯旋假日酒店 | 四 | 麦兴路11号 |
| 9 | 金华悦国际酒店 | 四 | 惠州市下埔大道28号 |
| 10 | 万事达华侨酒店 | 四 | 惠东县平山镇广汕路60号 |
| 11 | 新都会大酒店 | 四 | 惠阳区白云路50号 |
| 12 | 新丽晶大酒店 | 四 | 惠州市惠阳区淡水开城大道 |
| 13 | 世纪华园大饭店 | 四 | 惠阳区淡水镇东华大道一号 |
| 14 | 西湖宾馆 | 三 | 惠州西湖芳华洲 |
| 15 | 金叶大厦 | 三 | 惠州市鹅岭南路3号 |
| 16 | 君豪大酒店 | 三 | 惠州市下角南路3号 |
| 17 | 惠阳百老汇酒店 | 三 | 惠州市惠阳区淡水镇开城大道88号 |
| 18 | 京联宾馆 | 三 | 博罗县城博义路3号 |
| 19 | 惠阳中惠大酒店 | 三 | 惠阳区淡水镇土湖工业区1号 |
| 20 | 星旗宾馆 | 三 | 淡水镇中山2路39号 |
| 21 | 麦雅商务酒店 | 三 | 麦地路30号 |
| 22 | 金鑫酒店 | 三 | 惠城区麦地南东二路 |
| 23 | 大富贵酒店 | 三 | 惠州市大湖溪广汕路 |
| 24 | 一二三酒店 | 三 | 惠州市江北5号小区期湖塘路3号 |
| 25 | 望海楼 | 三 | 大亚湾澳头镇龙海街47号 |
| 26 | 恒远假日酒店 | 三 | 惠城区下角丰山路3-3号 |
| 27 | 鑫元大酒店 | 三 | 大亚湾区澳头镇新澳大道四街6号 |
| 28 | 金殿大酒店 | 三 | 惠州市鹅岭南路仲恺大道8号 |
| 29 | 南洋大酒店 | 三 | 惠阳淡水白云三路88号 |
| 30 | 汇德园酒店 | 三 | 博罗县柏塘镇 |
| 31 | 江湾大酒店 | 三 | 龙门县龙城街道环城东路85号 |
| 32 | 怡都(麗枫)酒店 | 三 | 龙门县福详路26号对面 |
| 33 | 皇都 (城市便捷) 酒店 | 三 | 龙门县迎宾大道93号 |

# 主要统计指标解释

## 国民经济核算

**总产出** 指一定时期内一个国家（或地区）常住单位生产的所有货物和服务的价值，既包括新增价值，也包括转移价值。它反映常住单位生产活动的总规模。总产出按生产者价格计算。

**中间投入** 指常住单位生产或提供货物与服务过程中，消耗和使用的所有非固定资产货物和服务的价值，中间投入也称为中间消耗。一般按购买者价格计算。

**国内（地区）生产总值** 指一个国家（或地区）所有常住单位在一定时期内生产活动的最终成果，它有三种表现形态，即价值形态、收入形态和产品形态。从价值形态看，它是所有常住单位在一定时期内生产的全部货物和服务价值超过同期投入的全部非固定资产货物和服务价值的差额，即所有常住单位的增加值之和；从收入形态看，它是所有常住单位在一定时期内创造并分配给常住单位和非常住单位的初次分配收入之和；从产品形态看，它是最终使用的货物和服务减去进口货物和服务。在实际核算中，国内生产总值的三种表现形态表现为三种计算方法，即生产法、收入法和支出法。

**劳动者报酬** 指劳动者因从事生产活动所获得的全部报酬。它包括劳动者获得的各种形式工资、资金和津贴，既包括货币形式的，也包括实物形式的，它还包括劳动者所享受的公费医疗和医药卫生费、上下班交通补贴和单位支付的社会保险费等。单位支付的社会保险费，就是单位直接支付给负责社会保险的政府单位（一般指劳动部门）的社会保险金或为单位职工离退休、发生死亡、伤残、医疗保险等而支付的保险费。对于个体经济来说，其所有者所获得的劳动报酬和经营利润不易区分，这两部分统一作为劳动者报酬处理。

**生产税净额** 指生产税减生产补贴后的差额。生产税指政府对生产单位生产、销售和从事经营活动以及因从事生产活动使用某些生产要素，如固定资产、土地、劳动力所征收的各种税、附加费和规费。具体包括销售税金及附加、增值税、管理费中开支的各种税、应交纳的养路费、排污费和水电费附加、烟酒专卖上缴政府的专项收入等。生产补贴与生产税相反，是政府对生产单位的单方面收入转移，因此视为负生产税处理，包括政策亏损补贴、粮食系统价格补贴、外贸企业出口退税收入等。

**固定资产折旧** 指一定时期内为弥补固定资产损耗按照核定的固定资产折旧率提取的固定资产折旧，或按国民经济核算统一规定的折旧率虚拟计算的固定资产折旧。它反映了固定资产在当期生产中的转移价值。各种类型企业和企业化管理的事业单位的固定资产折旧指实际计提并计入成本费用中的折旧费；不计提折旧的单位，如政府机关、非企业化管理的事业单位和居民住房的固定资产折旧则是按照统一规定的折旧率和固定资产原值计算的虚拟折旧。原则上，固定资产折旧应按固定资产的重置价值来计算，但是我国目前尚不具备对全社会固定资产进行重估价的基础，所以暂时只能采用上述方法来计算。

**营业盈余** 指常住单位创造的增加值中扣除劳动者报酬、生产税净额和固定资产折旧后的余额。它相当于企业的营业利润加上生产补贴，但要扣除从利润中开支的工资和福利等。

**最终消费** 指常住单位在一定时期内对于货物和服务的全部最终消费支出，也就是常住单位为满足物质、文化和精神生活的需要，从本国经济领土和国外购买的货物和服务的支出。它不包括非常住单位在本国经济领土内的消费支出。最终消费分为居民消费和政府消费。

(1)居民消费　指常住住户在一定时期内对于货物和服务的全部最终消费。居民关于货物的最终消费支出在货物的所有权发生变化时记录，关于服务的最终消费支出在服务提供的时候记录。居民消费按市场价格计算，即按居民支付的购买者价格计算，货物的购买者价格是购买者取得交货所支付的价格，它包括购买者支付的运输和商业费用。居民消费除了包括直接以货币形式购买的货物和服务的消费支出外，还包括以其他方式获得的货物和服务的消费支出，即所谓的虚拟消费支出。居民虚拟消费支出包括如下几种类型：单位以实物报酬及实物转移的形式提供给劳动者的货物和服务；住户生产并由本住户消费了的货物和服务，其中的服务仅指住户的自有住房服务；金融机构提供的金融媒介服务；保险公司提供的保险服务。

(2)政府消费　指政府部门为全社会提供的公共服务的消费支出和免费或以较低的价格向居民住户提供的货物和服务的净支出，前者等于政府服务的产出价值减去政府单位所获得的经营收入的价值，政府服务的产出价值等于它的经常性业务支出加上固定资产折旧；后者等于政府部门免费或比较低价格向居民住户提供的货物和服务的市场价值减去向住户收取的价值。

**资本形成总额** 指常住单位在一定时期内购置、转入和自产自用的固定资产，扣除固定资产的销售和转出后的价值。可分为有形固定资产形成总额和无形固定资产形成总额。

有形固定资产总额包括一定时期内完成的建筑工程、安装工程和设备工器具购置(减处置)价值，以及土地改良、新增役、种、奶、毛、娱乐用牧畜和新增经济林木价值。

无形固定资产形成总额包括矿藏的勘探、计算机软件、娱乐和文学艺术品原件等获得减处置。

**存货增加** 指常住单位在一定时期内存货实物量变动的市场价值，即期末价值减期初价值的差额。存货增加可以是正值，也可以是负值；正值表示存货上升，负值表示存货下降。它包括生产单位购进的原材料、燃料和储备物资等存货，以及生产单位生产的产成品、在制品等存货等。

**货物和服务净出口** 指货物和服务出口减货物和服务进口的差额。出口包括常住单位从非常住单位出售或无偿转让的各种货物和服务的价值；进口包括常住单位从非常住单位购买或无偿得到的各种货物和服务的价值。由于服务活动的提供与使用同时发生，因此服务的进出口业务并不发生出入境现象，一般把常住单位从国外得到的服务作为进口，非常住单位从本国得到的服务作为出口。货物的出口和进口都按离岸价格计算。

## 人 口

**人口数** 指一定时点、一定地区范围内的有生命的个人的总和。

年度统计的年末人口数是指每年 12 月 31 日 24 时的人口数。

**常住人口、现有人口和户籍人口** 常住人口，指在调查区域内经常居住的人口，具体包括三款人：1.户口登记地在调查区域并且在该区域内常住的人口（不包括户口登记地在调查区域内但长期外出的人口）；2.户口登记地不在调查区域但在该区域内常住的人口；3.在任何地方都没有登记户口，在该区域内居住的人口。现有人口（又称在场人口或现场人口），指在某一调查时点时，调查区域内的全部人口。现有人口的统计不考虑调查对象户口登记地的情况和居住时间的长短，只要调查时点时在场的人口都包括在内。现有人口不包括户口登记地在调查区域内但在调查时点暂时外出的人口。户籍人口，指在调查区域内有户口登记的人口。户籍人口的统计和常住人口以及现有人口不同，如果未办理户口迁入手续，不论在调查区域内居住时间有多长，都不能统计为户籍人口。由于常住人口资料的使用价值较高，便于进行行政管理、制订社会经济发展计划，现在我国的人口普查和每年进行的人口抽样调查均以常住地进行登记，一个人只能在一个地方登记。

**市镇人口和乡村人口** 按常住人口的居住地情况划分。

**市镇人口** 指地级市市辖区内的常住人口、县级市街道行政区域内的常住人口以及县级市和县下辖镇居委会行政区域内的常住人口。

**乡村人口** 指县级市和县下辖镇村委会行政区域内的常住人口以及县级市和县下辖乡行政域内的常住人口。

**农业人口** 指户籍人口统计中户口性质为农业人口的人口。

**年平均人数** 是年初、年底人口数的平均数，也可用年中人口数代替。

**性别比** 反映两性人口之间比例的指标。指在总人口中或在各年龄人口中，男性人数与女性人数之比。通常用每 100 个女性人口相应有多少男性人口表示。

**出生率(又称粗出生率)** 指在一定时期内(通常为一年)平均每千人所出生的人数的比率,一般用千分率表示。

出生人数是指活产婴儿，即胎儿脱离母体时(不管怀孕月数)，有过呼吸或其他生命现象。

**死亡率(又称粗死亡率)** 指在一定时期内(通常为一年)一定地区的死亡人数与同期平均人数(或期中人数)之比，一般用千分率表示。

**在业人口(又称就业人口)** 指在十五周岁及十五周岁以上人口中从事一定的社会劳动并取得劳动报酬或经营收入的人口。

**不在业人口** 指十五周岁以上人口中未从事社会劳动的人口。包括：在校学生、料理家务、待升学、市镇待业、离退休、退职、丧失劳动能力等非在业人口。

**社会负担系数** 指社会劳动人口与被抚养人口的比例。

**人口密度** 指平均单位土地面积上居住的人口数。一般以每平方公里上居住的人口数来表示。即某地区(某国家)的人口数除以该地区（该国家）的土地面积。

## 从业人员和职工工资

**劳动力资源总数** 指在劳动年龄内，具有劳动能力，在正常情况下，可能或实际参加社会劳动的人口数。劳动力资源的范围为：劳动年龄内(16 周岁以上)，有劳动能力，实际参加社会劳动和未参加社会劳动的人员。劳动力资源也可划分为：经济活动人口和非经济活动人口。劳动力资源不包括下列人员：

(1)在押犯人；

(2)劳动年龄内丧失劳动能力的人员；

(3)16 岁以下实际参加社会劳动的人员。

**从业人员** 指从事一定社会劳动并取得劳动报酬或经营收入的人员。包括：

(1)全部职工

(2)再就业的离退休人员

(3)私营业主

(4)个体户主

(5)私营和个体从业人员

(6)乡镇企业从业人员

(7)农村从业人员

(8)其他从业人员（包括民办教师、宗教职业者等)。这一指标反映了一定时期内全部劳动力资源的实际利用情况，是研究我国基本国情国力的重要指标。

各单位的从业人员是指在各级国家机关、政党机关、社会团体及企业、事业单位中工作，并取得劳动报酬的全部人员。包括职工、再就业的离退休人员、民办教师以及在各单位中工作的外方人员和港、澳、台方人员。

各单位的从业人员反映了各单位实际参加生产或工作的全部劳动力。

**在岗职工** 指在本单位工作并由单位支付工资的人员，以及有工作岗位，但由于学习、病伤产假等原因暂未工作，仍由单位支付工资的人员。

**在岗职工工资总额** 指各单位在一定时期内直接支付给本单位全部在岗职工的劳动报酬总额，包括计时工资、计件工资、奖金、津贴、补贴、加班加点工资和其他工资(如附加工资、保留工资以及调整工资补发的上年工资等)。

**计件工资** 指对已做工作按计件单价支付的劳动报酬。包括：(1)实行超额累进计件、直接无限计件、限额计件、超定额计件等工资制，按照定额和计件单价支付给个人的工资；(2)按工作任务包干方法支付给个人的工资；(3)按营业额提成或利润提成办法支付给个人的工资。

**计件超额工资** 是计件工资的一部分，指计件工人超额完成定额任务后得到的工资。即计件工人实得的全部计件工资减去应得的计件标准工资后的数额。

**奖金** 指支付给职工的超额劳动报酬和增收节支的劳动报酬。

**津贴和补贴** 指为了补偿职工特殊或额外的劳动消耗和因其他特殊原因支付给职工的津贴。

**职工平均工资** 指企业、事业、机关单位的职工在一定时期内平均每人所得到货币工资额。它表明一定时期职工工资收入的高低程度，是反映职工工资水平的主要指标。

**职工平均实际工资** 指扣除物价变动因素后的职工平均工资。

## 固定资产投资

**固定资产投资额** 是以货币形式表现的在一定时期内建造和购置固定资产的工作量以及与此有关的费用的总称。它是反映固定资产投资规模、结构和发展速度的综合性指标，又是观察工程进度和考核投资效果的重要依据。全社会固定资产投资包括国有经济单位投资、城乡集体及其他各种登记注册类型的单位投资和城乡个人投资。按照国家统计制度规定，固定资产投资统计范围包括：基本建设投资、更新改造投资、房地产开发投资和其他固定资产投资。

**基本建设投资** 指企业、事业、行政单位以扩大生产能力或工程效益为主要目的的新建、扩建工程及有关工作的投资。包括：(1)列入中央和各级地方本年基本建设计划的建设项目，以及虽未列入本年基本建设计划，但使用以前年度基建计划内结转投资（包括利用基建库存设备材料）在本年继续施工的建设项目；(2)本年基本建设计划内投资与更新改造计划内投资结合安排的新建项目和新增生产能力(或工程效益)达到大中型项目标准的扩建项目，以及为改变生产力布局而进行的全厂性迁建项目；(3)国有单位既未列入基建计划，也未列入更新改造计划的总投资在 50 万元以上的新建、扩建、恢复项目和为改变生产力布局而进行的全厂性迁建项目，以及行政、事业单位增建业务用房和行政单位增建生活福利设施的项目。

**更新改造投资** 是指企业、事业单位对原有设施进行固定资产更新和技术改造，以及相应配套的工程和有关工作（不包括大修理和维护工程）的投资。包括：(1)列入中央和各级地方本年更新改造计划的投资单位（或项目）以及虽未列入本年更新改造计划，但使用上年更新改造计划内结转的投资在本年继续施工的单位（或项目)；(2)本年更新改造计划内投资与基本建设计划内投资结合安排的对企、事业单位原有设施进行技术改造或更新的项目、和增建主要生产车间、分厂等其新增生产能力（或工程效益）未达到大中型项目标准的项目，以及由于城市环境保护和安全生产的需要而进行的迁建工程；(3)国有企、事业单位既未列入基建计划也未列入更新改造计划，总投资在 50 万元以上的属于改建或更新

改造性质的项目，以及由于城市环境保护和安全生产的需要而进行的迁建工程。

**房地产开发投资** 各种登记注册类型的房地产开发公司、商品房建设公司及其他房地产开发单位统一开发的包括统代建、拆迁还建的住宅、厂房、仓库、饭店、宾馆、度假村、写字楼、办公楼等房屋建筑物和配套的服务设施、土地开发工程，如道路、给水、排水、供电、供热、通讯、平整场地等基础设施工程。包括实际从事房地产开发或经营活动的附营房地产开发单位。不包括单纯的土地交易活动。

**其他固定资产投资** 全社会固定资产投资中未列入基本建设、更新改造和房地产开发投资的建造和购置固定资产的投资。具体包括：

(1)国有单位按规定不纳入基本建设计划和更新改造计

划管理，计划总投资(或实际需要总投资)在50万元以上的项目和工程投资，包括用油田维护费和石油开发基金进行的油田维护和开发工程完成的投资；煤炭、铁矿、森工等采掘采伐业用维简费进行的开拓延伸工程完成的投资；交通部门用公路养路费对原有公路、桥梁进行改建的工程完成的投资；商业部门用简易建筑费建造的仓库工程完成的投资。

(2)城镇集体经济单位固定资产投资：指所有隶属省辖市、县级市和县城(乡镇企业局管理的除外)建造和购置固定资产计划总投资(或实际需要总投资)在50万元以上未列入基本建设计划和更新改造计划的单位（项目）的投资。

(3)除国有、城镇集体以外的其他各种登记注册类型的企业、事业单位（包括城镇私营企、事业单位和个体经营户）建造和购置固定资产计划总投资（或实际需要总投资）在50万元以上的、未列入基本建设计划和更新改造计划的单位（项目)。

(4)城镇和工矿区私人建房投资包括市、县城、镇、工矿区所辖范围内的全部私人建房，不论其房主是否系本地的常住户口均应包括。

(5)农村固定资产投资包括农村区域范围内进行固定资产投资活动的企业、事业、行政单位及农村个人。

**固定资产投资的资金来源**　根据固定资产投资的资金来源不同，分为国家预算内资金、国内贷款、债券、利用外资、自筹资金和其他资金来源。

(1)国家预算内资金　分为财政拨款和财政安排的贷款两部分。包括中央财政的基本建设基金、专项支出、收回再贷、贴息资金、财政安排的挖潜改造和新产品试制支出、城建支出、

商业部门简易建筑支出、不发达地区发展基金等资金中用于固定资产投资的资金；地方财政中由国家统筹安排的固定资产投资资金等。

(2)国内贷款　指报告期固定资产投资单位向银行及非银行金融机构借入的用于固定资产投资的各种国内借款，包括银行利用自有资金及吸收的存款发放的贷款、上级主管部门拨入的国内贷款、国家专项贷款（包括煤代油贷款、劳改煤矿专项贷款等)，地方财政专项资金安排的贷款、国内储备贷款、周转贷款等。

(3)债券　是企业（公司）或金融机构通过发行各种债券，筹集用于固定资产投资的资金，包括由银行代理国家专业投资公司发行的重点企业债券和基本建设债券。

(4)利用外资　指报告期内收到的用于固定资产建造和购置投资的境外资金（包括设备、材料、技术)。包括外商直接投资、对外借款及外商其他投资。不包括我国自有外汇资金。国家统借统还的外资：是指由我国政府出面同外国政府、团体或金融组织签订贷款协议，并负责偿还本息的国外贷款。

(5)自筹资金　指固定资产投资单位报告期内收到的，由各地区、各部门及企事业单位筹集用于固定资产投资的预算外资金，包括中央各部门、各级地方和企事业单位的自有资金。

(6)其他资金来源　指报告期收到的除以上各种资金之外其他用于固定资产投资的资金。包括社会集资、个人资金、无偿捐赠的资金及其他单位拨入的资金。

**施工项目**　指报告期内进行过建筑或安装施工活动的项目。凡是报告期内施过工的建设项目，不论施工时间长短，均作为施工项目统计。

**全部建成投入生产（或交付使用）项目**　工业项目是指设计文件规定形成生产能力的主体工程及其相应配套的辅助设施全部建成，经负荷试运转，证明具备生产设计规定合格产品的条件，并经过验收鉴定合格或达到竣工验收标准，与生产性工程配套的生产福利设施可以满足近期正常生产的需要，正式移交生产的建设项目。非工业项目是指设计文件规定的主体工程和相应配套工程全部建成，能够发挥设计规定的工程效益，经验收鉴定合格或达到竣工验收标准，正式移交使用的建设项目。

**新增生产能力（或工程效益）**　指通过固定资产投资活动而增加的设计能力（或工程效益)，是以实物形态表示的固定资产投资成果的指标，也是考核投资经济效果的重要依据之一。

**房屋建筑面积**　是房屋建筑物勒脚以上外墙外围的水平截面面积，包括房屋建筑物的有效面积和结构面积。房屋建筑面积统计指标是从实物形态上反映建设规模和建设成果的重要指标之一，也是检查工程形象进度、计算工程造价、分析投资效果、研究施工任务和建筑材料之间平衡情况的重要依据。

**住宅**　指供人们居住的房屋，包括职工家属宿舍、集体宿舍（包括职工单身宿舍和学生宿舍）及供居住的各种公寓等。住宅建筑面积中不包括作为人防用、不住人的地下室面积和供办公用的公寓。

**房屋施工面积**　指在报告期内施工的全部房屋建筑面积。包括本期新开工的面积和上期开工跨入本期继续施工的房屋面积，以及上期已停建在本期恢复施工的房屋面积。本期竣工和本期施工后又停缓建的房屋，其建筑面积仍计入本期房屋施工面积中。

**房屋竣工面积**　指在报告期内房屋建筑按照设计要求已经全部完工，达到住人和使用条件，经验收鉴定合格（或达到竣工验收标准)，正式移交使用单位的各栋房屋建筑面积的总和。

**新增固定资产**　指已经完成建造和购置过程，并已交付生产或使用单位的固定资产的价值。它是表示固定资产

投资成果的价值指标，也是反映建设进度，计算固定资产投资效果的重要数据。

## 能源生产和消费

**能源生产总量** 指一定时期内全国（地区）一次能源生产量的总和，是观察全国（地区）能源生产水平、规模、构成和发展速度的总量指标。一次能源生产量包括原煤、原油、天然气、水电、核能及其他动力能（如风能、地热能等）发电量。不包括低热值燃料生产量、生物质能、太阳能等的利用和由一次能源加工转换而成的二次能源产量。

**能源消费总量** 指一定时期内全国（地区）物质生产部门、非物质生产部门和生活消费的各种能源的总和，是观察能源消费水平、构成和增长速度的总量指标。能源消费总量包括原煤和原油及其制品、天然气、电力，不包括低热值燃料、生物质能和太阳能等的利用。能源消费总量分为三部分，即终端能源消费量、能源加工转换损失量和损失量。

(1)终端能源消费量 指一定时期内全国（地区）物质生产部门、非物质生产部门和生活消费的各种能源在扣除了用于加工转换二次能源消费量和损失量以后的数量。

(2)能源加工转换损失量 指一定时期内全国 （地区）投入加工转换的各种能源数量之和

与产出各种能源产品之和的差额。它是观察能源在加工转换过程中损失量变化的指标。

(3)能源损失量 指一定时期内能源在输送、分配、储存过程中发生的损失和由客观原因造成的各种损失量。不包括各种气体能源放空、放散量。

## 财 政

**财政收入** 指国家财政参与社会产品分配所取得的收入，是实现国家职能的财力保证。财政收入所包括的内容几经变化，目前主要包括：

(1)各项税收 包括增值税、营业税、消费税、土地增值税、城市维护建设税、资源税、城市土地使用税、印花税、个人所得税、企业所得税、关税、农牧业税和耕地占用税等。

(2)专项收入 包括征收排污费收入、征收城市水资源费收入，教育费附加收入等。

(3)其他收入 包括基本建设贷款归还收入、基本建设收入、捐赠收入等。

(4)国有企业计划亏损补贴 这项为负收入，冲减财政收入。主要包括对工业企业商业企业、粮食企业的补贴。

**财政支出** 指国家财政将筹集起来的资金进行分配使用，以满足经济建设和各项事业的需要，主要包括：基本建设支出、企业挖潜改造资金、地质勘探费用、科技三项费用、支援农村生产支出、农村水利气象等部门的事业费用、工业交通商业等部门的事业费、文教科学卫生事业费、抚恤和社会福利救济费、国防支出、行政管理费、政策性补贴支出等项目。

**中央财政收入和地方财政收入** 指按现行分税制财政体制划分的中央本级收入和地方本级收入。1994 年实行分税制财政体制以后，属于中央财政的收入包括关税、海关代征消费税和增值税，消费税，中央企业所得税，地方银行和外资银行及非银行金融企业所得税，铁道部门、各银行总行、各保险总公司等集中缴纳的营业税、利润和城市维护建设税，车辆购置税，船舶吨税，增值税的 75%部分，证券交易税(印花税)94%部分，个人所得税中的利息所得税，利息所得税之外的个人所得税中央分享的部分，海洋石油资源税。属于地方财政的收入包括营业税，地方企业所得税，利息所得税之外的个人所得税地方分享的部分，城镇土地使用税，固定资产投资方向调节税，城镇维护建设税，房产税，车船使用税，印花税，屠宰税，农牧业税，农业特产税，耕地占用税，契税，土地增值税、国有土地有偿使用收入，增值税 25%部分，证券交易税(印花税)6%部分和除海洋石油资源税以外的其他资源税。

**中央财政支出和地方财政支出** 指根据政府在经济和社会活动中的不同职责，划分中央和地方政府的责权，按照政府的责权划分确定的支出。中央财政支出包括国防支出，武装警察部队支出，中央级行政管理费和各项事业费，重点建设支出以及中央政府调整国民经济结构、协调地区发展，实施宏观调控的支出。地方财政支出主要包括地方行政管理和各项事业费，地方统筹的基本建设、技术改造支出，支援农村生产支出，城市维护和建设经费，价格补贴支出等。

**预算外资金收支** 预算外资金指国家机关、事业单位和社会团体为履行或代行政府职能，依据国家法律、法规和具有法律效力的规章而收取、提取和安排使用的未纳入国家预算管理的各种财政性资金。其范围主要包括法律、法规规定的行政事业性收费、政府性基金和附加收入等；国务院或省级人民政府及其财政、计划(物价)部门审批的行政事业性收费；国务院及财政部审批建立的政府性基金、附加收入等；主管部门所属单位集中上缴资金；用于乡镇政府开支的乡自筹和乡统筹资金；其他未纳入预算管理的财政性资金。社会保障基金在国家财政尚未建立社会保障预算制度以前，先按预算外资金管理制度进行管理，专款专用。财政部门在银行开设统一的专户，用于预算外资金收入和支出管理。部门和单位的预算外收入必须上缴同级财政专户，支出由同级财政按预算外资金收支计划和单位财务收支计划统筹安排，从财政专户中拨付，实行收支两条线管理。

**财政一般预算收入** 通过一定的形式和程序有计划组织由国家支配纳入预算管理的资金。

**财政一般预算支出** 国家对集中的预算收入，有计划的分配和使用而安排的支出。

**财政总收入** 指一般预算收入、基金收入、上划中央两税收入、上划中央所得税和上划省市共享税收入的总和。

## 物价指数

**物价指数** 是用来反映报告期所销售（或购进）的全部商品价格总水平比基期水平升降变动程度的相对数。通常以百分数表示，是一种经济指数。

物价指数按其包括范围的不同，分为单项商品价格指数（或称个体物价指数）、商品类别价格指数（或称物价类指数）和物价总指数。反映某种商品的平均价格水平变动程度的指数叫做单项商品价格指数；反映某一类或全部商品价格总水平变动程度的指数，叫物价类指数或物价总指数。物价指数按其所采用基期的不同，分为环比物价指数（以上一期为基期）、年距环比物价指数（以上年同期为基期）和定期物价指数（以某一固定时期为基期）。目前国家统计部门编制的物价指数主要有：居民消费价格指数，商品零售价格指数，农副产品收购价格指数等。

**商品零售价格指数** 是反映城乡商品零售价格变动趋势的一种经济指数。商品零售物价的调整变动直接影响到城乡居民的生活支出和国家的财政收入，影响居民购买力和市场供需平衡，影响消费与积累的比例。因此，计算商品零售价格指数，可以从一个侧面对上述经济活动进行观察和分析。

**居民消费价格指数** 是反映一定时期内城乡居民所购买的生活消费品价格和服务项目价格变动趋势和程度的相对数。是综合了城市居民消费价格指数和农民消费价格指数计算取得。利用居民消费价格指数，可以观察和分析消费品的零售价格和服务价格变动对城乡居民实际生活费支出的影响程度。

**城市居民消费价格指数** 是反映城市职工及其家庭所购买的生活消费品和服务项目价格变动趋势和程度的相对数。编制城市居民消费价格指数，可以观察和分析消费品的零售价格和服务项目价格变动对职工货币工资的影响，作为研究职工生活和确定工资政策的依据。

## 人民生活

**居民消费水平** 居民消费水平是指按人口平均计算的居民消费额。居民消费水平表明国家对人民的物质文化生活需要的满足程度，它是反映一个国家（或地区）的经济发展水平和人民物质文化生活水平的综合指标。

居民消费水平，可以按国内生产总值口径，即包括劳务以内的总消费进行计算。根据计算居民消费的不同价格，可以计算出按当年价格计算的居民消费水平和按可比价格计算的居民消费水平，后者便于观察居民实际消费水平的增长变化。为了观察居民消费的实物构成，还可以进一步计算各种消费品的平均消费的数量和金额，以反映居民在取得基本生存资料的基础上逐步向需要享受资料和发展资料的方向发展的趋势。

**城镇居民家庭可支配收入** 指被调查的城镇居民家庭总收入在支付交纳所得税、个人交纳的社会保障支出以及扣除调查户的记帐补贴后的收入。

**城镇居民家庭消费性支出** 指被调查的城镇居民家庭用于本家庭日常生活的全部支出，包括食品、衣着、家庭设备用品及服务、医疗保健、交通和通讯、娱乐教育文化服务、居住、杂项商品和服务八大类支出。

**农村居民全年总收入** 是指农村居民家庭年内从各种来源得到的全部实际收入（包括现金收入和实物收入）。由工资性收入、家庭经营收入、转移性收入和财产性收入四部分组成。

**农村居民家庭纯收入** 指农村居民家庭当年从各种来源渠道得到的总收入，相应地扣除获得收入所发生的费用后的收入总和，纯收入可直接用于进行生产性、非生产性建设投资、生活消费和积蓄。农村居民家庭纯收入包括从事生产性和非生产性的经营收入，取自在外人口寄回带回和国家财政救济、各种补贴等非经营性收入；既包括货币收入，也包括自产自用的实物收入。但不包括向银行、信用社和向亲友借款等属于非收入所得的收入。

**农村居民家庭生活消费支出** 指农村居民家庭用于日常生活的全部开支，是反映和研究农村居民家庭实际生活消费水平高低的重要指标。

**城乡居民储蓄存款余额** 指某一时点城乡居民存入银行及农村信用社的储蓄金额，包括城镇居民储蓄存款和农村居民个人储蓄存款，不包括居民的手存现金和工矿企业、部队、机关、团体等单位存款。

## 农　业

**农林牧渔业总产值** 农林牧渔业总产值是以货币表现的农林牧渔业的全部产品总量和对农林牧渔业生产活动进行的各种支持性服务活动的价值。它反映一定时期内农林牧渔业生产总规模和总成果，是观察农林牧渔业生产水平和发展速度，研究农林牧渔业内部比例关系、农林牧渔业与工业、农林牧渔业与国家建设、人民生活比例关系的重要指标，同时也是计算农林牧渔业劳动生产率和农林牧渔业增加值的基础资料。

**常用耕地** 指耕地总资源中专门种植农作物并经常进行耕种、能够正常收获的土地。包括当年实际耕种的熟地；弃耕、休闲不满三年，随时可以复耕的地；开荒利用三年以上的地；小于1米宽的沟、渠、路、田埂。不包括临时种植农作物的坡度在25度以上的陡坡地；在河套、湖畔、库区临时开发的成片或零星土地；也不包括已列为国家和省退耕计划但仍临时耕种的土地。常用耕地分为基本农田和零星可用耕地。

**农作物播种面积** 是指一定生产季节结束时实际播种或移植有农作物的面积。播种面积的大小，反映农作物的生产规模和耕地的利用程度。所以，正确地核算播种面积，对于组织农业生产活动，计算农作物产量，研究农作物的种植结构和分布情况以及制定各项增产技术措施，都是非常必要的。

播种面积的统计年度，凡是能在本日历年度内（自1月1日至12月31日）收获的农作物（包括上年秋冬播和本年春播、夏播以及南方地区的晚秋播而在本年收获的全部作物）播种面积，都包括在内。

**农作物总产量** 是指在一定时期内（通常是一年）生产的各种农作物产品总产量。它是衡量农业生产成果，统筹安排城乡人民生活，研究生产、积累和消费比例关系及编制国民经济计划的基本数据。不论是种植在耕地上或非耕地上的农作物产量，都包括在内。有的农作物收割期较长，虽在当年冬季就开始收割，但需跨年延到来年春季才能收完的，仍计算为本年农作物总产量。

农作物总产量是指全社会的产量，包括国有农场等国有经济单位的产量、集体统一经营的和农户承包地的产量，还包括农民自留地、工矿企业职工家属办的农场和其他单位生产的农作物产量。

农作物总产量是统计晒干入库的产量。有些地区，粮食脱粒、晒干、入库比较迟，是按照折干比例折成晒干的粮食产量进行统计的。

**农业机械总动力** 是指主要用于农、林、牧、渔业的各种动力机械的动力总和。包括耕作机械、排灌机械、收获机械、农产品加工机械、运输机械、植保机械、牧业机械、林业机械、渔业机械和其他农业机械。内燃机按引擎马力计算，电动机功率折成马力计入。

**乡镇企业** 是指农村乡（包区、镇）、村、组各级集体办、联户办和个体办的，从事工业、建筑业、交通运输业、商业饮食业、服务业和其他生产经营活动的经济组织，以及农村乡（包括区、镇）、村集体举办的农业企业。

乡镇企业必须同时具备以下四个条件：

(1)有固定的(或相对固定的)生产经营组织、场所、设备和从事生产经营的人员。

(2)常年从事生产经营活动,或从事季节性生产经营,全年开工时间在三个月以上。

(3)具备独立核算的条件，或虽非独立核算单位但有单独的帐目。

(4)有当地工商行政或有关部门颁发的营业（经营）执照。此条件农业企业除外。

**乡镇企业总产值** 是以货币表现的乡镇农业、工业、建筑业、交通运输业、商业饮食业五大物质生产部门的全部产品的总量，即乡镇农业产值、工业产值、建筑业产值、交通运输业产值、商业饮食业产值之和。

**乡镇企业总收入** 指乡镇企业的全部收入。包括农业、工业、建筑业、交通运输业、商业饮食业、服务业和其它企业的经营收入、产品销售收入、劳务收入和其它收入。

(1)农业企业以实际收入计算；

(2)工业企业以产品销售收入和其它收入计算；

(3)建筑业收入总包单位以全价计算总收入，非总包单位以实际收入计算；

(4)交通运输业以实际收入计算；

(5)商业的零售商店按零售额计算总收入,批发部门、代购代销、物资供销、仓储等均以手续费计算总收入。饮食业按营业额计算总收入；

(6)服务业以实际收入计算；

(7)其它企业以实际收入计算；

## 工　业

**工业增加值** 指工业企业在报告期内以货币形式表现的工业生产活动的最终成果，是企业全部生产活动的总成果扣除了在生产过程中消耗或转移的物质产品和劳务价值后的余额，是企业生产过程中新增加的价值。

计算工业增加值通常采用两种方法。一是“生产法”，即从工业生产过程中产品和劳务价值形成的角度入手，剔除生产环节中间投入的价值，从而得到新增价值的方法。公式为：

工业增加值＝工业总产值－工业中间投入＋本期应交增值税

二是“收入法”，即从工业生产过程中创造的原始收入初次分配的角度，对工业生产活动最终成果进行核算的一种方法，其计算公式为：

工业增加值＝固定资产折旧＋劳动者报酬＋生产税净额＋营业盈余

**工业总产值** 是以货币形式表现的，工业企业在一定时期内生产的工业最终产品或提供工业性劳务活动的总价值量。

计算工业总产值应遵循三条基本原则。

①工业生产的原则：即凡是企业在报告期生产的经检验合格的产品，不管是否在报告期销售，均应包括在内。反之亦然，凡不是本企业生产的产品，均不计入本企业的工业总产值中。

②最终产品的原则：即凡是计入工业总产值的产品必须是本企业生产经检验合格，不需再进行任何加工的最终产品。如果企业有中间产品(半成品)对外销售，那么对外销售的中间产品也应视为企业的最终产品。

③工厂法原则：即工业总产值是以工业企业作为基本计算(核算)单位，即按企业的最终产品计算工业总产值。按这种方法计算的工业总产值，不允许同一产品价值在企业内部重复计算，但允许企业间的重复计算。

工业总产值包括本期生产成品价值、对外加工费收入，在制品半成品期末期初差额价值三部分。

①本期生产成品价值：是指企业本期生产，并在报告期内不再进行加工，经检验、包装入库的全部工业成品(半成品)价值合计，包括企业生产的自制设备及提供给本企业在建工程、其他非工业部门和生活福利部门等单位使用的成品价值。本期生产成品价值按自备原材料生产的产品的数量乘以本期不含增值税(销项税额)的产品实际销售平均单价计算；会计核算中按成本价格转帐的自制设备和自产自用的成品，按成本价格计算生产成品价值。生产成品价值中不包括用定货者来料加工的成品(半成品)价值。

②对外加工费收入：是指企业在报告期内完成的对外承接的工业品加工(包括用定贷者来料加工产品)的加工费收入和对外工业修理作业所取得的加工费收入。对外加工费收入按不含增值税(销项税额)的价格计算，可根据会计“产品销售收入”科目的有关资料取得。

对于本企业对内非工业部门提供的加工修理、设备安装的劳务收入，如果企业会计核算基础比较好，能取得这部分资料，而且这部分价值所占比重较大，应包括在对外加工费收入中。

③自制半成品在制品期末期初差额价值：是指企业报告期自制半成品、在制品期末减期初的差额价值，本指标一般可从会计核算资料中取得。如果会计产品成本核算中不计算半成品、在制品的成本，则总产值也不包括这部分价值，反之则包括。

**工业销售产值**　是以货币形式表现的，工业企业在一定时期内销售的本企业生产的工业产品或提供工业性劳务活动的价值总量。

工业销售产值包括以下内容：

①销售成品价值：指企业在报告期内实际销售(包括本企业本期生产和非本期生产)的全部成品、半成品的总金额，即按报告期产品实际销售量乘以不含增值税(销项税额)的产品实际销售平均单价计算。销售成品价值包括为本企业在建工程，生活福利部门等提供的成品和自制设备价值。不包括用定货者来料加工的成品和半成品价值。

②对外加工费收入：是指企业在报告期内完成的对外承接的工业品加工(包括用定货者来料加工产品)的加工费收入；对外工业品修理作业可收取的加工费收入和对内非工业部门提供的加工修理、设备安装等收入。对外加工费收入按不含增值税(销项税额)的价格计算。

工业总产值与销售产值的区别在于：

①工业销售产值计算的基础是工业产品销售总量，不管是否本期生产，只要是在本期销售的都应计算工业销售产值，因此工业销售产值是以产品所有权的转移为计算原则；工业总产值的计算基础是工业产品生产总量，只要是本期生产的不论是已销售的还是尚未销售的都要计算工业总产值，所以工业部产值是以产品的生产为计算原则。

②销售产值不含半成品在制品期末期初差额价值，而工业总产值包括。

实收资本　指企业实际收到的投资人投入的资本。按投资主体可分为国家资本、集体资本、法人资本、个人资本、港澳台资本和外商资本等。

**资产**　指企业拥有或控制的能以货币计量的经济资源，包括各种财产、债权和其他权利。资产按其流动性(即资产的变现能力和支付能力)划分为：流动资产、长期投资、固定资产、无形资产、递延资产和其他资产。该指标根据会计“资产负债表”中“资产总计”项的期末数填列。

①流动资产　是指可以在一年内或者超过一年的一个生产周期变现或者耗用的资产。流动资产可以按变现能力(程度）划分，包括现金及各种存款、短期投资、应收及预付款项、存货。

②长期投资　是指不可能或者不准备在一年内变现的投资。

③固定资产　是指使用年限在一年以上，单位价值在规定标准以上，并在使用过程中保持原有物质形态的资产，包括房屋及建筑物、机器设备、运输设备、工具器具等。

④无形资产　是指企业长期使用而没有实物形态的资产，包括专利权、非专利技术、商标权、著作权、土地使用权、商誉等。

⑤递延资产　是指不能全部计入当年损益，应当在以后年度内分期摊销的各项费用，包括开办费、租入固定资产的改良及大修理支出等。

⑥其他资产　是指除以上各项之外的资产，如特种储备资产、银行冻结存款、冻结物资、涉及诉讼中的财产等。

**所有者权益**　是企业投资人对企业净资产的所有权,企业净资产等于企业全部资产减去全部负债后的余额，其中包括企业投资人对企业的最初投入以及资本公积金、盈余公积金和未分配利润，对股份制企业所有者权益即为股东权益。

**营业收入** 是按企业在销售产品（商品）或提供劳务等经营业务中实现的收入。一般可分为主营业务收入（或基本业务收入）和其他业务收入（或附营业务收入）两部分。

**营业成本** 是指产品的生产成本，即企业为生产产品所发生的制造成本。

由于各行业企业生产经营的范围和性质不同，企业的营业成本的范围和内容也不完全相同。一般来说，工业企业营业成本就是产品销售成本；贸易企业是指为之出售的商品在流通过程中所发生的各种直接费用和间接费用。服务性企业是指为提供服务而支出的各种服务费用以及各种材料和工资。

**营业利润** 是指企业从事生产经营活动所产生的利润，分为主营业务利润和其他业务利润。

**产品销售收入** 指企业销售产品的销售收入和提供劳务等主要经营业务取得的业务总额。

**产品销售成本** 指企业销售产品和提供劳务等主要经营业务的实际成本。

**产品销售税金及附加** 指企业销售产品和提供工业性劳务等主要经营业务应负担的城市维护建设税、消费税、资源税和教育费附加。

**产品销售利润** 指企业销售产品和提供工业性劳务等主要经营业务收入扣除其成本、费用、税金后的利润。

**利润总额** 是企业在一定时期内实现的盈亏总额。

**应交增值税** 指企业在报告期内应交纳的增值税额。

**固定资产原价** 指企业在建造、购置、安装、改建、扩建、技术改造某项固定资产时所支出的全部货币总额。它一般包括买价、包装费、运杂费和安装费等。一般用以反映企业的生产规模，以及企业拥有的物质技术基础。

**固定资产净值** 是指固定资产原价减去历年已提折旧额后的净额。一般用以说明企业固定资产的现有实际价值。

**流动资产** 是指可以在一年或者超过一年的一个营业周期内变现或者耗用的资产，包括现金及各种存款、短期投资、应收及预付货款、存货等。

**利税总额** 指企业产品销售税金及附加和利润总额之和。

## 批发零售及餐饮业

**社会消费品零售总额** 指各种经济类型的批发零售贸易业、餐饮业和其他行业对城乡居民和社会集团的消费品零售额的总和。这个指标反映通过各种商品流通渠道向居民和社会集团供应的生活消费品满足他们生活需要的情况，是研究人民生活、社会消费品购买力、货币流通等方面的重要指标。

**批发零售贸易业商品销售总额** 指对本企业(单位)以外的单位和个人出售（包括对境外直接出口）的商品金额。这个指标反映批发零售贸易业在国内市场上销售商品以及出口商品的总量。

## 建筑业

**建筑业总产值** 指以货币表现的建筑业企业在一定时期内生产的建筑业产品和服务的总和。建筑业总产值包括三部分内容：

（1）建筑工程产值：指列入建筑工程预算内的各种工程价值。

（2）安装工程产值：指设备安装工程价值。

（3）其他产值：建筑业总产值中除建筑工程、安装工程以外的产值。包括房屋构筑物修理产值、非标准设备制造产值、总包企业向分包企业收取的管理费以及不能明确划分的施工活动所完成的产值。

①房屋构筑物修理产值：指房屋和构筑物的修理所完成的价值，但不包括被修理房屋构筑物的本身价值和生产设备的修理价值。

②非标准设备制造产值：指加工制造没有定型的非标准生产设备的加工费和原材料价值以及附属加工厂为本企业承建工程制作的非标准设备的价值。

**建筑业增加值** 是指建筑业企业在报告期内以货币表现的建筑业生产经营活动的最终成果。建筑业增加值有两种计算方法：一是生产法，即建筑业总产出减去建筑业中间消耗后的余额。二是分配法（收入法），即从收入的角度出发，根据生产要素在生产过程中应得到的收入份额计算，具体构成项目有固定资产折旧、劳动者报酬、生产税净额、营业盈余。目前，建筑业统计报表制度中采用分配法（收入法）计算建筑业增加值。

**竣工产值** 一般是以单位工程为对象，当该工程按照设计所规定的工程内容全部完成，达到了设计规定的交工条件，经有关部门检查验收鉴定合格的单位工程价值，即为竣工产值。

**房屋施工面积** 指在报告期内施过工的全部房屋建筑面积，它包括本期新开工的房屋面积、上期跨入本期继续施工的房屋面积、上期停缓建在本期恢复施工的房屋面积、本期竣工的房屋面积以及本期施工后又停缓建的房屋面积。

**房屋竣工面积** 指在报告期内房屋建筑按照设计要求已全部完工，达到了使用条件，经检查验收鉴定合格的房屋建筑面积。

**工程结算收入** 指本企业承包工程实现的工程价款结算收入以及向发包单位收取的除工程价款以外按规定列作

营业收入的各种款项，如临时设施费、劳动保险费、施工机构调迁费等以及向发包单位收取的各种索赔款。

**工程结算利润** 指已结算工程实现的利润。其计算公式为：

工程结算利润＝工程结算收入－工程结算成本－工程结算税金及附加

**企业总收入** 指与企业生产经营直接有关的各项收入，包括工程结算收入和其他业务收入，即：

企业总收入＝工程结算收入＋其他业务收入

## 运输邮电业

**公路里程** 指在一定时点上实际达到交通部规定的公路技术等级标准，并经公路主管部门正式验收交付使用的公路里程数。其计算单位为：km。它包括大中城市的郊区公路以及公路通过城镇（县城、集镇）街道的里程数，也包括桥梁、隧道长度和渡口宽度，但不包括大中城市的街道、厂矿、林区内部生产用道和农业生产用道的里程。两条或多条公路共同经由同一路段，只计算一次，不得重复计算里程长度。

**货（客）运量** 指在一定时期内运输业实际运送的货物（旅客）数量。货运按吨计算，客运按人计算。货物不论运输距离长短，货物类别，均按实际重量统计；旅客不论行程远近或票价多少，均按一人一次作为客运量统计。半价票、小孩票也按一人统计。

**货(客)运密度** 指在一定时期内某种运输方式运输线路的某一区段平均每公里线路通过的货物(旅客)运输周转量。计量单位是吨(人)公里 / 公里。计算公式为：

$$\text{货(客)运密度}=\frac{\text{货物（旅客）周转量}}{\text{线路营业里程}}$$

**货物（旅客）周转量** 指在一定时期内运输业实际运送的货物（旅客）数量与其相应运输距离的乘积之和。计量单位是吨（人）公里。

**沿海主要港口货物吞吐量** 指经由水运进出沿海主要港区范围，并经过装卸的货物数量，包括邮件及办理托运手续的行李、包裹以及补给运输船舶的燃、物料和淡水。其计量单位为吨。吞吐量可以分为进口、出口，又可以分为国内贸易和对外贸易。

**邮电业务总量** 指以货币表现的邮电部门为用户传递信息和提供其他邮电服务的总数量。它用各种邮电分类业务量，如函件件数、电报份数、长话次数、城市电话和乡村电话的年均户数、订销报刊累计份数等，分别乘以相应的平均单价（不变价），加总后再加上出租电路和设备的收入、代用户维护电话交换机和线路等设备的收入、其他业务收入求得。

**城市电话用户** 指按行政区划属于中央直辖市、省辖市、地级市、县级市的市区、市郊区及县城区范围内的电话用户数。包括分布在农村地区但以县团级以上建制的独立工矿区、林区、驻军的电话用户。N-ISDN 用户、无线接入（PHS）电话用户、智能网专用接入终端用户、集中用户交换机（Centrex）用户均按城市电话用户统计。计量单位为户。

**乡村电话用户** 指按行政区划属于城市范围以外的乡(镇)、村电话用户。计量单位为户。

**移动电话用户** 指在邮电部门登记，通过移动电话交换机进入移动电话网、占有移动电话号码的电话用户。用户数量以实际办理登记手续进入邮电部门移动电话网的户数进行计算，一部或一台移动电话统计为一户。

## 对外经济贸易和旅游

**进出口总额** 海关进出口总额指实际进出我国国境的货物总金额。包括对外贸易实际进出口货物，来料加工装配进出口货物，国家间、联合国及国际组织无偿援助物资和赠送品，华侨、港澳台同胞和外籍华人捐赠品，租赁期满归承租人所有的租赁货物，进料加工进出口货物，边境地方贸易及边境地区小额贸易进出口货物（边民互市贸易除外），中外合资经营企业、中外合作经营企业、外商独资经营企业进出口货物和公用物品，到、离岸价格在规定限额以上的进出口货样和广告品（无商业价值、无使用价值和免费提供出口的除外），从保税仓库提取在中国境内销售的进口货物，以及其他进出口货物。进出口总额用以观察一个国家在对外贸易方面的总规模。我国规定出口货物按离岸价格统计，进口货物按到岸价格统计。

**利用外资** 指我国各级政府、部门、企业和其他经济组织通过对外借款、吸收外商直接投资以及用其他方式筹措的境外现汇、设备、技术等。但不包括下列资金：(1)我国自有的外汇资金，如国家外汇、地方外汇、留成外汇、调剂外汇和中国银行等金融机构用自有资金发放的外汇贷款等；(2)各地方、各部门接受华侨、港澳同胞的捐赠资金，以及联合国和其他国际组织无偿赠送的资金和援建的项目；(3)租赁公司进出口设备转租赁的项目；(4)我国企业或其他组织在境外投资利润(股息)的收支；(5)国家进口计划中用国家外汇支付的外贸进口延期付款。利用外资的方式有：对外借款，外国(或港澳地区)企业和经济组织或个人在我国境内开办独资企业，与我国境内的企业或组织共同开办合资企业合作经营(企业)项目或合作开发资源，以及补偿贸易、国际租赁等。

**实际利用外资额** 是指根据投资协议（合同）实际执行的投资额。即贷款按实际提取数或拨交的使用数填列；

客商直接投资项目（合同）的实际投资额，按客商实际投入的现金、实物、工业产权及专有技术的计价投资额数；商品信贷按到货数计算。凡是本年内的实际投资，不论是执行本年签订的协议或是执行过去几年签订的协议均计算在内。

**对外借款** 指我国政府、部门、企业和中国银行等单位向国际金融组织、外国政府、企业等借用的长期、短期资本，到期需还本付息。借款按不同渠道分：(1)外国政府贷款；(2)国际金融组织贷款；(3)外国银行贷款；(4)出口信贷；(5)发行债券、股票。按借还方式分：(1)统借统还；(2)统借自还；(3)自借自还。

**外商直接投资** 指外国企业和经济组织或个人（包括华侨、港澳同胞以及我在境外注册的企业）按我国有关政策、法规，在我国境内开办外商独资企业，与我国境内的企业或经济组织共同举办中外合资企业、合作经营企业或合作开发资源的投资以及外商从企业得到收益的再投资。

从 2001 年开始，外商直接投资统计口径作了调整。“外商直接投资”中“企业投资总额内的境外借款”只包括“企业投资总额内直接投资者对企业的贷款，即外方股东贷款”。

“直接投资者提供担保的第三方对企业的贷款即外方股东担保贷款”和“其他方式的企业境外借款即其他境外借款”不计入直接投资统计。

**国际租赁** 指出租者用自用资金，或向银行借款购买资本设备租给承租者在约定的期限内使用，承租者依约按期付给出租者一定租金，在租赁期内设备的使用属于承租者，设备的所有权属于出租者，租期满后，出租者对设备具有支配权：收回、作价出卖或赠送企业。

**旅游人数** 指来我国参观、访问、旅行、探亲、访友、休养、考察、参加会议和从事经济、科技、文化、教育、体育、宗教等活动的外国人、华侨、港澳和台湾同胞的人数。不包括外国在我国的常住机构，如使领馆、通讯社、企业办事处的工作人员；来我国常驻的外国专家、留学生以及在岸逗留不过夜人员。

**国际旅游（外汇）收入** 指入境旅游的外国人、华侨、港澳台同胞在中国大陆旅游过程中发生的一切旅游支出，对于国家来说就是国际旅游（外汇）收入。

## 金融和保险

**信贷资金** 指金融机构以信用方式积聚和分配的货币资金，金融机构信贷资金的来源有各项存款、对国际金融机构负债、流通中货币、银行自有资金及当年结益等。信贷资金的运用有各项贷款、黄金占款、外汇占款、财政借款及在国际金融机构中的资产等。

**存款** 企业、机关、团体或居民把货币资金存入银行或其他信用机构保管并取得一定利息的一种信用活动形式。根据存款对象的不同可划分为企业存款、财政存款、机关团体存款、基本建设存款、城镇储蓄存款、农村存款等科目。它是银行信贷资金的主要来源。贷款 指银行或其他信用机构根据必须归还的原则，按一定利率，为企业、个人等提供资金的一种信用活动形式。我国银行贷款，分流动资金贷款、固定资产贷款、城乡个体工商户贷款以及农业贷款等科目。

**国家储备** 是一定时点上国家拥有的可直接对外支付的各种金融资产。包括黄金储备、外汇储备、特别提款权、在基金组织的储备头寸及对基金信贷的使用等。它是观察和衡量一个国家对外支付能力的主要指标。

**货币供应量** 指某一时点一国流通中的货币量。货币供应量可分为三个层次：

M0：流通中的现钞。

M1：M0＋企事业单位活期存款＋机关部队团体存款＋农村存款＋个人持有的信用卡类存款。

M2：M1＋企业单位定期存款＋储蓄存款＋外币存款＋信托类存款。

**货币流通、货币流通量** 货币在流通领域中不断地离开出发点，在不同所有者之间转手，完成商品交换的行为，叫货币流通。货币流通量指货币离开金库在市场上流通的货币数量。投放货币就增加了货币流通量，反之，回笼货币就减少了货币流通量。增加或减少货币流通量主要是适应经济和社会发展需要。货币流通量过少，不能满足商品交换的需要，就会影响经济发展；货币流通量过多，超出了商品交换的需要，就会出现通货膨胀，同样会影响经济的增长。

**信用膨胀** 是价值运动的特殊形式。信用的形式有商业信用、银行信用、国家信用和消费信用。商业信用指以延期付款方式出售商品，主要利用商业票据或采取赊帐的方式。消费信用指对个人消费者提供的信用。如农村信用社向农民提供生活贷款等。财政信用是国家以债务人身份向国内人民取得信用。如通过发行公债、集中闲散资金用于重点建设方面。银行信用指银行对企业提供的信用。在我国，国家运用银行信用，有计划地动员和分配国民经济中的闲置资金，以满足企业的资金需要。各种信用形式都是建立在相互依赖和客观需要的基础上，如果信用超出实际可能，就会出现信用膨胀。如银行事先对企业的经营状况不了解，发放的贷款因企业亏损难以收回，这样势必加大贷款规模，出现信用膨胀。

**通货膨胀** 是指一国经济中的纸币发行量超过商品流通所需而引起的货币贬值，物价普遍上涨的现象。通货膨胀按形成的原因一般可分为需求拉动型通货膨胀、成本推进型通货膨胀和结构性通货膨胀。需求拉动型通货膨胀是指由于总需求的增长而引起的商品平均价格的普遍上涨的现象。成本推进型通货膨胀是指因商品和劳务的生产者主动提高价格而引起的商品平均价格的普遍上涨的现象。结构性通货膨胀是指物价上涨是在总需求并不过多的情况下，而对某些部门的产品需求过多，造成部分产品的价格上涨的现象。在通货膨胀期间，需求、成本以及结构这三种因素同时起作用。

**可保财产额** 是指社会总财产额（包括固定资产和流动资金），剔除按保险公司财产保险条款规定不在保险范围内的财产额（如土地、货币等）和有自保能力不向保险公司投保单位的财产额后所余的财产额。可保财产额是财产保险业务的全部工作对象的价值指标。

**承保额** 又叫保险金额。它是保险人对被保险人负担损失补偿或约定给付的金额。它是保险合同上的最高责任额，也是计算保费的依据。

**保费** 又叫保险费。是保险人根据保险合同的有关规定，为被保险人取得因约定危险事故发生所造成的经济损失补偿（或给付）权利，付给保险人的代价。包括财产险和人身险储金收入。

**赔款** 保险事故发生后，经查证确属保险责任范围以内的保险标的损失，保险人根据保险合同的规定履行赔偿义务，给予被保险人的款项叫做赔款。赔款可分为已决赔款和未决赔款两种。

## 教育、科技和文化

**普通高等学校** 指按照国家规定的设置标准和审批程序批准举办，通过国家统一招生考试，招收高中毕业生为主要培养对象，实施高等教育的全日制大学、独立设置的学院和高等专科学校、短期职业大学。

**成人高等学校** 指按照国家有关规定审批，招收通过全国成人高教统一招生考试的具有高中毕业或同等学历的在职从业人员利用脱产、半脱产、业余或函授等多种形式对其实施高等学历教育，培养高等教育专科或本科毕业水平的专门人才，修业年限、课程设置和总学时数均按高等学历教育要求付诸实施的学校。包括广播电视大学、职工高等学校、农民高等学校、管理干部学院、教育学院、独立设置的函授学院等。

**独立研究与开发机构** 指有明确的任务和研究方向,有一定学术水平的业务骨干和一定数量的研究人员，具有研究、开发、开展学术工作的基本条件，主要进行科学研究与技术开发活动，并且在行政上有独立的组织形式，财务上独立核算盈亏，有权与其他单位签订合同，在银行有单独户头的单位。包括国务院各部门、中国科学院、中国社会科学院和各省、自治区、直辖市以及地（市）以上〔含地（市)〕各部门所属的国有独立的科学研究与技术开发机构。

**独立研究与开发机构职工** 指在科学研究与技术开发机构工作，并由其支付工资的各种人员。包括长期职工和临时职工，不包括编制以外的离休、退休人员和停薪留职人员，但包括招聘人员。

**研究与发展经费支出** 指报告期内用于研究与试验发展课题活动（基础研究、应用研究、试验发展）的全部实际支出。包括用于研究与发展课题活动的直接支出，还包括间接用于研究与发展活动的一切支出（院、所管理费、维持院、所正常运转的必需费用和与研究发展有关的基本建设支出）。

**科学家和工程师** 指具有大学本科及以上学历和不具备上述学历但有高、中级职称的人员。

**其他科技人员** 指大专、中专毕业和具有初级职称的从事科技活动人员。

**专业技术人员** 指已取得科学技术职称，或大学、中专的理、工、农、医科系毕业，以及国民经济各部门从工作实践中提拔，从事理、工、农、医等自然科学技术的研究、教学、生产的专业人员和在机关、企业、事业中从事科学技术业务管理工作的专业人员。

**工程技术人员** 指在国民经济各行业从事工程技术工作的自然科学技术专业人员，包括：高级工程师、工程师、助理工程师、技术员和未评定职称的技术人员。

**农业技术人员** 指在国民经济各行业从事农业技术工作的自然科学技术专业人员，包括：高级农艺师、农艺师、助理农艺师、技术员和未评定职称的技术人员。

**卫生技术人员** 指在国民经济各行业从事卫生医务工作的自然科学技术专业人员，包括：正副主任医师、主治医师、医师、医(护)士和未评定职称的技术人员。

**科学研究人员** 指在国民经济各行业从事科学技术活动的科学技术专业人员，包括：正副研究员、助理研究员、研究实习员、技术员和未评定职称的技术人员。

**教学人员** 指在国民经济各行业从事科学技术方面教学活动的专业人员，包括：正副教授、讲师、助教、教师和在中学从事科学技术方面教学活动的人员。

**发明** 专利法及其实施细则所称的发明是指对有关产品、方法或其改进所提出的新的技术方案。

**实用新型** 专利法及其实施细则所称的实用新型是指对产品的形状、构造或者其结合所提出的适于实用的新的技术方案。

**外观设计** 专利法及其实施细则所称的外观设计是指对产品的形状、图案、色彩或者其结合所作出的富有美感并适于工业上应用的新设计。

**文化事业机构** 指从事专业文化工作和为专业文化工作服务的独立建制的单独核算的单位。不包括这些单位另外举办独立核算的其他机构和各部门的业余文化组织。

**艺术表演团体** 指从事戏曲、音乐、舞蹈、杂技等专业艺术表演，有独立帐户，实行单独核算的团体。不包括半工半艺、半农半艺和民间职业剧团。

**电影放映单位** 指具有放映机器设备、固定或不固定的放映场所与专职或兼职的放映技术人员，经有关部门登记批准，经常为一定的观众对象放映电影的机构。包括经批准对外开放进行营业，并与电影发行放映管理机构分帐的专用放映单位和军委系统租片单位。

**艺术表演观众人数（人次）** 指售票、包场演出或民族地区免费演出的艺术表演观众人次数。不包括彩排审查和内部观摩演出的观看人次数。

## 体育、卫生、社会福利和其他

**等级运动员人数** 指经考核正式批准授予等级运动员称号的人数。运动员等级分为国际级运动健将、运动健将、一级运动员、二级运动员、三级运动员、少年级运动员。

**等级裁判员人数** 指经考核正式批准授予等级裁判员称号的人数。裁判员等级分为国际裁判、国家级裁判、一级裁判、二级裁判、三级裁判。

**体育场** 指有400米跑道（中心含足球场），有固定道牙，跑道6条以上，并有固定看台的室外田径场地。以看台容纳观众人数分：甲级25000人以上，乙级15000—25000人，丙级5000—15000人，丁级5000人以下。

**体育馆** 指有固定看台，可供篮球、排球、羽毛球、乒乓球、体操等项目训练比赛活动用的室内运动场地。以看台容纳观众人数分：甲级6000人以上，乙级4000—6000人，丙级2000—4000人，丁级2000人以下。

**医院** 指设有固定床位能收容病人住院并能为病人提供医疗、护理服务的医疗机构。包括县及县以上医院、农村乡卫生院、其他医院三部分。按所属性质分为卫生部门、工业及其他部门，集体经济单位三类。其中县及县以上医院按业务性质分为综合医院和专科医院。

**卫生技术人员** 指卫生事业机构支付工资的全部固定职工和合同制职工中现任职务为卫生技术工作的专业人员。包括中医师、西医师、中西医结合高级医师、护师、中药师、西药师、检验师、其他技师、中医士、西医士、护士、助产士、中药剂士、西药剂士、检验士、其他技士、其他中医、护理员、中药剂员、西药剂员、检验员，其他初级卫生技术人员。

**医生** 指经卫生部门审查合格，从事医疗工作的专业人员。分为中医医生和西医医生。包括卫生技术人员中的中医师、西医师、中西结合高级医师、中医士、西医士和其他中医。

**社会福利事业单位** 指集中收养社会孤老、残、幼的机构。包括由民政部门管理的社会福利院、儿童福利院、精神病人福利院和城镇集体办的福利院，以及农村集体举办的敬老院。

**社会福利事业单位收养人数** 包括民政部门管理的和城镇及农村集体举办的社会福利事业单位中收养的老人、少年儿童、缺乏生活自理能力的残疾人员和精神病人。

**社会福利企业单位** 指以安置城镇有一定劳动能力的盲、聋、哑和肢体残疾人员就业为目的，享受国家减免税待遇的国有或集体经济性质的企业。包括福利工厂、福利商业服务业、假肢厂和安置农场等单位。

**离休、退休、退职人员** 指正式办理了离休、退休、退职手续，并享受相应的离休、退休、退职待遇的人员。

**保险福利费用** 指企业、事业、机关单位在工资以外实际支付给职工和离休、退休、退职人员个人以及用于集体的劳动保险和福利费用。